GW01246912

La agonía y el éxtasis

823   Stone, Irving
STO   La agonía y el éxtasis.- 4ª ed.– Buenos Aires :
        Emecé, 2005.
          576 p. ; 23x15 cm.

          ISBN 950-04-2382-0

          I. Título – 1. Narrativa Estadounidense

Emecé Editores S.A.
Independencia 1668, 1100 Buenos Aires, Argentina
E-mail: editorial@emece.com.ar
http://www:emece.com.ar

Título original: *The Agony and the Ecstasy*

© *1961, Irving Stone*
© *1996, 2002, Emecé Editores*

Diseño de cubierta: *Mario Blanco*
15ª edición: junio de 2005
(4ª edición en este formato)
Impreso en Printing Books,
Mario Bravo 835, Avellaneda,
en el mes de junio de 2005.
Reservados todos los derechos. Queda rigurosamente prohibida,
sin la autorización escrita de los titulares del "Copyright", bajo
las sanciones establecidas en las leyes, la reproducción parcial o total
de esta obra por cualquier medio o procedimiento, incluidos
la reprografía y el tratamiento informático.

IMPRESO EN LA ARGENTINA / PRINTED IN ARGENTINA
Queda hecho el depósito que previene la ley 11.723
ISBN: 950-04-2382-0

Irving Stone

La agonía y el éxtasis

Vida de Miguel Ángel

Traducción de M. C.

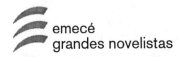

emecé
grandes novelistas

A mi mujer, Jean Stone

Libro primero

El estudio

I

Estaba sentado ante un espejo dibujando su propio rostro: las enjutas mejillas, altos pómulos, amplia y achatada frente, y las orejas, colocadas demasiado atrás en la cabeza, mientras los oscuros cabellos caían hacia adelante, sobre los ojos color ámbar, de pesados párpados.

"No estoy bien diseñado", pensó el niño de trece años seriamente concentrado.

Movió ligeramente su delgado pero fuerte cuerpo para no despertar a sus cuatro hermanos, que dormían, y luego ladeó la cabeza para escuchar el esperado silbido de su amigo Granacci desde la Via dell'Anguillara. Con rápidos trazos de carboncillo comenzó a dibujar de nuevo sus propios rasgos, ampliando el óvalo de los ojos, redondeando la frente. Luego llenó algo más las mejillas, dio más carnosidad a los labios y más fuerza al mentón.

Hasta él llegaron las notas del canto de un pájaro a través de la ventana que había abierto para recibir la frescura de la mañana. Ocultó su papel de dibujo bajo el almohadón de la cama y bajó silenciosamente la escalera circular de piedra para salir a la calle.

Su amigo Francesco Granacci era un muchacho de diecinueve años, una cabeza más alto que él. Tenía los cabellos del color del heno y los ojos azules. Desde hacía un año, estaba proporcionando a Miguel Ángel materiales de dibujo y grabados que sacaba subrepticiamente del estudio de Ghirlandaio, con los que estaba montando una especie de santuario en la casa de sus padres, al otro lado de la Via dei Bentaccordi. A pesar de ser hijo de padres acaudalados, Granacci ingresó de aprendiz a los diez años en el estudio de Filippino Lippi. A los trece, había posado para la figura central del joven resucitado en el *San Pedro resucita al sobrino del Emperador*, obra de Masaccio que se hallaba en la iglesia del Carmine. Ahora estaba como aprendiz en el estudio de Ghirlandaio. No tomaba muy en serio sus trabajos de pintura, aunque poseía un ojo infalible para descubrir el talento pictórico en otros.

—¿De verdad vienes conmigo esta vez? —preguntó, excitado.

—Sí —respondió Miguel Ángel—. Éste es el regalo de cumpleaños que me hago a mí mismo.

—Bien —dijo Granacci y tomó el brazo de su pequeño amigo, guiándolo por la tortuosa Via dei Bentaccordi—. Recuerda lo que te dije sobre Domenico Ghirlandaio. Hace cinco años que estoy con él y lo conozco bien. Muéstrate humilde. Le agrada que sus aprendices sepan apreciar sus valores.

Habían entrado en la Via Ghibellina, cerca de la portada del mismo nombre, que marcaba los límites del segundo muro de la ciudad. Pasaron por el Bargello, con su pintoresco patio, y luego, tras doblar a la derecha por la calle Procónsul, ante el Palazzo Pazzi.

—Apresurémonos —dijo Granacci—. Éste es el mejor momento del día para Ghirlandaio, antes de que empiece a dibujar.

Avanzaron por las angostas calles. Pasaron frente a los palacios de piedra, con sus escalinatas exteriores. Prosiguieron por la Via dei Tedaltini y un trecho más adelante, a su izquierda, por el Palazzo della Signoria. Para llegar al estudio de Ghirlandaio tenían que cruzar la Plaza del Mercado Viejo, donde se veían medias reses frescas colgadas de garfios delante de las carnicerías. Desde allí sólo había una corta distancia a la Calle de los Pintores. Al llegar a la esquina vieron abierta la puerta del estudio del pintor.

Miguel Ángel se detuvo un momento para admirar el San Marcos de mármol, original de Donatello, que estaba en un alto nicho de Orsanmichele.

—¡La escultura es la más grande de todas la artes! —exclamó, emocionado.

—No estoy de acuerdo contigo —dijo Granacci—. ¡Pero apresúrate! ¡Tenemos mucho que hacer!

El niño suspiró profundamente y juntos entraron en el taller de Ghirlandaio.

II

El estudio era una espaciosa habitación de alto techo que olía fuertemente a pintura. En el centro se veía una tosca mesa: dos tablones sobre caballetes. Alrededor de ella media docena de aprendices estaban inclinados sobre sus dibujos. En uno de los rincones, un hombre mezclaba colores en un mortero. En las paredes se veían cartones pintados de frescos ya terminados: *La última cena*, de la iglesia de Todos los Santos, y *La llamada de los primeros apóstoles*, para la Capilla Sixtina de Roma.

En otro rincón, al fondo, sobre un estrado ligeramente elevado, estaba sentado un hombre de unos cuarenta años. La superficie de su mesa era el único lugar ordenado de todo el estudio, con sus filas de plumas, pinceles, cuadernos de dibujo, tijeras y otros materiales colgados de ganchos. Y tras él, en la pared, estantes llenos de volúmenes y manuscritos iluminados.

Granacci se detuvo ante el estrado del pintor.

—Señor Ghirlandaio —dijo—, éste es Miguel Ángel, de quien le he hablado.

Miguel Ángel sintió que le escrutaban dos ojos, de los que se decía que eran capaces de ver más con una sola mirada que cualquier otro artista de Italia. Pero también el niño empleó sus ojos, dibujando para la carpeta de su mente al artista sentado ante él, vestido con un jubón azul y un manto rojo. Cubría su cabeza un gorro de terciopelo también rojo. El rostro, sensible, tenía unos labios gruesos, prominentes pómulos, ojos hundidos en profundas cuencas y espesos cabellos negros que le llegaban a los hombros. Los largos y delgados dedos de la mano derecha rodeaban su garganta.

—¿Quién es tu padre? —preguntó Ghirlandaio.

—Ludovico di Lionardo Buonarroti-Simoni.

—He oído ese nombre. ¿Cuántos años tienes?

—Trece.

—Mis aprendices comienzan a los diez años. ¿Dónde has estado estos tres últimos años?

—He perdido el tiempo en la escuela de Francesco da Urbino, quien quería enseñarme latín y griego.

Ghirlandaio hizo un gesto que indicaba que la respuesta le había agradado.

—¿Sabes dibujar?

—Tengo capacidad para aprender.

Granacci, deseoso de ayudar a su amigo, pero imposibilitado de revelar que había estado sacando dibujos de Ghirlandaio para que Miguel Ángel los copiase, intervino:

—Tiene buena mano. Ha dibujado las paredes de la casa de su padre en Settignano. Hay un dibujo, un sátiro…

—¡Ah! —exclamó el pintor—. Muralista, ¿eh? Un futuro competidor para mis años de decadencia…

—Jamás he intentado el color. No es mi vocación —dijo Miguel Ángel.

—Eres pequeño para tener trece años. Pareces demasiado débil para el rudo trabajo de este taller.

—Para dibujar no se necesitan grandes músculos…

Se dio cuenta enseguida de que había dicho una inconveniencia y que había alzado la voz. Los aprendices habían levantado las cabezas al oírle. Pero Ghirlandaio era un hombre bonachón:

—Bien —dijo—. Dibújame algo ¿Qué quieres como modelo?

—¿Por qué no el taller?

Ghirlandaio emitió una risita:

—Granacci —ordenó—, dale a Buonarroti papel y carboncillo de dibujo. Y si nadie se opone, volveré a mi trabajo.

Miguel Ángel buscó un lugar cerca de la puerta, desde el cual se dominaba mejor la totalidad del taller, y se sentó en un banco a dibujar.

Sus ojos y mano derecha eran buenos compañeros de trabajo, e inmediatamente captaron las características esenciales del espacioso taller. Por primera vez desde que había entrado en el estudio, respiraba normalmente. De pronto, se dio cuenta de que alguien estaba inclinado sobre él, a su espalda.

—No he terminado —dijo.

—Es suficiente. —Ghirlandaio tomó el papel y lo estudió un instante.

—¿Has trabajado en otro estudio? ¿El de Rosselli, acaso?

Miguel Ángel estaba enterado de la antipatía de Ghirlandaio hacia Rosselli, que tenía el otro taller de pintura de Florencia.

El niño hizo un movimiento negativo con la cabeza.

—No —respondió—. He dibujado en la escuela, cuando Urbino no podía verme. Y he copiado a Giotto, en la iglesia Santa Croce, y a Masaccio en la del Carmine...

—Granacci tenía razón —replicó Ghirlandaio—. Tienes buena mano.

—Es una mano de cantero —dijo Miguel Ángel orgullosamente.

—En un taller de pintores de frescos no es necesario un cantero, pero no importa. Te iniciaré como aprendiz, en las mismas condiciones que si tuvieras diez años. Tendrás que pagarme seis florines el primer año.

—¡No puedo pagarle nada!

Ghirlandaio lo miró seriamente.

—Los Buonarroti no son pobres campesinos y puesto que tu padre desea que ingreses como aprendiz...

—Mi padre me ha pegado cada vez que le he hablado de dibujo o pintura.

—Pero yo no puedo admitirte a no ser que él firme el acuerdo del Gremio de Doctores y Boticarios. ¿Por qué no habrá de pegarte nuevamente cuando le digas...?

—Porque el hecho de ser admitido será mi mejor defensa. Eso y que usted le abonará seis florines el primer año, ocho el segundo y diez el tercero.

—¡Inaudito! —exclamo Ghirlandaio. ¡Pagarle por el privilegio de enseñarte!

—Es la única manera en que puedo venir a trabajar para usted.

Maestro y aprendiz habían invertido sus posiciones, como si hubiera sido Ghirlandaio quien, por necesitar a Miguel Ángel, lo hubiera hecho llamar a su taller. Miguel Ángel se mantuvo firme, respetuoso tanto hacia el pintor como hacia sí mismo, sin que sus ojos vacilasen al mirar a Ghirlandaio. De haber demostrado la menor debilidad, el pintor le habría vuelto la espalda, pero ante aquella decidida actitud sintió admiración hacia el niño. E hizo honor a su reputación de bondadoso al decir:

—Es evidente que jamás podremos terminar los frescos del coro de Tornabuoni sin tu inapreciable ayuda. Tráeme a tu padre.

De nuevo en la Via dei Tavolini, rodeados de comerciantes y clientes que se movían febrilmente de un lado a otro, Granacci pasó un brazo sobre los hombros del pequeño y dijo:

—Has violado todas las reglas, pero has conseguido entrar.

III

Al pasar frente a la casa del poeta Dante Alighieri y la pétrea iglesia de la Abadía, Miguel Ángel experimentó la sensación de recorrer una galería de arte, pues los toscanos tratan la piedra con la ternura que todo amante reserva para su amada. Desde la época de sus antepasados etruscos, la gente de Fiesole, Settignano y Florencia había extraído piedra de las canteras de sus montañas para convertirla en hogares, palacios, iglesias, fuertes y muros. La piedra era uno de los frutos más ricos de la tierra toscana. Desde la niñez conocían su olor y su sazón, tanto de su corteza exterior como de su "carne" interior: cómo la transformaban los rayos del sol, la lluvia, la luz de la luna llena o el soplar del helado viento invernal. Durante mil quinientos años, sus antepasados habían trabajado la nativa *pietra serena* para construir una ciudad de majestuosa belleza.

Llegaron al taller de carpintería que ocupaba la planta baja de la casa que la familia Buonarroti alquilaba en la Via dell'Anguillara.

—*A rivederci*, como le dijo el zorro al peletero —rió Granacci.

—Me llevaré una paliza, es cierto, pero, contrariamente al zorro, saldré con vida.

Dobló la esquina de la Via dei Bentaccordi y subió la escalera de la parte posterior de su casa, por la cual se llegaba a la cocina.

Su madrastra le estaba cocinando una torta.

—Buenos días, madre —dijo el niño.

—¡Ah, Miguel Ángel! Hoy tengo algo muy especial para ti: una ensalada que canta en la boca.

Lucrezia di Antonio di Sandro Ubaldini da Gagliano tenía un nombre muchísimo más largo que la lista de su dote. De lo contrario, ¿por qué una muchacha joven habría de casarse con un viudo de cuarenta y tres años, de cabellos ya grises y padre de cinco hijos? Porque su casamiento le significó convertirse en cocinera de nueve Buonarroti.

Cada mañana se levantaba a las cuatro para llegar al mercado al mismo tiempo que los *contadini*, con sus carros llenos de vegetales frescos, frutas, huevos, queso, carnes y aves. Si no ayudaba a los campesinos a descargar sus mercancías, por lo menos les aliviaba de la carga eligiendo los productos cuando éstos estaban todavía en el aire, antes que tuvieran tiempo de llegar a los puestos. Para ella eran siempre las judías verdes más tiernas, los guisantes, los higos, los melocotones…

Miguel Ángel y sus cuatro hermanos la llamaban *Il Migliori*, porque todos los ingredientes que empleaba para cocinar tenían que ser los mejores. Al amanecer estaba ya de regreso en casa, con sus cestas llenas. Le importaban muy poco sus ropas y prestaba muy escasa atención a su cara, cubierta de pelusilla en las patillas y el bigote. Pero Miguel Ángel la miró con cariño, al ver sus enrojecidas mejillas y la excitación que se reflejaba en todas sus facciones mientras observaba cómo se iba cocinando su torta.

Sabía que su madrasta era un ser dócil en todos los aspectos de su vida matrimonial, menos en el de la cocina, donde se convertía en una verdadera leona. La gente rica de Florencia se proveía de alimentos exóticos de todas partes del mundo, pero esos manjares costaban mucho dinero. Miguel Ángel, que compartía con sus cuatro hermanos el dormitorio contiguo al de sus padres, escuchaba a menudo sus debates nocturnos, mientras su madrastra se vestía para la compra.

—Ludovico, deja de estar cortando siempre los gastos. Tú prefieres guardar dinero en la bolsa a llenar el estómago.

—Ningún Buonarroti ha dejado de comer un solo día las veces estipuladas desde hace trescientos años. ¿No te traigo ternera fresca de Settignano todas las semanas?

—¿Y por qué hemos de comer ternera todos los días, cuando el mercado está abarrotado de lechones y pollos?

Ludovico se inclinaba sobre sus libros de cuentas seguro de que no le sería posible tragar ni un bocado de la torta de pollo, almendras, grasa, azúcar, especias y el costoso arroz con la que la joven esposa lo estaba arruinando. Pero lentamente los temores se esfumaban, juntamente con su irritación, y al llegar las once estaba ya hambriento como un lobo.

Ludovico devoraba prodigiosamente y luego retiraba la silla de la mesa, se golpeaba con ambas manos el vientre y pronunciaba la frase sin la cual se considera frustrado el día en Toscana: *"Ho mangiato bene!"*.

Al oír aquel tributo a su arte de cocinera, Lucrezia retiraba los restos de la comida, que aprovechaba para la cena, ponía a su sirvienta a lavar la vajilla, se iba y dormía hasta el atardecer, completas ya sus labores del día, agotado su gozo de artista culinario.

Ludovico no, pues tras el almuerzo repetía, pero a la inversa, el proceso de la seducción matinal. Mientras pasaban las horas y avanzaba la digestión de los alimentos, a la vez que se iba esfumando el recuerdo de los deliciosos aromas y gustos, la cuestión de cuánto le había costado aquella comida comenzaba a roer sus entrañas y nuevamente se sentía irritado. Miguel Ángel atravesó la vacía sala familiar, junto a cuyas paredes se veían las sillas, con sus asientos y respaldos de cuero, todas ellas hechas por el fundador de la familia. La habitación contigua, que daba también a la Via dei Bentaccordi y a las cuadras, era el despacho de su padre, para el que Ludovico había hecho fabricar en la carpintería de abajo un escritorio triangular, que encajara en el ángulo de cuarenta y cinco grados producido por la conjunción de las dos calles. Allí se sentaba, inclinado sobre sus grisáceos libros de cuentas de pergamino. Hasta donde recordaba Miguel Ángel, la única actividad de su padre había sido concentrarse en estudiar la manera de evitar el gasto de dinero y administrar los modestos restos de la fortuna Buonarroti, que se remontaba a mediados del siglo XIII, y ahora reducida a una granja de cuatro hectáreas en Settignano y una casa con un título de propiedad discutido ante la justicia y próxima a la que la familia arrendaba.

Ludovico oyó llegar a su hijo y levantó la cabeza. La naturaleza había sido generosa con él en un solo don: su cabellera. Tenía además un largo bigote que se perdía en su barba. Los cabellos estaban salpicados de canas. Su frente aparecía surcada por cuatro profundas líneas rectas, ganadas en los numerosos años pasados sobre los libros de cuentas. Sus pequeños ojos castaños eran melancólicos. Miguel Ángel sabía que su padre era un hombre cauteloso, que cerraba siempre la puerta con tres vueltas de llave.

—Buen día, *messer* padre —saludó el niño.

Ludovico suspiró:

—¡He nacido demasiado tarde! Hace cien años las viñas de la familia Buonarroti estaban atadas con loganizas.

Miguel Ángel observó a su padre, que volvía a hundirse en aquellos libros. Ludovico sabía exactamente cuánto había poseído cada generación de su familia entre tierras, casas, comercios y oro. Aquella historia familiar y los libros de cuentas constituían su única ocupación, y cada uno de sus hijos tenía la obligación de aprender de memoria la primera.

—Somos nobles burgueses —les decía el padre—. Nuestra familia es tan antigua como las de Medici, Strozzi o Tomabuoni. El apellido Buonarroti data de más de trescientos años en nuestra familia. Durante esos tres siglos hemos pagado impuestos en Florencia.

A Miguel Ángel le estaba prohibido sentarse en presencia de su padre sin permiso. Además, tenía que hacer una reverencia cuando se le daba una orden. Había sido más un deber que interés lo que hizo que el niño aprendiese que cuando los güelfos subieron al poder en Florencia, a mediados del siglo XIII, la familia Buonarroti ascendió rápidamente en la escala social. En 1260 un miembro de la familia había sido consejero del ejército güelfo; en 1292, capitán. Desde 1343 hasta 1469, los Buonarroti habían sido miembros del *Priori* florentino diez veces; entre 1326 y 1475, ocho Buonarroti habían sido *gonfalonieri* (alcalde) del barrio de Santa Croce; entre 1375 y 1473, doce de ellos habían figurado entre los *buonuomi-*

ni (Consejo) de Santa Croce, incluidos Ludovico y su hermano Francesco, que fueron designados en 1473. En 1474, Ludovico fue nombrado corregidor para las aldeas combinadas de Caprese y Ghiusi di Verna, en los Apeninos, donde nació Miguel Ángel, en el edificio del municipio, durante la residencia de seis meses de la familia en dicho edificio.

De pie junto a la amplia ventana, el niño retrotrajo su imaginación al hogar familiar de Settignano, en el valle del Arno, cuando aún vivía su madre. Entonces en la familia había amor y alegría, pero su madre falleció cuando él tenía seis años y su padre se retiró desesperado al refugio de su despacho. Durante cuatro años, en los que su tía Cassandra se había hecho cargo del manejo de la casa, Miguel se sintió solo, sin otro cariño que el de su abuela, Monna Alessandra, que vivía con ellos, y el de la familia de canteros que residía al otro lado de la colina. La esposa del cantero lo había amamantado cuando su madre se sentía ya demasiado enferma para hacerlo.

Por espacio de cuatro años, hasta que su padre se casó nuevamente y Lucrezia insistió en que la familia se trasladase a Florencia, Miguel Ángel se escapaba cada vez que podía a la casa de los Topolino. Atravesaba los trigales a lo largo de los verdes olivos y ascendía la colina opuesta, por entre las viñas, hasta llegar al patio de la casa. Allí se ponía a trabajar, silencioso, en la *pietra serena* procedente de la cantera vecina, para preparar piedras destinadas a edificar casas o palacios. Trabajaba para aliviar su infelicidad con los precisos golpes que Topolino, el cantero, le había enseñado desde que era niño.

Los recuerdos del niño abandonaron Settignano y volvieron a la casa de piedra de la Via dell'Anguillara. De pronto, habló:

—Padre, acabo de estar en el taller del pintor Ghirlandaio, quien ha aceptado recibirme como aprendiz.

IV

Ludovico se apoyó en sus dos manos para enderezarse. Aquel inexplicable deseo de su hijo de convertirse en un artesano podía ser el empujón final que derribase a los tambaleantes Buonarroti, lanzándolos a un abismo social.

—Miguel Ángel —dijo severo—, te pido disculpas por haberme visto obligado a inscribirte como aprendiz en el Gremio de Laneros, forzándote a ser comerciante en lugar de caballero. Pero te he enviado a una escuela cara, he gastado un dinero que me hacía mucha falta para que te educases y pudieras progresar en el gremio hasta que fueras dueño de tus propios molinos y comercios. Así comenzaron la mayor parte de los grandes florentinos, incluso los Medici. ¿Crees que ahora voy a permitirte que pierdas el tiempo trabajando de pintor? ¡Eso cubriría de deshonra a la familia! Desde hace trescientos años, ningún Buonarroti ha descendido tanto como para realizar trabajos manuales.

—Eso es cierto —respondió Miguel Ángel—, hemos sido usureros.

—Prestar dinero es una honorable profesión, una de las más respetables en Florencia —repuso Ludovico.

—¿Has observado alguna vez, padre, a tío Francesco cuando pliega su mesa fuera del Orsanmichele no bien empieza a llover? ¡Jamás he visto a nadie trabajar más rápidamente con sus manos!

Al oír que lo nombraban, el tío Francesco entró corriendo en la habitación. Era un hombre más corpulento que Ludovico: el socio trabajador de la familia Buonarroti. Dos años antes se había separado de Ludovico y llegó a tener una fortuna, que luego perdió, y se vio obligado a regresar a la casa de su hermano. Ahora, cuando llovía, sacaba a toda prisa la carpeta de terciopelo que cubría su mesita plegable, agarraba la bolsa de monedas y corría por las encharcadas calles hacia la sastrería de su amigo Amatore, quien le permitía instalarse allí, bajo techo.

Francesco dijo con voz ronca:

—Miguel Ángel, tú no serías capaz de ver a un cuervo dentro de una olla de leche. ¿Qué perverso placer puede producirte perjudicar y deshonrar a los Buonarroti?

El niño se enfureció ante aquella acusación:

—¡Estoy tan orgulloso de mi apellido como cualquiera! Pero, ¿por qué no puedo aprender a realizar una obra de la que se sentiría orgullosa toda Florencia, como lo está de las de Chiberti, de las esculturas de Donatello y de los frescos de Ghirlandaio? ¡Florencia es una excelente ciudad para un artista!

Ludovico puso una mano sobre el hombro del niño, mientras lo llamaba *Michelagnolo*, su nombre predilecto, y le dijo:

—*Michelagnolo*, lo que dices de los artistas es cierto. Yo me he irritado tanto ante tu estupidez que no he atinado más que a pegarte. Pero ahora tienes trece años y yo he pagado para que se te enseñase gramática y lógica, así que debo practicar la lógica contigo. Ghiberti y Donatello comenzaron como artesanos y terminaron como artesanos. Lo mismo ocurrirá con Ghirlandaio. Sus obras jamás los elevaron socialmente ni un ápice y Donatello estaba tan pobre al final de su vida que Cosimo de Medici tuvo que darle la limosna de una pensión.

—Eso —dijo Miguel Ángel— fue porque Donatello guardaba todo su dinero en un cesto de mimbre colgado del techo para que sus ayudantes y amigos pudieran tomar lo que necesitasen. Ghirlandaio gana una fortuna.

—El arte es como lavar la cabeza de un asno con lejía —observó Francesco—, se pierde el esfuerzo y la lejía. Todo el mundo cree que las piedras se van a volver lingotes de oro en sus manos. ¿De qué sirve soñar así?

Miguel Ángel se volvió hacia su padre y dijo:

—Si me quitas el arte, no me quedará nada.

—Yo había profetizado que mi Miguel Ángel iba a restaurar las riquezas de la familia —exclamó Ludovico—, pero ahora comprendo que no debí soñar así. Por eso, voy a enseñarte a ser menos vulgar.

Comenzó a propinar al niño una buena paliza. Francesco se unió a su hermano y le pegó unas cuantas bofetadas al pequeño. Miguel Ángel bajó la cabeza, como lo hacen las pobres bestias cuando se desencadena una tormenta. De nada le valdría huir, pues entonces la discusión tendría que reanudarse más tarde. A su mente acudieron las palabras que su abuela repetía tan a menudo: "Paciencia… Nadie nace sin que con él nazcan sus penurias".

De reojo, vio a su tía Cassandra que aparecía en el hueco de la puerta. Era una mujer corpulenta, de grandes huesos, que parecía engordar con sólo respirar. Tenía muslos, nalgas y pechos enormes, y su voz estaba a tono con su volumen y peso. Era una mujer desgraciada y no consideraba su deber dispensar felicidad a los demás. El trueno de su vozarrón, al pedir que se le explicase lo que sucedía, hirió los tímpanos del niño más dolorosamente que las bofetadas que le estaba asestando el marido de Cassandra. Pero de pronto cesaron las palabras y los golpes, y Miguel Ángel adivinó que su abuela había entrado en la habitación. Ludovico se preocupaba siempre de no disgustar a su madre, por lo cual se dejó caer en una silla.

—¡Basta de discusión! —exclamó—. ¡Siempre te he enseñado que no debes pretender ser dueño de todo el mundo! Es suficiente con que hagas dinero y honres el apellido de tus padres. ¡Qué no te vuelva a oír que deseas ser aprendiz de artista!

Monna Alessandra se acercó a su hijo y le dijo:

—¿Qué diferencia hay entre que Miguel Ángel ingrese en el Gremio de Laneros para trabajar en la lana, o en el de boticarios para mezclar pinturas? De todas maneras, tú no tienes suficiente dinero para establecer a tus cinco hijos. Éstos tendrán que buscarse la vida por su cuenta. Por lo tanto, deja que Leonardo regrese al monasterio como desea y Miguel Ángel a ese taller de pintor. Puesto que no podemos ayudarlos, por lo menos no les sirvamos de estorbo.

—Voy a ser aprendiz de Ghirlandaio, padre. Tiene que firmar los papeles. ¡Yo ayudaré a la familia!

Ludovico miró a su hijo, incrédulo, y dijo:

—Miguel Ángel, estás diciendo cosas que me hacen hervir la sangre de ira. ¡No tenemos ni un escudo para pagar tu aprendizaje en el taller de Ghirlandaio!

Aquél era el momento que el niño esperaba. Inmediatamente respondió, con voz tranquila:

—No hay necesidad de pagar nada, padre. Ghirlandaio está conforme en pagarle por mi aprendizaje.

—¿Pagar? —exclamó Ludovico, echándose hacia delante en su silla—. ¿Y por qué ha de pagarme por enseñarte?

—Porque cree que tengo buena mano.

—Si Dios no nos ayuda, la familia se arruinará. ¡No sé a quién sales, *Miche-lagnolo*! Ciertamente, no a los Buonarroti. Tiene que ser a la familia de tu madre, ¡los Rucellai!

Escupió el nombre como si fuera un bocado de una manzana podrida.

Fue la primera vez que Miguel Ángel oyó prounciar aquel apellido en el hogar de los Buonarroti.

V

La *bottega* de Domenico Ghirlandaio era la más activa y próspera de toda Italia. Además de los veinticinco frescos y lunetas para el coro Tornabuoni de Santa Maria Novella, que debían terminarse en un plazo de dos años, había firmado también contratos para pintar una *Adoración de los Reyes Magos*, para el hospital de los Inocentes y diseñar un mosaico para uno de los portales de la catedral. Ghirlandaio, que jamás solicitaba un trabajo, no podía negarse a realizar ninguno. El primer día que Miguel Ángel trabajó en el estudio, el maestro le dijo:

—Si una campesina te trae un cesto para que se lo decores, hazlo lo mejor que puedas, pues dentro de su modestia es tan importante como un fresco en la pared de un palacio.

Miguel Ángel encontró aquel ambiente enérgico, pero afable. Sebastiano Mainardi, de veintiocho años, larga cabellera negra, cortada a imitación de la de Ghirlandaio, pálido y angosto rostro, huesuda nariz y protuberantes dientes, estaba a cargo de los aprendices. Era cuñado de Ghirlandaio.

—Ghirlandaio se casó con su hermana para tener a Sebastiano a su lado en el taller —dijo Jacopo a Miguel Ángel—. Por lo tanto, debes estar siempre alerta ante él.

Como la mayoría de las diabluras de Jacopo, aquella contenía no poca verdad. Los Ghirlandaio eran una familia de artistas, adiestrados en el taller de su padre, experto orfebre que había originado una guirnalda de moda con la que las mujeres florentinas adornaban sus cabellos. Los dos hermanos más jóvenes de Domenico, David y Benedetto, eran pintores también. Benedetto, miniaturista, sólo deseaba pintar los diminutos detalles de las joyas y flores usadas por las damas; David, el más joven, había firmado contrato para la iglesia de Santa Maria Novella, juntamente con su hermano mayor.

Ghirlandaio consideró realmente cuñado a Mainardi cuando el joven aprendiz lo ayudó a pintar sus magistrales frescos en la iglesia de San Gimignano, una población vecina, de setenta y seis torres. Mainardi se parecía asombrosamente

21

al pintor: de carácter afable, talentoso, bien adiestrado en el estudio de Verrocchio, amaba, sobre todas las cosas, la pintura, y estaba de acuerdo con su cuñado en que lo más importante eran la belleza y el encanto de un fresco. Las obras pictóricas tenían que relatar un mensaje, ya fuese de la Biblia, de la historia sagrada o de la mitología griega, pero no era función del pintor buscar el significado de ese mensaje o juzgar su validez.

—El propósito de la pintura —explicó Mainardi al flamante aprendiz— es ser decorativa, dar vida pictórica a las historias que ilustra, hacer feliz a la gente, sí, aunque sea con los tristes cuadros del martirio de los santos. Recuerda siempre esto, Miguel Ángel, y te convertirás en un pintor de éxito.

Miguel Ángel advirtió bien pronto que Jacopo, un muchacho de dieciséis años, con cara de mono, era el cabecilla del taller. Poseía el don de aparentar que se hallaba siempre muy ocupado, cuando en realidad no trabajaba en absoluto. Recibió al nuevo niño de trece años en el estudio, advirtiéndole con tono grave:

—No hacer otra cosa que trabajar es indigno de un buen cristiano. Aquí, en Florencia, tenemos un promedio de nueve días de fiesta por mes. Agrega a eso los domingos y comprobarás que sólo tenemos que trabajar casi un día de cada dos.

Las dos semanas que mediaron entre su ingreso y el día de la firma de su contrato pasaron volando, casi mágicamente. Y amaneció el primer día de cobro. Miguel Ángel pensó en cuán poco había hecho para ganar los dos florines de oro que constituían su primer anticipo. Hasta entonces se había empleado más que nada como mensajero, encargado de ir a buscar las pinturas a la casa del químico, cerner arena para darle una contextura más fina y lavarla en un barril con abundante agua.

Al despertarse el primer día, cuando todavía era de noche, se vistió rápidamente y salió. En el Bargello pasó bajo el oscilante cuerpo de un hombre colgado por el cuello de un gancho de una cornisa. Tenía que ser el hombre aquel que, al no morir cuando se lo ahorcó dos semanas antes, farfulló palabras tan soeces y vengativas que los ocho magistrados decidieron ahorcarlo de nuevo.

Ghirlandaio se sorprendió al encontrar al niño ante su puerta a tan temprana hora y su *"buon giorno"* fue breve. Llevaba varios días trabajando en un boceto de *San Juan en el bautizo del neófito* y se hallaba perturbado porque no le era posible aclarar su concepto de Jesús. Pero mayor fue su preocupación al ser interrumpido por su hermano David con un fajo de cuentas que era necesario pagar. Domenico hizo a un lado bruscamente aquellos papeles y continuó su dibujo, evidentemente irritado.

—¿Cuándo serás capaz de administrar esta *bottega*, David, y dejarme tranquilo para dibujar?

Miguel Ángel observaba la escena con aprensión: ¿se olvidarían los dos hermanos del día que era? Granacci vio la expresión de su amigo, se acercó a David y le habló al oído. David metió una mano en la bolsa de cuero que llevaba al cinto, cruzó la habitación y entregó a Miguel Ángel dos florines y una libreta de contrato. El niño firmó rápidamente al costado del primer asiento de pago y luego puso la fecha: 16 de abril, 1488.

Sintió un enorme gozo al imaginar el momento en que entregaría el dinero a su padre. Dos florines no eran ciertamente la fortuna de los Medici, pero él esperaba que aliviarían en algo la melancólica atmósfera de su casa. Y de pronto, entre murmullos, sintió la voz de Jacopo:

—Bueno, está convenido: dibujaremos de memoria la figura de ese gnomo que está en el muro de la calleja, detrás de la *bottega*. El que lo reproduzca más fielmente gana y paga la comida. ¿Están listos?

Miguel Ángel sintió un sordo dolor en la boca del estómago: se le revolvía. La suya había sido una infancia solitaria, sin un amigo íntimo hasta que Granacci reconoció en él un verdadero talento para el dibujo. Muy a menudo se le había excluido de los juegos. ¿Por qué? Y ahora deseaba desesperadamente ser incluido en la camaradería de este grupo de muchachos. Pero no era fácil.

En la mesa de aprendices, Jacopo completaba los detalles del juego.

—Límite de tiempo, diez minutos. El ganador será coronado campeón y anfitrión.

—¿Por qué no puedo competir yo también? —preguntó Miguel Ángel.

Jacopo lo miró, ceñudo:

—Eres un principiante y no podrías ganar, por lo cual no habría probabilidades de que pagases, lo que no sería justo para el resto de nosotros.

Herido, Miguel Ángel rogó:

—¡Déjame que intervenga, Jacopo! ¡Verás como no lo hago demasiado mal!

—Bueno —accedió Jacopo de mala gana—. Pero, ¡ya sabés, sólo diez minutos! ¿Listos todos?

Con enorme excitación, Miguel Ángel tomó papel y carboncillo y comenzó a trazar las líneas de una figura, medio niño y medio sátiro, que había visto varias veces en la pared tras el taller. Le era posible extraer líneas de su mente de la misma manera que los estudiantes de la escuela de Urbino extraían milagrosamente versos de la *Ilíada*, de Homero, o la *Eneida*, de Virgilio, cuando se lo ordenaba el maestro.

—¡Basta! —exclamó Jacopo—. Pongan todos los dibujos en fila sobre la mesa.

Miguel Ángel se acercó rápidamente y al colocar su papel lanzó una mirada a los otros. Le asombró ver cuán incompletos y hasta poco parecidos al original en aquellos dibujos. Jacopo lo miró boquiabierto:

—¡No puedo creerlo! —exclamó—. ¡Miren todos! ¡Miguel Ángel ha ganado!

Hubo exclamaciones de felicitación. Miguel Ángel se sentía orgulloso. Era el aprendiz más nuevo y había ganado el derecho de pagar la comida...

¡Pagar la comida a todos! Contó los aprendices: eran siete. Consumirían por lo menos dos litros de vino tinto, ternera asada, frutas; todo lo cual descompondría lamentablemente una de aquellas dos monedas de oro que él ansiaba tanto entregar a su padre.

De camino a la hostería, con los otros delante entre animadas charlas y risas, se le ocurrió de pronto una idea y preguntó a Granacci:

—Me han engañado, ¿verdad?

—Sí. Es parte de la iniciación de todo aprendiz.

—¿Qué le diré ahora a mi padre?

—Si lo hubieras sabido, ¿habrías dibujado mal para no tener que pagar?

Miguel Ángel rompió a reír:

—¡No podían perder! —exclamó.

VI

En el estudio de Ghirlandaio no se seguía un método ortodoxo de enseñanza. Su filosofía básica estaba expresada en una placa colgada de la pared: "La guía más perfecta es la naturaleza. Continúa sin tregua dibujando algo todos los días".

Miguel Ángel tenía que aprender de las tareas que realizaban los demás. No se le ocultaba secreto alguno. Ghirlandaio creaba el diseño general, la composición de cada panel y la armoniosa relación entre un panel y los demás. Ejecutaba la mayor parte de los retratos importantes, pero los centenares restantes eran distribuidos entre los demás. Algunas veces varios hombres trabajaban en la misma figura. Cuando la iglesia ofrecía un excelente ángulo de visibilidad, Ghirlandaio ejecutaba personalmente todo el panel. De lo contrario, Mainardi, Benedetto, Granacci y Bugiardini pintaban apreciables partes. En las lunetas laterales, situadas donde era difícil verlas, el maestro permitía que Cieco y Baldinelli, el otro aprendiz de trece años, ejercitasen su mano.

Miguel Ángel iba de mesa en mesa, empeñado en pequeñas tareas sueltas. Nadie tenía tiempo para dejar su trabajo y enseñarle. Un día se detuvo a observar a Ghirlandaio, que completaba un retrato de Giovanna Tornabuoni.

—El óleo es para mujeres —dijo el maestro, sarcástico—. Pero esta figura irá bien en el fresco. Nunca intentes inventar seres humanos, Miguel Ángel: pinta en tus paneles solamente aquellos a quienes ya has dibujado al natural.

David y Benedetto compartían con Mainardi una larga mesa en el rincón más lejano del estudio. Benedetto no dibujaba jamás libremente. A Miguel Ángel le parecía que prestaba más atención a los cuadrados matemáticos del papel que tenía ante sí que al carácter individual de la persona que retrataba. Intentó seguir aquel plan geométrico, pero la restricción era como un ataúd con cuerpos muertos.

Mainardi, por el contrario, tenía una mano firme y precisa, con una confianza que daba vida a su trabajo. Había pintado importantes partes de las lunetas y todos los paneles y estaba trabajando un esquema de color para la *Adoración de los Reyes Magos*. Enseñó a Miguel Ángel cómo debía hacer para conseguir el color de la carne en la pintura al temple: aplicando dos capas en las partes desnudas.

—Esta primera capa de color, en especial cuando se trata de personas jóvenes, de tez fresca, debe atemperarse con yema de huevo de una gallina de ciudad. Las yemas de las gallinas de campo sólo sirven para atemperar los colores de la carne de personas ancianas o de tez oscura.

De Jacopo no recibía instrucción técnica, sino noticias de la ciudad. Jacopo podía pasar ante la virtud miles de veces sin tropezar con ella. Pero su nariz olfateaba todo lo malo de la naturaleza humana tan instintivamente como un pájaro olfatea el estiércol. Era el recolector de chismes de la ciudad y su pregonero; realizaba diariamente la recorrida de las tabernas, las barberías y las casas *non* santas, y frecuentaba los grupos de ancianos sentados en bancos de piedra ante los *palazzi*, que eran los mejores proveedores de chismes. Todas las mañanas se dirigía al taller por un camino que daba un gran rodeo, lo que le permitía libar en todas aquellas fuentes, y cuando llegaba ya tenía una copiosa provisión de las noticias de la noche anterior: qué maridos habían sido engañados, a qué artistas se les había encomendado trabajos, quiénes iban a ser puestos en los cepos en el muro de la Signoria...

Ghirlandaio poseía una copia manuscrita del ensayo de Cennini sobre la pintura. Aunque Jacopo no sabía leer, se sentaba en la mesa de los aprendices y fingía deletrear los pasajes que había aprendido de memoria: "Como artista, tu modo de vivir debe ser regulado siempre como si estuvieras estudiando teología, filosofía o cualquier otra ciencia; es decir, comer y beber moderadamente dos veces al día; conservando tu mano cuidadosamente, ahorrándole toda la fatiga posible. Hay una causa que puede dar a tu mano falta de firmeza y hacerla temblar como una hoja sacudida por el viento: frecuentar demasiado la compañía de las mujeres".

Después de leer esto, Jacopo se volvió al asombrado Miguel Ángel, que sabía menos de mujeres que de la astronomía de Ptolomeo.

—Y ahora, Miguel Ángel —dijo—, ya sabes por qué no pinto más. No quiero que los frescos de Ghirlandaio tiemblen como hojas sacudidas por el viento.

El amigable y despreocupado David había sido muy bien adiestrado en la ampliación a escala de las diversas secciones y su transferencia al cartón, que era del mismo tamaño que el panel de la iglesia. No se trataba de un trabajo de creación, pero asimismo necesitaba habilidad. David demostró a Miguel Ángel cómo tenía que dividir la pequeña obra pictórica en cuadrados, y el cartón en el mismo número de cuadrados mayores, cómo copiar el contenido de cada pequeño cuadrado en el cuadrado correspondiente del cartón, y le señaló los errores que eran casi imperceptibles en el dibujo pequeño, pero que se advertían fácilmente cuando eran ampliados al tamaño del cartón. Bugiardini, cuyo torpe cuerpo daba la sensación de que le sería difícil hasta pintar con cal el granero de la granja de su pa-

25

dre, conseguía, no obstante, dar una tensión espiritual a sus figuras de la *Visitación*, a pesar de que las mismas no resultasen anatómicamente exactas.

Al volver a casa por una ruta indirecta, Miguel Ángel y Granacci entraron en la Piazza della Signoria, donde se hallaba congregada una gran multitud, y subieron por las escaleras de la Loggia della Signoria. Desde allí podían ver la verja del jardín del palacio, donde un embajador del sultán de Turquía, vestido con suelto manto verde y turbante, hacía entrega de una jirafa a los consejeros de la Signoria. Miguel Ángel hubiera querido dibujar la escena, pero, sabedor de que sólo le sería posible captar una pequeña parte de su complejidad, se quejó a Granacci de que se sentía como un tablero de ajedrez, con cuadrados blancos y negros de información e ignorancia.

Al mediodía siguiente, comió con frugalidad el almuerzo que Lucrezia le sirvió y regresó al taller, vacío ahora porque los demás estaban entregados al reposo. Había decidido que tenía que estudiar el dibujo de su maestro. Bajo la mesa de Ghirlandaio descubrió un rollo titulado *Degollación de los Inocentes*, e inmediatamente extendió docenas de bocetos para el fresco del mismo nombre. Le parecía, al estudiar el boceto del fresco ya terminado, que Ghirlandaio no era capaz de reproducir el movimiento, puesto que los soldados, con sus espadas en alto, y las madres y los niños que corrían le produjeron confusión y un caos emocional. Sin embargo, aquellos toscos bocetos tenían simplicidad y autoridad. Comenzó a copiar los dibujos, e hizo una media docena de bosquejos en rápida sucesión, cuando de pronto se dio cuenta de que alguien estaba detrás de él. Se volvió y vio el rostro servero de Ghirlandaio, que inquiría:

—¿Por qué has desatado ese rollo de dibujos? ¿Quién te dio permiso?

Miguel Ángel bajó la cabeza, asustado.

—No creía que esto fuera un secreto —dijo—. Cuanto antes aprenda, antes podré ayudarlo. Quiero ganarme esos florines que me da.

—Muy bien. Te dedicaré un rato ahora.

—Entonces enséñeme a usar la pluma.

Ghirlandaio llevó al flamante aprendiz a su mesa, la desocupó y puso sobre ella dos hojas de papel. Entregó a Miguel Ángel una pluma de punta gruesa, tomó otra para sí y empezó a trazar líneas. Miguel Ángel lo imitó con rápidos movimientos de la mano, observando cómo Ghirlandaio podía colocar, con algunos rápidos trazos, convincentes pliegues de ropa sobre una figura desnuda, logrando una lírica fluidez en las líneas del cuerpo y, al mismo tiempo, confiriendo individualidad y carácter a la figura.

El rostro del aprendiz se iluminó de éxtasis. Con aquella pluma en la mano se sentía artista, pensaba en voz alta, sondeaba su mente y estudiaba su corazón en busca de lo que sentía, y su mano, por lo que ésta discernía del sujeto que tenía ante sí. Deseaba pasar horas enteras en aquella mesa de trabajo, dibujando los modelos desde cien ángulos distintos.

Al ver lo bien que su discípulo lo seguía, Ghirlandaio tomó otros dos dibujos de su mesa: un estudio casi de tamaño natural de la cabeza de un hombre de rellenas mejillas, ancho rostro, grandes ojos y expresión pensativa, de menos de treinta años de edad, dibujado con robustos trazos. El cabello estaba delicadamente diseñado. El otro dibujo era el bautismo de un hombre en el coro de una basílica romana, ejecutado con una hermosa composición.

—¡Magnífico! —dijo Miguel Ángel en voz baja, extendiendo una mano hacia las dos hojas—. ¡Ha aprendido todo cuanto Masaccio tiene que enseñar!

Ghirlandaio palideció. Había sido insultado y calificado de simple copista. Pero la voz del muchacho temblaba de orgullo y el pintor sonrió. ¡El más nuevo de sus aprendices cumplimentaba al maestro! Tomó los dos dibujos y dijo:

—Estos bosquejos no significan nada. Únicamente cuenta el fresco terminado. Voy a destruirlos.

Cerrado en el cajón más grande de su mesa, Ghirlandaio guardaba un cartapacio del cual estudiaba y bosquejaba mientras concebía un nuevo panel. Granacci informó a Miguel Ángel que el pintor había necesitado años para reunir aquellos dibujos originales de hombres a quienes consideraba maestros: Taddeo Gaddi, Lorenzo Monaco, Fra Angelico, Paolo Uccello Pollaiuolo, Fra Filippo Lippi y muchos otros. Miguel Ángel había pasado horas de inigualado deleite contemplando sus altares y frescos, tan abundantes en la ciudad, pero jamás había visto los bosquejos preliminares.

—¡De ninguna manera! —exclamó Ghirlandaio, cuando el muchacho le preguntó si podía ver aquella carpeta.

—Pero, ¿por qué? —exclamó Miguel Ángel con desesperación. Aquella era una oportunidad maravillosa de estudiar el pensamiento y la técnica de los mejores dibujantes de Florencia.

—Cada artista reúne su propio cartapacio —dijo Ghirlandaio— según su propio gusto y juicio. Yo he acumulado mi colección a través de veinticinco años de paciente selección. Tú tendrás que formar la tuya.

Unos días después, Ghirlandaio estudiaba un dibujo de Benozzo Gozzoli. Era un joven desnudo armado con una lanza. En aquel momento, una comitiva de tres hombres lo visitó para pedirle que los acompañase a una localidad vecina. Y se olvidó de guardar el dibujo en el cajón, que siempre cerraba con llave.

Miguel Ángel esperó a que los demás se retiraran para almorzar, se dirigió a la mesa y tomó el dibujo de Gozzoli. Después de una docena de tentativas, terminó lo que le pareció una copia fiel. Y de pronto una idea iluminó su cerebro. ¿Podría engañar a Ghirlandaio con aquella copia? El original tenía alrededor de treinta años y el papel estaba algo amarillento y gastado. Llevó algunos pedazos de papel al patio, pasó los dedos sobre la tierra y experimentó frotándola con el papel. Al cabo de un rato llevó el de su dibujo al patio y comenzó a decolorar la copia. Regresó al taller y acercó la copia al humo el fuego que estaba encendido en la chimenea. Luego la puso sobre la mesa de Ghirlandaio y guardó el original.

Durante varias semanas, observó todos los movimientos del pintor. Cada vez que éste dejaba de guardar un dibujo en la carpeta, un Castagno, un Signorelli o un Verrocchio, Miguel Ángel se quedaba para dibujar una reproducción. Si era por la tarde, se llevaba el original a su casa y, cuando la familia dormía, encendía la chimenea del piso inferior y teñía el papel de la reproducción hasta darle el colorido apropiado. Al cabo de un mes había conseguido reunir una carpeta de una docena de bellos dibujos. A ese paso, su colección de hermosos originales sería pronto tan copiosa como la de Ghirlandaio.

El pintor, después del almuerzo, volvía a menudo para dar a sus aprendices una hora de instrucción antes de comenzar el trabajo. Miguel Ángel le preguntó un día si no les sería posible dibujar desnudos con modelos vivos.

—¿Por qué quieres dibujar desnudos, cuando siempre tenemos que pintar los cuerpos vestidos? —preguntó Ghirlandaio—. En la Biblia no hay bastantes desnudos para que eso resulte provechoso.

—Tenemos a los santos —replicó Miguel Ángel—, que tienen que estar desnudos, o casi desnudos, cuando los acribillan a lanzazos o flechazos, o los queman vivos en una parrilla.

—Cierto, pero, ¿quién busca anatomía en los santos? Eso es un obstáculo para el espíritu.

—¿No ayudaría a retratar el espíritu?

—No. Todo el carácter que se necesita mostrar puede aparecer en el rostro… y tal vez en las manos. Nadie ha trabajado el desnudo desde los griegos. Nosotros tenemos que pintar para los cristianos.

—Pero a mí me gustaría pintarlos como Dios hizo a Adán.

VII

Al llegar junio, el calor del verano se precipitó sobre Florencia. Las puertas traseras del taller fueron abiertas y las mesas trasladadas al patio, bajo los verdes y frondosos árboles.

Para la fiesta de San Giovanni, la *bottega* se cerró herméticamente. Miguel Ángel se levantó temprano y, con sus hermanos, caminó hasta el Arno, el río que atravesaba la ciudad, para nadar y jugar en las barrosas aguas, antes de reunirse con sus compañeros del taller detrás del Duomo.

La plaza estaba cubierta por toldos de seda azul bordados con lirios dorados, como representando el cielo. Cada gremio había armado su propia nube, en cuya cima estaba su santo patrón sobre una estructura de madera cubierta por una espesa capa de lana y rodeada de luces, y querubines y estrellas. En planos inferiores había niños vestidos de ángeles.

A la cabeza de la procesión iba la cruz de Santa Maria del Fiore, y tras ella, grupos de cantantes y esquiladores, zapateros, bandas de niños vestidos de blanco, gigantes sobre zancos y cubiertos con fantásticas caretas. A continuación iban veintidós torres montadas sobre carros con actores que formaban cuadros vivos de la Biblia. La Torre de San Miguel representaba la Batalla de los Ángeles, en la que Lucifer era arrojado del cielo; la Torre de Adán presentaba a Dios en la creación de Adán y Eva, junto a quienes aparecía la serpiente; la Torre de Moisés lo hacía aparecer con las Tablas de la Ley.

A Miguel Ángel aquel desfile de cuadros vivos le pareció interminable. Nunca le habían gustado aquellas escenas bíblicas y quería irse. Granacci insistió en que se quedasen hasta el final. Cuando comenzaba la misa mayor en el Duomo, un boloñés fue sorprendido mientras robaba a uno de los fieles. La multitud en la iglesia y la plaza se convirtió en una furiosa turba que aullaba: "¡A la horca! ¡Ahorquémoslo!". Y en efecto, el ladrón fue colgado inmediatamente de una ventana de la sede del capitán de la guardia.

Más tarde, un viento huracanado y una tormenta de granizo sacudieron la ciudad y destruyeron las pintorescas tiendas; la pista de carreras para el palio quedó convertida en una ciénaga.

—¡Esta tormenta se ha desatado por culpa de ese maldito boloñés, que se dedicó a robar en el Duomo un día santo! —exclamó Cieco.

—¡No, no; es todo lo contrario! —protestó Bugiardini—. Dios ha enviado la tormenta como castigo porque hemos ahorcado a un hombre en un día santo.

Se volvieron hacia Miguel Ángel, que estaba absorto en el estudio de las esculturas de oro puro, originales de Ghiberti, en la maravillosa segunda serie de puertas.

—¿Qué opino? —preguntó Miguel Ángel—. ¡Creo que éstas son las puertas del Paraíso!

En el taller de Ghirlandaio el *Nacimiento de San Juan* estaba ya terminado para ser transferido al muro de Santa Maria Novella. Aunque llegó temprano a la *bottega*, Miguel Ángel vio que era el último. Se sorprendió ante la excitación que reinaba allí. Todos corrían de un lado a otro, mientras reunían cartones, rollos de bosquejos, pinceles, tarros y frascos de pinturas, baldes, bolsas de arena y cal. Los materiales se cargaron en un pequeño carro que arrastraba un burro. Y todo el taller, con Ghirlandaio a la cabeza como un general al frente de su ejército, partió para su destino. Miguel Ángel, como el más novel de los aprendices, llevaba las riendas del burro. Atravesaron la Via del Sole hasta la Señal del Sol, lo que significaba que entraban ya en la parroquia de Santa Maria Novella. Miguel Ángel condujo el carro hacia la derecha y entró en la Piazza Santa Maria Novella. Detuvo el vehículo. Frente a él se alzaba la iglesia, que estuvo incompleta desde 1348 hasta que Giovanni Rucellai, a quien Miguel Ángel consideraba tío suyo, tuvo la excelente idea de elegir a León Batista Alberti para diseñar la fachada que ahora tenía, en magnífico mármol blanco y negro. El muchacho sintió una gran emoción al pensar en la familia Rucellai, más aún porque en su casa no se permitía a nadie que mencionase aquel nombre. Aunque jamás había estado dentro del palacio de los Rucellai, en la Via della Vigna Nuova, cada vez que pasaba ante él se detenía para contemplar los espaciosos jardines, con sus antiguas esculturas griegas y romanas, y estudiar la arquitectura de Alberti, autor de la fachada.

Traspasó las puertas de bronce con un rollo de bosquejos bajo el brazo y se detuvo para aspirar el aire fresco, aromatizado de incienso. La iglesia, de estilo egipcio, se erigía ante él con sus más de noventa metros de longitud. Sus tres arcadas ojivales y las hileras de majestuosos pilares iban decreciendo gradualmente en la distancia, conforme se acercaban al altar mayor tras el cual la *bottega* de Ghirlandaio había estado trabajando durante tres años. Sus muros laterales estaban cubiertos de brillantes frescos murales. Justo encima de la cabeza de Miguel Ángel estaba el crucifijo de madera de Giotto.

Avanzó lentamente por la nave central, saboreando cada paso que daba, pues era como un viaje a través del arte de Italia: Giotto, pintor, escultor y arquitecto que, según la leyenda, había sido descubierto por Cimabue cuando era un pequeño pastor que dibujaba en la superficie de las rocas, y lo llevó a su taller. Más tarde se convertiría en el liberador de la pintura, sumida hasta entonces en la oscuridad inanimada de la época bizantina. Después de Giotto siguieron noventa años de imitadores hasta que —y allí, en la parte izquierda de la iglesia, Miguel Ángel vio la vigorosa y esplendorosa magnificencia de su Trinidad— Masaccio, surgido sólo Dios sabía de dónde, comenzó a pintar, y con él resucitó, magnífico, el arte pictórico de Florencia. A través de la nave, a la izquierda, vio un crucifijo de Brunelleschi; la capilla de la familia Strozzi, con frescos y esculturas de los hermanos Orcagna; el frente del altar mayor, con sus bronces de Ghiberti; y luego, como epítome de toda aquella magnificencia, la capilla Rucellai, construida por la familia de su madre a mediados del siglo XIII, cuando había entrado en posesión de su fortuna por mediación de uno de sus miembros, que había descubierto, en Oriente, el secreto para producir un hermoso tinte rojo.

Miguel Ángel jamás se había atrevido a subir los pocos escalones de la capilla Rucellai, a pesar de que contenía los tesoros del arte supremo de Santa Maria Novella. Una lealtad familiar se lo había impedido. Ahora que se había independizado en cierto modo de la familia e iba a trabajar allí, pensó si no habría ganado ya el derecho a entrar. Dejó el rollo que llevaba y subió los peldaños lentamente. Una vez dentro de la capilla, con su *Madonna*, de Cimabue, y la *Virgen con el Niño*, de

Nino Pisano, cayó de rodillas, pues ésta era la capilla donde la madre de su madre había orado durante toda su juventud y donde su madre había elevado sus oraciones en los días de fiesta.

Sintió que las lágrimas hacían arder sus ojos y luego desbordaban. Le habían enseñado varias oraciones, pero las repetía sin pensar. Y ahora subieron a sus labios inconscientemente. ¿Rezaba a las hermosas *madonnas*, o a su madre? ¿Existía en verdad una diferencia? ¿Acaso su madre no estaba sobre él, como una verdadera *madonna*, allá arriba, en el cielo?

Se levantó y avanzó hasta la *Virgen* de Pisano. Pasó sus largos y huesudos dedos sobre la maravilla de aquel ropaje de mármol. Luego se volvió y salió de la capilla. Se detuvo unos segundos al llegar a la escalera, mientras pensaba en el contraste entre sus dos familias. Los Rucellai habían construido esta capilla alrededor de 1225, al mismo tiempo que los Buonarroti adquirían su fortuna. Los Rucellai habían apreciado a los más prominentes artistas, casi los creadores de sus respectivas artes: Cimabue en la pintura, más o menos al final del siglo XIII, y Nino Pisano en 1365. Aun ahora, en 1488, competían amistosamente con los Medici por las esculturas de mármol que se estaban desenterrando en Grecia, Sicilia y Roma. Los Buonarroti, por el contrario, jamás habían ordenado la construcción de una capilla. Todas las familias de posición similar lo hicieron. ¿Por qué ellos no?

Detrás del coro vio a sus compañeros que cargaban todos los materiales en los andamios. ¿Era suficiente explicación decir que ello había ocurrido porque los Buonarroti no eran y jamás habían sido religiosos? La conversación de Ludovico estaba salpicada siempre de expresiones religiosas, pero Monna Alessandra había dicho de su hijo: "Ludovico aprueba todas las leyes de la Iglesia, aunque no obedece una sola de ellas".

Los Buonarroti habían sido siempre tacaños y unían su astucia para conseguir un florín a un fiero empeño para guardarlo. ¿Acaso aquel afán de invertir solamente en casas y tierras, la única verdadera fuente de riqueza de un toscano, hizo que los Buonarroti jamás gastaran un escudo en obras de arte? Miguel Ángel no recordaba haber visto una pintura o escultura en la casa Buonarroti. Y ello era realmente extraordinario para una familia rica que durante trescientos años vivió en la ciudad más creadora de arte del mundo.

Se volvió para lanzar una última mirada a los muros cubiertos de frescos de la capilla Rucellai y comprendió, con una sensación de desaliento, que los Buonarroti eran no sólo avaros sino enemigos de las artes, porque despreciaban a los hombres que las creaban.

Un grito de Bugiardini desde un andamio lo hizo volver en sí. Vio que todo el personal del taller se movía armónicamente. Bugiardini había puesto una capa de *intonaco* en el panel el día anterior y sobre aquella tosca superficie estaba aplicando una capa de mezcla que cubría toda la zona que se pintaría aquel día. Con Cieco, Baldinelli y Tedesco, tomó el bosquejo, que entre todos aplicaron sobre el panel mojado. Ghirlandaio marcó las líneas de las figuras en la revocadura fresca con un palo afilado de marfil y luego hizo una señal a sus ayudantes, que retiraron el papel. Los jóvenes aprendices bajaron por el andamiaje, pero Miguel Ángel se quedó para observar a Ghirlandaio mezclar sus colores minerales en pequeños tarros con agua, escurrir su pincel entre los dedos y comenzar a pintar.

Tenía que trabajar con seguridad y rapidez, pues su labor debía terminar antes de que la pasta del panel se secase aquella noche. Si se retrasaba, la pasta no pintada formaría una costra debido a las corrientes de aire que soplaban en la iglesia y esas porciones del panel quedarían inservibles. Si no hubiese calculado exactamente todo lo que podía pintar ese día, la pasta seca restante tendría que ser descascarada a la mañana siguiente y dejaría una marca perfectamente visible. En aquella clase de trabajo no eran posibles los retoques.

Miguel Ángel se quedó en el andamiaje con un balde de agua, rociando la zona hacia la que se dirigía el pincel de Ghirlandaio para mantenerla húmeda. Comprendió por primera vez la verdad que encerraba el dicho de que ningún cobarde llegaría a ser jamás un buen pintor de frescos. Observó a su maestro, que pintaba audazmente a la muchacha con la cesta de fruta en la cabeza. A su lado estaba Mainardi, que pintaba las dos tías de la familia Tornabuoni que llegaban para visitar a Isabel.

Benedetto estaba en la parte más alta del andamio. Pintaba el complicado techo, cruzado por numerosas vigas. A Granacci le había correspondido pintar a la criada que se veía en el centro del segundo plano con una bandeja que acercaba a Isabel. David trabajaba en la figura de Isabel, reclinada contra la cabecera de la cama ricamente tallada en madera. Bugiardini, a quien habían asignado la puerta y las ventanas, llamó a su lado a Miguel Ángel para que rociase su parte del panel con agua y luego dio un paso hacia atrás para contemplar, con admiración, la diminuta ventana que acababa de pintar sobre la cabeza de Isabel.

La culminación del panel llegó cuando Ghirlandaio, con la ayuda de Mainardi, pintó a la exquisita y joven Giovanna Tornabuoni ricamente ataviada con suntuosas sedas florentinas y refulgente de joyas. Miraba directamente a Ghirlandaio, sin el menor interés hacia Isabel, sentada en su lecho, ni hacia Juan, que mamaba del pecho de otra belleza.

El panel exigió cinco días de trabajo concentrado. Sólo a Miguel Ángel no se le permitió aplicar pintura. El pequeño estaba desesperado. Le parecía que aunque sólo llevaba en el taller tres meses, estaba tan calificado para trabajar en aquella pared como los demás aprendices. Pero, al mismo tiempo, una voz interior insistía en decirle que toda aquella febril actividad nada tenía que ver con él. Hasta cuando se sentía más infortunado al verse excluido, deseaba fervientemente correr a un mundo suyo.

Hacia el fin de la semana la capa de pasta comenzó a secarse. La cal quemada recuperó el ácido carbónico del aire, fijando los colores. Miguel Ángel vio entonces que estaba equivocado al pensar que los pigmentos se hundían en la pasta moja-da. Por el contrario, permanecían en la superficie cubiertos por una capa cristali-na de carbonato de cal. Todo el panel tenía ahora un lustre metálico que protegía los colores contra el calor, el frío y la humedad. Pero lo más asombroso era que ca-da uno de los segmentos iba secándose lentamente y adquiría los colores exactos que Ghirlandaio había creado en su taller.

Sin embargo, cuando fue solo a Santa Maria Novella el domingo siguiente a oír misa, se sintió defraudado: los dibujos habían perdido frescura y vigor. Las ocho mujeres seguían como naturalezas muertas en mosaico, como si estuviesen formadas de pedazos duros de piedra coloreada. Y aquello no era el nacimiento de Juan en la modesta familia de Isabel y Zacarías, sino una reunión social en la residencia de un magnate comercial de Italia, totalmente falto de espíritu o con-tenido religioso.

Ante el brillante panel, el muchacho comprendió que Ghirlandaio amaba Flo-rencia. La ciudad era su religión. Dedicaba toda su vida a pintar su gente, sus pa-lacios, sus habitaciones, exquisitamente decoradas, su arquitectura y sus calles, sus fiestas religiosas y políticas. ¡Y qué vista tenía! Nada se le escapaba. Puesto que nadie le encargaría que pintara Florencia, había convertido dicha ciudad en Jerusa-lén; el desierto de Palestina era Toscana, y todas las personas bíblicas, modernos florentinos. Porque Florencia era más pagana que cristiana, todos estaban satis-fechos con aquellos retratos sofisticados del pintor.

Miguel Ángel salió de la iglesia deprimido. Las formas eran soberbias, pero, ¿dónde estaba la sustancia? También él quería aprender a fijar exactamente en sus dibujos cuanto veía. Pero siempre consideraría más importante lo que sentía que lo que veía.

VIII

Se dirigió al Duomo, en cuyas frescas escaleras de mármol se reunían los jóvenes para charlar, reír y contemplar la fiesta. Cada día era una fiesta en Florencia. Los sábados, esta ciudad, la más rica de Italia, que había suplantado a Venecia en su comercio con Oriente, salía a las calles a demostrar que sus treinta y tres palacios bancarios proporcionaban riqueza a todos. Las jóvenes florentinas eran rubias, esbeltas y llevaban adornos de vivos colores en sus cabellos. Los hombres de edad vestían oscuros mantos, pero los jóvenes de las familias más destacadas usaban sus *calzoni* con las perneras de distintos colores y diseñados de acuerdo con el bla-són de la familia. Y sus séquitos vestían aproximadamente igual.

Jacopo estaba sentado encima de un antiguo sarcófago romano, uno de los varios que se hallaban colocados junto a la fachada de ladrillos de la catedral. Desde allí, hacía constantes comentarios sobre las muchachas que desfilaban ante él. Miguel Ángel se colocó a su lado y pasó una mano acariciante por el sarcófago. Sus dedos percibían el bajorrelieve del cortejo fúnebre de guerreros y caballos.

—¡Observa cómo estas figuras de mármol están todavía vivas y respiran! —dijo. Su voz tenía tanta emoción que sus compañeros se volvieron para mirarlo. Su ansiedad lo había dominado—. Dios —añadió— fue el primer escultor y esculpió la primera figura: un hombre. Y cuando quiso dar a la humanidad sus leyes, ¿qué material empleó? ¡La piedra! Los diez mandamientos grabados en una tabla de piedra, para Moisés. ¿Cuáles fueron la primeras herramientas que los hombres fabricaron? Las de piedra. Observen. Todos nosotros, los pintores, estamos descansando en la escalinata del Duomo. ¿Cuántos escultores hay en este grupo?

Sus camaradas quedaron asombrados ante aquel entusiasta arranque. Jamás lo habían oído hablar con tal énfasis. Sus ojos brillaban como carbones encendidos. Y les dijo por qué, a su juicio, no había más escultores: la fuerza gastada en tallar con el martillo y el cincel agotaba por igual la mente y el cuerpo.

Granacci contestó a su pequeño amigo:

—Si la extrema fatiga constituye el criterio del arte, entonces los canteros que extraen el mármol de la montaña con sus cuñas y palancas deben ser considerados más nobles que los escultores, y de la misma manera, los herreros son superiores a los orfebres, y los albañiles, más importantes que los arquitectos.

Miguel Ángel se sonrojó. Había cometido un desliz, e inmediatamente estudió los rostros de Jacopo, Tedesco y los dos muchachos de trece años.

—Pero tienes que convenir conmigo —dijo— en que la obra de arte se ennoblece en la medida en que representa la verdad. Entonces la escultura se acercará más a la verdadera forma, porque cuando uno trabaja el mármol la figura emerge por sus cuatro costados.

Sus palabras, por lo general escasas y espaciadas, se amontonaban ahora unas tras otras: el pintor extendía su pintura sobre una superficie plana y, por medio de la perspectiva, trataba de persuadir a la gente de que estaba mirando la totalidad de una escena; pero que cualquiera intentase girar alrededor de una persona pintada, o alrededor de un árbol o un edificio… Por el contrario, el escultor tallaba la realidad plena. Por eso los escultores tenían la misma relación con los pintores que la verdad con la mentira. Y si un pintor se equivocaba, ¿qué hacía? Reparaba, cubría su error con otra capa de pintura. El escultor, en cambio, tenía que ver, dentro del mármol, la forma que éste guardaba en su interior. No podía pegar las partes rotas. A eso se debía que no hubiese más escultores, porque se necesitaba una exactitud de juicio y visión mil veces mayor que la del pintor.

Jacopo saltó de su asiento sobre el sarcófago y extendió los dos brazos para indicar que iba a responder:

—La escultura es limitada y aburrida —dijo—. ¿Qué puede esculpir un escultor? Un hombre, una mujer, un león, un caballo. Y luego, vuelta a lo mismo. Es monótono. Pero el pintor, en cambio, puede pintar todo universo: el cielo, el sol, la luna y las estrellas, nubes y lluvia, montañas, árboles, ríos, mares... Los escultores han muerto todos de aburrimiento.

Sebastiano Mainardi se unió al grupo y escuchó. Había llevado a su esposa al paseo semanal y luego se dirigió a la escalinata del Duomo para unirse a sus jóvenes amigos.

—Es cierto —dijo—. El escultor necesita solamente un brazo fuerte y una mente vacía. Sí, vacía. Después que el escultor dibuja un sencillo bosquejo, ¿qué pasa por su cabeza durante los centenares de horas que martilla los cinceles y punzones? ¡Nada! Pero el pintor tiene que pensar en mil cosas, cada instante que pasa, para relacionar las partes integrantes de una obra. Crear la ilusión de una tercera dimensión es un arte. A eso se debe que la vida del pintor sea emocionante y la del escultor, opaca.

Lágrimas de frustración humedecieron los ojos de Miguel Ángel y se maldijo porque no era capaz de esculpir las palabras que expresasen las formas de piedra que sentía en su interior.

—La pintura —dijo— es perecedera. Un incendio en una capilla, un frío excesivo, y la pintura empieza a esfumarse, a resquebrajarse. ¡Pero la piedra es eterna! Nada puede destruirla. Cuando los florentinos demolieron el Coliseo, ¿qué hicieron con los bloques de piedra? Los incorporaron a otros muros. ¡Y piensen en las piezas de escultura griega que se están desenterrando y que tienen dos o tres mil años de antigüedad! ¡Muestren una pintura que sea tan antigua! Observen este sarcófago romano de mármol. Está tan sólido y brillante como el día en que fue esculpido...

—¡Y tan frío! —exclamó Tedesco.

Mainardi alzó un brazo para pedir atención:

—Miguel Ángel —comenzó cariñosamente—. ¿Se te ha ocurrido alguna vez que la razón por la que ya no quedan escultores es el elevado costo del material? Un escultor necesita un hombre rico o una organización que lo provea de mármol y bronce. El Gremio de Laneros de Florencia financió a Ghiberti durante cuarenta años para que produjese las puertas del Baptisterio. Cosimo de Medici proporcionó a Donatello todos los recursos que necesitaba. ¿Quién te proporcionaría la piedra y te mantendría mientras tú practicaras en ella? La pintura es barata y los encargos son abundantes. En cuanto al peligro del trabajo del escultor y de cometer el error fatal, ¿qué me dices del pintor que se dedica a hacer frescos? Si el escultor tiene que ver la forma inherente en la piedra, ¿acaso el pintor de frescos no tiene que prever el resultado final de sus colores en la pasta fresca y mojada, y saber exactamente cómo saldrán cuando la pasta se haya secado?

Miguel Ángel tuvo que convenir que eso era cierto.

—Además —continuó Mainardi—, todo cuanto puede intentarse en materia de escultura ha sido creado ya por los Pisano, Ghiberti, Orcagna, Donatello... Tomemos, por ejemplo, a Desiderio da Settignano, o Mino da Fiesole: tallaron bellas copias de Donatello. Y Bertoldo, que fue ayudante de Donatello y aprendió con él los secretos que su maestro había aprendido de Ghiberti, ¿qué ha creado sino unas cuantas miniaturas reducidas de los grandes conceptos de su maestro? Ahora está enfermo, casi moribundo, terminada su obra. No, no, el escultor puede hacer muy poco más que copiar, puesto que el campo de la escultura es reducido.

Miguel Ángel se calló. ¡Si tuviera mayores conocimientos!... ¡Ah, entonces podría convencer a sus compañeros de la magnificencia de modelar figuras en el espacio!

Granacci puso una mano sobre los hombros del niño y dijo:

—¿Has olvidado, *Michelagnolo*, lo que dijo Praxíteles: "La pintura y la escultura tienen los mismos padres: son artes hermanas"?

Pero Miguel Ángel se negó a aceptar aquellos argumentos. Sin decir nada, bajó los escalones de mármol y se alejó del Duomo, rumbo a su casa.

IX

Aquella noche no le fue posible dormir. Se revolvía insomne en el lecho. La habitación era un horno, pues su padre decía que el aire que penetraba por una ventana era peor que una puñalada. Buonarroto, que compartía su cama, dormía plácidamente, como lo hacía todo en la vida. Aunque dos años menor que Miguel Ángel, era el administrador de los cinco hermanos.

En la cama más próxima a la puerta dormía el bien y el mal de la progenie Buonarroti: Leonardo, un año y medio mayor que Miguel Ángel y que se pasaba la vida ansiando llegar a ser santo. Junto a él estaba Giovansimone, cuatro años menor, perezoso, descortés con sus padres, que una vez había incendiado la cocina de Lucrezia porque ésta lo había reprendido. Sigismondo, el más pequeño, dormía todavía en la cuna, a los pies de la cama de Miguel Ángel. Éste sospechaba que el pequeño jamás sería más que un tonto, ya que carecía de la capacidad de aprender.

Silenciosamente, saltó de la cama, se vistió y salió de casa. Recorrió la Via dell'Anguillara hasta la Piazza della Santa Croce, donde se alzaba la iglesia franciscana, tosca y sombría en su inconclusa estructura de ladrillo. Al pasar ante la galería lateral abierta, sus ojos buscaron la silueta del sarcófago de Nino Pisano, sostenido por sus cuatro figuras alegóricas. Torció a la izquierda y entró en la Via del Fosso, pasó ante la prisión y la casa perteneciente al sobrino de Santa Catalina de Siena. Al final de la calle estaba la tienda del químico más famoso de la ciudad. De allí se dirigió a la Via Pietrapiana, que le llevó, por la Piazza Sant'Ambrogio, a la iglesia donde estaban sepultados los escultores Verrocchio y Mino da Fiesole.

Después de dejar tras él la plaza, siguió El Borgo la Croce, hasta llegar a un camino rural llamado Via Pontassieve, y al final de éste se encontró el río Affrico, afluente del Arno. Después de cruzar la Via Piagentina llegó a Varlungo, un pequeño grupo de viviendas, y allí giró de nuevo a la izquierda y comenzó a ascender la ladera, hacia Settignano.

Llevaba una hora de camino. Amaneció un día caluroso y claro. Se detuvo en una ladera para contemplar las colinas de Toscana, que emergían de su sueño de tinieblas. No le importaban mucho las bellezas de la naturaleza que tanto emocionaban a los pintores. No. Amaba el valle del Arno por ser un paisaje esculpido. Y Dios había sido su supremo escultor.

Pensó que el toscano era un escultor nato. Una vez que se hacía cargo del paisaje, construía terrazas de piedra en él y dentro de ellas plantaba sus viñas, sus olivares, en perfecta armonía con las colinas. Y cada familia heredaba una forma escultórica: circular, oblonga, que servía de característica a la granja.

Ascendió a la cima de las colinas. Allí la piedra constituía el factor dominante: con ella, el campesino toscano construía sus casas, rodeaba sus campos, formaba terrazas en escalones en sus laderas y protegía la tierra contra la erosión. La naturaleza había sido pródiga con la piedra; cada colina era una cantera virgen todavía. Si los toscanos arañaban la superficie con sus uñas, encontraban enseguida materiales de construcción suficientes para levantar una gran ciudad.

Dejó el camino donde éste doblaba hacia la cantera de Maiano. Durante cuatro años después de la muerte de su madre había gozado de completa libertad para vagar por aquella campiña, aunque su edad era más apropiada para estar encerrado en una escuela. En Settignano no había maestro y su padre estaba demasiado encerrado en sí mismo para preocuparse... Y Miguel Ángel, mientras recordaba, atravesó una tierra de la cual conocía cada piedra y cada árbol como la palma de su mano.

Llegó a la aldea de Settignano: una docena de casas agrupadas en torno a una pequeña iglesia de grisácea piedra. Aquél era el corazón de la tierra de los canteros y de allí habían salido los más grandes *scalpellini* del mundo: las generaciones que habían construido Florencia. Estaba a sólo tres kilómetros de la ciudad, en el primer promontorio sobre el suelo del valle. Se decía de Settignano que las colinas que rodeaban a la aldea tenían un corazón de piedra y pechos de terciopelo.

Al atravesar el diminuto poblado rumbo a la casa Buonarroti, llegó a la casa en cuyo patio de canteros se había formado Desiderio da Settignano. La muerte lo había obligado a dejar el martillo y el cincel a la edad de treinta y seis años, pero ya entonces era famoso. Miguel Ángel conocía bien sus tumbas de mármol en Santa Croce y Santa Maria Novella, con sus exquisitos ángeles y la Virgen tallada con tanta ternura que parecía dormida más que muerta. Desiderio había tomado como aprendiz a Mino da Fiesole, un joven cantero a quien enseñó el arte de esculpir el mármol.

Ahora ya no quedaba un solo escultor en Florencia. Ghiberti, que había sido maestro de Donatello y de los hermanos Pollaiuollo, murió unos treinta y tres años antes. Donatello, que llevaba ya veintidós años bajo tierra, había dirigido un taller de escultor durante medio siglo, pero de sus discípulos, Antonio Rosselino murió nueve años antes; Lucca della Robbia, seis; y Verrocchio acababa de fallecer. Los hermanos Pollaiuolo estaban en Roma desde hacía cuatro años y Bertoldo, el favorito de Donatello y heredero de sus vastos conocimientos y de su taller, estaba mortalmente enfermo. Andrea y Giovanni della Robbia, adiestrados por Luca, su hermano, ya no esculpían la piedra y se dedicaban a bajorrelieves de terracota esmaltada.

Sí, la escultura había muerto. Al contrario de su padre, que deseaba haber nacido cien años antes, Miguel Ángel sólo pedía haberlo hecho cuarenta años antes, para poder aprender bajo la tutela de Ghiberti; o treinta años, para ser aprendiz de Donatello. Pero no, había nacido demasiado tarde y en una región en la cual, por espacio de doscientos cincuenta años desde que Nicola Pisano desenterró algunos mármoles griegos y romanos, se había creado en Florencia y el valle del Arno la mayor riqueza en escultura que se conociera desde los tiempos de Fidias, el escultor del Partenón de Atenas. Una misteriosa plaga que atacaba a los escultores de Toscana se había llevado hasta el último de ellos. La especie, después de haber florecido tan gloriosamente, estaba ahora extinguida.

Encogido el corazón de angustia, Miguel Ángel reanudó su camino.

X

La villa de los Buonarroti se hallaba enclavada en medio de una huerta de tres hectáreas, arrendada a extraños a la familia. Hacía meses que Miguel Ángel no la visitaba. Como siempre, lo sorprendió la belleza y espaciosidad de la casa, construida doscientos años antes con la mejor *pietra serena* de Maiano, grácil en sus austeras líneas, con amplios porches que miraban el valle, con la cinta de plata del río que brillaba como una decoración de platero. En la colina fronteriza estaba la casa de los canteros Topolino.

Cruzó el patio posterior y el sendero de piedra. Pasó frente a la cisterna, también de piedra, y enseguida corrió ladera abajo, entre un trigal a un lado y las uvas ya maduras de las viñas al otro, hasta el profundo arroyo que corría por el fondo del barranco, sombreado por una exuberante vegetación. Se quitó rápidamente las ropas y zapatillas y se lanzó al agua, en la cual jugueteó, gozoso por la frescura que daba a su cuerpo cansado. Luego se tendió en la hierba para secarse al sol, se vistió y comenzó la ascensión de la ladera opuesta.

Se detuvo cuando avistó del patio. Aquél era el cuadro que amaba, el que significaba hogar y seguridad para él. En su mente no existía diferencia alguna entre un *scalpellino* y un *scultore*, pues los *scalpellini* eran delicados artesanos que hacían destacar el color y la finura de la *pietra serena*. Era posible que existiese alguna diferencia en el grado de arte, pero no en la clase: cada piedra de los palacios de los Pazzi, Pitti y Medici había sido cortada, biselada y pulida como si se tratase de una pieza de escultura, lo cual era verdaderamente así para el *scalpellino* que la trabajaba.

El padre de los Topolino oyó los pasos de Miguel Ángel y saludó:

—Buenos días, *Michelangelo*.

—Buenos días, Topolino.

—*Come va?*

—*Non c'e male. E te?*

—*Non c'e male.* ¿El honorable Ludovico?

—Está bien.

En realidad a Topolino no le importaba cómo le iba a Ludovico, quien había prohibido a Miguel Ángel que fuese a la casa del cantero. Nadie se levantó para recibirlo, pues los canteros muy rara vez interrumpen el ritmo de su trabajo. Los dos hijos mayores y el tercero, que tenía la misma edad que Miguel Ángel, lo acogieron con cordialidad.

—*Ben venuto, Michelangelo.*

—Salve, Bruno. Salve, Gilberto. Salve, Enrico.

Las palabras del *scalpellino* eran escasas y sencillas, haciendo juego, en su extensión, con el golpe del martillo. Cuando trabajaba la piedra no hablaba con nadie: uno, dos, tres, cuatro, cinco, seis, siete, ni una palabra de los labios, únicamente el ritmo del hombro y la mano armada del cincel. Luego, hablar, en el período de pausa: uno, dos tres, cuatro. La frase tiene que amoldarse a los cuatro espacios o permanece muda o incompleta.

Un cantero no recibía instrucción. Topolino calculaba sus contratos contando con los dedos. A los hijos se les daba un martillo y un cincel a los seis años, como había ocurrido con Miguel Ángel, y a los diez ya trabajaban como oficiales idóneos en la piedra. Nadie se casaba fuera del círculo de su profesión. Los acuerdos con los constructores y arquitectos pasaban de padres a hijos, igual que los empleos en las canteras de Maiano, donde ningún extraño encontraba trabajo.

—¿Estás de aprendiz en el taller de Ghirlandaio? —preguntó Topolino.

—Sí.

—¿No te gusta?

—No mucho.

—*Peccato!*

—Entonces, ¿por qué sigues? —inquirió el segundo hijo.

—Aquí podríamos emplear un cantero —añadió Bruno.

Miguel Ángel miró al hijo mayor y al padre.

—*Davvero?*

—*Davvero.*

—¿Me aceptaría como aprendiz?

—Con la piedra no eres un aprendiz. Puedes ganarte un jornal.

Miguel Ángel se emocionó. Todos callaron mientras Miguel Ángel miraba seriamente al padre, que acababa de hacer el ofrecimiento.

—Es que mi padre… —dijo.

—*Ecco!*

Miguel Ángel se sentó ante un bloque de piedra, con un martillo en una mano y un cincel en la otra. Le agradaba tener aquellas herramientas entre sus dedos, su peso, su equilibrio. La piedra era una cosa concreta, no abstracta. Él poseía una habilidad natural, que el mes de alejamiento no había conseguido menguar. Bajo sus golpes, la *pietra serena* se partía como un pastel. Poseía un ritmo nato entre el movimiento ascendente y descendente del martillo, mientras el cincel iba deslizándose sobre el tajo abierto en la piedra. El contacto con la piedra le hacía experimentar la sensación de que el mundo andaba bien otra vez y los impactos de sus martillazos parecían proyectar olas de fuerza por sus delgados brazos hasta sus hombros.

La *pietra serena* que trabajaba estaba cálida, tenía un color azul grisáceo que vivía y reflejaba la cambiante luz. Resultaba refrescante mirarla. La piedra tenía durabilidad, a pesar de lo cual era dócil, elástica, tan jubilosa de carácter como de color, y daba una serenidad de cielo italiano a todos los que la trabajaban.

Los Topolino le habían enseñado a trabajar la piedra con cariño, a buscar sus formas naturales, aunque pudiera parecer sólida, y a no irritarse o dejar de sentir simpatía hacia el material.

—La piedra trabaja contigo —decía el padre— y se revela. Pero debes golpearla debidamente. A la piedra el cincel no le causa dolor. No se siente violada. Su naturaleza es cambiar. Cada piedra tiene su propio carácter, el cual debe ser comprendido por quien la trabaja. Manéjala con sumo cuidado o se destrozará. ¡Y jamás debes permitir eso!

Sus primeras lecciones le enseñaron que el poder y la durabilidad están en la piedra misma, no en los brazos ni en las herramientas. La piedra es la que manda, no el cantero. Si algún cantero llegase a creer que él domina la piedra, ésta se resistiría, invalidando todos sus esfuerzos. Y si un cantero golpease a la piedra como un ignorante *contadino* golpea a sus bestias, el rico, cálido y vivo material se tornaría opaco, descolorido, feo, y moriría entre sus manos.

Desde el principio se le había enseñado que la piedra tiene una cualidad mística: tiene que ser cubierta durante la noche, porque si la alcanza el brillo de la luna llena se resquebraja. Cada bloque tiene partes huecas y vetas torcidas dentro de sí. Para que siga siendo dócil, debe ser mantenido al abrigo en bolsas húmedas. El calor da a la piedra las mismas ondulaciones que tenía en su yacimiento original de la montaña. El hielo es su enemigo.

Los *scalpellini* respetaban la piedra. Para ellos era el material más perdurable de la tierra. La piedra les había proporcionado, durante más de mil años, una profesión, una habilidad y un justificado orgullo, además de los medios de vida. Adoraban la piedra igual que sus antepasados etruscos. Y la trabajaban reverentemente.

Monna Margherita, una mujer que atendía animales y sembrados, así como la cocina y lavado de ropas, había salido de la casa y escuchaba al amparo del porche. Había amamantado a Miguel Ángel durante dos años, juntamente con su hijo menor, y el día que sus pechos se secaron los puso a una dieta de vino. El agua era para bañarse antes de ir a la misa. Y Miguel Ángel sentía hacia ella un cariño muy parecido al que tenía por Monna Alessandra, su abuela. La besó en ambas mejillas.

—*Buon giorno, figlio mio.*

—*Buon giorno, madre mia.*

—Pazienza —aconsejó ella—. Ghirlandaio es un buen maestro.

Topolino se había puesto de pie:

—Tengo que elegir piedra en la caverna Maiano. ¿Quieres ayudarme a cargar?

—Con mucho gusto. *A rivederci, nonno. A rivederci, Bruno. Addio, Gilberto. Addio, Enrico.*

—*Addio, Michelangelo.*

Se sentaron uno junto al otro en el elevado asiento, detrás de los dos bueyes blancos. En el olivar, los trabajadores estaban subidos a escaleras de madera. Tenían unos cestos atados a sus cinturas. Agarraban las ramas con la mano izquierda y arrancaban con la derecha las pequeñas aceitunas negras con movimientos como los que realizaban los ordeñadores. Los recolectores de aceitunas son conversadores. Trabajan dos en cada árbol y se hablan a través del ramaje, porque para el *contadino* no hablar es morir un poco.

El camino ascendía por el monte Ceceri hasta la cantera. Cuando dejaron tras ellos la curva de Maiano, Miguel Ángel vio el barranco en la montaña, con su *pietra serena* azulada o gris y las vetas teñidas de hierro. La piedra se extendía en capas horizontales. De aquella cantera, Bruneleschi había elegido las piedras para sus exquisitas iglesias de San Lorenzo y Santo Spirito. Allá arriba, en el acantilado que formaba la cantera, algunos hombres marcaban un bloque que debía ser trabajado. Miguel Ángel vio las capas sucesivas en la formación pétrea.

La zona plana de trabajo, donde caía el estrato después de haber sido separado, reverberaba de calor y polvillo de la piedra. Los hombres que la cortaban, partían y daban forma estaban empapados de sudor. Eran pequeños, delgados pero fuertes, y trabajaban la piedra desde el amanecer hasta la puesta del sol sin fatigarse. Eran capaces de trazar surcos tan derechos en la piedra, con su martillo y cincel, como los que traza el dibujante con su regla y su pluma. Conocía a todos aquellos hombres desde los seis años. Lo saludaron, preguntándole qué tal andaban sus cosas. Era gente primitiva que dedicaba su vida a la fuerza más simple y rudimentaria de la tierra: la piedra de las montañas.

Topolino inspeccionó los bloques recién separados de la piedra madre, con aquel fluido comentario que Miguel Ángel conocía tan bien:

—Ésa tiene nudos. Demasiado hierro en ésta. Ésta estará hueca. —Hasta que por fin, subiendo por las rocas y dirigiéndose hacia el acantilado, exclamó de pronto: —¡Ah! ¡Aquí tenemos un hermoso pedazo de carne!

Abrió la primera brecha entre el suelo y el bloque de piedra con una palanca de hierro. Entre los dos, llevaron la pesada piedra hasta un lugar apropiado y allí, con la ayuda de los canteros, el bloque fue alzado hasta el carro. Miguel Ángel se limpió el sudor con la manga de la camisa. Nubes que anunciaban lluvia bajaron hacia el Arno desde las montañas del norte. Y Miguel Ángel se despidió de Topolino.

—A domani.

—A domani —respondió Topolino.

El muchacho emprendió la marcha monte abajo. Se sentía grande como un gigante.

XI

Después de haberse tomado aquel día libre sin permiso, Miguel Ángel llegó temprano al estudio. Ghirlandaio había estado levantado toda la noche dibujando a la luz de unas velas. Sin afeitar, su barba azulada y las hundidas mejillas le daban el aspecto de un anacoreta.

Miguel Ángel se dirigió a un lado del estrado sobre el que se hallaba la mesa de trabajo del maestro, esperó a que éste levantara los ojos hacia él y luego preguntó:

—¿Ocurre algo?

Ghirlandaio se puso en pie, alzó las manos lentamente hasta el pecho y luego movió los dedos, como si tratase de ahuyentar sus preocupaciones. El muchacho subió al estrado y contempló las docenas de bosquejos incompletos del Cristo a quien Juan iba a bautizar. Las figuras eran sumamente delicadas.

—Me intimida el tema —gruñó Ghirlandaio como para sí—. He tenido miedo de utilizar a un florentino que pueda ser reconocido.

Tomó una pluma y la movió rápidamente sobre una hoja de papel. Lo que emergió de aquellos trazos fue una figura imprecisa, empequeñecida por el audaz Juan que el pintor había completado ya y que esperaba, con el cuenco en las manos. Ghirlandaio arrojó la pluma sobre la mesa con un gesto de disgusto y murmuró que se iba a dormir. Miguel Ángel salió al fresco y comenzó a dibujar a la clara luz de la estival mañana florentina.

Durante una semana dibujó experimentalmente. Por fin tomó una hoja de papel y trazó una figura de poderosos hombros, pecho musculoso, amplias caderas, estómago ligeramente convexo y robustas piernas asentadas con firmeza sobre grandes y sólidos pies: un hombre capaz de partir un bloque de *pietra serena* con un golpe de martillo.

Ghirlandaio se sobresaltó cuando Miguel Ángel le enseñó su Cristo.

—¿Has utilizado un modelo? —preguntó.

—El cantero de Settignano que colaboró en mi crianza.

—Florencia jamás aceptará un Cristo de la clase trabajadora, Miguel Ángel. Está acostumbrada a verlo siempre representado como a un gentil.

Miguel Ángel reprimió una ligera sonrisa.

—Cuando me aceptaste como aprendiz, me dijiste: "La verdadera pintura eterna es mosaico" y me enviaste a San Miniato, para que viera el Cristo que Baldovinetti restauró. Ese Cristo, del siglo X, no es un comerciante de lanas de Prato.

—Es una cuestión de tosquedad, de crudeza, no de potencia —replicó Ghirlandaio—. Los jóvenes lo confunden fácilmente.

Miguel Ángel explicó que prefería el campesino de Donatello al Cristo etéreo de Brunelleschi, tan delicado que parecía haber sido creado únicamente para la Crucifixión. Con la figura de Donatello, la crucifixión había llegado como una aterradora sorpresa, igual que para María y los demás que se veían al pie de la cruz. Y sugirió que quizá la espiritualidad de Cristo no dependía de su delicadeza corporal, sino más bien de la indestructibilidad de su mensaje.

Ghirlandaio reanudó su trabajo, lo cual era indicación de que el aprendiz debía retirarse. Miguel Ángel salió al patio y se sentó al sol, con el mentón hundido en el pecho.

Unos días después, el taller era una colmena excitada. Ghirlandaio había acabado su Cristo. Cuando se permitió a Miguel Ángel que contemplase la figura terminada, se quedó inmóvil de asombro: ¡era su Cristo! Las piernas aparecían dobladas en una posición angular; el pecho, los hombros y los brazos eran los de un hombre acostumbrado a cargar objetos pesados, a construir casas; el estómago, ligeramente convexo, había absorbido sólidas cantidades de alimentos. En general, la figura, por su poder y realismo, superaba en mucho a cuantas Ghirlandaio había pintado hasta entonces, todas ellas a modo de naturalezas muertas.

Si Miguel Ángel esperaba que Ghirlandaio reconociese su colaboración, experimentó un desengaño. El maestro había olvidado, aparentemente, la discusión y el dibujo de su aprendiz.

A la semana siguiente el taller entero se trasladó a Santa Maria Novella para dar comienzo a la *Muerte de la Virgen* en la luneta que culminaba el lado izquierdo del coro. Granacci estaba satisfecho porque Ghirlandaio le había confiado la ejecución de un número de apóstoles y se encaramó en el andamio cantando alegremente. Mainardi lo siguió para pintar la figura arrodillada a la izquierda de la reclinada María, mientras David, en el extremo derecho, ejecutaba su tema favorito: un camino toscano que serpenteaba por una ladera montañosa hasta una blanca villa.

Santa Maria Novella estaba vacía. Solamente algunas ancianas oraban ante las *madonnas*. El tabique de lona había sido bajado para permitir que el aire fresco penetrase en el coro. Miguel Ángel se hallaba indeciso bajo el andamiaje. Poco después comenzó a caminar por la larga nave central hacia la brillante luz solar. Se volvió para lanzar una última mirada al andamiaje, que se alzaba piso sobre piso frente a las ventanas de vidrios coloreados, a los brillantes colores de varios paneles ya terminados y a los ayudantes de Ghirlandaio, que aparecían como diminutas figuras.

En el centro de la iglesia había unos cuantos bancos de madera. Colocó uno en posición conveniente, tomó papel y carboncillo de dibujo y empezó a bosquejar la escena que tenía ante sí. De pronto se sorprendió al ver que unas sombras bajaban por el andamiaje.

—Es hora de almorzar —anunció Granacci—. Es raro ver cómo la pintura de temas espirituales le abre a uno el apetito carnal.

Miguel Ángel comentó:

—Hoy es viernes y comerás pescado en lugar de *bistecca*. ¡Vete, vete! Yo no tengo apetito.

La iglesia vacía le brindó la oportunidad de dibujar la arquitectura del coro. Mucho antes de lo que había imaginado, sus camaradas volvían a subir por el andamiaje. El sol pasó al oeste y llenó el coro de brillantes colores. Sintió que alguien miraba a su espalda, se volvió y vio a Ghirlandaio. El muchacho no dijo una palabra. Pero el maestro murmuró con voz agitada.

—¡No puedo creer que un niño de tan pocos años haya recibido semejante don! Hay cosas sobre las cuales ya sabes más que yo, que llevo más de treinta años trabajando en la pintura. Ven al estudio mañana temprano, es posible que de hoy en adelante podamos hacer que tu vida sea más interesante.

Miguel Ángel se fue a su casa con el rostro transfigurado de jubiloso éxtasis.

A la mañana siguiente esperó con enorme impaciencia las primeras luces del amanecer. Se vistió rápida y nerviosamente y corrió a la *bottega*. Ghirlandaio estaba ya sentado ante su mesa de trabajo.

—Dormir es el fastidio más grande que conozco —dijo—. Acerca una silla.

El muchacho se sentó ante el pintor, que corrió la cortina que había detrás de él para que entrase la luz del norte.

—Vuelve la cabeza... un poco más. Voy a dibujarte. Serás el joven Juan que parte de la ciudad para el desierto. No me fue posible encontrar un modelo satisfactorio hasta que te vi trabajando ayer en Santa Maria Novella...

Miguel Ángel se entristeció... ¡Aquello, después de toda una noche de insomnio, soñando despierto con la creación de temas que habrían de llenar los paneles todavía vacíos de la iglesia!

No había sido intención de Ghirlandaio engañar a su aprendiz. Ahora llamó a Miguel Ángel, le enseñó el plan general de la *Muerte de la Virgen* y dijo como de pasada:

—Quiero que colabores con Granacci en esta escena de los apóstoles. Después te dejaremos que pruebes tu mano en las figuras de la izquierda, juntamente con el pequeño ángel que va al lado de ellas.

Granacci no sabía qué eran los celos. Entre los dos bosquejaron las figuras de los apóstoles.

—Mañana, después de la misa —dijo Granacci—, te haré comenzar desde abajo.

Y en efecto, a la mañana siguiente lo puso a trabajar en el muro de piedra, en el fondo del patio del taller.

—La pared en la que trabajes —dijo— tiene que ser sólida; si se desmorona, tu fresco se desmoronará con ella. Observa si contiene salitre, basta una pequeña porción para comerse tu pintura. Evita emplear arena que haya sido sacada de lugares demasiado cercanos al mar. La cal tiene que ser vieja, estacionada. Yo te enseñaré cómo debes utilizar la paleta para conseguir una superficie perfectamente lisa. Recuerda que el revoque tiene que ser mezclado con la menor cantidad de agua posible hasta darle la consistencia de la manteca.

Miguel Ángel hizo lo que se le había enseñado. Cuando la mezcla estuvo en su debido punto, Granacci le entregó una tabla cuadrada que debía sostener en una mano y una paleta flexible, de unos doce centímetros, para aplicar la mezcla. El muchacho no tardó en tomarle la mano a la tarea, y cuando la mezcla se hubo secado suficientemente, Granacci colocó una hoja de papel que contenía un dibujo y la aplicó sobre el muro revocado, mientras Miguel Ángel utilizaba el punzón de marfil para pasarlo sobre las líneas de varias figuras. Luego, mientras Granacci sostenía todavía el papel, tomó una pequeña bolsa de carbonilla y cubrió los agujeros. Granacci retiró entonces el papel y Miguel Ángel marcó las líneas que unían agujeros con ocre rojo; una vez seco, sacó la carbonilla con suaves golpecitos aplicados con unas plumas.

Mainardi entró en el estudio, vio lo que estaban haciendo Granacci y Miguel Ángel y llamó al segundo, a quien le dijo:

—Tienes que recordar que la mezcla fresca cambia su consistencia. Por la mañana tienes que mantener líquidos tus colores para que no taponen los poros. Hacia la puesta del sol tienen que seguir líquidos, porque la mezcla absorberá menos. La mejor hora para pintar es alrededor del mediodía. Pero antes que puedas aplicar los colores, tendrás que aprender a molerlos. Como sabrás, sólo hay siete colores naturales. Vamos a empezar por el negro.

Los colores se adquirían en la botica y venían en pedazos como nueces. Se utilizaba como base un trozo de pórfido y una mano de almirez también pórfido para molerlos. Aunque el mínimo de tiempo que se necesitaba para esa operación era media hora, ninguna pintura de las empleadas para los paneles pintados por Ghirlandaio se molía en menos de un par de horas.

El maestro había entrado en el estudio.

—¡Un momento! —exclamó—. Miguel Ángel, si deseas un verdadero negro mineral, usa esta tiza negra; si quieres un negro poco firme, será necesario que mezcles un poco de verde mineral, más o menos esta cantidad, en un cuchillo. —Ya entusiasmado con el tema, se desprendió de su capa. —Para el color de la carne humana, tienes que mezclar dos partes del más fino almagre con una parte de cal blanca bien remojada. Déjame que te enseñe las proporciones.

Cuando el fresco de Granacci estuvo listo, Miguel Ángel subió el andamio para actuar como ayudante. Ghirlandaio no le había dado permiso todavía para manejar el pincel, pero trabajó durante una semana aplicando el revoque y mezclando los colores.

Había llegado ya el otoño cuando completó sus propios dibujos para la *Muerte de la Virgen* y estaba en condiciones de crear su primer fresco. El aire otoñal era cortante. Los *contadini* estaban talando los árboles y se llevaban las ramas para emplearlas como leña para el invierno.

Los dos amigos subieron al andamio cargados de baldes de mezcla agua, pinceles, cucharas para mezclar los colores, papeles con los dibujos del panel y bosquejos coloreados. Miguel Ángel cubrió una pequeña zona de revoque. Luego colocó sobre ella el dibujo del santo de blanca barba y larga cabellera. Empleó la varita de marfil, la bolsa de carbonilla, el ocre rojo para los agujeros y el tosco plumero. Luego mezcló los colores para *verdaccio*, que aplicó con un pincel blando, para obtener una base delgada. Tomó el pincel fino y con *terra verde* diseñó las características principales del rostro: la enérgica nariz romana, los ojos profundamente hundidos en sus cuencas, la cabellera blanca hasta los hombros y el largo bigote que bajaba graciosamente hasta la espesa barba. Libremente, con sólo una mirada a su bosquejo, trazó el cuello, el hombro y el brazo del anciano.

Ya listo para aplicar la pintura en serio, volvió sus ojos hacia Granacci.

—Yo ya no puedo ayudarte más, *Michelagnolo* mío —dijo Granacci—. El resto está entre tú y Dios. *Buona fortuna.*

Y dichas esas palabras bajó del andamio.

Miguel Ángel se encontró solo en el coro, solo en su andamio cerca del techo de la iglesia, como si estuviese sobre el mundo entero. Por un instante sufrió un ligero vértigo. Su mano tomó el pincel y lo apretó entre los dedos, a la vez que recordaba que en las primeras horas de la mañana tendría que mantener líquidos sus colores. Tomó un poco de *terra verde* y comenzó a sombrear aquellas partes del rostro que serían las más oscuras: bajo la barbilla, la nariz, los labios, las comisuras de la boca y las cejas.

Trabajó una semana solo. El estudio estaba allí, presto a acudir en su ayuda si la solicitaba, pero nadie se la brindó espontáneamente. Éste era su bautismo.

Al tercer día, todos sabían ya que Miguel Ángel no seguía las reglas establecidas. Dibujaba cuerpos anatómicamente desnudos de figuras masculinas, utilizando como modelos a dos hombres que había bosquejado mientras descargaban un carro en el Mercado Viejo, para luego envolverlos con sus ropajes, o sea, lo contrario de la costumbre de sugerir los huesos de una figura por medio de los pliegues de un manto.

Ghirlandaio no hizo el menor esfuerzo para corregirlo.

Miguel Ángel jamás había visto un ángel, por lo que no sabía cómo dibujarlo. Pero todavía le resultaba de mayor perplejidad la cuestión de las alas, pues nadie podía decirle si estaban formadas de carne o de algún material diáfano. Tampoco podía informarle nadie sobre el halo: ¿era sólido como un metal o etéreo como un arco iris?

Sus camaradas se burlaban de él despiadadamente.

—¡Esas no son alas ni cosa que se le parezca! —exclamaba Cieco.

—¡Sí, son falsas! ¡Se esfuman en el manto de tal modo que nadie podrá verlas!

Sus dos figuras constituían por sí solas un cuadro aparte. Estaban localizadas en un rincón inferior de la luneta, bajo una montaña en forma de cono, coronada por un castillo. El resto de la luneta estaba cuajado de figuras: más de veinte, que rodeaban el féretro de la Virgen. Sus rostros apócrifos aparecían en distintos ángulos, pero en todos se percibía la honda angustia. Hasta resultaba un poco difícil descubrir a María.

Cuando Miguel Ángel bajó del andamio la última vez, Jacopo pasó el sombrero negro de David y todos contribuyeron con algunos *scudi* para comprar vino. Jacopo brindó primero:

—Por nuestro nuevo camarada… que pronto será aprendiz de Rosselli.

Miguel Ángel recibió aquellas palabras con disgusto.

—¿Por qué dices eso?

—Porque te ha robado la luneta.

A Miguel Ángel nunca le había gustado el vino, pero aquella copa de Chianti se le antojó particularmente amarga.

—¡Cállate Jacopo! ¡No me crees dificultades!

A última hora de aquella tarde, Ghirlandaio lo llamó aparte.

—Dicen que soy envidioso —le confió—. Es cierto. Pero no de esas figuras tuyas que carecen de madurez y son toscas. Mi hijo Rodolfo, que tiene seis años, copia mejor el método de la *bottega* que tú. Pero no quiero que haya un mal entendido. Estoy envidioso de lo que habrá de ser, con el tiempo, tu maestría en el dibujo. Ahora bien, ¿qué voy a hacer contigo? ¿Dejarte que vayas con Roselli? ¡De ninguna manera! Queda todavía mucho trabajo que hacer en estos paneles. Prepara el dibujo para las figuras restantes de los personajes que van a la derecha.

Miguel Ángel volvió al taller aquella noche, tomó sus copias de los dibujos de Ghirlandaio de la mesa y en su lugar puso los originales. A la mañana siguiente, Ghirlandaio murmuró cuando Miguel Ángel pasaba junto a él:

—Gracias por devolverme mis dibujos. Espero que te hayan sido útiles.

XII

El valle del Arno se caracterizaba porque en él el invierno era peor que en cualquier otra parte de Italia. El frío tenía una cualidad insinuante que cubría la piedra y la lana y mordía la carne. Después de los fríos llegaron las lluvias y las calles empedradas eran verdaderos ríos.

El taller de Ghirlandaio tenía una única chimenea. Alrededor de ella se sentaban todos los discípulos, ante una mesa semicircular que estaba frente a las llamas, muy juntos para darse calor, frías las espaldas, pero los dedos lo bastante calientes como para trabajar. Santa Maria Novella era peor todavía. Las heladas corrientes de aire que atravesaban la iglesia silbaban entre las tablas y las ataduras de cuero del andamiaje. Era como tratar de pintar de cara contra un intenso vendaval.

Pero si el invierno era intenso, también era corto. Al llegar marzo el tramontana había dejado de soplar, los rayos del sol irradiaban algo más de calor otra vez y el cielo tenía algunos parches de azul. Uno de aquellos días Granacci entró como una tromba en el taller. Miguel Ángel no lo había visto nunca tan excitado.

—Ven conmigo —dijo—. Tengo algo que enseñarte.

Guió a Miguel Ángel a través de la ciudad, hacia la Piazza San Marco. Ambos se detuvieron un instante mientras pasaba una procesión que llevaba unas reliquias desde el altar de Santa Maria del Fiore a San Girolamo: una mandíbula y un hueso del brazo ricamente envueltos en telas de oro y plata.

En la Via Larga, frente a uno de los muros laterales de la iglesia, había una gran puerta.

—Entremos aquí —dijo Granacci.

Abrió la puerta de hierro. Miguel Ángel entró y se quedó confundido. Era un enorme jardín oblongo en el cual había pequeños edificios. En el frente, y directamente en el extremo de una senda recta, se veía un estanque, una fuente y, sobre un pedestal, la estatua de mármol de un niño que se sacaba una espina del pie. En el amplio porche de aquel pequeño caserío, un grupo de jóvenes trabajaba en varias mesas.

Los cuatro muros del jardín eran galerías abiertas, en las cuales había muchos bustos de mármol antiguos: los emperadores Adriano y Augusto, Escipión, la madre de Nerón, Agripina y numerosos cupidos dormidos. Había otra senda recta que llevaba al caserío. La bordeaban dos filas de cipreses. Desde los cuatro rincones del cuadrángulo, uniéndose en el caserío, había otras sendas bordeadas de árboles.

Miguel Ángel no podía apartar los ojos de la galería en la que dos jóvenes trabajaban un bloque de piedra, que medían y marcaban, mientras otros tallaban con cinceles dentados.

Se volvió hacia Granacci y preguntó:

—¿Qué es esto?

—Un jardín de escultura, para formar escultores. Perteneció a Clarice de Medici. Lorenzo se lo compró para que fuese su tumba, en caso de que falleciese. Clarice murió en julio pasado y Lorenzo ha creado aquí una escuela para escultores y puso a Bertoldo al frente de ella.

—¡Pero Bertoldo ha muerto!

—No. Estaba agonizando, pero Lorenzo lo hizo traer aquí en una litera desde el hospital de Santo Spirito, le mostró el jardín y le dijo que lo comisionaba para la tarea de restablecer los días de grandeza de Florencia como ciudad de escultores. Bertoldo se bajó de la litera y prometió a Lorenzo que crearía nuevamente la era de Ghiberti y Donatello. ¡Allí tienes a Bertoldo, en el porche! Lo conozco. ¿Quieres que te lo presente?

Avanzaron por el camino de arena, rodearon la fuente y pasaron junto al estanque.

Media docena de mozalbetes y hombres, cuyas edades oscilaban entre los quince y los treinta años, trabajaban en mesas de madera. Bertoldo, un hombre tan delgado que parecía ser un espíritu sin cuerpo, llevaba la blanca cabeza envuelta en un turbante.

—Maestro Bertoldo —dijo Granacci cuando estuvieron a su lado—, ¿me permites que te presente a mi amigo Miguel Ángel?

Bertoldo levantó la cabeza. Tenía los ojos de color azul claro y una voz suave, que sin embargo se hacía oír por encima de los golpes de martillo. Miró a Miguel Ángel.

—¿Quién es tu padre?

—Ludovico di Lionardo Buonarroti-Simoni.

—El nombre me es conocido. ¿Trabajas la piedra?

Miguel Ángel estaba absorto. Alguien llamó a Bertoldo, que se excusó y se dirigió al extremo opuesto de la galería. Granacci tomó una mano de su amigo y lo condujo a través de las habitaciones del caserío. En una de ellas estaban expuestas las colecciones de camafeos, monedas y medallas de Lorenzo de Medici; en otras se veían obras de todos los artistas que habían trabajado para la familia Medici: Ghiberti, Donatello, Benozzo Gozzoli… Se hallaban allí los modelos de Brunelleschi para el Duomo, los dibujos de santos de Fra Angelico para San Marcos, los bosquejos de Masaccio para la iglesia del Carmen; todo un tesoro que dejó boquiabierto al niño.

Granacci volvió a tomarlo de la mano y lo llevó por la senda hasta la puerta. Salieron por ella a la Via Larga. Miguel Ángel se sentó en un banco de la Piazza San Marco y se vio rodeado inmediatamente por docenas de palomas. Cuando por fin alzó la cabeza para mirar a Granacci, sus ojos tenían una mirada febril.

—¿Quiénes son esos aprendices? —le preguntó—. ¿Cómo han hecho para ser admitidos?

—Lorenzo de Medici los ha elegido.

—Y a mí me quedan todavía dos años más en el taller de Ghirlandaio —exclamó Miguel Ángel, quejumbroso—. *Mamma mía!* ¡He destruido mi vida!

—*Pazienza* —lo consoló Granacci—. Todavía no eres un viejo ni mucho menos. Cuando hayas completado tu aprendizaje…

—¿Paciencia? —estalló Miguel Ángel—. Granacci, ¡tengo que ingresar en ese jardín de escultura! ¡Ahora mismo! ¡No quiero ser pintor sino escultor! ¡Pero ahora, sin perder un solo día! ¿Qué tengo que hacer para que me admitan?

—Tienes que ser invitado.

—¿Y qué debo hacer para que se me invite?

—No sé.

—¿Quién lo sabe? ¡Alguien tiene que haber que lo sepa!

—¡No seas tan impaciente, Miguel Ángel! ¡Me vas a tirar al suelo si sigues empujándome!

Miguel Ángel se tranquilizó un poco. Sus ojos se llenaron de lágrimas de frustración.

—¡Ay, Granacci! —exclamó—. ¿Has deseado alguna vez algo tan intensamente que no te era posible resistir más?

—No… Confieso que no.

—¡Qué suerte tienes!

Libro segundo

El jardín de escultura

I

Se sentía atraído hacia el jardín de la Piazza San Marco como si las antiguas estatuas de piedra tuvieran imanes que lo empujasen allí. Algunas veces ni siquiera sabía que sus pies lo llevaban al lugar. No hablaba con nadie, ni se aventuraba por la senda que atravesaba el césped hasta el *casino*, donde Bertoldo y los aprendices trabajaban. Se quedaba inmóvil, mirando, con una tremenda ansia en los ojos.

Revolviéndose nervioso en la cama hasta altas horas de la noche, mientras sus hermanos dormían a su alrededor, pensaba: "Tiene que haber algún medio. La hermana de Lorenzo de Medici, Lannina, está casada con Bernardo Rucellai. Si fuese a ver a Bernardo y le dijese que soy hijo de Francesca y le pidiese que hablase en mi favor a *Il Magnifico*...".

Pero un Buonarroti no podía ir a ver a un Rucellai con el sombrero en la mano, como un mendigo.

Ghirlandaio se mostraba paciente.

—Tenemos que terminar el panel del *Bautismo* en unas semanas y bajar nuestro andamio al panel inferior de *Zacarías escribiendo el nombre de su hijo*. Escasea el tiempo. ¿Qué te parece si empiezas a dibujar en lugar de andar correteando por las calles?

—¿Puedo traerle un modelo del Neófito? Vi uno en el Mercado Viejo, mientras descargaba un carro.

—Bien, puedes traerlo.

El niño dibujó su tosco y joven *contadino* recién llegado de la campiña, con sus calzas como única vestimenta, arrodillado sobre una pierna para sacarse los zuecos, torpe la figura, apelotonados y sin gracia los músculos. Pero el rostro estaba transfundido de luz mientras contemplaba a Juan. Detrás de aquella figura dibujó dos ayudantes de Juan, ancianos de barbas blancas, hermosos de cara y poderosos de cuerpo.

Granacci se movía intranquilo cerca de él, mientras las figuras iban emergiendo en el papel. Por fin dijo:

—Ghirlandaio no es capaz de dibujar tales figuras.

El maestro estaba demasiado ocupado en diseñar los seis paneles restantes como para que le quedase tiempo de intervenir. Esta vez, cuando Miguel Ángel subió al andamio, ya no se sintió temeroso ante la pared cubierta por la húmeda mezcla. Experimentó con los tonos de la carne humana extrayendo pinturas de sus potes y gozó del culminante esfuerzo físico de dar vida a sus figuras, vistiéndolas con ropajes de cálidos amarillos y rosas. Sin embargo, en lo más recóndito de su cerebro, seguía gimiendo: "¡Dos años! ¡Dos interminables años! ¿Cómo haré para aguantarlos?"

Ghirlandaio lo hacía trabajar intensamente.

—Ahora —le dijo— te mandaré al otro lado del coro, para la *Adoración de los Reyes Magos*. Prepara el bosquejo para las dos últimas figuras que aparecen de pie a la derecha.

El bosquejo general de la *Adoración* estaba ya tan poblado de figuras que Miguel Ángel experimentó muy poca satisfacción al agregar otras dos. Al regresar del almuerzo, Granacci anunció a los aprendices que trabajaban en la gran mesa:

—Hoy hace justo un año que Miguel Ángel ingresó en la *bottega*. He pedido que traigan una damajuana de vino al atardecer. Celebraremos el acontecimiento.

Le respondió un silencio general. El taller parecía dominado por una gran tensión. En la mesa central los aprendices trabajaban con las cabezas bajas. Ghirlandaio estaba sentado ante su mesa, tan rígido como uno de los mosaicos de su maestro. Tenía el ceño fruncido.

—Il Magnifico me ha llamado para pedirme que le envíe mis dos mejores aprendices a la nueva escuela De Medici —dijo por fin, como mordiendo las palabras.

Miguel Ángel permaneció inmóvil, como clavado a las tablas del piso.

—No me agrada ni un poco —añadió Ghirlandaio—, pero, ¿quién se atreve a negarse a una petición de Il Magnifico? A ver, tú, Buonarroti, ¿te agradaría ir?

—He estado rondando ese jardín como un perro hambriento desde hace un tiempo —respondió Miguel Ángel tímidamente.

—¡Basta! —Aquella palabra fue pronunciada con una irritación que Miguel Ángel jamás había oído en su maestro. —Granacci, tú y Buonarroti quedan liberados del aprendizaje. Esta noche firmaré los papeles necesarios en el gremio. ¡Y ahora, vuelvan al trabajo todos! ¿Creen acaso que yo soy Ghirlandaio "Il Magnifico", con muchos millones para mantener una academia?

Un inmenso gozo inundaba a Miguel Ángel, como la lluvia tramontana. Granacci, por el contrario, parecía entristecido.

—Granacci, *caro mio*, ¿qué te pasa? —preguntó el niño.

—Me gusta la pintura. No puedo trabajar en la piedra. Es demasiado dura para mí.

—No, no, amigo mío. Llegarás a ser un gran escultor. Yo te ayudaré, vas a ver.

Granacci esbozó una melancólica sonrisa.

—¡Oh, iré contigo, Miguel Ángel! —dijo—. Pero, ¿qué podré hacer con un martillo y un cincel? Me cubriré el cuerpo de golpes y tajos.

Miguel Ángel no podía concentrarse en su trabajo. Al cabo de un rato dejó la mesa y se acercó a la de Ghirlandaio. Quería darle las gracias al maestro, quien sólo un año antes lo había admitido en su *bottega*. Pero se quedó junto al estrado, brillantes los ojos, mudos los labios. ¿Cómo se expresaba gratitud a un hombre que permitía que se lo abandonase?

Ghirlandaio advirtió el conflicto interno del niño y cuando habló lo hizo dulcemente, para que nadie más que Miguel Ángel lo oyese:

—Tenías razón, Buonarroti, la pintura de frescos no es tu vocación. Tienes talento para el dibujo. Con algunos años de práctica, quizá puedas transferir ese talento a la escultura. Pero no olvides nunca que Domenico Ghirlandaio fue tu primer maestro.

Frente a la casa de los Buonarroti, Miguel Ángel murmuró a Granacci:

—Será mejor que entres conmigo. Estando tú y yo en la misma bolsa, no es tan probable que mi padre la arroje al río desde el Ponte Vecchio.

Subieron por la escalera principal y entraron discretamente en la sala familiar, donde Buonarroti padre se hallaba sentado ante su escritorio del rincón. La habitación estaba fría.

—Padre, me voy del taller de Ghirlandaio —dijo Miguel Ángel con un hilo de voz.

—¡Ah, espléndido! —exclamó Ludovico—. ¡Ya sabía que algún día recuperarías el sentido común!

—Sí, pero me voy para ingresar como alumno en la escuela de escultura de Medici.

Ludovico se vio aprisionado entre la alegría y la confusión.

—¿La escuela de Medici? ¿Qué escuela?

—Yo también voy, *messer* Buonarroti —intervino Granacci—, ingresamos como aprendices de Bertoldo, bajo la protección de Il Magnifico.

—¡Picapedreros! —exclamó Ludovico, angustiado, alzando los brazos sobre su cabeza.

—Escultores, padre. Bertoldo es el último maestro que queda.

—¡Uno nunca sabe cuándo va a terminar la mala suerte! —clamó el padre—. Si tu madre no hubiese sido arrojada por aquel maldito caballo, no habrías sido enviado a que te criaran los Topolino y nada sabrías de trabajar la piedra.

Granacci acudió en ayuda de su amigo:

—*Messer* Buonarroti —dijo—. Su hijo tiene gran capacidad para la escultura.

—¿Y qué es un escultor? —gritó Ludovico—. ¡Todavía más bajo que un pintor! ¡Ni siquiera pertenece a uno de los Doce Gremios! Será un obrero, como un leñador o un recolector de aceitunas...

—Pero con una gran diferencia —persistió Granacci cortésmente—. Las olivas se prensan para extraerles su aceite y la madera se quema para cocinar la sopa. Aceitunas y madera son consumidas. En cambio las artes tienen una calidad mágica: cuantas más mentes las digieren, más tiempo sobreviven.

—¡Poesía! —chilló Ludovico—. Yo hablo con sentido común, para salvar la vida de mi familia, y tú me recitas poesía…

Monna Alessandra, la abuela, había entrado en la habitación.

—Dile a tu padre lo que ofrece Lorenzo Il Magnifico. Es el hombre más rico de Italia y todo el mundo sabe que es generoso. ¿Cuánto durará ese aprendizaje? ¿Qué salario te abonará?

—No sé. No lo he preguntado —dijo Miguel Ángel.

—¡No lo has preguntado! —exclamó Ludovido sarcástico—. ¿Crees acaso que poseemos la fortuna de los Granacci y que podemos mantenerte para que sigas con tus locuras?

Francesco Granacci se sonrojó y dijo con marcada sequedad:

—Yo he preguntado. No media ninguna promesa. No habrá salario, sino enseñanza gratuita.

Ludovico se desplomó en su sillón de cuero, mientras sus ojos se llenaban de lágrimas. Miguel Ángel se acercó a él y le puso una mano sobre el hombro.

—Deme una oportunidad, padre —dijo—. Lorenzo de Medici quiere crear una nueva generación de escultores para gloria de Florencia. ¡Yo deseo ser uno de ellos!

—¿Y te ha llamado específicamente Lorenzo? —preguntó Ludovico—. ¿Ha solicitado que ingreses en su escuela porque cree que tienes talento?

—Lorenzo pidió a Ghirlandaio que le enviase a sus dos mejores aprendices. Granacci y yo fuimos los elegidos.

Su madrastra acababa de entrar en la habitación. Estaba pálida. Se dirigió a Miguel Ángel y dijo:

—No tengo nada contra ti, Miguel Ángel. Eres un buen niño… —Se volvió hacia Ludovico y agregó: —Pero debo hablar en nombre de mi gente. Mi padre creyó que sería un honor para nosotros estar relacionados con los Buonarroti ¿Qué me queda si permites que este niño destruya nuestra posición?

Ludovico se aferró a los brazos de su sillón. Estaba agotado.

—¡Jamás daré mi consentimiento! —dijo. Se puso de pie y paseó agitadamente por la estancia. Luego tomó a su madre y a su esposa del brazo y salieron los tres.

En el silencio que se produjo, Granacci miró a Miguel Ángel y dijo:

—No hace más que tratar de cumplir su deber para contigo. ¿Cómo puede concebir que el juicio de un muchacho de catorce años sea mejor que el suyo? ¡Es pedir demasiado!

—Pero… ¿te parece que debo perder esta oportunidad que se me presenta?

54

—No. Pero recuerda que tu padre obra de la mejor manera que sabe ante un intelecto que le impone una situación que él no puede resolver porque, perdóname, le falta intelecto para ello.

II

El jardín de escultura de Medici no se parecía a la *bottega* de Ghirlandaio. No tenía que ganarse la vida. Domenico Ghirlandaio estaba siempre azorado, no sólo por ganar el dinero que necesitaba para alimentar a su numerosa familia sino porque firmaba muchos contratos con fecha fija de entrega.

Nada podía ser más ajeno a la opresión que la atmósfera en la que penetró Miguel Ángel aquel cálido día de abril en que comenzó su aprendizaje a las órdenes de Bertoldo, bajo el mecenazgo de Lorenzo de Medici.

La primera persona que lo saludó allí fue Pietro Torrigiani, un apuesto joven, de recia complexión, rubio, de hermosos ojos verdes. No bien estuvo al lado del recién llegado, dijo:

—Así que tú eres el "fantasma del jardín". Has estado rondando estos alrededores mucho tiempo…

—No creí que nadie advirtiera mi presencia.

—¡Cómo para no advertirla si nos devorabas con los ojos!

Bertoldo amaba solamente dos cosas además de la escultura: la risa y el arte culinario. Su humor tenía en sí más especias que su pollo *alla cacciatora*. Había escrito un libro de cocina y su único motivo de queja al trasladarse al palacio de los Medici era que no tenía oportunidad de cocinar sus recetas.

Aquel hombre frágil, de cabellera blanca como la nieve, de mejillas enrojecidas y ojos de un hermoso azul pálido, era el heredero de todos los conocimientos comunicables de la edad de oro de la escultura toscana.

Tomó del brazo a sus dos nuevos aprendices y les explicó de inmediato:

—Es cierto que no toda la habilidad es comunicable. Donatello me proclamó su heredero, pero jamás pudo convertirme en su igual. Me inculcó toda su experiencia y artesanía de la misma manera que uno vierte el bronce derretido en un molde. Pero, por mucho que lo intentó, no pudo poner su dedo en mi puño ni su pasión en mi corazón. Todos somos tal como Dios nos ha creado. Yo les enseñaré todo lo que Ghiberti enseñó a Donatello y Donatello me enseñó a mí. Que ustedes lo absorban depende de su capacidad. El maestro es como el cocinero. Denle un pollo flaco o un trozo de ternera dura y ni siquiera su más deliciosa salsa podrá volverlos tiernos.

Miguel Ángel rió de buena gana. Bertoldo, satisfecho de su propio humor, los llevó hacia el *casino*, mientras decía:

—Y ahora, a trabajar. Si tienen talento, pronto se revelará.

El anciano maestro asignó a Miguel Ángel una mesa de dibujo en el pórtico, entre Torrigiani, un jovencito de diecisiete años, y Andrea Sansovino, de veintinueve. Este último había sido aprendiz de Antonio Pollaiuolo y algunos de sus trabajos podían verse ya en Santo Spirito.

Bertoldo dijo:

—El dibujo es un medio diferente para el escultor. Un hombre y un bloque de piedra tienen tres dimensiones, lo cual les da, inmediatamente, algo más en común que un hombre y una pared o panel de madera que deben ser pintados.

Miguel Ángel comprobó que los aprendices del jardín de escultura eran semejantes a los del taller de Ghirlandaio. Sansovino venía a ser la réplica de Mainardi: artista profesional ya, llevaba años ganándose la vida con la escultura. Tenía el mismo carácter de Mainardi y brindaba generosamente su tiempo y paciencia a los principiantes. En el extremo opuesto de la escala estaba Soggi, un muchacho de catorce años parecido a Cieco, que a juicio de Miguel Ángel carecía por completo de talento.

Y estaba también el inevitable Jacopo, que aquí se llamaba Baccio da Montelupo, un joven de veinte años tan despreocupado como Jacopo. Era un toscano amoral, que se nutría de los escándalos de cada día para relatarlos a la mañana siguiente a sus camaradas. En la primera mañana de trabajo de Miguel Ángel en el jardín, Baccio llegó tarde e irrumpió con la noticia más sensacional del día. Era el chiste recién cocinado que circulaba ya por las calles de Florencia: una dama florentina, lujosamente vestida de sedas y cubierta de joyas, preguntó a un campesino que salía de la iglesia Santo Spirito:

—¿Ha terminado ya la misa de los *villani*?

Y el campesino le respondió:

—Sí, señora, y está a punto de comenzar la de las *puttane*, así que apúrese a entrar.

Bertoldo aplaudió encantado.

La réplica de Granacci era Rustici, un muchacho de quince años hijo de un acaudalado noble toscano, que iba allí por placer y por el honor de crear arte. Lorenzo de Medici había querido que Rustici viviera en su palacio, pero el muchacho prefería vivir solo en unas habitaciones que había alquilado en la Via de Martelli. Miguel Ángel llevaba solamente una semana en el jardín, cuando Rustici lo invitó a comer.

—Igual que a Bertoldo —dijo—, me encanta la cocina casera. Haré un ganso al horno.

Miguel Ángel encontró la casa de Rustici llena de animales: tres perros, un águila encadenada a una percha, una cotorra enseñada por los *contadini* de una de las posesiones de su padre y que chillaba a cada rato: *Va all'inferno!* Además, había un puercoespín que se movía incesantemente y a veces pinchaba a Miguel Ángel en las piernas.

Después de comer, los dos muchachos se trasladaron a una sala de cuyas paredes pendían cuadros familiares. En aquel ambiente aristocrático, el rústico se tornaba joven culto.

—Tienes una mano admirable para el dibujo, Miguel Ángel —dijo Rustici—. Probablemente eso te servirá de base para convertirte en escultor. Pero permíteme que te haga una advertencia: no vayas a vivir en el suntuoso lujo del palacio.

—¡No hay peligro de que eso ocurra! —exclamó Miguel Ángel.

—Escucha, amigo mío, es muy fácil acostumbrarse al lujo, a lo agradable y a lo cómodo. Una vez que te hayas convertido en adicto a esas cosas, te resultará muy fácil llegar a ser un parásito adulador y renunciar a las propias ideas para agradar al mecenas. El paso siguiente es cambiar el propio trabajo para gustar a quienes tienen en sus manos el poder y eso equivale a la muerte para un escultor.

El aprendiz con quien Miguel Ángel intimó más fue Torrigiani, que le parecía más un soldado que un escultor. Pertenecía a una antigua familia de comerciantes viñateros, ennoblecidos mucho tiempo atrás, y era el más audaz de los aprendices ante Bertoldo. Solía mostrarse pendenciero en ocasiones. Brindó a Miguel Ángel una rápida y cálida amistad. Por su parte, Miguel Ángel nunca había conocido un muchacho tan apuesto y hermoso como aquél. Y aquella hermosura física, que alcanzaba casi la perfección, le producía una sensación de inferioridad al compararla con su fealdad y escasa estatura.

Llevaba una semana en el jardín de escultura, cuando Lorenzo de Medici entró en él con una jovencita. Miguel Ángel vio entonces de cerca, por primera vez, al hombre que, sin cargo ni título, gobernaba a Florencia y la había convertido en una poderosa república, rica no solamente en el comercio sino en pintura, literatura y escultura. Lorenzo de Medici, que contaba entonces cuarenta años, tenía un rostro que parecía haber sido fruto de la oscura piedra extraña de una montaña. Era un rostro irregular, muy lejos de ser hermoso. La piel era terrosa, pronunciado el mentón, respingada la nariz, oscuros los grandes ojos, semihundidas las mejillas y espesa la negra cabellera. Tenía una estatura mediana y un físico robusto, que mantenía en buen estado por medio de la equitación y la caza.

Era un estudioso de los clásicos, ávido lector de manuscritos griegos y latinos, un poeta que la Academia Platón comparaba con Petrarca y Dante, y había hecho construir la primera biblioteca pública de Europa, para la cual había reunido diez mil manuscritos y libros, la mayor colección desde la época de la famosa de Alejandría. Se lo reconocía como el más decidido e importante mecenas de la literatura y las artes plásticas, y poseía una colección de esculturas, pinturas, dibujos y gemas talladas que había puesto a disposición de todos los artistas para su estudio y fuente de inspiración. Para los estudiosos reunidos en Florencia, que así se había convertido en el corazón de la sabiduría en Europa, Lorenzo de Medici había dispuesto villas en la ladera de Fusile, donde Pico della Mirandola, Angelo Poliziano, Marsilio Ficino y Cristoforo Landino traducían manuscritos griegos y hebraicos recién descubiertos, escribían poesía, libros filosóficos y religiosos y ayudaban a crear lo que Lorenzo llamaba la "revolución del humanismo".

Miguel Ángel, al oír lo que Lorenzo decía a Bertoldo, advirtió que aquella voz tenía una cualidad algo agria y desagradable. No obstante, ésa parecía ser la única cualidad desagradable de Il Magnifico, de la misma manera que la debilidad que se observaba en sus ojos era su única debilidad, y la falta del sentido del olfato, la única carencia con la que había nacido. Lorenzo, que entonces era el hombre más rico del mundo, solicitado y adulado por los soberanos y gobernantes de las ciudades-estados de toda Italia, así como por dinastías tan poderosas como Turquía y China, tenía un carácter abierto y encantador, y una carencia total de arrogancia. Gobernador de la República, en el mismo sentido que los *gonfalonieri di Giustizia* y la *Signoria* gobernaban lo referente a las leyes y ordenanzas de la ciudad, no tenía ejército, guardia ni escolta, y recorría las calles de Florencia solo, hablando con todos los ciudadanos como con iguales. Llevaba una sencilla vida familiar y era frecuente verlo tirado por el suelo con sus hijos, cuyos juegos compartía. Su palacio estaba abierto a todos los artistas, literatos y sabios del mundo.

En eso radicaba su genio. Ejercía una autoridad absoluta en materia de política, a pesar de lo cual gobernaba Florencia con tanta sensatez, inherente cortesía y dignidad, que las personas que de otro modo podrían haber sido enemigas suyas trabajaban con él en plena armonía. Ni siquiera su capacitado padre Piero ni su genial abuelo Cosimo, llamado el *Pater Patriae* por haber convertido a Florencia en una República después de varios centenares de años de sangrienta guerra entre güelfos y gibelinos, habían obtenido resultados tan felices. Florencia podía saquear el palacio de Lorenzo Il Magnifico en pocas horas y expulsar a su dueño. Él sabía, lo mismo que el pueblo, y eso era precisamente lo que hacía funcionar tan admirablemente su gobierno, que no tenía título oficial. Porque así como carecía de arrogancia, le ocurría lo mismo con la cobardía: había salvado la vida de su padre en un audaz golpe militar, cuando tenía sólo diecisiete años, al invadir el campo de Afrente, en Nápoles, sin más ayuda que la que llevaba por las calles de Florencia, a fin de salvar la ciudad de una invasión.

Éste era el hombre que ahora estaba a un par de metros de distancia de Miguel Ángel, hablando afectuosamente con Bertoldo sobre unas escrituras antiguas que acababan de llegar de Asia Menor. Porque la escultura era tan importante para Lorenzo como sus flotas de naves, que recorrían todos los mares del mundo conocido, sus cadenas de bancos por toda Europa, sus millones de florines de oro en productos y el inmenso volumen de sus operaciones comerciales. Algunos lo respetaban por sus fabulosas riquezas y otros por su poder, pero los estudiosos y artistas lo admiraban y amaban por la pasión que sentía hacia todo lo que fuese sabiduría, libertad de la mente, aprisionada por espacio de más de un milenio en oscuras mazmorras y que él había jurado liberar.

Se detuvo a charlar con los aprendices. Miguel Ángel se volvió para contemplar a la jovencita que caminaba al lado de Il Magnifico Era una adolescente delicada, que vestía una túnica cuya amplia falda caía en suaves y sueltos pliegues, y un corpiño ajustado, bajo el cual llevaba una blusa amarilla, de cerrado cuello. Su rostro era tan pálido que ni siquiera el gorrito rosado que cubría su cabeza podía colorear sus delgadas mejillas.

Al pasar Lorenzo frente a su mesa y saludarlo con un casi imperceptible movimiento de cabeza, los ojos de Miguel Ángel se encontraron con los de la niña. Dejó de trabajar y ella se detuvo, al parecer un poco asustada ante la feroz intensidad con que él la miraba. Por un instante Miguel Ángel pensó que ella iba a dirigirle la palabra, porque humedeció sus pálidos labios con la punta de la lengua. Luego, desvió la mirada y se reunió con su padre, que rodeó su cintura con un brazo. Después, ambos pasaron frente a la fuente, se dirigieron a la portada y salieron a la plaza.

Miguel Ángel se volvió a Torrigiani:

—¿Quién es esa jovencita? —preguntó.

—Contessina. Hija de Lorenzo. La última que queda en el palacio —le respondió Torrigiani.

III

Ludovico nunca dio su consentimiento al ingreso de Miguel Ángel en el jardín de escultura. Aunque toda la familia sabía que el muchacho ya no estaba en el taller de Ghirlandaio, todos evitaban aceptar aquella degradación negándose a reconocerla. Lo veían muy pocas veces, pues salía al amanecer, cuando todos dormían, menos su madrastra, que ya se había ido al mercado y volvía a las doce en punto, cuando Lucrezia servía el asado o el guiso de ave. Después, trabajaba en el jardín hasta la noche y emprendía el regreso a la casa, demorándolo todo lo posible para que la familia estuviese acostada. Sólo permanecía despierto su hermano Buonarroto, que le contaba las incidencias del día, o su abuela, que lo esperaba a veces en la cocina para darle algo de comer.

Granacci no creía necesario levantarse tan temprano todas las mañanas o regresar tan tarde todas las noches. Sólo al mediodía estaban juntos los dos amigos. Granacci parecía cada día más deprimido.

—Es esa arcilla fría y pegajosa —se lamentaba—. ¡La odio! Estoy tratando de modelar lo peor posible para que Bertoldo no me considere con condiciones para trabajar la piedra. He probado la *pietra* dura una docena de veces y cada golpe del martillo parece atravesarme el cuerpo en lugar de atravesar la piedra.

—¡Pero Granacci, *carissimo*, el mármol tiene resonancia! —argumentó Miguel

59

Ángel—. Es receptivo. La *pietra* dura es como el pan duro. Espera que te toque trabajar el mármol y verás que es como hundir los dedos en una masa fresca de pan.

—Eres inexorablemente duro con todo, pero en cuanto pronuncias la palabra mármol te conviertes en poeta.

Miguel Ángel se vio sumergido en un verdadero torbellino de dibujo. Bertoldo le había dicho el primer día: "Aquí, en el jardín, el dibujo es el *sine qua non*; cuando llegues por la mañana, dibuja tu mano izquierda. Luego, quítate los zapatos y dibuja tus pies. Ésa es una buena práctica".

—¿Y debo dibujar también mi mano derecha? —preguntó él.

—¡Ah! —se lamentó Bertoldo—. ¡Tenemos otro humorista en el jardín!

Cuando trabajaba la *pietra serena* para los Topolino, Miguel Ángel cambiaba el martillo de la mano derecha a la izquierda sin notar diferencia alguna de precisión o equilibrio. Una vez que hubo dibujado su mano izquierda en innumerables posiciones, empuñó la pluma con la izquierda y dibujó la otra, también en varias posturas.

Los modelos vivos eran reclutados en todos los barrios de Florencia y era Lorenzo quien los proporcionaba: hombres cultos, vestidos de terciopelo negro; soldados de cuellos como toros, cabezas angulares y espesas cejas; buscavidas fanfarrones; *contadini*; calvos ancianos de ganchudas narices y fuertes mandíbulas; monjes cubiertos de hábitos negros; alegres jóvenes de la alta sociedad de Florencia, hermosos, de narices griegas que arrancaban en una misma línea con la frente, cabellos rizados que les llegaban en melena hasta el cuello; tintoreros de la lana, cuyos brazos aparecían siempre teñidos de colores; fortachones herreros; robustos mozos de cuerdas, regordetas criadas...

Miguel Ángel se quejó de la enérgica crítica de Bertoldo a un torso que él acababa de dibujar:

—¿Cómo es posible que dibujemos solamente del exterior? Lo único que vemos es lo que empuja la piel. Si pudiéramos seguir el interior del cuerpo, los huesos, los músculos... Para conocer a un hombre tenemos que conocer sus entrañas y su sangre. Yo jamás he visto el interior de un hombre.

Bertoldo lanzó una maldición:

—A los médicos se les permite disecar un cuerpo humano un día especial del año, frente al Consejo. Aparte de eso, la disección es el peor crimen que se puede cometer en Florencia. Olvídate de eso, muchacho.

—Me olvidaré de decirlo, pero no de pensarlo —respondió Miguel Ángel—. Jamás podré esculpir con precisión hasta que no haya podido estudiar por dentro cómo funciona el cuerpo humano.

—Ni siquiera los griegos diseccionaban, y eso que eran un pueblo pagano que no tenía una Iglesia que se lo prohibiese. Tampoco necesitó Donatello desmembrar un cuerpo humano para adquirir sus maravillosos conocimientos. ¿Necesitas tú ser mejor que Fidias y Donatello?

—Mejor, no; pero diferente, sí.

Miguel Ángel jamás habría visto tan agitado a Bertoldo. Por eso, extendió una mano y la colocó cariñosamente en el delgado brazo del anciano.

A pesar de aquellos choques diarios se hicieron amigos. Mientras los demás modelaban en arcilla o tallaban la piedra, Bertoldo llevaba al niño al *casino* y permanecía a su lado horas enteras, mientras Miguel Ángel copiaba amuletos egipcios, medallones griegos, monedas romanas. El maestro tomaba el objeto en sus manos y explicaba al pequeño aprendiz lo que había intentado lograr el antiguo artista.

Para su sorpresa, Miguel Ángel conquistó el afecto de Torrigiani, que trasladó su mesa de trabajo cerca de la de él. Torrigiani poseía una dominante personalidad y había conquistado al pequeño con su encanto, atenciones y vivacidad. Era un petimetre, que se engalanaba con camisas de seda de vivos colores y ancho cinturón con hebilla de oro. Todas las mañanas se detenía en la barbería antes de entrar a trabajar, para hacerse afeitar y peinar. En cambio, Miguel Ángel era descuidado en el trabajo. Se manchaba las manos de carbonilla, que después embadurnaba su cara, dejaba caer pintura en su camisa y tinta en sus medias…

Torrigiani realizaba una buena jornada de trabajo; a pesar de lo cual conseguía terminarla con sus ropas inmaculadas. Miguel Ángel lo admiraba y se sentía halagado cuando Torrigiani ponía uno de sus poderosos brazos sobre sus hombros, acercaba su rostro al de él y exclamaba, refiriéndose a uno de los últimos dibujos de Miguel Ángel:

—*Michelangelo mio*, haces el trabajo más limpio que he visto en mi vida, pero para hacerlo te ensucias más que cualquier otro dibujante.

Estaba siempre en movimiento; reía, hablaba pero nunca quieto. Su robusta voz resonaba, al cantar, por todo el jardín y era oída con evidente agrado por los *scalpellini* que estaban construyendo una biblioteca en el rincón más lejano del jardín, que albergaría los manuscritos y libros de Lorenzo de Medici.

Cuando los aprendices paseaban a la mañana para estudiar cómo caía el sol temprano sobre los Giotti de Santa Croce, Torrigiani enlazaba su brazo al de Miguel Ángel y conversaba cariñosamente con él, manteniéndolo cautivo y encantado.

—¡Oh, Miguel Ángel, tienes que ser soldado! —decía—. ¡Ésa es vida: librar mortales combates, matar al enemigo con la espada o la lanza, conquistar nuevas tierras y cautivar a todas las mujeres! ¿Artista? ¡Bah! ¡Ése es un trabajo digno solamente de los eunucos del sultán! ¡Tú y yo tenemos que recorrer el mundo juntos, *amico mio*, para buscar conflictos, peligros y tesoros!

Miguel Ángel sentía un profundo afecto, casi amor, hacia Torrigiani. Y se consideraba dichoso porque, a pesar de su insignificancia, había conquistado la admiración de un joven tan apuesto y agradable. Aquello era como un vino fuerte para quien jamás bebía.

IV

Ahora tenía que aprender a olvidar mucho de lo que se le había enseñado en el taller de Ghirlandaio, debido a la diferencia que existía entre el dibujo para la pintura al fresco y la escultura.

—Esto es un dibujo por el dibujo mismo —le advirtió Bertoldo, precisamente con las mismas palabras que había empleado Ghirlandaio para aconsejarle lo contrario—. Dibujo para lograr maestría en la vista y en la mano.

El maestro machacaba sobre las diferencias, tratando de inculcárselas. El escultor persigue las figuras tridimensionales, no sólo la altura y el ancho sino la profundidad. El pintor dibujaba para ocupar espacio y el escultor para desplazarlo. El pintor dibujaba la vida dentro de un marco, mientras el escultor la dibujaba para sorprender el movimiento, para descubrir las tensiones y torsiones latentes dentro de la figura humana.

—El pintor —decía— dibuja para revelar lo particular, pero el escultor lo hace para desenterrar lo universal. ¿Comprendes? Pero lo más importante es que el pintor dibuja para exteriorizar, para arrancar una forma de sí misma y fijarla en el papel; el escultor dibuja para interiorizar, para arrancar una forma del mundo y solidificarla dentro de sí mismo.

Miguel Ángel había intuido ya algo, pero buena parte de aquello lo reconocía como la dura sabiduría de la experiencia.

—Soy una persona aburrida —se disculpaba Bertoldo—. Todo cuanto han creído durante dos siglos los escultores de Toscana ha sido inculcado en mi cerebro. Tienes que perdonar si se me escapa *obiter dicta*. Escúchame, Miguel Ángel. Tú dibujas bien, pero también es importante saber por qué uno tiene que dibujar bien. El dibujo es una vela que puede ser encendida para que el escultor no tenga que andar a tientas en la oscuridad, un plan para comprender la estructura que uno está contemplando. Tratar de comprender a otro ser humano, luchar en busca de sus profundidades, es la más peligrosa de las empresas humanas. Y todo eso es acometido por el artista sin otra arma que su pluma o su carboncillo de dibujo. Ese romántico de Torrigiani habla de irse a guerrear. ¡Juego de niños! No hay emoción de peligro mortal que supere a la de un hombre solo que intenta crear algo que antes no existía. El dibujo es la forma suprema de borrar tu ignorancia sobre un tema y establecer la sabiduría en su reemplazo, como lo hizo Dante cuando escribió los versos del *Purgatorio*. Sí, sí, el dibujo es como la lectura, igual que leer a Homero para enterarse de lo que les pasó a Priamo y Helena de Troya. O leer a Suetonio, para enterarse de las cosas de los Césares.

Miguel Ángel bajó la cabeza y dijo:

—Soy un ignorante. No leo latín ni griego. Urbino trató, durante tres años, de enseñarme esas cosas, pero fui terco y no quise aprender. Sólo quería dibujar.

—¡Estúpido! No me has comprendido. No me extraña que Urbino no pudiera enseñarte. Dibujar es aprender. Es una disciplina, una vara de medir para averiguar si hay honestidad en ti. Revelará todo cuanto eres, mientras tú imaginas que estás revelando a otro. Dibujar es la línea escrita del poeta, fijada para ver si hay una historia digna de ser relatada, una verdad digna de ser revelada. Recuerda eso, *figlio mio*: dibujar es ser como Dios cuando le dio aliento a nuestro padre Adán; es la respiración exterior del artista y la interior del modelo la que crea una tercera vida en el papel.

Sí, el dibujo era el aliento de la vida, eso ya lo sabía, aunque para él no era un fin, sino un medio.

Comenzó a quedarse por las noches, sin que nadie lo supiera. Recogía pedazos de piedra que yacían por el suelo y herramientas. Aquellas piedras eran distintas: blanco-amarillentas, de las canteras de Roma; *pietra forte*, de Lombrellino; *breccia*, de Impruneta; mármol verdeoscuro, de Prato; mármol con motas de un rojo amarillento, de Siena; mármol rosa, de Gavorrano; *cipollino*, mármol transparente; y *bardiglio*, azul y blanco. Pero su mayor gozo se producía cuando alguien dejaba algún fragmento de mármol blanco puro de Carrara. Años antes, se quedaba absorto junto a las canteras de mármol, ansioso de poner sus manos armadas de herramientas sobre aquella preciosa piedra. Nunca le había sido posible: el mármol blanco era raro y costoso. Sólo se traía de Carrara y Seravezza el suficiente para ejecutar los pedidos.

Ahora comenzó a experimentar subrepticiamente con el punzón, los cinceles dentado y chato, trabajando contexturas superficiales del mármol como lo había hecho con la *pietra serena* en el patio de los Topolino. Aquella era la hora más hermosa de la jornada para él, solo en el jardín, con la única compañía de las estatuas. Cuando llegaba la oscuridad de la noche, siempre recordaba limpiar los trozos de piedra que había cincelado, arrojándolos en un montón en un extremo del jardín, para que nadie supiese de aquel secreto trabajo suyo.

Era inevitable que fuese sorprendido y lo fue, pero por la última persona que él hubiera esperado. Contessina de Medici iba al jardín ahora casi todos los días, si no con Lorenzo, con Poliziano, Ficmo o Pico della Mirandola. Hablaba con Granacci, Sansovino y Rustici, a quienes por lo visto conocía de antes. Pero ninguno de ellos le presentó a Miguel Ángel y por lo tanto ella no le dirigía la palabra.

Se dio cuenta inmediatamente, sin ver la rápida figura o el rostro todo ojos, cuando ella entró en el jardín. Le pareció de pronto que todo movimiento a su alrededor, incluso el del sol y el aire, había intensificado su ritmo. Fue Contessina quien liberó a Granacci de la esclavitud de la piedra. El muchacho le había confiado sus sentimientos, ella habló con su padre y un día Lorenzo llegó al jardín y dijo:

—Granacci, me gustaría tener una gran panel de pintura. ¿Se comprometería a pintarlo?

—¡Me encantaría, Magnifico! —exclamó Granacci.

63

Cuando Lorenzo se volvió de espaldas, Granacci llevó su mano derecha a la boca y envió un beso con los dedos a Contessina para expresarle su gratitud.

Ella jamás se detenía para observar el trabajo de Miguel Ángel. Aunque él la contemplaba fascinado, sus ojos nunca se encontraban.

Cuando por fin la joven se fue, Miguel Ángel se sintió emocionalmente extenuado. No podía comprenderlo. Las mujeres lo habían tenido siempre sin cuidado. En su familia no había ninguna muchacha, ni tampoco en su pequeño círculo de amistades. Apenas recordaba haber hablado con alguna en toda su vida. ¡Ni siquiera tuvo nunca el deseo de dibujar una mujer! En consecuencia, ¿por qué le resultaba doloroso verla reír con Torrigiani, en plena camaradería? ¿Por qué se enfurecía contra Torrigiani y contra ella? ¿Qué podía significar para él aquella princesa de la noble sangre de los Medici?

Era una especie de mal misterioso. Deseaba que ella permaneciese alejada del jardín, que lo dejase en paz. Rustici decía que antes ella no iba casi nunca por allí. ¿Por qué iba ahora todos los días y se quedaba una hora o más? Cuanto más apasionadamente se lanzaba a las hojas de papel en blanco, más conscientemente la veía de pie, al lado de la mesa de trabajo de Torrigiani, coqueteando con él.

Pasó mucho tiempo antes de que se diera cuenta de que estaba celoso. Celoso de Torrigiani, de Contessina, de los dos juntos. Y celoso de ambos, separadamente.

¡Y se aterrorizó!

Ese día, Contessina lo descubrió en el jardín, después de que los demás se hubieron retirado. Iba acompañada de su hermano Giovanni, de unos catorce años, y su primo, hijo ilegítimo del bienamado hermano de Lorenzo, Giuliano, asesinado en el Duomo por los conspiradores de Pazzi.

Miguel Ángel sólo tenía tres años entonces, pero los florentinos seguían hablando todavía de los conspiradores que murieron colgados de las ventanas de la Signoria.

La primeras palabras surgieron sin previo aviso.

—*Buona sera. Come va?*—dijo Contessina.

—*Buona sera. Non c'e male*—respondió Miguel Ángel.

Había estado tallando un trozo de *pietra serena* y no dejó de trabajar. Frente al pedazo de mámol, comenzó a martillar sobre el cincel, que levantó una lluvia de diminutos trocitos.

—¿Por qué trabaja tan... tan furiosamente? ¿No se cansa? ¡A mí me agotaría!

Miguel Ángel sabía que ella era un muchacha débil. Padecía el mismo mal de anemia que el año anterior se había llevado a su madre y a su hermana. Esa era la razón de que Lorenzo la rodeara de tantos cuidados y amor, porque sabía que su hija no viviría mucho.

—No, no, este trabajo no agota las fuerzas, sino que las fortalece. Pruebe con este pedazo de mármol. Se sorprenderá al ver cuán vivo se torna en sus manos.

—En las suyas sí, Miguel Ángel. ¿Quiere terminar ese diseño en la *pietra serena* para mí?

—¡Pero esto no vale nada! ¡Es una cosa sin sentido, nada más que para entretenerme y practicar!

—A mí me gusta.

—Entonces lo terminaré.

Ella se quedó inmóvil, a su lado, mientras Miguel Ángel se inclinaba sobre la piedra. Cuando llegó a un lugar duro de la misma, lanzó una mirada a su alrededor en busca de un balde de agua, no vio ninguno y escupió exactamente en el lugar que deseaba ablandar. Luego continuó con los golpes de martillo y el pasar y repasar del cincel sobre la piedra.

—¿Y qué hace cuando se le termina la saliva? —preguntó ella sonriente.

Miguel Ángel la miró sonrojado:

—A ningún buen *scalpellino* se le termina nunca la saliva.

V

Con los primeros intensos calores se produjo la primera baja: Soggi. Su entusiasmo declinaba a ojos vistas. No había ganado ningún premio ni conseguido encargos, y aunque Bertoldo le pagaba algunas monedas, sus ingresos solamente superaban a los de Miguel Ángel, que no existían. Por tal motivo, Soggi creyó en la posibilidad de que Miguel Ángel se uniese a él.

En un atardecer tórrido de fines de agosto, esperó a que todos se fueran y después de dejar sus herramientas se acercó al más nuevo de los aprendices.

—Miguel Ángel —dijo—. ¿Qué te parece si tú y yo nos fuéramos de aquí? Todo esto es tan… tan poco práctico. Salvémonos cuando todavía es tiempo.

—¿Salvarnos, Soggi? ¿De qué?

—¡No seas ciego! ¡Jamás podremos conseguir un encargo! ¡Ni dinero! ¿Quién necesita realmente la escultura para seguir viviendo?

—Yo.

Las expresiones de disgusto, renunciación y hasta miedo que se manifestaban en el rostro de Soggi eran más elocuentes que cuanto el infortunado muchacho había podido dar a sus modelos de arcilla o cera.

—¿Y dónde vas a encontrar trabajo? Si muriera Lorenzo… —dijo.

—¡Es un hombre joven todavía! Sólo tiene cuarenta años.

—Si llegara a morir nos quedaríamos sin mecenas y este jardín desaparecería. ¿Es que vamos a tener que vagar por toda Italia como mendigos, sombrero en mano? ¿Necesita un escultor, señor? ¿Le agradaría tener una bella Madonna, o una Piedad? Yo puedo esculpirla si me da casa y comida…

Metió todos sus efectos en una bolsa.

—*Ma che!* —añadió—. Yo quiero dedicarme a un trabajo en el cual la gente venga a mí, no yo a la gente. Y quiero comer todos los días, pasta o carne de cerdo, vino… Y comprarme *cakoni* cuando los necesite. La gente no puede vivir sin esas cosas. Tiene que comprarlas a diario. Y yo se las venderé todos los días. Viviré de eso. La escultura es el último de los lujos. Figura al pie de la lista. Y yo quiero comerciar con algo que figure en primer lugar. ¿Qué me contestas, Miguel Ángel? No te han pagado ni un escudo. ¡Fíjate qué raída tienes la ropa. ¿Es que quieres vivir como un paria toda tu vida? Vente conmigo ahora mismo y encontraremos trabajo juntos…

Miguel Ángel sonrió, un poco divertido. Luego respondió:

—La escultura figura en el primer lugar de mi lista, Soggi. Es más, no tengo lista. Digo "escultura" y esa palabra abarca toda mi vida.

—Mi padre conoce un carnicero del Ponte Vecchio que está buscando un ayudante. El cincel, al fin y al cabo, es muy parecido al cuchillo.

A la mañana siguiente, Bertoldo se enteró de la desaparición de Soggi y se encogió de hombros.

—Son las bajas de la escultura —dijo—. Todos nacemos con algún talento, pero en la mayoría de los casos la llama se apaga rápidamente.

Se pasó una mano, resignada, por la larga y blanca cabellera.

—Siempre ha pasado lo mismo en los estudios. Uno empieza sabiendo de antemano que una cierta parte de la enseñanza se desperdiciará, pero no es posible abstenerse por esa razón, pues entonces todos los aprendices sufrirían las consecuencias. En los casos como el de Soggi, su impulso inicial no es afinidad hacia la escultura, sino la exuberancia de la juventud. En cuanto empieza a esfumarse su primer entusiasmo, se dicen: "¡Basta de soñar! Hay que buscar un modo de vida más seguro". Cuando seas dueño de una *bottega* comprobarás que lo que acabo de decir es completamente cierto. La escultura es un trabajo duro, brutal. Uno no debe convertirse en artista porque puede, sino porque tiene que serlo. La escultura es sólo para aquellos que serían desgraciados sin ella.

A la mañana siguiente, Bugiardini, el de la cara de luna llena, llegó como aprendiz al jardín. Miguel Ángel y Granacci lo abrazaron cariñosamente.

Granacci, que había terminado ya el encargo de pintura que le confiara Lorenzo de Medici, había demostrado tal capacidad para la organización que Il Magnifico le pidió que se hiciera cargo de la administración del jardín. Le agradaba dirigir, pasar sus días cuidando de que llegasen la piedra apropiada y el hierro o el bronce necesario. Casi de inmediato estableció concursos para los aprendices, obteniéndoles modestos encargos de trabajos para los gremios.

—Granacci, haces mal en aceptar esa tarea —le dijo Miguel Ángel—. Tú tienes tanto talento como cualquier otro del jardín.

—Hay tiempo para todo, *caro mio* —respondió Granacci—. He pintado y volveré a pintar.

Pero cuando Granacci reanudó sus trabajos de pintura, Miguel Ángel estaba de peor humor que antes, pues Lorenzo le había encargado a su amigo que diseñase las decoraciones para una obra teatral, así como los adornos para una fiesta.

—Granacci, idiota, ¿cómo es posible que estés cantando tan contento, mientras pintas decoraciones carnavalescas que serán arrojadas a la basura al día siguiente de la fiesta?

—Es que me gusta hacer eso que todos llaman trivialidades. No todo ha de ser profundo y eterno. Una fiesta es importante porque produce placer a quien asiste a ella y el placer es una de las cosas trascendentales de la vida, tan importante como los alimentos o la bebida o el arte.

—¡Tú... tú... florentino!

VI

Conforme avanzaban los días del otoño, se intensificaban las amistades de Miguel Ángel. En los días de fiestas cívicas o religiosas, cuando el jardín permanecía cerrado a cal y canto, Rustici lo invitaba a comer y luego lo llevaba a la campiña en busca de caballos, y pagaba a los campesinos, cocheros y lacayos por el privilegio de dibujarlos con sus caballerías o en sus campos.

Miguel Ángel sólo se sentía triste en su hogar. Ludovico había conseguido averiguar cuánto recibía cada uno de los aprendices del jardín en dinero correspondiente a premios y comisiones. Sabía que Sansovino, Torrigiani y Granacci estaban ganando apreciables sumas.

—Pero tú no —clamaba—. ¡Ni un solo escudo!

—Todavía no.

—¡Es que ya han pasado ocho meses! ¿Por qué es eso? ¿Por qué los otros sí y tú no?

—No sé.

—Sólo puede concebirse una razón: que no puedes competir con los otros. *Allora!* Te voy a dar un plazo de otros cuatro meses, para completar el año. Entonces, si Lorenzo cree todavía que eres una fruta seca, te dedicarás a trabajar en otro oficio.

Pero la paciencia de Ludovico duró solamente cuatro semanas. Un día, arrinconó a su hijo en el dormitorio y le preguntó:

—¿Elogia Bertoldo tus trabajos?

—No —respondió Miguel Ángel.

—¿Te ha dicho que tienes talento?

—No.

—¿Elogia a los demás?

—Algunas veces.

—¿Crees que tienes siquiera alguna pequeña probabilidad de llegar a triunfar?

—Podría ser. Dibujo mejor que los otros.

—¡Dibujar! ¿Qué significa eso? Si te están enseñando escultura, ¿por qué no esculpes?

—No me deja Bertoldo. Dice que todavía no estoy preparado.

—¿Pero los demás esculpen?

—Sí.

—Eso significa que tú tienes menos capacidad que ellos.

—Eso se verá cuando yo comience a trabajar la piedra.

—¿Y cuándo será eso?

—No lo sé.

—¿Hasta ahora no hay indicios de que te lo permitan?

—Ninguno.

—¿Y cuánto tiempo puedes seguir allí en esas condiciones?

—Mientras Bertoldo considere que debo hacerlo.

—¿Qué ha sido de tu orgullo de siempre?

—Nada.

—Tienes ya casi quince años. ¿Vas a seguir sin ganar nada toda la vida?

—Ganaré.

—¿Cuándo? ¿Cómo?

—No lo sé.

—Me has respondido "no" y "no sé" dos docenas de veces. ¿Cuándo vas a saber?

—No sé.

Extenuado, Ludovico exclamó:

—¡Debería molerte a palos! ¿Cuándo tendrás sentido común?

—Hago lo que debo hacer. Eso es sentido común.

El padre se dejó caer en una silla, desalentado.

—Leonardo quiere ser fraile. ¿Cuándo hubo un fraile entre los Buonarroti? Tú quieres ser artista y ni un sólo miembro de nuestra familia lo ha sido. Giovanni quiere ser matón callejero, para arrojar piedras a los transeúntes. ¿Cuándo has oído que un Buonarroti se convierta en malandrín? Urbino ha enviado de vuelta a Sigismondo, con una carta en la que dice que estoy malgastando el dinero porque el mocoso no aprende ni el abecedario. En nuestra familia no se ha conocido jamás un analfabeto. ¡Yo no sé para qué me ha dado hijos el buen Dios!

Miguel Ángel se acercó a su padre y puso suavemente una mano sobre uno de sus hombros.

—Confíe en mí, padre. No estoy buscando lana en un borrico.

Las cosas no mejoraron para él en el jardín: es más, parecían empeorar. Bertoldo lo hacía trabajar duramente y exclamaba a cada rato: "¡No, no, tú eres capaz de hacerlo mejor! ¡Insiste! ¡Insiste!". Lo obligaba a dibujar de nuevo todos los modelos y al cabo de una semana lo hizo volver al jardín un día de fiesta para crear un tema que abarcase todas las figuras que había diseñado durante la semana.

Al regresar esa noche, con Granacci, Miguel Ángel exclamó angustiado:

—¿Por qué sólo a mí se me trata de esta manera?

—No es sólo a ti.

—Cualquiera puede verlo inmediatamente. No se me permite que intervenga en los concursos organizados por Lorenzo, con premios en dinero, ni que trabaje en los encargos del taller. No se me permite que visite el palacio y vea las obras de arte que hay allí. Ahora eres tú el administrador del jardín. ¡Habla por mí a Bertoldo! ¡Ayúdame, Granacci!

—Cuando Bertoldo te considere en condiciones de intervenir en los concursos, lo dirá. Hasta entonces…

Pero había otra causa para su infelicidad, la cual no podía mencionar a Granacci: al llegar el tiempo húmedo, Lorenzo había prohibido a Contessina que fuese al jardín de escultura. No podía salir del palacio. A él no le parecía que la joven fuese tan delicada. Intuía en ella una llama lo suficientemente fuerte para combatir la muerte. Y ahora que ya no la veía, el jardín se le antojaba extrañamente vacío, largos los días y tediosos, porque la faltaba la excitación de la espera.

En su soledad, se volvió hacia Torrigiani. Los dos se hicieron inseparables. Y Miguel Ángel deliraba constantemente con su amigo, su ingenio, su físico, sus aptitudes…

Granacci le dijo un día:

—Miguel Ángel, me encuentro en una posición difícil. No puedo hablar demasiado sin dar la impresión de celos o envidia. Pero tengo la obligación de advertirte. Torrigiani ha hecho antes lo que ahora hace contigo.

—¿Y qué hace?

—Abrumarte con su afecto para de pronto montar en cólera y romper la amistad cuando se le ha presentado un nuevo amigo. Torrigiani necesita un auditorio y tú eres eso en estos momentos. No confundas eso con cariño o sincera amistad.

Bertoldo, por su parte, no fue tan suave. Al ver un dibujo de Miguel Ángel en el cual había imitado otro de Torrigiani, el maestro lo rompió en pedazos y dijo irritado:

—Camina con un rengo durante un año y al final tú también reguearás, Miguel Ángel. Lleva tu mesa otra vez al lugar que tenías antes.

VII

Bertoldo sabía que Miguel Ángel había llegado ya al límite de su paciencia. Pasó un brazo sobre los hombros del muchacho y le dijo:

—Bueno, ahora… ¡A esculpir!

Miguel Ángel hundió la cabeza en sus manos. Alivio, júbilo y tristeza se mezclaban en su corazón, haciéndolo latir violentamente. Sus manos temblaban sin control.

—Veamos, ¿qué es la escultura? —prosiguió Bertoldo, con tono didáctico—. Es el arte que, al eliminar todo lo que es superfluo del material que se maneja, lo reduce a la forma diseñada en la mente del artista…

—Con el martillo y el cincel —exclamó Miguel Ángel, recuperada ya su calma.

—…o mediante sucesivas adiciones —persistió Bertoldo—, como cuando se modela en barro o cera, que es el método de agregar.

—¡Para mí no! —dijo Miguel Ángel con energía—. Yo quiero trabajar directamente en el mármol, como lo hacían los griegos, esculpiendo sin modelo de barro o cera.

Bertoldo sonrió un poco sarcásticamente:

—Esa es una noble ambición, pero primero tienes que aprender a modelar en arcilla y cera. Hasta que no hayas dominado perfectamente el método de agregar, no podrás atreverte a acometer el método de eliminar. Tus modelos de cera deberán tener aproximadamente unos treinta centímetros de altura. Ya he ordenado a Granacci que compre una cantidad de cera para ti. Para ablandarla, empleamos un poco de esta grasa animal. Si por el contrario necesitas más consistencia en la cera, le agregas un poco de trementina. *Va bene?*

Mientras se derretía el bloque de cera, Bertoldo le enseñó a preparar el armazón con varitas de madera o alambres de hierro. Una vez preparado, Miguel Ángel comenzó a aplicarle la cera para ver hasta qué punto podía acercarse a la creación de una figura de tres dimensiones a partir de un dibujo de dos.

Para eso había discutido las virtudes de la escultura con respecto a la pintura en la escalinata del Duomo. La verdadera tarea del escultor era la profundidad, esa dimensión que el pintor solamente podía sugerir por medio de la ilusión de la perspectiva. El suyo era el duro mundo de la realidad; nadie podía caminar alrededor de su dibujo, pero cualquiera podía hacerlo alrededor de su escultura, para juzgarla desde todos los ángulos.

—Así, tiene que ser perfecta, no solamente en su frente sino al mirarla por los costados o la parte posterior —agregó Bertoldo—. Esto significa que cada parte tiene que ser esculpida no una vez, sino trescientas sesenta, porque en cada cambio de grado se torna una parte distinta.

Miguel Ángel estaba fascinado. La voz de Bertoldo lo atravesaba como una llama:

—*Capisco*, maestro —respondió.

Tomó la cera y sintió su calor en las palmas de las manos. Para unas manos hambrientas de mármol, la bola de cera no podía ser agradable. Pero las palabras del maestro le dieron el impulso necesario para ver si le era posible modelar una cabeza, un torso, una figura completa que en cierta medida reflejase al dibujo. No era fácil.

Una vez que hubo amasado la cera sobre el armazón esquelético, obedeció las órdenes de Bertoldo y la trabajó con herramientas de hierro y hueso. Después de lograr la más tosca aproximación, la refinó con sus fuertes dedos. El resultado tenía una cierta verosimilitud.

—Sí, pero carece por completo de gracia —criticó Bertoldo— y no tiene el menor parecido facial.

—No estoy haciendo un retrato —gruñó Miguel Ángel, que absorbía las instrucciones como una esponja seca arrojada a un barril de agua, pero se encrespaba ante las críticas.

—Ya lo harás.

—¡Al diablo con los retratos! ¡Jamás me gustarán!

—Jamás está mucho más lejos a tu edad que a la mía. Cuando tengas hambre y el duque de Milán, pongo por mecenas, te pida que hagas su retrato en un medallón de bronce...

—¡Nunca tendré tanta hambre! —dijo el muchacho, enérgico.

Pero Bertoldo se mantuvo firme. Le habló de expresión, gracilidad, equilibrio. De la interrelación del cuerpo con la cabeza: si la figura tenía la cabeza de un anciano, era forzoso que tuviera los brazos, cuerpo, piernas, manos y pies de un anciano. La fluidez de los ropajes tenía que ser tal que sugiriese la desnudez debajo de ellos. Los cabellos y las barbas debían ser trabajados con suma delicadeza.

Baccio era el fermento. Los días en que Torrigiani estaba de mal humor, que Sansovino sentía la nostalgia de Arezzo, que Miguel Ángel clamaba para que se le permitiera trabajar con la arcilla, que Granacci se quejaba de una horrible jaqueca originada por el constante martillar sobre los cinceles o que Bertoldo, sacudido por la tos, decía que se habría ahorrado muchas preocupaciones y disgustos de haber sucumbido a su último ataque, Baccio acudía presuroso con sus chismes y chistes recogidos en tabernas y prostíbulos.

—Maestro, ¿sabe el cuento del comerciante que se quejaba del elevado costo del vestido de su esposa? "Cada vez que me acuesto con usted", le dijo, "me cuesta un escudo de oro". Y la joven esposa le contestó, mordaz: "Si se acostara conmigo más a menudo, solamente le saldría a razón de una moneda de cobre".

—No, no lo tengo aquí como bufón del jardín —explicaba Bertoldo—. Hay en él una promesa de talento. No le gusta estudiar, es cierto. Lo absorbe el placer. Pero todo eso pasará. Su hermano, que es monje dominicano, está dedicado por entero a la pureza; tal vez se deba a eso que Baccio sea devoto de la lascivia.

Pasaron varias semanas. Bertoldo insistía en que Miguel Ángel se perfeccionase en la transcripción del dibujo al modelo de cera. Cuando el muchacho no podía resistir más, arrojaba sus herramientas de hueso y se iba al fondo del jardín, donde tomaba martillo y cincel y desahogaba su furia cortando bloques para la construcción de la biblioteca de Lorenzo. Todos los días trabajaba así durante una o dos horas, con los *scalpellini*. Los bloques de *petra serena* entre las piernas y bajo sus manos le prestaban su dureza.

Bertoldo capituló por fin.

—*Alla guerra di amore, vince qui fugge*—dijo—. Pasaremos a la arcilla... Recuerda que la arcilla trabajada, cuando está húmeda, se encoge después. Tienes que prepararla pedazo a pedazo. Mézclale cerdas de caballo, para asegurar que no se te rompa. Para vestir tus figuras, moja una tela hasta darle la consistencia de un barro espeso y luego disponla alrededor de tu figura en pliegues. Más adelante aprenderás a ampliar el modelo al tamaño que vas a esculpir.

Llegó febrero, con nieblas que bajaban de las montañas y lluvias que envolvían la ciudad hasta que todas las calles parecían ríos. Había pocas horas de luz grisácea para trabajar. Todos estaban confinados en las habitaciones del *casino*. Cada aprendiz se sentaba en un alto taburete, sobre un brasero encendido. Cada cierto tiempo, Bertoldo tenía que quedarse acostado varios días. La arcilla mojada parecía más pegajosa y fría que nunca. Miguel Ángel trabajaba frecuentemente a la luz de una lámpara de aceite, casi siempre sólo en el *casino*, triste, pero más satisfecho de estar allí que en cualquier otro lugar.

Faltaban ya menos de dos meses para abril, y por lo tanto, para la decisión de Ludovico de retirarlo del jardín de escultura si no alcanzaba suficiente capacidad para percibir un salario. Bertoldo, cuando se presentaba envuelto en gruesas ropas, parecía un fantasma. Pero Miguel Ángel sabía que tenía que hablar. Mostró al maestro las figuras de arcilla que había modelado y pidió su autorización para reproducirlas en mármol.

—No, *figlio mio*—respondió el maestro con voz ronca—, todavía no estás preparado.

—¿Los otros lo están y yo no?

—Tienes mucho que aprender.

—Lo reconozco.

—Pazienza! —le aconsejó Granacci—. Dios da a la espalda la forma apropiada para la carga que debe soportar.

VIII

Bertoldo lo hacía trabajar cada día más duramente y no cesaba de criticar su labor. Por mucho que lo intentaba, Miguel Ángel no conseguía una sola palabra de elogio. Y otro motivo de disgusto era que todavía no lo habían invitado al palacio.

Bertoldo le decía a menudo:

—¡No, no! Este modelo está acariciado en demasía. Cuando veas las esculturas del palacio comprenderás que el mármol quiere expresar únicamente los sentimientos más intensos y profundos.

Cuando Lorenzo invitó a Bugiardini al palacio, Miguel Ángel se enfureció. ¿Contra quién: Bertoldo, Lorenzo o contra sí mismo? No lo sabía. Aquella exclusión implicaba un rechazo. Y se sintió como el burro que lleva una carga de oro y tiene que comer paja seca.

Y por fin, en un frío pero luminoso día de fines de marzo, Bertoldo se detuvo ante un modelo de arcilla que Miguel Ángel acababa de terminar, basado en los estudios de semidioses antiguos, medio humanos, medio animales.

—En el palacio hay un fauno recién descubierto —dijo—. Lo desempaquetamos anoche. Griego pagano, sin duda. Ficino y Landino creen que es del siglo v antes de Cristo. Tienes que verlo.

Miguel Ángel contuvo el aliento.

—Ahora mismo me parece lo mejor. Ven conmigo —añadió Bertoldo.

En el lado del palacio de Medici que daba a la Via de Gori, se había utilizado como base el segundo muro que limitaba la ciudad. El arquitecto Michelozzo lo había completado treinta años antes para Cosimo. Era lo suficientemente espacioso para albergar una numerosa familia de tres generaciones, el gobierno de una república, la administración de un comercio que abarcaba todo el mundo conocido y centro para artistas estudiosos: una combinación de hogar, despachos, tienda, universidad, *bottega*, galería de pintura, teatro y biblioteca; todo ello austero, dotado de la majestuosa sencillez que siempre había caracterizado el buen gusto de los Medici.

La obra de mampostería entusiasmó a Miguel Ángel al detenerse en la Via Larga para poder admirarla unos instantes. Aunque había visto aquel palacio centenares de veces, siempre le parecía fresco y nuevo. ¡Qué soberbios artistas eran aquellos *scalpellini*! Alrededor del palacio, en ambas calles, se extendía un banco de piedra donde, sentados, los florentinos podían charlar y tomar sol.

—Nunca me había dado cuenta —dijo Miguel Ángel— de que la arquitectura es un arte casi tan grande como la escultura.

Bertoldo sonrió, indulgente.

—Giuliano da Sangallo, el mejor arquitecto de Toscana, te diría que la arquitectura es escultura —respondió—. Es decir, el dibujo de formas para ocupar espacio. Si el arquitecto no es escultor, lo único que consigue son habitaciones encerradas entre paredes.

La esquina de la Via Larga y la Via de Gori era una galería abierta que la familia Medici utilizaba para sus fiestas, que los florentinos consideraban entretenimientos y deseaban presenciar. Tenía unos magníficos arcos de unos nueve metros, labrados en *pietra forte*. Era allí donde los ciudadanos, comerciantes y políticos conferenciaban con Lorenzo, mientras los artistas y estudiantes consultaban sus proyectos. Para todos había siempre un vaso de vino dulce de Greco, "el vino perfecto para los caballeros".

Entraron por la maciza portada y llegaron al patio cuadrado con sus tres arcos completos a cada lado, sostenidos por doce columnas de decorados capiteles. Bertoldo señaló orgullosamente una serie de ocho figuras esculpidas, entre las cimas de los arcos y los marcos de las ventanas.

—Son mías —dijo—. Las copié de gemas antiguas. Verás los originales en las colecciones de Lorenzo, en el *studiolo*. ¡Son tan buenas que la gente las confunde con otras de Donatello!

Miguel Ángel frunció el ceño. ¿Cómo podía conformarse Bertoldo con ir tan detrás de su maestro? En aquel momento vio dos de las grandes esculturas de la ciudad: los *David* de Donatello y Verrocchio. ¡Y corrió a ellas para tocarlas reverentemente, mientras lanzaba un enorme suspiro!

Bertoldo se detuvo junto a él, pasando también sus manos sobre las magníficas superficies de bronce.

—Yo ayudé a fundir esta pieza para Cosimo —dijo—. La esculpieron para colocarla precisamente aquí, donde está ahora, a fin de que fuera posible admirarla por todos lados. ¡Qué emoción teníamos todos! Durante siglos únicamente habíamos tenido el relieve. Ésta iba a ser la primera escultura vaciada en bronce de una figura suelta, en los últimos mil años. Antes de Donatello, la escultura era utilizada como ornamento de la arquitectura, en nichos, puertas, sitiales de coros y púlpitos.

Miguel Ángel contemplaba absorto el *David* de Donatello, tan joven y dulce, con largos rizos en los cabellos, los delgados brazos que sostenían una gigantesca espada, la pierna izquierda curvada tan graciosamente para poner el pie, calzado con una sandalia abierta, sobre la cabeza decapitada de Goliat. Era un doble milagro, pensó Miguel Ángel, que el bronce hubiera sido fundido tan admirablemente con esa suavidad satinada, y en ello correspondía parte del mérito a Bertoldo, y que una figura tan delicada, casi tan frágil como la de Contessina, hubiese podido matar a Goliat.

Tenía sólo un momento para estudiar tres sarcófagos romanos colocados bajo las arcadas y dos estatuas restauradas de Marsyas, antes de que Bertoldo partiese hacia la gran escalinata que conducía a la capilla, con sus frescos de Gozzoli, de colores tan brillantes que Miguel Ángel no pudo reprimir una exclamación de asombro.

Luego, cuando Bertoldo lo condujo de sala en sala, su cabeza comenzó a dar vueltas, como en un mareo, pues vio un verdadero bosque de esculturas y una gran galería de pinturas. No tenía suficientes ojos ni fuerza para ir de una obra a otra, o soportar tan enorme excitación emocional. Ningún artista italiano de calidad, desde Giotto hasta Nicola Pisano, faltaba en aquella presentación. Mármoles de Donatello y Desiderio da Settignano, de Luca della Robbia y Verrocchio, bronces de Bertoldo, pinturas colgadas en todas las salas: el *San Pablo* de Masaccio, la

74

Batalla de San Romano, de Paolo Uccello, *Lucha entre dragones y leones*, la *Crucifixión* de Giotto; la *Madonna* de Fra Angelico, y la *Adoración de los Reyes Magos*; *El nacimiento de Venus*, *Primavera* y la *Madonna del Magnificat*, de Botticelli... Además, se veían cuadros de Castagno, Filippo Lippi, Pollaiuolo y otros cien de Venecia y Brujas.

Llegaron al *studiolo* de Lorenzo, la última de una serie de hermosas salas en lo que se llamaba "el noble piso del palacio". No era un despacho, sino un pequeña sala-escritorio. Su bóveda había sido esculpida por Luca della Robbia. La mesa de escribir de Lorenzo, contra la pared del fondo, estaba debajo de los estantes que contenían los tesoros de Il Magnifico: joyas, camafeos, pequeños bajorrelieves de mármol, antiguos manuscritos iluminados. Era una habitación íntima, dispuesta más para placer que para trabajo. Había en ella pequeñas mesas pintadas por Giotto y Van Eyck, antiguos bronces y un *Hércules* desnudo sobre la chimenea, pequeñas cabezas de bronce en los dinteles, sobre las puertas, y vasos de cristal diseñados por Ghirlandaio.

—¿Qué te parece? —preguntó Bertoldo.

—Nada. Todo. Mi cerebro está paralizado.

—No me sorprende. Aquí tienes el *Fauno* que llegó ayer de Asia Menor. Sus ojos te dicen cuánto ha gozado en sus placeres carnales. Y ahora te dejaré unos minutos, porque tengo que ir a buscar algo a mi habitación.

Miguel Ángel se acercó más al fauno y se encontró mirando los ojos brillantes, gozosos. La larga barba estaba teñida como si sobre ella se hubiese vertido vino en alguna orgía. Parecía tan intensamente vivo que Miguel Ángel tuvo la sensación de que iba a hablar. Sin embargo, dentro de la pícara sonrisa, de los labios no se veían los dientes. Pasó los dedos sobre el agujero en busca de la talla, pero ésta había desaparecido.

Sacó papel de dibujo y carbonilla roja, se sentó en un rincón y dibujó el fauno. De pronto, sintió que alguien estaba junto a su hombro y enseguida le llegó un suave perfume. Se volvió bruscamente.

Habían pasado muchas semanas desde que la viera por última vez. Tenía un cuerpo tan delicado y diminuto que desplazaba poco espacio. Sus ojos eran omnívoros y disolvían las sensitivas facciones en el brillo castaño y cálido de sus pupilas. Vestía una túnica azul con guarniciones de piel marrón. La falda y las mangas lucían aplicaciones de diminutas estrellas. Llevaba en una mano un pergamino griego, copia de las *Oraciones* de Isócrates.

—Miguel Ángel —dijo con voz suave.

¿Cómo era posible que aquella sola palabra encerrase tanto júbilo en sus labios, cuando él la oía tantas veces al día en otros?

—Contessina —respondió.

—Estaba estudiando en mi habitación. Y de pronto me di cuenta de que había alguien aquí.

—¡No esperaba verla! Bertoldo me trajo para ver todas estas obras de arte.

—Mi padre no me permite que vaya con él al jardín de escultura hasta que llegue la primavera. ¿Cree que voy a morir?

—Vivirá para tener numerosos hijos. —Las pálidas mejillas se tiñeron repentinamente de rojo. —¿La he ofendido? —preguntó rápidamente, contrito.

Ella negó con la cabeza.

—Me dijeron que era brusco. —Dio uno o dos pasos hacia él. —Cuando estoy cerca de usted, me siento más fuerte. ¿Por qué será?

—Cuando estoy cerca de usted me siento confundido. ¿Por qué será? —Ella rió, musicalmente.

—Echo de menos el jardín.

—Y el jardín la echa de menos a usted.

Ella se volvió, ante la intensidad de la voz de Miguel Ángel.

—¿Cómo anda su trabajo, Miguel Ángel?

—*Non c'e male*.

—No es muy comunicativo.

—No aspiro a ser un charlatán.

—Entonces, debería ocultar sus ojos.

—¿Qué dicen?

—Cosas que me gustan mucho.

—Entonces, dígamelas. No tengo espejo.

—Lo que sabemos de los demás es nuestro secreto personal.

Miguel Ángel tomó su papel de dibujo. Luego dijo:

—Ahora tengo que trabajar.

Ella golpeó el suelo con un pie.

—Nadie despide a una Medici —dijo irritada, brillantes los ojos. Pero de pronto una leve sonrisa apareció en sus labios y agregó: —Jamás escuchará palabras mías tan estúpidas otra vez.

—No importa. Tengo una gran variedad de palabras mías.

Ella extendió la diestra. Era pequeña, de dedos tan frágiles como pajaritos, en la fuerte y tosca mano de él.

—*Addio, Michelangelo*.

—*Addio*, Contessina.

—Trabaje bien.

—*Grazie mille*.

Se fue por la puerta del estudio de su padre. Dejó tras de sí un débil perfume y Miguel Ángel sintió que la sangre hervía en su mano como si hubiese estado trabajando con un cincel de hierro sueco perfectamente equilibrado.

Y aplicó la carbonilla roja al papel.

IX

Aquella noche se revolvió constantemente en su lecho, insonme. Estaba a punto de terminar su primer año en el jardín de escultura. ¿Y si su padre iba a ver a Lorenzo, como había amenazado hacer, para exigir que dejase en libertad a su hijo? ¿Estaría dispuesto Ludovico a contrariar a una poderosa familia florentina sólo por un aprendiz a quien Lorenzo ni siquiera había advertido?

Sin embargo, no era posible que él se fuese sin haber puesto las manos ni siquiera una vez sobre un trozo de mármol.

Saltó de la cama con la intención de llegar a Settignano al amanecer para pasar el día cortando *pietra serena*. Pero cuando corría silenciosamente escaleras abajo para salir a la Via dei Bentacordi, se detuvo de golpe. A su mente acudió la visión de sí mismo en pleno trabajo con los *scalpellini*, detrás del jardín, donde se amontonaban las piedras. Y vio un bloque en particular, de tamaño modesto. Era un mármol blanco que estaba en el césped, a escasa distancia de los bloques destinados a la construcción de la biblioteca. Se le ocurrió de pronto que aquel bloque era del tamaño exacto para la pieza de escultura que él tenía proyectada: un fauno como el que se hallaba en el *studiolo* de Lorenzo, pero de ejecución eminentemente suya.

En lugar de caminar hacia la izquierda y seguir la calle hacia el campo abierto, se volvió a la derecha, recorrió la Via dei Benci hasta la alta portada de madera en el muro de la ciudad, se identificó ante el guardián, cruzó el Ponte alle Crazie y subió a las ruinas del fuerte de Belvedere, donde se sentó sobre un parapeto. Tenía el Arno a sus pies.

Florencia era un cuadro de tan increíble belleza que Miguel Ángel contuvo la respiración. No era extraño que los jóvenes de la ciudad cantasen sus románticas baladas a Florencia, baladas con las cuales no podían competir las damiselas. Todos los florentinos verdaderos decían: "No viviré jamás lejos del Duomo".

Sentado allí, sobre su amada ciudad, Miguel Ángel supo de pronto lo que tenía que hacer.

La luna empezaba a ocultarse tras las colinas. En el Este comenzó a insinuarse sutilmente la luz del día. Luego se intensificó como si el sol hubiera estado merodeando celosamente tras el horizonte, esperando sólo una señal para precipitarse sobre el escenario del valle del Arno. Los gallos empezaron a cantar en las granjas que bordeaban la ciénaga. Los guardianes de la portada gritaron para que fueran abiertas las grandes puertas.

Miguel Ángel bajó de la colina, caminó a lo largo del río hasta el Ponte Vecchio y continuó por la Piazza de San Marco y el jardín, dirigiéndose al bloque de mármol que estaba sobre el césped, más allá del lugar donde iba a levantarse la biblioteca. Tomó la piedra en sus brazos y, encorvado bajo su peso, avanzó por la senda hasta el fondo del jardín. Allí enderezó un tronco de árbol que había sido serruchado y colocó el bloque bien afirmado sobre él.

Sabía que no tenía derecho a tocar ese mármol y que, al menos por implicación, se acababa de revelar contra la autoridad del jardín, violando la férrea disciplina de Bertoldo. Bueno, de todos modos estaba casi a punto de irse, si su padre cumplía la amenaza. Y si Bertoldo lo despedía, siempre sería mejor que lo hiciese frente a un bloque de mármol que él convertiría en estatua.

Sus manos acariciaron la piedra, buscando sus más íntimos contornos. Durante todo el año no había tocado un bloque de blanco mármol estatuario.

Para él, aquel lechoso mármol blanco era una sustancia viva que respiraba, sentía, juzgaba. No podía permitir que aquella piedra se sintiera defraudada ante él. No era temor, sino reverencia. ¡Era amor!

No tenía miedo. Su mayor necesidad era que su amor fuese recíproco. El mármol era el héroe de su vida y su destino. Y le pareció que hasta ese momento, con las manos sobre el mármol, jamás había vivido. Porque eso era lo que él había deseado toda su vida: ser un escultor de mármol blanco.

Tomó las herramientas de Torrigiani y se puso a trabajar. Sin dibujo, modelo de arcilla o cera, sin siquiera marcas de carboncillo en la tosca superficie del mármol. La única guía, además del impulso y del instinto, era la clara imagen del *Fauno* del palacio: picaresco, saturado de placer y enteramente encantador.

X

El *Fauno* estaba terminado. Durante tres noches Miguel Ángel había trabajado detrás del *casino*; durante tres días lo había ocultado debajo de un enorme retal de lana. Lo llevó a su mesa de trabajo. Ahora estaba dispuesto a que lo viera Bertoldo: su propio *Fauno*, con los gruesos labios sensuales los blancos dientes y la picaresca lengua que apenas asomaba la punta. Estaba puliendo la parte superior de la cabeza con *pietra ardita* y agua para eliminar todas las marcas de las herramientas, cuando llegaron los aprendices y Lorenzo apareció por la senda del jardín. Se detuvo junto a Miguel Ángel.

—¡Ah! El *Fauno* de mi *studiolo* —dijo Il Magnifico.

—Sí.

—No le ha puesto barba.

—Creí que no era necesario.

—Pero… ¿no debe el copista copiar fielmente?

—El escultor no es un copista.

—¿Y tampoco lo es un aprendiz?

78

—Tampoco, Magnifico. El estudiante debe crear algo nuevo de algo viejo.

—¿Y de dónde viene lo nuevo?

—De donde viene todo el arte: de dentro del artista

Le pareció observar un fugaz brillo en los ojos de Lorenzo, quien dijo:

—Su fauno es viejo.

—¿No le parece que debe serlo?

—No me refería a su edad. Es que le ha dejado los dientes.

Miguel Ángel lanzó una mirada a su estatua.

—Estaba compensando la otra boca, que carecía de ellos.

Cuando Il Magnífico se retiró, Miguel Ángel tomó el cincel y se puso a trabajar en la boca del fauno. Lorenzo volvió al jardín al día siguiente. Hacía más calor y Bertoldo lo acompañaba. Lorenzo se detuvo frente a la mesa de trabajo de Miguel Ángel.

—¡Ah! —exclamó—. Su fauno parece haber echado los dientes en veinticuatro horas.

—El escultor es el dueño del tiempo y puede envejecer a sus modelos o rejuvenecerlos a su antojo.

Il Magnífico pareció satisfecho.

—Veo que le ha sacado un diente de arriba y dos de abajo, en el extremo opuesto.

—Lo hice para equilibrar.

Lorenzo lo miró un instante en silencio, sombríos los ojos de color castaño oscuro. Luego dijo:

—Me agrada mucho comprobar que no hemos estado haciendo sopa en una cesta.

Partió. Miguel Ángel se volvió hacia Bertoldo, que estaba pálido y ligeramente tembloroso. Pero el maestro no dijo nada y se retiró también enseguida.

A la mañana siguiente se presentó un paje en el jardín.

—Miguel Ángel, te requieren en el palacio. Acompaña al paje.

—¡Ya te has conseguido que te echen! —exclamó Baccio—. ¡Por haber robado ese bloque de mármol!

Miguel Ángel miró a Bertoldo y luego a Granacci. No pudo leer nada en sus rostros. Siguió al paje y ambos entraron a la parte de atrás del jardín por una puerta abierta en el antiguo muro. Se detuvo bruscamente ante una fuente que tenía una cuenca de granito. Sobre ella estaba la *Judith* en bronce, de Donatello.

—Perdone, señor —rogó el paje—. ¡No podemos hacer esperar a Il Magnifico!

Necesitó toda su fuerza de voluntad para apartar los ojos de la poderosa pero vencida figura de Holofernes a punto de ser decapitado por la espada en alto de Judith.

Lorenzo estaba sentado tras su mesa de trabajo en la biblioteca, una espaciosa habitación en cuyas paredes, llenas de estantes, descansaban los libros que su abuelo había comenzado a coleccionar cincuenta años atrás. Sólo había dos piezas de escultura en aquella estancia: dos bustos de mármol del padre y del tío de Lorenzo, obra de Mino da Fiesole. Miguel Ángel avanzó rápidamente hacia el busto de Piero de Medici, padre de Lorenzo, y exclamó con entusiasmo:

—¡Vea este admirable pulido! ¡Parece como si en el interior del mármol estuvieran ardiendo mil velas!

Lorenzo se puso de pie y fue al lado del muchacho para contemplar el busto.

—Ése era el don especial de Mino. Podía dar al mármol blanco la apariencia de la carne cálida. ¡Era exquisito! Sustituyó el sentimentalismo por la técnica. Sin embargo, este busto de mi padre es el primer retrato de mármol tallado en Florencia.

—¿El primero? —exclamó Miguel Ángel—. ¡Entonces Mino tenía valor!

En el silencio que siguió, el rostro de Miguel Ángel enrojeció de pronto. Hizo una rígida reverencia, desde la cintura.

—No he presentado mis respetuosos saludos, *messer*. ¡Esa escultura me ha entusiasmado a tal punto que me puse a hablar y…!

—Lo perdono —dijo Il Magnifico, a la vez que hacía un ademán como restando toda importancia a la cuestión—. ¿Cuántos años tiene, Miguel Ángel?

—Quince.

—¿Quién es su padre?

—Ludovico di Lionardo Buonarroti-Simoni.

—He oído ese nombre.

Abrió su escritorio y sacó un cartapacio de pergamino, de cuyo interior extrajo docenas de dibujos que extendió sobre la mesa. Miguel Ángel no podía creer lo que veía.

—Pero… ¡esos dibujos son míos, *messere*! —exclamó.

—En efecto.

—Bertoldo me dijo que los había destruido.

Lorenzo se inclinó sobre la mesa, hacia el muchacho.

—Hemos puesto numerosos obstáculos en su camino, Miguel Ángel. Bertoldo lo ha perseguido despiadadamente con sus críticas duras y muy pocos elogios o promesas de premios. Queríamos estar seguros de que poseía nervio, fortaleza, resistencia. Sabíamos que tenía verdadero talento, pero no conocíamos su carácter. Si nos hubiera abandonado por falta de elogios o premios en dinero…

Se acercó a Miguel Ángel, después de rodear la mesa, y agregó:

—Miguel Ángel, en usted hay una verdadera pasta de escultor. Bertoldo y yo estamos convencidos de que podría llegar a ser el heredero de Orcagna, Ghiberti y Donatello. Me agradaría que viniera a vivir al palacio, como miembro de mi familia. Desde este momento, no tiene que preocuparse más que de la escultura.

—Lo que más me gusta es trabajar el mármol.

Lorenzo rió de buena gana:

—¿Así que ni una palabra de gracias, ni la más ligera expresión de placer ante la perspectiva de venir a vivir al palacio de un Medici? ¡Sólo su amor hacia el mármol!

—¿No es por eso que me ha invitado?

—*Senz'altro*. ¿Quiere traer aquí a su padre? Debo hablarle.

—Mañana. ¿Cómo debo llamarlo, *messere*?

—Como quiera.

—No Magnifico.

—¿Por qué no?

—Porque un cumplido pierde toda su fuerza si uno lo escucha día y noche.

—¿Con qué nombre piensa en mí?

—Lorenzo.

—Lo dice con cariño.

—Porque lo siento.

—En lo futuro, no me pregunte qué debe hacer. Ya me he acostumbrado a esperar lo inesperado de usted.

Granacci se ofreció otra vez a interceder por él ante Ludovico y éste no parecía comprender lo que el amigo de su hijo decía.

—Granacci —preguntó—, ¿está empeñado en llevar a mi hijo por mal camino?

—El palacio de Lorenzo de Medici no es exactamente el mal camino, *messer* Buonarroti. Se comenta que es el palacio más hermoso de toda Europa.

—¿Y qué tiene que hacer un picapedrero en un hermoso palacio? Será para trabajar como lacayo.

—Miguel Ángel no es un picapedrero. Es un escultor —replicó Granacci seriamente.

—No importa. ¿En qué condiciones va al palacio?

—No ha comprendido, *messere*, no recibirá salario alguno.

—¡Cómo! ¿Trabajará sin salario? ¿Otro año perdido?

—Il Magnifico ha pedido a su hijo que vaya a vivir al palacio. Será un miembro más de la familia Medici. Comerá con los grandes del mundo… Aprenderá en la Academia Platón, integrada por los eruditos y sabios más conocidos de Italia. ¡Y tendrá a su disposición todo el mármol que necesite para esculpir!

—¡Mármol! —gimió Ludovico, como si la palabra, fuera un anatema.

—¡No puede negarse a ver y hablar a Il Magnifico!

—¡Iré —murmuró Buonarroti—, sí, iré! ¿Qué otra cosa puedo hacer? Pero no me gusta.

Ya en el palacio, de pie ante Lorenzo de Medici en el *studiolo*, con Miguel Ángel a su lado, éste observó que su padre se mostraba humilde, casi patético. Y le inspiró lástima.

—Buonarroti-Simoni, desearíamos que Miguel Ángel viviera con nosotros aquí para estudiar escultura. Se le proveerán todas las necesidades. ¿Me concede al muchacho? —dijo Lorenzo.

—Magnifico *messere*, no me es posible negarme a lo que me pide —respondió Ludovico, inclinándose profundamente—. No solamente Miguel Ángel, sino todos nosotros, con nuestras vidas, estamos a disposición de Vuestra Magnificencia.

—Bien. ¿Qué hace? ¿En qué se ocupa?

—Nunca he seguido ningún oficio o comercio. He vivido de mis escasos ingresos, atendiendo las pocas posesiones que me han dejado mis antepasados.

—Entonces, utilíceme. Vea si en Florencia hay algo que yo pueda hacer por usted. Lo ayudaré hasta el límite de mi poder.

Ludovico miró a su hijo y luego desvió la mirada.

—No sé hacer otra cosa que leer y escribir —dijo—. El compañero de Marco Pucci, en la Aduana, acaba de fallecer. Me agradaría mucho ocupar el puesto que ha dejado vacante.

—¿La Aduana? ¡Solamente paga ocho escudos al mes!

—Me parece que podría desempeñar correctamente ese cargo.

—La verdad —dijo Lorenzo—, esperaba que pediría algo mucho más importante. Pero si desea ser el compañero de Pucci, puede serlo.

Se volvió de nuevo hacia Miguel Ángel, que estaba rígido a su lado. Una cálida sonrisa iluminó el cetrino rostro de Il Magnifico.

—Hace sesenta años que mi abuelo Cosimo invitó a Donatello a su palacio, para que ejecutase la estatua de bronce de *David* —dijo.

Libro tercero

El Palacio

I

Un paje lo escoltó por la gran escalinata y a lo largo del corredor hasta una dependencia situada frente al patio central. El paje llamó a una puerta. Bertoldo la abrió.

—Bienvenido a mi casa, Miguel Ángel —dijo—. Il Magnifico cree que me queda ya tan poco tiempo que desea que te enseñe hasta en sueños.

Miguel Ángel se encontró en un interior en forma de L, dividido en habitaciones separadas. Había dos camas de madera cubiertas con mantas blancas y colchas rojas. Cada una de ellas tenía un cofre al pie. Bertoldo tenía su cama en la parte interior de la L. Cubriendo la pared de su cabecera se veía un tapiz pintado que representaba el Palazzo della Signoria. Contra el ángulo interno de la L se alzaba un gran armario lleno de libros propiedad de Bertoldo y algunos candelabros de bronce que él había diseñado para Donatello. En los diversos estantes se veían también los modelos de arcilla y cera de la mayor parte de sus esculturas.

La cama de Miguel Ángel estaba colocada en la parte de la L donde se hallaba la puerta y desde ella podía ver las esculturas del armario, pero no la cama de Bertoldo. En la pared frente a la cama había una tableta de madera pintada que representaba el Baptisterio.

—Esta disposición nos brindará el aislamiento que necesitamos —dijo Bertoldo—. Pon tus cosas en el cofre al pie de la cama. Si tienes algo de valor, lo encerraré en este cofre antiguo.

Miguel Ángel lanzó una mirada a su pequeño lío de ropas y medias zurcidas.

—Lo único que tengo de valor son mis manos y me gusta tenerlas siempre junto a mí.

—Te llevarán mucho más lejos que tus pies.

Se retiraron temprano y Bertoldo encendió las velas en los candelabros de bronce, que alumbraron las dos habitaciones. No podían verse uno al otro, pese a que sus camas estaban separadas sólo unos centímetros entre ellas por lo que podían hablar en voz baja.

—Sus esculturas parecen hermosísimas a la luz de las velas —dijo Miguel Ángel.

Bertoldo guardó silencio unos segundos. Luego respondió:

—Poliziano dice "Bertoldo no es un escultor de miniaturas, sino un escultor miniatura".

Miguel Ángel contuvo una exclamación. Bertoldo oyó el pequeño ruido que hizo en su boca el aliento contenido y dijo suavemente:

—Existe un cierto elemento de verdad en esa cruel crítica: ¿No te parece un poco patético que desde tu almohada puedas abarcar, con una sola mirada, toda mi vida de trabajo?

—¡Pero la escultura no se mide por las libras que pesa, Bertoldo!

—Por cualquier sistema que se la mida, la mía es una contribución modesta. El talento es barato; la dedicación es cara. A ti te costará la vida.

—¿Y para qué otra cosa es la vida?

Bertoldo suspiró:

—¡Ay! Yo creía que era para muchas cosas: la caza del halcón, probar recetas de cocina, perseguir a las muchachas hermosas. Ya conoces el adagio florentino: "La vida es para gozarla". El escultor tiene que crear una masa de trabajo. Tiene que producir durante cincuenta o sesenta años, como lo hicieron Ghiberti y Donatello.

El anciano estaba cansado y se durmió en seguida. Miguel Ángel permaneció despierto, cruzadas las manos sobre su cabeza. No le era posible discernir la diferencia entre "la vida es para gozarla" y "la vida es trabajo". Allí estaba él, instalado ya en el palacio Medici, absorto y entusiasmado en la contemplación de ilimitadas obras de arte para estudiarlas, y con un rincón del jardín de escultura lleno de hermoso mármol para esculpir. Y se quedó dormido con una sonrisa de satisfacción.

Despertó con las primeras luces del día, se vistió en silencio y salió a los salones del palacio. Permaneció una hora en la capilla, extasiado ante los frescos de Benozzo Gozzoli *Los tres hombres sabios del Oriente*; abrió varias puertas y se halló, absorto y temeroso, ante *La Ascensión*, de Donatello; el *San Pablo*, de Masaccio; *La batalla de San Romano*, de Ucello… hasta que su corazón le pareció tan liviano, tan etéreo, que creyó estar soñando.

A las once regresó a su habitación y descubrió que el sastre del palacio había dejado ropas nuevas encima de su cama. Divertido, se puso aquellas sedas de colores y luego se detuvo ante el espejo, contemplándose con satisfacción. Era sorprendente el gran atractivo que le conferían aquellas prendas: el gorro carmín, que reflejaba el color de sus mejillas; el cuello-capucha del manto violeta, que parecía dar a su cabeza una mejor proporción; la camisa dorada y las medias de seda rosa.

Estaba encantado con aquellos cambios en su aspecto, que no sólo lo hacían aparecer algunos centímetros más alto sino más robusto. Los altos pómulos ya no tenían aquel aspecto esquelético y ni siquiera se notaba que sus orejas estaban un poco más atrás que lo normal. Se peinó cubriendo con algo de su rizada cabellera la parte superior de la frente. Sus pequeños ojos, de pesados párpados, parecían ahora más abiertos y su expresión reflejaba por fin haber hallado un lugar para sí en el mundo… En su ensimismamiento no vio entrar a Bertoldo.

—¡Ah! —exclamó al darse cuenta—. Bertoldo… Estaba…

—¿Te admiras con ese atuendo?

—No, pero jamás pensé que unas prendas pudieran cambiarme tanto.

—Ahora tendrás que dejarlas. Son únicamente para las fiestas.

—¿No es una fiesta la cena de los domingos?

—Ponte esta blusa y esta túnica. Cuando llegue el Día de la Virgen podrás pavonearte con esa otra ropa.

Miguel Ángel suspiró, se sacó las lujosas prendas y luego miró con picardía a su maestro:

—Está bien, un cuello de encaje nunca favorecerá a un caballo de carga.

Ascendieron por la ancha escalera desde el entresuelo al largo vestíbulo y luego doblaron a la derecha, hasta llegar al comedor. Miguel Ángel se sorprendió al encontrarse en un sobrio salón en el que no había una sola obra de arte. Los paneles de la pared y los dinteles de las puertas estaban labrados en oro laminado y las paredes eran de un color crema que daba una sensación de frescura. En el extremo del salón había una mesa para doce personas, con otra a cada lado, que con aquélla formaban una U. A cada lado de éstas había numerosos asientos, por lo que ninguno de los comensales estaba a más de unas pocas sillas de distancia de Lorenzo y todos ellos podían comer en la mayor intimidad.

Habían llegado temprano. Miguel Ángel se detuvo un instante en el hueco de la puerta. Lorenzo, que tenía a Contessina a su derecha y a un comerciante florentino a su izquierda, los vio.

—¡Ah, Miguel Ángel! —exclamó—. Venga a sentarse con nosotros. Aquí no tenemos lugares fijos; quien llega primero toma la silla vacía que más le agrade.

Contessina posó una mano sobre la silla a su lado, invitándolo a sentarse junto a ella. Al hacerlo, Miguel Ángel observó la hermosa vajilla que adornaba la mesa: vasos de cristal, cuadrados, con bordes de oro; vajilla de plata con la flor de lis florentina incrustada en oro, cuchillos de plata, cucharas con el escudo de armas de los Medici. Mientras expresaba a Lorenzo su admiración por todo aquello, varios pajes del palacio retiraban unas plantas verdes para dejar al descubierto, en un nicho que imitaba una concha marina, la orquesta del palacio: un clavicordio de doble teclado, un arpa, tres grandes violas y un gran laúd.

—Bienvenido al palacio, Miguel Ángel —le dijo Contessina—. Mi padre dice que debe ser desde ahora como otro miembro de la familia. ¿Debo llamarlo hermano?

—Quizá primo fuese mejor —respondió él, después de vacilar un instante.

Contessina rió y dijo:

—Me resulta agradable que su primera comida aquí sea en domingo. Los otros días de la semana no se permiten mujeres a la mesa. Nosotras comemos en la galería de arriba.

—Entonces, ¿no podré verla durante la semana? —inquirió él, desolado.

—El palacio no es tan grande.

Miguel Ángel contempló a los comensales a medida que fueron presentándose. Mientras la orquesta tocaba *Un cavaliere de Spagna*, hicieron su aparición en pequeños grupos, como cortesanos que asistiesen a una recepción real: Lucrezia, la hija de Lorenzo, con su esposo, Jacopo Salviati; los primos segundos de Il Magnifico, Giovanni y Lorenzo de Medici, a quienes su primo había criado y educado cuando quedaron huérfanos; el prior Bichiellini, brillante rector de la Orden Agustina de la iglesia del Santo Spirito, donde se hallaban las bibliotecas que pertenecieran a Bocaccio y Petrarca; Giuliano da Sangallo, que había diseñado la exquisita villa de Poggio, en Caiano; el duque de Milán, en viaje a Roma con su séquito; el embajador del sultán de Turquía; dos cardenales de España; familias reinantes de Bolonia, Ferrara y Arezzo; miembros de la Signoria de Florencia; Piero Soderini, feo, cortés y delicado, a quien Lorenzo estaba preparando para el cargo de Primer Magistrado de Florencia; un emisario del Dux de Venecia; profesores de la Universidad de Bolonia; prósperos comerciantes de la ciudad y sus esposas; hombres de negocios llegados de Atenas, Pekín, Alejandría, Londres y otras importantes ciudades. Todos ellos acudían a presentar sus saludos al dueño de casa.

Contessina lo mantenía informado sobre la identidad de todos ellos, conforme llegaban. Aquél era Demetrius Chalcondyles, presidente de la Academia Pública de Griego, fundada por Lorenzo, y coeditor de la primera edición impresa de Homero; Vespasiano da Bisticci, famoso bibliógrafo y coleccionista de manuscritos raros, que abastecía a las bibliotecas del extinto papa Nicolás V. Alessandro Sforza, el conde Worcester y los Medicil; los eruditos ingleses Thomas Linacre y William Grocyn, que estudiaban con Poliziano y Chalcondyles en la Academia Platón, de Lorenzo; Johann Reuchlin, el humanista alemán y discípulo de Pico della Mirandola; el monje Fra Mariano, para quien Lorenzo había construido un monasterio diseñado por Giuliano da Sangallo; un emisario que acababa de llegar con la noticia del fallecimiento de Matías de Hungría, admirador del "filósofo-príncipe Lorenzo de Medici".

Piero de Medici, el mayor de los hijos de Lorenzo, y su elegante esposa, Alfonsina Orsini, llegaron tarde y tuvieron que ocupar lugares en el extremo más alejado de una de las mesas laterales. Miguel Ángel advirtió que ambos se mostraban disgustados.

—Piero y Alfonsina no aprueban todo este republicanismo —murmuró Contessina, inclinándose hacia Miguel Ángel—. Ellos opinan que deberían realizarse recepciones como en las cortes reales y permitir solamente a los Medici que se sentasen a la mesa, mientras los plebeyos comerían en el piso inferior.

Giovanni, el segundón de Lorenzo, y su primo Ciulio entraron poco después. Giovanni tenía la tonsura recién afeitada y parpadeaba inconscientemente con el ojo afectado por una nube. Giulio, hijo ilegítimo del extinto hermano de Lorenzo, era moreno, atractivo y taciturno.

La última en entrar fue Nannina de Medici, del brazo de un hombre apuesto y agraciado, suntuosamente vestido.

—Mi tía Nannina —susurró Contessina— y su esposo Bernardo Rucellai. Es un buen poeta, según dice mi padre. También escribe para el teatro. Alguna veces, la Academia se reúne en su jardín.

Miguel Ángel estudió atentamente a aquel primo de su madre. Pero no dijo nada a Contessina de aquel parentesco.

Dos criados que estaban junto a los montacargas comenzaron a manejar las cuerdas para subir los alimentos. Mientras los servidores iban de un comensal a otro con pesadas bandejas de plata con pescado, Miguel Ángel observó asombrado que un hombre joven tomaba un pescado, lo aproximaba a una de sus orejas, luego a su boca, como si hablase con él, y al cabo de un rato estallaba en terribles sollozos. Todos lo miraban. Miguel Ángel se volvió, perplejo, hacia Contessina.

—Es Jacquo, el bufón del palacio —dijo ella—. Ríase… debe mostrarse como un auténtico florentino.

—¿Por qué lloras, Jacquo? —preguntó Lorenzo.

—Mi padre murió ahogado hace algunos años. Le he preguntado a este pequeño pescado si lo ha visto por alguna parte. Y me ha contestado que es demasiado joven. Me sugirió que le pregunte a esos pescados más grandes, que a lo mejor saben algo.

Lorenzo, evidentemente divertido, dijo:

—Den a Jacquo algunos de los pescados grandes para que pueda interrogarlos.

Miguel Ángel, que no conocía esa clase de diversión, se había sorprendido al ver a un bufón en el palacio de Lorenzo, pero ahora sintió que su primera repugnancia se desvanecía. Contessina lo estaba observando.

—¿No le gusta reír? —preguntó.

—Carezco de práctica. En mi casa nadie ríe.

—Es lo que mi profesor francés llama *un homme sérieux*. Pero mi padre también es un hombre serio. Lo que pasa es que cree que la risa puede ser útil. Comprenderá cuando esté más tiempo con nosotros.

Los servidores retiraron las bandejas de pescado y sirvieron un *fritto misto*. Miguel Ángel estaba tan fascinado observando a Lorenzo, que hablaba con casi todos sus invitados por turno, que no podía ni comer. Se limitó a probar un poco de cada plato.

—¿Trabaja Il Magnifico durante toda la comida? —preguntó.

—Sí; para él es un placer reunir a toda esta gente, oír las conversaciones y el ruido. Pero al mismo tiempo, tiene un centenar de propósitos en mente. Y cuando termina la comida, generalmente los ha cumplido todos.

Il Cardiere, un improvisador acompañado de una lira, comenzó a improvisar trovas sobre las noticias y chismes de la semana, salpicando sus versos con comentarios satíricos, también rimados.

Después de los postres, los comensales pasearon por el amplio vestíbulo. Contessina tomó el brazo de Miguel Ángel.

—¿Sabe lo que significa ser amigo de alguien? —preguntó.

—Granacci ha tratado de enseñármelo.

—Todo el mundo es amigo de los Medici —replicó ella—, todos… y ninguno.

II

A la mañana siguiente, él y Bertoldo se pasearon gozando del fresco aire de principios de primavera. Sobre ellos, en las colinas de Fiesole, cada ciprés, villa y monasterio se destacaba del fondo verde de los olivares y viñas. Se dirigieron al extremo más alejado del jardín, donde se hallaba la colección de bloques de mármol.

Bertoldo se volvió a su discípulo, con una expresión tímida en sus ojos color azul pálido.

—Reconozco que no soy un gran escultor de mármol —dijo—, pero contigo tal vez llegue a convertirme en un gran maestro. La figura que deseas esculpir tiene que seguir con la veta del bloque. Sabrás si vas a favor de ella por la forma en que los trozos saltan cuando lo golpeas. Para saber cómo corren las vetas, vierte agua sobre el bloque. Las diminutas marcas negras, hasta en el mejor de los mármoles, son manchas de hierro. Algunas veces es posible eliminarlas con el cincel. Si tropiezas con una veta de hierro, te darás cuenta enseguida, porque es mucho más dura que el mármol.

—Me hace rechinar los dientes de sólo pensar en eso.

—Cada vez que golpeas el mármol con un cincel, magullas cristales. Un cristal magullado es un cristal muerto. Y los cristales muertos arruinan una escultura. Tienes que aprender a esculpir grandes bloques sin magullar los cristales.

—¿Cuándo?

—Más adelante.

Bertoldo le habló luego de las burbujas de aire, los pedazos del mármol que se caen o se tornan huecos con el tiempo. No es posible verlos desde fuera del bloque y uno tiene que aprender a saber cuándo están en el interior.

—El mármol es como el hombre; tienes que saber todo lo que hay en él antes de empezar. Si hay burbujas de aire ocultas en ti, estoy perdiendo el tiempo.

Se dirigió al pequeño cobertizo, en busca de herramientas.

—Aquí tienes un punzón. Es una herramienta para eliminar. Y esto es un buril. Esto es un cincel. Los dos son para dar forma.

Le demostró que, incluso cuando estaba arrancando pedazos de mármol para desprenderse de lo que no necesitaba, tenía que trabajar con golpes rítmicos, con el fin de lograr líneas circulares alrededor del bloque. No debía completar nunca una parte, sino trabajar en todas ellas para equilibrar las relaciones entre unas y otras. ¿Comprendía?

Comprenderé en cuanto me deje en libertad entre estos mármoles —dijo Miguel Ángel—. Yo aprendo por las manos, no por los oídos.

El taller de escultura al aire libre era una combinación de fragua, carpintería y herrería. Había a mano una provisión de tablones, cuñas, caballetes de madera, sierras, martillos y cinceles. El piso era de cemento, para mayor firmeza. Al costado de la fragua se veían varillas de hierro sueco recién llegadas, que Granacci había adquirido el día anterior para que Miguel Ángel pudiera forjar una serie completa de nueve cinceles.

Bertoldo le ordenó que encendiese la fragua. La madera de castaño era la que producía el mejor carbón de leña, que daba un calor lento, intenso y uniforme.

—Ya sé templar las herramientas para trabajar la *pietra serena* —dijo Miguel Ángel—. Me lo enseñaron los Topolino.

Cuando la fragua ardía, tomó el fuelle para darle una buena corriente de aire.

—¡Basta! —exclamó Bertoldo—. Golpea estos hierros unos contra otros y comprueba si su sonido es como el de una campana.

Las varillas eran de excelente hierro, menos una, que fue descartada de inmediato. Cuando el fuego estuvo suficientemente vivo, Miguel Ángel se sumió en la delicada tarea de forjar su primer juego de herramientas. Sabía que "el hombre que no forja sus herramientas, no esculpe su escultura". Pasaron las horas, pero Bertoldo y su discípulo no se detuvieron para comer. La tarde caía ya cuando el anciano palideció y se desmayó. Habría caído si Miguel Ángel no lo hubiera sujetado con sus brazos. Lo llevó al palacio, maravillándose de que su peso fuera tan insignificante. Lo sentó suavemente en una silla.

—¿Cómo he podido permitir que trabajara hoy tanto? —murmuró reprochándose.

Las mejillas del maestro se tiñeron de un ligero rosa. Miró a su discípulo y murmuró:

—No es suficiente manejar el mármol; también hay que tener hierro en la sangre.

A la mañana siguiente Miguel Ángel se levantó antes del amanecer, sin hacer ruido para no despertar a Bertoldo. Salió y recorrió las dormidas calles para llegar al jardín con las primeras luces del día. Sabía que eran los primeros rayos del sol los que revelaban la verdad sobre el mármol. Bajo aquellos perforadores rayos, el mármol se tornaba casi translúcido: todas las vetas, fallas y huecos quedaban al descubierto. La calidad que sobreviviese a los primeros rayos del sol estaría intacta cuando el astro se pusiese.

Fue de bloque en bloque, golpeándolos suavemente con el martillo. Las masas sólidas emitían un sonido metálico, como el de una campana. Las defectuosas sonaban opacamente. Un pequeño trozo que había estado expuesto a la intemperie, durante mucho tiempo, había desarrollado una dura piel.

Con el martillo y el cincel, desprendió aquella capa membranosa para llegar a la lechosa sustancia pura debajo de ella. Para descubrir la dirección en que corría la veta, empuñó firmemente el martillo y fracturó los rincones superiores del bloque.

Le agradó lo que vio sobre la superficie del mármol, tomó un pedazo de carboncillo y dibujó la cabeza de un anciano barbudo. Luego acercó un banco, se puso encima del bloque, apretándolo entre sus rodillas, y empuñó el martillo y el cincel. Acomodó bien el cuerpo y comenzó a trabajar. Cada trozo de mármol que saltaba parecía llevarse consigo la nerviosidad que había sentido hasta aquel momento. Su brazo pareció adquirir mayor ligereza y fuerza a medida que transcurrían las horas. Aquellas herramientas de metal parecían vestirlo como lo haría una armadura. Le daban robustez, fortaleza, serenidad.

Pensó: "Igual que Torrigiani ama el contacto de un arma en su mano, Sansovino adora la esteva del arado; Rustici, la tosca pelambre de un perro y Baccio la suave piel de una mujer, yo soy más feliz cuando tengo un bloque de mármol entre las rodillas y un martillo y un cincel en las manos".

El mármol blanco era el corazón del universo, la sustancia más pura creada por Dios. Solamente una mano divina podía haber creado tan noble belleza. Y experimentaba la sensación de ser una parte de aquella blanca pureza que tenía ante sí.

Recordó la descripción de Donatello que Bertoldo le había repetido: "La escultura es un arte que, al eliminar todo lo superfluo del material que se trabaja, lo reduce a la forma diseñada en la mente del artista".

¿No era igualmente cierto que el escultor jamás podría forjar un diseño en el mármol que no fuera natural a su propio carácter? Experimentaba la sensación de que, por muy honestamente que diseñase un escultor, no le serviría de nada si su diseño no estaba de acuerdo con la naturaleza intrínseca de ese mármol. En ese sentido, un escultor no podría jamás ser dueño absoluto de su destino, como podía serlo un pintor. La pintura era fluida, podía rodear rincones. El mármol era la solidez misma. El artista que esculpía el mármol tenía que aceptar la rigurosa disciplina de una sociedad. El mármol y él eran uno. Se hablaban el uno al otro. Y para él, sentir la piedra en sus manos, tocarla, acariciarla, era la sensación suprema de la vida.

Había eliminado ya aquella cáscara exterior. Ahora comenzó a penetrar en la masa, en el sentido bíblico. En este acto de creación se necesitaba la acometida, la penetración, el golpear y latir hacia arriba hasta llegar a la poderosa culminación, la posesión total. No era meramente un acto de amor, sino el acto de amor; la fusión de sus moldes interiores con las formas inherentes del mármol, una inseminación en la cual él plantaba la semilla, creaba la obra viviente de arte.

Bertoldo entró en el taller, vio lo que hacía Miguel Ángel y exclamó:

—¡No, no! ¡Eso está mal! ¡Para! ¡Esa es la manera de esculpir de los *amateurs*!

Miguel Ángel oyó la voz por sobre su martilleo y volvió la cabeza, pero sin dejar de calcular un solo instante el movimiento del buril.

— ¡Miguel Ángel, basta! ¡Estás empezando mal!

Miguel Ángel no pareció hacer caso. Bertoldo dio la espalda a su aprendiz, que estaba abriendo un surco en el mármol, y movió la cabeza, desesperado:

—¡Bah! —exclamó—. ¡Sería más fácil impedir que el Vesubio eruptase!

III

Aquella noche se bañó en una gran tina de agua caliente que había sido dispuesta para él en una pequeña habitación, al extremo del vestíbulo. Se vistió y acompañó a Bertoldo al *studiolo* de Lorenzo, para la cena. Estaba nervioso. ¿Qué podría decir? La Academia Platón, según se decía, era el corazón intelectual de Europa y tenía como propósito convertir a Florencia en una segunda Atenas.

En la chimenea ardía un alegre fuego y el ambiente era de agradable camaradería. Siete sillas estaban arrimadas a una larga mesa. Los estantes de libros, relieves griegos, estuches de camafeos y amuletos daban a la habitación un aire de intimidad y comodidad. El grupo lo recibió despreocupadamente y luego reanudó sus discusiones sobre el valor comparativo de la medicina y la astrología como ciencias, lo cual dio a Miguel Ángel la oportunidad de estudiar las caras y personalidades de los cuatro sabios de quienes se decía eran los más eminentes cerebros de Italia.

Marsilio Ficino, de cincuenta y siete años, había fundado la Academia Platón para Cosimo, el abuelo de Lorenzo. Era un hombre diminuto, y a pesar de padecer de hipocondría, había traducido todas las obras de Platón y de él podía decirse que era un diccionario viviente de las filosofías antiguas. Educado por su padre para médico, estaba igualmente versado en las ciencias naturales. Había ayudado a introducir la impresión de libros en Florencia. Sus propios escritos atraían a los estudiosos de toda Europa, que llegaban para escuchar sus conferencias. En su hermosa villa de Careggi, que Michelozzo había diseñado para él por encargo de Cosimo, tenía una lámpara perennemente encendida frente a la estatua de Platón, a quien intentaba hacer canonizar como el "más querido de los discípulos de Cristo", acto de herejía y de historia invertida por el que Roma estuvo a punto de excomulgarlo.

Miguel Ángel fijó su atención después en Cristoforo Landino, de unos sesenta y seis años, tutor del padre de Lorenzo, Piero el Gotoso, y del mismo Lorenzo. Era un brillante escritor y conferenciante, que educaba a la mente florentina para liberarla del dogma y aplicar los descubrimientos de la ciencia y la naturaleza. Se lo consideraba como la máxima autoridad en la obra de Dante y había publicado su comentario en la primera versión de *La Divina Comedia* que se editó en Florencia. La obra de toda su vida tenía como centro el idioma italiano, el *volgare*, al que, sin colaboraciones, estaba convirtiendo de una jerga despreciada en una lengua respetada, mediante traducciones a la misma de las obras de Plinio, Horacio y Virgilio. En Lorenzo había encontrado al héroe de la *República* de Platón. "El gobernante ideal de una ciudad es el estudioso".

Sentado en el brazo de su silla de cuero estaba Angelo Poliziano, de treinta y seis años, de quien los detractores de la familia Medici decían que ésta lo tenía siempre cerca de sí porque, por contraste, hacía que Lorenzo pareciese atractivo. No obstante, se lo reconocía como el más sobresaliente de los sabios allí reunidos. A la edad de diez años había publicado ya trabajos suyos en latín; a los doce se lo invitó a ingresar en la Compagnia di Dottrina de Florencia para ser educado por Ficino, Landino y los sabios griegos llevados a Florencia por los Medici. Había traducido los primeros libros de *La Ilíada* de Homero a los dieciséis años y Lorenzo lo llevó al palacio como tutor de sus hijos. Era uno de los hombres más feos de la ciudad. Poseía un estilo lúcido y límpido, como el de cualquier poeta desde la época de Petrarca. Su *Stanze per la Giostra di Giuliano*, extenso poema, se había convertido en modelo para toda la poesía italiana.

Los ojos de Miguel Ángel se fijaron luego en el más joven y atractivo del grupo, Pico della Mirandola, de unos veintisiete años, que escribía y hablaba veintidós idiomas. Los otros miembros del grupo le hacían bromas diciendo: "La única razón por la cual Pico no habla el vigesimotercer idioma es porque no puede encontrarlo". Conocido por el sobrenombre de "El Gran Señor de Italia", estaba dotado de un carácter dulce y sincero. Su concepto intelectual era la unidad de la sabiduría; su ambición, conciliar todas las religiones y filosofías desde los albores de la civilización. Como Ficino, aspiraba a concentrar en su mente la totalidad del saber humano. A tal fin, leía a los filósofos en sus propios idiomas y creía que todas las lenguas eran divisiones racionales de un lenguaje universal. El más divinamente dotado de todos los italianos no tenía, sin embargo, enemigos, de la misma manera que el feo Poliziano no podía conquistar amigos.

Se abrió la puerta y entró Lorenzo, cojeando ligeramente como consecuencia de un ataque de su recurrente gota. Saludó con un movimiento de cabeza a los demás y se volvió hacia Miguel Ángel:

—Éste —dijo— es el sanctasanctórum: la mayor parte de cuanto aprende Florencia sale de aquí. Cuando estemos reunidos y no tenga nada que hacer, venga a conversar con nosotros.

Separó un biombo deliciosamente ornamentado y golpeó con los nudillos en la puerta del montacargas, por lo que Miguel Ángel dedujo que el *studiolo* se hallaba directamente debajo del comedor. Oyó el ruido de la plataforma que se movía dentro del hueco y unos instantes después los académicos tenían ya ante sí platos con queso, frutas, pan, miel, nueces y otros comestibles. No se veían servidores. Para beber no había más que leche. Y aunque la conversación versaba sobre temas ligeros, Miguel Ángel comprendió que el grupo se reunía para trabajar.

Poco después, la mesa quedó vacía. Los platos y restos de la comida desaparecieron por el montacargas. De inmediato, la conversación se tornó seria. Sentado en una banqueta baja, al lado de Bertoldo, Miguel Ángel escuchó la discusión contra la iglesia, a la que los sabios allí reunidos ya no consideraban símbolo de su religión. En particular, la ciudad de Florencia era el centro de aquel desafecto, porque Lorenzo y la mayoría de sus conciudadanos estaban de acuerdo en que el papa Sixto de Roma había estado detrás de la conspiración de Pazzi, que dio como resultado la muerte de Giuliano y el atentado casi fatal contra Lorenzo. El Papa había excomulgado a Florencia y prohibido al clero que cumpliese sus deberes religiosos en dicha ciudad-estado. Por su parte, Florencia había excomulgado al Papa, declarando que las pretensiones papales, en cuanto al poder, se basaban en falsificaciones del siglo VIII, como por ejemplo la donación de Constantino. El Papa, en su afán de destruir a Lorenzo, había enviado tropas a Toscana y aquellos soldados incendiaron y saquearon numerosas localidades, llegando hasta Poggibonsi, cerca de la ciudad.

Con el advenimiento de Inocencio VIII, en 1484, se había restablecido la paz entre Florencia y Roma; pero conforme Miguel Ángel oía las pruebas expuestas por los hombres que rodeaban la mesa, fue enterándose de que la mayoría del clero de Toscana se había vuelto cada día más inmoral en cuanto a su conducta personal y sus prácticas eclesiásticas. La única notable excepción la constituía la Orden de los Agustinos del Santo Spirito, dirigida por el prior Bichiellini.

Pico della Mirandola puso los codos sobre la mesa y descansó la barbilla sobre sus manos entrelazadas.

—Creo que he dado con una respuesta a nuestro dilema frente a la Iglesia —dijo— en la forma de un monje dominicano de Ferrara. Lo he oído predicar allí y puedo asegurar que hace temblar hasta los muros de la catedral.

Landino, cuya blanca cabellera caía sobre sus hombros y espalda, se inclinó sobre la mesa, de tal modo que Miguel Ángel pudo ver la red de arrugas que rodeaban sus ojos.

—Ese monje... ¿es todo volumen? —preguntó.

—Por el contrario, Landino —respondió Pico—. Se trata de un brillante estudioso de la Biblia y de San Agustín. Y sus ideas sobre la corrupción del clero son todavía más enérgicas que las mías.

Angelo Poliziano se humedeció los labios y dijo:

—No es sólo la corrupción, sino la ignorancia, lo que me espanta.

Ficino exclamó ansioso:

—¡Hace mucho tiempo que no tenemos a un estudioso en un púlpito florentino! Únicamente tenemos a fray Mariano y al prior Bichiellini.

—Girolamo Savonarola se ha concentrado durante años en el estudio —dijo Pico—. Conoce a Platón y Aristóteles tan profundamente como a la doctrina cristiana.

—¿Cuáles son sus ambiciones? —preguntó Lorenzo.

—Purificar la Iglesia.

—Si ese monje estuviera dispuesto a trabajar con nosotros… —dijo Lorenzo.

—Su Excelencia puede solicitar su transferencia a los Padres Lombardos.

—Lo haré.

Agotado aquel tema, el más anciano, Landino, y el más joven, Pico, volvieron su atención a Miguel Ángel. Landino le preguntó si había leído lo que escribió Plinio sobre la famosa estatua griega de Laoconte.

—No he leído nada de Plinio —respondió el muchacho.

—Entonces, yo se lo leeré.

Tomó un libro del estante, hojeó rápidamente sus páginas y leyó la historia de la estatua que figuraba en el palacio del emperador Tito.

Poliziano continuó con una descripción de la *Venus de Cnidos*, que representaba a la diosa de pie ante Paris cuando éste le adjudicó el premio a la belleza. Pico recordó entonces la estatua de mármol pentélico de la tumba de Xenofonte.

—Miguel Ángel querrá leer a Pausanias en el original —dijo Pico. Y volviéndose a Miguel Ángel le dijo—: Le traeré mi manuscrito.

—No sé leer griego —dijo Miguel Ángel, un poco avergonzado.

—Yo se lo enseñaré.

—No tengo facilidad para los idiomas.

—No importa —intervino Poliziano—, dentro de un año estará escribiendo sonetos en latín y griego.

Miguel Ángel murmuró para sí: "Permítame que lo dude". Pero no sería cortés matar el entusiasmo de sus nuevos amigos, que de inmediato se pusieron a discutir entre sí sobre los libros con que debía educarse el muchacho.

Se sintió aliviado cuando el grupo concentró su atención en otro tema ajeno a él. La idea más importante que percibió en aquella rápida y sabia conversación fue que la religión y el saber podían coexistir, enriqueciéndose mutuamente. Grecia y Roma, antes de surgir el cristianismo, habían producido obras gloriosas tanto en las artes como en las humanidades, ciencias y filosofía. Luego, por espacio de un millar de años, toda aquella belleza y sabiduría había sido destruida, declarada anatema,

94

sepultada en las tinieblas. Ahora, ese pequeño grupo de hombres, encabezado y ayudado por Lorenzo de Medici, estaba tratando de crear un nuevo intelecto bajo la bandera de una palabra que Miguel Ángel no había escuchado hasta entonces: humanismo.

¿Qué significaba?

Cuando Bertoldo hizo una señal para indicar que se retiraba, y lo hizo discretamente, Miguel Ángel se quedó. Y conforme cada uno de los platonistas ponía palabras a sus pensamientos, él iba recogiendo lentamente el sentido de lo que querían significar:

"Estamos devolviendo el mundo al hombre y el hombre a sí mismo. El hombre ya no será vil, sino noble. No destruiremos su mente a cambio de un alma inmortal. Sin una mente libre, vigorosa y creadora, el hombre no es sino un animal, que morirá como un animal, sin el menor vestigio de alma. Devolvemos al hombre sus artes, literatura, ciencias e independencia para pensar y sentir como individuo, no para estar atado al dogma como un esclavo y pudrirse en sus cadenas".

Al finalizar la sesión, cuando volvió a su habitación y encontró a Bertoldo despierto todavía, exclamó:

—¡Me han hecho sentirme un perfecto estúpido!

—Sí, las mentes más preclaras de Europa —dijo el anciano— pueden proporcionar a tu meditación los temas más heroicos. —Y luego, para consolar al cansado muchacho, añadió: —Pero no saben esculpir el mármol, y a fin de cuentas, es un lenguaje tan elocuente o más que cualquier otro.

A la mañana siguiente, Miguel Ángel llegó temprano al jardín. Torrigiani se le acercó y dijo:

—Estoy consumido por la curiosidad. Cuéntame algo de la vida en el palacio.

Miguel Ángel hizo una descripción de la habitación que compartía con Bertoldo, sus largos paseos por los salones, libre para admirar y tocar todos aquellos tesoros de arte. Luego le habló de los invitados a la cena del domingo y la emocionante cena en el *estudiolo* de Lorenzo con los platonistas. A Torrigiani únicamente le interesaban las personalidades.

—¿Cómo son Poliziano y della Mirandola? —preguntó.

—Poliziano es feo hasta que empieza a hablar, porque entonces sus palabras lo vuelven hermoso. Pico della Mirandola es el hombre más apuesto y brillante que he visto en mi vida.

—¡Eres muy impresionable!—replicó Torrigiani, sarcástico—. Te encuentras un nuevo par de ojos azules, larga cabellera rizada, y te quedas boquiabierto.

—Pero… ¿te das cuenta de lo que significa saber leer y escribir en veintidós idiomas, cuando tú y yo apenas podemos expresarnos en uno?

—Habla por ti —repuso Torrigiani—. Yo tengo una educación de noble y soy capaz de discutir con ellos y con cualquiera. No es culpa mía si tú eres un ignorante. Una sola noche en el palacio de los Medici y ya te parece que el resto de los florentinos son ignorantes.

—Yo sólo quería decir…

—Tú estabas jactándote de tus nuevos amigos.

—No es cierto. ¿Por qué me dices eso?

Pero Torrigiani se alejaba ya por el jardín.

IV

El Domingo de Ramos fue un día tibio de primavera. En su tocador, Miguel Ángel encontró tres florines de oro que, según dijo Bertoldo, le serían dejados allí todas las semanas por el secretario de Lorenzo, Ser Piero da Bibbiena. No pudo resistir la tentación de darse importancia ante su familia. Tendió en la cama sus flamantes prendas de vestir y se las fue poniendo. Se sonrió ante el espejo, al imaginar la expresión de Granacci cuando lo encontrase en la Piazza San Marco para ir juntos a casa.

Torrigiani se acercó por la senda del jardín, muy peripuesto también. Se detuvo bruscamente frente a Miguel Ángel.

—Quiero hablarte a solas.

Lo tomó de un brazo, pero él se resistió.

—¿Por qué a solas? No tenemos ningún secreto.

—Hemos compartido confidencias hasta que te fuiste a vivir al palacio y te has convertido en un señor tan importante.

No era posible dejar de advertir la emoción que motivaba aquellas palabras de su amigo.

—¡Pero tú vives en tu propio palacio, Torrigiani! —dijo para aplacarlo.

—En efecto. Y no tengo necesidad de traicionar miserablemente a los amigos para congraciarme con los Medici. ¡Tú no sabes ni una palabra de felicidad o de camaradería!

—¡Jamás he sido más feliz en mi vida! —dijo Miguel Ángel, con entusiasmo.

—Sí, trazando líneas de carboncillo con tus asquerosas manos.

—Pero líneas que significan algo.

—¿Quieres decir que las mías no significan nada?

—¿Por qué llevas siempre la discusión a ti? ¡Tú no eres el centro del universo!

—¡Lo era para ti hasta que te invitaron al palacio!

Miguel Ángel lo miró, asombrado.

—No, Torrigiani; tú nunca fuiste el centro de mi universo.

—¡Entonces me has engañado! ¡Estás adulando para conseguir encargos de trabajos, mucho tiempo antes de estar en condiciones de realizarlos… si llegas a estarlo algún día!

Miguel Ángel sintió un frío en el corazón. Se volvió y corrió a toda velocidad fuera del jardín y por la calle de Operarios de Corazas.

Poco después llegó a su casa, sacó los tres florines de oro y los puso encima de la mesa, ante su padre. Ludovico los miró sin hacer comentario alguno, pero su madrastra, Lucrezia, lo besó ruidosamente en ambas mejillas, brillantes los ojos de excitación.

La familia en pleno se había congregado en la habitación que hacía las veces de sala y despacho de Ludovico. Su abuela se sentía feliz porque él se estaba codeando con todos los grandes hombres de Florencia. Su hermano Giovansimone se interesaba en conocer detalles de las fiestas que se realizaban en el palacio. Su tía y su tío se alegraban por los florines de oro que acababa de llevar a casa. Buonarroti quería que le explicase la administración de los negocios de Medici. Luego le preguntó: ¿recibiría tres de oro todas las semanas? ¿Le descontaban de dicha suma la piedra y los materiales que utilizaba?

El padre pidió silencio y preguntó:

—¿Cómo te tratan los Medici?

—Muy bien.

Ludovico meditó un instante y luego miró las tres brillantes monedas que seguían sobre la mesa.

—¿Qué es esto? ¿Un regalo? ¿Un salario? —preguntó.

—Me darán tres florines todas las semanas.

—¿Qué te dijeron cuando te dieron el dinero?

—Nada; me lo dejaron sobre el tocador. Cuando le pregunté a Bertoldo me dijo que era el sueldo semanal.

El tío Francesco no pudo contener su júbilo:

—¡Espléndido! —exclamó—. Con ese dinero podremos alquilar un quiosco. Miguel Ángel, tú serás socio y compartirás los beneficios…

—Los regalos son siempre caprichos —sentenció Ludovico, ceñudo—. A lo mejor la semana próxima no encuentras nada…

Miguel Ángel pensó que su padre iba a arrojarle las monedas a la cara. Él las había llevado a su casa porque lo consideraba su obligación… a pesar de que también en aquella decisión se mezclaba un poco de fanfarronería. Y mientras pensaba eso, Ludovico agregó:

—Piensa en cuántos millones de florines deben tener los Medici si pueden darle a un estudiante de quince años tres a la semana. —Luego, con un rápido movimiento de la mano, echó las monedas al cajón superior de la mesa.

Lucrezia aprovechó aquel instante para llamar a todos a la mesa. Después de la cena, la familia volvió a reunirse en la sala. Leonardo, silencioso durante la primera parte de la conversación, se plantó de pronto ante Miguel Ángel para proclamar con voz pontifical:

—¡El arte es un vicio!

—¿Que el arte es un vicio? —exclamó Miguel Ángel, asombrado—. ¿Cómo? ¿Por qué?

—Porque es una concentración del ansia de crear del artista, en lugar de una contemplación de las glorias de lo que Dios ha creado.

—Pero, Leonardo, nuestras iglesias están llenas de obras de arte.

—Hemos sido engañados y conducidos al mal camino por el demonio. Una iglesia no es una barraca de feria. La gente debe ir allí a orar de rodillas, no a ver las pinturas de las paredes ni las esculturas.

—Entonces, en tu mundo, ¿no hay lugar alguno para el escultor?

Leonardo entrelazó sus manos y alzó los ojos hacia el techo:

—Mi mundo —respondió— es el otro mundo, donde todos estaremos sentados a la diestra de Dios padre.

Ludovico abandonó su asiento y exclamó:

—¡Bueno! ¡Ahora tengo dos fanáticos en la familia!

Se fue a dormir su siesta, seguido por los demás. Sólo Monna Alessandra se quedó, sentada silenciosamente en un rincón. Miguel Ángel deseaba irse también. Se sentía cansado. Pero Leonardo no lo dejó y se lanzó a un ataque frontal contra Lorenzo y la Academia Platón, acusándolo de paganismo, ateísmo y de ser enemigo de Dios y de la Iglesia, un verdadero anticristo.

—Te aseguro, Leonardo —dijo Miguel Ángel, mientras intentaba aplacar a su hermano—, que no he oído una sola palabra sacrílega o irreverente contra la religión propiamente dicha. Únicamente contra los abusos. Lorenzo es un reformador que sólo desea limpiar la Iglesia.

—¡Limpiar! ¡Ésa es una palabra que emplean los infieles cuando lo que realmente quieren decir es destruir! ¡Un ataque contra la Iglesia es un ataque contra el cristianismo!

Profundamente indignado ya, Leonardo acusó a Lorenzo de Medici de ser un hombre carnal, depravado, que salía de su palacio a media noche para irse con sus amigotes a organizar orgías en las cuales se bebía sin freno y eran seducidas jóvenes mujeres.

—De esas acusaciones no sé nada —dijo Miguel Ángel—, pero Lorenzo es viudo y tiene derecho al amor.

—Únicamente un adulador como tú es incapaz de comprender que Lorenzo es un tirano —prosiguió Leonardo—. ¡Ha destruido la libertad de Florencia! ¡Ha hecho que las cosas resulten fáciles para la gente! Les da a todos pan y circo... La única razón por la cual no se ha proclamado rey y colocado una corona en la cabeza es porque tiene demasiada astucia; le gusta trabajar entre telones, controlando todos los movimientos, mientras los toscanos son reducidos a la esclavitud...

Antes que Miguel Ángel pudiera responder, Monna Alessandra dijo:

—Lorenzo de Medici nos está apaciguando. ¡Nos ha evitado una guerra civil! Durante años nos hemos estado destruyendo unos a otros, familia contra familia, barrio contra barrio, llenas de sangre las calles. Ahora somos un pueblo unificado. ¡Y sólo Lorenzo Medici es capaz de impedir que nos arrojemos unos contra otros nuevamente!

Leonardo no respondió a su abuela. Se volvió a Miguel Ángel y le dijo:

—Deseo hablar unas últimas palabras contigo. Ésta es mi despedida. Esta noche abandono la casa para unirme a Girolamo Savonarola en San Marco.

—¡Ah! ¿Llegó ya Savonarola? Lorenzo lo ha invitado a venir. Yo estaba en el *studiolo* cuando Pico della Mirandola lo sugirió y Lorenzo accedió a escribir a Lombardía.

—¡Ésa es una mentira muy Medici! ¿Por qué habría de llamarlo Lorenzo cuando Savonarola tiene toda la intención de destruir a los Medici? Yo parto de esta casa como Savonarola partió de la casa de su familia en Ferrara: con sólo una camisa en el cuerpo. Para siempre. Oraré por ti sobre el suelo de piedra de mi celda, hasta que no quede piel en mis rodillas y mane de ellas la sangre. Es posible que en esa sangre puedas redimirte.

Miguel Ángel comprendió, al ver los ojos alucinados de su hermano, que era inútil toda respuesta. Movió la cabeza en un gesto de desesperación y pensó: "Papá tiene razón. ¿Cómo ha podido engendrar dos fanáticos en una sola generación esta familia sana, sensata, de cambistas de dinero, esta familia Buonarroti que durante doscientos años no ha tenido en su seno más que conformistas?".

Luego murmuró a Leonardo:

—No estaremos demasiado separados. Sólo unos metros, a través de la Piazza San Marco. Si te asomas a una ventana de tu monasterio, podrás oír mis martillazos sobre el mármol en el jardín de escultura.

V

La semana siguiente, cuando volvió a encontrar los tres florines de oro en el tocador, Miguel Ángel decidió no llevarlos a su casa. Fue a buscar a Contessina y la encontró en la biblioteca.

—Tengo que comprar un regalo —dijo.

—¿Para una dama?

—Para una mujer.

—¿Una joya?

—No. Es la madre de mis amigos los canteros de Settignano.

—¿Qué le parece un mantel bordado?

—Ya tienen un mantel.

—¿Tiene muchos vestidos?

—El que usó para su casamiento.

—Entonces, ¿un vestido negro para ir a misa?

—¡Excelente!

—¿Cómo es la mujer? Me refiero a sus medidas.

Él pareció confundido.

—Dibújemela.

Miguel Ángel sonrió.

—Con la pluma en la mano, lo sé todo, hasta las medidas de una mujer.

—Le diré a mi ama de cría que me lleve a la tienda para comprar unos metros de tela negra de lana. Mi costurera hará el vestido de acuerdo con su dibujo.

—¡Es muy bondadosa, Contessina!

Miguel Ángel se fue al mercado abierto de la Piazza Santo Spirito y compró regalos para los demás Topolino. Luego arregló con uno de los lacayos del sótano del palacio que pidiera prestado un caballo y aparejos. El domingo a la mañana, después de oír misa en la capilla del palacio, preparó una bolsa y partió para Settignano. Al principio pensó cambiar sus ropas por las viejas de trabajo para que los Topolino no creyesen que intentaba darse importancia, pero enseguida comprendió que sería una afectación.

La familia de canteros estaba sentada en la terraza que miraba sobre el valle y la casa de Buonarroti en la colina de enfrente, gozando de su tiempo semanal de ocio después de regresar de la misa en la iglesia de la pequeña aldea. Se sorprendieron tanto al verlo cabalgar por el camino hacia la casa que hasta se olvidaron de saludarlo. También Miguel Ángel llegó en silencio. Desmontó y ató el caballo blanco a un árbol, tomó la bolsa y vació su contenido encima de la mesa, sin decir una palabra. Después de unos instantes de silencio, el padre le preguntó qué eran aquellos paquetes.

—Regalos —dijo.

—¿Regalos? —el padre miró a sus tres hijos por turno, ya que, salvo a los niños, los toscanos no hacen regalos.

—Durante cuatro años —dijo Miguel Ángel, emocionado— he comido el pan y bebido el vino de ustedes.

—Que te ganaste cortando piedra para nosotros —replicó el padre, muy serio.

—Mi primer dinero lo he llevado a casa, para los Buonarroti. Hoy les toca los Topolino. Es mi segunda paga.

—¡Entonces te han hecho un encargo! —exclamó el abuelo.

—No. Lorenzo de Medici me da ese dinero todas las semanas para que lo gaste en lo que se me ocurra.

—Si tienes comida, cama y mármol que esculpir, ¿qué se te puede ocurrir?

—Algo que me proporcione placer.

—¿Placer? —La familia pareció meditar aquellas palabras, como si fueran una fruta desconocida para ellos. —¿Qué clase de placer?

Ahora le tocó a Miguel Ángel meditar. Al cabo de unos segundos respondió:

—Entre otras cosas —dijo—, traerles cosas a mis amigos.

Lentamente, en medio de un gran silencio, comenzó a repartir los regalos.

—Para mi madre, un vestido negro para ir a misa. Para Bruno, un cinturón de cuero con hebilla de plata. Para Gilberto, una camisa amarilla y unas calzas. A Nonno, una bufanda de lana para el invierno. Para papá Topolino, unas botas altas para trabajar en la caverna de Maiano. Enrico, me dijiste que cuando crecieras usarías un anillo de oro. *Eccolo!*

Durante un largo rato, se quedaron mirándolo, mudos. Luego, la madre entró en la casa para probarse el vestido; el padre se calzó las botas; Bruno se ciñó el cinturón; Gilberto se puso la camisa amarilla; el abuelo se enrollaba y desenrollaba la bufanda al cuello; Enrico montó en el caballo y se quedó inmóvil, contemplando su anillo.

Miguel Ángel se dio cuenta de que había otro paquete en la mesa. Perplejo, lo abrió y sacó un mantel de hilo. Recordó que Contessina le había dicho: "¿Qué le parece un mantel bordado?". La hija de Lorenzo había incluido aquel regalo en la bolsa, como obsequio propio. Se sonrojó. ¡Dios mío! ¿Cómo podía explicarlo? Puso el mantel en manos de la señora de Topolino.

—Y éste es un regalo de Contessina de Medici, para usted.

—¿Contessina de Medici? ¿Cómo es posible que ella me haya enviado esto? ¡Si no me conoce, ni sabe que existo!

—Sí, lo sabe. Yo le he hablado de los Topolino. Su costurera cosió este vestido.

El *nonno* se persignó:

—¡Es un milagro! —dijo.

Y Miguel Ángel pensó: "Amén. Es cierto".

VI

Cada uno de los cuatro platonistas tenía su propia villa en la campiña de los alrededores de Florencia. Concurrían varias veces por semana para conversar y trabajar en el *studiolo* de Lorenzo. Y éste parecía ansioso de que Miguel Ángel aprovechase aquellas oportunidades, por lo cual el muchacho iba allí asiduamente.

Los platonistas intentaron interesarlo en el latín y el griego. Para ello prepararon cuadros comparativos de la caligrafía de los dos idiomas y le demostraron que la misma era un dibujo de carácter similar a los dibujos de figuras que él ejecutaba. Miguel Ángel tomó aquellos manuscritos y los llevó a su habitación, estudiándolos durante horas enteras... pero aprendió muy poco.

—¡No puedo retener nada! —se quejó a Bertoldo.

Le enseñaron a leer en voz alta poesías en el *volgare*: Dante, Petrarca, Horacio, Virgilio. Aquello le agradaba, sobre todo las discusiones que seguían a su lectura de *La Divina Comedia*, con la interpretación de su filosofía. Los platonistas lo felicitaban por su creciente claridad de dicción y luego llamaron a Girolamo Benivieni, a quien describieron como "el más ferviente defensor de la poesía en *volgare*", para que enseñase al muchacho a escribir sus propios versos. Cuando alegó que lo que él deseaba era ser escultor, no poeta, Pico le dijo:

—La estructura de un soneto es una disciplina tan rígida como la estructura de un relieve en mármol. Cuando Benivieni le enseñe a escribir sonetos, adiestrará su mente en las reglas de la lógica y composición del pensamiento. ¡Tiene que aprovechar su talento, para imitarlo!

Landino le aseguró:

—No trataremos de debilitar su brazo para esculpir, reemplazando el martillo y el cincel con la pluma y la tinta

Y Poliziano intervino para decir:

—No tiene que abandonar los estudios y sobre todo el de la poesía. Debe continuar la lectura en voz alta. Para ser un artista completo, no es suficiente ser pintor, escultor o arquitecto. Tiene que ser también poeta, si pretende alcanzar la plenitud de la expresión.

—¡Es inútil! ¡No adelanto nada! —se lamentó una noche a Benivieni.

El maestro de poesía, que era también un destacado músico, tomó a la ligera aquella desesperación del muchacho, cantó una alegre composición propia y luego respondió:

—Mis primeros intentos no fueron mejores que los suyos; es más, fueron peores. Creerá que es un pésimo poeta hasta que llegue el día que necesite expresar algo. Entonces, tendrá en sus manos las herramientas de la poesía; el metro y la rima, así como tiene el martillo y el cincel en su banco de trabajo.

En las fiestas religiosas, cuando Lorenzo hacía cerrar el jardín, Miguel Ángel salía a caballo y se iba a la quinta de Landino, en la colina de Casentino, que le había sido concedida por la República Florentina por sus comentarios sobre el Dante; a la villa de Ficino, en Careggi, un castillo con murallas almenadas y galerías cubiertas; al Roble, de Pico, o a Villa Diana, de Poliziano, ambas en las laderas de Fiesole. En Villa Diana se acomodaban en un pabellón del jardín como aquel donde los personajes del *Decamerón*, de Boccaccio, relataban sus historias, y escuchaban a Poliziano leer su último poema.

Una idea comenzaba a tomar forma en el cerebro de Miguel Ángel: también él tendría algún día una casa como Villa Diana, con un taller de escultura y un estipendio anual recibido de Lorenzo, que le permitiría comprar mármoles de Carrara para esculpir grandes estatuas. ¿Existía alguna razón para que no se lo tratase así? No tenía prisa, pero cuando Lorenzo le diese aquella casa, le agradaría que la misma estuviera ubicada en Settignano, entre los canteros.

Pasaron los días y las semanas. Miguel Ángel dibujaba con modelos vivos y luego repetía las figuras en la arcilla, experimentando con trozos de piedra para esculpir una rodilla, un movimiento de la cadera, un giro de la cabeza sobre el cuello, a la vez que aprendía cómo evitar una falla cada vez que se rompía la punta de su punzón. Además, estudiaba atentamente las esculturas griegas de Lorenzo para aprender sus técnicas.

Lorenzo intensificaba también su educación. Un domingo a la mañana pidió a Miguel Ángel que acompañase a la familia Medici a la iglesia de San Gallo, donde escucharían a Fra Mariano, a cuyo claustro iba Lorenzo cada vez que deseaba sostener una seria discusión sobre teología.

—Fra Mariano es mi ideal —le dijo Il Magnifico—. Tiene una gentil austeridad, un elegante ascetismo y la religión liberal de todo erudito con sentido común.

Fra Mariano predicó con su voz melosa, de armoniosas cadencias y ajustadas palabras. Elogió a la cristiandad por su parecido al platonismo, insertó citas de los griegos, declamó líneas de los poetas latinos con pulida elocuencia y todo eso cautivó a Miguel Ángel. Jamás había escuchado a un sacerdote como aquél. Cuando Fra Mariano moduló su voz, el muchacho lo escuchó extasiado, y cuando el orador desarrolló su argumento, lo convenció totalmente.

—Ahora comprendo mejor lo que representa la religión moderna a que se refiere la Academia.

Uno de lós pajes de Piero llamó a la puerta de sus habitaciones y entró.

—Su Excelencia Piero de Medici ordena a Miguel Ángel Buonarroti que se presente en la antesala de Su Excelencia una hora antes de la puesta del sol —anunció.

Miguel Ángel pensó: "¡Qué diferente es a su padre. Él siempre me pregunta si puedo hacer el favor de ir a verlo!". Y le respondió al paje cortésmente:

—Informe a su señor que estaré allí a la hora que desea.

Las habitaciones de Piero, en el primer piso del palacio, estaban sobre la galería abierta en la esquina de la Via de Gori y la Via Larga. Miguel Ángel no había estado nunca en aquella ala del palacio ni siquiera para contemplar las obras de arte que había oído comentar. Ello se debía a la frialdad con que Piero lo trataba. Sus pies avanzaron lentamente por el corredor, pues en las paredes había un admirable cuadro pintado por Fra Angelico y un delicado relieve en mármol, original de Desiderio da Settignano.

El paje lo esperaba ante la puerta de la antesala de Piero. Hizo entrar a Miguel Ángel. Madonna Alfonsina, la esposa de Piero, vestida de damasco gris bordado de gemas, se hallaba sentada e inmóvil en una silla de alto respaldo y asiento púrpura, que parecía un trono. Piero fingió que no había oído entrar al muchacho. Estaba de pie sobre una alfombra persa multicolor, de espaldas a la puerta. Estudiaba un tabernáculo de hueso con paneles de cristal, dentro del cual se veían pintadas algunas escenas de la vida de Cristo.

Alfonsina miró a Miguel Ángel imperiosamente, sin la menor señal de reconocerlo. Desde el primer día había puesto sumo cuidado en no ocultar el desprecio que sentía hacia los florentinos. Para los toscanos, que siempre habían odiado a Roma y todo lo romano desde hacía siglos, aquella actitud resultaba irritante.

Piero giró sobre sí mismo y sin saludo alguno anunció:

—Le ordenamos, Miguel Ángel Buonarroti, que esculpa en mármol un retrato de Madonna Alfonsina.

—Se lo agradezco mucho, Excelencia —respondió Miguel Ángel—, pero no sé esculpir retratos.

—¿Por qué no?

Miguel Ángel intentó explicar que su propósito no era crear a una persona, cualquiera que fuese, y agregó:

—No me sería posible reproducirla en forma que le resultase satisfactoria, como lo ha hecho este pintor.

—¡Tonterías! ¡Le ordeno que esculpa a mi esposa en mármol!

Alfonsina habló por primera vez:

—Les agradeceré que trasladen esta discusión a sus habitaciones.

Piero abrió la puerta y salió dando muestras de gran indignación. Miguel Ángel pensó que sería mejor que lo siguiese. Cerró la puerta tras él y se sorprendió al ver que, entre los premios conquistados por Piero en torneos: yelmos, copas de plata y otros, había numerosas obras de arte. Involuntariamente, exclamó:

—Su Excelencia tiene un gusto admirable para las artes.

Piero no se ablandó.

—Cuando desee su opinión, se la pediré —dijo—. Mientras tanto, me explicará por qué se cree usted superior a cualquier otro de nuestros servidores.

Miguel Ángel sofocó su ira apretando los dientes y respondió con cortesía:

—Soy escultor y residente de este palacio a petición de su padre.

—Tenemos un centenar de comerciantes que viven de este palacio. Y todos ellos hacen sin vacilar lo que se les ordena. Comenzará mañana por la mañana. ¡Y cuide de que el resultado sea una hermosa estatua de Su Excelencia Alfonsina!

—Ni siquiera Pico della Mirandola podría hacer eso.

Los ojos de Piero se clavaron furiosos en Miguel Ángel.

—*Contadino!* —exclamó—. ¡Empaquete sus harapos y abandone nuestra presencia!

Miguel Ángel se dirigió a su habitación y empezó a echar sobre la cama las ropas que guardaba en el cofre. De pronto oyó que alguien llamaba a la puerta. Era Contessina, que entró, seguida de su nodriza.

—He oído decir que ha discutido con mi hermano —dijo.

Él se inclinó para tomar una prenda del fondo del cofre.

—¡Enderécese y respóndame! —ordenó ella, imperiosa.

—No tengo nada que decirle —respondió él, acercándose.

—¿Es cierto que se ha negado a esculpir un retrato de Alfonsina?

—Sí, me he negado.

—¿Se negaría si mi padre le pidiese que esculpiera el suyo?

Miguel Ángel calló. ¿Se negaría a tal petición de Lorenzo, hacia quien sentía un afecto tan profundo?

—¿Se negaría si yo le hiciese la misma petición?

¡Otra vez estaba atrapado!

—Piero no me pidió… ¡Me ordenó! —dijo.

Se oyeron unos pasos que avanzaban presurosos por el corredor. Lorenzo entró en la habitación. Sus ojos brillaban de indignación.

—¡No permitiré que esto vuelva a suceder en mi casa! —exclamó.

Miguel Ángel devolvió aquella mirada no menos furiosamente. Lorenzo agregó:

—Pedí a su padre que me lo cediese a mí, ¿no es así?

—Sí.

—En consecuencia, soy responsable de usted.

—¡No tengo ninguna excusa que ofrecer!

—¡No vengo a pedirle excusas! Ha venido aquí como miembro de mi familia. ¡Nadie lo tratará como… como a un servidor, ni le dará órdenes como si fuera un lacayo!

Miguel Ángel sintió que se le aflojaban las rodillas. Se sentó sobre la cama. Lorenzo prosiguió, ahora más dulcemente.

—Pero usted también tiene mucho que aprender…

—Lo confieso. Mis modales…

—…y lo que tiene que aprender es que cada vez que alguien lo ofenda no debe correr aquí para empaquetar sus cosas. ¡Ésa es una muy pobre lealtad hacia mí! ¿Me ha comprendido?

Miguel Ángel se levantó e hizo un supremo esfuerzo para contener las lágrimas.

—Le debo disculpas a Piero. Dije algo muy poco cortés sobre su esposa.

—Él es quien le debe la explicación. Lo que usted desee responderle es cuenta suya.

Contessina se quedó disimuladamente dos pasos atrás, para murmurar:

—Haga las paces con Piero. ¡Puede proporcionarle muchos sinsabores!

VII

Había llegado el momento de intentar un tema. ¿Qué era un tema? ¿Y qué temas le interesaban?

—Tiene que ser griego —decretaron los cuatro platonistas—. Debe ser extraído de las leyendas: *Hércules y Anteo*, la *Batalla de las amazonas*, la *Guerra de Troya*. Cualquiera de esos temas estaría a tono con el friso del Partenón de Atenas.

—Sí, pero yo sé poco o nada de esas cosas —respondió Miguel Ángel.

Landino respondió con grave expresión:

—Eso, mi querido Miguel Ángel, es lo que hemos intentado estos últimos meses: enseñarle, en nuestro carácter de tutores *ex officio* suyos, todo lo referente al mundo griego y su cultura.

Pico della Mirandola rió:

—Lo que creo que nuestros amigos tratan de decir es que les agradaría guiarlo para llevarlo hacia atrás, a la era del paganismo.

Le relataron historias de los doce trabajos de Hércules, de Niobe en sufrimiento ante sus hijos moribundos, de la ateniense Minerva, el Gladiador agonizante… Lorenzo moderó la discusión.

—¡No le hagan propuestas a nuestro joven amigo! —dijo—. Tiene que llegar a un tema espontáneamente, sin ayuda.

Miguel Ángel se recostó contra el asiento de su silla y se puso a escuchar sus propias voces interiores. Sabía una cosa con seguridad: su primer tema no podía proceder de Atenas, El Cairo, Roma, o Florencia. Tenía que surgir de él, de algo que él sabía y sentía y comprendía. De otra manera sería un tema perdido. Una obra de arte no era como un trabajo de erudición; era personal, subjetiva. Tenía que nacer dentro de él.

Y entonces, en medio del murmullo de las voces de los otros, se vio de pie en la escalinata de la capilla Rucellai el día que había ido por primera vez con los componentes del taller de Ghirlandaio a Santa Maria Novella. Vio ante él, nítidamente, la capilla, las *madonnas* de Cimabue y Nino Pisano, y nuevamente sintió latir en su corazón el amor a su madre, su sensación de soledad cuando ella murió, su hambre de afecto.

Se había hecho tarde. La reunión terminó. Lorenzo se quedó en el *studiolo*. Aunque se decía que su lengua tenía a veces un filo de cuchillo, hablo a Miguel Ángel con naturalidad y claramente:

—Tiene que perdonar a nuestros platonistas su entusiasmo. Ficino tiene siempre una lámpara votiva encendida frente al busto de Platón. Landino ofrece el banquete más grandioso del año al cumplirse cada aniversario de Platón. Para nosotros, Platón y los griegos son la llave que nos ha permitido escapar de la mazmorra de los prejuicios religiosos. Estamos tratando de establecer en Florencia otra época de Pericles. A la luz de nuestra ambición, tendrá que comprender los excesos de nuestro celo.

—Si no está cansado, Lorenzo —dijo Miguel Ángel—, ¿no podríamos recorrer un rato el palacio para estudiar las *madonnas*?

Lorenzo tomó la lámpara de pulido bronce y los dos avanzaron por el corredor hasta llegar a la antesala del despacho de Il Magnifico, en la que había un relieve en mármol de Donatello, tan remoto e impersonal, pensó Miguel Ángel, que impedía su identificación. De allí se dirigieron al dormitorio de Giuliano. El más joven de los Medici dormía profundamente, cubierta la cabeza con las mantas. Lorenzo y Miguel Ángel discutieron sobre la *Madonna y Niño*, de Pesellino, con dos pequeños ángeles, pintura que cubría toda la superficie de una mesa. Atravesaron los corredores y luego examinaron la *Virgen adorando al Niño*, de Fra Filippo Lippi, en el altar de la capilla, pintura sobre la que Lorenzo explicó que los modelos habían sido la monja Lucrezia Buti, de quien Fra Filippo estuvo enamorado, y el niño nacido de aquel amor, Filippo, no Lippi, ahora pintor, que fue enseñado por Botticelli, así como Botticelli lo había sido por Fra Filippo. Examinaron la *Madonna*, de Neri di Bicci, y luego fueron a ver la *Madonna y Niño*, de Luca della Robbia, para finalmente llegar al dormitorio de Lorenzo, donde estaba la *Madonna del Magnificat*, pintada por Sandro Botticelli para los padres de Lorenzo, unos veinte años atrás.

—Esos dos ángeles que están arrodillados ante la Virgen y el Niño somos mi hermano Giuliano y yo. Cuando los Pazzi lo asesinaron, se apagó para mí la más hermosa luz de mi vida… Ese retrato mío es una idealización, como puede ver. Yo soy un hombre feo y no me avergüenzo de ello, pero todos los pintores creen que me agrada ser adulado. Benozzo Gozzoli lo hizo así también, en nuestra capilla. Pintan mi piel oscura como si fuera clara, recta mi respingada nariz y mi áspera cabellera tan hermosa como la de Pico della Mirandola. En cambio, usted parece haber adivinado que yo no necesito esa adulación.

—Granacci siempre me ha dicho que yo soy brusco.

—Está armado en hierro —declaró Lorenzo—. Siga siempre así.

A continuación, contó a Miguel Ángel la leyenda de Simonetta Vespucci, la modelo de Botticelli para la *Madonna del Magnificat*, "la belleza más pura que haya conocido Europa", según él.

—No es cierto que Simonetta fuese la amante de mi hermano Giuliano. Éste la amaba, sí, como todos los florentinos, pero platónicamente. Le escribió largos poemas sentimentales… pero tuvo a mi sobrino Giulio con su verdadera amante, Antonia Gorini. Fue Sandro Botticelli quien amó realmente a Simonetta, aunque dudo que le dirigiese la palabra una sola vez. Ella es la mujer que aparece en todos sus cuadros: *Primavera*, *Venus*, *Palas*. Ningún hombre ha pintado jamás una belleza femenina tan exquisita.

Miguel Ángel escuchaba en silencio. También él, cuando pensaba en su madre, la veía como una hermosísima joven; sin embargo, era una belleza distinta, que parecía proceder de su propio interior. No era una mujer deseable para todos los hombres, como la de Botticelli, sino una que amaría tiernamente a su hijo y sería amada por éste. Volvió la cabeza hacia Lorenzo y dijo, lleno de confianza:

—Me siento íntimamente cerca de la Madonna. Es la imagen que guardo fielmente de mi madre. Puesto que todavía tengo que buscar mi técnica, ¿no sería mejor saber lo que quiero e intento decir?

—Sí, podría ser mejor —dijo Lorenzo gravemente.

—Tal vez lo que yo siento respecto a mi madre es lo que ella sentía por mí.

Recorrió innumerables veces los salones del palacio, acompañado por Contessina o Giuliano, y copió las obras de los maestros. Luego comenzó a sentir impaciencia ante las ideas de aquellos hombres y se fue a las partes más pobres de la ciudad, donde las mujeres trabajaban sentadas ante las puertas de sus viviendas, tejiendo asientos de esterilla para las sillas o fundas para las damajuanas, con sus criaturas en la falda o mamando en sus pechos. Se fue a la campiña a observar a las *contadine* de los alrededores de Settignano, que lo habían conocido desde niño y que se dejaban dibujar mientras bañaban o amamantaban a sus hijitos.

No buscaba, al dibujar, el retrato de su modelo ocasional, sino el espíritu de la maternidad… Bosquejaba a la madre y al hijo en todas las posiciones en que los sorprendía, y veía la verdadera relación entre ellos a través de su papel y carboncillo de dibujo. Luego, por algunos escudos, conseguía que las mujeres se moviesen, para brindarle nuevos ángulos de enfoque, en busca de… ¿de qué? ¡No lo sabía!

Con Granacci, Torrigiani y Rustici iba a contemplar todas las obras de arte de Florencia, pero sólo copiaba las que tenían alguna relación con el tema de la Madonna y el Niño.

La de Bernardo Rossellino, en la iglesia de Santa Croce, le pareció una mujer gorda e inexpresiva. En la misma iglesia, la de Desiderio da Settignano parecía una *contadina*, vestida con ropas de Toscana, acompañada de un *bambino* y rodeada de gente ordinaria llegada a la ciudad para una fiesta.

Fueron a Orsanmichele para ver la *Virgen de la Natividad*, de Orcagna, que a él le pareció una mujer tierna, amorosa y con fuerza, pero que Miguel Ángel juzgó primitiva, como de madera. La estatua de Nino Pisano, en Santa Maria Novella, parecía ser la mejor esculpida, pero la figura de la Madonna era claramente la esposa de un comerciante que llevaba en brazos a su hijito ricamente vestido. Además, estaba pésimamente proporcionada y carecía de espiritualidad. Una terracota de Verrocchio presentaba a una *Madonna y Niño*. Ella era una mujer de cierta edad, que contemplaba perpleja a su hijo, de pie y bendiciendo al mundo.

A la mañana siguiente fue solo a dar un paseo a orillas del Arno, en dirección a Pontassieve. Se internó en las colinas y mientras caminaba se dio cuenta de que aún no había encontrado lo que quería expresar sobre María y su hijo. Lo único que sabía era que deseaba expresar algo fresco y vital. Se puso a meditar sobre el carácter y el destino de María. La Anunciación era un tema favorito entre los pintores florentinos: el arcángel Gabriel descendiendo de los cielos para anunciar a María que habrá de tener un hijo de Dios. En todas las pinturas que recordaba, la noticia parecía sorprender a María completamente y al parecer no se le había brindado alternativa entre la aceptación y el rechazo.

Pero, ¿podía ser así? ¿Era posible que una misión tan trascendental, la más importante asignada a ser humano alguno desde los días de Moisés, hubiera sido impuesta a María sin su conocimiento o consentimiento? Con toda seguridad Dios tenía que haber amado a María sobre todas las mujeres de la tierra, para elegirla y confiarle tan divina tarea. Entonces, ¿no era lógico suponer que tuvo que darle a conocer su plan, relatándole todos los pasos del camino desde Belén al Calvario? Porque ésa era la única manera de brindarle la oportunidad de rechazar la misión.

Y si María contaba con la libertad de elegir, ¿cuándo era más probable que hubiese ejercido ese derecho? ¿En la Anunciación? ¿Cuando ya había nacido su hijo? ¿En cualquier momento de su crianza, mientras Jesús era una criatura? Porque, una vez que aceptase, ¿no significaba ello que debería cargar su propia cruz desde ese instante hasta el día de la crucifixión de su hijo? Conociendo el futuro, ¿cómo era posible que sometiese a su hijo a semejante agonía? ¿No era posible que hubiera dicho: "¡No! ¡Mi hijo no! ¡No permitiré que eso suceda!"? Pero al mismo tiempo, ¿cómo podía ella rebelarse contra la voluntad de Dios, cuando Él le había pedido que lo ayudase? ¿Hubo jamás mujer mortal a quien se le impusiera tan espantoso dilema?

Miguel Ángel decidió que esculpiría a María en el momento de la decisión, mientras amamantaba a su hijo, cuando, al saberlo todo ya tenía que determinar el futuro para ella, para su hijo y para el mundo.

Ahora, que ya comprendía lo que deseaba, le fue posible dibujar con un propósito determinado. María dominaría el mármol. Ella sería el centro de la composición, de talla heroica, una mujer a quien se le habría dado no solamente la libertad de llegar a su propia decisión sino la fuerza interior y la inteligencia para hacerlo. El niño sería secundario, presente, vitalmente vivo, pero no un elemento que distrajera la atención.

Pondría al niño en el regazo de su madre, la cabeza hundida en el pecho materno y completamente de espaldas a quien contemplara la escultura. Eso daría a la criatura su lugar natural, sorprendido en la actividad más urgente del día; y en la misma línea simbólica, ése podría ser el momento en que María sentiría con más intensidad que era imprescindible llegar a una decisión.

Que él supiera, nadie había pintado o esculpido a Jesús de espaldas. De cualquier manera, su drama no comenzaría hasta treinta años después y ésta era la época de su madre y el retrato de su madre.

Pasó revista a los centenares de bosquejos que había dibujado de la Madre y el Niño en los últimos meses, separando aquellos que pudieran amoldarse a su nuevo concepto, y con ellos ante sí, sobre la mesa, comenzó su búsqueda de los antecedentes del tema. ¿Dónde estaba María entonces? Ahí tenía un dibujo en el que se mostraba a una madre sentada en un banco, al pie de una escalera. ¿Quién estaba con ella, aparte de su hijo? Tenía otros dibujos en los que aparecían niños en actitudes de juego. La figura de María sería una especie de compendio de esas madres toscanas. Pero, ¿cómo pintaba uno el rostro de la Madonna? Su recuerdo del aspecto de su propia madre tenía ya diez años y poseía una vaga y soñadora cualidad.

Hizo a un lado los dibujos. ¿Era posible concebir una pieza de escultura sin saber cuál era el mármol del que extraería su sustancia?

Buscó a Granacci, a quien habían dado una de las mayores habitaciones del *casino* para que la utilizase como estudio de pintor, y le preguntó si estaría dispuesto a acompañarlo en una recorrido por los comercios de mármol de la ciudad.

—Trabajaré mejor —le dijo— si tengo a mano el bloque de mármol para estudiarlo, tocarlo y descubrir su estructura interna.

—Bertoldo —respondió Granacci— dice que el mármol no debe ser comprado hasta no haber terminado los dibujos y modelos, porque entonces se puede estar seguro de elegir el bloque apropiado.

—También podría ser todo lo contrario —respondió Miguel Ángel, pensativo—. Creo que es una especie de casamiento...

—Muy bien; le pondré a Bertoldo alguna disculpa e iremos mañana.

En el barrio del Procónsul había docenas de comercios que vendían mármol. En en sus tiendas se veían bloques de todos los tamaños, formas y colores, así como piedras ya cortadas para la construcción de edificios, marcos para puertas, ventanas y columnas. Pero en ninguna de ellas encontraron el bloque de mármol de Carrara que buscaba Miguel Ángel.

—Vayamos a los patios de los canteros de Settignano. Allí tendremos más probabilidades de encontrar algo —sugirió a su amigo.

En el viejo patio donde Desiderio da Settignano había enseñado a Mino da Fiesole, vio un bloque que lo atrajo de inmediato. Era de tamaño modesto, pero sus cristales eran de un blanco brillante. Derramó agua sobre él, en busca de grietas y golpeó los extremos con un martillo para escuchar el sonido que emitía la piedra. Registró la masa para comprobar si tenía burbujas, fallas, manchas.

—Éste es el bloque que quiero, Granacci —exclamó jubiloso—. Aquí podré esculpir la *Madonna y Niño*. Pero antes tendré que verlo a la primera luz del sol. Entonces sabré con seguridad si es perfecto.

—Si te crees que voy a estar aquí sentado contemplando tu mármol hasta el amanecer... —respondió Granacci.

—No tendrás que hacerlo. Encárgate de negociar el precio.

—¿Sabes una cosa, *amico*? No creo una palabra de eso de que los primeros rayos del sol descubren las entrañas del mármol. ¿Qué diablos puedes ver al amanecer que no veas mejor ahora, por ejemplo, que hay una luz más intensa? Estoy seguro de que se trata de una especie de adoración pagana: ritos referentes a la fertilidad que hay que realizar al amanecer para asegurar que los dioses de las montañas se muestren propicios.

Miguel Ángel durmió abrigado con una manta bajo una de las arcadas de la casa de Topolino, pero antes del amanecer ya se había levantado y estaba junto al bloque de mármol cuando los primeros rayos del sol brillaron desde las cimas de las colinas. El bloque parecía traslúcido. Los ojos del muchacho podían atravesarlo en todos los sentidos, a través de las capas de cristales que se superponían dentro de su unidad estructural. No había en él una sola falla perceptible.

Pagó al dueño, cargó el bloque en el carro que había pedido prestado a los Topolino y siguió a los dos bueyes blancos, como lo había hecho desde que tenía seis años.

Dos de los canteros lo ayudaron a llevar el bloque al cobertizo de trabajo. Luego trasladó su mesa de dibujo y utensilios del *casino* al cobertizo. Bertoldo se acercó, intrigado.

—¿Ya estás listo para empezar a esculpir?

—No, me falta mucho todavía.

—Entonces, ¿por qué te has trasladado aquí?

—Porque quiero trabajar con tranquilidad, sin que nadie me moleste.

—¿Tranquilidad? Aquí tendrás el incesante ruido de los martillos de los *scalpellini* desde la mañana a la noche.

—Para mí, ése es un ruido agradable. Me crié escuchándolo.

—Pero yo tengo que pasar algún tiempo con los demás, en el *casino*. Si tú estás cerca de mí, puedo sugerir y corregir cuando necesites ayuda.

Miguel Ángel meditó aquellas palabras y luego respondió:

—Bertoldo, siento la necesidad de estar solo, trabajar donde no me vea nadie, ni siquiera usted. Pero podrá darme instrucciones cuando yo vaya a pedirlas.

—De esa manera —replicó Bertoldo— cometerás más errores, *caro*, y esos errores se prolongarán más.

—¿No es ésa la mejor manera de aprender? Creo que los errores deben ser prolongados hasta su lógica conclusión.

—Un consejo puede ahorrarte mucho tiempo.

—Tengo todo el tiempo que quiero… y más.

—*Davvero*—dijo Bertoldo, sonriente—. Tienes tiempo de sobra. Cuando necesites ayuda, ven a verme.

A última hora de aquella tarde, cuando ya los demás se habían retirado del jardín, Miguel Ángel se volvió y vio a Torrigiani, que lo miraba irritado.

—Ahora resulta que ya te sientes demasiado bueno para dibujar a mi lado —dijo, ceñudo.

—¡Ah, Torrigiani, no digas eso! Es que quiero estar solo…

—¿Solo? ¿Quieres alejarte hasta de mí, que soy tu mejor amigo? Durante el primer año, cuando necesitabas ayuda y compañía, no era así. Pero ahora que Il Magnifico te ha elegido…

—Te ruego que me creas, Torrigiani. Nada ha cambiado entre tú y yo.

—Te dije que cuando estuvieras listo, te prepararía un banco de escultor junto a mi mesa de dibujo.

—¡Es que yo quiero cometer mis errores solo, sin responsabilidades para nadie!

—¿No será que tienes miedo de que te robemos tus secretos?

—¿Secretos? —exclamó Miguel Ángel, que ya perdía la paciencia—. ¿Qué secretos puede tener un aprendiz de escultor? Éste es mi primer trabajo. Tú has hecho ya media docena…

—¡No! ¡Es a mí a quien rechazas! —insistió, terco, Torrigiani.

Miguel Ángel calló. ¿Había algo de verdad en aquella acusación? Había admirado la belleza física de Torrigiani, sus cuentos, canciones… pero ya no quería hablar y escuchar anécdotas, no cuando tenía ante sí el bloque de mármol, que constituía un verdadero desafío a su capacidad.

—¡Pronto te has echado a perder! —dijo Torrigiani—. Pero quiero decirte una cosa: todos los que se sienten superiores a quienes los rodean al final terminan derrotados.

Unos minutos después llegó Granacci, que traía cara de disgusto. Inspeccionó el yunque, la tosca mesa de madera sobre caballetes, las banquetas de trabajo y la mesa de dibujo que se alzaba sobre una plataforma.

—¿Qué ocurre, Granacci? —preguntó Miguel Ángel.

—Es Torrigiani. Volvió al *casino* furioso y dijo algunas cosas desagradables sobre ti.

—Yo las he oído antes que nadie.

—Mira, Miguel Ángel. Hace un año te advertí que no debías intimar demasiado con Torrigiani. Ahora tengo que advertirte que no eres justo. No rompas tu amistad con él… Conozco tu creciente preocupación por la escultura, pero Torrigiani no ve nada tan mágico en el mármol y, con toda justicia, cree que todo esto es el resultado de tu vida en el palacio. Si rompemos con nuestros amigos porque nos cansamos de ellos, ¿cuántos de esos amigos seguirán siéndolo?

Miguel Ángel acarició con un dedo la superficie del bloque y respondió:

—Trataré de hacer las paces con él.

VIII

¡Cómo brillaba el bloque con los primeros saetazos del sol, cuando lo colocó verticalmente sobre la banqueta de madera y se quedó contemplando el lustre producido por la luz, que penetraba en él y se reflejaba en las superficies de las más profundas capas de cristales! Llevaba ya varios meses de vida junto a ese bloque y lo había estudiado bajo los efectos de todas las distintas luces del día, desde todos los ángulos y bajo todas las condiciones atmosféricas. Había llegado lentamente a comprender su carácter, no profundizando en él con el cincel sino a fuerza de percepción, hasta que le pareció que conocía cada capa, cada cristal de la masa, y cómo podría persuadir al mármol para que rindiese las formas que él necesitaba. Bertoldo le había dicho que las formas tenían que ser liberadas primeramente, antes de que fuese posible exaltarlas. Pero el mármol contenía miles de formas, porque, de no ser así, todos los escultores esculpirían idénticamente.

Tomó el martillo y el escoplo y comenzó a cortar con golpes vivos. El escoplo avanzaba siempre en la misma dirección, según comprobó al emplear el punzón: un dedo que hurgaba delicadamente en el mármol y extraía sustancia. El cincel dentado era como una mano que refinaba las texturas que dejaba el punzón; y el cincel plano parecía un puño, que hacía saltar las muescas del cincel dentado. Había estado en lo cierto respecto del bloque. Obedecía a todas las sensibilidades que él confiaba impartirle al trabajar hacia abajo, en dirección a las figuras, atravesando las sucesivas capas.

Estaba en pleno trabajo en su cobertizo cuando recibió la visita de Giovanni. Era la primera vez que el casi cardenal de quince años iba a verlo desde el año anterior, cuando iba acompañando a Contessina. A pesar de que la naturaleza le había negado todo atractivo, Miguel Ángel encontró que su expresión era inteligente, vivaz. Florencia decía que aquel segundo hijo de Lorenzo de Medici, un muchacho que amaba la vida y era alegre y despreocupado, tenía habilidad, pero que jamás la emplearía porque la obsesión de su vida era evitar todo disgusto. Lo acompañaba su primo Giulio, de su misma edad, a quien la naturaleza parecía haberse empeñado en dotar de todas las bellezas que a Giovanni le había negado. Era alto, delgado, de fino rostro, nariz recta y grandes ojos; un adolescente hermoso, grácil, eficiente, que amaba las tribulaciones y disgustos como si fueran su elemento natural, pero que era duro y frío como un cadáver. Reconocido como un Medici por Lorenzo, pero despreciado por Piero y Alfonsina debido a la ilegitimidad de su origen, Giulio sólo podría labrarse un lugar para sí por medio de algunos de sus primos. Se había decidido por el gordo y bondadoso Giovanni, siguiendo una estrategia astutamente: la de hacer todo lo que debía hacer su primo, cargar con sus disgustos y adoptar las decisiones que Giovanni deseaba. Cuando Giovanni fuese designado cardenal y se trasladase a Roma, Giulio lo acompañaría.

—¡Cuánto le agradezco esta visita, Giovanni! —exclamó Miguel Ángel.

—En realidad —contestó Giovanni con voz grave— no es una visita. He venido a invitarlo a mi gran cacería. Se trata del día más emocionante del año para todo el palacio.

Miguel Ángel había oído hablar de aquella cacería y sabía que los cazadores de Lorenzo, así como los servidores, habían sido enviados ya a las montañas, en las que abundaban las liebres, puercoespines, ciervos y jabalíes. Sabía asimismo que toda la zona había sido cercada con grandes lonas y era vigilada por los *contadini* de la vecindad para impedir que los ciervos saltasen aquella valla de lona o que los jabalíes abriesen boquetes en ella. Jamás había visto tan poseído de entusiasmo al flemático Giovanni.

—Perdóneme, pero, como usted ve, estoy trabajando este mármol y no puedo dejarlo.

Giovanni pareció entristecerse.

—Pero usted no es un obrero —protestó—. Puede trabajar cuando quiere. Es libre.

—Eso es discutible, Giovanni —dijo Miguel Ángel.

—¿Quién se lo impediría?

—Yo mismo.

—Muy extraño. ¡Jamás lo hubiera pensado! ¿Así que lo único que desea es trabajar? ¿No tiene tiempo ni para una pequeña diversión?

—Cada uno tiene su propia definición de lo que es una diversión. Para mí, el mármol tiene más emoción que la caza.

Giulio dijo en voz baja a su primo:

—Dios nos proteja de los fanáticos.

—¿Y por qué me considera un fanático? —dijo Miguel Ángel. Aquellas eran las primeras palabras que dirigía a Giulio.

—Porque sólo le interesa una cosa —respondió Giulio.

—Porque sólo le interesa una cosa —respondió Giovanni.

Giulio volvió a hablarle en voz baja y Giovanni le contestó:

—Tienes mucha razón. —Y los dos jóvenes se alejaron sin pronunciar una sola palabra más.

Miguel Ángel volvió a su trabajo. El incidente se borró inmediatamente de su memoria. Pero no por mucho tiempo. Al llegar el fresco atardecer, Contessina entró en el jardín. Se acercó a Miguel Ángel y le dijo en voz baja:

—Mi hermano Giovanni dice que usted lo asusta.

—¿Asustarlo? —exclamó él, sorprendido—. ¿Por qué? ¡No creo haberle hecho nada!

—Dice que ha observado en usted una especie de… ferocidad.

—Le ruego que le diga a su hermano que me perdone. Soy demasiado joven para estar acostumbrado a los placeres de la vida.

Contessina lo miró, escrutadora. Luego respondió:

—Esta cacería es el supremo esfuerzo anual de Giovanni. Por espacio de esas pocas horas es el jefe de la familia Medici y hasta mi padre obedece sus órdenes. Si rechaza la invitación que le ha hecho, es como si lo rechazara a él, como si se creyese superior a él. Es un muchacho bondadoso, que jamás piensa en causar el menor daño a nadie. ¿Por qué le causa ese dolor?

—No deseo herirlo, Contessina. Lo que sucede es que no quiero interrumpir mi trabajo. Deseo esculpir todo el día y todos los días, hasta que termine.

—Ya se ha hecho un enemigo: ¡Piero! —exclamó ella—. ¿Acaso tiene que enemistarse también con Giovanni?

No supo qué contestar, pero de pronto dejó las herramientas, humedeció un trapo blanco en agua y cubrió con él el bloque. Llegaría el día en que no permitiría que nadie obstaculizara su trabajo.

—Iré a la cacería, Contessina. ¡Sí, iré!

Había aprendido a tomar el martillo y el cincel simultáneamente, con la punta floja para que la fuerza del martillo pudiese moverlo sin restricciones, curvado el pulgar sobre la herramienta, que era sostenida por los otros cuatro dedos. Automáticamente, cerraba los ojos en el momento del impacto, para protegerse contra los trocitos de mármol. Puesto que trabajaba en bajo relieve, no podía cortar mucho y tenía que frenar la fuerza física que latía en su interior. Su punzón penetraba en el mármol en un ángulo casi perpendicular, pero al acercarse a las formas cuyas proyecciones eran altas, el rostro de la Madonna y la espalda de Jesús, tuvo que cambiar de posición.

¡Había tantas cosas que tener en cuenta al mismo tiempo! Sus golpes tenían que hacer el impacto en la masa principal, golpear el mármol hacia el bloque del que procedía, con el fin de que pudiera resistir el golpe. Había dibujado sus figuras y escaleras en posición vertical, para reducir la posibilidad de quebrar el bloque, pero descubrió que el mármol no cedía a la fuerza exterior sin acentuar su propia esencia: la cualidad pétrea. No se había dado cuenta de hasta qué punto era necesario batallar con el mármol. Y ahora, a cada golpe que aplicaba, mayor era su respeto hacia el material.

Hacer resaltar las figuras vivas requirió largas horas y días aún más largos. Era un lento pelar una capa tras otra. Y tampoco podía acelerarse el nacimiento de la sustancia. Después de cada serie de golpes, daba unos pasos hacia atrás para observar su progreso.

Al costado izquierdo de su diseño descendía la escalera de pesadas piedras. María estaba sentada de perfil sobre un banco, a la derecha. La ancha balaustrada de piedra daba la impresión de terminar en su regazo, inmediatamente debajo de la rodilla de la criatura. Pensó que si la fuerte mano izquierda de María, que sostenía firmemente las piernas del niño, se abría más, en un plano horizontal, podía sostener con firmeza no sólo a su hijo sino también la parte inferior de la balaustrada, que podía convertirse en una viga vertical. Entonces María estaría sosteniendo en su regazo el peso de Jesús y, si decidía servir a Dios como Él se lo había pedido, el de la cruz en la que sería crucificado su hijo.

No impondría aquel simbolismo al espectador, pero allí estaría para que lo viesen todos cuantos lo sintiesen.

Ya tenía cuadrante, pero, ¿dónde estaba la barra transversal? Estudió sus dibujos para dar con la manera de completar la ilusión. Miró al muchacho, Juan, que jugaba en la escalera. Si colocaba el gordo brazo a través de la balaustrada, en ángulo recto...

Dibujó un nuevo bosquejo y luego comenzó a cavar más profundamente en la cristalina carne del mármol. Lentamente, al penetrar en el bloque, el cuerpo y el brazo derecho del niño formaban la viva y latente barra transversal. Como debía ser, puesto que Juan debía bautizar a su primo Jesús y convertirse en parte integrante de la pasión.

Con el tallado de las imágenes de otros dos niños pequeños que jugaban sobre la escalera, quedó terminada su *Madonna y Niño*. Y comenzó, bajo la rigurosa vigilancia de Bertoldo, la tarea sobre la que carecía absolutamente de preparación: el pulido. Puesto que había trabajado el bloque junto a la pared de su cobertizo, que daba al sur, ahora le pidió a Bugiardini que lo ayudase a parar la placa de treinta y tres por cuarenta y siete centímetros contra la pared occidental, con el fin de pulirla a la luz indirecta del norte.

Primeramente empleó un escalpelo para suavizar las superficies toscas y luego lavó todo el polvillo de mármol. Encontró agujeros que, según le explicó Bertoldo, habían sido hechos en los comienzos de su trabajo, al penetrar su cincel demasiado, con lo cual aplastó algunos cristales bajo la superficie.

—Debes emplear una piedra pómez fina, con agua —le instruyó Bertoldo—. Pero con mano muy liviana.

Terminada aquella tarea, volvió a lavar el bloque con agua. Ahora, su trabajo tenía una cualidad táctil. Después, empleó otra vez la piedra pómez para refinar la superficie y sacar a la luz nuevos brillantes cristales. Cuando vio que necesitaba mejor luz para observar los sutiles cambios que se producían en la superficie, retiró los tablones que había colocado en las paredes norte y este. A la nueva e intensa luz, los valores cambiaron y se vio obligado a lavar nuevamente el tallado, enjuagarlo con una esponja, dejarlo secar y volver a empezar con la piedra pómez.

Los detalles principales emergieron lentamente: la luz solar en el rostro de la Madonna, en los rizos, en la mejilla izquierda y en el hombro del niño; en el ropaje que cubría la pierna de la Madonna, en la espalda de Juan, subido a la balaustrada, en el interior de ésta, para acentuar la importancia de la estructura. El resto estaba en sombras. Ahora, pensó, era posible ver y sentir la crisis, el intenso pensar emocional en el rostro de María, mientras sentía los tirones de su hijito el su pecho y el peso de la cruz en su propia mano.

Lorenzo hizo llamar a los cuatro platonistas. Cuando Miguel Ángel entró en la habitación de Bertoldo, ambos vieron que el bloque había sido montado sobre un altar, cuya superficie aparecía cubierta de terciopelo negro.

Los platonistas estaban muy contentos.

—Al fin has esculpido una figura griega —exclamó Poliziano con entusiasmo.

Pico dijo con una intensidad inusitada en él:

—Cuando contemplo su talla, estoy fuera de la cristiandad. Su figura heroica tiene la impenetrable divinidad del antiguo arte griego.

—Estoy de acuerdo —dijo Landino—, su obra tiene la tranquilidad, la belleza y el aspecto sobrehumano que sólo podrían describirse como áticos…

—Pero, ¿por qué es así? —preguntó Miguel Ángel.

—Porque usted ha caído en Florencia directamente de la Acrópolis —exclamó Ficino.

—De corazón es pagano, lo mismo que nosotros. Magnifico, ¿podría ordenar que trajesen al *studiolo* ese antiguo relieve de la mujer sentada sobre una tumba?

Poco después, uno de los pajes había llevado no solamente aquel relieve sino todos los portafolios de las Madonnas y Niño, con los cuales los platonistas intentaron demostrar a Miguel Ángel que su escultura no tenía relación alguna con las cristianas.

—No me extraña —dijo el muchacho—, porque yo quise crear algo completamente original.

Lorenzo estaba gozando evidentemente con aquella escena.

—Miguel Ángel ha logrado una síntesis: su obra es, a la vez, griega y cristiana, hermosamente fusionada, y presenta lo mejor de ambas filosofías. Esto debe ser particularmente visible para ustedes, que han pasado sus vidas tratando de alcanzar la unidad entre Platón y Cristo.

Miguel Ángel pensó: "No han dicho una palabra sobre María y el momento de su decisión. ¿Será que el significado está demasiado oculto? ¿O será ésa la parte que ellos consideran griega? ¿Será porque el niño no está comprometido todavía?".

Bertoldo, que había permanecido en silencio, gruñó:

—*Allora*, refirámonos a la escultura. ¿Es buena? ¿Es mala?

Miguel Ángel fue ignorado, como si no estuviera en la habitación. Dedujo que a aquellos hombres les agradaba su primer trabajo importante porque lo consideraban obra del humanismo. Les encantaba la revolucionaria idea del niño Jesús de espaldas. Estaban entusiasmados con lo que él había logrado en materia de perspectiva, que entonces comenzaba a ser comprendida en el mármol; ni siquiera Donatello la había intentado en sus Madonnas, contentándose con sugerir que los ángeles querubes estaban vagamente detrás de las figuras principales. Se mostraron impresionados ante la fuerza con que aparecían proyectadas las tres figuras principales y declararon que, en general, aquél era uno de los bajorrelieves más vitales que habían visto.

Había también algunas cosas que no les gustaban. Le dijeron, sin ambages, que les parecía que el rostro de María estaba estilizado y que la superabundancia de ropajes distraía demasiado la atención. La figura del niño resultaba demasiado musculosa, y desgarbada la posición del brazo y de la mano. La figura de Juan era tan grande que resultaba brutal.

Lorenzo exclamó:

—¡Basta, basta! Nuestro joven amigo ha trabajado medio año en esto…

—…y lo ideó completamente solo —interpuso Bertoldo—. La escasa ayuda que le presté fue puramente académica.

Miguel Ángel se puso de pie, para atraer hacia sí la atención de los otros.

—Primero —dijo— odio los ropajes. Quiero trabajar únicamente el desnudo y, en consecuencia, no pude dominarlos bien. En cuanto al rostro de la Madonna, no he podido encontrarlo realmente, en mi mente, quiero decir, y es por eso que no he podido dibujarlo o tallarlo con más… realismo. Pero quisiera decirles, ahora que está terminado el trabajo, lo que intentaba lograr.

—Esta habitación está llena de oídos —dijo Poliziano.

—Quería que las figuras fueran reales y creíbles, que dieran la impresión de que sólo con insuflarles aliento nacerían a la vida.

Luego explicó su idea sobre María y el niño, y el momento de la decisión de la Madonna. Lorenzo y los cuatro platonistas callaron, mientras estudiaban nuevamente el mármol. Miguel Ángel comprendió que lo estaban estudiando y que meditaban. Luego, lentamente, uno a uno, se volvieron hacia él. En sus ojos se advertía claramente el orgullo que sentían.

Cuando volvió a sus habitaciones, encontró una bolsa de gamuza llena de florines de oro. Ni siquiera podía imaginar cuántos eran.

—¿Qué es esto? —preguntó a Bertoldo.

—Una bolsa que te envía Lorenzo.

Miguel Ángel la tomó y se dirigió a la escalera que conducía al primer piso. Avanzó por el corredor hasta el dormitorio de Lorenzo. Il Magnifico estaba sentado ante una pequeña mesa, junto a una lámpara de aceite, escribiendo. Se dio vuelta, cuando el paje le anunció a Miguel Ángel.

—Lorenzo —dijo el muchacho—, no comprendo por qué…

—Tranquilícese —respondió Lorenzo—. Siéntese aquí. Y ahora empiece por el principio.

—Es esta bolsa de dinero. No tiene por qué comprar ese trabajo mío. Era suyo desde que lo empecé. He vivido en este palacio mientras lo esculpía. Usted me ha dado todo lo…

—No he pretendido comprarlo, Miguel Ángel. Le pertenece. Esa bolsa es simplemente una especie de premio por haberlo terminado, como la que di a Giovanni cuando terminó sus estudios eclesiásticos en Pisa. He pensado que tal vez le agradaría viajar para ver otras obras de arte. A Bolonia, Ferrara, Padua, Venecia… Y por el sur, a Siena y Roma. Le daré cartas de presentación.

A pesar de lo avanzado de la hora, Miguel Ángel corrió a su casa. Todos dormían, pero no tardaron en reunirse en la sala, y Miguel Ángel echó las monedas sobre la mesa de trabajo de su padre, con un gesto dramático.

—Pero… ¿qué… qué es esto? —preguntó Ludovico, asombrado.

—Un premio, por haber terminado mi *Madonna y Niño*.

—Es mucho —dijo el tío—. ¿Cuánto?

—No me he detenido a contarlo —replicó Miguel Ángel.

—Treinta, cuarenta, cincuenta… —contaba el padre—. Suficiente para que una familia viva cómodamente medio año.

Puesto que ya estaba dándose importancia, Miguel Ángel decidió continuar en el mismo tono:

—¿Y por qué seis meses de trabajo mío no han de bastar para mantener seis meses a una familia? ¡Es justicia!

Ludovico no podía ocultar su júbilo.

—Hace muchísimo tiempo que no tengo en mis manos cincuenta florines de oro —dijo emocionado—. Miguel Ángel, tienes que empezar otro trabajo inmediatamente, mañana a la mañana, puesto que los pagan tan bien.

Miguel Ángel lo miraba risueño. ¡Ni una palabra de agradecimiento!

Únicamente un júbilo manifiesto al tomar las monedas y dejar que se deslizasen entre sus dedos.

—Vamos a buscar otra granja —dijo Ludovico—. La tierra es la única inversión segura. Después, con la renta adicional…

—No estoy muy seguro de que pueda hacer eso, padre; Il Magnifico dice que me ha dado esos florines para viajar: a Venecia, Nápoles, Roma, para ver todas las obras escultóricas…

—¿Viajar para ver esculturas? —exclamó Ludovico aterrado, mientras veía desaparecer sus soñadas hectáreas—. ¿De qué te servirá ver esas esculturas? Las ves y tu dinero ha desaparecido. En cambio una nueva granja…

Buonarroto preguntó:

—¿Viajarás realmente, Miguel Ángel?

—No —respondió a su hermano, riendo—. Sólo deseo trabajar. —Se volvió hacia Ludovico y agregó: —Este dinero es suyo, padre.

IX

Varias veces a la semana, Bertoldo insistía en que fueran a las iglesias para continuar el dibujo, las copias de las obras maestras. Fueron a la capilla Brancacci, en la iglesia del Carmine. Torrigiani colocó su banqueta tan cerca de Miguel Ángel que su hombro hacía presión contra el brazo de su amigo. Miguel Ángel retiró su banqueta ligeramente y Torrigiani se ofendió de inmediato.

—No puedo dibujar si no tengo libre el brazo —explicó Miguel Ángel.

—¡No seas tan quisquilloso! Lo único que pretendía era que nos divirtiéramos mientras trabajamos. Anoche he oído una nueva balada obscena…

—Quiero concentrarme en lo que hago.

—Y yo estoy aburrido. Ya hemos dibujado estos frescos cincuenta veces. ¿Qué más pueden enseñarnos?

—A dibujar como lo hacía Masaccio.

—Yo quiero dibujar como Torrigiani. Para mí es bastante.

Sin levantar la cabeza, Miguel Ángel respondió impaciente:

—Pero no para mí.

—¡No seas estúpido! Yo gané tres premios de dibujo el año pasado. ¿Cuántos has ganado tú?

—Ninguno. Y por eso será mejor que me permitas que aprenda.

—Me sorprende que el discípulo favorito tenga que someterse todavía a estos ejercicios de escolar.

—Copiar a Masaccio no es un ejercicio de escolar, como no sea para una mente de escolar.

—¿Así que ahora me quieres decir que tu mente es mejor que la mía? ¡Yo creía que sólo era tu mano de dibujante!

—Si supieras dibujar comprenderías que no hay diferencia entre ambas cosas.

—Y si tú supieras hacer cualquier otra cosa aparte de dibujar, te darías cuenta de lo poco que vives. Pero es como dicen: "Hombre pequeño, vida pequeña; hombre grande, vida grande".

—Hombre grande, pura bolsa de aire.

Torrigiani se enfureció:

—¿Es un insulto eso?

Saltó de su banqueta, puso una maciza mano sobre el hombro de Miguel Ángel y lo obligó a levantarse. El muchacho no pudo esquivar el golpe. El puño de Torrigiani se estrelló contra el puente de su nariz. Sintió el sabor de la sangre en la boca y el pequeño ruido del hueso nasal al quebrarse. Y luego, como a distancia, la voz de Bertoldo que lanzaba un grito de angustia.

—¿Qué has hecho, Torrigiani?

Y mientras veía unas estrellas que se movían alocadamente, Miguel Ángel oyó la voz de Torrigiani que respondía:

—El hueso se ha roto como un bizcocho bajo mis nudillos.

Miguel Ángel cayó de rodillas y un segundo después sintió el duro cemento del suelo en la mejilla. Luego, perdió el conocimiento.

Despertó en su lecho del palacio. Sus ojos y su nariz estaban tapados por unos trapos mojados. Su cabeza era un torbellino de dolor. Al moverse, alguien le sacó los trapos. Trató de abrir los ojos, pero sólo consiguió entreabrirlos un poco. Inclinado sobre él, vio a Pier Leoni, el médico de Lorenzo. Estaban también Il Magnifico y Bertoldo. Alguien golpeó en la puerta. Miguel Ángel oyó que una persona entraba y decía:

—Torrigiani ha huido de la ciudad, Excelencia. Por la Porta Romana.

—Envíen tras él a los más veloces jinetes. ¡Haré que lo encierren en un calabozo!

Miguel Ángel cerró nuevamente los ojos. El médico lo acomodó en las almohadas, le limpió la sangre de la boca y comenzó a explorar su rostro suavemente con los dedos.

El puente de la nariz está destrozado —dijo—. Es probable que las astillas del hueso necesiten un año para salir. El conducto está completamente cerrado. Más adelante, si tiene suerte, podrá respirar de nuevo por ese conducto.

Deslizó un brazo bajo el hombro del paciente, lo enderezó un poco y le acercó a los labios un vaso de agua.

—Beba —dijo—. Esto lo hará dormir; cuando despierte, el dolor será mucho menor.

Resultaba una verdadera tortura abrir los labios, pero bebió el té de hierbas caliente. La voz del médico se fue alejando.

Cuando despertó, se hallaba solo en la habitación. El dolor se había localizado ahora en los ojos y la nariz. De la ventana le llegaba claridad.

Hizo a un lado las mantas, se bajó de la cama, trastabilló y se apoyó en el tocador para sostenerse. Luego, armándose de valor, se miró al espejo. Una vez más tuvo que agarrarse con fuerza, para no desmayarse, porque apenas podía reconocerse. Ambos ojos estaban muy hinchados.

No podría saber todas las consecuencias del golpe de Torrigiani hasta que hubiese desaparecido la hinchazón. Pasarían semanas, quizá meses, antes de que le fuera posible ver de qué modo su amigo de otra época había conseguido, a la inversa, la modificación de sus facciones deseada hacía tanto tiempo.

Temblando por la fiebre, se arrastró a gatas hasta la cama y se tapó por completo con las mantas, como si quisiera borrar de su vista el mundo y la realidad. Se sentía vencido. Su orgullo lo había llevado al estado de derrota en que se hallaba ahora.

Oyó que alguien abría la puerta. Se quedó inmóvil, pues no deseaba ver a nadie. Una mano lo destapó y entreabrió los ojos. Inclinada sobre él se hallaba Contessina.

—¡Miguel Ángel mío! —murmuró la joven.

—¡Contessina!

—¡Siento terriblemente lo que le ha ocurrido!

—¡Más lo siento yo!

—Torrigiani ha conseguido escapar, pero mi padre jura que lo capturará.

Movió dolorosamente la cabeza en la almohada.

—De nada serviría. Me culpo a mí mismo. Yo provoqué su ira, fui más allá de lo que él podía resistir.

—Sí, pero él fue quien empezó. Estamos enterados de todo.

Miguel Ángel sintió que sus ojos se llenaban de cálidas lágrimas al obligarse a sí mismo a pronunciar las palabras más crueles que podían salir de sus labios:

—Soy feo… ¡Muy feo!

El rostro de Contessina estaba muy cerca del suyo cuando él dijo aquello. Sin moverse, ella posó los labios suavemente sobre el hinchado y desfigurado puente de la nariz. Y aquella caricia ligeramente húmeda, cálida, le pareció un bálsamo.

Pasaron los días. No se atrevía a salir del palacio, aunque la hinchazón continuaba desapareciendo y el dolor era mucho menor. Su padre se enteró de la noticia y fue a comprobar la gravedad del daño. Ludovico estaba preocupado ante el temor de que los florines no le fueran entregados a su hijo mientras continuaba confinado en su habitación.

—¿Te dejarán de pagar mientras sigas en cama? —preguntó, ansioso.

Miguel Ángel se enfureció.

—No es un salario —dijo—. Y no se me dejará de pagar porque no trabaje. Pero tal vez crean que mientras esté en cama no necesite el dinero.

Ludovico se lamentó.

—¡Ya me imaginaba yo eso! —y se fue.

Lorenzo iba a verlo unos minutos todas las tardes. Le llevaba algún camafeo nuevo o una moneda antigua, para analizarlos con él. Il Cardiere estuvo también en la habitación para ponerlo al corriente con sus cantos de todo cuanto ocurría en Florencia, incluso el incidente entre él y Torrigiani. Landino fue a leerle trozos del Dante; Pico, para mostrarle algunos nuevos descubrimientos de tallas egipcias en piedra que indicaban que los griegos habían aprendido a esculpir de los egipcios. Contessina iba con su nodriza para pasar con él la última hora antes del anochecer. Y hasta Giovanni y Giulio lo visitaron un momento. Piero le envió sus condolencias.

Jacopo y Tedesco fueron hasta su lecho para asegurarle que si le echaban la vista encima a Torrigiani en las calles de Florencia, lo apedrearían. Granacci permaneció muchas horas junto a él. Le llevaba carpetas de dibujos y materiales para sus bosquejos. El médico hurgó en su nariz con unos palos delgados y finalmente le aseguró que llegaría a respirar, al menos por una de las ventanas de la nariz.

—Torrigiani —le dijo para consolarlo— intentó aplastar el talento de usted con su puño, para rebajarlo a su nivel.

Pero Miguel Ángel movió la cabeza negativamente:

—Granacci me lo había advertido —dijo.

—Sin embargo es cierto: las personas que tienen envidia del talento de otros quieren destruirlo. Y ahora tiene que volver al trabajo. Lo echamos de menos en el jardín.

Miguel Ángel se contempló en el espejo que había en el tocador. El puente de la nariz estaba hundido y así quedaría para siempre. En su centro había un bulto y la nariz estaba torcida, por lo cual había desaparecido toda la simetría que hubiera tenido antes. Hizo un gesto de horror.

Se sentía dominado por una enorme desesperación. Ahora ya sería, para siempre, el escultor feo que intentaba crear imágenes hermosas.

X

Desapareció la hinchazón y, con ella, la decoloración de la piel. Pero todavía no podía presentarse ante el mundo con aquella forma cambiada, mutilada. Si no podía hacer frente a Florencia a la luz del día, decidió salir de noche y caminar por las calles para desahogar sus energías encadenadas. ¡Qué distinta le parecía la ciudad, encendidas en los palacios las lámparas de aceite, y qué tamaño descomunal tenían los edificios a la luz de las estrellas!

Un día, llegó Poliziano a su habitación y dijo:

—¿Puedo sentarme, Miguel Ángel? Acabo de poner fin a mi traducción de *Metamorfosis* de Ovidio al italiano. Mientras traducía el cuento de Néstor sobre los centauros, se me ocurrió que usted podría esculpir una hermosa pieza de la batalla entre los centauros y los tesalienses.

Miguel Ángel, sentado en el lecho, contempló fijamente a su interlocutor y comparó la fealdad de ambos. Poliziano estaba inclinado hacia adelante en su silla. Sus ojos vidriosos y su cabellera negra se le antojaron al muchacho tan húmedos como sus labios, repulsivamente carnales. No obstante, a pesar de su horrible fealdad, el rostro del sabio estaba iluminado por una luz interior al hablar de Ovidio y su poética narración de los cuentos griegos.

Miguel Ángel dirigió la mirada hacia el estante donde estaba el modelo utilizado por Bertoldo para su *Batalla de los romanos y bárbaros*. Poliziano miró también.

—No, no —dijo—. Esa batalla de Bertoldo es una copia del sarcófago existente en Pisa. En realidad, una reproducción. La de usted sería original.

Bertoldo reaccionó furiosamente:

—¡Eso es mentira! ¡Te llevaré a Pisa para que lo compruebes! ¡Mañana mismo! Verás que en el centro del sarcófago no hay una sola figura parecida. Tuve que recrearlas todas e introduje temas completamente nuevos, como, por ejemplo, el guerrero a caballo…

Poliziano entregó su manuscrito a Miguel Ángel.

—Léalo a su comodidad —dijo—. Pensé que podría esculpir las escenas conforme yo las fuese traduciendo. ¡No podría encontrar un tema de más fuerza!

Bertoldo ordenó aquella noche que les preparasen caballos para el día siguiente. Al amanecer, él y Miguel Ángel cabalgaban por la orilla del Arno hacia el mar, hasta que la cúpula y el campanario inclinado de Pisa se recortaron contra el fondo del cielo azul. El maestro llevó al muchacho directamente al camposanto, un espacio rectangular rodeado por un muro cuya construcción había comenzado en 1278. Sus galerías estaban llenas de tumbas, unas seiscientas, entre las cuales se veían numerosos sarcófagos antiguos. Bertoldo se dirigió al de la batalla romana y, ansioso de merecer una buena opinión de su discípulo, le explicó detalladamente las diferencias entre aquel sarcófago y su pieza referente a la batalla. Cuanto más iba señalando las diferencias, más veía Miguel Ángel las similitudes entre las dos esculturas. Y murmuró para tranquilizarlo:

—Usted me ha dicho que hasta en el arte tenemos que contar con un padre y una madre. Nicola Pisano, al iniciar la escultura moderna en este lugar, pudo hacerlo porque vio estos sarcófagos romanos que habían permanecido ocultos por espacio de mil años.

Aplacado, Bertoldo llevó a su discípulo a una hostería tras una tienda de comestibles, donde ambos comieron atún y judías verdes, y mientras el anciano dormía una siesta de un par de horas, Miguel Ángel regresó al Duomo y de allí se fue al Baptisterio, gran parte del cual había sido diseñado por Nicola y Giovanni Pisano. Allí estaba la obra maestra de Nicola: un púlpito de mármol con cinco altorrelieves.

Nuevamente fuera, miró el campanario, que se inclinaba recortado contra el cielo brillante de Pisa, y pensó: "Bertoldo tenía razón, pero solamente en parte. No es suficiente ser arquitecto y escultor, hay que ser también ingeniero".

Cabalgando de regreso a Florencia, comenzó a ver escenas en su mente: luchas entre hombres, rescate de mujeres, heridos y moribundos. Una vez de vuelta en el palacio y cuando Bertoldo ya dormía, encendió una lámpara y comenzó a leer la traducción de Poliziano.

Había leído sólo unas cuantas páginas, cuando se preguntó: "Pero, ¿cómo podría uno esculpir esta leyenda? Sería necesario un bloque de mármol del tamaño de uno de los frescos de Ghirlandaio". Tampoco podía el escultor reproducir todas las armas utilizadas en la batalla mitológica: antorchas, lanzas, jabalinas, troncos de árbol. El mármol quedaría convertido en un verdadero caos.

Recordó una línea de las que había leído y volvió a buscarla:

"Afareos alzó un gran trozo de roca arrancada de la ladera de la montaña…".

La imagen era vívida para él. Lo invadió de pronto una gran excitación. Aquella podía ser la fuerza unificadora, el tema. ¡Su tema! Puesto que era imposible reproducir todas las armas, utilizaría solamente una: la más primitiva y universal, la piedra.

Se quitó la camisa y las calzas. Se tendió sobre la cama, bajo la colcha roja, con las manos entrelazadas bajo la nuca. Se dio cuenta de que había estado viajando casi todo el día, entre la gente, sin pensar una sola vez en su desfigurada nariz. Igualmente importante fue que en su mente comenzaran a presentarse imágenes, no del camposanto o el Baptisterio Pisano sino de la *Batalla de los Centauros*.

—¡Dios sea loado! —exclamó satisfecho—. ¡Estoy curado!

Rustici estaba lleno de júbilo.

—¿No te he dicho muchas veces que dibujaras caballos y más caballos? —exclamó.

Miguel Ángel respondió riendo:

—Sí, pero ahora te agradeceré que me encuentres algunos centauros.

Había desaparecido la tensión en el jardín. Nadie mencionaba el nombre de Torrigiani ni se refería al incidente. Torrigiani no había sido capturado y probablemente no lo sería nunca. Excitado por su nuevo proyecto, Miguel Ángel concentró toda su atención en resolver su tema. Poliziano se entusiasmó y le brindó un resumen del papel del centauro en la mitología, mientras Miguel Ángel dibujaba rápidamente la figura que, a su juicio, debía representar al personaje: todo caballo, menos los hombros, cuello y cabeza, que emergían del pecho del animal: el torso y la cabeza de un hombre.

Comenzó a buscar en sí mismo un diseño general en el cual pudiese incluir unas veinte figuras. ¿Cuántas escenas de acción separadas podía reproducir? ¿Cuál sería el foco central, desde el cual la mirada se movería de una manera ordenada, perceptiva, tal como lo deseaba él, el escultor?

En el sarcófago de Pisa y en la obra de Bertoldo sobre la batalla, los guerreros y las mujeres estaban vestidos. Puesto que iba a retroceder a la leyenda griega, consideró que tenía derecho a esculpir desnudos, sin las trabas de los yelmos, mantos y demás objetos que, a su juicio, desordenaban y embarullaban el bronce de Bertoldo. Con la esperanza de lograr simplicidad y control, eliminó los ropajes, como lo había hecho con los caballos y la multiplicidad de centauros y armas.

Pero aquella decisión no lo llevó a ningún resultado satisfactorio. Ni siquiera Granacci pudo ayudarlo.

—Nunca ha sido posible conseguir modelos dispuestos a posar desnudos —dijo.

—¿No podría alquilar algún pequeño taller en alguna parte para trabajar solo? —preguntó.

Granacci negó, irritado:

—Eres el protegido de Lorenzo y todo cuanto hagas en ese sentido sería un menosprecio para él.

—Entonces, sólo hay una solución: trabajaré en la caverna Maiano.

Se dirigió a Settignano con el fresco del anochecer. Los Topolino lo saludaron cordiales. Les agradaba que pasara allí la noche. Y si observaron los daños causados a su rostro por Torrigiani, él no se dio cuenta.

Se lavó en el arroyo al amanecer y luego se fue por los caminos de carretas a las canteras, donde los picapedreros y canteros comenzaban a trabajar una hora después de la salida del sol. En la cantera, la *pietra serena* cortada la tarde anterior tenía un color azul turquesa, mientras los bloques más viejos estaban adquiriendo un tinte marrón. Habían sido completadas diez columnas y arrancada de la cantera una enorme piedra, la que estaba rodeada de montones de trozos pequeños y polvillo. Los canteros y picapedreros estaban forjando y templando sus herramientas: cada uno de ellos usaba veinticinco punzones por día, tan rápidamente se los "comía" la piedra.

Todos aquellos hombres saludaron jovialmente a Miguel Ángel.

—Has venido a realizar una jornada de trabajo honrado, ¿eh?

—¿Con este tiempo? —respondió Miguel Ángel—. No, voy a sentarme bajo un árbol que me dé sombra y no empuñaré nada que pese más que un carboncillo de dibujo.

Los obreros no necesitaron más explicación.

La *pietra serena* irradiaba un tremendo calor. Los canteros se sacaron las ropas, quedando cubiertos solamente con unos taparrabos, sombreros de paja de anchas alas y sandalias. Miguel Ángel los observó. No podían posar, pues tenían que cortar una determinada cantidad de piedra al día. Sus pequeños cuerpos, delgados y nervudos, distaban mucho de ser el ideal de la belleza griega que él había visto en las estatuas antiguas. Pero bajo el calor del sol, la transpiración los hacía brillar como si fueran de mármol pulido. Trabajaban inconscientes de que Miguel Ángel los estaba dibujando en busca de la fuerza oculta en cada músculo de los indestructibles cuerpos de aquellos hábiles artesanos.

Hacia la mitad de la mañana, los canteros se reunieron en una pequeña caverna abierta en la *pietra serena*, en la base de la montaña. Allí la temperatura era igual todo el año. Consumieron su desayuno de arenques y cebolla, pan y vino Chianti. Miguel Ángel les informó sobre su proyecto de esculpir la *Batalla de los Centauros*.

—Ya es hora de que esta zona del monte Ceceri produzca otro escultor —dijo un joven cantero, fuerte como un roble—. Siempre hemos tenido uno: Mino da Fiesole, Desiderio da Settignano, Benedetto da Maiano...

Unos minutos después volvieron al trabajo y Miguel Ángel a sus dibujos, que ahora diseñaba de cerca. ¡Cuánto había que aprender en el cuerpo humano! ¡Cuántas partes complicadas, cada una diferente de las demás, cada una con sus fascinantes detalles! Un artista podría dibujar la figura humana toda su vida y captar sin embargo solamente una fracción de sus cambiantes formas.

Cuando el sol estaba ya alto, aparecieron varios muchachos llevando largas pértigas colgadas de los hombros. En cada una se veía una larga fila de clavos y, pendiente de cada uno de ellos, una cesta con la comida de los canteros. Una vez más se reunieron en la cueva. Miguel Ángel compartió con algunos la sopa de verduras, carne cocida, pan, queso y vino. Luego, todos se tendieron para una hora de siesta.

Mientras dormían, Miguel Ángel los dibujó: acostados en el suelo, cubiertos los rostros por los sombreros, los cuerpos en descanso para recuperar fuerzas, tranquilas las formas.

A la mañana siguiente, cuando salía del palacio, se sorprendió al ver que un monje lo detenía, le preguntaba su nombre y, después de entregarle una carta que había sacado de su amplio hábito, desaparecía tan repentinamente como se le había presentado. Miguel Ángel desdobló el papel, vio la firma de su hermano y empezó a leer. Era un ruego para que él abandonase lo pagano, el tema ateo que únicamente condenaría su alma; pero si tenía que persistir en esculpir imágenes, que reprodujese únicamente las santificadas por la Iglesia.

Volvió a leer la carta, mientras movía la cabeza, incrédulo. ¿Cómo era posible que Leonardo, sepultado entre los muros del monasterio, estuviese enterado del tema que él estaba esculpiendo... y que le había sido inspirado por Poliziano? Sintió un leve temor al comprobar que los monjes encerrados en San Marco conocían detalles de la vida de todos los demás.

Llevó la carta al *studiolo* y se la enseñó a Lorenzo.

—Si le causo algún daño al esculpir este tema —dijo gravemente—, será mejor que lo cambie.

Lorenzo parecía disgustado. El hecho de llevar a Savonarola a Florencia había sido un error y una desilusión.

—Eso es precisamente lo que Fra Savonarola intenta —dijo—, acobardarnos e imponer su rígida censura. Si cedemos en el menor detalle, le será mucho más fácil ganar el siguiente. Continúe su trabajo, Miguel Ángel.

Y Miguel Ángel arrojó la carta de su hermano a una vasija etrusca que había bajo el escritorio de Lorenzo.

XI

Utilizó cera de abejas, que venía en grandes panes. Desmenuzó uno de ellos y lo echó en un recipiente colocado sobre la chimenea. Una vez que se hubo enfriado, comenzó a amasarla con los dedos, cortándola luego en tiras. Por la mañana, derramó un poco de trementina sobre sus dedos y amasó la cera de nuevo para darle mayor blandura. Puesto que su escultura iba a ser un altorrelieve, la mitad exterior de las figuras energía directamente del fondo del mármol.

Bugiardini, que ya odiaba el tallado de la piedra con una ferocidad tan intensa como la de Granacci, empezó a pasar sus días en el cobertizo, donde gradualmente fue haciéndose cargo de ciertas tareas manuales que lo convertían en ayudante de Miguel Ángel. Éste hizo que su amigo cortase un tronco de árbol del tamaño del bloque de mármol que tenía la intención de usar y lo atravesase con alambres para darle mayor armadura. Luego, comenzó a modelar figuras de cera basándose en sus dibujos experimentales, adosándolas al armazón, mientras equilibraba los brazos entrelazados, los torsos, piernas, cabezas y piedras tal como tendrían que aparecer en la escultura de mármol.

Encontró el bloque que deseaba en el patio del palacio. Bugiardini le ayudó a trasladarlo al cobertizo y lo colocaron sobre rollos de madera para proteger sus esquinas. Cuando comenzó a aplicar el martillo y el cincel, trabajó con todo su cuerpo, apoyándose firmemente sobre sus pies, bien separados uno del otro, y lanzando todo su peso sobre el brazo que empuñaba el martillo. La fuerza empleada para eliminar tenía que ser igual al mármol eliminado.

En su formación, el bloque, de un metro veinte, tenía vetas parecidas a las de la madera. Buscó la dirección este y colocó el bloque en la misma posición que había tenido en la ladera de la montaña. Tendría que cortar de norte a sur, pues de lo contrario aquel mármol se pelaría en capas fragmentadas.

Aspiró profundamente y alzó martillo y cincel para el asalto inicial. El polvillo del mármol comenzó a cubrirle las manos y la cara y a penetrar en sus ropas. Era agradable tocarse el rostro y sentirlo lleno de aquel polvillo. Le resultaba igual que tocar el mármol que estaba trabajando.

Los sábados por la noche, el palacio se vaciaba. Piero y Alfonsina iban de visita a los palacios de las más nobles familias de Florencia; Giovanni y Giulio hacían también vida social; Lorenzo buscaba el placer en su grupo de aristocráticos jóvenes y, según los rumores que circulaban, intervenía en orgías carnales. Miguel Ángel no supo jamás si aquellos rumores tenían verdadero fundamento, pero al día siguiente Lorenzo aparecía siempre desanimado y débil. Su gota, heredada de su padre, lo retenía en la cama, o ambulaba por el palacio apoyándose pesadamente en un bastón.

En tales noches, Miguel Ángel quedaba en libertad para cenar con Contessina y Giuliano en la galería abierta del piso superior, al fresco de la suave brisa nocturna. Una noche, mientras cenaba, Contessina le dijo que había leído los comentarios de Boccaccio sobre los centauros.

—¡Ah! —exclamó él—. ¡Hace tiempo que abandoné la idea de esculpir la batalla original!

Tomó un trozo de papel y un carboncillo de dibujo que llevaba siempre en su bolsita de raso y explicó a Contessina lo que perseguía, mientras su mano derecha volaba sobre el papel. El hombre vivía y moría por la piedra. Para sugerir la unidad del hombre y el mármol, los veinte hombres, mujeres y centauros no serían sino un todo, cada figura, una faceta del carácter múltiple del hombre, animal y humano, hembra y macho, cada una de cuyas partes trata de destruir a las demás. Con rápidos trazos indicó algunos de los objetivos esculturales que trataba de alcanzar.

—Una vez oí decir que tras cada talla debe haber adoración. ¿Qué contendrá su versión de la batalla del hombre que merezca adoración? —preguntó ella.

—La suprema obra de arte: el cuerpo masculino, infinito en su expresión y belleza.

Contessina miró inconscientemente sus delgadas piernas, el pecho, que apenas apuntaba, y luego alzó los ojos para mirarlo, risueña.

—Puedo delatarlo por su pagana adoración hacia el cuerpo masculino —dijo—. Es posible que Platón estuviera de acuerdo con usted, pero Savonarola lo haría arder en una pira, por hereje.

—No, Contessina —respondió él—. Admiro al hombre, pero adoro a Dios porque ha podido crearlo.

Rieron ambos, muy próximas una a otra sus cabezas. Como viera que los ojos de Contessina miraban hacia la puerta y su cabeza se enderezaba bruscamente, mientras sus mejillas se teñían de rojo, Miguel Ángel volvió la cabeza y adivinó, por la postura de Lorenzo, que éste había estado allí bastante tiempo, mirándolos. Su rostro era imperturbable, pero tenía apretados los labios.

—Estábamos... discutiendo... He hecho algunos dibujos...

La aspereza desapareció del ceño de Lorenzo, que avanzó para mirar los dibujos.

—Giulio me ha informado sobre las charlas de ustedes —dijo—. Esa amistad me parece excelente y no podrá perjudicar a ninguno de los dos. Es muy importante que los artistas tengan amigos. Y los Medici también.

Unas noches después, con luna llena y el aire cargado de aromas silvestres, se sentaron juntos ante una ventana de la biblioteca que daba a la Via Larga y las colinas circundantes.

—Florencia está envuelta en la magia de la luz lunar —suspiró Contessina—. Desearía subir a una gran altura y desde allí contemplar la ciudad.

—Yo conozco un lugar —exclamó él —al otro lado del río. Es como si uno pudiera extender los brazos y abrazar a la ciudad.

—¿Podríamos ir? Quiero decir... ahora. Nos deslizaremos por la puerta trasera del jardín, separadamente. Voy a ponerme un manto con capucha.

Recorrieron el camino que Miguel Ángel seguía siempre. En ángulo agudo hacia el Ponte alle Grazie, cruzaron el Arno y ascendieron hasta el antiguo fuerte. Sentados en el parapeto de piedra, era como si tuviesen sus pies colgados sobre la ciudad. Miguel Ángel le mostró la villa de Lorenzo en Fiesole, el muro de ocho torres que rodeaba la ciudad al pie de las colinas de Fiesole, la brillante masa blanca del Baptisterio, el Duomo y el inclinado Campanile; la alta torre de la Signoria; la apretada ciudad oval, encerrada entre sus muros y el río; y al lado del Arno en que ellos se hallaban, el palacio Pitti, iluminado por la luna, construido con piedra de su propia cantera.

Sus dedos fueron acercándose lentamente sobre la tosca superficie de la piedra, se tocaron y por fin se entrelazaron.

La repercusión fue inmediata. Lorenzo, que había estado en Vignone varios días tomando baños, lo hizo llamar. Cuando Miguel Ángel entró, Il Magnifico estaba sentado ante su escritorio. De pie, a su lado, se hallaba su secretario, Piero da Bibbiena. Miguel Ángel no necesitó que se le dijese el motivo de aquel llamamiento.

—Estaba segura, Excelencia. No me separé de ella un solo instante —dijo.

—Eso tengo entendido. ¿Creyó realmente que no serían vistos? Giulio la vio salir por la puerta posterior del jardín.

Miguel Ángel, profundamente apenado, dijo:

—Ha sido una indiscreción. ¡Era tan hermoso allá arriba! Florencia era como una cantera de mármol, con sus iglesias y torres cortadas de una sola capa de piedra.

—No estoy poniendo en tela de juicio su conducta, Miguel Ángel. Pero Ser Piero duda de su sensatez. Sabe usted que Florencia es una ciudad de lenguas malignas.

—¡Pero no osarán hablar mal de una criatura como ella!

Contessina ya no puede ser considerada como una "criatura" —dijo Lorenzo—. Está creciendo rápidamente. Hasta ahora no me había dado cuenta… Eso es todo, Miguel Ángel. Puede volver a su trabajo, pues sé que estará impaciente por hacerlo.

—¿No hay algo que yo pueda hacer para corregir ese error?

—Ya lo hice yo. —Lorenzo se levantó y puso ambos brazos sobre los hombros del muchacho, que temblaban. —No quiero que se sienta triste por esto —dijo—. Lo hizo inocentemente. Cámbiese para la cena. Hoy viene alguien que deseo que conozca.

Lo último que deseaba Miguel Ángel en el estado en que se encontraba era cenar con sesenta invitados, pero no era posible desobedecer. Se lavó y vistió sus ropas de gala. Luego se dirigió al comedor, donde uno de los servidores lo guió hasta un lugar que Lorenzo le había reservado, al lado de Gianfrancesco Aldrovandi, perteneciente a una de las más encumbradas familias de Bolonia. Lorenzo lo había designado *Podestá* de Florencia para el año 1488.

—Su Excelencia tuvo la amabilidad de mostrarme sus dibujos y el mármol *Madonna y Niño*. Sus trabajos me han servido de admirable estímulo —dijo Aldrovandi.

—Muchas gracias —respondió Miguel Ángel.

—No intento hacerle un elogio vacuo. He dicho eso porque soy un entusiasta de la cultura y me he criado entre las magníficas obras de Jacopo della Quercia.

Miguel Ángel preguntó tímidamente quién era.

—¡Ah! Ése es el motivo por el que he pedido a Il Magnifico que me brindase la oportunidad de hablar con usted. Jacopo della Quercia no conocido en Florencia, a pesar de que es uno de los escultores más grandes que ha producido Italia. Era un dramático del mármol, como Donatello fue el poeta. Tengo la esperanza de que venga a Bolonia y me permita mostrarle su obra. Estoy seguro de que habrá de ejercer una gran influencia sobre usted.

Miguel Ángel quería responder que esas profundas influencias eran precisamente lo que él deseaba evitar, pero Aldrovandi habría de resultar un verdadero profeta.

Durante los días que siguieron, Miguel Ángel se enteró de que Piero y Alfonsina habían protestado varias veces porque "se permitía a un plebeyo tratarse tan íntimamente con una Medici". Y Ser Piero de Bibbiena había escrito a Lorenzo, que estaba en Bignone, una nota velada pero fuerte, en la que decía: "Si no se adopta alguna decisión respecto a Contessina, es posible que tengamos que lamentarlo".

Sólo unas noches después, se enteró Miguel Ángel de lo que Lorenzo había querido decir cuando le informó que ya había tomado las medidas necesarias para corregir el error cometido por los dos jóvenes. Contessina había sido enviada a la villa de los Ridolfi, en la campiña.

XII

Recibió un mensaje de su padre. La familia estaba preocupada por Leonardo, de quien se había dicho que estaba enfermo en el monasterio de San Marco. "¿Podrías hacer uso de la influencia de los Medici para ir a verlo?" —preguntaba Ludovico.

Miguel Ángel fue a su casa y allí le repitió la pregunta.

—No se permite a ningún extraño en las dependencias de los monjes —contestó.

—San Marco es una iglesia y monasterio de los Medici —le dijo su abuela—. Fue construida por Cosimo, y Lorenzo sufraga los gastos de su mantenimiento.

Después de unos cuantos días, se dio cuenta de que sus peticiones no eran escuchadas. Luego se enteró de que Savonarola predicaría en San Marco el domingo siguiente.

—Todos los monjes tendrán que estar allí —le dijo Bertoldo—. Así podrás ver a tu hermano y hasta posiblemente hablar unas palabras con él.

Su plan de colocarse al lado de la puerta lateral, cerca del claustro, a fin de que Leonardo tuviera que pasar junto a él, fue desbaratado por la presencia del apretado grupo de monjes cubiertos con sus hábitos negros, que oraban y cantaban en el coro desde antes del amanecer. Sus capuchas estaban tan caladas que era imposible ver sus rostros. Por lo tanto, Miguel Ángel no pudo ver si Leonardo estaba en el grupo.

Cuando un apagado murmullo anunció la entrada de Savonarola, Miguel Ángel se deslizó en un banco, cerca del púlpito.

No había mucho que diferenciase a Savonarola de los otros cincuenta monjes cuando ascendió lentamente las escaleras del púlpito. Su cabeza y su rostro estaban hundidos en la capucha dominicana y su cuerpo parecía pequeño y delgado bajo el hábito. Su voz adquirió un tono imperioso al exponer su tesis sobre la corrupción del clero. Jamás, ni siquiera en los más acalorados ataques de las discusiones en el palacio, había oído Miguel Ángel ni una mínima parte de las acusaciones que Savonarola formuló ahora contra los sacerdotes: éstos eran políticos, más que hombres de fe, llevados a la Iglesia por sus familias con fines de lucro mundano; eran oportunistas que sólo buscaban la riqueza y el poder; se habían hecho culpables de simonía, nepotismo, sobornos venta de reliquias y acumulación de beneficios. "Los adulterios de la Iglesia —dijo— han llenado el mundo".

Ya en pleno sermón, el monje se echó hacia atrás la capucha y Miguel Ángel pudo ver por primera vez su rostro. Resultaba tan emocionalmente perturbador como las palabras que brotaban, aceleradas y secas, de su boca contradictoria: el labio superior, delgado y ascético, el inferior, más carnoso y voluptuoso todavía que el de Poliziano. Sus negros ojos brillaban y escrutaban hasta los más lejanos rincones de la iglesia. Aparecían hundidos sobre los altos pómulos y las delgadas mejillas, evidentemente resultado de severos ayunos. Su nariz se proyectaba hacia afuera y tenía anchas ventanas. Era un rostro dramático. La estructura ósea fascinó a Miguel Ángel como escultor.

Apartó los ojos de aquella cara para poder oír mejor las palabras que ahora brotaban como bronce derretido. La voz llenaba la iglesia y reverberaba en los huecos de las capillas.

Denunció con terrible energía al pueblo de Florencia y dijo que Dante había utilizado la ciudad como modelo para la de Dis. Miguel Ángel concentró toda su voluntad, pues la voz de Savonarola era como un agente paralizante, para mirar a su alrededor. Y pudo ver que toda la gente que llenaba el templo estaba sentada como un solo individuo, inmóvil, como soldada en un único cuerpo.

—¡Toda Italia habrá de sentir la ira de Dios! —clamó el monje—. ¡Sus ciudades caerán en manos de enemigos! ¡La sangre correrá por las calles! ¡La muerte será la orden del día! ¡Todo eso sucederá, a no ser que se arrepientan! ¡Arrepiéntanse!… ¡Arrepiéntanse!

El monje bajó lentamente la escalera del púlpito y salió por la puerta que daba al claustro. Miguel Ángel quedó profundamente emocionado, un poco exaltado y no poco confundido. Una vez que hubo salido de nuevo al sol de la plaza, se quedó un rato encandilado por la intensa luz, sin saber qué decir. Finalmente avisó a su padre de que no le había sido posible ver a su hermano Leonardo.

Había desaparecido su perturbación emocional cuando recibió una nota de Leonardo en la que le pedía que fuera a San Marco a la hora del rosario.

Su hermano le pareció tan cadavérico como Savonarola.

—La familia ha estado preocupada por ti —dijo Miguel Ángel.

La cabeza de Leonardo se hundió aún más en la capucha.

—Mi familia —dijo— es la familia de Dios.

—No seas tan santurrón —exclamó Miguel Ángel.

Cuando Leonardo respondió, su hermano percibió en su voz un dejo de afecto:

—Te he llamado porque sé que no eres malo. El palacio no ha conseguido corromperte todavía. Aun en medio de esa atmósfera de Sodoma y Gomorra, no has sido pervertido, pues has vivido como un anacoreta.

—¿Y cómo sabes tú todas esas cosas? —preguntó Miguel Ángel, risueño.

—Sabemos cuanto ocurre en Florencia —respondió Leonardo. Dio un paso y extendió sus huesudas manos: —Fra Savonarola ha tenido una visión. Los Medici, el palacio, todas las obscenas e impías obras de arte que hay dentro de sus muros serán destruidas. No podrán salvarse, pero tú sí, porque tu alma no se ha perdido todavía. Arrepiéntete y aléjate de todo eso, mientras todavía es tiempo de hacerlo.

—Savonarola —dijo Miguel Ángel— atacó al clero. He oído su sermón. Pero no atacó a Lorenzo de Medici.

—Pronunciará diecinueve sermones, a partir del día de Todos los Santos hasta la Epifanía. Cuando terminen, Florencia y los Medici estarán en llamas.

Miguel Ángel calló, asustado.

—¿No quieres salvarte, hermano mío? —preguntó Leonardo.

—Tenemos ideas distintas. Todos no podemos ser iguales —replicó Miguel Ángel.

—Podemos. El mundo tiene que ser un monasterio como éste, en el que todas las almas estén a salvo.

—Si mi alma ha de salvarse, ello sólo podrá ocurrir por medio de la escultura. Ésa es mi fe y mi disciplina. Has dicho que yo vivo como un anacoreta; es mi trabajo el que me hace vivir así. Entonces, ¿cómo es posible que ese trabajo sea malo?

Leonardo miró a su hermano con ojos que centelleaban. Luego se fue por una puerta que daba a una escalera.

A Miguel Ángel le pareció que debía asistir al sermón de Todos los Santos, como tributo a Lorenzo. La iglesia estaba abarrotada. Savonarola comenzó su perorata con tono tranquilo, expositivo. Explicó los misterios de la misa y la divinidad de la palabra de Dios. Los fieles que no habían asistido al sermón anterior parecían desilusionados. Pero el monje sólo estaba entrando en materia y poco después su poderosa voz fustigaba a la concurrencia con sus elocuentes palabras, que eran como latigazos.

Atacó al clero: "Se oye decir: '¡Bendita sea la casa en la que hay un cura gordo!', pero pronto llegará el día en que se dirá más bien: '¡Maldita sea esa casa!'".

"Sentiréis el filo de la espada en vuestras carnes. La aflicción os atacará. Esta ciudad ya no será llamada Florencia, sino una cueva de ladrones, de corrupción y de sangre. Había jurado no profetizar, pero una voz en la noche me dijo: '¡Loco! ¿No has comprendido, acaso, que es la voluntad de Dios que continúes?'. A eso se debe que no pueda dejar de profetizar. Y os digo que habrán de llegar días infaustos para todos vosotros".

Un sordo rumor recorrió la iglesia. Muchas de las mujeres lloraban.

Miguel Ángel se levantó y se fue por una de las naves laterales. La irritada voz del predicador lo siguió, hasta después de haber traspuesto la puerta. Cruzó la Piazza San Marco, entró en el jardín y se fue a su cobertizo. Temblaba y tenía escalofríos. Y resolvió no volver a la iglesia.

Contessina lo encontró en la biblioteca. Dibujaba. Ella había estado ausente varias semanas y su rostro estaba palidísimo. Miguel Ángel se levantó de un salto.

—¡Contessina! —exclamó—. ¿Ha estado enferma? Siéntese aquí.

—Tengo algo que decirle… Se han firmado los contratos.

—¿Qué contratos?

—Los de mi matrimonio… con Piero Ridolfi. No he querido que se enterara por los chismes de palacio.

—Y ese matrimonio… ¿cuándo se celebrará? —preguntó él, angustiado.

—Dentro de algún tiempo. Todavía soy demasiado joven. Les he pedido que me concedan el plazo de un año.

—¡Ahora, todo ha cambiado!

—Para nosotros no. Seguimos siendo amigos.

Después de un silencio, Miguel Ángel preguntó:

—¿No la hará desgraciada Piero Ridolfi? ¿La quiere?

Contesina lo miró, pero sin levantar la cabeza.

—No hablemos de esas cosas. Yo haré lo que tengo que hacer. Pero mis sentimientos son míos y de nadie más.

Se levantó y dio un paso, acercándose a él. Miguel Ángel bajó la cabeza. Cuando por fin la alzó otra vez para mirarla, vio que Contessina tenía los ojos cuajados de lágrimas. Extendió una mano y ella puso la suya sobre la de él. Los dedos de ambas manos se entrelazaron fuertemente. Y un segundo después, Contessina se retiró, dejando tras de sí un delicado aroma.

En el transcurso de su segundo sermón contra el vicio en Florencia, Savonarola atacó de pronto a los Medici y culpó a Lorenzo de todos los males que padecía la ciudad, para pronosticar la caída de la familia gobernante y, como culminación, la del Papa en el Vaticano.

La Academia Platón se reunió apresuradamente en el *studiolo*. Miguel Ángel informó sobre los dos primeros sermones y luego sobre la advertencia que le había hecho su hermano Leonardo. Aunque Lorenzo había librado monumentales batallas contra el Vaticano, en aquellos momentos deseaba conservar la paz existente con el papa Inocencio VII, debido a Giovanni, que sólo debía esperar unos meses para ser ungido cardenal y salir hacia Roma para representar a los Medici. El Papa podía muy bien imaginar que, puesto que Lorenzo había llamado a Savonarola a Florencia y el monje estaba predicando en una iglesia de los Medici, atacaba al papado con el conocimiento y la anuencia de Il Magnifico.

—Menos mal que me está atacando también a mí —dijo Lorenzo.

—¡Tendremos que hacerlo callar! —gruñó Poliziano.

—Lo único que necesitamos es poner fin a sus profecías —replicó Lorenzo—.

No forman parte de nuestra religión ni de su cometido. Pico, tendrá que encargarse de eso.

Las primeras defecciones correspondieron al jardín de escultura. Baccio entró en un mutismo que se prolongaba horas enteras. Comenzó a formular observaciones despectivas sobre los Medici; luego exaltó las virtudes de Savonarola y la vida espiritual del claustro. Y por fin, un día desertó, ingresando a la orden dominicana.

Los sermones de Savonarola en San Marco atraían ya a tan enormes multitudes que a fines de marzo transfirió sus actividades a la catedral. Diez mil florentinos concurrieron, pero aquella gran masa humana resultó empequeñecida por la enormidad del espacio que la rodeaba. En los pocos meses transcurridos desde que Miguel Ángel lo había oído predicar en San Marco, se observaron varios cambios en el severo monje. Debido a sus rígidos ayunos y a sus penitencias de rodillas en las celdas de San Marco, apenas podía reunir las fuerzas necesarias para subir la escalera del púlpito.

—Como pueden ver y oír, no hablo con mi propia lengua, sino con la de Dios —dijo—. ¡Soy su voz en la tierra!

Un frío estremecimiento recorrió la concurrencia. Savonarola no estaba menos emocionado que sus admiradores.

Miguel Ángel llegó al Duomo al mismo tiempo que su padre y el resto de la familia para oír al nuevo profeta. Se quedó junto a la puerta y contempló los mármoles de Donatello y Luca della Robbia, que parecían gritarle: "¡La gente es buena!", mientras Savonarola tronaba: "¡La humanidad es perversa!".

¿Quién tenía razón, Donatello y Della Robbia o Savonarola?

Aunque la ciudad estaba sacudida por una convulsión religiosa, Miguel Ángel seguía trabajando tranquilo. Contrariamente a Savonarola, no podía convencerse de que Dios hablaba por la boca del monje, pero experimentaba la sensación de que si Dios veía, aprobaría el trabajo que él realizaba.

Sintió cierta admiración hacia Savonarola. ¿Acaso no era un idealista? Y en cuanto a su fanatismo, ¿no había dicho Rustici: "Eres como Savonarola, ayunas porque no tienes el valor suficiente para dejar el trabajo a las horas de comer"?

Miguel Ángel había recibido la acusación con cierto disgusto, pero, ¿acaso no sentía que debía dedicarse a la tarea de revolucionar la escultura marmórea como Fidias había adorado la egipcia, tornándola humanamente griega? ¿No habría estado dispuesto a ayunar y orar hasta no tener fuerzas ni para arrastrarse por el jardín al cobertizo, si ello fuera necesario? Creía en Dios. Si Dios podía crear la tierra y el hombre, ¿no podría crear también un profeta… o un escultor?

La Signoria invitó a Savonarola a pronunciar un sermón en el gran salón del Palazzo della Signoria. Lorenzo, los cuatro platonistas y la importante jerarquía Medici de toda la ciudad anunciaron su intención de concurrir. Miguel Ángel ocupó un lugar entre Contessina y Giovanni, frente al estrado en el que Savonarola se hallaba de pie ante un atril. El gobierno de la ciudad, en pleno, ocupaba los bancos que había tras él.

Cuando Savonarola se refirió por primera vez a Lorenzo de Medici como un tirano, Miguel Ángel vio que los labios de Il Magnifico se entreabrían ligeramente en una sonrisa. Miguel Ángel apenas había oído aquellas palabras, pues estaba contemplando el gran salón y pensaba qué maravillosos frescos podían pintarse en sus paredes.

Pero la sonrisa de Lorenzo se esfumó al proseguir el monje su despiadado ataque:

—Todo lo malo y lo bueno de la ciudad dependen de su jefe y, por lo tanto, la responsabilidad del mismo es enorme —dijo—. Si avanza por la buena senda, toda la ciudad será santificada. Los tiranos son incorregibles, porque son orgullosos. Dejan todos los asuntos en manos de malos ministros. No escuchan a los pobres ni condenan a los ricos. Corrompen a los electores y agravan las pesadas cargas del pueblo.

Miguel Ángel empezó a escuchar más atentamente, porque Savonarola acusó a Lorenzo de haber confiscado el Fondo Total Florentino, integrado por el dinero que pagaban al tesoro de la ciudad las familias más pobres, como garantía de que, a su debido tiempo, contarían con la dote sin la cual ninguna joven toscana podía aspirar a casarse; de haber utilizado aquel dinero para adquirir manuscritos sacrílegos y obras de arte obscenas, así como para organizar bacanales con las que entregaba al pueblo de Florencia a las garras del demonio.

La oscura tez de Lorenzo adquirió un tono verdoso.

Pero Savonarola no había terminado: Lorenzo, el corrompido tirano, debía desaparecer. La deshonesta Signoria, ahora sentada tras él, debía desaparecer también, igual que los jueces, funcionarios y dignatarios. Era imprescindible integrar un gobierno enteramente nuevo, regido por una nueva y rigurosa serie de leyes, para convertir a Florencia en una ciudad de Dios.

¿Quién debía gobernar, revisar las leyes y ejecutarlas? ¡Savonarola! ¡Dios lo había ordenado así!

XIV

Cuando Miguel Ángel llegó al *studiolo* encontró allí a Fra Mariano. El predicador humanista de San Gallo había perdido una buena parte de su congregación, que se pasó a Savonarola.

—No intentaremos refutar las acusaciones personales de Savonarola —decía Lorenzo—. Los hechos de asuntos tales como el Fondo Total son claros y todos los florentinos los conocen. Pero profetizar la destrucción de Florencia está causando una creciente histeria en la ciudad. Fra Mariano, he estado pensando que usted es la solución de este asunto. ¿Me permite que le sugiera que predique un sermón sobre el tema: "No es para ti el saber el momento y razón que el Todopoderoso ha fijado por su propia autoridad"?

El rostro de Fra Mariano se iluminó.

—Podría pasar revista a la historia de las profecías —dijo—. Las formas en que Dios habla a su pueblo; y demostrar que lo único que le falta a Savonarola es el caldero de los brujos…

—No, no —repuso Lorenzo—, su sermón tiene que ser sereno e irrefutable, tanto en los hechos como en la lógica, de tal modo que nuestro pueblo vea la diferencia entre las revelaciones y las brujerías.

La discusión versó sobre qué materiales bíblicos y literarios debería emplear Fra Mariano. Miguel Ángel salió de la habitación disimuladamente.

Siguió un mes de intranquilidad y sostenido trabajo. Miguel Ángel se aisló de todo contacto con el mundo. Comía y dormía poco, y atacaba infatigablemente las figuras de su composición escultórica.

Fra Mariano subió al púlpito y comenzó el sermón. Con su voz culta y sabia recitó una frase de Cosimo de Medici: "Los Estados no se gobiernan con padrenuestros". La concurrencia rió discretamente. Más tarde, el monje se refirió con inteligencia a la necesidad de la separación entre la Iglesia y el Estado.

Era un buen comienzo. Los fieles escuchaban en silencio, con una atención que crecía por momentos. Y Fra Mariano procedió, mediante lógicas etapas, a demostrar el verdadero papel de la Iglesia y su posición en la vida espiritual de su pueblo.

Pero de pronto el sermón sufrió un vuelco. Fra Mariano alzó los brazos sobre su cabeza, su rostro enrojeció y adoptó una actitud tan violenta como las de Savonarola. Su voz cambió al mencionar por primera vez el nombre de Girolamo Savonarola. Dejó todos los argumentos tan cuidadosamente preparados y calificó al monje de "diseminador de escándalos y desórdenes", agregando una serie de malignos epítetos.

Seguía gritando desde el púlpito cuando Lorenzo reunió a su familia y, saliendo de la iglesia, se alejó.

Por primera vez desde su llegada al palacio, Miguel Ángel lo encontró sumido en una atmósfera sombría. Lorenzo sufrió un agudo ataque de gota. Poliziano, visiblemente perturbado, se aferró a Lorenzo como un niño, esfumado su ingenio y profundidad. Ficino y Landino parecieron considerar con aprensión la obra de toda su vida, pues Savonarola amenazaba con quemar todos los libros existentes en Florencia, menos los comentarios cristianos aprobados. Pico fue el más profundamente herido de todos: no sólo había recomendado que fuese llamado Savonarola a Florencia, sino que todavía simpatizaba con la mayor parte del programa del monje y era demasiado honesto para ocultarlo a Lorenzo.

Lorenzo reaccionó lanzando otro ataque frontal, al pedir al prior Bichiellini, de Santo Spirito, que se uniese a ellos en el *studiolo*. El prior, hombre enérgico, de cincuenta años, era famoso en Florencia por ser el único que usaba gafas en la calle.

—Los rostros de la gente, al pasar —explicó cierta vez a Miguel Ángel— son como las páginas de un libro. Por medio de estos cristales de aumento, estudio mejor sus expresiones y su carácter.

Ahora, el prior estaba sentado junto a la mesa del *studiolo*, mientras Lorenzo preguntaba si convendría que enviase a buscar a Roma al más brillante de los predicadores agustinos "para que inculcase sentido común los florentinos".

—Creo que conozco al hombre que más nos conviene. Escribiré inmediatamente —dijo.

Florencia acudió a escuchar al monje agustino visitante, quien expuso intelectualmente los extremos y peligros de las prédicas de Savonarola, pero los concurrentes a la iglesia del Santo Spirito, después de oírlo, se alejaron sin hacerle mucho caso.

Miguel Ángel intentó encerrarse de nuevo en su cobertizo, pero las paredes eran demasiado delgadas como para no enterarse diariamente de las malas noticias: Pico trató de disuadir a Lorenzo de poner espías que vigilaran a Savonarola, basándose en que el monje estaba demasiado dedicado a su misión para cometer la clase de "pecado de la carne" en que esperaba sorprenderlo Lorenzo. El sistema de espionaje establecido por Savonarola descubrió a los espías de Lorenzo y los acusó públicamente. Fra Mariano había desertado y fue a postrarse de rodillas ante Savonarola, para implorar su perdón. Sólo un puñado de estudiantes asistió a las últimas conferencias de la Academia Platón. Los impresores de Florencia se estaban negando ya a imprimir nada que no fuese aprobado previamente por el monje. Sandro Botticelli desertó también y, pasándose a las filas de Savonarola, declaró públicamente que sus desnudos femeninos eran obscenos, lascivos e inmorales.

Miguel Ángel aprobaba todavía la cruzada del monje. Solamente desaprobaba de ella los ataques contra los Medici y las artes. Cuando intentó explicar aquel dilema a Bertoldo, éste se mostró quisquilloso, y la próxima vez que el muchacho le enseñó su trabajo, exclamó que Miguel Ángel no había acertado con el significado real de la *Batalla de los centauros*.

—No has aprendido nada de la *Batalla* mía que hay en Pisa —dijo—. Supongo que te has dejado influenciar por Savonarola. Es necesario que incluyas los caballos, los mantos volantes al viento, las armas, pues, de lo contrario, ¿qué te queda para esculpir?

—La gente —murmuró Miguel Ángel, *sotto voce*.

—Tu mármol está atacado de pobreza. Si quieres que te dé mi opinión, tirarás ese bloque como un experimento que ha salido mal y pedirás a Granacci que te encuentre otro.

Bertoldo dejó de ir unos cuantos días al fondo del jardín. Miguel Ángel tuvo otro visitante: su hermano Leonardo, cada vez más cadavérico.

—Bienvenido a mi taller, Leonardo —le dijo Miguel Ángel.

—He venido por tu escultura. Queremos que se la ofrezcas a Dios.

—¿Y cómo debo hacer eso?

—Destruyéndola. Ésa será la primera pira de Savonarola para purificar a Florencia.

Aquella era la segunda invitación que se le hacía en el sentido de destruir su obra.

—¿Es que debo considerar obsceno este trabajo? —preguntó.

—¡Es sacrílego! Llévalo a San Marco y arrójalo tú mismo a las llamas.

La voz de Leonardo tenía un intenso fervor emocional que puso nervioso a Miguel Ángel. Lo tomó de un codo y lo acompañó hasta la puerta del fondo del cobertizo, hasta dejarlo en la calle.

Había planeado algunas semanas de pulido para hacer destacar las características más salientes de sus figuras. Pero en lugar de eso, pidió a Granacci que lo ayudase a trasladar el bloque al palacio aquella misma noche.

Ayudado por su amigo y Bugiardini, llevó el bloque al *studiolo* de Lorenzo. Éste no veía el mármol desde hacía un mes, o sea, desde el sermón de Fra Mariano. Entró en la habitación pálido, ojeroso, caminando penosamente con ayuda de un bastón, y fue tomado completamente de sorpresa. "¡Ah!", exclamó y se dejó caer sobre una silla. Allí estuvo un largo rato en silencio, fija la mirada en la escultura, estudiándola parte por parte, figura por figura, mientras sus mejillas se iban tiñendo de color. Parecía que la vitalidad volvía a sus miembros. Miguel Ángel seguía de pie a su lado. Finalmente, Il Magnifico se volvió hacia él y lo miró con brillantes ojos.

—Ha hecho bien en no pulirlo. Las marcas del cincel contribuyen a destacar la anatomía.

—Entonces, ¿aprueba este trabajo, Excelencia?

—¡No he visto jamás un mármol semejante!

—Ya hemos recibido una oferta por la pieza. De Savonarola, por mediación de mi hermano Leonardo, para ofrecerla a Dios en la hoguera que preparan.

—¿Y qué ha respondido?

—Que no tenía derecho a darla, pues pertenece a Lorenzo de Medici.

—¿También para entregarlo a Savonarola, que lo quemará?

—Si ese es su deseo… Pero supongamos, Excelencia, que yo hubiese ofrecido ya la pieza a Dios, a ese Dios que creó al hombre a su semejanza de bondad, fuerza y belleza. Savonarola dice que el hombre es vil. ¿Puede haberlo creado Dios?

Lorenzo se puso de pie bruscamente y paseó unos instantes por la habitación sin que al parecer le molestase ya el dolor de su pierna. Entró un paje y puso una pequeña mesa para dos.

—Siéntese y coma algo mientras le hablo —dijo Lorenzo—. Yo también comeré, aunque no tenía apetito antes de que usted llegara, Miguel Ángel... Savonarola no solamente busca lo que él denomina obras antirreligiosas y desnudos "lascivos"; también tiene intención de destruir las pinturas y las esculturas que no se ajustan a sus puntos de vista, los frescos de Masaccio, Filippo Lippi y Benozzo Gozzoli, así como los de Ghirlandaio y toda la estatuaria griega y romana, o sea, la mayor parte de nuestros mármoles. Poco quedará que no sean los ángeles de Fra Angelico en San Marco. Si le permitimos que haga su voluntad, puesto que su poder crece cada día, Florencia será saqueada, como lo fueron Atenas y Esparta. Si los florentinos siguen a Savonarola hasta el final del camino que ya ha anunciado, todo cuanto se ha conseguido realizar desde la época de mi bisabuelo desaparecerá y Florencia volverá a hundirse en las tinieblas.

Conmovido por la intensidad de aquella emoción de Lorenzo, Miguel Ángel exclamó.

—¡Qué equivocado estaba al creer que Savonarola reformaría solamente lo que hay de malo en Florencia! Ahora comprendo que destruirá también lo bueno. Como escultor ya no sería más que un esclavo, con ambas manos cortadas.

—Quiero que dé un paseo conmigo. Hay algo que deseo enseñarle —dijo Lorenzo.

Fueron a la parte posterior del palacio y atravesaron una pequeña plaza cerrada. Llegaron al frente de la iglesia de San Lorenzo, la familiar de los Medici. En su cripta estaba sepultado Cosimo, el abuelo de Lorenzo, cerca de unos púlpitos de bronce diseñados por Donatello y ejecutados por Bertoldo. En la vieja sacristía había un sarcófago diseñado por Brunelleschi, que contenía los restos de los padres de Cosimo: Giovanni di Bicci y su esposa. Un sarcófago de pórfido contenía los de Piero el Gotoso, padre de Lorenzo. Pero la fachada principal de la iglesia seguía siendo de ladrillo color tierra y desigualmente espaciado. Era evidente que no estaba terminada.

—Miguel Ángel —dijo Lorenzo—, ésta es la última gran obra de arte que tengo que completar para mi familia: una fachada de mármol con unas veinte figuras, esculpida cada una en su correspondiente nicho.

—¡Veinte esculturas! Las mismas que la fachada del Duomo...

—No es excesivo para usted. Una estatua de tamaño natural por cada figura sugerida en su *Batalla*. Tenemos que crear algo que sirva de regocijo a toda Italia.

Miguel Ángel se preguntó si aquella sensación de vacío que sentía en el diafragma era júbilo o congoja. Y exclamó impetuosamente:

—¡Lo haré, Lorenzo, se lo prometo! Pero necesitaré tiempo. ¡Tengo tanto que aprender aún... Todavía no he probado la mano con una estatua completa.

Cuando llegó a sus habitaciones, encontró a Bertoldo envuelto en una manta, sentado ante un brasero de carbón. Su rostro estaba tremendamente pálido y sus ojos aparecían enrojecidos. Miguel Ángel corrió a su lado.

—¿Se siente mal, Bertoldo? —preguntó, ansioso.

—Sí. ¡Y además, soy un viejo estúpido, ciego, ridículo, que ya nada tiene que hacer en este mundo!

—¿A qué se debe esa insólita apreciación? —exclamó Miguel Ángel riendo, para animar al anciano.

—A que he estado contemplando tu *Batalla* en la habitación de Lorenzo y he recordado lo que te dije sobre ella. Estaba equivocado, terriblemente equivocado. Yo la veía fundida en bronce y ahora comprendo que el mármol habría sido arruinado. ¡Tienes que perdonarme!

—Déjeme que lo acueste —rogó el muchacho.

Acomodó al anciano bajo el acolchado de plumas, bajó a la cocina del subsuelo y ordenó que calentasen una jarra de vino en las pavesas de la chimenea. Luego llevó la jarra a la habitación, vertió una cantidad de vino en un vaso y lo acercó a los labios del maestro.

—Si esa *Batalla* mía es buena, se debe a que usted me enseñó lo que debía hacer para que fuese buena. Si no pude hacerla en bronce fue porque usted me advirtió de las diferencias entre el sólido mármol y el fluido metal. Debe de estar satisfecho. Mañana comenzaremos una nueva obra y podrá enseñarme más.

—Sí, mañana —suspiró Bertoldo—. ¿Estás seguro, Miguel Ángel, de que hay un mañana? —Y sus ojos se cerraron. Poco después, dormía.

Al cabo de unos minutos se produjo un cambio en su respiración. Parecía más pesada, fatigosa. Miguel Ángel corrió a despertar a Ser Piero, quien envió un paje a buscar al médico de Lorenzo.

Miguel Ángel pasó la noche sosteniendo en sus brazos a Bertoldo para que pudiera respirar un poco mejor. El médico confesó que no se le ocurría nada que pudiera mejorar al enfermo. Cuando llegó la primera claridad del día, Bertoldo abrió los ojos, miró a su discípulo, al médico y a Ser Piero, comprendió la gravedad de su estado y susurró:

—Quiero… que me lleven… a Poggio… ¡Es tan hermoso!

Cuando llegó un paje para anunciar que el coche estaba preparado, Miguel Ángel tomó en brazos a su maestro, envuelto en sus mantas, y lo llevó sobre sus rodillas todo el viaje hasta Pistoia, la más exquisita de las villas de los Medici, anteriormente propiedad de los primos de Miguel Ángel, los Rucellai, y remodelada con magníficas galerías abiertas, obra de Giuliano da Sangallo. Llovió durante todo el recorrido, pero una vez instalado Bertoldo en su habitación favorita, cuya ventana daba al río Ombrone, salió el sol e iluminó el espléndido paisaje toscano, de un verde intenso. Lorenzo llegó a caballo para confortar a su amigo.

El anciano escultor expiró a última hora de la tarde del segundo día.

Después de recibir la extremaunción, pronunció sus últimas palabras con una pequeña sonrisa:

—Miguel Ángel… eres mi heredero… como yo… lo fui de Donatello.

—Sí, Bertoldo. Y estoy orgulloso de serlo.

—Quiero que todo cuanto poseo sea tuyo…

—Si así lo deseas, maestro…

—Serás rico… famoso… ¡Mi libro de cocina!

—Lo guardaré siempre como un tesoro.

Bertoldo volvió a sonreír, como si ambos compartiesen un secreto chiste y cerró los ojos por última vez. Miguel Ángel se despidió en silencio y se alejó. Había perdido a su maestro. ¡Jamás habría otro!

XV

Ahora, la desorganización en el jardín de escultura era completa. Cesó todo trabajo. Granacci abandonó la pintura que estaban realizando y dedicó la totalidad de su tiempo a proporcionar modelos, buscar bloques de mármol y realizar algunos encargos: un sarcófago, una Madonna…

Una tarde Miguel Ángel abordó a su amigo.

—No hay nada que hacer, Granacci, esta escuela ha terminado —dijo.

—No digas eso. Sólo nos hace falta un nuevo maestro. Lorenzo dijo anoche que yo podría ir a Siena a buscar uno…

Sansovino y Rustici entraron en el taller.

—Miguel Ángel tiene razón —dijo el primero—. Yo voy a aceptar la invitación del rey de Portugal y me iré a trabajar allí.

—Creo que ya hemos aprendido todo lo posible como discípulos —lo apoyó Rustici.

—Yo no he nacido para tallar piedra —agregó Bugiardini—. Mi carácter es demasiado blando y se adapta mejor a mezclar aceite y pigmentos. Pediré a Ghirlandaio que me acepte de nuevo en su taller.

—¡No me digas que tú también te vas! —exclamó Granacci, dirigiéndose a Miguel Ángel.

—¿Yo? ¿Y dónde podría ir?

El grupo se separó. Miguel Ángel se dirigió a su casa con Granacci para informar a su familia sobre la muerte de Bertoldo. Lucrezia se mostró excitadísima al ver el libro de cocina y leyó varias recetas en voz alta. Ludovico no mostró el menor interés.

—Miguel Ángel —preguntó—, ¿has terminado tu nueva escultura?

—Más o menos.

—¿La ha visto Il Magnifico? ¿Le gustó?

—Sí.

—¿Nada más? ¿No se mostró entusiasmado?

—Sí, padre...

—Entonces, ¿dónde están los cincuenta florines de oro?

—Es que...

—¡Vamos, vamos! Il Magnifico te dio cincuenta florines cuando terminaste tu *Madonna y Niño*. Dame la bolsita...

—No hay bolsa.

—Il Magnifico te pagó por el otro trabajo. ¿Y por éste? Eso no puede significar más que una cosa: que este segundo no le ha gustado.

—También significa que Lorenzo está enfermo y preocupado por muchas otras cosas más importantes.

—Entonces, ¿hay probabilidades de que te pague todavía?

—No sé.

—Tienes que recordárselo.

Miguel Ángel sacudió la cabeza, desesperado. Luego se alejó de nuevo por las encharcadas calles.

Por primera vez desde que ingresó en la escuela de Urbino, siete años atrás, Miguel Ángel no sintió deseos de dibujar. Su fracturada nariz, que no le había molestado mientras trabajaba, comenzó a dolerle: uno de sus conductos estaba cerrado por completo, lo que le dificultaba la respiración. Y de nuevo tuvo plena conciencia de su fealdad.

El jardín era ahora un lugar desierto. Lorenzo había suspendido todo trabajo en la biblioteca. En la atmósfera se respiraba una sensación de cambio. El grupo de platonistas bajaba pocas veces a Florencia para ofrecer sus conferencias. Lorenzo decidió irse a una de sus villas para someterse a una cura completa y estaría seis meses alejado del palacio y de sus deberes. Allí podría no sólo eliminar su gota, sino trazar los planes para la lucha contra Savonarola. Tendrá que ser una lucha a muerte, decía, y para ella necesitaría toda su vitalidad. Todas las armas estaban en sus manos: riqueza, poder, control del gobierno local, tratados con otras ciudades-estado y naciones y amigos en todas las dinastías vecinas, mientras que Savonarola sólo contaba con el hábito que cubría su esquelético cuerpo. Sin embargo, ese monje, que vivía como un santo y era incorruptible, brillante maestro y hábil manipulador que ya había llevado a efecto serias reformas en la vida personal del clero de Toscana, así como en la de los acaudalados florentinos, parecía contar con más probabilidades de triunfo.

Como parte de su plan para poner en orden sus asuntos, Lorenzo dispuso que Giovanni fuese investido cardenal, preocupado por el peligro de que el papa Inocencio VIII, anciano ya, pudiese fallecer antes de cumplir su promesa y el Papa sucesor se negase a aceptar al muchacho de dieciséis años en la jerarquía gobernante de la Iglesia. Lorenzo sabía también que aquella investidura sería una victoria estratégica ante el pueblo de Florencia.

Miguel Ángel estaba intranquilo ante los preparativos de Lorenzo para su partida a Careggi, pues Il Magnifico había empezado ya a entregar muchas actividades y asuntos de gobierno a las inexpertas manos de Piero. Si Piero iba a estar al frente de todo en Florencia, ¿qué sería la vida para él?

Nada se había hablado sobre el dinero por haber completado la *Batalla*, por lo que Miguel Ángel no podía ir a su casa. Tampoco se depositaban ya en su tocador aquellos tres florines semanales de antes. No necesitaba el dinero, pero la repentina suspensión lo preocupaba. ¿Quién la había ordenado, Lorenzo o Piero da Bibbiena? ¿O sería orden de Piero de Medici?

En su incertidumbre, Miguel Ángel acudió a Contessina. Buscó su compañía y pasaba largas horas hablando con ella. A menudo tomaba el manuscrito de *La Divina Comedia* y le leía en voz alta los pasajes que más le gustaban.

Los platonistas le habían aconsejado siempre que escribiese sonetos, pues eran la más alta expresión del pensamiento literario del hombre. Mientras él se expresaba plenamente por medio del dibujo, el modelado y el tallado del mármol, no tenía necesidad de otra voz suplementaria. Pero ahora, en su confusión y soledad, comenzó a escribir sus primeras líneas poéticas, vacilantes… y dirigidas a Contessina, naturalmente:

> *Una fuerza sublime me transporta hacia el cielo.*
> *Ninguna otra cosa sobre la tierra podría regalarme tamaño*
> *deleite.*

Y algún tiempo después:

> *Un alma ruda ve, pero yo, ¡oh exquisitez máxima!, veo mi*
> *espíritu…*

Rompió aquellos versos, pues los sabía pedantes, y volvió al desierto jardín para vagar por sus senderos y visitar el *casino*. Ansiaba trabajar, pero se sentía tan vacío que no sabía qué obra realizar. Sentado ante su dibujo, en el cobertizo, se apoderó de él una enorme tristeza y la sensación de que estaba solo en el mundo.

Pero por fin Lorenzo lo mandó a buscar.

—¿Quiere venir a Fiesole con nosotros? —le preguntó—. Pasaremos la noche en la villa. Por la mañana, Giovanni va a ser investido en la Abadía de Fiesole. Creo que le convendría presenciar esa ceremonia. Más adelante, en Roma, Giovanni recordará que asistió usted a su investidura.

Fue a Fiesole en un carruaje con Contessina, Giuliano y la nodriza.

Contessina pidió bajar del coche en San Domenico, a mitad de la ladera de la

144

colina, pues deseaba ver la abadía, a la que, como mujer, se le negaría acceso durante el acto de investidura de su hermano.

Miguel Ángel se despertó dos horas antes del amanecer, se vistió y se unió al cortejo que bajaba por la colina hacia la abadía, donde Giovanni había pasado la noche orando. Su corazón se encogió de angustia al ver que Lorenzo era conducido en una litera.

La pequeña iglesia brillaba a la luz de centenares de velas. Miguel Ángel se quedó junto a la puerta abierta observando el sol, que asomaba por sobre el valle del Mugnone. Con aquellas primeras luces del día, Pico della Mirandola pasó junto a él, con una solemne inclinación de cabeza, seguido por un notario público de Florencia. Giovanni se arrodilló ante el altar para recibir el sacramento. Se cantó una misa mayor y el superior de la abadía bendijo los símbolos del nuevo rango de Giovanni: el manto y el sombrero de anchas alas con su larga borla. Se leyó el edicto del Papa por el cual se ordenaba la investidura y luego el canónigo Bosso deslizó en el dedo del flamante cardenal el anillo con un zafiro, emblema de la fundación celestial de la iglesia.

Miguel Ángel abandonó la abadía y empezó a caminar por la senda que llevaba al camino de Florencia. En el Ponte di Mugnone se cruzó con una delegación de los más prominentes ciudadanos florentinos, a muchos de los cuales había conocido en las cenas del *studiolo*. Los seguía un nutrido grupo de ciudadanos más modestos y, como señal de que quizá las peores preocupaciones de Lorenzo podían considerarse terminadas, una gran parte del clero de Florencia, muchos de cuyos componentes él sabía que habían jurado fidelidad a Savonarola, y que ahora llegaban a la abadía con cantos y aclamaciones a pedir la bendición del nuevo cardenal Giovanni de Medici.

Aquella noche, en el palacio, hubo música y baile. Toda la población de Florencia fue alimentada y provista de vino y entretenimientos por los Medici.

Dos días después, Miguel Ángel se hallaba en la fila que había ido al palacio a despedirse del cardenal y su primo Giulio, que lo acompañaba a Roma. Giovanni bendijo a Miguel Ángel y lo invitó a que lo visitase, si alguna vez iba a Roma.

Toda la alegría salió del palacio con el cardenal. Lorenzo anunció su partida para Careggi. Durante su ausencia, Piero, su hijo, lo reemplazaría.

XVI

Hacía dos semanas que Lorenzo se hallaba ausente del palacio. Miguel Ángel estaba sentado, solo, en su dormitorio, cuando oyó voces en el corredor. Un rayo había caído en el faro del tejado del Duomo y en el palacio de los Medici. Toda la población se echó a la calle para contemplar lo destrozos. Al día siguiente, Savonarola aprovechó aquella oportunidad para predicar un sermón en el que presagió calamidades tales como la destrucción por invasión, un terremoto, grandes incendios e inundaciones. Y Miguel Ángel se hallaba escuchándolo entre la compacta multitud.

Aquella noche le llegó un rumor al palacio. Le fue llevado por el paje del secretario de Lorenzo: en lugar de mejorar, Lorenzo empeoraba. Se había enviado a buscar un nuevo médico, Lazzaro de Pavia, que administró al paciente una mezcla de diamantes y perlas pulverizados. Pero aquella medicina, hasta entonces infalible, no dio resultado.

Miguel Ángel paseó por los corredores toda la noche, terriblemente apenado. Piero se había ido ya a Careggi, llevándose consigo a Contessina y a Giuliano. Al amanecer, incapaz de resistir por más tiempo, corrió a las cuadras, ensilló un caballo y partió al galope hacia la hermosa villa de Lorenzo.

Dio un rodeo por los límites más lejanos de la finca, se deslizó por el hueco de un muro y entró en uno de los patios posteriores. De la cocina le llegó un prolongado y triste lamento. Ascendió silenciosamente por la ancha escalera y al llegar arriba dobló a la izquierda, quedándose un instante indeciso ante el dormitorio de Lorenzo. Luego empuñó el pesado picaporte labrado.

En un extremo de la habitación, vio a Lorenzo en su alto lecho, acomodado con numerosas almohadas tras la espalda. El doctor Pier Leoni le estaba practicando una sangría en el antebrazo. Al pie del lecho estaba sentado Poliziano, por cuyas mejillas se deslizaban abundantes lágrimas. Pico leía al paciente algo de un libro que tenía en sus manos.

Miguel Ángel se deslizó tras la pesada cortina que cubría la puerta en el momento en que el confesor de Lorenzo hacía una señal al médico para que suspendiese la sangría y alejase a todos del lecho. Después, confesó a Lorenzo y le dio la absolución.

Miguel Ángel permaneció inmóvil cuando Pico y Poliziano volvieron al lado de Lorenzo. Al cabo de unos segundos, oyó que el enfermo pedía con voz débil que llamaran a Piero, que estaba en la biblioteca.

Llegó el hijo, baja la cabeza, humilde ante la inminencia de la muerte. Los servidores abandonaron la habitación y Lorenzo comenzó a hablar:

—Piero, hijo mío —dijo—, ahora tendrás la misma autoridad que yo he tenido en el Estado. Pero como Florencia es una república, tienes que comprender que hay en ella numerosas cabezas dirigentes. A veces no te será posible agradar a todos. Persigue siempre la conducta que te prescriba la más absoluta integridad. Consulta los intereses de toda la comunidad más que la satisfacción para una parte de ella. Si así lo haces, protegerás a Florencia y a los Medici.

Piero besó a su padre en la frente. Se produjo un apresurado movimiento procedente de la habitación contigua y Savonarola pasó al lado de Miguel Ángel, tan cerca que podía haberlo tomado de un brazo. El monje se acercó a Lorenzo, echó hacia atrás la capucha de su hábito para que el moribundo pudiera verle el rostro y preguntó:

—¿Deseaba verme, Lorenzo de Medici?

—Sí, Fra Savonarola. Deseo morir en paz con todos los hombres.

—Entonces, lo exhorto a mantener su fe.

—Siempre la he mantenido firmemente.

—Si sigue viviendo, lo exhorto a que cambie de vida.

—Así lo haré, padre.

—Y finalmente, le pido que soporte la muerte, si es necesario, con fortaleza.

—Nada me agradaría más —respondió Lorenzo con voz cada vez más débil—. Deme su bendición, padre, antes de irse.

Savonarola bajó la cabeza y recitó una oración que Lorenzo repitió con él. Luego el monje se puso la capucha, lo bendijo y se fue.

Lorenzo mandó llamar a la servidumbre y, cuando ésta se hallaba alrededor del lecho, se despidió de todos, pidiéndoles perdón por cualquier cosa en que los hubiera ofendido.

Miguel Ángel libraba una terrible lucha consigo mismo. Quería apartar la pesada cortina y correr al lado de Lorenzo para decirle: "Yo también lo he amado. ¡Adiós!". Pero no había sido llamado allí. Era un intruso. Por lo tanto, hundió el rostro en el terciopelo. En ese mismo instante Lorenzo se desplomaba sobre las almohadas.

El doctor Leoni se inclinó sobre el lecho, cerró los ojos del muerto y lo cubrió con la sábana.

Miguel Ángel se deslizó sin ser visto, bajó corriendo las escaleras y salió al huerto. Se preguntaba cómo era posible que a los demás les fuese tan fácil llorar. Sus lágrimas le hacían arder los ojos mientras avanzaba inciertamente, pero no brotaban.

¡Lorenzo había muerto! ¿Cómo era posible que aquel gran espíritu, cerebro y talento tan llenos de vida y fuerza sólo unos meses antes, se hubiera apagado para siempre? ¿Por qué razón había llamado a Savonarola, su juramentado destructor, para brindarle la satisfacción final de ver que sus amenazas y predicciones se cumplían? Ahora toda Florencia diría que Savonarola había vencido a Lorenzo y que tenía que ser voluntad de Dios que ello hubiese ocurrido tan rápida y fácilmente.

Se sentó en el extremo más lejano del jardín. Su mundo se había derrumbado. Con Lorenzo, acababa de perder a su mejor amigo, el que había ocupado el lugar de su devoción y cariño que debería haberle correspondido a Ludovico Buonarroti.

Al cabo de unos minutos se puso de pie. Tenía la boca seca. Volvió lentamente al palacio. En el camino, llegó junto a un pozo, dejó caer el balde y miró hacia adentro para ver cómo se llenaba. Allí abajo, tendido boca arriba, estaba un hom-

bre. Paralizado de terror, Miguel Ángel reconoció aquel rostro. Era el doctor Leoni. Se había suicidado.

Ahogó el grito que pugnaba por salir de su garganta y se alejó a todo correr
hasta que cayó extenuado. Y entonces acudieron para aliviarlo las lágrimas, que
llenaron sus ojos.

Libro cuarto

La huida

I

Compartió su antigua cama con Buonarroto. Debajo de ella puso sus dos bajorre-lieves de mármol, envueltos en un gran retal de lana. Lorenzo había dicho que aquellas esculturas eran suyas. Con toda seguridad, se dijo con una melancólica sonrisa, Piero no las querría. Después de dos años de vida en aquellas cómodas habitaciones y la libertad de movimientos del palacio, no le resultaba fácil vivir en esta pequeña habitación de ahora, con sus tres hermanos.

—¿Por qué no puedes volver a trabajar para Piero de Medici? —le preguntó su padre.

—No lo querría él.

—No puedes permitirte el lujo de ser orgulloso.

—El orgullo —respondió Miguel Ángel, humilde— es lo único que me que-da por el momento, padre.

Los últimos tres meses constituían el período más largo que él recordara sin dibujar. La inactividad lo estaba volviendo duro. Ludovico se mostraba sumamen-te disgustado, tanto más porque Giovansimone, que ya tenía trece años, estaba en dificultades con la Signoria debido a varios actos de vandalismo. Cuando llegó el calor de julio y Miguel Ángel seguía sin ánimo para trabajar, Ludovico perdió la paciencia.

—¡Nunca creí que llegaría el día en que tuviera que acusarte de perezoso y va-go! —dijo—. ¡No puedo permitir que sigas deambulando por la casa sin hacer nada! Le he pedido a tu tío Francesco que te haga ingresar en el Gremio de los Cambis-tas de Dinero. Has tenido dos años de profunda educación con esos profesores del palacio…

Miguel Ángel sonrió tristemente al pensar en los cuatro platonistas sentados alrededor de la mesa del *studiolo* analizando las fuentes hebraicas del cristianismo.

—Sí, aprendí algo, pero nada que pueda servirme para encontrar un trabajo lucrativo.

Salió de la casa y avanzó por la orilla del Arno, aguas arriba, hasta llegar a un lugar sombreado por numerosos sauces, donde se desnudó y sumergió su acalorado cuerpo en las barrosas aguas. Después del baño, ya refrescada su cabeza, se preguntó: "¿Cuáles son mis alternativas?". Podía ir a vivir con los Topolino. Había recorrido las colinas varias veces y más de una llegó hasta el patio donde trabajaban padre e hijos para ayudarlos a cortar la piedra. Aquello había sido un alivio para él, pero no era una solución. ¿Trataría de conseguir algún encargo de escultura, yendo de un palacio a otro, de iglesia en iglesia, de aldea en aldea, como un afilador de cuchillos ambulante?

Contrariamente a los cuatro platonistas, no le habían regalado una villa ni los recursos necesarios para continuar su trabajo. Lorenzo, debido a sus numerosas preocupaciones, no se había acordado de él en los últimos momentos...

Se puso la camisa sobre el cuerpo todavía mojado y emprendió el regreso. Cuando llegó a su casa encontró a Granacci, que lo esperaba. Acababa de regresar de la *bottega* de Ghirlandaio con Bugiardini.

—Salve, Granacci. ¿Qué tal andan las cosas en el taller de Ghirlandaio? —le pregunto.

—Salve, Miguel Ángel. Muy bien. Ghirlandaio quiere verte.

El taller de pintura tenía los mismos colores que él recordaba. Bugiardini lo abrazó alborozado. Tedesco le dio fuertes palmadas en la espalda. Cieco y Baldinelli se levantaron de sus banquetas para saludarlo. Mainardi lo besó afectuoso en ambas mejillas. David y Benedetto le estrecharon la mano. Domenico Ghirlandaio estaba sentado en la mesa de trabajo y observaba la escena con una cálida sonrisa. Miguel Ángel miró a su primer maestro y pensó en las muchas cosas que le habían ocurrido en los cuatro años transcurridos desde el día en que había sido admitido en aquel taller.

—¿Por qué no terminas aquí tu aprendizaje, Miguel Ángel? —preguntó el pintor—. Te doblaré el estipendio del contrato, y si necesitas más después, hablaremos como buenos amigos.

Miguel Ángel permaneció en silencio.

—Ahora tenemos mucho trabajo, como puedes ver. Y no vuelvas a decirme que los frescos no son tu vocación. Si no puedes pintar paredes mojadas, me serás realmente muy útil para dibujar las figuras.

Salió del taller, se fue a la Piazza della Signoria y se detuvo al sol mientras miraba sin ver las estatuas de la galería. El ofrecimiento de Ghirlandaio era oportuno porque lo tendría alejado de su casa durante el día. Además, la doble paga aplacaría a Ludovico...

Se había sentido muy solo desde el día en que el jardín de escultura se cerró. El taller del pintor le brindaría la ansiada compañía y además lo pondría nuevamente bajo un techo profesional, lo cual era conveniente a sus diecisiete años... Tal vez aquello lo arrancaría de su letargo.

Sin tener en cuenta el intenso calor, tomó el camino de Settignano y llegó a la casa de los Topolino, donde se sentó bajo una de las arcadas y comenzó a trabajar en la piedra.

Permaneció allí varios días, dedicado a un sostenido trabajo. Dormía al aire libre con los muchachos, sobre colchones de paja. Los Topolino se dieron cuenta de que estaba preocupado, pero no le hicieron preguntas ni ofrecieron consejos. Tendría que buscar solo la solución de su problema.

En Settignano se decía: "Quien trabaja la piedra tiene que compartir su carácter: tosco en su exterior, sereno por dentro".

Mientras trabajaba la piedra, trabajó también sus pensamientos. Allí podía alcanzar una tranquilidad emocional y una claridad mental; allí su fuerza interior podía resolverse en sí misma. Mientras las piedras iban tomando forma bajo sus manos, sus pensamientos maduraban y se dio cuenta de que no podía volver al taller de Ghirlandaio, porque ello significaría retroceder a un arte y un oficio que jamás había deseado y que sólo adoptó porque en aquellos momentos no había un taller de escultura en Florencia. Las experiencias de los frescos le harían perder todo cuanto había aprendido de escultura en los últimos tres años. Y tampoco sería justo para Ghirlandaio. No, aquel arreglo no podía resultar bien. Él tenía que avanzar, aunque no veía hacia dónde ni cómo.

Se despidió de los Topolino y emprendió la marcha, colina abajo, hacia la ciudad.

En la Via del Bardi encontró al padre Nicola Bichiellini, prior de la Orden de Ermitaños del Santo Spirito. El prior había crecido en el barrio de Miguel Ángel. Ahora, a los cincuenta años, su cabellera negra estaba salpicada de canas, pero su cuerpo, bajo el negro hábito de lana y el cinturón de cuero, estaba tan cargado de vitalidad como en su juventud, cuando se había distinguido como el mejor jugador de fútbol de la plaza de Santa Croce. Por ello, acogía con enorme satisfacción el duro y prolongado trabajo que suponía gobernar aquel monasterio-aldea, que se sostenía a sí mismo y en el que tenía bajo sus órdenes a cuatrocientos silenciosos monjes.

Saludó cariñosamente a Miguel Ángel, sus brillantes ojos azules, enormes tras los lentes de aumento.

—¡Miguel Ángel Buonarroti! ¡Qué placer! ¡No te he visto desde el sepelio de Lorenzo!

—No he visto a nadie, padre.

—Te recuerdo cuando dibujabas en Santo Spirito, antes de ingresar en el jardín de escultura de Medici. Dejabas de asistir a la escuela de Urbino para copiar aquellos frescos de Fiorentini. ¿Sabías que Urbino se me quejó muchas veces?

Miguel Ángel sintió que invadía su cuerpo una cálida sensación.

—¡Es un honor para mí que me haya recordado, padre! —dijo.

De pronto acudieron a su mente aquellos volúmenes y manuscritos bellamente encuadernados del *studiolo* y la biblioteca de Lorenzo, a los que ya no tenía acceso.

—¿Podría ir a leer a su biblioteca, padre? —preguntó.

—Naturalmente. La nuestra es una biblioteca pública. Si me perdonas el pecado de jactancia, te diré que también es la más antigua de Florencia. Boccaccio nos dejó en su testamento sus manuscritos y volúmenes. Lo mismo hizo Petrarca. Ven a verme a mi oficina.

—Gracias, padre. Llevaré mis materiales de dibujo.

Temprano, a la mañana siguiente, cruzó el Ponte Santa Trinitá hasta la iglesia del Santo Spirito. Allí, durante unas horas, copió un fresco de Filippo Lippi y un sarcófago de Bernardo Rosellino. Era el primer trabajo que realizaba desde la muerte de Lorenzo y le hizo revivir su vitalidad.

Luego atravesó diagonalmente la plaza y entró en el monasterio. Allí tenía su despacho el prior. Su puerta estaba abierta a todos, pero el resto del monasterio mantenía una rígida reclusión. No se permitía a nadie la entrada en él.

El prior contempló sus dibujos y exclamó:

—¡Bien, bien! ¿Sabes, Miguel Ángel, que dentro del monasterio tenemos obras mucho mejores y más antiguas? Frescos de los Gaddi, en el Claustro de los Maestros. Nuestras paredes contienen hermosos frescos originales de Simone Martini…

—Sí, pero no permitís la entrada a nadie…

—Eso podemos arreglarlo. Prepararé un programa para ti, en horas en que no haya nadie en los claustros o en la casa del Cabildo. Hace mucho que pienso que esas obras de arte deberían ser útiles a otros artistas. Pero lo que tú deseabas es la biblioteca. Ven conmigo.

El prior lo guió hasta las habitaciones ocupadas por la biblioteca, en la cual había colecciones completas de las obras de Platón, Aristóteles, los poetas y dramaturgos griegos, los historiadores romanos. Y le explicó con tono académico:

—Somos una escuela. En Santo Spirito no tenemos censores ni libros prohibidos. Insistimos en que nuestros estudiantes gocen de entera libertad de pensar, indagar, dudar. No tememos que el catolicismo sufra como resultado de nuestra liberalidad. Nuestra religión se refuerza conforme van madurando las mentes de nuestros estudiantes. Bueno, querrás ver los manuscritos de Boccaccio. ¡Son fascinantes! La mayoría de la gente cree que Boccaccio fue enemigo de la iglesia. Por el contrario, amaba a la Iglesia. Pero odiaba sus abusos, igual que San Agustín. Nosotros creemos que el cerebro humano es una de las creaciones más estupendas de Dios. Creemos también que el arte es religioso, porque es una de las mayores aspiraciones del hombre. No existe eso que ha dado en llamarse arte pagano. Sólo existe arte bueno y arte malo. —Hizo una pausa, para lanzar una mirada con evidente orgullo por toda la biblioteca, y añadió: —Cuando termines de leer vuelve a mi despacho. Mi secretario te trazará un mapa de los edificios y un programa de las horas en que podrás trabajar en cada uno de los claustros.

En las semanas que siguieron era como si Miguel Ángel estuviera solo en el universo: solamente él y sus materiales de dibujo, las tumbas que copiaba o los frescos de Cimabue, bajo las arcadas. Cuando no copiaba, pasaba el tiempo en la biblioteca, entregado a la lectura: Ovidio, Homero Horacio, Virgilio...

Con la muerte de Lorenzo, todo había cambiado. Il Magnifico se reunía continuamente con la Signoria, obteniendo su aprobación por medio de los poderes de la persuasión. Piero, por el contrario, no hacía caso alguno de los Consejos elegidos por el pueblo y adoptaba arbitrarias decisiones. Mientras su padre solía recorrer las calles acompañado por algún amigo y saludaba a todos, Piero jamás aparecía fuera del palacio más que a caballo, rodeado de sus guardias personales, y nunca reconocía a quienes se cruzaban con él. Hacía huir a los transeúntes, vehículos y burros, temerosos de ser atropellados por la cabalgata de su comitiva.

—Pero hasta eso podría perdonársele —comentó el prior Bichiellini a Miguel Ángel —si desempeñase sus funciones con capacidad. Por el contrario, es el peor gobernante que ha tenido Florencia desde nuestras desastrosas guerras entre guelfos y gibelinos. Los príncipes italianos de las ciudades-estados, que vienen de visita a Florencia para renovar sus alianzas, se van disgustados y lo juzgan un hombre carente de talento. Lo único que sabe es dar órdenes. ¡Si tuviera la sensatez de realizar conferencias para discutir abiertamente los asuntos con la Signoria!...

—Ése no es su carácter, padre.

—Pues entonces le convendrá empezar a cambiarlo. La oposición ya se está uniendo contra él: Savonarola y sus partidarios, los primos Medici, Lorenzo y Giovanni y sus partidarios, las viejas familias a las que está excluyendo, los miembros disgustados del Consejo de la Ciudad y los ciudadanos, que lo acusan de descuidar los asuntos más urgentes para realizar concursos atléticos y disponer éstos de tal modo que sólo él pueda ganar... ¡Estamos abocados a tiempos difíciles, Miguel Ángel!

II

—Buonarroto, ¿cuánto dinero mío tienes guardado? —preguntó Miguel Ángel aquella noche.

Su hermano consultó el libro de cuentas e informó a Miguel Ángel la cantidad de florines que le quedaban de sus ahorros del palacio.

—Muy bien. Es suficiente para comprar un bloque de mármol y dejar algo para el alquiler.

—¿Entonces, tienes algún proyecto?

—No, lo único que tengo es necesidad. Tienes que apoyarme en una mentira que voy a decirle a nuestro padre. Le diré que me han encargado un pequeño trabajo y que me pagan el valor del mármol más unos cuantos escudos al mes mientras trabajo. Le daremos ese dinero a nuestro padre, de lo que queda.

Buonarroto movió la cabeza tristemente y Miguel Ángel agregó:

—Diré que quien me ha encargado ese trabajo se reserva el derecho de rechazarlo. De esa manera, me protejo por si no pudiera venderlo.

Y Ludovico tuvo que conformarse con eso.

Miguel Ángel dedicó entonces su atención al otro problema. ¿Qué deseaba esculpir? Sentía que había llegado ya el momento de producir su primera estatua completa y dejar los relieves. Pero, ¿qué figura esculpiría?

El profundo anhelo de su corazón era hacer algo sobre Lorenzo, un tema que expresase la totalidad de su talento, valor, profundidad de conocimientos y comprensión humana de aquel hombre que había acometido la colosal empresa de conducir al mundo a una revolución intelectual y artística.

Sus pensamientos insistían en recordar el hecho de que Lorenzo le había hablado muchas veces de Hércules y sugerido que la leyenda griega no significaba que los doce trabajos del mitológico héroe debieran ser tomados al pie de la letra, sino que posiblemente eran tan sólo símbolos de todas las diversas y casi imposibles tareas ante las cuales se encontraba cada nueva generación de la humanidad.

¿No era Lorenzo la encarnación de Hércules? ¿No había acometido los doce trabajos contra la ignorancia, los prejuicios, la mezquindad, la intolerancia? No podía dudarse que había realizado una tarea hercúlea al fundar universidades, academias, colecciones de arte y de manuscritos, imprentas, al apoyar a artistas, poetas, sabios, filósofos y hombres de ciencia para interpretar de nuevo el mundo en términos modernos y vigorosos, y ampliar el acceso del hombre a todos los frutos del intelecto y del espíritu. Lorenzo había dicho: "Hércules era medio hombre y medio dios, y es el eterno símbolo de que todos los hombres son también medio hombres y medio dioses. Si utilizamos aquello que es medio dios en nosotros, podemos realizar aquellos doce trabajos todos los días de nuestra vida".

Tenía que hallar la manera de representar a Hércules de tal modo que fuese al mismo tiempo Lorenzo, no sólo el gigante físico de la leyenda griega, sino como poeta, estadista, comerciante, mecenas y revolucionario. No podía concebir una estatua de Hércules, o Lorenzo, que no fuese de tamaño natural. En realidad, debía ser una vez y media el tamaño de un hombre, ya que tanto uno como el otro eran semidioses que necesitaban un mármol heroico que les diese vida. Pero, ¿dónde hallar semejante bloque? ¿Y cómo pagarlo? Sus ahorros no alcanzaban ni a la décima parte de su costo.

Recordó el taller del Duomo, detrás de la inmensa catedral. Al pasar por sus portadas había visto varios bloques de mármol desparramados por el suelo. En consecuencia, se dirigió al taller y recorrió todo el patio examinando cuidadosamente todos los bloques. El capataz se acercó a él para preguntarle si podía serle útil en algo.

—Fui aprendiz en el jardín de escultura de Medici —dijo Miguel Ángel—, pero ahora tengo que trabajar por mi cuenta. Necesito un bloque grande pero no tengo mucho dinero. Pensé que la ciudad podría estar dispuesta a vender algo que no necesite.

El capataz, cantero de profesión, lo miró fijamente y luego respondió:

—Llámeme Beppe. ¿Qué bloque le interesa?

Miguel Ángel aspiró profundamente y respondió:

—En primer lugar, Beppe, esta columna grande. Ésa que ya ha sido algo trabajada.

—Ésa tiene el nombre de Bloque Duccio. Es de Carrara y tiene algo más de cinco metros de altura. La Junta de Trabajo del Duomo la adquirió para que Duccio esculpiera un Hércules. Pero llegó aquí estropeada, Duccio esculpió durante una semana, pero no pudo encontrar en el mármol figura alguna, ni grande ni pequeña…

Miguel Ángel caminó alrededor del bloque, explorando con las manos su superficie.

—¿Cree que la Junta estaría dispuesta a vender el bloque, Beppe? —preguntó.

—No lo creo posible, porque hablan de utilizarlo algún día.

—¿Y éste más pequeño? También ha sido trabajado, aunque no tanto.

Beppe examinó el bloque, de cerca de tres metros de altura, que Miguel Ángel indicaba.

—Podría preguntar. Vuelva mañana.

—¿Me haría el favor de tratar de conseguirlo barato?

El capataz abrió la desdentada boca en una amplia sonrisa.

—Hasta hoy no he conocido a un solo trabajador de la piedra que haya tenido el dinero para la pasta de mañana en la bolsa de hoy.

La respuesta tardó unos días, pero Beppe había conseguido una verdadera ganga para Miguel Ángel.

—El bloque es suyo —le dijo—. Argumenté que se trataba de un feo pedazo de carne y que valía más el lugar que ocupaba que el bloque. Me dijeron que tratase de obtener por él un precio razonable. ¿Qué le parece cinco florines?

—¡Beppe, permítame que le dé un abrazo! Esta noche volveré con el dinero. ¡No deje que se me escape, por favor!

Ahora que ya tenía su bloque de mármol necesitaba encontrar un taller. La nostalgia lo llevó nuevamente al jardín de escultura, que desde la muerte de Lorenzo no era utilizado. El pequeño *casino* del centro estaba vacío de sus colecciones de arte. Únicamente los montones de piedras en el fondo del jardín, donde estaba la biblioteca de Il Magnifico, ahora abandonada, seguían igual que antes. Miguel Ángel se preguntó: ¿Podría trabajar en este viejo cobertizo? No perjudicaría a nadie y a Piero no le costaría ni un escudo. Tal vez me lo permita si le digo que estoy a punto de comenzar una escultura.

Pero no le fue posible armarse del valor suficiente para ir a ver a Piero.

Cuando se volvía para abandonar el jardín por la puerta posterior, vio dos figuras que llegaban por la principal desde la Piazza San Marco: Contessina y Giuliano. No se habían visto desde la muerte de Lorenzo. Se encontraron en el porche del *casino*. Contessina parecía haberse achicado. Lo único de su rostro que podía verse bajo la protección del amplio sombrero eran los enormes y vivaces ojos castaños.

Giuliano fue el primero en hablar:

—¿Por qué no ha venido a vernos? ¡Lo hemos echado mucho de menos!

La voz de Contessina le reprochó dulcemente:

—Podía habernos visitado.

—No se me ha invitado —respondió él, sin saber qué decir.

—Pues lo invito yo ahora —exclamó ella, impulsiva—. Giovanni tiene que regresar a Roma mañana y entonces nos quedaremos solos, con sólo Piero y Alfonsina, a quienes nunca vemos. El papa Inocencio está moribundo. Giovanni tiene que estar allí para protegernos contra la posibilidad de que sea elegido Papa un Borgia. Giuliano y yo venimos aquí casi todos los días. Pensamos que usted trabajaría, y ¿dónde mejor que aquí?

—No, Contessina. No he trabajado, pero hoy he comprado un bloque de mármol.

—Entonces, podemos venir a visitarlo —exclamó Giuliano, vivamente.

—No tengo permiso.

—¿Y si yo lo consigo?

—Es una columna de unos tres metros de altura. Piedra muy vieja. Está trabajada, pero por dentro se halla en buen estado. Voy a esculpir un Hércules. Era la figura mitológica favorita de su padre.

Extendió una mano buscando la de ella. Los delicados dedos estaban sorprendentemente fríos para aquel cálido día de verano.

Esperó pacientemente uno, dos, tres, cuatro días, regresando a su casa a la puesta del sol. Pero Contessina no apareció por el jardín. Y el quinto día, mientras él se hallaba sentado en los escalones del *casino*, la vio entrar por la portada principal. El corazón le saltó en el pecho. Venia acompañada por su nodriza. Y Miguel Ángel corrió a su encuentro.

No bien estuvo ante ella, vio que tenía los ojos como si hubiera llorado.

—¿Piero me ha negado el permiso? —preguntó Miguel Ángel.

—No ha contestado. Se lo he pedido numerosas veces, pero no me contesta. Es su manera de proceder, porque así no se puede decir nunca que se ha negado.

—Temía que ocurriera así, Contessina. Por eso me aparté del palacio y no he vuelto ni siquiera para verla.

Ella dio un paso hacia él. Se quedaron inmóviles, muy cerca sus labios. La nodriza se volvió de espalda.

—Piero dice que la familia Ridolfi se disgustará si nos ven juntos otra vez.

Esperó, pero, como Miguel Ángel no respondía, agregó:

—Por lo menos hasta después de mi boda.

Ninguno de los dos intentó acercarse más y sus labios no se unieron. No obstante, Miguel Ángel experimentó la sensación de ser amorosamente abrazado.

Contessina se alejó con lentitud por la senda central del jardín y, unos segundos después, desapareció con su nodriza por las puertas que daban a la plaza.

III

Beppe acudió en su auxilio.

—Le dije a la Junta que necesitaría un hombre para trabajar un turno corto y que usted se había ofrecido sin salario. Ya sabe que un buen toscano no rechaza nada gratis. Puede establecer su taller junto a la pared del fondo.

Los florentinos habían bautizado aquel patio con el nombre de Opera di Santa Maria del Fiore del Duomo. Ocupaba toda una manzana, detrás de la media luna que formaba la fila de casas, estudios y despachos tras la catedral. Donatello, Della Robbia y Orcagna habían esculpido sus mármoles allí y fundido sus piezas de bronce en los hornos de la Opera.

La pared de madera del patio, de forma semicircular, tenía un alero bajo el cual los obreros encontraban protección contra el sol en verano y la lluvia en invierno. Allí instaló Miguel Ángel una forja, llevó unas bolsas de madera de castaño y unas varillas de hierro de Suecia y se forjó un juego de nueve cinceles y dos martillos. Luego construyó una mesa de trabajo con pedazos de madera que encontró en el patio.

Ahora que tenía ya el taller, podía establecer en él su residencia de trabajo desde el amanecer hasta la puesta del sol. Una vez más podía trabajar con los oídos llenos del sonido que emitían los martillos de los *scalpellini*.

Se formuló preguntas, puesto que su resultado final dependería de los círculos cada vez más amplios de preguntas formuladas y respondidas. ¿Qué edad tenía Hércules en el momento de surgir del mármol? ¿Quedaban ya tras de sí los doce trabajos a que se viera sometido o no los había realizado todos todavía? ¿Usaba ya el símbolo de la victoria: la piel del león de Nemea, o estaba desnudo? ¿Tendría una sensación de grandeza como consecuencia de todo cuanto había podido realizar en su carácter de semidiós o una sensación de fatalismo porque, en su carácter de semihumano, moriría envenenado por la sangre del centauro de Neso?

Al pasar los meses, se enteró de que la mayoría de las acusaciones contra Lorenzo, en el sentido de que había corrompido la moral y la libertad de los florentinos, carecían de fundamento y que quien tanto lo había protegido y aconsejado fue, probablemente, el más grande de los seres humanos desde Pericles, quien propició la edad de oro en Grecia, unos dos mil años antes. ¿Cómo expresar que las realizaciones de Lorenzo eran tan grandes como las logradas por Hércules?

En primer lugar, Lorenzo había sido un hombre y, como tal, tendría que ser creado nuevamente. Era necesario concebir al hombre más fuerte que hubiese pisado la tierra, abrumador en todos sus aspectos. ¿Dónde le sería posible hallar un modelo semejante allí en Toscana, tierra de hombres pequeños, delgados, que no tenían nada de heroico?

Rastreó toda la ciudad de Florencia: a los fuertes toneleros, los tintoreros que teñían la lana, los herreros y los rústicos picapedreros; recorrió los lugares donde se reunían los cargadores y los atletas, que libraban sus luchas en el parque. Pasó semanas enteras recorriendo la campiña para observar a los campesinos, a los leñadores y a los canteros. Y luego volvió al taller del Duomo, donde dibujó tenazmente todas las facciones, miembros, torsos, espaldas en tensión, músculos en pleno ejercicio, muslos, manos y pies, hasta que reunió una carpeta con centenares de fragmentos. Preparó dos armazones, compró la cera de abeja que necesitaría y se puso a modelar. Pero no estaba ni remotamente satisfecho.

"¿Cómo puedo establecer una figura, ni siquiera el más rudimentario bosquejo —se preguntó— si no sé lo que estoy haciendo? ¿Cómo puedo lograr otra cosa que una estructura superficial, a flor de piel, curvas exteriores, bosquejos de huesos y algunos músculos en juego? Todo eso es un conjunto de efectos y nada más. ¿Qué se yo de las causas que los producen? ¿Qué sé de la estructura vital de un hombre, la que está bajo la superficie y que mis ojos no pueden ver? ¿Cómo puedo saber qué es lo que crea, desde dentro, las formas que yo veo desde fuera?".

Estas preguntas se las había formulado ya, algún tiempo atrás, a su maestro Bertoldo. Y ahora ya conocía la respuesta, la única respuesta, que estaba sepultada dentro de sí mismo desde hacía mucho. No había escapatoria posible. Jamás podría llegar a ser ni siquiera parte del escultor que pretendía ser, si no se preparaba debidamente por medio de la disección, si no estudiaba todos los componentes del cuerpo humano y la función exacta que cada uno de ellos cumplía y cómo alcanzaban sus fines, las interrelaciones que existían entre todas las partes: huesos, sangre, cerebro, músculos, tendones, piel, órganos, intestinos. Las estatuas completas, capaces de ser observadas desde todos los ángulos, tenían que ser eso, completas. Un escultor no podría crear movimientos sin percibir primero su causa; no podría reproducir una tensión, un conflicto, un drama, un esfuerzo o potencia, a no ser que viese todas las fibras y sustancias en movimiento dentro del cuerpo que originaban esa potencia y ese impulso.

En una palabra: ¡tenía que aprender anatomía! Pero, ¿cómo? ¿Debía estudiar cirugía? Para eso se necesitaban años. Y aunque decidiese seguir aquella larga carrera, ¿de qué le serviría disecar uno o dos cuerpos masculinos al año con un grupo de estudiantes autorizados para hacerlo en la Piazza della Signoria?

No, no; tenía que haber otro medio para practicar o, por lo menos, presenciar muy de cerca una disección.

Recordó que Marsilio Ficino era hijo del médico que había asistido siempre a Cosimo de Medici. Y decidió ir a verlo.

Partió rumbo a Careggi, a la villa de Ficino, con el propósito de exponerle el problema a que estaba abocado. El sabio, que ya tenía cerca de sesenta años, trabajaba incansablemente día y noche en su biblioteca, llena de manuscritos, con la esperanza de completar su comentario sobre Dionisio el Areopagita.

No bien se encontró ante el brillante anciano, Miguel Ángel le expuso sin ambages el motivo de su visita. Y luego le preguntó:

—¿Sabe usted si alguien practica actualmente la disección?

—¡De ninguna manera! ¿Ignora, acaso, el castigo que se impone a toda persona que viola un cadáver?

—¿Destierro por toda la vida?

—No, amigo mío: ¡la muerte!

Después de un silencio, Miguel Ángel inquirió:

—¿Y si uno estuviera dispuesto a correr ese riesgo? ¿Cómo podría hacer para diseccionar?

Aterrado, Ficino exclamó, alzando los brazos:

—Mi querido amigo, ¿cuántas veces le parece que podría salir airoso? Lo sorprenderían con el cadáver mutilado y sería ahorcado y colgado de una de las ventanas del tercer piso del Palazzo della Signoria.

El problema no se apartaba un solo instante de su mente. ¿Dónde podría encontrar cadáveres disponibles? Los muertos de las familias ricas eran sepultados en las tumbas familiares; los de las familias de la clase media se veían sometidos siempre a los ritos religiosos. ¿Qué muertos de Florencia estaban vigilados? ¿Qué cadáveres no tenían a nadie que los reclamase? Únicamente los de los muy pobres, los que morían sin familia, los mendigos que llenaban los caminos de toda Italia. Ésos eran llevados a hospitales cuando estaban enfermos. ¿A qué hospitales? A los que pertenecían a las iglesias, donde las camas eran gratuitas. Y la iglesia que poseía el hospital de caridad más grande era la que tenía también las más espaciosas salas hospitalarias para huéspedes.

¡Santo Spirito!

Santo Spirito, donde conocía, no solamente al prior sino todos los corredores, la biblioteca, los jardines, el hospital y los claustros.

¿Podría pedirle al prior Bichiellini los cadáveres que nadie reclamase?

Si el prior era descubierto, le ocurriría algo peor que la muerte: sería expulsado de la orden y excomulgado. No obstante, se trataba de un hombre valiente, que no temía a poder o fuerza alguna de la tierra siempre que no se ofendiese a Dios. Aquellos agustinos, cuando creían obrar bien, no sabían lo que era el miedo.

Además, ¿qué podía alcanzarse en la vida sin riesgo? ¿Acaso un italiano de

Génova no había navegado aquel mismo año, con tres pequeñas carabelas, sobre el Atlántico, de donde se le había dicho que caería al vacío, para buscar una nueva ruta a la India?

Si el prior estaba dispuesto a aceptar el riesgo, ¿podría él, Miguel Ángel, ser tan egoísta como para pedírselo? ¿Justificaría el fin semejante riesgo?

Pasó unos días poseído de una enorme agitación y unas noches insomne antes de llegar a una decisión. Iría a ver al prior Bichiellini con una petición honrada y franca, revelándole con entera sinceridad lo que quería y necesitaba. No lo insultaría adoptando una actitud solapada.

Pero antes de decidirse a hablar con el prior, tenía que conocer con precisión en qué forma llevaría a cabo su plan. Vagó por Santo Spirito, recorrió todos los claustros, los huertos, las calles y pequeñas callejas que rodeaban todo aquel barrio, comprobando qué entradas había, qué puntos de observación podían ser utilizados, qué accesos a la capilla del cementerio y, dentro del monasterio propiamente dicho, la ubicación de la morgue, donde colocaban los cadáveres por la noche para sepultarlos a la mañana siguiente.

Trazó la ruta por la que podía penetrar sin ser visto, utilizando la portada posterior, que daba a la Via Maffia, para dirigirse por los jardines y corredores a la morgue. Lo haría a altas horas de la noche y saldría antes del amanecer.

Tenía que decidir cuándo iba a exponer su caso al prior, el momento y el lugar más oportunos, tanto para aumentar sus probabilidades de éxito como para alcanzar una claridad de propósitos. El lugar donde debía hacer frente al prior era, indudablemente, su despacho, entre sus libros y manuscritos.

El prior lo dejó exponer sólo una parte de su propuesta, lanzó una rápida mirada al diagrama que tenía extendido en la mesa y luego alzó una mano y contuvo la explicación de Miguel Ángel.

—¡Basta! ¡Comprendo perfectamente! —dijo—. No hablemos nunca más de este asunto. No me lo has expuesto. Se ha desvanecido como el humo, sin dejar el menor rastro.

Aturdido por la rapidez del rechazo, Miguel Ángel reunió los mapas que había bosquejado y, sin saber cómo, se encontró en la Piazza Santo Spirito, consciente tan sólo de que acababa de poner a su amigo en una situación intolerable. El prior no querría verlo más. A la iglesia podía ir, porque pertenecía a todos, pero no a los claustros. ¡Había perdido todos los privilegios que le había otorgado su noble amigo!

Caminó por las calles y se sentó, confundido, frente a su bloque de mármol. ¿Qué derecho tenía él a esculpir un Hércules, a intentar la interpretación de la figura favorita de Lorenzo? Se pasó los dedos por el fracturado hueso de la nariz como si ésta le doliese por primera vez.

¡Estaba desolado!

IV

Estaba sentado en un banco, frente a un fresco. Santo Spirito estaba en silencio, después de la misa del amanecer.

El prior Bichiellini salió de la sacristía, vio a Miguel Ángel y se acercó a él. Estuvo un instante estudiando las vacilantes líneas del dibujo que trazaba el muchacho. Luego preguntó:

—¿Dónde has estado estas últimas semanas, Miguel Ángel?

—Yo... pues...

—¿Qué tal va esa escultura?

No se observaba el menor cambio en su actitud hacia él. El mismo interés, idéntico afecto...

—Está... en el taller...

—Pensé en ti cuando recibimos un nuevo manuscrito iluminado. Hay algunos dibujos de figuras del siglo IV que posiblemente te interesarán. ¿Deseas verlo?

Miguel Ángel lo siguió a través de la sacristía, el claustro y un corredor, hasta llegar a su despacho.

Encima de la mesa había un hermoso pergamino manuscrito, ilustrado en azul y oro. El prior abrió un cajón de la mesa y sacó una larga llave, que colocó sobre el manuscrito para mantenerlo abierto. Hablaron unos instantes y luego el prior dijo:

—*Allora*, los dos tenemos trabajo que hacer. Vuelve a verme pronto, no te olvides.

Miguel Ángel volvió a la iglesia, poseído de una cálida sensación sumamente grata. ¡No había perdido la amistad del prior! ¡Había sido perdonado y el incidente ya estaba olvidado! Si bien era cierto que no había adelantado un solo paso en su búsqueda de los medios para aprender anatomía, por lo menos no había causado un daño irreparable.

Pero no tenía intención de abandonar aquella búsqueda. Sentado en el duro banco, incapaz de trabajar, se preguntó si robar una tumba, si profanar, no sería la solución más práctica, ya que no comprometía a nadie más que a él, si era descubierto. Pero, ¿cómo iba a desenterrar un cadáver, rellenar de nuevo la fosa para que no se advirtiese que había sido violada, llevar el cuerpo a una casa cercana y devolverlo al cementerio cuando hubiese completado sus exploraciones?

Todo aquello se le antojó físicamente imposible.

Fue a la biblioteca de Santo Spirito, para intentar descubrir entre los libros alguna nueva indicación sobre cómo habían concebido a Hércules los antiguos.

El prior volvió a ofrecerle su ayuda y le encontró un pesado volumen que se hallaba en uno de los estantes más altos; recorrió sus páginas y por fin exclamó:

—¡Ah! Sí, aquí está... Hay algún material.

Y volvió a poner la larga llave de bronce sobre las páginas para mantener abierto el volumen.

Después de la cuarta o quinta visita, Miguel Ángel tomó plena conciencia de la llave. El prior la utilizaba no solamente para mantener abiertos los libros, sino como señal cuando cerraba alguno y como puntero cuando quería destacar algunas líneas al muchacho.

¡Siempre la llave! Siempre la misma llave. Pero nunca había alguna otra persona en el despacho, ya fueran monjes o amigos.

¿Por qué?

En las semanas siguientes, volvió una docena de veces. Si se ponía a dibujar durante una hora o algo más, el prior atravesaba la iglesia, lo saludaba cordialmente y lo invitaba a que lo acompañase a su despacho. E invariablemente la larga llave de bronce salía del cajón de la mesa para ser utilizada de diversas maneras.

Durante la noche, Miguel Ángel permanecía despierto. Veía la llave ante sí. Durante el día iba a dar largos paseos hasta la cantera de Maiano y dialogaba consigo mismo.

"Eso tiene que significar algo, pero, ¿qué? ¿Para qué será esa llave? ¿Para qué sirven las llaves? Evidentemente, para abrir y cerrar puertas. ¿Cuántas puertas hay en Santo Spirito que me interesen? ¡Sólo una! ¡la de la morgue!".

Tendría que arriesgarse.

Si el prior dejaba allí la llave para que él la tomase, muy bien. Si no era así, entonces fingiría que se la había llevado sin darse cuenta y la devolvería al día siguiente. Durante la noche, penetraría por el jardín del fondo del monasterio y se dirigiría a la morgue. Si la llave pertenecía a la puerta de dicha dependencia, entonces comprendería que su suposición era cierta.

Pero, ¿y si no era así?

Llegó al monasterio alrededor de la medianoche.

En su camino, consiguió avanzar cuando los guardianes nocturnos habían pasado ya con sus linternas en su ruta predeterminada.

Encontró el arco central abierto y se deslizó al corredor que daba acceso a las celdas de los pacientes, cuyas puertas estaban todas cerradas. Se dirigió hacia la morgue. En un nicho ardía una lámpara de aceite. Sacó una vela de la bolsa de lona verde que llevaba, encendió la mecha de la lámpara y ocultó la vela bajo la capa.

Su único peligro serio era el jefe de la enfermería, pero puesto que dicho monje tenía también a su cargo la administración de las propiedades de la Orden y trabajaba desde el amanecer hasta la puesta del sol, no era muy probable que se aventurase fuera de su celda para realizar inspecciones a tan avanzada hora de la noche. Una vez servida, a las cinco, la cena de los pacientes, éstos se retiraban a dormir y las puertas de sus celdas quedaban cerradas.

Ante la de la morgue se quedó rígido un instante. Luego insertó la llave e hizo un lento movimiento hacia la derecha y en seguida a la izquierda. Sintió que la pestaña de la cerradura corría. Un instante después había abierto la puerta, se deslizó silenciosamente en la habitación y cerró con llave. En aquel momento, no sabia si le sería posible armarse del valor suficiente para realizar la tarea que tenía ante él.

La morgue era una estancia pequeña, de unos dos metros cuarenta por tres. Las paredes de piedra estaban pulcramente encaladas. En el centro de la habitación, sobre angostos tablones montados en caballetes de madera y envuelto de pies a cabeza en una sábana, había un cadáver.

Miguel Ángel se quedó recostado contra la puerta. Respiraba hondamente y la vela se movía en sus temblorosas manos como las ramas de un árbol bajo un temporal. Era la primera vez en su vida que se encontraba solo con un muerto en una habitación cerrada y a punto de cometer un acto sacrílego. Sentía un miedo tan enorme como jamás lo había experimentado en su vida.

¿Quién era la persona que se encontraba allí, tapada completamente por la sábana? ¿Qué encontraría cuando le sacase aquel blanco sudario?

Pero reaccionó, mientras se preguntaba: "¿Qué tontería es ésta? ¿Qué diferencia puede significar para el muerto todo cuanto le haga? Su cuerpo no va al reino de los cielos, sino su alma. Y yo no tengo la intención de disecar el alma de este pobre hombre".

Algo más tranquilo con aquellos pensamientos, dejó la bolsa en el suelo y buscó un lugar donde colocar la vela. Aquello era de suma importancia para él, no sólo como luz para ver lo que hacía sino como reloj. Porque tenía que estar fuera de la morgue antes de las tres de la madrugada, cuando los monjes que trabajaban en los grandes hornos de panadería del monasterio, en la esquina de la Via Sant Agostino con la Piazza Santo Spirito, se levantaban para elaborar el pan del día, destinado a los residentes del monasterio, los pobres y los parientes de cuantos allí vivían.

Había necesitado largos experimentos para asegurarse con exactitud de la duración de cada vela encendida. La que ahora llevaba era de las que duraban tres horas. En cuanto comenzase a vacilar la luz, tendría que retirarse. Y además, era necesario tener sumo cuidado de que no cayesen gotas de cera al suelo, pues a la mañana siguiente podían ser descubiertas. Vació la bolsa, que contenía unas tijeras y un cuchillo de cocina. La extendió en el suelo y luego aseguró la vela sobre ella con unas gotas de su propia cera. Se quitó la capa, pues estaba sudando a pesar de la frialdad de la habitación, y la colocó en un rincón. Por fin murmuró una oración y se acercó al cadáver, tembloroso y tan pálido casi como aquél.

En primer lugar, tendría que retirar la sábana que lo envolvía por completo.

Era grande y tuvo que emprender el doloroso proceso de dar vueltas al cadáver varias veces hasta conseguir que quedase libre del todo. Después tomó la vela y la alzó con la mano izquierda para estudiar el cuerpo muerto que tenía ante sí. ¡Y de pronto, todas las diferencias entre la vida y la muerte se manifestaron con tremenda claridad!

El rostro carecía de expresión, la boca estaba semiabierta y la piel aparecía con tonos verdosos a causa de la gangrena. Había sido un hombre poderosamente constituido, de mediana edad. Por lo visto, había muerto de una puñalada en el pecho. Su primer sentimiento fue de piedad hacia el infortunado. Pero luego sintió perplejidad. ¿Por dónde debía comenzar? Alzó el brazo del muerto que tenía más cerca y sintió un frío desconocido para él que lo hizo estremecer. No era más frío que otras cosas, pero sí diferente. Era un frío lleno de contenido emocional, un frío duro, no de la piel sino de los músculos bajo la misma. La piel estaba blanda, como terciopelo. Sintió una leve repugnancia, como si una mano de hierro estuviera apretándole el estómago. De pronto, acudieron a su mente recuerdos de todos los brazos y manos tibios que había tocado en su vida. ¡Y se retiró!

Pasó mucho tiempo antes de que le fuera posible recoger el cuchillo del suelo, recordar cuanto había leído sobre el cuerpo humano y las ilustraciones que había visto sobre el mismo. Se inclinó sobre el cadáver, helado él también y respirando agitadamente. Luego bajó el cuchillo y practicó su primera incisión, desde el hueso del pecho hasta el empeine. Pero no había ejercido suficiente presión. La piel era sorprendentemente dura.

Repitió la operación. Ahora puso más fuerza en su mano y encontró que la sustancia bajo la piel era blanda. La piel se abrió unos cinco centímetros. Se preguntó: "¿Dónde estará la sangre?", porque ésta no corría. Sintió que se acrecentaba aquella impresión de frío y muerte. Y vio la grasa, blanda, de un color amarillo intenso. Sabía lo que era aquello, pues había visto despiezar animales en los mercados… Hizo un tajo más profundo para llegar a los músculos, que eran de un color distinto a la piel y la grasa, así como más difíciles de cortar. Y estudió las columnas de las fibras, coloreadas de un rojo oscuro. Cortó nuevamente y tropezó con el intestino.

El hedor se intensificaba. Sintió náuseas. Al primer tajo, había echado mano de todas sus fuerzas para continuar; ahora todas las sensaciones le llegaron juntas: el frío, el miedo, el hedor, la reacción ante la muerte. Le repelía el carácter resbaladizo del tejido, la fluidez de la grasa entre sus manos, como de aceite. Sintió un enorme deseo de meterlas en agua caliente para lavarlas.

"¿Qué haré ahora?", se preguntó.

Tembló al escuchar su propia voz, que las paredes de piedra devolvieron tenuemente.

No corría peligro de que lo oyeran, pues a su espalda tenía el sólido muro tras el cual estaba el jardín; a un lado, la capilla reservada para los responsos fúnebres;

y al otro, el muro de la enfermería, de piedra, a través del cual no podía penetrar sonido alguno.

La cavidad que acababa de abrir con el cuchillo estaba oscura. Sujetó la bolsa de lona bajo un pie del cadáver y colocó la vela a la altura del cuerpo.

Todos sus sentidos parecieron despertar de pronto. Los intestinos, que ahora comenzaba a manipular, eran blandos, resbaladizos, movibles. Sintió una aguda punzada en los suyos, como si fueran ellos los apretados en sus manos. Tomó aquella masa, dividiéndola en partes y separándolas para poder mirar mejor. Vio una especie de culebra color gris pálido, transparente, larga, que se enroscaba en numerosas vueltas. Tenía un aspecto superficial de madreperla y brillaba porque estaba ligeramente húmeda, llena de algo que se movió y vació al tocarlo.

Su sensación inicial de repugnancia se trocó en excitación. Tomó el cuchillo y comenzó a cortar hacia arriba, desde el extremo inferior de la caja torácica. El cuchillo no era lo bastante fuerte. Probó con la tijera, pero carecía de ángulo a lo largo de las costillas y tuvo que atacarlas una a una. Los huesos eran duros. Era como cortar alambre.

De pronto, la luz de la vela comenzó a vacilar. ¡Tres horas ya! No podía creerlo. No obstante, no se atrevió a dejar de hacer caso al aviso. Puso la bolsa de lona y la vela en el suelo y recogió el sudario del rincón donde lo había colocado. El proceso de envolver el cadáver fue muchísimo más difícil, porque ya no podía ponerlo de costado puesto que todas sus vísceras se habrían desparramado por el suelo.

El sudor lo cegaba y el corazón le latía de tal manera que temió despertar a todo el monasterio. Empleó los últimos restos de fuerza que le quedaban para levantar el cadáver de la mesa con un brazo, mientras colocaba la sábana debajo de él y alrededor, las veces necesarias. Apenas le quedó un momento para asegurarse de que el cuerpo estaba tendido sobre los tablones, tal como lo había encontrado, y mirar al suelo por si había alguna gota de cera. Y una vez hecho eso, la vela se apagó.

Volvió a su casa siguiendo una ruta distinta. Se detuvo una docena de veces, pues sentía unas náuseas tremendas y tuvo que apoyarse contra las paredes de los edificios. El hedor del cadáver persistía en su nariz cada vez que respiraba. Cuando llegó a su dormitorio, no se atrevió a hervir agua en los restos del fuego de la chimenea, pues le pareció que el ruido despertaría a la familia. Sin embargo, le era imposible quedarse con aquella sensación que le había producido la grasa en las manos. Buscó un pedazo de jabón de cocina y se lavó concienzudamente con él.

Su cuerpo estaba helado al meterse en la cama. Se arrimó a su hermano, pero ni siquiera el calor que despedía el cuerpo de Buonarroto consiguió calentarlo. Tuvo que levantarse varias veces, para vomitar en un balde.

Al día siguiente estuvo con fiebre. Lucrezia le hizo un caldo de gallina, pero lo vomitaba en cuanto lo tomaba. La familia fue a su dormitorio para enterarse de lo que le pasaba. No podía desprenderse de aquel olor a muerto. Después de tranquilizar a Lucrezia, diciéndole que no había sido su cena la causa de su descompostura, ella volvió a la cocina para hervirle unas hierbas. Monna Alessandra lo examinó en busca de manchas. Y al caer la tarde, pudo retener unos sorbos del té de hierbas.

A eso de las once de la noche se levantó, se vistió y se fue hacia Santo Spirito; caminaba con cierta dificultad, pues sus piernas se negaban a sostenerlo.

No había ningún cadáver en la morgue. Tampoco encontró ninguno la noche siguiente. Pero a la tercera había uno envuelto en su sudario blanco, sobre los tablones.

Este segundo cadáver era de un hombre de más edad. Tenía rastros de barba en el rostro, todavía enrojecido. La piel estaba tirante y el fluido debajo de ella duro como el mármol. Esta vez empleó el cuchillo con mayor seguridad. Abrió el abdomen con un limpio tajo y luego utilizó su mano izquierda para separar la caja torácica, que al quebrarse hizo un ruido como de madera.

Tomó la vela y la arrimó a las entrañas, pues aquella era su primera visión completa. Vio algo de un color rojo pálido y de sólido tejido, que según dedujo eran los pulmones. Aquella especie de red tenía una capa negra, lo que, según había oído, les ocurría a los trabajadores de la lana.

Apretó uno de los pulmones a modo de experimento. De la boca del cadáver salió una especie de siseo o silbido. Aterrado, dejó caer la vela. Por fortuna no se apagó. Una vez recobrada la calma, recogió la vela y se dio cuenta de que al apretar el pulmón había forzado el resto de aire, que encontró su lógica salida por la boca. Por primera vez comprendió lo que era respirar, porque pudo ver, sentir y oír la comunicación que existía entre los pulmones y la boca.

Después de separar a un lado el pulmón, observó una masa de color rojo oscuro. Debía ser el corazón. Estaba cubierta por una brillante membrana. Tanteó y descubrió que todo aquel tejido estaba conectado a una masa que tenía la forma de una manzana y que se hallaba casi libre dentro del pecho, sujeta solamente a la parte superior de la pirámide.

"¿La sacaré?", se preguntó.

Vaciló un instante y luego tomó unas tijeras y cortó transversalmente la pirámide membranosa. Después tomó el cuchillo y la peló, como si estuviera pelando una banana. Ahora tenía en sus manos el corazón. Inesperadamente sintió un impacto emocional tan fuerte como si lo golpeara la maza de Hércules. Si el alma y el corazón eran una sola cosa, ¿qué le habría ocurrido al alma de aquel infortunado cadáver, ahora que él le había cortado el corazón?

Tan rápidamente como había llegado, se le fue el miedo. En su lugar experimentó una sensación de triunfo. ¡Tenía un corazón humano en las manos! Ahora sabía ya algo sobre el órgano más vital del cuerpo, cómo era, cómo lo sentía entre sus dedos. Lo abrió con el cuchillo y se quedó asombrado al comprobar que no tenía nada dentro. Lo devolvió a su cavidad y colocó de nuevo en su lugar la estructura de las costillas. Pero ahora ya sabía exactamente dónde latía el corazón.

No tenía la menor idea de cómo debía empezar a trabajar en aquella culebra de los intestinos. Tomó una parte y tiró. Durante un rato cedió fácilmente, alrededor de un metro. Luego empezó a sentir una mayor resistencia. La parte superior era más voluminosa: una especie de bolsa estaba adosada a ella. Dedujo que se trataba del estómago. Y tuvo que emplear el cuchillo para separarla.

Liberó alrededor de unos siete metros de intestino y tocó sus distintas partes, notando la diferencia de tamaño y contenido. Algunas contenían fluido; otras eran sólidas. Descubrió que se trataba de un canal continuo, sin abertura alguna desde el principio al fin. Para indagar sobre su aspecto interior, lo cortó con el cuchillo en varios puntos. El intestino inferior contenía residuos, cuyo hedor era terrible.

Esa noche había llevado una vela de cuatro horas, pero ya empezaba a vacilar. Introdujo las vísceras en la cavidad abdominal y con gran dificultad consiguió envolver nuevamente el cadáver en su sudario.

Corrió a la fuente de la Piazza Santo Spirito y se lavó concienzudamente las manos, pero no podía desprenderse de aquella sensación de suciedad en los dedos. Metió la cabeza en el agua helada, como para lavar la sensación de culpa. Se quedó un instante quieto, chorreándole el agua por los cabellos y la cara. Después se alejó corriendo hasta llegar a su casa. Se estremecía como poseído de fiebre.

Se sentía emocionalmente extenuado.

Despertó y vio que su padre estaba inclinado sobre él. En su rostro se advertía una expresión de disgusto.

—Levántate, Miguel Ángel —ordenó—. Es ya mediodía y Lucrezia está sirviendo el almuerzo. ¿Qué tontería es ésta de dormir hasta la hora de comer? ¿Adónde fuiste anoche?

Miguel Ángel lo miraba, sin responder. Al cabo de un rato dijo:

—Perdón, padre. No me siento bien.

Fue a la mesa. Le pareció que iba a sentirse bien. Pero cuando Lucrezia llegó con una fuente de guiso de carne, corrió de nuevo a su dormitorio y vomitó en el orinal.

Sin embargo, al llegar la noche, volvió a la morgue del monasterio.

Antes de cerrar con llave la puerta, lo inundó el hedor de la putrefaccción. Retiró la sábana que cubría el cadáver y vio que la pierna izquierda estaba de color marrón, con una secreción verdosa que salía por debajo de la piel. El miembro aparecía enormemente hinchado. El resto del cuerpo tenía un color gris ceniza y el rostro aparecía completamente hundido.

Comenzó a trabajar en el lugar donde se había detenido la noche anterior. Cortó directamente el intestino y lo fue desenvolviendo trozo a trozo. Lo colocó en el suelo y levantó la vela para examinar la cavidad. Allí estaban los órganos que había estado buscando: a la izquierda el bazo y el hígado a la derecha. Reconoció a este órgano por los animales que había visto despiezar en los mercados. A ambos lados, junto a la columna, estaban los riñones.

Los tomó cuidadosamente en sus manos y percibió que estaban conectados con la vejiga por pequeños tubos, como alambres. Luego volvió al hígado, cortó los ligamentos con la tijera y lo extrajo de su cavidad. Estudió atentamente su forma, manteniéndolo en sus manos, cerca de la luz de la vela. Examinó la pequeña vejiga adosada a su costado inferior y la abrió con el cuchillo. De ella salió un fluido color verde oscuro.

Acercó más la vela y vio algo que no había advertido hasta entonces: la cavidad abdominal estaba separada de la cavidad pectoral por un músculo que tenía forma de cúpula. En el centro del mismo había dos agujeros por los que pasaban unos tubos que conectaban el estómago con la boca. El segundo gran canal, a lo largo del espinazo, subía y se perdía en el pecho. Entonces comprendió que desde el pecho al abdomen había solamente dos medios de comunicación, uno de los cuales llevaba los alimentos y líquidos. El otro lo intrigó. Levantó la estructura ósea del pecho, pero no pudo determinar qué función cumplía aquel medio de comunicación. ¡Y la vela comenzó a vacilar!

Mientras subía silenciosamente la escalera de su casa, descubrió a su padre, que lo esperaba en el rellano final.

—¿Dónde has estado? —preguntó severo—. ¿Qué es ese horrible hedor que traes? ¡Hueles a muerto!

Miguel Ángel murmuró una excusa, con los ojos bajos. Luego pasó al lado de su padre y se refugió en la seguridad de su dormitorio.

No le fue posible dormir.

"¿No llegaré a acostumbrarme nunca a esto?", se preguntó, desolado.

A la noche siguiente volvió a la morgue, pero no había cadáver. Experimentó una sensación de inminente peligro al observar que la parte del suelo donde había puesto el intestino la noche anterior había sido lavada y brillaba más que las piedras a su alrededor. Una gota de cera de la vela había quedado al pie de la mesa. Sin embargo, pensó que aunque hubiera sido advertida su sacrílega actividad, él se hallaba protegido por el voto de silencio del monasterio.

La noche siguiente encontró el cadáver de un muchacho de unos quince años que no mostraba señales externas de enfermedad. La piel pálida resultaba casi completamente blanca, blanda al tacto. Los ojos eran azules cuando levantó los párpados. Hasta en la muerte resultaba un niño atractivo.

Observó que todavía no tenía vello en el pecho y sintió hacia él una compasión más profunda que la que le habían inspirado los otros dos cadáveres.

Esta vez realizó sus incisiones con pericia y puso una mano sobre el hueso del tórax. Cedió fácilmente y lo separó. Hacia el cuello del cadáver sus dedos tropezaron con un apéndice en forma de tubo, de unos dos centímetros y medio de diámetro, que daba la impresión de una serie de duros anillos. Entre ellos encontró un blando tubo membranoso que bajaba desde el cuello. No pudo descubrir dónde terminaba aquel tubo y comenzaba el pulmón, pero cuando tiró de él, el cuello y la boca del cadáver se movieron. Sacó las manos rápidamente y se retiró de la mesa mientras un fuerte escalofrío recorría su cuerpo.

Un momento después cortó el tubo a ciegas, porque no podía verlo, y luego alzó los pulmones, uno a uno. Pesaban muy poco. Trató de cortar uno con el cuchillo; lo colocó sobre la mesa y, sobre aquella superficie dura, descubrió que era lo mismo que tratar de cortar una esponja seca. En uno de los pulmones encontró una mucosidad de color blanco amarillento que lo mantenía húmedo. En el otro había una mucosidad rosada. Quiso introducir su mano por la boca del cadáver, con el fin de explorar en la garganta y el cuello, pero, al sentir en los dedos la dureza de los dientes y la ligera humedad de la lengua, sintió un profunda repulsión.

De pronto lo acometió la sensación de que había alguien en la habitación con él, aunque sabía que eso era imposible, pues había cerrado la puerta con llave por dentro. El trabajo de esa noche le resultó muy difícil.

Envolvió el cadáver en la sábana con mayor facilidad que los anteriores, pues pesaba mucho menos. Y se alejó.

V

No podía arriesgarse a que su padre sintiese nuevamente aquel hedor a muerte, por lo que recorrió las calles hasta que encontró una taberna en el barrio obrero que estaba abierta ya. Bebió un vaso de Chianti. Y en un momento en que el tabernero estaba de espaldas, se vertió el resto del vaso sobre la camisa.

Ludovico se indignó al oler aquel fuerte vino en las ropas de su hijo.

—Ahora —dijo— ya no te basta con andar de vagabundo por las calles toda la noche, metido sabe Dios en qué fechorías, sino que vuelves a casa apestando a vino como un borracho. ¡Confieso que no te entiendo! ¿Qué es lo que te empuja al mal camino?

La única protección que Miguel Ángel podía proporcionarle a su familia era mantenerla ignorante de todo. Pero conforme pasaban los días y él seguía llegando vacilante a su casa todas las madrugadas, la familia se levantó en armas. Cada uno de los miembros estaba indignado por una razón especial. Lucrezia, porque Miguel Ángel no comía. Su tío Francesco, porque temía que su sobrino se endeudara. Su tía Cassandra, por razones de moral. Únicamente Buonarroto no estaba contra él.

—Sé que cuando sales no vas a divertirte —le dijo.

—¿Y cómo puedes tú saber eso? —preguntó Miguel Ángel, extrañado.

—Es muy sencillo. No me has pedido ni un escudo desde que compraste esas velas y sabes muy bien que sin dinero no es posible tener vino ni mujeres... por lo menos aquí, en Florencia.

A la mañana siguiente, Miguel Ángel fue al Duomo, entró en su taller y se montó en la banqueta ante su mesa de dibujo.

Beppe se acercó a saludarlo, con expresión inquisitiva.

—Mi joven amigo —dijo—. Parece un cadáver. ¿Qué ha estado haciendo?

Miguel Ángel lo miró un instante y luego dijo:

—Estuve trabajando, Beppe.

El capataz rió un rato, con su desdentada boca muy abierta.

—¡Ah, si yo fuera joven para esa clase de trabajo! —dijo, mientras movía la cabeza, sentencioso—. Bueno, no intente levantar la cachiporra de Hércules todas las noches. Recuerde que lo que uno pone en las mujeres por la noche, no lo tiene a la mañana para ponerlo en el mármol.

Aquella noche, en la morgue del monasterio, se encontró frente a su primer cadáver, que tenía un aspecto repugnante. Se estremeció al observar lo que podía ocurrirle a la obra maestra de Dios.

Era un hombre de unos cuarenta años, cuyo rostro, grande y enrojecido, aparecía hinchado cerca del cuelo. Tenía abierta la boca, azulados los labios y lleno de puntitos rojos el blanco de los ojos. Entre los amarillentos dientes, Miguel Ángel alcanzó a ver la oscura lengua, hinchada de tal manera que llenaba casi toda la boca.

Puso una mano sobre el rostro del cadáver. Las mejillas daban la impresión de estar formadas con levadura sin cocinar.

Le pareció que aquel era un buen momento para penetrar en la estructura del rostro humano. Eligió el más pequeño de sus cuchillos y cortó desde el borde de la cabellera hasta el puente de la nariz. Intentó sacar la piel de la frente pero no le fue posible, porque estaba demasiado pegada al hueso. Cortó encima de cada ceja hasta el borde del ojo y sacó la piel del rincón del ojo hacia afuera, continuando hasta la oreja y luego hacia abajo por el pómulo.

El efecto de aquella mutilación le resultó tan horrible que no pudo proseguir la tarea. Tomó la sábana del rincón donde la había dejado caer, cubrió con ella la cabeza del cadáver y concentró toda su atención en el hueso de la cadera y los fibrosos músculos del macizo muslo.

Un par de noches después, al encontrar un nuevo cadáver, cortó suavemente en la piel de la cara y la sacó con las tijeras. Bajo el delgado tejido amarillento de grasa, encontró una gran membrana de tejido muscular rojizo que iba ininterrumpidamente desde una oreja, alrededor de los labios, hasta la otra. Y fue entonces cuando entendió por primera vez cómo aquellos músculos podían hacer mover la cara para reír, sonreír, llorar o expresar otros sentimientos.

Debajo de aquella membrana había un tejido más grueso, que se extendía desde el extremo de la mandíbula hasta la base del cráneo. Metió un dedo bajo aquel tejido y empujó un poco, comprobando de inmediato que la mandíbula se movía.

Trabajó con el dedo hacia arriba y hacia abajo para simular el movimiento de la masticación y después buscó el músculo que hacía mover el párpado del ojo. Tenía que mirar el interior de la cavidad del ojo para descubrir lo que lo hacía mover. Y mientras intentaba introducir un dedo hizo demasiada presión. ¡El globo del ojo se rompió y una mucosidad blanca bañó sus dedos! ¡La cavidad quedó vacía!

Se volvió de espaldas bruscamente, aterrado. Luego se dirigió a una de las paredes de la habitación y arrimó la frente a la encalada superficie para refrescarse, mientras luchaba desesperadamente contra las náuseas que le acometían.

Una vez que se hubo tranquilizado un poco, fue de nuevo junto al cadáver, cortó el tejido alrededor del otro ojo y descubrió por dónde estaba sujeto al fondo de la cavidad. Luego introdujo su dedo detrás del globo del ojo, lo movió lentamente hacia un lado y por fin lo arrancó. Le dio algunas vueltas en la mano, tratando de ver cómo se movía. Acercó la vela a la cavidad y examinó cuidadosamente su interior. En el fondo pudo percibir un agujero a través del cual unos filamentos, al parecer de tejido, blandos, de color grisáceo, subían y se introducían en el cráneo. Hasta que no le fuera posible levantar o separar la tapa del cráneo y dejar al descubierto el cerebro, no podría enterarse de nada de lo que hace que los ojos vean.

Su vela no tenía más que un diminuto anillo de cera. Cortó la carne que rodeaba el puente de la nariz y entonces vio claramente lo que le había ocurrido a la suya al recibir el fuerte puñetazo de Torrigiani.

La vela vaciló unos instantes y, por fin, se apagó.

Se dirigió al taller del Duomo. Le resultó fácil arrojar la bolsa de lona por encima de la portada y luego pasar sobre la misma. A la luz de la luna, los bloques de mármol brillaban con una blanca luminosidad. El aire fresco contribuyó a normalizar su estómago. Se dirigió a su banqueta de trabajo, la apartó a un lado y se acostó debajo de la mesa, tapado con un gran pedazo de pesada lona. Poco después dormía.

Despertó horas más tarde. El sol brillaba alto ya. En la vecina plaza los *contadini* estaban montando ya sus puestos. Se dirigió a la fuente para lavarse, compró una loncha de *parmigiano* y dos *panini* de corteza gruesa e inmediatamente volvió al taller.

Trató de cortar el mármol alrededor de los bordes del bloque del Hércules, pues creyó que el contacto de sus manos con las herramientas le produciría gozo.

Pero no tardó en dejarlas. Se sentó en la banqueta y comenzó a dibujar un brazo, músculos, coyunturas, una mandíbula, un corazón, una cabeza…

Cuando llegó Beppe y se acercó para darle un *buon giorno* afectuoso, Miguel Ángel extendió una mano sobre la hoja de papel en la que dibujaba. Beppe se detuvo bruscamente, al ver una cuenca vacía y unas vísceras al descubierto. Movió la cabeza, muy serio, se volvió y se fue.

Al mediodía, Miguel Ángel fue a su casa a comer para que su padre no se asustase por su prolongada ausencia.

Necesitó varios días para armarse del suficiente valor y volver a la morgue. Había decidido romper la parte superior del cráneo de un cadáver. Una vez allí, empezó a trabajar rápidamente con el martillo y el cincel, cortando hacia atrás desde el puente de la nariz. Era una tarea que le ponía los nervios en tensión, porque cada vez que aplicaba un golpe la cabeza se movía. Además, no sabía cuánta fuerza era necesaria para quebrar el hueso. No le era posible abrir el cráneo. Cubrió la cabeza del cadáver y pasó el resto de la noche estudiando su columna vertebral.

Con el cadáver siguiente no cometió el error de cortar hacia atrás el cráneo, sino que lo hizo alrededor de la cabeza, desde atrás de la oreja izquierda, a lo largo de la línea donde terminaba el martillo, para penetrar el espesor del hueso. Desde entonces, con espacios suficientes ya para mantener el cincel bajo el hueso, pudo efectuar el corte alrededor del cráneo. De pronto, salió una especie de crema blanduzca y poco después la tapa del cráneo estaba en sus manos.

Era como una madera seca. Sufrió tal conmoción que estuvo a punto de dejarla caer al suelo.

Paseó la mirada a lo largo del cadáver y quedó aterrado, pues al sacar la tapa del cráneo la cara había quedado completamente deformada.

De nuevo se sintió invadido por una sensación de culpabilidad, pero ya destapado el cráneo, le fue posible mirar el interior de la cabeza, en busca del cerebro humano.

En su condición de artista, siempre le había fascinado todo lo que creaba expresión. ¿Qué había en el cerebro que permitía al rostro expresar las distintas emociones? Acercó la vela todo lo que pudo y vio que la masa que se hallaba en el interior tenía un color blanco amarillento, con líneas rojas ligeramente azules en la superficie: eran las arterias y venas que partían en todas direcciones. Podía ver que la masa cerebral estaba dividida en el medio, correspondiendo exactamente con la línea que dividía el cráneo. No pudo percibir olor alguno, pero al tocarla con los dedos comprobó que era muy blanda, suave y húmeda.

Colocó nuevamente la tapa del cráneo y envolvió la sábana con fuerza para que no se soltase. Ya no se sentía asqueado ni descompuesto, como en las noches anteriores, pero lo consumía la impaciencia de trabajar en el cadáver siguiente para abrir el cerebro propiamente dicho, ya que esa noche no le quedaba tiempo.

Cuando lo hizo, dos noches después, se asombró al pensar que los hombres pudieran ser tan distintos unos de otros, cuando los cerebros parecían tan iguales. De eso dedujo que tenía forzosamente que haber una sustancia dentro del cerebro distinta en cada persona. Utilizó el dedo índice para explorar la base del cráneo y comprobó que el cerebro estaba completamente separado del hueso. Introdujo los dedos por ambos lados y trató de sacar toda la masa. Pero no podía levantarla.

Donde sus dedos se unían, la masa estaba ligada por algo así como una serie de alambres al fondo de la cuenca del cráneo. Los cortó y por fin pudo sacar la masa.

Era blanda y al mismo tiempo tan resbaladiza que tuvo que concentrar toda su atención y rapidez de movimientos para impedir que se disgregase. La miró con asombro y admiración. De aquella sustancia relativamente pequeña, que no podía pesar más de un kilo, emergía toda la grandeza de la raza humana: arte, ciencia, filosofía, gobierno, todo aquello que habían conseguido los hombres, para su bien o su mal.

Cuando cortó el cerebro por la línea divisoria, le pareció que era igual que cortar un queso fresco. No hubo el menor sonido, residuos ni olor. Las dos mitades eran exactamente iguales. Por dondequiera que cortaba, era todo lo mismo: la masa de color grisáceo un poco amarillento. Empujó el cadáver para dejar espacio y puso el cerebro sobre la mesa. Se sorprendió al ver que no tenía estructura propia y que se iba desparramando lentamente por la mesa.

Los agujeros del cráneo los encontró llenos de aquella sustancia filamentosa que había tenido que cortar para separar el cerebro. Siguió con la vista aquellos filamentos hasta el cuello y llegó a la conclusión de que eran la única conexión que existía entre el cerebro y el cuerpo.

Los agujeros frontales estaban entre el cerebro y los ojos, y los otros dos correspondían a las orejas. Presionó en el agujero de algo más de tres centímetros que había en la parte posterior de la base del cráneo, que conectaba con las vértebras: aquella era la conexión entre el cerebro y la espalda.

Estaba extenuado, pues había trabajado cinco horas, y se alegró al ver que la vela se apagaba.

Se sentó en el borde de la fuente de la Piazza Santo Spirito y se echó agua sobre la cabeza y la cara.

"¿Hago esto porque estoy obsesionado? —se preguntó—. ¿Tengo derecho a cometer ese sacrilegio sólo porque me digo que es en bien de mis conocimientos de escultura? ¿Qué precio deberé pagar por esos conocimientos?".

Llegó la primavera y el aire se tornó tibio. Beppe le informó de una escultura que debía ser realizada para la nueva bóveda de Santo Spirito: capiteles tallados, un número de piedras labradas para decorar dicha bóveda y las puertas. No se le ocurrió pedir al prior Bichiellini que interviniese. Se dirigió al capataz a cargo de la construcción de la obra y solicitó el trabajo. El capataz no quería que lo ejecutase un estudiante. Miguel Ángel le ofreció llevarle su *Madonna y Niño* y los *Centauros*, para probarle que era capaz de realizar el trabajo. El capataz accedió, aunque no de muy buen grado, a ver aquellas piezas. Bugiardini pidió prestado uno de los carros de Ghirlandaio, lo llevó al hogar de los Buonarroti y le ayudó a envolver y transportar los mármoles. Los colocaron cuidadosamente sobre una gruesa capa de paja y los llevaron, atravesando el Ponte Santa Trinitá, a Santo Spirito.

El capataz no pareció muy impresionado. Las piezas no se adaptaban a lo que él deseaba.

—Además —dijo—, ya he contratado a los dos hombres que harán el trabajo.

—¿Escultores? —preguntó Miguel Ángel, sorprendido.

—¿Y qué van a ser, si no?

—¿Cómo se llaman?

—Giovanni di Betto y Simone del Caprina.

—Nunca he oído hablar de ellos. ¿Dónde aprendieron escultura?

—En un taller de herrero o de platero, no estoy seguro.

—¿Es que van a ornamentar las piedras con plata?

—Trabajaron con Prato en una obra similar. Tienen experiencia.

—Y yo no la tengo, ¿eh? Después de tres años en el jardín de escultura de Lorenzo de Medici, a las órdenes de Bertoldo…

—No lo tome a mal, muchacho. Son hombres mayores, que tienen familias que mantener. Ya sabe qué poco trabajo hay en mármol. Pero, naturalmente, si me trae una orden de Piero de Medici… puesto que es un protegido de la familia y Piero es quien paga el trabajo…

Miguel Ángel y Bugiardini se llevaron los dos relieves de mármol y volvieron a colocarlos debajo de la cama.

Ludovico esperaba pacientemente que su hijo se enmendase. Miguel Ángel continuaba volviendo a la casa al amanecer, después de haber diseccionado otras partes de los cadáveres que encontraba en la morgue: rodillas, brazos, tobillos, codos, pelvis, órganos genitales. Había estudiado atentamente todas aquellas partes del cuerpo humano…

Pero un día su padre lo acorraló.

—Te ordeno —dijo— que abandones de una vez la vida disoluta que llevas y vuelvas a trabajar durante el día y a dormir por la noche, como todas las personas decentes.

—Déme un poco más de tiempo, padre.

Giovansimone estaba encantado de que Miguel Ángel hubiese optado por la vida que él consideraba alegre. Florencia estaba convulsionada por el último escándalo. Piero había intercedido ante las autoridades dominicanas e hizo que éstas desterraran a Savonarola a Bolonia. Pero para Giovansimone aquello no había significado ni el más ligero cambio en sus actividades.

—¿Qué te parece si esta noche salimos juntos? Voy a un lugar donde hay juego y mujeres —propuso a Miguel Ángel.

—No, gracias.

—¿Por qué no? ¿Es que te crees demasiado bueno para salir conmigo?

—Cada cual con sus ideas y sus costumbres, Giovansimone.

VI

Una muerte inesperada puso fin a sus actividades de disección.

Mientras trabajaba en excelente estado de salud, Domenico Ghirlandaio contrajo una enfermedad y falleció dos días después.

Miguel Ángel fue a la *bottega* para ocupar su lugar con Granacci, Bugiardini, Cieco, Baldinelli, Tedesco y Jacopo a uno de los lados del féretro, mientras'el hijo, los hermanos y el cuñado del extinto se colocaron en el opuesto. Muchos amigos acudieron a expresar sus condolencias y dar su último adiós al gran pintor.

Todos juntos formaron en el cortejo fúnebre, siguiendo la ruta por la cual Miguel Ángel había conducido el carro de la *bottega* el primer día que, como aprendiz, fue con los demás a pintar los frescos de Santa Maria Novella.

Aquella tarde fue a visitar al prior Bichiellini y dejó la llave de bronce sobre las páginas del libro que el monje leía.

—Quisiera esculpir algo para su iglesia.

El prior demostró alegría, pero no sorpresa.

—Hace mucho tiempo que siento la necesidad de un crucifijo para el altar central. Y siempre he creído que sería mejor de madera.

—¿Madera? No sé si podré.

Tuvo el buen sentido de no decir: "la madera no es mi vocación" Si el prior deseaba un crucifijo de ese material, entonces tendría que tallarlo en madera, aunque jamás había intentado trabajarla. No había ningún material de los empleados en la escultura que Bertoldo no le hubiera hecho manejar: cera, arcilla y las diversas piedras. Pero nunca madera, probablemente porque Donatello no la había tocado en los últimos treinta y cinco años de su vida, después de completar la *Crucifixión* para Brunelleschi.

Acompañó al prior, que lo condujo a través de la sacristía. Fra Bichiellini se detuvo y le mostró un arco tras el altar mayor.

—¿Te parece que ahí podrá caber una figura de tamaño natural?

—Tendré que dibujar los arcos y el altar en escala para estar seguro. Pero creo que podría caber casi de tamaño natural. ¿Puedo trabajar en la carpintería del monasterio?

—Los hermanos estarían encantados de tenerte a su lado.

Los hermanos legos de la carpintería trabajaban con la luz del sol sobre sus espaldas, la cual penetraba por unas ventanas colocadas sobre los bancos de trabajo.

En la tranquila atmósfera del taller fue tratado como un carpintero más que llegase para producir un artículo útil, entre los centenares que se necesitaban en Santo Spirito. Aunque no había orden alguna de guardar silencio en el activo recinto, nadie a quien le gustase charlar se acercaba jamás a un monasterio de los agustinos.

Aquello le convenía a Miguel Ángel. Se sentía como en su casa en el grato silencio, únicamente roto por los ruidos de las herramientas: serruchos, martillos, etcétera. El olor del aserrín resultaba agradable. Y trabajaba en las diversas maderas que el monasterio ponía a su disposición, con el fin de adquir la mano necesaria para tallar ese material que él encontraba tan distinto del mármol. La madera parecía no defenderse.

Empezó a leer el Nuevo Testamento, la historia de Cristo según la relataban Mateo y Marcos. Y cuanto más leía, más se retiraba de su mente la Crucifixión cargada de terror y de agonía que podía verse en todos los templos de Florencia, para ser reemplazada por la imagen del prior Bichiellini, animoso, completamente dedicado a su santa misión, mientras seguía a toda la humanidad en el nombre de Dios, con mente esclarecida y espíritu noble.

Era una absoluta necesidad del carácter de Miguel Ángel ser original. Pero, ¿qué podía uno decir sobre Cristo en la cruz que no hubiese sido tallado, esculpido o pintado antes? Aunque el tema de la Crucifixión jamás se le había ocurrido a él, tenía una verdadera ansia de hacer algo particularmente hermoso para justificar la fe que el prior tenía en él. La obra terminada tendría que ser intensamente espiritual, so pena de que el esclarecido monje se preguntase si no habría cometido un error al permitirle aquellas disecciones.

Comenzó a dibujar frente a las más antiguas de las crucifixiones: las del siglo XIII, talladas con la cabeza y las rodillas de Cristo torcidas en la misma dirección, tal vez porque aquella era la forma más fácil para el escultor y porque el diseño evocaba, en términos emotivos, la simplicidad de una indiscutible aceptación.

En el siglo XIV, los escultores mostraban a Cristo de frente, a pleno rostro, dispuestas todas las partes del cuerpo simétricamente a ambos costados de una línea de estructura central.

Pasó mucho tiempo frente a la *Crucifixión* de Donatello, en la iglesia de la Santa Croce, maravillado ante la magnificencia de su concepción. Fuera cual fuere la emoción que Donatello hubiera intentado transmitir, había conseguido combinar la fuerza con una lírica realización, el poder de perdonar y de dominar, la capacidad de ser destruido así como resucitado. No obstante, Miguel Ángel no sentía en su interior ninguna de las cosas que Donatello había sentido. Nunca había comprendido claramente por qué Dios no había podido realizar por sí mismo todas las cosas que encomendó a su hijo hacer en la tierra. ¿Por qué necesitaba Dios un hijo? El Cristo exquisitamente equilibrado de Donatello le decía: "Es así como Dios ha querido que sea, exactamente en la misma forma que fue planeado. No es difícil aceptar el destino cuando el mismo ha sido ordenado de antemano. Yo he anticipado este dolor".

Aquello no resultaba aceptable para el temperamento de Miguel Ángel.

¿Qué tenía que ver ese fin violento con el mensaje de amor de Dios? ¿Por qué permitió Él que se produjese tal violencia, cuando sin duda engendraría odio, temor, represalia y continuación de la violencia? Si Él era omnipotente, ¿por qué no había ideado un modo más pacífico de llevar su mensaje al mundo? Su impotencia para impedir aquella barbarie constituía un pensamiento aterrador para Miguel Ángel... y tal vez también para el mismo Cristo.

Mientras estaba al sol, en la escalinata de Santa Croce, observando a los muchachos que jugaban al fútbol en la dura tierra de la plaza, y luego, mientras caminaba lentamente ante los palacios de la Via de Bardi, tocando afectuosamente las piedras labradas de los edificios, pensó: "¿Qué pasó por la mente de Cristo entre la hora del anochecer, cuando el soldado romano atravesó con el primer clavo su carne, y la hora en que expiró? Porque esos pensamientos determinarían no solamente cómo aceptó su destino sino también la posición de su cuerpo en la cruz. El Cristo de Donatello aceptaba la crucifixión con serenidad, sin pensar en nada. El Cristo de Brunelleschi era tan etéreo que expiró al ser atravesada su carne por el primer clavo y no tuvo tiempo de pensar".

Regresó a su banco de trabajo y comenzó a explorar su mente con el carboncillo de dibujo y la tinta. En el rostro de Cristo aparecía la inscripción: "Estoy en agonía, no a causa de los clavos de hierro sino del óxido de la duda". No podía decidirse a expresar la divinidad de Cristo por medio de una cosa tan obvia como un halo; tenía que ser expresada por medio de una fuerza interior, lo suficientemente poderosa para superar sus dudas en esa hora de severísima prueba.

Era inevitable que su Cristo estuviera más cerca del hombre que de Dios. Todavía no sabía que iba a ser crucificado. No lo deseaba ni le agradaba. Y el resultado fue que su cuerpo se veía torturado por un conflicto interior, desgarrado, como todos los hombres, por los interrogantes internos.

Cuando estuvo listo para comenzar a tallar, tenía ante sí un nuevo concepto: torció la cabeza y las rodillas del Cristo en direcciones opuestas estableciendo por medio de aquel diseño una tensión gráfica, el intenso conflicto espiritual y físico interior de un hombre que es impulsado en dos direcciones.

Talló su figura en la madera más dura de que se disponía en Toscana: el nogal, y cuando hubo terminado con el martillo y el cincel, la repasó con papel de lija y frotó toda la superficie con aceite filtrado y cera. Sus camaradas carpinteros no formularon comentario alguno, pero se detenían ante su banco de trabajo para observar la obra de arte que iba surgiendo de sus manos. Tampoco el prior entró en la discusión del mensaje de aquella talla. Simplemente se limitó a decir:

—Toda crucifixión de un artista es un autorretrato. Esto es lo que yo había soñado para el altar. ¡Muchas gracias!

El domingo por la mañana Miguel Ángel llevó a su familia a Santo Spirito y los sentó en un banco cerca del altar. Su Cristo estaba allí, en la cruz, sobre ellos. Y su abuela murmuró:

—Me haces sentir compasión hacia Él. Hasta ahora, siempre había creído que Cristo se apiadaba de mí.

Ludovico no sentía compasión hacia nadie. Al ver la obra de su hijo, le preguntó:

—¿Cuánto te han dado?

—Nada. Es un regalo que le hice al prior Bichiellini.

—¿Así que no cobrarás ni un escudo?

—El prior ha sido muy bueno conmigo y he querido pagarle la deuda que tengo con él.

—¿En qué sentido ha sido bueno?

—Pues… me permitió que copiase las obras de arte que hay en el monasterio.

—La iglesia está abierta a todo el mundo.

—Me refiero al monasterio, su despacho y la biblioteca.

—Es una biblioteca pública. ¿Estás loco? ¡Trabajar gratis, tú que no tienes un miserable escudo! ¡Y para un monasterio tan rico como éste!

Una copiosa nevada, que duró dos días y sus noches, dejó a Florencia convertida en una ciudad blanca.

El domingo amaneció claro, frío, brillante. Miguel Ángel estaba solo en su taller del Duomo, encogido sobre un brasero, intentando fijar en el papel el primero de sus bosquejos de Hércules.

Un paje de Piero de Medici se acercó a él.

—Su Excelencia Piero de Medici le pide que vaya al palacio.

Se fue a la barbería del mercado. Allí se hizo cortar el pelo y afeitar el principio de bigote y barba que empezaba a insinuarse en su rostro. Luego volvió a su casa, se lavó, vistió y salió, por primera vez en el último año y medio, rumbo al palacio.

Las estatuas del patio estaban cubiertas de gruesas capas de nieve. Encontró a los hijos y nietos de Lorenzo reunidos en el *studiolo* ante un gran fuego que ardía en la chimenea.

Era el cumpleaños de Giuliano. El cardenal Giovanni, que se había establecido en un pequeño pero exquisito palacio en el barrio de San Antonio al ser elegido Papa en Roma un Borgia hostil, parecía más gordo que nunca y estaba sentado en el sillón favorito de Lorenzo. Junto a él se hallaba su primo Giulio. Maddalena, casada con el hijo del ex papa Inocencio VIII, Franceschetto Cibo, estaba allí también con sus dos hijos. Vio asimismo a Lucrezia, casada con Jacopo Salviati, de una familia de banqueros de Florencia, que era propietario del hogar de Beatriz, la amada del Dante. La tía Nannina y su esposo, Bernardo Rucellai, estaban junto a Piero de Medici y su esposa Alfonsina. Todos vestían sus más suntuosos ropajes y lucían sus mejores joyas.

Miguel Ángel vio también a Contessina, elegantemente vestida. Observó con sorpresa que estaba más alta y que sus brazos y hombros se habían llenado un poco. Su pecho, encerrado en el corpiño bajo un mar de encajes, se estaba aproximando a la madurez. Sus ojos brillaron como las gemas que adornaban su vestido de seda al ver a Miguel Ángel.

Un servidor le alcanzó un vaso de vino caliente con especias. Aquella bebida, unida a la cordialidad de la recepción y a la honda nostalgia que esa habitación despertaba en él, así como la cariñosa sonrisa de Contessina, se le subió a la cabeza.

Piero estaba de pie, de espaldas a la chimenea. Sonrió. Parecía haber olvidado lo pasado. Y dijo:

—Miguel Ángel, tenemos mucho placer en darle la bienvenida. En este día tenemos que hacer todo aquello que agrade más a Giuliano.

—Me agradaría muchísimo contribuir a su felicidad en este día —respondió Miguel Ángel.

—Muy bien. Lo primero que dijo Giuliano esta mañana fue: "Me gustaría tener el hombre de nieve más grande que se haya hecho jamás". Y puesto que usted era el escultor favorito de nuestro padre, ¿qué cosa más natural que haber pensado en usted para que lo haga?

Miguel Ángel sintió que algo en su interior se hundía pesadamente como una piedra. Mientras los niños volvían ansiosos la cabeza hacia él, recordó los dos tubos de uno de los cadáveres, que se extendían hacia abajo desde la boca, uno para llevar el aire y el otro para los alimentos y líquidos. ¿No habría un tercero, para tragar las esperanzas destruidas?

—Le ruego que lo haga por mí —dijo Giuliano—. ¡Sería el hombre de nieve más maravilloso que se ha hecho en el mundo!

Aquella amarga impresión de haber sido llamado para entretenimiento de los pequeños desapareció ante aquel ruego de Giuliano. ¿Debía responder: "La nieve no es mi vocación"?

—Yo también le ruego que nos ayude, Miguel Ángel.

Era la voz querida de Contessina, que se había aproximado a él, y que añadía:

—Todos le serviremos de ayudantes.

Y entonces comprendió que tenía que acceder y que estaba bien que lo hiciese.

Aquella tarde, a última hora, cuando el último grupo de la multitud de florentinos había pasado ya por el parque del palacio para contemplar el grotesco y gigantesco hombre de nieve, Piero, sentado ante la mesa en el despacho de su padre, dijo a Miguel Ángel:

—¿Por qué no vuelve al palacio? Nos agradaría muchísimo poder reunir otra vez el círculo que mi padre había formado.

—¿Podría preguntarle en qué condiciones se realizaría mi regreso? —inquirió el muchacho.

—Tendría los mismos privilegios que cuando vivía mi padre.

Miguel Ángel meditó. Tenía quince años cuando fue a vivir por primera vez al palacio. Ahora ya tenía casi dieciocho. Difícilmente podría considerarse la suya una edad apropiada para recibir un dinero que le era dejado en el tocador todas las semanas. Sin embargo, era una oportunidad de abandonar la sombría casa de los Buonarroti, la pesada dominación de Ludovico y ganar, al mismo tiempo, dinero a cambio de alguna obra de arte que esculpiera para los Medici.

VII

Un paje llevó sus efectos a su antigua habitación, en cuyos estantes se hallaban todavía las esculturas de Bertoldo. Un sastre del palacio llegó con la cinta de medir y telas. Y al domingo siguiente el secretario de Piero, Ser Bernardo da Bibbiena, depositó tres florines de oro en su tocador.

Todo era lo mismo y, sin embargo, todo era distinto. Los sabios de Italia y Europa ya no acudían al palacio. La Academia Platón prefería realizar sus reuniones en el palacio de los Rucellai, cuyos jardines habían sido puestos a su disposición. En la cena de los domingos sólo se sentaban a la mesa aquellas nobles familias de Florencia que tenían hijos calaveras, amantes de los placeres. Las grandes familias de las ciudades-estados de Italia estaban ausentes. Ya no iban a cumplir el grato deber de renovar tratados. Tampoco iban los comerciantes que tanto habían prosperado con Lorenzo de Medici, ni los *confalonieri* ni los *buonuomini* de los distritos de Florencia. Todos ellos habían sido reemplazados ahora por los alegres amigos de Piero.

Los Topolino llegaron a la ciudad el domingo, en su carro de bueyes, después de la misa, para cargar en el tosco vehículo el bloque de Hércules de Miguel Ángel. El abuelo guiaba los bueyes, mientras el padre y los tres hijos, acompañados por Miguel Ángel, caminaban tras el carro por las silenciosas calles que habían sido lavadas y aparecían limpias como el oro. Entraron en el jardín del palacio por la puerta posterior, descargaron la enorme piedra y la arrimaron al antiguo cobertizo de Miguel Ángel, junto al muro.

Cómodamente instalado, el muchacho volvió a sus dibujos y trazó una sanguina del joven Hércules abriendo con sus manos las mandíbulas del león de Nemea; Hércules, ya hombre, en dura lucha con el gigante Anteo, a quien dio muerte;

Hércules, ya viejo, luchando contra la hidra de Lerna, que tenía cien cabezas. Pero todos aquellos dibujos le parecieron demasiado pictóricos. Finalmente, rechazó la figura de los Hércules antiguos existentes en Florencia y diseñó una figura compacta, más aproximada al concepto griego, en la cual todo el explosivo poder de Hércules estaba contenido, en una fuerza unificadora, entre el torso y los miembros.

¿Qué concesión debía hacer a lo convencional? Primera, el enorme garrote, que diseñó como un tronco de árbol sobre el cual se apoyaba Hércules. A la inevitable piel de león, que siempre había formado un marco a la figura, la ató sobre uno de los hombros, para que cayese de manera sugestiva sobre el pecho, sin ocultar nada del heroico torso. Extendió ligeramente uno de los brazos, para rodear las redondas manzanas de las Hespérides. El garrote, la larga piel del león y las manzanas habían sido utilizadas por anteriores escultores para representar la fortaleza. Su Hércules, desnudo ante el mundo, llevaría dentro de su propia estructura todo lo que la humanidad necesitaba de fortaleza y resolución.

No le arredró el hecho de que el suyo habría de ser el Hércules más gigantesco que se hubiera esculpido en Florencia. Al marcar las proporciones de la gran figura, que tenía dos metros dieciocho centímetros de altura, con una base de cuarenta y cinco centímetros y unos doce centímetros de mármol de sobra encima de la cabeza, desde donde iría esculpiendo hacia abajo, recordó que Hércules había sido el héroe nacional de Grecia, de igual modo que Lorenzo de Medici lo había sido de Florencia. ¿Por qué, entonces, esculpirlo para ser fundido en pequeños y delicados bronces? Tanto Hércules como Lorenzo habían fracasado, pero ¡cuánto habían realizado antes de fracasar! ¡Y cómo merecían ser esculpidos en un tamaño mayor que el natural!

Hizo un tosco modelo de arcilla y forjó sus herramientas para la tarea inicial. Martilló fuertemente los cinceles para aumentar su longitud y les dio un filo más grueso para que pudieran soportar los pesados golpes del martillo. Una vez más, al manejar aquel metal, experimentó dentro de sí una sensación de dureza y durabilidad. Se sentó cruzado de piernas en el suelo frente al mármol, porque mirar el enorme bloque le producía una sensación de poder. Eliminó los bordes con un punzón y un martillo pesado y pensó, con satisfacción, que mediante aquel sencillo acto estaba ayudando a aumentar la estatura del bloque. No deseaba conquistar aquella piedra inmensa, sino persuadirla para que expresase sus ideas creadoras.

Se trataba de mármol de Seravezza, de los Alpes Apuanos. Después de que hubo penetrado su "piel" exterior, curtida por los elementos, el bloque se comportó si fuera de azúcar bajo la acción de su cincel de "dientes de perro". Sus pequeños trozos saltaban y el polvillo le cubría las manos. Empleó una varilla recta para calcular aproximadamente la profundidad que debía cortar para llegar al cuello, hizo un *calcagnolo* y atacó el mármol con verdadera furia, y de pronto, el mármol de Seravezza se tornó duro como el hierro y Miguel Ángel tuvo que luchar con todas sus fuerzas para lograr sus formas.

Sin hacer caso de las instrucciones de Bertoldo, no intentó trabajar la superficie del bloque, tratándolo como un todo. Atacó primeramente la cabeza, hombros, brazos y caderas. Calculó a ojo los puntos sobresalientes, mientras iba profundizando con el cincel en la masa de mármol. Y estuvo a punto de arruinar el bloque. Había profundizado demasiado para liberar el cuello y la cabeza, y ahora sus fuertes golpes de cincel sobre el hombro que emergía produjeron intensas vibraciones que subían por el cuello hasta la cabeza. El mármol temblaba y por un instante pareció que se quebraría en aquel punto angosto. Su Hércules perdería la cabeza y él tendría que empezar de nuevo, pero esta vez en una escala más reducida. Sin embargo, el peligro pasó, al cesar el temblor.

Se sentó un rato para enjugarse el copioso sudor.

Forjó nuevas herramientas de filo agudo, asegurándose de que todas las puntas fueras simétricas. Ahora, cada golpe de su martillo era transferido directamente al extremo de la herramienta que tallaba, como si fueran sus dedos más que los cinceles los que cortaban los cristales del mármol. Cada cinco o diez segundos daba un paso atrás y caminaba alrededor del bloque; por muy profundamente que cortara, una especie de niebla de textura oscurecía el contorno del hueso de la rodilla y la caja de las costillas. Empleó un cepillo para desprender todo el polvillo del bloque.

Cometió una segunda serie de errores. No midió exactamente los planos entrantes y aplicó algunos golpes fuertes que estropearon la armonía frontal. Pero había dejado mármol de sobra en la parte posterior y así pudo llevar a toda la figura dentro del bloque a más profundidad de la que había proyectado originalmente.

Su progreso se aceleró al penetrar en el mármol. Arrancaba tan enérgicamente las capas que le parecía que se hallaba en medio de una tormenta de nieve y respiraba los copos; tal era la cantidad de diminutos trozos y polvillo que saltaban del bloque. Ahora tenía que cerrar los ojos en el instante en que el martillo hacía impacto en el cincel.

La anatomía del mármol comenzó a adaptarse a la anatomía de su modelo de arcilla: el poderoso pecho, los antebrazos, magníficamente redondeados; los muslos, como la carne blanca debajo de la corteza de los árboles; la cabeza, que irradiaba un enorme poder dentro de su limitada área. Martillo y cincel en mano, retrocedió unos pasos ante la espasmódica figura masculina que tenía ante él, todavía sin rostro, de pie sobre una tosca base que mostraba el material del que había surgido. Y pensó que desde el primer momento, aquel mármol se le había brindado suave y dócil a su amor. Ante el mármol, él era el hombre dominador. Suya era la elección y suya la conquista. Sin embargo, al unirse al objeto de su amor, había sido todo ternura. El bloque resultó ser virginal pero no frío. Su propio fuego interior se había comunicado a la piedra. Las estatuas salían del mármol, pero no hasta que la herramienta hubiera penetrado y fecundado su forma femenina. Del amor surgía toda vida.

Terminó la superficie con una buena pasada de piedra pómez, pero no la pulió pues temía que al hacerlo disminuyera su virilidad. Dejó la cabellera y la barba en estado tosco, sugiriendo unos suaves rizos y trabajó con el cincel en ángulo para poder profundizar con el último diente del mismo a fin de acentuar el efecto.

Monna Alessandra se acostó una noche muy fatigada y no despertó más. A Ludovico le dolió mucho aquel golpe. Como la mayoría de los toscanos, quería entrañablemente a su madre y mostraba hacia ella una ternura que no compartía con ningún otro miembro de la familia. Para Miguel Ángel aquella pérdida fue dolorosa. Desde la muerte de su madre, trece años antes, Monna Alessandra había sido la única mujer hacia quien podía volverse en busca de amor y comprensión. Ahora, sin su abuela, el hogar de los Buonarroti le parecía más sombrío que nunca.

Por contraste, el palacio estaba convulsionado con motivo del casamiento de Contessina, que debía realizarse a finales del mes de mayo. Puesto que Contessina era la única hija de Lorenzo que quedaba soltera, Piero había dejado a un lado todas las leyes referentes a lo suntuario y destinó cincuenta mil florines para que la boda fuese celebrada por toda la población de Florencia como ningún otro acto de esa especie lo había sido en los últimos cincuenta años. Contessina seguía ocupadísima y corría de costurera en costurera eligiendo modelos para sus vestidos, encargando paños bordados y visitando todos los comercios de la ciudad para elegir su ropa interior, brocados, joyas, platería, vajilla y muebles, todo lo cual, siguiendo la costumbre tradicional, formaba parte de la dote de la novia entre las familias aristocráticas.

Una noche se encontraron por casualidad en el *studiolo*. Aquello era tan parecido a los tiempos tiempos, con los libros y las obras de arte de Lorenzo a su alrededor, que olvidaron por un momento las inminentes ceremonias y se tomaron afectuosamente del brazo.

—Apenas lo veo ya, Miguel Ángel —dijo ella—. No quiero que se sienta triste debido a mi boda.

—¿Seré invitado?

—La boda se celebra aquí. ¿Cómo podría faltar a ella?

—Sí, pero la invitación tiene que llegarme por conducto de Piero.

—¡No sea terco! —replicó ella. Sus ojos brillaban con aquella irritación que Miguel Ángel recordaba tan bien, cuando algo se oponía a sus deseos. —Celebrará el acontecimiento durante tres días, igual que yo.

—Igual no —replicó él y los dos se sonrojaron.

Piero contrató a Granacci para que se hiciera cargo de las decoraciones de la fiesta nupcial, el baile, el banquete y las representaciones teatrales. El palacio estaba lleno de cantos, bailes y bullicio. Sin embargo Miguel Ángel se sentía solo. Y se pasó la mayor parte del tiempo en el jardín.

Piero se mostraba cortés pero distante, como si tener al escultor favorito de su padre en el palacio fuera lo único que había buscado. Y aquella sensación de Miguel Ángel de ser allí únicamente un objeto de exposición se fortaleció cuando oyó que Piero se jactaba de que tenía dos personas extraordinarias en el palacio: Miguel Ángel, que sabía modelar fantásticos hombres de nieve, y un lacayo español que corría a tal velocidad que Piero, montado en su mejor caballo, al galope, no podía superarlo.

—Excelencia —dijo Miguel Ángel dirigiéndose a él—. ¿Podríamos hablar seriamente respecto de mi trabajo de escultor? Quiero ganarme lo que le cuesto aquí.

Piero se mostró incrédulo y respondió:

—Hace un par de años se ofendió porque lo traté como a un menestral. Ahora se ofende porque no lo trato así. ¿Cómo hay que hacer para que los artistas estén felices?

—Es que yo necesito un objetivo como el que su padre me había trazado.

—¿Y qué objetivo era ése?

—Trabajar una fachada para la iglesia de San Lorenzo, con nichos para veinte estatuas de mármol de tamaño natural.

—Nunca me habló de eso.

—Fue antes de que él partiera para Careggi por última vez.

—¡Bah! Fue uno de esos sueños fugaces de todos los moribundos. Nunca se muestran prácticos en esos instantes, ¿verdad? Y bueno, trabaje en lo que le agrade por el momento, Buonarroti. Algún día pensaré en alguna obra que usted pueda realizar.

Miguel Ángel vio cómo iban llegando los regalos de boda de toda Italia, Europa y el Cercano Oriente. Eran de los amigos de Lorenzo, de sus socios comerciales, y estaban representados por raras joyas, marfiles labrados, perfumes, costosas telas de Asia, vasos y vasijas de vino de Oriente, muchos tallados. Y él también quería hacerle un regalo a Contessina, pero, ¿qué?

¿El Hércules? ¿Por qué no? Había comprado el mármol con su propio dinero. Era escultor y debía regalarle una escultura para su boda. ¡El Hércules para el jardín del palacio Ridolfi! No le diría nada, pero les pediría a los Topolino que lo ayudasen a llevarlo allí.

Ahora, por primera vez desde que había comenzado a esculpir el rostro del Hércules, decidió que sería un retrato de Il Magnifico: no de aquella nariz suya respingona, de su piel oscura y ásperos cabellos, sino del hombre interior, de la mente de Lorenzo de Medici. Su expresión reflejaría un intenso orgullo, unido a una gran humildad. Tendría no sólo el poder sino el deseo de comunicar. Y a tono con la devastadora potencia del cuerpo tendría una ternura que, sin embargo, reflejaría al luchador, dispuesto siempre a batallar en defensa de la humanidad, a remodelar el mundo traidor de los hombres.

Terminados sus dibujos, comenzó a esculpir poseído de una enorme excitación. Trabajaba desde el amanecer hasta el anochecer, sin preocuparse de comer al mediodía. Y todas las noches caía en la cama como un muerto.

Granacci lo elogió cuando la tarea quedó terminada y luego le dijo serenamente:

—*Amico mio*, no puedes regalar el *Hércules* a Contessina. Me parece que no estaría bien.

—¿Por qué?

—Porque es... demasiado grande.

—¿El Hércules demasiado grande?

—No, el regalo. Quizá los Ridolfi no lo consideren apropiado.

—¿Que yo le haga un regalo a Contessina?

—Un regalo tan importante.

—¿Te refieres al tamaño o al valor?

—A las dos cosas. No eres un Medici ni perteneces a una casa gobernante de las de Toscana. Tal vez sería considerado de mal gusto.

—¡Pero si no tiene valor alguno! ¡No podría venderlo!

—Tiene valor y lo puedes vender.

—¿A quién?

—A los Strozzi. Para el patio de su nuevo palacio. Los traje aquí el domingo pasado. Me autorizaron a ofrecerte cien florines grandes de oro. Tendrá un lugar de honor en el patio. ¡Y será tu primera venta!

Lágrimas de frustración llenaron los ojos de Miguel Ángel, pero ahora se consideraba ya un hombre y pudo reprimirlas.

—Piero y mi padre tienen razón, Granacci. No importa cuánto luche un artista, siempre terminará siendo un mercenario, con algo que ofrecer en venta.

No era posible huir a la tremenda excitación y al bullicio de los tres mil invitados a la boda, que llegaban a la ciudad y abarrotaban todos los palacios de Florencia. En la mañana del 24 de mayo, Miguel Ángel vistió sus mejores ropas y salió. Frente al palacio había una fuente con guirnaldas de frutas. En su centro, dos figuras diseñadas por Granacci vertían vino en tal abundancia que se desbordaba y corría como un río por la Via de Gori.

Avanzó con Granacci detrás de la comitiva nupcial. Contessina y Ridolfi recorrieron las calles, decoradas con banderas y guirnaldas, precedidos por un grupo de trompetas. A la entrada de la Piazza del Duomo había una réplica de un arco triunfal romano, festoneado también de guirnaldas. En la escalinata de la catedral, un notario leyó con potente voz el contrato matrimonial a los miles de personas que se habían congregado en la plaza. Cuando Miguel Ángel oyó la lectura de la inmensa dote de Contessina, palideció.

En San Lorenzo, la iglesia familiar de los Medici, Piero entregó oficialmente su hermana a Ridolfi, quien colocó en su dedo el anillo nupcial. Miguel Ángel se quedó al fondo de la iglesia y se deslizó luego por una puerta lateral cuando se estaba oficiando la misa de esponsales. Una tribuna de madera llenaba todo un costado de la plaza para acomodar a la multitud. En el centro había un árbol de quince metros que servía de soporte a un pabellón blanco en el que se había colocado a los músicos. Todas las casas circundantes estaban profusamente engalanadas con tapices.

El cortejo nupcial salió de la iglesia, Ridolfi, un joven alto, de cabellos negros que servían de marco a su pálido rostro, vestía suntuosamente. Miguel Ángel se hallaba en la escalinata observando a Contessina con su vestido carmín de larga cola y cuello de armiño blanco. No bien se sentó en su sitio de la tribuna, comenzaron los entretenimientos: una pieza teatral que representaba "una lucha entre la castidad y el matrimonio", un torneo en el que intervino Piero y, como culminación, una justa entre los "Caballeros de la Gata", en la que un hombre, desnudo hasta la cintura y con la cabeza afeitada, penetraba en una jaula colocada sobre una plataforma de madera y tenía que dar muerte a un gato a dentelladas, sin usar las manos para nada.

Se le había reservado un asiento en el salón comedor. Lo más selecto de los productos de Toscana había sido llevado al palacio para el banquete: ochocientos barriles de vino, mil kilos de harina, miles de kilos de carnes, mazapán, frutas y legumbres. Miguel Ángel observó el acto ceremonial de colocar una criatura en los brazos de Contessina y un florín de oro en su zapato, para que nunca le faltasen la fertilidad y la riqueza. Luego, terminado el banquete nupcial, cuando los invitados pasaron al salón de baile, que Granacci había convertido en una réplica del antiguo Bagdad, Miguel Ángel salió del palacio y caminó de plaza en plaza, donde Piero había hecho colocar larguísimas mesas cargadas de alimentos y vino para que toda Florencia participase. Pero la gente parecía silenciosa y triste.

No volvió al palacio, donde las fiestas continuarían por espacio de dos días más, antes de que Contessina fuese escoltada al palacio de los Ridolfi. En la oscuridad de la noche, caminó lentamente hacia Settignano, extendió una manta bajo una de las arcadas de la casa de los Topolino y, cruzadas las manos bajo la cabeza, contempló la salida del sol sobre las colinas y el techo de la casa de los Buonarroti, al otro lado del barranco, iluminado por los primeros rayos solares.

VIII

El boda de Contessina resultó un punto crucial para él y para Florencia. Había presenciado el resentimiento del pueblo en la primera noche de fiestas y oído rumores contra Piero. Poca necesidad había de los discursos fogosos pronunciados contra él por Savonarola, que con mayor poder que nunca estaba nuevamente en la ciudad y exigía que Piero fuese procesado por la Signoria, por violación de las leyes suntuarias de la ciudad.

Intrigado ante la intensidad de aquella reacción, Miguel Ángel fue a visitar al prior Bichiellini.

—¿Fueron menos suntuosas las bodas de otras hijas de los Medici? —le preguntó?

—No mucho. Pero cuando se trataba de Lorenzo, el pueblo de Florencia tenía la sensación de que compartía los festejos. En cambio ahora, con Piero, la sensación es únicamente de que da. Por eso el vino nupcial les ha resultado agrio.

La terminación de las fiestas nupciales de Contessina fue la señal para que los primos Medici comenzasen su campaña política contra Piero. Pocos días después, la ciudad era un hervidero de escandalosos rumores: en una reunión realizada la noche anterior, Piero y su primo Lorenzo habían sostenido una reyerta por una mujer. Piero aplicó un puñetazo a Lorenzo en un oído: era la primera vez que un Medici golpeaba a otro. Ambos habían sacado sus dagas y habría habido una muerte si varios amigos no hubiesen intervenido para separarlos. Cuando Miguel Ángel llegó al comedor para el almuerzo, vio que faltaban algunos de los antiguos amigos de la familia. Las risas de Piero y sus compañeros de francachelas le sonaron un poco histéricas.

Granacci llegó al jardín al anochecer para decirle que alguien había visto su *Hércules* en el patio de los Strozzi y lo esperaba allí para hablarle sobre un encargo. Miguel Ángel ocultó su sorpresa cuando vio que los nuevos clientes eran los primos Medici, Lorenzo y Giovanni. Los había visto numerosas veces en el palacio, cuando vivía Lorenzo, pues ambos lo amaban como a un padre. Il Magnifico les había dado cargos diplomáticos, enviándolos hasta Versalles, once años atrás, para felicitar en su nombre a Carlos VIII cuando subió al trono de Francia. Piero los había considerado siempre como miembros de una rama menor de la familia.

Los dos primos Medici estaban de pie, a ambos lados del *Hércules*. Lorenzo, doce años mayor que Miguel Ángel, tenía unas facciones regulares y llenas de expresión, aunque su piel estaba marcada por rastros de viruela. Era un hombre poderosamente constituido, destacándose su fuerte cuello, hombros y tórax. Vivía como un gran señor en el palacio familiar de la Piazza San Marco y poseía villas en la ladera de la colina de Fiesole y en Castello. Por aquellos días, Botticelli vivía del encargo que él le había hecho: las ilustraciones para *La Divina Comedia*, de Dante. Era un poeta y dramaturgo notable. Giovanni, el hermano menor, de veintisiete años, era llamado "El Hermoso" por los florentinos.

Lo saludaron con mucha cordialidad y le alabaron su *Hércules* e inmediatamente después abordaron el tema que había motivado la entrevista. Lorenzo tomó la palabra.

—Miguel Ángel, hemos visto las dos piezas de mármol que esculpió para nuestro tío Lorenzo y nos hemos dicho a menudo, mi hermano y yo, que un día le pediríamos que hiciese algún trabajo similar para nosotros.

Miguel Ángel permaneció en silencio. El hermano más joven dijo:

—Siempre hemos deseado tener un San Juan joven, en mármol blanco, para patrón de nuestra casa. ¿Le interesa el tema?

Miguel Ángel movió los pies, cohibido, mientras miraba hacia la portada principal del palacio Strozzi y a la amplia mancha de sol de la Via Tornabuoni. Necesitaba trabajar, no solamente por el dinero que ello pudiera producirle sino porque su inquietud aumentaba cada día. Y cualquier trabajo que consiguiera le pondría el mármol nuevamente en las manos.

—Estamos dispuestos a pagar un buen precio —agregó Lorenzo, mientras su hermano añadía:

—En el fondo de nuestro jardín hay un lugar donde podría instalar un pequeño taller. ¿Por qué no nos proporciona el placer de su compañía el domingo, a la hora de la cena?

Miguel Ángel volvió a su casa en silencio, con la cabeza baja. Granacci no pronunció una palabra ni ofreció sugerencia alguna hasta que se separaron en la esquina de la Via dei Bentaccordi y la Via dell'Anguillara.

Entonces dijo:

—Me pidieron que te llevara y te he llevado. Eso no significa que crea que debes aceptar, Miguel Ángel.

—Comprendo perfectamente, Granacci. Y muchas gracias.

Pero su familia no se mostró tan tolerante.

—¡Claro que tienes que aceptar ese encargo! —gritó Ludovico, mientras se pasaba las manos por la larga cabellera, que se le había caído sobre los ojos—. Sólo que esta vez tienes derecho a fijar el precio, puesto que han sido ellos quienes te han llamado.

—Pero, ¿por qué han venido a mí? —insistió Miguel Ángel.

—Porque quieren tener un San Juan tuyo —replicó su tía Cassandra.

—Pero, ¿por qué en este momento, cuando están organizando un partido opositor para enfrentarse a Piero? ¿Por qué no me lo han pedido en cualquier otro momento durante los dos últimos años?

—¿Y eso qué te importa a ti? —preguntó tío Francesco—. ¿Quién es tan idiota que se pone a mirarle los dientes a un encargo de escultura, como si no fuera un caballo regalado?

—Es que hay otra cosa, tío Francesco. El prior Bichiellini dice que el propósito que persiguen los dos primos es expulsar a Piero de Florencia. Y con este encargo que me ofrecen creen asestar otro golpe a su primo.

—¿Así que tú eres un golpe? —preguntó Lucrezia, confundida.

—Un golpe muy modesto, madre mía —dijo Miguel Ángel, sonriente.

—Bueno, bueno, ¡dejémonos de política! —ordenó Ludovico— y volvamos a los negocios. ¿Acaso son tan buenos los tiempos para la familia Buonarroti como para que puedas permitirte el lujo de rechazar un encargo?

—No, padre, pero no puedo ser desleal con mi protector Lorenzo, aunque haya muerto.

—¡Bah, bah! ¡Los muertos no necesitan lealtad!

—Sí, la necesitan tanto como los vivos. Acabo de darle cien florines, o sea, todo lo que he recibido en pago del *Hércules*...

Los primos le reservaron un lugar de honor en su banquete del domingo por la noche, durante el cual se habló de todo, menos de Piero y el San Juan. Cuando, una vez terminada la cena, Miguel Ángel declaró tartamudeando que apreciaba el ofrecimiento que le habían hecho pero que no le era posible aceptarlo por el momento, Lorenzo respondió:

—No tenemos prisa. El ofrecimiento queda en pie.

En el palacio de Piero no había un verdadero lugar para él. No servía a propósito alguno y sólo tenía valor para Giuliano. Salió a buscar encargos que justificasen su presencia. Después comenzó a realizar trabajos en el palacio: arreglar la colección de dibujos de Lorenzo, agregándole las adquisiciones ocasionales de Piero, que por cierto eran muy pocas. Ludovico le había dicho que no tenía el precio del orgullo, pero él pensaba que, algunas veces, el carácter de un hombre no le daba la elección de decidir si podía permitirse el lujo de un rasgo de carácter con el que había nacido.

También Piero era desgraciado cuando, sentado a la mesa, preguntó a los pocos amigos que le quedaban:

—¿Por qué no puedo conseguir que la Signoria vea las cosas de acuerdo con mi punto de vista? ¿Por qué tengo que tropezar con dificultades en todo cuanto hago, cuando mi padre siempre encontró liso y llano su camino?

Miguel Ángel formuló la pregunta al prior Bichiellini, cuyos ojos, al oírla, brillaron de ira.

—Sus cuatro antepasados Medici —respondió— consideraron siempre el acto de gobernar como el arte de gobernar. Amaron primeramente a Florencia y en segundo término a sí mismos. Piero...

Miguel Ángel se sorprendió ante la denuncia que se adivinaba en el tono seco del prior.

—¡Nunca lo había oído hablar tan amargamente, padre!

—... Piero —prosiguió el monje— no quiere escuchar consejos. Un hombre débil al timón y un poderoso y hambriento sacerdote que trabaja para reemplazarlo... Hijo mío, estamos viviendo días muy tristes en Florencia.

—He oído algunos de los sermones que pronunció Savonarola sobre las inminentes inundaciones. La mitad de la población cree que el Día del Juicio está a pocos pasos de nosotros. ¿Qué propósito persigue al aterrorizar de esa manera a Florencia?

El prior se puso los anteojos y respondió:

—Quiere ser Papa. Pero su ambición no termina ahí: tiene planes para conquistar el Cercano Oriente y luego todo Oriente.

Miguel Ángel preguntó, un poco sarcástico:

—¿Y usted no tiene ansias de convertir a los infieles?

Bichiellini calló un momento y luego replicó:

—¿Quieres decir si me gustaría que todo el mundo fuese católico? Sí, pero únicamente si todo el mundo desease convertirse a nuestra fe. Y ciertamente no por mediación de un tirano que destruiría la mente de toda la humanidad para salvar su alma. Ningún cristiano sincero podría desear eso.

Al regresar al palacio, encontró un mensaje urgente de su padre. Fue a su casa y Ludovico lo llevó al dormitorio, levantó un montón de ropa del cajón superior de la cómoda de Giovansimone y sacó un puñado de joyas, hebillas de plata y oro y medallones.

—¿Qué significa esto, Miguel Ángel? —preguntó con muestras de evidente miedo—. ¿Acaso Giovansimone se ha dedicado a robar en casas ajenas durante la noche?

—No es nada tan ilegal, padre. Giovansimone es capitán del Ejército de Jóvenes de Savonarola. Sus componentes despojan a las mujeres en las calles, pero sólo a las que violan las órdenes del monje, en el sentido de no usar joyas en público. Llaman a las puertas de las casas, en grupos de veinte o treinta, si se enteran de que la familia que vive allí ha violado las leyes suntuarias, y dejan la casa vacía. Si encuentran oposición, apedrean a los ocupantes furiosamente.

—Pero… ¿se le permite a Giovansimone que se guarde estas joyas? Tienen que valer cientos de florines.

—Su deber es llevarlas todas a San Marco. La mayor parte de los jóvenes de ese ejército lo hacen. Pero Giovansimone ha convertido su antigua pandilla de vagos en lo que Savonarola llama sus "ángeles de camisas blancas". Y el Consejo es impotente para impedirles todas esas fechorías.

Leonardo eligió aquel momento para llamar a Miguel Ángel a San Marco y mostrarle la escuela de pintores, escultores e iluminadores que fray Savonarola había establecido en las celdas, separadas del jardín del claustro.

—Como ves, Miguel Ángel —dijo—, Savonarola no está en contra de las artes, sino solamente de las que son obscenas. Ésta es tu oportunidad de unirte a nosotros y convertirte en el escultor de la Orden. Jamás carecerás de mármol ni de encargos.

—¿Y qué tendré que esculpir?

—¿Qué te importa lo que esculpas, siempre que no te falte el trabajo que tanto amas?

—¿Quién me dirá lo que tengo que esculpir?

—Fray Savonarola.

—¿Y si no quiero hacer lo que él desea?

—Como monje, no discutirás sus decisiones o deseos. No podrás tener deseos personales...

Regresó a su taller en el abandonado *casino*. Allí, por lo menos, tenía entera libertad de dibujar de memoria reproducciones anatómicas de las cosas que había aprendido durante sus meses de disección. Quemó los papeles de dibujo, que estaban abarrotados de bosquejos, pero aquella precaución era casi innecesaria, ya que nadie iba ahora al jardín, como no fuera Giuliano, que contaba ya quince años y se presentaba periódicamente con los libros bajo el brazo, para estudiar en el agradable silencio del taller. Ocupaba la antigua mesa de Torrigiani en el porche del *casino*. Luego, al anochecer, ambos se dirigían al palacio.

IX

Al llegar el otoño, Florencia se vio envuelta en una disputa internacional que podía conducir a la destrucción de la ciudad-estado. Todo sucedía, según pudo enterarse Miguel Ángel, porque Carlos VIII, rey de Francia, había organizado el primer ejército permanente que se conocía desde las legiones de Julio César; estaba integrado por unos veinte mil hombres bien adiestrados y armados, y ahora llevaba aquel ejército a través de los Alpes, a territorio de Italia, para reclamar el reino de Nápoles, que consideraba suyo por herencia.

Durante la vida de Lorenzo de Medici, Carlos VIII, que era su amigo, no habría amenazado jamás con una invasión a través de Toscana. De haberlo hecho, los aliados de Lorenzo: las ciudades-estados de Milán, Venecia, Génova, Padua, Ferrara y otras habrían estrechado filas con Florencia para rechazarlo. Pero Piero había perdido ya todos esos aliados. El duque de Milán había enviado emisarios a Carlos VIII, invitándolo a entrar en Italia. Los primos Medici, que asistieron a la coronación del monarca francés en Versalles, aseguraron a Carlos que Florencia esperaba su entrada triunfal.

Debido a la alianza de los Orsini, la familia de su madre y esposa, con Nápoles, Piero negó a Carlos el paso libre por su territorio. No obstante, en los meses que mediaron entre la primavera y el otoño, no hizo nada para organizar un ejército ni reunir armas para contener al rey francés, si, en efecto, los invadía. Los ciudadanos de Florencia, que habrían luchado por Lorenzo, estaban dispuestos a recibir con los brazos abiertos a los franceses, porque los ayudarían a expulsar a Piero. Y Savonarola invitó también a Carlos VIII a que entrase en Florencia.

A mediados de septiembre, Carlos VIII había cruzado ya los Alpes con sus fuerzas y el duque de Milán lo recibió cordialmente. La ciudad de Rapallo fue saqueada. Aquella noticia cayó en Florencia como un rayo. Se suspendieron todas las actividades normales del comercio, a pesar de lo cual, cuando el rey francés envió nuevamente emisarios para pedir que se le permitiese el paso libre, Piero los dejó marchar sin darles una respuesta definitiva. El rey francés juró irrumpir en Toscana por la fuerza y conquistar la ciudad de Florencia.

Miguel Ángel tenía ahora un nuevo vecino en el palacio. Piero hizo traer al hermano de Alfonsina, Paolo Orsini, para ponerlo al mando de un centenar de mercenarios, con los que debía hacer frente al ejército de veinte mil hombres de Carlos VIII. Miguel Ángel juró una docena de veces huir del palacio y viajar a Venecia, como se lo había sugerido Lorenzo. Si bien era leal a la memoria de Lorenzo, a Contessina, Giuliano y hasta al cardenal Giovanni, no sentía el menor afecto por Piero, que le había dado un hogar, un lugar para su trabajo y un salario. Pero no pudo persuadirse a sí mismo de unirse a los desertores.

Sus tres años a las órdenes de Lorenzo en el jardín de escultura y en el palacio, habían sido años de emoción, crecimiento, aprendizaje, maestra en el manejo de sus herramientas y en los conocimientos de su oficio. Y ahora, durante casi los dos años y medio transcurridos desde la muerte de su protector, se había sentido paralizado. Ahora era mucho mejor dibujante, sí, gracias al prior Bichiellini y sus meses de disección, pero se sentía menos vivo, menos creador que cuando estaba en pleno entusiasmo de su aprendizaje bajo las órdenes de Bertoldo, Il Magnifico, Pico, Poliziano, Landino, Ficino y Benivieni. Durante mucho tiempo había estado atravesando la mitad inferior del círculo. ¿Cómo haría para volver a la parte superior o ascendente? ¿Cómo podría elevarse por sobre el tumulto los temores y de la parálisis de Florencia y hacer que su mente y sus manos reanudasen su trabajo de escultor? Sí, ¿cómo, cuando hasta Poliziano había acudido a Savonarola para implorar su absolución, para rogarle, con sus últimas palabras, que lo admitiese en la Orden de los Dominicos, a fin de que pudiera ser sepultado con el hábito de monje dentro de los muros de San Marco?

El 21 de septiembre, fray Savonarola, en un esfuerzo final para expulsar a Piero de Florencia, predicó un nuevo sermón en el Duomo. Los florentinos llenaron por completo la catedral. Cada una de sus piedras servía a modo de pared de rebote. Miguel Ángel, que, como siempre, se había quedado junto a la puerta, se sintió cercado por todas partes, rodeado por un mar de sonidos que lo ahogaba como las aguas de un río desbordado. Volvió a la calle en medio de una compacta masa humana, casi muerta de miedo, muda, con los ojos desorbitados.

Únicamente el prior Bichiellini se mostraba tranquilo y dijo:

—Miguel Ángel, eso es nigromancia. Desde los tiempos más remotos de la humanidad ha existido. El mismo Dios prometió a Noé y a sus hijos, en el Génesis, que jamás se produciría un segundo Diluvio: "¡Jamás la creación será destruida otra vez por las aguas de una inundación! ¡Nunca volverá una inundación a devastar al mundo!". Y ahora dime: ¿Con qué derecho enmienda la Biblia fray Savonarola? Algún día, Florencia descubrirá que ha sido víctima de un feo engaño y entonces...

La suavidad y serenidad de la voz del prior constribuyó a esfumar el hechizo que las palabras de Savonarola habían echado sobre Miguel Ángel.

—Cuando llegue ese momento —respondió— podré abrir las puertas de Santo Spirito a Savonarola, para salvarlo de las turbas.

El prior sonrió levemente, con cierta ironía.

—¿Puedes imaginar a Savonarola haciendo voto de silencio? ¡Antes se dejaría carbonizar en una pira!

La red se iba cerrando cada día más.

Venecia se declaró neutral y Roma se negó a proporcionar tropas a Piero.

Carlos VIII atacó las fortalezas de la frontera de Toscana y algunas de ellas cayeron en su poder, pero los canteros del mármol de Pietrasanta opusieron una dura resistencia, a pesar de la cual sólo podrían pasar unos pocos días antes de que los franceses penetrasen en la ciudad de Florencia.

El populacho estaba poseído de histerias alternadas: miedo y alivio. Todos los habitantes estaban en las calles, llamados a la Piazza della Signoria por el alocado tañido de la gran campana de la torre. ¿Estaría a punto de ser saqueada la ciudad? ¿Sería derrocada la república? ¿Serían capturados por un monarca extranjero invasor toda la riqueza, las artes, el comercio, la seguridad y la prosperidad, después de que Florencia había vivido en paz con el mundo durante tanto tiempo que ya no tenía ejército, armas ni voluntad para luchar? ¿Era aquello el principio de un nuevo Diluvio?

Una mañana, Miguel Ángel se levantó y descubrió que el palacio había sido abandonado. Piero, Orsini y sus séquitos habían salido apresuradamente para negociar con Carlos VIII. Alfonsina había partido con sus hijitos y Giuliano para refugiarse en la villa de la colina. Aparte de algunos viejos servidores, Miguel Ángel parecía estar solo. El magnífico palacio resultaba aterrador en su vacío silencio. El cuerpo de Lorenzo había muerto en Careggi y ahora el gran espíritu de aquel hombre, representado por su magnífica biblioteca y obras de arte, parecía estar muriendo también. Mientras caminaba por los corredores llenos de ecos y abría las puertas de las vacías habitaciones, algo del horrendo hedor de la muerte parecía llenarlo todo. Y él sabía lo que era aquello, pues lo había sentido en la morgue de Santo Spirito.

Aquel caos continuó. Piero se postró ante Carlos VIII y ofreció al conquistador las fortalezas de la costa: Pisa y Livorno, así como doscientos mil florines, siempre que "continuase a lo largo de la costa, sin entrar en Florencia". Indignado ante aquella humillante capitulación, el Consejo de la Ciudad hizo sonar la campana de la torre de la Signoria para convocar al pueblo y fustigó a Piero por su "cobardía, imprudencia, ineptitud y rendición".

Una delegación, en la que figuraba fray Savonarola, partió para entrevistarse con el monarca francés, sin tener en cuenta para nada a Piero. Éste corrió de vuelta a Florencia para tratar de imponer sus derechos. La ciudad hervía de ira y odio contra él. Exigió ser oído, pero la muchedumbre le gritó: "¡Idos! ¡No molestéis a la Signoria!". Piero retrocedió, despectivo, y entonces grupos de muchachos le arrojaron piedras. La muchedumbre lo persiguió por las calles. Desapareció dentro del palacio y consiguió contener momentáneamente a la turba al ordenar que los servidores que le quedaban sacasen vino y alimentos a la plaza.

Poco después, llegaron a todo correr varios emisarios que gritando:

—¡La Signoria ha desterrado a los Medici! ¡Para siempre! ¡Hay una recompensa de cuatro mil florines por la cabeza de Piero! ¡Muera Piero!

Miguel Ángel consiguió entrar en el palacio y descubrió que Piero había huido por una puerta secreta, para unirse a la banda de mercenarios de Orsini, que cubrió su huida. El cardenal Giovanni, su grueso rostro cubierto de sudor debido al cargamento de manuscritos que llevaba en los brazos, seguido por dos servidores cargados asimismo de volúmenes encuadernados, cruzaba el jardín y poco después salía sano y salvo, por la misma puerta que su hermano.

La turba irrumpió en el patio del palacio, bajó a los sótanos y las bodegas, abrió barriles y botellas y bebió hasta saciarse. Después, muchos comenzaron a estrellar las botellas y damajuanas de vino contra las paredes, al extremo de que la bodega mayor quedó completamente inundada. Y entonces, la furiosa multitud subió la escalera para saquear el palacio.

Miguel Ángel se colocó ante el *David* de Donatello. La muchedumbre seguía entrando por la portada principal para detenerse en el ya abarrotado patio ante la imposibilidad de avanzar más. ¿Qué había producido aquel tremendo cambio en el pueblo? ¿Sería la sensación de hallarse por primera vez dentro del palacio como amos más que como intrusos?

La escultura de *Judith y Holofernes*, de Donatello, fue alzada por varios hombres y llevada, con grandes gritos de aprobación, a través del jardín posterior del palacio. Todo lo que resultaba demasiado grande o pesado, bustos de mármol, estatuas, etcétera, era destrozado inmediatamente con barras de hierro.

Miguel Ángel se deslizó a lo largo de la pared y subió a grandes saltos por la escalera principal. Al llegar arriba, corrió a toda velocidad por el pasillo hasta llegar al *studiolo*, entró en él, cerró la puerta tras sí y buscó el cerrojo. ¡No había! Lanzó una mirada a su alrededor, hacia los valiosísimos manuscritos, estuches de raros camafeos, amuletos, joyas talladas, antiguas monedas, los bajorrelieves griegos sobre la puerta, los bajorrelieves en bronce de Donatello, el *San Gerónimo* de Van Eyck. ¿Qué podía hacer para proteger todos aquellos tesoros?

Sus ojos se posaron de pronto en el montacargas. Abrió su puerta, tiró de la soga y, cuando la movible plataforma llegó al nivel del piso del *studiolo*, empezó a echar sobre ella todos los objetos de valor que fue encontrando. Una vez lleno el montacargas, tiró de la otra soga y la plataforma comenzó a descender. Cuando ya había recorrido alguna distancia y calculó que estaba entre los dos pisos, ató la soga y cerró la puerta del montacargas.

Una masa humana llegó al *studiolo* en aquel momento y comenzó a saquear la habitación. Miguel Ángel se abrió paso entre aquellos cuerpos, forcejeando, y corrió a su habitación, donde arrojó bajo las dos camas los modelos de Bertoldo y algunos bronces.

Su utilidad allí había terminado. Centenares de hombres recorrían el palacio… Se apoderaban de todo en los salones y lo que no podían llevar lo destrozaban.

Entre aquella turba reconoció a uno de los fieles de Medici, su primo Bernardo Rucellai, esposo de Nannina de Medici. Estaba de pie ante una de las obras de Botticelli, en la antecámara. Y gritaba:

—¡Son ciudadanos de Florencia! ¿Por qué están destruyendo los tesoros de la ciudad? ¡Paren, les pido!

A Miguel Ángel le pareció una figura heroica, al verlo así, con los brazos extendidos, iracundos los ojos, en su afán de proteger aquella tela. Pero fue derribado. Miguel Ángel luchó por acercarse al caído y lo logró. Inclinándose, lo tomó en brazos y lo llevó, sangrante, a una pequeña habitación contigua, mientras pensaba irónicamente: "Éste es el contacto más íntimo que he tenido con la rama materna de mi familia".

En el despacho de Lorenzo, después de arrancar los mapas y tapices de las paredes, algunos fornidos florentinos consiguieron abrir la caja fuerte, de la que sacaron veinte mil florines de oro. El hallazgo enloqueció de júbilo a la turba, que se disputaba las monedas por el suelo.

Miguel Ángel bajó por la escalera posterior del palacio y atravesó el jardín. Luego recorrió varias callejuelas hasta llegar al palacio de Ridolfi. Pidió a un paje que le consiguiera pluma y papel y escribió una nota a Contessina: "Cuando haya pasado el peligro, envíe a alguien al *studiolo* de su padre… He cargado el montacargas cuanto pude". Y firmó *M.A.*

En el camino de regreso hizo dos etapas, en las casas de Bugiardini y Jacopo, dejando recado de que se encontrasen con él a medianoche en la Porta San Gallo. Por fin, cuando la ciudad dormía, se deslizó frente a los edificios de las cuadras del palacio. Dos de los pajes se habían quedado para atender a los caballos. Sabían que Miguel Ángel tenía derecho a sacar caballos cuando lo deseara. Lo ayudaron a ensillar tres. Montó y llevó a los otros dos animales de las riendas.

No había guardián alguno en la portada de San Gallo. Bugiardini lo esperaba ya y Jacopo llegó poco después.

Los tres amigos partieron a caballo rumbo a Venecia.

X

Por la tarde del segundo día, habían cruzado los Apeninos y dejaron atrás el paso Futa, para llegar a Bolonia, cercada por sus muros de ladrillo color naranja y sus casi doscientas torres, varias de las cuales estaban pronunciadamente inclinadas, más todavía que la de Pisa. Penetraron en la ciudad por el lado del río y llegaron al mercado de legumbres, donde un grupo de mujeres viejas vestidas de negro barrían el suelo con grandes escobas. Preguntaron a una de las viejas una dirección y se dirigieron a la Piazza Comunale.

Las calles, estrechas y tortuosas, carecían de aire. Cada familia boloñesa había construido una torre como protección contra sus vecinos, costumbre también florentina que Cosimo había abolido. Las calles más anchas y las plazas estaban bordeadas de recovas de ladrillo color naranja, para proteger a la población contra la nieve, la lluvia y el intenso calor del verano, por lo cual los boloñeses podían atravesar su ciudad en todas las direcciones sin verse expuestos a estos elementos.

Llegaron a la plaza principal, con la majestuosa iglesia de San Petronio en uno de sus extremos y el Palacio Comunal, que ocupaba totalmente uno de los lados. Desmontaron y se vieron rodeados enseguida por miembros del servicio de vigilancia.

—¿Son forasteros en Bolonia?

—Florentinos —respondió Miguel Ángel.

—Los pulgares, por favor.

—¿Pulgares? ¿Para qué quieren nuestros pulgares?

—Para ver la marca del lacre.

—No la tenemos.

—Entonces tendrán que acompañarnos. Están arrestados.

Fueron llevados a la oficina de la Aduana, donde el oficial de guardia les explicó que todo forastero que llegaba a Bolonia tenía que registrar su nombre y someterse a que le pusieran la marca de lacre en los pulgares, en cuanto traspasara cualquiera de las dieciséis puertas de la ciudad.

—¿Y cómo podíamos saber eso? —replicó Miguel Ángel—. Nunca hemos estado en Bolonia.

—La ignorancia de la leyes no excusa a nadie. Les impongo una multa de cincuenta libras boloñesas.

Antes de que los tres amigos pudieran salir de su asombro, un hombre avanzó hasta la mesa donde estaba el oficial:

—¿Me permite que hable con los jóvenes unos instantes? —preguntó.

—Ciertamente, Excelencia —respondió el oficial.

—¿No se llama Buonarroti? —preguntó el desconocido a Miguel Ángel.

—Sí.

—¿No es su padre uno de los funcionarios de la Aduana?

—Sí, señor.

El caballero boloñés se volvió al oficial:

—Este joven —dijo— pertenece a una excelente familia florentina. Su padre tiene a su cargo una rama de la Aduana, como usted. ¿No le parece que nuestras dos ciudades hermanas podrían realizar un intercambio de hospitalidad para sus familias importantes?

Halagado, el oficial respondió:

—Con muchísimo gusto, Excelencia.

—Yo garantizo su comportamiento aquí.

De vuelta al sol de la plaza, Miguel Ángel estudió a su benefactor. Tenía un rostro ancho y agradable. Aunque algunos mechones de su cabello indicaban que podía tener cuarenta y tantos años, su piel era suave, sin arrugas, como la de un hombre joven. Sus dientes eran menudos y perfectos, la boca, pequeña, y el mentón, enérgico.

—Es usted sumamente bondadoso y yo tremendamente estúpido. Ha recordado mi rostro vulgar, mientras yo, que sabía que nos habíamos visto en alguna parte…

—Estuvimos sentados juntos en una de las cenas de Lorenzo de Medici —explicó el caballero.

—¡Claro! ¡Ahora sí, es usted el señor Aldrovandi, *Podestá* de Florencia! Y me habló de la obra de un gran escultor que vive en Bolonia.

—Sí. Jacopo della Quercia. Y ahora tendré oportunidad de enseñarle sus trabajos. Me sentiría muy honrado si usted y sus amigos me acompañaran a cenar.

—El placer y el honor serán nuestros —rió Jacopo—. No hemos deleitado nuestros estómagos desde que perdimos de vista el Duomo.

—Entonces han venido a la ciudad más apropiada para eso —replicó Aldrovandi—. Bolonia es conocida por el nombre de *La Grassa*, la gorda. Aquí comemos mejor que en ninguna otra parte de Europa.

Salieron de la plaza y avanzaron hacia el norte de la ciudad. Luego torcieron para entrar en la Via Galliera. El palacio Aldrovandi era un edificio graciosamente proporcionado, con tres pisos de ladrillo. Había una puerta con arco de punta enmarcada por un friso de terracota con el escudo de armas de la familia. Las ventanas estaban divididas por columnas de mármol.

Bugiardini y Jacopo dispusieron el cuidado de los caballos, mientras Aldrovandi llevaba a Miguel Ángel a ver su biblioteca, de la cual estaba enormemente orgulloso.

—Lorenzo de Medici me ayudó a coleccionar estos volúmenes —le dijo.

Tenía un ejemplar de *Stanze per la Giostra*, de Poliziano. Miguel Ángel tomó el manuscrito, encuadernado en cuero.

—¿Sabía, *messer* Aldrovandi, que Poliziano falleció hace algunas semanas?

197

—Sí, y me produjo una gran tristeza, porque mentes como la suya no existen ya. Y Pico también. ¡Qué árido será el mundo sin ellos!

—¿Pico? —exclamó Miguel Ángel con pena—. ¡No lo sabía! Pero Pico era joven...

—Treinta y un años. La muerte de Lorenzo ha significado el final de una era. Ya nada podrá ser lo mismo.

Miguel Ángel empezó a leer el poema. Aldrovandi dijo respetuosamente:

—Lee muy bien, mi joven amigo. Su dicción es perfecta, clara.

—He tenido muy buenos maestros.

—¿Le gusta leer en voz alta? Tengo volúmenes de los más grandes poetas: Dante, Petrarca, Plinio, Ovidio...

—Hasta ahora no sabía que me gustaba.

—Dígame, Miguel Ángel, ¿qué lo trae a Bolonia?

Aldrovandi estaba enterado ya de la suerte de Piero, pues el grupo de los Medici había pasado por Bolonia el día anterior. Miguel Ángel le explicó que iban de camino a Venecia.

—¿Y cómo es que no tienen entre los tres esas cincuenta libras boloñesas, si viajan a una ciudad tan lejana?

—Bugiardini y Jacopo no tienen ni un escudo. Yo pago sus gastos. En Venecia esperamos encontrar trabajo.

—¿Entonces por qué no se quedan en Bolonia? Aquí tenemos las obras de Della Quercia, que le servirán de estudio. Y hasta quizá podríamos conseguirles algún trabajo.

Los ojos de Miguel Ángel brillaron, esperanzados.

—Después de la cena hablaré con mis dos compañeros —respondió.

Aquel pequeño incidente con la policía de Bolonia había bastado para que todo el afán de aventuras de Jacopo y Bugiardini se esfumara por completo. Además, tampoco estaban interesados en las obras de escultura de Della Quercia. Por lo tanto, decidieron que preferirían regresar a Florencia. Miguel Ángel les dio dinero para el viaje y les pidió que llevasen de vuelta su caballo a las cuadras de los Medici, juntamente con los que montarían ellos. Luego informó al señor Aldrovandi que se quedaría en Bolonia y trataría de buscar alojamiento.

—¡Ni pensarlo! —exclamó Aldrovandi—. Ningún protegido y amigo de Lorenzo de Medici puede vivir en una posada de Bolonia. Un florentino educado por los cuatro platonistas constituye un regalo muy poco común para nosotros. Será mi huésped.

Despertó bajo los primeros rayos del anaranjado sol boloñés, que penetraba por la ventana, iluminando los tapices y el cielo artesonado. En un cofre pintado que había a los pies de la cama encontró una toalla de hilo. Se lavó en una jofaina de plata, mientras sus pies desnudos pisaban una suave y tibia alfombra persa. Había sido invitado a una casa alegre. Oyó voces y risas que sonaban en aquella ala del palacio, en la que residían los cinco hijos de Aldrovandi. La esposa, una mujer joven y hermosa con quien había casado en segundas nupcias, había contribuido también con su cuota de hijos. Era una mujer agradable, que quería por igual a los cinco descendientes y recibió a Miguel Ángel con suma cordialidad, como si fuera un hijo más. Su anfitrión, Gianfrancesco, había estudiado en la universidad local, de la que egresó con el titulo de notario. Además, era un capacitado banquero retirado, que ahora gozaba de su vida, dedicándola por entero a las artes. Entusiasta de la poesía, era al mismo tiempo un hábil versificador. Había hecho una gran carrera en la vida política de la ciudad-estado: senador, *confalonieri* de justicia, miembro del cuerpo de los Dieciséis Reformistas del Estado Libre, que gobernaba a Bolonia, e íntimo de la familia gobernante, los Bentivoglio.

—La única pena de mi vida es que no sé escribir en griego y en latín —le dijo a Miguel Ángel, mientras estaban sentados los dos en el extremo de la enorme mesa de nogal, con capacidad para cuarenta comensales y en cuyo centro se veía, incrustado en nácar, el escudo de armas de la familia—. Naturalmente, leo en ambos idiomas, pero en mi juventud pasé demasiado tiempo cambiando dinero, en lugar de aprender a rimar palabras griegas y latinas.

Era un ávido coleccionista. Llevó a Miguel Ángel por todo el palacio para enseñarle dípticos pintados, tallas de madera labrada, vasijas de oro y plata, monedas, cabezas y bustos de terracota, bronces y pequeñas piezas de mármol esculpido.

—Pero, como verá, no hay nada importante del arte local —dijo melancólicamente—. Es un misterio para mí… ¿Por qué Florencia y no Bolonia? Somos una ciudad tan rica como la suya y nuestra población es igualmente vigorosa y valiente. Tenemos una hermosa historia en el campo de la música, la ciencia y la filosofía, pero nunca hemos podido crear grandes pintores o escultores ¿Por qué?

—Con todo respeto le preguntaría: ¿Por qué se la llama Bolonia la Gorda?

—Porque amamos la buena mesa y en eso hemos sido famosos desde la época de Petrarca: Bolonia es una ciudad carnívora.

—¿Podría ser la respuesta?

—¿Quiere decir que cuando las necesidades están satisfechas no se necesitan las artes? Sin embargo, Florencia es rica, vive bien…

—Sí, los Medici, los Strozzi y unas pocas familias más. Los toscanos son frugales por naturaleza. No nos produce placer gastar. No recuerdo que la familia Buonarroti haya dado o recibido jamás un regalo. Nos gusta ganar dinero, pero no gastarlo.

—Y nosotros los boloñeses creemos que el dinero se ha acuñado para gastarlo. Todo nuestro genio se ha concentrado en refinar nuestros placeres. ¿Sabía que hemos creado un *amore bolognese*, que nuestras mujeres no visten las modas italianas sino únicamente las francesas y que nuestros chorizos y salames son tan especiales que guardamos la receta como si fuera un secreto de Estado?

En la comida del mediodía se sentaron a la mesa cuarenta personas. Los hermanos y sobrinos de Aldrovandi, profesores de la Universidad de Bolonia, familias gobernantes de Ferrara y Ravenna que pasaban por la ciudad, príncipes de la Iglesia, miembros de los Dieciséis que gobernaban la ciudad. Aldrovandi era un anfitrión encantador, pero, contrariamente a Lorenzo de Medici, no hacía esfuerzo alguno para mantener unidos a sus invitados, para negociar operaciones comerciales o cumplir otros propósitos que el de gozar los soberbios pescados, salames, carnes, vinos y fomentar la camaradería.

Después del reposo, Aldrovandi invitó a Miguel Ángel a recorrer la ciudad.

Caminaron bajo las arcadas de las recovas, donde las tiendas exponían los más delicados alimentos de toda Italia: exquisitos quesos, el más blanco de los panes, los vinos más raros. En Borgo Galliera, las carnicerías tenían a la vista una cantidad de carne mayor de la que Miguel Ángel había visto durante un año en Florencia. Luego fueron al Mercado de Pescado, donde el riquísimo producto de los valles cenagosos que rodeaban a Ferrara, esturión, cangrios, múgiles y otras variedades, llenaban innumerables cestos. Los centenares de puestos de productos de caza vendían lo cazado el día anterior: gamo, liebre, faisán. Y en todas las calles de la ciudad, los famosos salames.

—Hay una cosa que echo de menos, *messer* Aldrovandi —dijo Miguel Ángel—. No he visto esculturas en piedra.

—Porque no tenemos canteras. Pero siempre hemos traído los mejores tallistas de mármol que quisieron venir: Nicola Pisano y Andrea da Fiesole, de cerca de Florencia; Della Quercia, de Siena; Dell'Arca, de Bari… Nuestra escultura propia se realiza en terracota.

Recién cuando llegaron a Santa Maria della Vita, donde Aldovrandi le mostró la *Lamentación*, de Dell'Arca, Miguel Ángel se sintió poseído por una honda excitación. Aquel gran grupo de terracota era melodramático y profundamente inquietante, pues Dell'Arca había captado sus figuras en una agonía y lamentación admirablemente expresadas.

Instantes después, llegaron junto a un hombre joven que estaba labrando bustos de terracota para ser colocados sobre los capiteles del Palacio Amorini, en la vía Santo Stefano, Aldrovandi lo llamó Vincenzo.

—Éste —presentó —es nuestro amigo Buonarroti, el mejor escultor de Florencia.

—¡Ah, entonces, es apropiado que nos conozcamos! —respondió Vincenzo—. Yo soy el mejor escultor joven de Bolonia. Soy el sucesor de Dell'Arca y tengo el encargo de terminar la gran tumba de Pisano en San Domenico.

—¿Le han hecho el encargo? —preguntó Aldrovandi vivamente.

—Todavía no, Excelencia, pero tiene que ser mío. Al fin y al cabo, soy boloñés. ¡Y soy escultor!

Siguieron su camino y Aldrovandi dijo:

—¡Sucesor de Dell'Arca! ¡Es el sucesor de su abuelo y su padre, que fueron los mejores fabricantes de ladrillos de Bolonia! ¡Qué se ciña a su oficio!

Se dirigieron a la iglesia de San Domenico, construida en 1218. El interior tenía tres naves, más ornamentadas que la mayoría de las iglesias florentinas, con un sarcófago de San Domenico, original de Nicola Pisano, al cual lo llevó Aldrovandi, señalándole las tallas de mármol que habían sido hechas en 1267 y luego el trabajo continuado por Nicolo dell'Arca.

—Dell'Arca murió hace ocho meses. Quedan por esculpir tres figuras: un ángel aquí, a la derecha; San Petronio, sosteniendo el modelo de la ciudad de Bolonia, y San Próculo. Ésos son los mármoles que Vincenzo ha dicho que iba a esculpir.

Miguel Ángel miró fijamente a su acompañante. El hombre no añadió una palabra más y se limitó a salir con él de la iglesia a la Piazza Maggiore para ver la obra de Jacobo della Quercia sobre el portal principal de San Petronio. Se quedó atrás, permitiendo que Miguel Ángel se adelantase sólo.

El joven se quedó rígido, mientras contemplaba con enorme emoción. Aquella podía ser la escultura más admirable que había visto jamás.

—Nosotros los boloñeses creemos que Della Quercia era un escultor tan grande como Ghiberti —dijo Aldrovandi.

—Tal vez tan grande o quizá más, pero ciertamente distinto —respondió Miguel Ángel—. Veo que Della Quercia fue tan innovador como Ghiberti. ¡Vea qué vivas ha esculpido sus figuras humanas, cómo laten con una vitalidad interna! —señaló primero uno y luego otro de los paneles, a la vez que exclamaba—: ¡Oh, esas tallas de Dios, de Adán y Eva, de Caín y Abel, de Noé ebrio, de la expulsión del Paraíso! ¡Vea la fuerza y profundidad del diseño! ¡Ante esta obra me siento anonadado!

Se volvió a su amigo y agregó entusiasmado:

—Señor Aldrovandi, ¡ésta es la clase de figura humana que yo he soñado siempre esculpir!

XI

Encontró otro motivo de excitación en Bolonia, un motivo con el que no había ni soñado.

Recorrió todos los rincones de la ciudad con Aldrovandi, los palacios de sus hermanos, para las comidas familiares, y los de sus amigos, para cenas íntimas. Los boloñeses eran naturalmente hospitalarios, gozaban con verse rodeados de amigos e invitados. Fue en una cena ofrecida por Marco Aldrovandi, sobrino de su anfitrión, donde conoció a Clarissa Saffi. Era la única mujer presente y hacía los honores de la villa situada en las colinas. Los demás invitados eran todos hombres, amigos de Marco.

Clarissa era una joven delgada, de cabellos dorados. Su cuerpo esbelto se movía con una delicada sensualidad. Cada pequeño movimiento de sus brazos, hombros y piernas era tan suave como una dulce música y tan agradable. Era una de esas raras criaturas que parecen haber sido concebidas exclusivamente para el amor.

Al ver la belleza de aquel cuello, hombros y senos, Miguel Ángel pensó en la pasión de Botticelli por el desnudo femenino perfecto: no para amarlo sino para pintarlo. Clarissa tenía mucho del dorado encanto de Simonetta, pero sin la triste inocencia que Botticelli había dado a su modelo.

Era distinta a cuantas mujeres hubiera visto Miguel Ángel hasta entonces. La contemplaba, no simplemente con los ojos sino con todos los poros y partes de su cuerpo. Su presencia en el salón de Marco, antes de que se moviera o hablase, hizo que la sangre le corriese tumultuosamente por las venas y se dio cuenta de que Clarissa era el amor en su forma femenina definitiva.

Su acogedora sonrisa le resultó como una caricia. A ella le gustaban todos los hombres; tenía una afinidad natural con ellos. Sus movimientos eran de una gracia cautivadora y resultaban un deleite para los sentidos. Las largas trenzas color oro bruñido parecían encerrar el cálido sol de Italia. La suave y sibilante música de su voz conmocionó hondamente a Miguel Ángel.

Hacía tres años que era la amante de Marco, desde que éste la había conocido barriendo la zapatería de su padre. El primero en reconocer su belleza, la había llevado a una villa escondida en las colinas, donde le enseñó a vestir suntuosas prendas y joyas y le puso un tutor para que le enseñase a leer y escribir.

Después de la cena, mientras los viejos amigos se enzarzaban en una animada discusión de política, Miguel Ángel y Chrissa se encontraron solos en una pequeña habitación dedicada a la música. A pesar de que intentaba convencerse de que no sentía el menor interés por la forma femenina, de que no encontraba en ella ninguna emoción digna de ser esculpida, no le era posible apartar los ojos del corpiño de Clarissa, cubierto por la tenue tela de su vestido y una red de oro delicadamente tejida que realizaba el perturba milagro de dar la impresión de mostrar sus pechos, mientras, al mismo tiempo, los ocultaba. Cuanto más miraba él, menos veía en realidad, puesto que se hallaba frente a una obra maestra del arte de la costura, diseñada para excitar e intrigar, pero sin revelar más que una sospecha de blancas palomas en su nido.

—¿Es artista, Buonarroti? —preguntó Clarissa.

—Soy escultor.

—¿Podría esculpirme en mármol?

—¡Ya está esculpida! ¡Y sin una sola falla! —exclamó él con entusiasmo.

Rieron los dos, inclinados uno hacia el otro. Marco la había enseñado bien y hablaba con excelente dicción. Miguel Ángel advirtió enseguida que poseía una rápida e intuitiva percepción.

—¿La veré nuevamente? —preguntó.

—Si el señor Aldrovandi lo trae.

—¿Y si no es así?

Sus rojos labios se entreabrieron en una sonrisa:

—¿Es que desea que pose para usted?

—No… sí… No sé. Ni siquiera sé lo que digo ni lo que pienso.

Fue su amigo Aldrovandi quien advirtió aquella ansia en sus ojos. Le dio un amistoso golpe en los hombros y exclamó:

—Miguel Ángel, tiene demasiado sentido común para mezclarse en nuestra charla de política local. Ahora es el momento de la música. ¿Sabía que Bolonia es uno de los más grandes centros musicales de Europa?

En camino de regreso, mientras cabalgaban uno junto al otro por las calles, Aldrovandi preguntó:

—¿Se ha quedado prendado de Clarissa?

Miguel Ángel comprendió que tenía que ser honesto con su amigo y respondió:

—Hace estremecer toda mi carne. Quiero decir la carne dentro de la que está a la vista.

—Nuestras bellezas boloñesas son capaces de eso y mucho más. Pero para que se apague un poco ese fuego, le haré una pregunta: ¿Sabe lo cara que es Clarissa?

—He visto que sus vestidos y joyas son costosos.

—Pero eso no es nada; además, tiene un exquisito aunque pequeño palacio, con servidores, unas cuadras con coches y caballos…

—¡Basta! —exclamó Miguel Ángel sonriendo melancólicamente—. ¡Sin embargo, jamás había visto hasta hoy una mujer como ella! ¡Si algún día tuviera que esculpir una Venus…!

—¡No, amigo mío! Mi sobrino tiene muy mal genio y es el mejor espadachín de Bolonia.

Aquella noche tuvo pesadillas y se revolvió en el lecho, con fiebre.

Al día siguiente se cruzó con ella en la Via Drapperie, la calle de las casas de modistas y tiendas de tejidos. Clarissa iba acompañada por una mujer de más edad. Avanzaba por la calle con aquella misma suave magia que le había admirado en la villa de Marco. Al verlo, hizo una pequeña inclinación de cabeza, sonrió levemente y pasó, dejándolo inmóvil, como pegado al pavimento de ladrillos.

Aquella noche, como tampoco pudiera dormir, bajó a la biblioteca de Aldrovandi, encendió una lámpara, tomó la pluma de su anfitrión y después de numerosos intentos escribió un soneto que tituló: *La guirnalda y el cinto.*

Sospechaba que aquél no era precisamente la clase de soneto para el que Beniviene había pasado tantas horas educándolo. No obstante, el solo hecho de escribirlo lo "enfrió bastante". Volvió a su dormitorio y durmió.

Unos domingos después, Aldrovandi lo invitó a pasar la velada en la villa de Clarissa, donde un grupo de los íntimos de Marco se reunían para su juego favorito: *tarocchino di Bolonia*, que se jugaba con sesenta naipes de gran tamaño. Miguel Ángel no sabía jugar ni tenía dinero para exponer en el juego. Después de que Clarissa se preocupase de que los jugadores no careciesen de comida y licores, se sentó con Miguel Ángel frente a la gran hoguera de la chimenea, en una pequeña salita.

—Es agradable tener alguien de mi edad con quién hablar —dijo Clarissa—. ¡Todos los amigos de Marco son tan viejos...!

—¿No tiene amigos jóvenes?

—Ya no. Pero soy feliz. ¿No le parece extraño, Buonarroti, que una muchacha nacida y criada en la más absoluta pobreza pueda llegar a actuar tan naturalmente en medio de toda esta suntuosidad?

—No sé, *madonna*, usted está fuera de mi esfera.

—¿Y cuál es su esfera? Quiero decir, aparte de la escultura.

—La poesía —dijo él, sonriente—. Me ha costado dos noches de sueño escribir este soneto.

—¿Me ha escrito un soneto? —exclamó ella asombrada—. ¡Nunca me han escrito ninguno! ¿Puedo escucharlo?

Miguel Ángel se sonrojó y dijo:

—No, será mejor que no. Pero algún día le daré una copia. Así podrá leerla cuando esté sola.

—¿Por qué está tan turbado? Creo que es hermoso ser deseada. Yo lo acepto como un cumplido.

Miguel Ángel bajó los ojos. ¿Cómo podía confesar que era un principiante en ese juego? ¿Cómo le sería posible confesar el fuego que en aquel momento ardía en su carne y en sus venas?

De pronto, alzó la cabeza y encontró los ojos de Clarissa fijos en él. La joven había leído certeramente sus sentimientos. Puso una mano sobre la suya y estudió un instante su rostro. Aquellos minutos de percepción cambiaron el carácter de la relación entre ambos.

—¿Ha estado enamorado alguna vez? —preguntó ella.

—En cierto modo.

—El amor siempre es así: en cierto modo.

—¡Cómo! ¿Nunca es completo?

—Que yo sepa, no. Es político o material, o busca el placer de las perlas, los diamantes y un palacio... como en mi caso...

—¿Y lo que sentimos nosotros, uno por el otro?

El cuerpo de ella se estremeció ligeramente, lo que produjo un suave susurro de la seda del vestido. Una de sus piernas contactó ligeramente con una de las de él. Miguel Ángel sintió que su corazón saltaba como loco dentro de su pecho.

—Somos dos personas jóvenes y estamos juntos. ¿Por qué no habríamos de desearnos?

Miguel Ángel volvió a pasar una noche insomne. Su cuerpo, febril, ya no se conformaba con apoyar la cara entre los pechos de Clarissa, ahora vibraba en un profundo afán de poseerla toda. Escuchaba una y otra vez sus palabras en la oscuridad de su habitación, mientras todo su cuerpo temblaba de deseo, en un intolerable suplicio.

"¿Por qué no habríamos de desearnos?".

Se levantó, fue a la biblioteca de Aldrovandi y empezó a escribir frases, líneas, sin orden ni concierto, conforme acudían a su mente.

Fue durante las fiestas de Navidad, cuando los niños pobres de la ciudad cantaban villancicos por las calles para que las buenas gentes les hicieran regalos, y la señora Aldrovandi presidía la reunión anual de los servidores del palacio para el juego de "la busca del tesoro", cuando Miguel Ángel fue rescatado de aquel torbellino en el que estaba preso.

Cuando los servidores encontraron sus regalos en la gran bolsa y brindaron por sus señores para retirarse inmediatamente, la familia Aldrovandi, unas treinta personas en total, "extrajeron" también sus obsequios. Aldrovandi se volvió a Miguel Ángel y le dijo:

—Bueno ahora le toca a usted probar fortuna.

Introdujo una mano en la bolsa de arpillera. No quedaba en ella paquete alguno. Las amplias sonrisas de todos decían a las claras que estaban en el secreto de aquella broma. Pero de pronto sus dedos tocaron algo: era una réplica en terracota de la tumba de San Domenico, original de Dell'Arca. La sacó. Y en los tres lugares vacíos, donde faltaban el ángel, San Petronio y San Próculo, vio tres caricaturas de él mismo, incluida su nariz fracturada.

—Se... ¿me han dado el encargo?

Aldrovandi sonrió feliz:

—Sí, amigo mío. El Consejo se lo ha otorgado la semana pasada.

Cuando se habían retirado ya los invitados, Aldrovandi y Miguel Ángel pasaron a la biblioteca. El primero explicó que enviaría a buscar el mármol a Carrara cuando estuvieran listos los dibujos y se determinaran las dimensiones de los bloques necesarios. Miguel Ángel estaba seguro de que su amigo no sólo le había conseguido aquel trabajo, que le reportaría treinta ducados de oro, sino que pagaría también el mármol y el transporte a través de los Apeninos en un carro de bueyes. Estaba tan agradecido que no sabía cómo expresarlo. Impulsivamente abrió un ejemplar de Dante y lo hojeó un rato. Tomó una pluma y en los márgenes de una página dibujó rápidamente unas escenas de Florencia: el Duomo, el Baptisterio, el Palazzo della Signoria y el Ponte Vecchio sobre el Arno. La Florencia de piedra encerrada en sus sólidas murallas.

—Con su permiso —dijo—, cada día ilustraré una página de este volumen.

Fue con Aldrovandi al taller de Dell'Arca, en la parte posterior de San Petronio. Era parecido al del Duomo, aunque algo más pequeño que aquel en donde había esculpido su *Hércules*. El taller no había sido tocado desde la repentina muerte de Dell'Arca, ocurrida diez meses antes. En su banco de trabajo estaban todavía los cinceles, martillos, cera seca y algunos modelos en arcilla, así como miniaturas, carpetas de bosquejos para las figuras de la tumba, todavía no talladas, y pedazos de carboncillo de dibujo. Había también el retrato inconcluso de un hombre.

Después de dos meses de copiar en las iglesias de Bolonia y dibujar las obras de Della Quercia, Miguel Ángel estaba desesperadamente ansioso de volver a esculpir: modelar la arcilla, encender la fragua y forjar herramientas, para después colocar el bloque de mármol sobre su base de madera, eliminar las aristas y comenzar a buscar en su interior las figuras que había de esculpir. Hacía ya seis meses que había terminado el *Hércules*.

Llevaba solamente unos días de trabajo, encorvado sobre su mesa de dibujo, cuando ante él se presentó un hombre corpulento. Levantó la cabeza y vio que era Vincenzo, el escultor de terracotas. Tenía el rostro colorado y sus ojos brillaban con furia.

—Buonarroti —dijo—. ¡Ha conseguido el trabajo que por derecho era mío!

Miguel Ángel permaneció callado unos instantes y luego murmuró:

—Lo siento, Vincenzo.

—¡No, no lo siente! Usted es un extraño en Bolonia. Yo soy boloñés. ¡Y viene a arrebatarles el pan de la boca a los escultores de aquí!

—El año pasado, en la iglesia de Santo Spirito de Florencia, perdí un trabajo que fue dado a dos hombres que ni siquiera eran escultores —replicó Miguel Ángel para aplacarlo.

—¡Le exijo que vaya al Consejo y le diga que ha decidido no realizar el trabajo! Así me lo darán a mí.

—Pero Vincenzo, Dell'Arca murió hace diez meses. Si a pesar de todo ese tiempo no le han dado el trabajo a usted...

—¡Me lo ha robado, aprovechando la influencia que tiene Aldrovandi! ¡Como escultor, aquí es usted completamente desconocido!

Miguel Ángel simpatizó con aquel fornido joven que tenía frente a él y comprendió perfectamente que se sintiese frustrado.

—Hablaré con *messer* Aldrovandi —dijo.

—¡Le aconsejo que lo haga! ¡De lo contrario, yo me ocuparé de que se arrepienta de haber venido a Bolonia!

Cuando Miguel Ángel comunicó a Aldrovandi la visita de Vincenzo y sus exigencias, su protector le dijo:

—Es cierto que Vinzenzo es boloñés y que ha estudiado las obras de Dell'Arca. Sabe lo que le gusta a la gente de esta ciudad. Pero hay un inconveniente: no sabe esculpir en mármol.

—¿Le parece bien que le ofrezca un empleo como ayudante mío?

—¿Lo necesita?

—No, pero quiero ser diplomático.

—Mejor que sea escultor. Olvídese de él.

—¡No se olvidará de mí en toda su vida! —barbotó Vincenzo al día siguiente, cuando Miguel Ángel le informó que no podía hacer nada por él.

Al escuchar aquellas palabras, Miguel Ángel miró directamente al joven. Tenía unas enormes y huesudas manos, de doble tamaño que las suyas. Su edad era aproximadamente la misma: unos diecinueve años, pero le llevaba toda la cabeza de estatura. Recordó vívidamente a Torrigiani y de nuevo vio el puño de su ex amigo que le golpeaba salvajemente en la cara. Sintió otra vez el desagradable gusto a sangre en la boca y oyó el pequeño ruido del hueso de la nariz al quebrarse.

—¿Qué le pasa, Buonarroti? —preguntó Vincenzo, burlón—. ¡No tiene muy buena cara! ¿Teme acaso que le amargue la vida?

—¡Ya lo ha hecho!

Pero más amargada sería si tuviera que renunciar a la oportunidad de esculpir tres hermosos bloques de mármol de Carrara. ¡Si ése era el precio!...

XII

Una vez a la semana, algunos socios comerciales de Aldrovandi realizaban un viaje a Florencia por el paso Futa. Llevaban noticias de Miguel Ángel a los Buonarroti y le traían las de su familia.

Una semana después de haber abandonado él Florencia, Carlos VIII había entrado en la ciudad como conquistador y sin encontrar la menor resistencia. Fue recibido con las calles engalanadas con tapices, guirnaldas, toldos y lámparas de aceite encendidas. El Ponte Vecchio había sido alegremente adornado. La Signoria lo recibió y lo acompañó a elevar sus oraciones en el Duomo. Se le cedió, para su alojamiento, el palacio de los Medici, pero cuando llegó el momento de firmar el tratado de paz, el monarca francés se mostró altivo, amenazó con llamar nuevamente a Piero y exigió por su firma un precio digno del rescate de un imperio. Estallaron las luchas en las calles de Florencia. Los soldados franceses y los civiles florentinos se atacaron mutuamente, y los segundos cerraron su ciudad, dispuestos a expulsar de ella a los invasores franceses. Carlos, ante aquella actitud, se mostró más razonable y por fin accedió a recibir ciento veinte mil florines y el derecho de mantener dos fortalezas en Florencia hasta que terminase su guerra con Nápoles a cambio de evacuar la ciudad.

Sin embargo, lamentablemente, las ruedas de la ciudad-estado se habían detenido. Gobernada durante tanto tiempo por los Medici, aquella estructura oficial no funcionaba sin un órgano directivo. Ahora la ciudad estaba dividida en facciones. Un grupo quería instituir la forma veneciana de gobierno; otro deseaba crear un Consejo del Pueblo, encargado de aprobar las leyes y elegir a los magistrados, y otro Concejo, más reducido, de hombres experimentados, para establecer la política interna e internacional. Guidantonio Vespucci, portavoz de los nobles acaudalados, calificó aquellas medidas de peligrosamente democráticas y luchó por mantener el poder en unas pocas manos.

A mediados de diciembre llegaron noticias a Bolonia de que Savonarola había intervenido en aquella crisis con una serie de sermones en los que aprobaba la estructura democrática propuesta. Algunos visitantes del palacio Aldrovandi bosquejaron el concepto que tenía Savonarola de los Consejos: únicamente serían sometidas a impuestos las propiedades reales; todo florentino tendría derecho al voto; todos los mayores de veintinueve años que hubiesen pagado impuestos podrían ser elegidos para integrar el Gran Consejo. Y al terminar la serie de sermones, Vespucci y sus nobles fueron derrotados y se adoptó el plan de Savonarola. Desde Bolonia, parecía que el monje se había convertido en el dueño de Florencia, tanto en lo político como en lo religioso. ¡Su victoria sobre Il Magnifico era ya completa!

Al llegar el nuevo año, Piero de Medici regresó a Bolonia para establecer allí la sede central de sus actividades. Un día, al regresar de su taller, Miguel Ángel encontró a un grupo de soldados profesionales de Piero ante el palacio de Aldrovandi. Piero estaba adentro con Giuliano. Aunque Carlos VIII, al firmar la paz con Florencia, había insistido en que fuese suspendido el precio que pesaba sobre las cabezas de Piero y Giuliano, todas las posesiones de los Medici fueron confiscadas y Piero desterrado a una distancia no menor de trescientos kilómetros de la frontera de Toscana.

Cuando se encontraron a la entrada del comedor, Miguel Ángel exclamó:

—¡Excelencia! ¡Qué placer verlo otra vez! ¡Sin embargo, desearía que este encuentro se produjese en el palacio de los Medici!

—¡No tardaremos mucho en volver a él! —gruñó Piero—. La Signoria me echó de allí por la fuerza. Estoy organizando un ejército y cuando lo tenga preparado seré yo quien los eche a ellos por la fuerza.

Giuliano había saludado a Miguel Ángel con un pequeño movimiento de cabeza, pero, cuando Piero dio su brazo a la señora Aldrovandi para entrar en el comedor, los dos jóvenes se abrazaron cariñosamente.

No hubo mucho de agradable ni risueño durante la cena, pues Piero comenzó a exponer de inmediato su plan para la conquista de Florencia. Lo único que necesitaba, dijo, era dinero suficiente, mercenarios contratados, armas y caballos. Piero esperaba que Aldrovandi contribuyese con dos mil florines a dicha campaña.

—Excelencia, ¿está usted seguro de que ése es el mejor modo? —preguntó

Aldrovandi respetuosamente—. Cuando su bisabuelo Cosimo fue desterrado, esperó hasta que la ciudad consideró que lo necesitaba y lo llamó.

—Yo no perdono como mi bisabuelo. Florencia quiere que yo vuelva ahora mismo.

Hizo una pequeña pausa, se volvió a Miguel Ángel y le dijo:

—Ingresará en mi ejército como ingeniero para ayudar a diseñar las fortificaciones de los muros, una vez que hayamos reconquistado la ciudad.

Miguel Ángel bajó la cabeza, sin saber qué responder. Al cabo de un instante dijo:

—¿Iría a la guerra contra Florencia, señor?

—Ciertamente. No bien tenga las fuerzas suficientes para derribar sus muros.

—Pero, si bombardea la ciudad, ésta puede quedar destruida.

—¿Qué importa? Florencia es un montón de piedras y si las derribamos las levantaremos más adelante.

—Pero, ¿y las obras de arte?

—¡Bah! ¿Qué significa el arte? En un año, podremos reponer todas las pinturas y mármoles. ¡Y será una nueva Florencia, en la que mandaré yo!

Aldrovandi se volvió hacia Piero.

—En nombre de mi amigo Il Magnifico tengo que rechazar ese plan. El dinero que pide es suyo desde ahora mismo, pero no con fines bélicos. Lorenzo habría sido el primero en detenerlo, si viviese.

Piero se volvió hacia Miguel Ángel, para preguntar:

—¿Y usted, Buonarroti?

—Yo, Excelencia, tengo que declinar su ofrecimiento. Le serviré en cualquier cosa que me pida, pero no para hacer la guerra contra Florencia.

Piero empujó su silla hacia atrás y se puso en pie.

—¡Ésta es la clase de gente que he heredado de mi padre! Poliziano y Pico prefirieron morir a pelear. Usted, Aldrovandi, que fue el *Podestá* de Florencia, designado por mi padre... y, usted, Buonarroti, que ha vivido cuatro años bajo nuestro techo... ¿qué clase de hombres son, que no están dispuestos a pelear por el hijo de Lorenzo de Medici?

Salió de la habitación como una tromba. Miguel Ángel dijo con los ojos llenos de lágrimas:

—¡Perdóneme, Giuliano!

Giuliano se había puesto de pie también y se volvió para salir de la habitación, pero al llegar junto a la puerta dijo:

—Yo también me negaré a esa guerra, pues con ello sólo conseguiríamos que Florencia nos odiara más. *A rivederci*, Miguel Ángel. Le escribiré a Contessina para decirle que lo he visto.

Estaba indeciso todavía en lo referente a los ángeles. Recordaba el primero que había dibujado para el fresco de Ghirlandaio, cuyo modelo había sido el hijo del carpintero que ocupaba la planta baja de la casa arrendada por la familia Buonarroti. ¿Qué eran los ángeles? ¿Eran masculinos o femeninos? El prior Bichiellini los había calificado una vez como "seres espirituales a las órdenes de Dios"…

Su turbación, después de dibujar centenares de ángeles, era todavía mayor tras aquellos meses de disección en la morgue de Santo Spirito. Ahora ya conocía los tejidos y la función de la anatomía humana y no podía negarse a utilizar aquellos conocimientos. Pero, ¿tenían intestinos los ángeles? Además, tenía que esculpir el suyo completamente vestido para que no desentonase con el del extremo opuesto del Arca. Ahora se encontraba en el principio, donde Ghirlandaio le había dicho que tendría que permanecer toda su vida: capaz de esculpir un rostro, manos, pies, cuellos; pero en lo tocante al resto del cuerpo, los conocimientos tan duramente logrados estarían ocultos bajo mantos y túnicas.

Para su "ser espiritual" eligió a un niño *contadino* llegado a la ciudad desde su casa de campo para oír misa. Tenía un rostro ancho y carnoso, pero sus facciones eran las tradicionalmente griegas. Sus brazos y piernas estaban muy bien desarrollados. Y en su dibujo, el joven y poderoso ángel sostenía en alto un candelabro que un gigante no podría levantar. En lugar de compensar aquello con delicadas y diáfanas alas, como sabía que debía hacer, frotó sal en la herida de su propia confusión al diseñar las dos alas de un águila a punto de emprender vuelo. Las talló en madera para ajustarlas a su modelo de arcilla, tan pesadas que habrían arrojado de espaldas al delicado ángel de Dell'Arca.

Invitó a Aldrovandi a visitar el taller y su protector no se mostró asombrado ante el vigor de su modelo.

—Los boloñeses no somos seres espirituales —dijo—. ¡Esculpa un ángel bien fornido!

Y así lo hizo. Colocó sobre su base el más grueso de los tres bloques de mármol de Carrara conseguidos por Aldrovandi. Con el martillo y el cincel en mano se sintió completo nuevamente. El polvillo y los trozos de piedra que saltaban bajo sus golpes cubrían sus cabellos y ropas. Cuando trabajaba la piedra se sentía un hombre superior.

Por las noches, después de leer en voz alta a su protector e ilustrar una página del Dante, ensayaba algunos bosquejos exploratorios para el San Petronio, santo patrón de Bolonia, convertido al cristianismo, perteneciente a una noble familia romana y constructor de la iglesia que llevaba su nombre. Empleó como modelos a los invitados de más edad del palacio de Aldrovandi: miembros de los Dieciséis, profesores de la universidad, jueces y demás nobles. Dibujaba en su mente aquellos rostros y cuerpos, mientras estaba sentado cenando con ellos. Después se retiraba a su habitación para trasladar al papel las líneas, formas e interrelación de facciones y expresiones.

Muy poco de original podía hacer para la figura de San Petronio. Los monjes de San Domenico y los funcionarios del gobierno boloñés habían decidido ya lo que querían: San Petronio no podría tener menos de sesenta años, debía estar completamente cubierto de suntuosos ropajes y sobre su cabeza llevaría una corona de arzobispo. Debía sostener en sus manos un modelo de la ciudad de Bolonia, con torres y palacios hacinados dentro de los muros protectores.

En el taller contiguo al suyo se instaló un nuevo vecino. Era Vincenzo, cuyo padre había conseguido un contrato para fabricar ladrillos y tejas destinados a una obra de reparación que se había de realizar en la catedral. Un grupo de obreros se reunió en el patio, ocupando distintos puestos, y poco después el lugar resonaba con la actividad de la descarga de materiales. Y Vincenzo proporcionó un divertido entretenimiento a todos, dirigiéndose durante todo el día a Miguel Ángel con frases insultantes.

—Ayer —decía— fabriqué un centenar de ladrillos. ¿Qué ha hecho usted? ¿Trazos de carboncillo sobre un papel?

Animado por las risotadas de los demás, continuaba:

—¿Y con eso cree que es un escultor? ¿Por qué no vuelve a la ciudad y deja las cosas de Bolonia para los boloñeses?

—Así lo haré en cuánto termine mis tres esculturas.

—Nada es capaz de destruir mis ladrillos. Piense qué le pasaría si le ocurre un accidente a una de sus estatuas…

Los demás obreros suspendieron sus quehaceres. Un gran silencio se extendió por el patio. Vincenzo, que pronunciaba las palabras al igual hacía los ladrillos, con grandes movimientos de las manos, continuó con una astuta sonrisa:

—Alguien se acerca demasiado al Arca. ¡Plaf! Su ángel queda partido en una docena de pedazos…

Miguel Ángel sintió que la furia le apretaba la garganta.

—¡No se atreverá!

—¡No, no, Buonarroti! Yo no. Soy demasiado delicado. Pero alguien más torpe… podría tropezar…

San Petronio resultó, al final, un anciano con el rostro cubierto de profundos surcos, pero en su cuerpo había una potencia inherente. Miguel Ángel sabía que, como dibujante, había hecho un buen trabajo. Pero como artista creador, consideraba haber contribuido poco o nada.

—Es muy hermosa —dijo Aldrovandi cuando vio la pieza ya pulida—. ¡Ni siquiera Dell'Arca la habría podido superar!

—Pero yo estoy decidido a darle algo más —dijo Miguel Ángel tercamente—. No debo partir de Bolonia sin haber esculpido algo realmente sensacional y original.

—Muy bien, se ha tenido que disciplinar para darnos el San Petronio que queríamos. Ahora yo disciplinaré a Bolonia para que acepte el San Próculo que desea esculpir usted.

Bolonia *la Gorda* se convirtió en Bolonia *la Flaca*, para él. No regresaba a casa para comer al mediodía. Cuando un paje del palacio Aldrovandi le llevaba alimentos calientes, los dejaba enfriar si no coincidían con el momento en que quería suspender el trabajo unos minutos. Ahora que se acercaba la primavera, podía trabajar más horas cada día y, con frecuencia, llegaba de vuelta al palacio Aldrovandi después del anochecer; sucio, sudoroso, cubierto de polvillo de mármol o tiznado de carboncillo, listo para caer en su lecho como un leño, completamente agotado. Pero los servidores le llevaban una gran tina de madera llena de agua caliente y tendían sobre la cama una muda limpia.

A Clarissa la veía muy pocas veces, puesto que asistía a escasas reuniones. Pero cuando la veía, el deleite y el tormento lo sacudían noches enteras, ahuyentando el sueño y llenando su mente durante días, mientras intentaba inútilmente crear la figura de San Próculo; en su lugar dibujaba la de Clarissa, desnuda bajo sus sedas.

Prefería no verla, porque le resultaba demasiado doloroso.

El 1º de mayo, Aldrovandi le dijo que podía dejar de trabajar. Aquél era el día más feliz del año para Bolonia, en el que reinaba la Condesa del Amor. La gente se reunía para recoger florecillas silvestres, que después regalaba a sus parientes y amigos, y los románticos cortesanos jóvenes plantaban árboles cubiertos de cintas de colores bajo las ventanas de sus amadas y les ofrecían serenatas.

Miguel Ángel acompañó a los Aldrovandi hasta fuera de la portada principal de la ciudad, donde había sido levantada una plataforma cubierta de damasco y festones de flores. Era allí donde se coronaba a la Condesa del Amor, en presencia de toda la población, que se congregaba para rendirle homenaje.

También él deseaba rendir homenaje al amor o lo que fuera que hacía hervir la sangre en sus venas aquella mañana en que el aire campestre de primavera llegaba perfumado y embriagador.

Pero no vio a Clarissa. Vio, sí, a Marco entre los miembros de su familia, con dos jóvenes doncellas prendidas de sus brazos, aparentemente elegidas por ésta para casarlo con alguna de ellas. Vio a la mujer mayor que acompañaba a Clarissa en sus salidas a hacer compras por la ciudad y a su criada. Pero por mucho que buscó no pudo encontrar a Clarissa.

Y de pronto se encontró con que ya no estaba ante la plataforma de Mayo ni entre la multitud. Sus pies lo llevaban rápidamente por el camino que conducía a la villa de Clarissa. No sabía lo que haría cuando llegase allí. Ignoraba qué diría, cómo explicaría su presencia a la persona que le abriese la puerta. Temblaba todo su cuerpo mientras corría cuesta arriba por el camino.

La portada principal estaba abierta. Entró y se acercó a la puerta del edificio, llamó una y otra vez. Cuando ya empezaba a creer que no había nadie en la casa y que había obrado como un estúpido, la puerta se abrió un poco. ¡Y ante él apareció Clarissa, vestida con un peinador, suelta la frondosa cabellera dorada que le llegaba casi hasta las rodillas! No tenía afeites ni joyas y su rostro le pareció más hermoso, su cuerpo, más deseable, porque carecía de artificios.

Entró. En la villa no se oía el menor ruido. Ella cerró la puerta y corrió el cerrojo. E inmediatamente se estrecharon en un apasionado abrazo, fundidos en uno los dos cuerpos, húmedas sus bocas, que parecían beberse una a otra ansiosamente.

Clarissa lo llevó a su dormitorio. No tenía prenda alguna bajo el peinador. El esbelto cuerpo, los pechos de rosados pezones, el dorado monte de Venus, eran exactamente como el ojo de dibujante de Miguel Ángel sabía que tenían que ser: una perfecta belleza femenina hecha para el amor.

Aquello fue como penetrar profundamente en el mármol blanco, con la palpitante y viva acometida de su punzón golpeando hacia arriba en el viviente mármol, todo su cuerpo tras cada golpe, siempre más y más profundamente dentro de la suave y rendida sustancia, hasta alcanzar la delirante culminación, igual que un estallido.

Después del Día de Mayo completó el dibujo de su viril San Próculo mártir ante las puertas de Bolonia en el año 303, mientras gozaba de la plenitud de su vigor y juventud. Lo vistió con una túnica con cinturón que nada hacía para ocultar el vigoroso torso, las caderas y las piernas desnudas. Cuando componía su modelo de arcilla, la experiencia que había obtenido al esculpir el *Hércules* rindió su fruto, pues le fue posible lograr los muslos fibrosos, las abultadas pantorrillas, hasta darles el aspecto del verdadero torso y piernas de un heroico guerrero, poderoso, indestructible.

Luego, sin la menor vergüenza, modeló su propio retrato utilizando un espejo de su dormitorio: la torcida nariz, los anchos pómulos y los separados ojos, con el mechón de cabellos que cubría su frente.

Al esculpir el mármol y sentir los golpes de su martillo y cinceles, Vincenzo desapareció de su mente. Entornados los ojos, para protegerlos contra los pequeños trozos que volaban al ser herido el mármol, y ante la aparición de la forma que iba surgiendo del bloque, se sintió nuevamente gigante, y Vincenzo comenzó a perder estatura, hasta que por fin dejó de ir al patio.

Cuando el sol de las primeras horas de la tarde calentaba demasiado para que fuese posible trabajar en el cercado patio, tomaba carboncillo de dibujo y papel y se iba frente a la iglesia para sentarse en la fresca piedra ante las tallas de Della Quercia. Y cada día refrescaba su mente copiando una figura distinta: Dios, Noé, Adán, Eva, mientras trataba de capturar una parte de aquel poder de Della Quercia para impartir emoción, drama, conflicto y realidad a sus figuras de piedra.

Los meses más calurosos del verano pasaron en plena realización. Se levantaba antes del amanecer y cuando aparecía el sol estaba ya trabajando el mármol. Esculpía unas seis horas antes de comer el salame y el pan que llevaba en una canastilla, y por la noche, cuando la oscuridad había comenzado ya a ocultar los planos y superficies de la figura, la envolvía en una tela mojada y la llevaba nuevamente al cobertizo, cuyas puertas cerraba con llave. Luego caminaba hasta el ancho y poco profundo río Reno, donde nadaba unos minutos, para regresar por fin al palacio Aldrovandi, mientras las estrellas relucían en el profundo palio azul de la llanura Emiliana.

Vincenzo había desaparecido, igual que Clarissa. Se enteró, por una observación casual de Aldrovandi, que Marco la había llevado a su choza de caza de los Apeninos para pasar allí los calurosos meses estivales. También la familia Aldrovandi partió para su villa de verano en las montañas. Durante la mayor parte de julio y todo agosto, Bolonia estaba desierta como si hubiese sido diezmada por alguna plaga. En el palacio estaba él solo con un par de servidores que se consideraban demasiado viejos para viajar; sólo veía a su anfitrión cuando éste llegaba a caballo para pasar uno o dos días en la ciudad con el fin de atender alguno de sus numerosos asuntos, tostado el rostro por el aire de la montaña. Una de esas veces llevó a Miguel Ángel sensacionales noticias de Florencia.

—Fray Savonarola ha dejado de lado todo disimulo y se ha lanzado a la guerra contra el Papa —exclamó.

—¿Y qué ha respondido el Papa? —preguntó Miguel Ángel.

—Llamó al monje a Roma para que le explicara sus divinas revelaciones. Pero Savonarola se ha negado a ir y ha enviado al Papa la siguiente carta: "Todos los buenos y sabios ciudadanos consideran que mi partida de esta ciudad constituiría un perjuicio para el pueblo y a la vez sería de muy escasa o nula utilidad en Roma… Debido a que debo continuar este trabajo, estoy seguro de que las dificultades que se oponen a mi partida surgen de la voluntad de Dios. Por lo tanto, no es voluntad de Dios que yo abandone esta ciudad por el momento".

Aldrovandi rió y dijo:

—Ése es un sistema infalible, ¿no le parece?

También Miguel Ángel se negó a abandonar Bolonia, cuando Aldrovandi le sugirió que fuese a pasar unas vacaciones con él, en la montaña.

—Muchas gracias —le dijo—, pero ahora estoy adelantando muy rápidamente el San Próculo. A este paso, lo terminaré cuando llegue el otoño.

El verano había pasado. Bolonia levantó de nuevo sus persianas y abrió las puertas de sus comercios. El otoño sentó sus reales y el San Próculo estaba terminado. Miguel Ángel y Aldrovandi estaban ante la estatua. El primero paseó sus dedos acariciantes por la pulida imagen. Estaba extenuado, pero se sentía feliz. Y Aldrovandi también.

—Pediré a los padres que fijen la fecha de la inauguración. ¿Qué le parece durante las fiestas de Navidad?

Miguel Ángel no contestó. Al escultor le correspondía esculpir y al cliente inaugurar la estatua... y pagar.

—Mi trabajo está hecho —dijo, por fin— y siento la nostalgia de Florencia. A usted sólo le diré que ha sido un buen amigo.

No podía alejarse sin despedirse de Clarissa y eso hizo necesaria una pequeña demora. Finalmente, Aldrovandi lo invitó a una reunión en una villa escondida en las colinas, donde los acaudalados jóvenes boloñeses se sentían libres para llevar a sus amantes a bailar y divertirse. Miguel Ángel comprendió que no se le brindaría ni la más pequeña oportunidad de permanecer a solas con ella en alguna sala de música o biblioteca. Tendrían que decirse adiós en plena sala, rodeados de veinte parejas.

—He esperado para despedirme de usted, Clarissa. Regreso a Florencia.

Las cejas de la joven se unieron un instante, pero la sonrisa no desapareció.

—Lo siento. Me resultaba agradable saber que estaba aquí.

—¿Agradable una tortura? —preguntó él.

—En cierto modo. ¿Cuándo regresará?

—No lo sé. Tal vez nunca.

—Todo el mundo regresa a Bolonia. Está de camino a todas partes.

—Entonces, yo también regresaré.

XIII

La familia lo recibió con sincera alegría. Ludovico estaba encantado con los veinticinco ducados que Miguel Ángel le había llevado. Buonarroto parecía haber crecido enormemente. Sigismondo, pasada ya la niñez, estaba trabajando de aprendiz en el gremio de viñateros. Y Giovansimone había dejado la casa por completo y estaba regiamente instalado en una casa en la orilla opuesta del Arno. Era uno de los jefes del ejército juvenil de Savonarola.

Granacci trabajaba muy seriamente, desde el amanecer hasta la noche, en el taller de Ghirlandaio, donde intentaba mantener a flote la *bottega*. Cuando Miguel Ángel fue a verlo allí, vio los papeles que se estaban retirando de los nuevos frescos en la capilla de San Zanobi.

—Ahora trabajamos el doble que antes —suspiró Mainardi—, pero ninguno de nosotros posee el genio de Domenico, a excepción de su hijo Ridolfo, que sólo tiene doce años y pasarán diez antes de que pueda ocupar el lugar de su padre.

Cuando regresaban a casa, Granacci le comunicó las novedades.

—La familia Popolano quiere que les esculpas algo.

—¿Popolano? ¡No conozco a nadie con ese apellido!

215

—Te equivocas —respondió Granacci, ligeramente mordaz—. Son los primos Lorenzo y Giovanni Medici. Han cambiado su apellido para ponerlo a tono con el Partido del Pueblo y ahora ayudan a gobernar Florencia. Me pidieron que te llevara a verlos cuando volvieses.

Los dos hermanos Popolano lo recibieron en una sala llena de preciosas obras de arte procedentes del palacio de Lorenzo. Miguel Ángel vio, estupefacto, un Botticelli, un Gozzoli, un Donatello y muchas otras piezas.

—No las hemos robado —dijo Giovanni, risueño—. La ciudad las puso en subasta pública y nosotros las compramos.

Dicho eso, ordenó a un paje que sirviese vino dulce y masas. Mientras esperaban, Lorenzo le dijo que seguían interesados en tener un San Juan joven. Si accedía a ir a vivir al palacio, para mayor conveniencia suya, sería bien recibido.

Aquella noche todas las campanas de la ciudad sonaban con tanta fuerza que le recordaron el adagio toscano: "Las campanas suenan para convocar a la gente, pero ellas jamás van a misa". Cruzó las angostas y retorcidas calles de la ciudad hasta llegar al palacio Ridolfi. Se había hecho afeitar y cortar el cabello. Vestía sus mejores ropas.

Los Ridolfi habían sido miembros del partido Bigi, que fue exculpado por el Consejo del Pecado de ser partidarios de los Medici, y ahora eran ostensiblemente miembros de los *frateschi* o republicanos. Contessina lo recibió en la sala, siempre atendida por su vieja nodriza. Estaba embarazada.

—¡Miguel Ángel! —exclamó al verlo.

—¡Contessina! *Come va?*

—Me dijo un día que tendría muchos hijos...

Contempló las pálidas mejillas, los ojos febriles, la respingona nariz de su padre. Y recordó a Clarissa, la sintió junto a Contessina, en aquella habitación.

—He venido a decirle que sus primos me han ofrecido un trabajo de escultura. No pude unirme al ejército de Piero, pero no quiero que pese sobre mi conciencia ninguna otra deslealtad.

—Sí, me he enterado del interés que tienen —dijo ella—. Miguel Ángel, ya ha probado su lealtad cuando ellos le hicieron el ofrecimiento la primera vez. No hay necesidad de que continúe esas demostraciones. Si desea aceptar ese encargo, hágalo.

—Lo haré, Contessina.

—En cuanto a Piero... por el momento mi hermana y yo vivimos bajo la protección de las familias de nuestros esposos. Si Piero ataca algún día con un ejército poderoso y la ciudad se ve realmente en peligro, sólo Dios sabe lo que será de nosotros.

El cambio más notable que encontró Miguel Ángel era el sufrido por la ciudad propiamente dicha. Al recorrer las calles, tan familiares, sintió algo así como un aire de hostilidad y recelo. Los florentinos, que habían vivido en paz entre sí, se encontraban ahora divididos en tres partidos antagónicos que se insultaban a voz en grito unos a otros. Aprendió a reconocerlos por sus símbolos. Los *arrabbiati* eran los hombres de fortuna y experiencia, que ahora odiaban por igual a Piero y a Savonarola. Llamaban llorones y beatos a los partidarios del monje. Luego venían los Blancos o *frateschi*, entre los cuales estaban los Popolanos, que sentían igual odio que los *arrabbiati* hacia Savonarola, pero tenían que apoyarlo porque estaban del lado de un gobierno popular. Y, por fin, estaba el grupo de Piero de Medici, los Grises, que intrigaban en favor del regreso de su jefe.

Cuando se encontró con Granacci en la Piazza della Signoria, Miguel Ángel vio, con espanto, que la *Judith* de bronce, de Donatello, y su *David*, que habían sido robados del patio de los Medici, se hallaban ahora en el patio de la Signoria.

—¿Qué hace aquí la *Judith*? —preguntó.

—Ahora es la diosa reinante en Florencia.

—¿Robada, con el *David*, por la ciudad?

—Robada es una palabra muy dura. Si te parece, diremos "confiscada".

—¿Qué dice esa placa?

—Que los ciudadanos han colocado esa estatua aquí "como advertencia a quienes alberguen el pensamiento de tiranizar a Florencia". Judith, con esa espada en la mano, somos nosotros, los valientes ciudadanos de Florencia. Holofernes, a punto de ser decapitado, representa al partido al cual uno no pertenece.

—¿Así que entonces caerán muchas cabezas en la plaza? ¿Es que estamos en guerra con nosotros mismos?

Granacci no contestó. Pero cuando Miguel Ángel formuló la misma pregunta al prior Bichiellini, éste le respondió:

—Temo que así sea.

Miguel Ángel estaba sentado en el despacho del prior, rodeado por los estantes de manuscritos encuadernados en cuero. La mesa aparecía llena de hojas de papel de un ensayo que el monje estaba escribiendo.

—Ahora —dijo el prior— tenemos un gobierno más democrático, en el que pueden intervenir más personas. Pero ese gobierno está paralizado, a no ser que Savonarola apruebe sus decisiones y actos.

A excepción del grupo de taller de Ghirlandaio, la pintura y demás artes había desaparecido de Florencia juntamente con los artistas. Rosselli estaba enfermo y su taller no trabajaba. Dos miembros de la familia de Della Robbia, que habían heredado los procedimientos escultóricos de Luca, eran ahora sacerdotes. Botticelli pintaba únicamente motivos que su mente podía crear, basándose en los sermones de Savonarola. Lorenzo di Credi estaba reducido a restaurar obras de Fra Angelico, y Uccello acababa de internarse en un monasterio.

—He pensado en ti, Miguel Ángel —dijo el prior—, cuando el monje anunció que pronunciaría un sermón para los artistas. He tomado algunas notas de él y puedo asegurarte que son exactas. Fíjate: "¿En qué consiste la belleza? ¿En el dolor? ¿En la forma? ¡No! Dios es la belleza misma. Los artistas jóvenes andan por ahí diciendo de este hombre o aquella mujer: 'He aquí una Magdalena; he aquí una Virgen; he aquí un San Juan', y luego ustedes pintan su rostro en la iglesia, lo que constituye una gran profanación de las cosas divinas. Ustedes, los artistas, causan mucho mal, porque llenan las iglesias de cosas vanas"...

—Sí, sí, todo eso lo he oído de mi hermano. Pero si Savonarola triunfa...

—Triunfa Miguel Ángel.

—...Entonces tal vez hubiera hecho mejor en no volver. ¿Qué lugar hay aquí para mí?

—¿Y dónde iría, hijo mío?

Miguel Ángel calló. En efecto, ¿adónde?

El día de Año Nuevo de 1496, un nutrido grupo de hombres se reunió ante el monasterio de la Piazza San Marco con antorchas encendidas. Gritaban: "¡Destruyamos esta casa! ¡Incendiemos San Marco! ¡Quememos vivo a este asqueroso fraile!".

Los monjes de San Marco salieron y formaron una línea hombro a hombro a lo largo del frente de la iglesia y el monasterio, dándose el brazo, en sólida falange. La muchedumbre siguió lanzando imprecaciones contra Savonarola, pero los monjes se mantuvieron firmes y al cabo de un rato largo los manifestantes comenzaron a desbandarse por la plaza.

Reclinado contra la fría pared de piedra, Miguel Ángel sintió que un escalofrío recorría todo su cuerpo. A su mente acudió la *Judith* de Donatello, en pie, con la gran espada levantada, dispuesta a cortar la cabeza... ¿de quién? ¿La de Savonarola? ¿La del prior Bichiellini? ¿La de Piero? ¿La de Florencia?

¿No sería la suya propia?

XIV

Fue a ver a Beppe, al Duomo, y se enteró de que había un pequeño bloque de mármol en un patio vecino que le sería posible comprar a un precio razonable. El resto del dinero que le había sido adelantado para esculpir el San Juan se lo entregó a su padre.

No podía acostumbrarse a la idea de residir en el palacio Popolano, pero instaló su taller en el jardín. Los primos lo trataban como a un amigo y lo invitaban frecuentemente al interior del palacio, a pesar de sus vestimentas de trabajo, para que viese las nuevas obras de arte adquiridas por los dos hermanos. En su casa había ahora solamente dos de sus hermanos, que compartían el dormitorio con él, pero puesto que Buonarroto se ofreció para dormir en la misma cama de Sigismondo, Miguel Ángel pudo prolongar el lujo al que ya estaba tan acostumbrado: una cama para él solo. Hacía mucho frío y no comía ni bebía nada hasta el mediodía, por lo cual llegaba siempre a casa con un tremendo apetito, lo que hacía feliz a Lucrezia. Hasta Ludovico parecía satisfecho con él.

El jardín de los Popolano estaba cercado por un alto muro protector, con un porche triangular cubierto, bajo el cual trabajaba Miguel Ángel para protegerse contra el frío. Sin embargo, no se sentía feliz y carecía de impulso creador. Se preguntaba a cada momento: "¿Por qué?".

El motivo de su escultura le resultaba simpático: el joven San Juan al partir para predicar en el desierto. Florencia contaba ya con numerosas imágenes de San Juan. Estaba la de San Juan Bautista de Andrea Pisano en la puerta del Baptisterio, la estatua de bronce de Ghiberti en Orsanmichel, la de mármol de Donatello en el Campanile, el fresco de Ghirlandaio en Santa Maria Novella, el Bautismo de Cristo, de Verrochio, pintado para San Salvi con la ayuda de Leonardo da Vinci.

Mientras leía la Biblia, Miguel Ángel dedujo que Juan tendría unos quince años cuando partió al desierto para predicar a los samaritanos. La mayor parte de las representaciones existentes lo mostraban como un muchacho de corta edad, de cuerpo delgado, reducida estatura y rostro de niño. Pero eso no tenía por qué ser así. ¿Por qué no podía el joven San Juan ser un joven robusto, sano, animoso, bien equipado para los rigores a los que estaba a punto de exponerse?

La mente de Miguel Ángel era inquisitiva. Necesitaba saber las razones a que obedecían todas las cosas: los motivos filosóficos. Y leyó la historia de Juan en San Mateo:

"En aquellos días, Juan el Bautista apareció predicando en el desierto de Judea. '¡Arrepentíos!', clamaba, 'El reino del cielo se acerca'. Y era sobre San Juan sobre quien habló el profeta Isaías cuando dijo: 'Hay una voz que clama en el desierto. Preparad el camino de Dios, allanad su senda'".

Pero el muchacho de quince años que partía por primera vez a predicar no era el mismo hombre que posteriormente bautizó a Jesús. ¿Cómo era entonces Juan? ¿Era su discurso imperativo o simplemente el cumplimiento de la profecía contenida en el Viejo Testamento?… porque los primeros cristianos creían que, cuanto más fuertemente basaran su religión en el Viejo Testamento, más probabilidades tendrían de sobrevivir…

Si no era un ideólogo adiestrado, Miguel Ángel era un gran dibujante. Pasó semanas enteras dibujando, en todas partes de la ciudad, a cuanto joven encontraba y le era posible detener unos instantes. Aunque no tenía la intención de crear un San Juan macizo, tampoco estaba dispuesto a presentarlo frágil, delicado y elegante, como todos lo que adornaban las iglesias de Florencia. Por lo tanto, diseñó y después esculpió en el bloque la flexibilidad de los miembros de un muchacho de quince años cubierto solamente con un taparrabos. Se negó a esculpir un halo para la figura o a poner en sus manos la tradicional cruz alta, como lo había hecho Donatello, pues no creía que el joven Juan hubiera llevado una cruz tantos años antes de que la misma apareciese en la vida de Cristo. Al final, resultó el retrato vital, potente, de un joven; pero cuando terminó de pulir la estatua, no podía decir exactamente lo que había querido expresar con ella.

Los primos Medici no necesitaban un significado. Se mostraron enteramente satisfechos e hicieron colocar la estatua en un nicho del muro posterior del jardín, donde podía ser vista desde las ventanas de la parte de atrás del palacio. Le pagaron el resto de los florines y le dijeron que podía continuar utilizando su jardín como taller.

Pero ni una palabra sobre un nuevo trabajo.

—No los culpo —dijo Miguel Ángel a Granacci, con aire melancólico—. Ese San Juan no es realmente nada especial.

Una honda desesperación se apoderó de él.

—He aprendido a esculpir figuras libres, visibles desde todos los ángulos, pero, ¿cuándo llegaré a hacer una que sea extraordinaria? Siento que ahora, a punto de cumplir veintiún años, sé menos que cuando tenía diecisiete. ¿Cómo puede ser posible?

—No lo es —dijo Granacci.

—Bertoldo me dijo: "Tienes que crear una masa de trabajo". En los últimos cuatro años he esculpido seis piezas: el *Hércules*, la *Crucifixión* en madera, el *Ángel*, el *San Petronio* y el *San Próculo*, en Bolonia, y ahora este *San Juan*. Pero de todas, sólo el *San Próculo* tiene algo de original.

El día de su cumpleaños llegó desconsolado a su taller del jardín de los Popolano. Allí encontró un bloque de mármol blanco sobre su banco de trabajo. A través de la piedra, en letras dibujadas con carboncillo, caligrafía de Granacci, se leía: "Prueba otra vez".

Lo hizo de inmediato, sin dibujar ni hacer modelos de cera o arcilla. Esculpió un niño que había tenido en la mente mientras trabajaba en el *San Juan*. Era una criatura robusta, pagana, esculpida de acuerdo con la tradición romana. En momento alguno imaginó que estaba trabajando una pieza seria. En realidad, consideraba que aquello era un simple ejercicio algo que le divertía esculpir, un antídoto a las confusiones y tensiones que le había producido el *San Juan*. Y por ello, la figura fluyó libremente y del bloque emergió un delicioso niño de seis años, dormido, con el brazo derecho bajo la cabeza y las piernas cómodamente separadas.

Tardó sólo unas pocas semanas en esculpir la estatuita y pulirla. No había perseguido ni la perfección ni la esperanza de vender el trabajo. Era algo así como una diversión destinada a animarlo. Y ahora que estaba terminada, tuvo la intención de devolverle el mármol a Granacci, con una nota que dijese: "Sólo un poco estropeado, te devuelvo el bloque".

Cuando Lorenzo Popolano vio la estatua terminada, se entusiasmó:

—Si pudiera tratarla como para que pareciese haber estado sepultada en la tierra, yo la enviaría a Roma y pasaría por un Cupido antiguo —dijo—. Así la vendería por un precio mucho mayor. Tengo allí un representante muy astuto, Baldassare del Milanese, que se ocuparía de la venta.

Miguel Ángel había visto bastantes estatuas griegas y romanas como para saber cómo quedaría su estatuita. Trabajó cuidadosamente, tan divertido con la idea del inminente fraude como lo había estado mientras esculpía la pieza.

A Lorenzo le gustó el resultado.

—Resulta convincente —dijo—. Baldassare conseguirá un buen precio.

Lorenzo había adivinado exactamente lo que iba a ocurrir: el *Bambino* se vendió al primer interesado a quien fue ofrecido por Baldassare, el cardenal Riario di San Giorgi, sobrino-nieto del papa Sixto IV. Lorenzo entregó a Miguel Ángel una bolsa de florines de oro: treinta en total. Miguel Ángel pensó que un Cupido antiguo podría venderse en Roma por cien florines, por lo menos. Pero aun así, aquellos treinta eran poco más o menos el doble de lo que podría haber obtenido en Florencia.

Poco antes de Cuaresma, Miguel Ángel vio a su hermano Giovansimone, que caminaba apresuradamente por la Via Larga a la cabeza de un grupo de muchachos vestidos de blanco. Todos llevaban los brazos cargados de espejos, vestidos de seda y raso, cuadros, estatuas y estuches de joyas. Miguel Ángel tomó de un brazo a su hermano y estuvo a punto de hacer que la carga se desparramara por el suelo.

—¡Giovansimone! —exclamó—. Hace cuatro meses que llegué de vuelta a casa y no te he visto una sola vez.

Giovansimone se desprendió riendo y exclamó:

—Ahora no tengo tiempo de hablarte. No dejes de estar en la Piazza della Signoria mañana al anochecer.

No habría sido posible a Miguel Ángel, ni a ningún habitante de Florencia, dejar de presenciar el gigantesco espectáculo de la tarde siguiente. En los cuatro barrios principales de Florencia, el Ejército de Jóvenes de Savonarola, con sus ropajes blancos, apareció formado en cuatro grupos militares y precedidos de tambores, trompetas y un macero. Sus "soldados" cantaban: "¡Viva Cristo, rey de Florencia! ¡Viva María, la reina!". Al llegar frente a la torre, se acercaron a un enorme árbol que había sido levantado allí. A su alrededor se veía un andamio piramidal. Los ciudadanos de Florencia y todas las aldeas circundantes llenaron rápidamente la plaza. La zona donde se iba a proceder a quemar todos los artículos suntuarios estaba rodeada de monjes de San Marco, que formaban un apretado cordón, tomados de los brazos. Savonarola ocupaba un lugar prominente.

Los jóvenes formaron una enorme pira. En su base arrojaron montones de pelucas, potes de maquillaje, perfumes, espejos, piezas de seda procedente de Francia, cajas de cuentas de cristal, aros, brazaletes y botones de fantasía. Luego siguió toda una serie de artículos necesarios para el juego: una lluvia de naipes, dados, tableros de damas y ajedrez, con todas sus piezas. A continuación amontonaron libros manuscritos encuadernados en cuero, centenares de dibujos y cuadros al óleo, violas, laúdes y órganos. Tras eso, echaron a la pira antifaces, trajes de fiesta, marfiles tallados y obras de arte procedentes de Oriente. Miguel Ángel reconoció a Botticelli, que se acercó corriendo a la pira y arrojó a ella dibujos de Simonetta. Lo siguió Fra Bartolomeo, quien contribuyó a agrandar la pirámide con todos sus escritos.

En el balcón de la torre se hallaban los miembros de la Signoria, contemplando el fantástico espectáculo. El Ejército de Jóvenes había ido de casa en casa, exigiendo que se entregasen "todas las obras de arte contrarias a la fe". Cuando no se les entregaba lo que consideraban una suficiente contribución, penetraban en las residencias y las saqueaban. La Signoria no había hecho nada para proteger a la ciudad contra aquellos "ángeles de túnicas blancas".

Savonarola alzó los brazos reclamando silencio. El cordón de monjes lo imitó, levantando un verdadero bosque de brazos al cielo. De pronto apareció otro monje con una antorcha encendida, que entregó a Savonarola. Éste la levantó mientras lanzaba una mirada por toda la plaza. Luego se acercó a la pira y fue aplicando la antorcha aquí y allá hasta que todo el andamio y su contenido fueron una inmensa masa de llamas.

Los componentes del juvenil ejército avanzaron para dar vueltas alrededor de la pira, mientras cantaban: "¡Viva Cristo! ¡Viva la Virgen!". Y la compacta multitud repitió aquellos gritos hasta enronquecer.

Miguel Ángel sintió que se le llenaban los ojos de lágrimas. Se pasó el dorso de una mano y luego el de la otra para enjugarlas, como hacía cuando era niño. Pero continuaban empañando sus ojos. Las llamas eran cada vez más altas. Deseaba alejarse de allí, irse todo lo lejos posible del Duomo…

XV

En junio, llegó hasta él un paje con un mensaje de Giovanni Popolano en el que pedía a Miguel Ángel que fuese al palacio para ser presentado a un noble romano que se interesaba mucho por la escultura. Leo Baglioni, como se llamaba el huésped de los Popolano, era un hombre de unos treinta años, rubio, muy educado. Acompañó a Miguel Ángel a su taller.

—Mis anfitriones me dicen que es usted un excelente escultor. ¿Podría ver alguno de sus trabajos? —dijo.

—Aquí no tengo ninguno. Sólo el *San Juan*, que está en el jardín.

—¿Y dibujos? Me interesan muy particularmente los dibujos.

—¡Entonces, debo decirle que es usted un caso raro entre los expertos, señor! Me agradaría mucho que viera mi colección.

Leo Baglioni observó atentamente los centenares de dibujos.

—¿Sería tan amable de dibujarme algo?, por ejemplo, una mano de niño.

Miguel Ángel dibujó rápidamente unos niños en distintas posiciones. Al cabo de un rato, Baglioni dijo:

—Sí, sí, no es posible dudar un instante. Es usted.

—¿Qué soy yo?

—Sí, quien esculpió el Cupido.

—¡Ah!

—Perdóneme, pero he sido enviado a Florencia por mi señor, el cardenal Riario di San Giorgio, para ver si me era posible encontrar el autor de ese Cupido.

—Sí, fui yo. Baldassare del Milanese me envió treinta florines por la pieza.

—¿Treinta? —exclamó Baglioni—. ¡Pero si el cardenal pagó doscientos!

—¡Doscientos! —gritó Miguel Ángel—. ¡Ese hombre es un... ladrón!

—Eso es precisamente lo que dijo el cardenal —declaró Baglioni, con un picaresco brillo en los ojos—. Sospecho que se trata de un fraude. ¿Por qué no viene a Roma conmigo? Así podrá arreglar esa diferencia con Baldassare. Creo que el cardenal le daría hospitalidad encantado. Me dijo que el hombre capaz de esculpir una falsificación tan excelente tiene que ser capaz de esculpir obras auténticas todavía mejores.

No hubo la menor vacilación en Miguel Ángel para adoptar una decisión:

—Voy a mi casa a buscar algunas ropas y estaré listo para emprender viaje cuando usted diga.

Libro quinto

La ciudad

I

Miguel Ángel estaba en un promontorio situado al norte de la ciudad. Roma se extendía a sus pies, en su lecho entre colinas, destruida, como si hubiera sido saqueada por los vándalos. Leo Baglioni le señaló las siluetas del Muro Leonino, la fortaleza de Sant'Angelo.

Montaron nuevamente en sus caballos y descendieron a la Porta del Popolo. Pasaron frente a la tumba de la madre de Nerón y entraron en la pequeña plaza. En ella reinaba un hedor insoportable producido por los montones de basura. Sobre ellos, a la izquierda, se alzaba la colina Pincio, cubierta de viñas. Las calles que recorrieron eran angostas sendas pésimamente empedradas. El ruido que hacían los carros al pasar sobre aquellas desiguales piedras era ensordecedor, al punto de que Miguel Ángel no podía oír lo que le decía Baglioni al identificar la tumba del emperador romano Augusto, que ahora era campo de pastoreo para vacas. El Campo Marzio era una llanura, cerca del Tíber, habitada por los artesanos más pobres, cuyos cuchitriles estaban amontonados entre antiguos palacios semiderruidos.

Más de la mitad de los edificios ante los que pasaban eran sólo montones de ruinas. Numerosas cabras vagaban entre las piedras caídas. Baglioni le explicó que en el mes de diciembre el Tíber había inundado la ciudad y la población tuvo que huir a las colinas, donde permaneció tres días. A su regreso, hallaron una ciudad encharcada y maloliente, que de inmediato fue atacada por una epidemia. En la isla del río se sepultaban diariamente ciento cincuenta cadáveres.

Miguel Ángel sintió que una enorme angustia le oprimía el estómago. La Ciudad Madre del Cristianismo era un montón de escombros. Por todas partes se veían cuerpos de animales muertos. Piquetes de obreros trabajaban en las piedras derribadas para utilizarlas en la construcción de otros edificios. Acercó su caballo a una pieza estatuaria antigua que sobresalía entre los desperdicios que la rodeaban, pasó frente a filas de casas abandonadas. Junto a un templete griego vio unos cerdos encerrados en un improvisado corral entre las columnas. En una bóveda subterránea de rotas columnas, que emergía a medias de un antiguo foro, sintió un horrendo hedor que salía de un depósito de desperdicios acumulados allí durante cientos de años y generaciones de hombres que defecaban allí diariamente.

Su compañero de viaje lo llevó a través de una serie de oscuras y tortuosas calles en donde apenas podían avanzar juntos los dos caballos. Pasaron frente al teatro de Pompeyo, entre cuyos restos vivían centenares de familias y, por fin, llegaron al Campo dei Fiori, donde percibió las primeras señales de vida reconocible: un mercado de quesos, vegetales, flores, pescado y carne, lleno de filas de pintorescos puestos, donde las amas de casa y cocineros de Roma adquirían sus provisiones cotidianas. Por primera vez desde que habían descendido a la ciudad, pudo mirar a su acompañante y sonreírle levemente.

—¿Asustado? —preguntó Baglioni—. ¿O asqueado?

—Ambas cosas. Varias veces he estado a punto de emprender el regreso a Florencia.

—Roma está realmente lamentable. ¡Ya verá la cantidad de peregrinos que llegan aquí procedentes de toda Europa! Se les roba, golpea y estafa en las iglesias; y en los hostales, los insectos los devoran. El Papa Sixto IV hizo un verdadero esfuerzo por ensanchar las calles y reparar algunos de los edificios, pero bajo los Borgia la ciudad ha caído en un estado todavía peor. Bueno, aquí está mi casa.

En una esquina que daba al mercado, Miguel Ángel vio una casa de tres pisos bien diseñada. En el interior, las habitaciones eran pequeñas y sobriamente amuebladas con mesas y sillas de nogal, pero los suelos estaban cubiertos de ricas alfombras y de las paredes colgaban soberbios tapices, espejos dorados y ornamentos de cuero rojo.

La bolsa de lona de Miguel Ángel fue llevada al tercer piso, donde se le dio una habitación de la esquina, cuya ventana daba al mercado y a un inmenso palacio que, según le dijo su anfitrión, estaba a punto de ser terminado para el cardenal Riario, el que había adquirido su *Bambino*.

Aquella tarde, a última hora, ambos fueron a la vieja villa del cardenal, atravesando la Piazza Navona, donde antiguamente se levantaba el largo estadio de Domiciano. Luego pasaron por la Piazza Fiammetta, nombre de la amante de César Borgia, hijo del Papa, por el palacio Riario, frente a la Via Sistina, hasta llegar a la mejor hostería de la ciudad: la Hostaria Dell'Orso. Baglioni le facilitó todos los antecedentes de Raffaelle Riario de San Giorgio, sobrino-nieto del papa Sixto IV, que había sido ungido cardenal cuando tenía dieciocho años y estudiaba en la Universidad de Pisa. El joven cardenal había ido a visitar el palacio de los Medici en Florencia y oró en el altar del Duomo cuando Giuliano de Medici fue asesinado y Lorenzo herido.

El cardenal recibió a Miguel Ángel entre pilas de cajones y baúles a medio llenar que se estaban preparando para la mudanza. Leyó la carta de presentación que Lorenzo Popolano había dado a Miguel Ángel y dio la bienvenida al joven.

—Su *Bambino* es una excelente escultura, Buonarroti —dijo—, aunque no fuera antigua. Tengo la impresión de que podrá esculpir para nosotros algo realmente hermoso.

—Muchas gracias, Excelencia.

—Me gustaría que esta tarde fuese a ver nuestras mejores estatuas de mármol. Puede empezar por el arco de Domiciano, en el Coso, y luego la Columna de Trajano. Después puede ver la colección de bronces del Capitolino, comenzada por mi tío-abuelo Sixto IV...

Cuando terminó, el cardenal había detallado unas veinte piezas de escultura en una decena de distintos lugares de la ciudad. Leo Baglioni lo llevó primeramente a ver el dios fluvial Marforio, una estatua de tamaño monstruoso que se hallaba en la calle, entre el Foro Romano y el Foro de Augusto, y que se suponía había estado en el Templo de Marte. De allí fueron a ver la Columna de Trajano, donde Miguel Ángel no pudo evitar una exclamación ante la talla del *León devorando al caballo*. Ascendieron la tortuosa senda de la colina del Quirinal, donde se quedó aturdido ante el tamaño y la fuerza bruta del mármol, de más de cinco metros, que representaba *Los domadores de caballos y los dioses del Nilo y del Tíber*, que Leo creía procedentes de los Baños de Constantino. Cerca de ellos había un desnudo de una diosa que Miguel Ángel consideró de asombrosa belleza.

—Probablemente se trata de una Venus —dijo Leo.

Continuaron la marcha hasta el jardín del cardenal Rovere, en San Pietro de Vincoli. Leo le explicó que aquel sobrino de Sixto IV era el fundador de la primera biblioteca pública y museo de bronces de Roma. Había acumulado la más hermosa colección de mármoles antiguos de Italia y había sido el inspirador del Papa en el proyecto de pintar al fresco las paredes de la Capilla Sixtina.

Miguel Ángel se quedó absorto cuando penetraron por la pequeña puerta de hierro al jardín del cardenal Rovere, pues había allí un *Apolo*, del cual sólo quedaba el torso. Era la pieza más asombrosa de proyección humana que él había visto en su vida. Como le ocurriera en el palacio de los Medici, el día de su primera visita con Bertoldo, avanzó medio aturdido en medio de un verdadero bosque de esculturas, desde una Venus a un Mercurio, completamente cautiva su mente, mientras oía, sólo como a través de una gran distancia, la voz de Leo que le indicaba cuáles eran las piezas que habían sido robadas a Grecia y cuáles las adquiridas por el emperador Adriano y enviadas en naves a Roma. Si Florencia era el centro más rico del mundo en lo referente a la creación de arte, era seguro que esta miserable, sucia y derrumbada ciudad contenía en sí la más grandiosa colección de arte antiguo. Y aquí estaba la prueba de lo que él había tratado de decirles a sus compañeros de la *bottega* Ghirlandaio, en la escalinata del Duomo: aquí había estatuas de mármol tan vivas y hermosas como el mismo día en que habían sido esculpidas, dos mil años antes.

—Ahora —dijo Leo —iremos a ver el *Marco Aurelio* de bronce que estaba ante San Juan de Letrán. Entonces tal vez...

—¡No, por favor! ¡Basta! Estoy temblando en todo mi interior. ¡Tengo que encerrarme en mi habitación para poder digerir todo cuanto he visto!

Aquella noche no le fue posible cenar. A la mañana siguiente, domingo, Leo lo llevó a misa en la pequeña iglesia de San Lorenzo, al lado del palacio del cardenal Riario. Miguel Ángel se sintió empequeñecido al verse rodeado por un centenar de columnas de granito, de las cuales no había dos iguales. Todas habían sido talladas por expertos trabajadores de la piedra y cada una tenía su capitel esculpido de distinta forma.

El cardenal deseaba que Miguel Ángel fuese al nuevo palacio. El vasto edificio de piedra, dos veces mayor que el de los Medici, estaba ya terminado con excepción del patio central. Miguel Ángel subió por una amplia escalinata, atravesó la sala de audiencias, en la que había riquísimos tapices y cortinas, así como espejos enmarcados en jaspe, pasó por la sala con el piso cubierto de espléndidas alfombras orientales, la sala de música en la que vio un hermosos clavicordio, y llegó hasta donde estaba el cardenal, con su vestimenta y sombrero rojos, sentado en su habitación entre esculturas antiguas, en la que había una docena de piezas en cajones llenos de aserrín.

—Dígame, Buonarroti, ¿qué le han parecido los mármoles que ha visto? ¿Le parece que podrá esculpir algo igualmente hermoso?

—Es posible que no, pero veremos qué es lo que puedo hacer.

—Me agrada esa respuesta, Buonarroti, porque revela humildad.

No se sentía humilde. Lo único que había querido decir era que sus esculturas serían distintas de cuanto el cardenal había visto.

—Será mejor que empecemos inmediatamente —continuó el prelado—. Mi coche está esperando ya en la puerta. Podemos salir para visitar a los marmolistas.

Mientras el coche atravesaba el puente Sisto y la portada Settimiana hacia las marmolerías del Trastevere, Miguel Ángel se dedicó a estudiar disimuladamente el rostro de su nuevo protector. Tenía una larga nariz en gancho, que casi le caía sobre la boca, de apretados labios.

Ya en la marmolería, el cardenal parecía impaciente. Miguel Ángel recorrió todo el patio del establecimiento, inspeccionando los bloques, mientras se preguntaba cuál se atrevería a elegir. Finalmente se detuvo ante un mármol blanco de Carrara, de más de dos metros de alto y varios de espesor. Sus ojos se iluminaron de emoción y aseguró al cardenal que aquel bloque encerraba una hermosa estatua en su interior. El prelado pagó prontamente treinta y siete ducados, que extrajo de la bolsa que colgaba de su cinturón.

A la mañana siguiente, Miguel Ángel se levantó con la primera claridad del alba, se dirigió al Puente Florentino y cruzó el Tíber hacia el Trastevere, barrio de Roma densamente poblado, donde vivían los artesanos. El barrio no había sufrido cambio alguno en los últimos cuatrocientos años. Recorrió un verdadero laberinto de angostas callejuelas, en las cuales las pequeñas casas se apretaban unas a otras, mientras sobre los tejados, inclinadas angularmente, se veían sólidas torres cuadradas. Los vendedores ambulantes pregonaban sus mercancías, mujeres y niños gritaban y reñían. Los dueños de los puestos de pescado, quesos y carne ofrecían a gritos los primores del día…

Avanzó por la Via della Lungara hasta la marmolería que estaba junto al muro del Vaticano y el hospital Santo Spirito. Allí no se movía ni un alma. Llamó y esperó a que el dueño de la marmolería acudiese.

—¿Qué hace aquí? —preguntó, somnoliento, al acudir al ruidoso llamamiento—. Hemos dicho que entregaríamos hoy y cumplimos siempre lo que prometemos.

—No, no es eso. He venido solamente porque quiero ayudar a cargarlo.

—¿Me quiere decir que nosotros no sabemos cargar un bloque de mármol? —exclamó el otro, ofendidísimo—. Hace cinco generaciones que venimos haciéndolo y no necesitamos que un escultor florentino venga a enseñarnos nuestro oficio.

—Mi familia me enseñó en las canteras de Maiano. Soy bastante hábil con la palanca.

El marmolero replicó, ya un poco más sosegado:

—¿Cantero, eh? Eso ya es otra cosa. Nosotros trabajábamos el travertino en nuestra familia. Mi apellido es Guffatti.

Miguel Ángel se aseguró de que en el suelo del carro había una capa suficientemente espesa de aserrín y de que el bloque era sólidamente atado antes de que el carro partiese. Él iba detrás, a pie, tocando periódicamente la parte inferior del bloque, mientras rezaba en silencio para que el destartalado vehículo no se desfondase y su preciado bloque quedase en medio del arroyo.

Al llegar al palacio, Guffatti preguntó:

—¿Dónde quiere que lo descarguemos?

Miguel Ángel se dio cuenta de pronto que no se le había dicho dónde iba a trabajar. Gritó:

—¡Espere un momento! —cruzó el patio corriendo, subió la amplia escalinata, llegó al salón de recepción… y chocó con uno de los secretarios del palacio, quien miró despectivamente aquel montón de ropas de trabajo que caía sobre él como una tromba en el más suntuoso y nuevo de los palacios de Roma.

—¡Debo ver al cardenal inmediatamente! —exclamó agitado—. Se trata del bloque de mármol que adquirimos ayer. Ha llegado y no sé dónde hay que ponerlo.

Se detuvo, mientras el secretario consultaba un libro de visitas.

—Su Excelencia no tendrá tiempo de verlo hasta la semana próxima —dijo.

Miguel Ángel devolvió la mirada, boquiabierto.

—Pero… ¡no podemos esperar! —respondió tartamudeando.

—Hablaré de esto a su Eminencia. Si desea, puede volver mañana.

Bajó corriendo la escalinata, salió del palacio, dobló en la esquina y llamó en la puerta de la casa de Leo Baglioni. Leo estaba en manos del barbero, con una toalla sobre los hombros para recoger los cabellos que caían. Sus ojos brillaron risueños mientras escuchaba lo que Miguel Ángel le decía. Dijo al barbero que esperara, se quitó la toalla y se levantó.

—Venga —dijo—, vamos a encontrar un lugar.

Baglioni encontró un cobertizo detrás de la cúpula de San Lorenzo, en el cual los obreros constructores del palacio habían dejado sus herramientas durante la noche. Miguel Ángel sacó las puertas de sus bisagras, Leo volvió a su barbero y los Guffatti descargaron el bloque.

Aquella tarde el cardenal lo mandó llamar. Fue recibido en una austera habitación en la que no había mueble alguno, sólo un pequeño altar en un rincón y una puerta a su lado.

—Ahora que está a punto de acometer un trabajo prolongado, será mejor que venga a vivir al palacio —dijo el prelado—. La habitación de huéspedes del señor Baglioni tiene una larga lista de damas que esperan compartirla con él.

—¿En qué condiciones viviré en el palacio, Excelencia? —preguntó Miguel Ángel.

—Digamos que su domicilio es el palacio del cardenal Riario. Y ahora, perdóneme, pero tengo que dejarlo.

Ni una sola palabra sobre lo que el cardenal deseaba que esculpiese. O cuál sería el precio de su trabajo. Ni sobre si se le harían pagos regularmente durante el año que duraría la obra. El palacio sería su dirección: nada más.

Pero enseguida se enteró. No viviría allí como un hijo, igual que en el palacio de los Medici; ni siquiera como íntimo amigo, como en la residencia de Aldrovandi en Bolonia. Un chambelán lo acompañó a una reducida celda, donde dejó sus escasos efectos personales. Había, posiblemente, unas veinte habitaciones similares en la parte posterior de la planta baja. Cuando salió para su primera comida, se vio relegado al comedor llamado de "tercera categoría", en el que vio que sus compañeros eran los escribientes del cardenal, el tenedor de libros, el agente de compras del palacio y los administradores de las numerosas y grandes fincas rurales que poseía el prelado.

El cardenal Riario había expresado claramente que Miguel Ángel Buonarroti viviría en el palacio como uno más de sus obreros especializados. Nada más, ni nada menos.

II

A la mañana siguiente fue a ver a Baldassare, el comerciante de obras de arte que había sido obligado a devolver los doscientos ducados que el cardenal Riario había pagado por el *Bambino*. Baldassare estaba en el fondo de su patio lleno de esculturas, a escasa distancia del Foro de Julio César. Miguel Ángel avanzó lentamente, pues vio allí un número de esculturas montadas sobre mesas de madera.

—Soy Miguel Ángel Buonarroti, escultor de Florencia —dijo al ver al dueño—. Quiero que me devuelva mi *Bambino*. Le devolveré los treinta florines que me mandó. Me ha defraudado. No tenía derecho más que a su comisión. Vendió el mármol en doscientos ducados y se quedó con ciento setenta.

—Por el contrario, usted es el defraudador. Y su amigo Popolano también. Me envió una antigüedad falsa. Pude haber perdido a mi cliente, el cardenal.

Miguel Ángel se alejó furioso del patio y se quedó mirando la columna de Trajano. De pronto se echó a reír.

—Baldassare tiene razón —exclamó—. Yo he sido el defraudador, porque falsifiqué la antigüedad del *Bambino*.

Oyó que alguien emitía una exclamación a sus espaldas:

—¡Miguel Ángel Buonarroti! ¿Es que siempre habla solo?

Se volvió y reconoció a un muchacho de su edad que había trabajado algún tiempo para su tío Francesco en un período de prosperidad.

—¡Balducci! —exclamó—. ¿Qué haces en Roma?

—Trabajo en el Banco de Jacopo Galli. Soy el contable. El más ignorante de los florentinos es más listo que el más inteligente de los romanos. Por eso estoy progresando tan rápidamente. ¿Qué te parece si vienes a comer conmigo? Te llevaré a un restaurante toscano del barrio florentino.

—Hay tiempo hasta mediodía. Ven conmigo a la Capilla Sixtina. Quiero ver los frescos florentinos.

La Capilla Sixtina, construida entre 1473 y 1481, era una enorme estructura en forma de barril. La cúpula rectangular estaba pintada de azul con estrellas doradas. En el extremo se alzaba el altar y, dividiendo el santuario y la nave, había una mampara original de Mino da Fiesole. A ambos lados de la capilla se extendía un magnífico friso de paneles pintados al fresco que llegaba hasta el altar.

Miguel Ángel se dirigió, emocionado, a los frescos de Ghirlandaio, que recordaba por haber visto los dibujos en la *bottega*. Se renovó su admiración por la habilidad de Ghirlandaio como dibujante y pintor. Luego fue a ver *La última cena* de Rosselli y después volvió la mirada a *Moisés* de Botticelli y a las obras de los maestros Perugino, Pinturicchio y Signorelli. Mientras recorría la capilla experimentó la sensación de que bajo aquel techo habían sido reunidas las obras de los más grandes maestros de toda Italia.

Balducci ni siquiera había mirado los frescos.

—Vamos a la *trattoria* —dijo—. ¡Estoy muerto de hambre!

Mientras comían, Miguel Ángel se enteró de que Torrigiani estaba en Roma.

—Lo verás a menudo —dijo Balducci—. Anda siempre con los Borgia, por lo que los florentinos no se tratan con él. Está haciendo unos estucos para el palacio de Borgia, así como un busto del Papa. Tiene todo el trabajo de escultura que quiere. Y dice que va a alistar en el ejército de Borgia para conquistar Italia.

Aquella noche, Balducci lo llevó a la residencia de Paolo Rucellai, primo de los Rucellai de Florencia y, por lo tanto, primo lejano de Miguel Ángel. Vivía en el barrio de Ponte, del cual se decía que era "una pequeña Florencia amurallada dentro de sí misma". Allí, en torno a la casa del cónsul florentino y los bancos toscanos, vivían muy juntos los florentinos residentes en Roma, con sus propios mercados, que importaban la tan preciada pasta, carnes, vegetales, frutas y dulces de Toscana. Habían adquirido terrenos y algunas de las casas que quedaban en la Via Canale para la construcción de una iglesia florentina y para que ningún romano pudiera radicarse allí. El odio era mutuo.

En el área florentina había hermosos palacios, dos calles de casas sólidamente construidas, con jardines y huertos. Los bancos florentinos estaban en la Via Canale, junto a la *Camera Apostolica*, el Banco oficial del Vaticano. En el extremo de aquella colonia, cerca del puente de Sant'Angelo, estaban los palacios Pazzi y Altoviti.

En contraste con el caos y la inmundicia de Roma, los prósperos florentinos barrían y lavaban sus calles todos los días al amanecer, reemplazaban los guijarros para mantener lisas las calzadas y tenían todas sus casas en excelente estado. Vendían o alquilaban solamente a florentinos. En la residencia Rucellai, Miguel Ángel fue presentado a las principales familias de la comunidad: los Tornabuoni, Strozzi, Pazzi, Altoviti, Bracci, Olivieri, Ranfredini y Cavalcanti, para quienes llevaba una carta de presentación.

Algunos de esos hombres le preguntaron:

—¿Quién es su padre?

Y cuando él contestaba: "Ludovico Buonarroti-Simoni", asentían con un movimiento de cabeza y decían:

—Conocemos ese nombre. —Lo cual implicaba que lo aceptaban en su medio.

Los Rucellai habían convertido su residencia romana en puramente florentina. Miguel Ángel no le dijo al apuesto y afable Paolo Rucellai que también él pertenecía a la familia. Los Rucellai habían puesto fin a la relación familiar con los Buonarroti. Y su orgullo le impediría siempre ser el primero en darse a conocer.

Colocó su bloque de mármol sobre tablones, de tal manera que le fuera posible moverse alrededor del mismo. Su desilusión por el hecho de que el cardenal no le había dado inmediatamente un tema específico para su escultura dio paso a la conclusión de que sería mejor si él mismo decidía lo que deseaba esculpir. De esa manera, no tendría que preguntar humildemente: "¿Qué desearía Su Excelencia que esculpiera en este mármol?".

—Debe tener sumo cuidado —le aconsejó Leo— de no tocar el bloque hasta que el cardenal Riario le dé permiso para hacerlo. Es un hombre inflexible en lo que respecta a sus propiedades.

—Pero si corto las aristas y lo exploro un poco, no causaría el menor daño al bloque...

Se sentía humillado de que le hicieran tal advertencia, como si fuera un obrero al cual se le exigía que no dañase lo que era propiedad de su patrón. Sin embargo, tuvo que prometer que no tocaría el bloque hasta obtener el permiso necesario.

—Puede emplear su tiempo beneficiosamente —dijo Leo para aplacar su impaciencia—. En Roma hay cosas maravillosas que le servirán de estudio.

—Sí, sí, ya lo sé —respondió Miguel Ángel. ¿De qué valía que intentase explicar la fiebre de esculpir que lo consumía? Cambió de tema—. ¿Es posible conseguir en Roma modelos para desnudos? —preguntó—. En Florencia no se permite.

—Eso es porque nosotros los romanos somos una gente limpia y moral —replicó Leo con picardía—. En cambio los florentinos... —Rió al ver que Miguel Ángel se sonrojaba. —Supongo que se debe a que nosotros no hemos sufrido nunca la enfermedad griega, mientras Florencia ha sido famosa, ¿o debo decir infame?, por esa enfermedad. Aquí, nuestros hombres realizan negocios, acuerdos políticos y casamientos de conveniencia, mientras gozan con sus placeres y ejercitan el desnudo.

—¿Podría conseguirme algunos modelos?

—Dígame la clase que desea.

—De todas clases: bajos, altos, delgados, gruesos, jóvenes, viejos, de piel oscura y clara, trabajadores, comerciantes, personas ociosas...

Colocó un biombo bajo para asegurarse un mínimo de aislamiento. A la mañana siguiente llegó el primer modelo enviado por Leo: un fornido tonelero de mediana edad, que se sacó la maloliente camisa y las sandalias y se movió de un lado a otro con la mayor despreocupación mientras Miguel Ángel lo hacía colocarse en una variedad de posturas. Todas las mañanas, al salir el sol, salía a su taller para preparar el papel, tizas, carboncillo de dibujo, tinta y colores, sin saber qué nueva tarea le depararía el modelo del día. Algunas veces, eran cuerpos soberbios, a los cuales copiaba de frente o de espaldas, haciendo un esfuerzo, alzando algún objeto, torciendo el cuerpo. Pero con mayor frecuencia la totalidad de la figura no le ofrecía nada de interés y entonces dibujaba solamente un nudoso hombro, la forma de un cráneo, un muslo, una pantorrilla o un amplio pecho. Luego se pasaba todo el día reproduciendo la parte copiada, vista desde una docena de diferentes ángulos y en sus diversas posturas.

Sus años de entrenamiento rendían ahora sus frutos. Los meses de disección daban a sus dibujos una autoridad, una verdad interior que había cambiado completamente la proyección de su trabajo. Hasta el cortés y sofisticado Leo comentaba favorablemente la fuerza propulsora de aquellas figuras.

—Todas las mañanas se encuentra ante un modelo distinto, como si emprendiera una emocionante aventura. ¿No se cansa de dibujar lo mismo una y otra vez: cabezas, brazos, piernas, torsos...?

—¡Pero si no son nunca iguales, Leo! Cada cabeza, brazo, pierna o torso del mundo es distinto a los demás y posee un verdadero carácter propio. Escuche, amigo mío: todas las formas que existen en el universo de Dios pueden ser halladas en la figura, en el cuerpo humano. El cuerpo de un hombre y su rostro pueden revelarnos todo cuanto este hombre representa. En consecuencia, ¿cómo podría agotar mi interés?

Baglioni miró el montón de dibujos que Miguel Ángel tenía bajo el brazo y movió la cabeza en un gesto de incredulidad.

—¿Y en lo referente a las cualidades internas? En Roma ocultamos más que lo que revelamos.

—Ésa es una medida para juzgar a un escultor: su capacidad para penetrar en la corteza. Cada vez que me aboco a un tema me digo: "¿Qué eres, en realidad, cuando te presentas así, desnudo, ante el mundo?".

Leo meditó un instante aquellas palabras y al fin dijo:

—¿Entonces, para usted, la escultura es una investigación, una búsqueda?

Miguel Ángel sonrió con cierta timidez.

—¿Acaso no lo es para todos los artistas? Cada hombre ve la verdad a través de sus ojos. Cuando me encuentro ante un nuevo cuerpo, siento lo mismo que debe sentir el astrónomo cada vez que descubre una nueva estrella. Tal vez si me fuese posible dibujar a todos los hombres del mundo, podría acumular toda la verdad sobre el hombre.

—Entonces —dijo Leo—, le recomendaría que venga conmigo a los baños. Allí podrá dibujar centenares de cuerpos en una sola sesión.

Llevó a Miguel Ángel a hacer un recorrido por las vastísima zona de las ruinas de los antiguos baños de Caracalla, Trajano, Constantino y Diocleciano, y le informó que los antiguos romanos habían utilizado los baños como clubes, lugares de reunión y demás. En realidad, pasaban en ellos la mayor parte de su vida.

—Ya oirá la frase popular atribuida a César: "Dad al pueblo pan y circo". Sin embargo, algunos emperadores consideraban igualmente importante dar agua al pueblo, pues creían que su popularidad dependía en gran parte de la belleza de los baños públicos.

Leo era muy conocido en los baños de la Piazza Scossacavalli, que pertenecían al cardenal Riario. Después de tomar un baño caliente y nadar en la pileta fría, se sentaron en un banco. Había numerosos grupos de hombres sentados y de pie, que discutían, reían, contaban anécdotas. Miguel Ángel dibujó febrilmente una escena tras otra, entusiasmado ante los soberbios planos que se le ofrecían, así como ante la belleza de aquellos cuerpos desnudos, en infinidad de actitudes distintas.

—¡Nunca he visto nada parecido! —dijo—. En Florencia, los baños públicos son únicamente para los pobres.

—Haré correr la noticia de que se halla en Roma a invitación del cardenal. Entonces podrá dibujar aquí cuanto quiera —dijo Leo.

En las semanas que siguieron, Baglioni llevó a Miguel Ángel a los baños de los hostales, monasterios, antiguos palacios, de la Via del Pastini y de Sant'Angelo, en la Pesceria. En todas partes lo presentaba de modo que pudiera volver solo más adelante. Y el joven escultor encontraba en cada juego de luz, color de ambiente, reflejos de agua y sol en los cuerpos, nuevas verdades y modos de expresarlas con sencillas y audaces líneas.

Pero nunca pudo acostumbrarse por completo a dibujar cuando también él estaba desnudo.

Una tarde, Leo le preguntó:

—¿No le agradaría dibujar algunas mujeres? Hay baños en los cuales entran hombres y mujeres. Son administrados por prostitutas, pero su clientela es perfectamente respetable.

—No —respondió Miguel Ángel—. No me interesa el cuerpo femenino.

—Con eso, elimina sumariamente la mitad de los cuerpos del mundo.

—Sí. Pero yo sólo encuentro belleza y fuerza estructural en el cuerpo masculino.

III

Roma, como ciudad, le desagradaba, pero la verdad era que no se trataba de una ciudad sino de muchas. Alemanes, franceses, portugueses, corsos, griegos, sicilianos, árabes, levantinos y judíos se congregaban todos en sus respectivos barrios, y como los florentinos, no recibían con buenos ojos a los extraños. Puesto que no existía un gobierno, leyes ni policía o juzgados que los protegiesen, cada barrio se gobernaba a sí mismo lo mejor que podía. El cementerio más conveniente para los crímenes era el río Tíber, donde todas las mañanas se encontraban cadáveres flotando en las perezosas aguas. Tampoco existía una distribución equitativa de la riqueza, la justicia, la sabiduría y las artes.

Los residentes no sentían el menor orgullo de su ciudad ni deseo de mejorarla ni de brindarle los cuidados más rudimentarios. Muchos le decían a Miguel Ángel: "Roma es una ciudad; es una iglesia. No tenemos el poder suficiente para controlarla ni modificarla". Y cada vez que preguntaba: "¿Entonces, por qué se queda la gente aquí?", alguien le respondía: "Porque existen probabilidades de ganar dinero". Y Roma contaba con la peor reputación de toda Europa.

Los contrastes con la homogénea Florencia, compacta dentro de sus muros, inmaculadamente limpia, república con gobierno propio, inspirada por las artes y la arquitectura, en rápido crecimiento, sin pobreza, orgullosa de su tradición, respetada y amada por toda Europa debido a su cultura y justicia, le resultaban duros y dolorosos. Pero más personalmente doloroso era para Miguel Ángel ver el trabajo atroz de la piedra en los edificios ante los que pasaba día a día. En Florencia jamás había podido resistir la tentación de dejar resbalar amorosamente sus manos por la *pietra serena* hermosamente tallada de los edificios. En Roma se estremecía cada vez que su ojo experto veía los toscos golpes del cincel en las piedras, las superficies desiguales y defectuosas. ¡Florencia no habría empedrado ni las calles con aquellas piedras de los edificios romanos!

Cuando regresó al palacio, encontró una invitación de Paolo Rucellai a una recepción en honor de Piero de Medici, que se encontraba en Roma para organizar un ejército, y del cardenal Giovanni de Medici, que ocupaba una pequeña casa cerca de la Via Florida. Miguel Ángel se emocionó ante el hecho de haber sido incluido como invitado; al abandonar su modestísima habitación para ver nuevamente a los dos hermanos Medici, hasta se sintió feliz.

El sábado, a las once de la mañana, cuando terminaba de afeitarse y peinarse, oyó un sonido de trompetas y corrió a ver el espectáculo. Sintió una gran excitación al ver, por fin, al papa Borgia, a quien los Medici habían temido y Savonarola elegido como blanco especial de sus ataques. Precedido por un grupo de cardenales con sus vestimentas rojas y seguido por príncipes purpurados, el papa Alejandro VI, cuyo nombre de pila en España era Rodrigo Borgia, vestido totalmente de blanco, encabezaba un cortejo que atravesaba el Campo dei Fiori, camino del convento franciscano del Trastevere.

Alejandro VI, que tenía entonces sesenta y cuatro años, parecía un hombre de enorme virilidad, de poderosa osamenta bien cubierta de carnes. Su nariz era ancha, sus mejillas, carnosas, y la tez, oscura. Aunque en Roma se lo calificaba de actor teatral, poseía numerosos atributos, además de la "brillante insolencia" que lo había hecho famoso. En su carácter de cardenal, había conquistado la fama de tener un número mucho mayor de mujeres y una fortuna más cuantiosa que cualesquiera de los prelados que lo habían precedido. En 1460 había sido requerido por el papa Pío II por "comportamiento poco digno en un cardenal", eufemismo con el que se trataba de disimular sus seis hijos conocidos, todos ellos de diversas madres. Los tres predilectos eran Juan, un joven exhibicionista y prodigioso despilfarrador de las fortunas amasadas por su padre a costa del clero romano y los aristócratas; César, hermoso, sensual, sádico y guerrero, acusado de haber llenado el Tíber de cadáveres; y la hermosa Lucrezia, con quien toda Roma decía que mantenía secretas relaciones amorosas, al margen de su creciente lista de matrimonios oficiales.

Los altos muros que rodeaban el Vaticano estaban protegidos por tres mil guardianes armados, pero Roma había desarrollado un sistema de comunicaciones que propagaba las noticias de cuanto ocurría allí a las siete colinas.

Una vez que hubo pasado aquel suntuoso cortejo, Miguel Ángel se dirigió al Ponte por la Via Florida. Como llegó temprano, Paolo Rucellai lo recibió en su despacho, una habitación con zócalo de madera oscura y estantes en los cuales se veían manuscritos encuadernados, bajorrelieves de mármol, óleos sobre madera, una escritorio de talla florentina y sillas con asiento de cuero.

—Los florentinos constituimos una colonia cerrada en Roma —le dijo Paolo—. Como sabe, ya tenemos nuestro gobierno propio, nuestro tesoro y leyes, así como los medios para imponerlas. De lo contrario, no nos sería posible existir en este caos. Si necesita ayuda, acuda a nosotros. Jamás pida nada a un romano. La idea que éstos tienen sobre el juego limpio es aquella en la cual se vean protegidos por todas partes.

En el salón conoció al resto de la colonia florentina. Hizo una reverencia a Piero, quien después de la discusión en Bolonia se mostró frío y ceremonioso con él. El cardenal Giovanni, a quien el Papa odiaba y estaba alejado de toda actividad de la Iglesia, pareció sinceramente contento de verlo, pero Giulio se mostró todavía más frío que Piero. Miguel Ángel se enteró de que Contessina tenia un hijo llamado Luigi y estaba nuevamente encinta. A su ansiosa pregunta de si Giuliano estaba también en Roma, Giovanni respondió:

—Giuliano está en la corte de Elisabetta Gonzaga y Guidobaldo Montefeltro, en Urbino. Allí completará su educación. La corte de Urbino, en plena sierra de los Apeninos, era una de las más cultas de Italia.

Treinta florentinos se sentaron a cenar aquella noche en la mesa. El menú estaba integrado por *cannelloni* rellenos de tierna carne picada y setas, ternera en leche, judías verdes, vinos de Broglio y variada repostería. Todos los comensales charlaban animadamente. Jamás se referían a su adversario llamándolo "el Papa" o "Alejandro VI", sino únicamente "el Borgia", pues trataban de conservar su reverencia al Papado, a la vez que expresar su total desprecio hacia el aventurero español que, por medio de una serie de calamitosos incidentes, se había apoderado del Vaticano.

A su vez, los florentinos distaban mucho de gozar del aprecio del papa. Los sabía enemigos suyos, pero necesitaba sus bancos, su comercio mundial, los elevados impuestos sobre importaciones que pagaban por cuanto traían a Roma y su estabilidad. Contrariamente a los barones romanos, no libraban una guerra contra él, limitándose a orar fervorosamente al cielo pidiendo su muerte. Por tal motivo, apoyaban a Savonarola en su lucha contra Alejandro VI y les resultaba molesta la misión de Piero.

Mientras bebían su copita de licor después de la cena, los invitados se mostraron nostálgicos y hablaban de Florencia como si estuviesen a sólo unos minutos de viaje de la Piazza della Signoria. Aquél era el momento que Miguel Ángel había esperado.

—¿Qué probabilidades hay de obtener algún encargo en Roma? —preguntó—. Los papas siempre han llamado junto a sí a los pintores y escultores.

—El Borgia —dijo Cavalcanti— llamó a Pinturicchio, de Perugia, para que le decorase sus habitaciones y varias estancias de Sant'Angelo. Pinturicchio terminó su trabajo el año pasado y partió de Roma. Perugino ha pintado frescos en una sala del Borgia, así como en la torre del palacio papal. Pero también se ha ido.

—¿Y de escultura?

—Mi amigo Andrea Bregno es el escultor más respetado de Roma. Tiene un gran taller con muchos aprendices.

—Me gustaría conocerlo.

—Es un hombre capaz, un trabajador rapidísimo, que ha decorado la mayor parte de las iglesias de aquí. Le diré que usted irá a visitarlo.

Balducci compartía el odio de sus compatriotas hacia Roma, pero había una faz de la vida romana que le agradaba: las siete mil mujeres públicas reunidas allí de todos los rincones de la tierra. El domingo siguiente, después de almorzar en la Trattoria Toscana, Balducci llevó a Miguel Ángel a hacer un recorrido por la ciudad. Conocía todas las plazas de Roma, sus fuentes, foros, arcos triunfales y templos, no por sus respectivas historias sino por la nacionalidad de las mujeres que tenían su campo de operaciones en cada uno de esos lugares. Recorrieron las calles durante varias horas, observando rostros, mientras Balducci se extendía en prolongados comentarios sobre las virtudes, defectos y agradables cualidades de cada una. Las mujeres romanas, que llevaban loros o pequeños monos sobre un hombro e iban cubiertas de joyas y perfumes, seguidas de sus servidores negros, pretendían imponerse despectivamente a las extranjeras: muchachas españolas, de negros cabellos y ojos de notable claridad; altivas griegas, vestidas con blancas túnicas, rodeadas sus breves cinturas por finos cinturones; egipcias, de oscura piel, envueltas en ropajes que les caían hasta los pies; rubias de ojos azules del norte de Europa, en cuyas trenzas llevaban prendidas pequeñas flores; turcas, de lacias cabelleras, que miraban desde la protección de sus casi transparentes velos; orientales, de ojos rasgados, envueltas en metros y más metros de sedas de brillantes colores…

—Nunca tomo a la misma dos veces —explicó Balducci—. Me agrada la variedad, el contraste, los distintos colores de la piel, las formas diferentes, las personalidades dispares. Eso, para mí, es lo interesante, porque me parece que viajo por todo el mundo.

—¿Y cómo sabes, Balducci, que la primera que se cruza en tu camino no será la más interesante del día?

—Mi inocente amigo, lo que cuenta realmente es la caza. Por eso prolongo la búsqueda, algunas veces hasta avanzadas horas de la noche. Lo exterior es distinto: tamaño, formas, maneras; pero el acto es siempre el mismo o casi el mismo: rutina. Es la caza lo que cuenta…

Miguel Ángel no sentía una imperiosa necesidad de esculpir, pues estaba enfrascado dibujando esculturas en perspectiva. Pero pasaban las semanas y no le llegaba una sola palabra del cardenal Riario. Acudió a los secretarios del prelado varias veces, pero fue recibido con evasivas. Entendía que el cardenal estaba ocupado, pues se decía que después del Papa era el hombre más rico de Europa y que dirigía un imperio bancario y comercial comparable al antiguo de Lorenzo de Medici. Jamás lo vio oficiar un servicio religioso, pero Leo le informó que el cardenal lo hacía diariamente en la capilla de su palacio, a primera hora de la mañana.

Finalmente, Leo le consiguió una audiencia. Miguel Ángel concurrió con una carpeta llena de dibujos. El cardenal Riario pareció alegrarse al verlo, aunque se mostró ligeramente sorprendido de que todavía estuviese en Roma. Estaba en su despacho, rodeado de papeles y libros, contadores y escribientes, con los cuales Miguel Ángel había comido varias veces a la semana, pero sin hacerse amigo de ellos. Trabajaban en altas mesas y no levantaron las cabezas para mirarlo. Cuando Miguel Ángel preguntó al cardenal si había decidido ya lo que le gustaría que esculpiese con el bloque de mármol que había adquirido, Riario respondió:

—Lo pensaremos. Todo a su debido tiempo. Mientras tanto, Roma es una ciudad maravillosa para un joven; hay muy pocos placeres en el mundo que no hayan sido desarrollados por nosotros aquí. Y ahora, perdóneme, pero…

Miguel Ángel bajó lentamente la amplia escalinata hasta el patio, todavía inconcluso, con la barbilla hundida en el pecho. Al parecer, se hallaba en la misma posición que con Piero de Medici: si uno estaba bajo el techo de esos señores, estaban satisfechos y consideraban que nada más tenían que hacer.

En su habitación lo esperaba un hombre delgado, de manto negro sobre un hábito blanco, ojos hundidos, exhausto y hambriento al parecer.

—¡Leonardo! —exclamó Miguel Ángel—. ¿Qué haces en Roma? ¿Cómo has dejado a nuestra familia?

—No he visto a nadie —respondió Leonardo fríamente—. Savonarola me ha enviado en una misión a Perugia y Arezzo. Ahora regreso a Viterbo para disciplinar a un monasterio de esa ciudad.

—¿Cuándo has comido por última vez?

—Te ruego que me des un florín para el viaje a Viterbo.

Miguel Ángel metió la mano en su pequeña bolsa y entregó una moneda de oro a su hermano, quien la tomó sin el menor cambio de expresión.

Apenas había reaccionado de la sorpresa de ver a Leonardo, cuando le llegó una carta de su padre. Le escribía en un profundo estado de perturbación, pues había contraído una deuda originada por la adquisición de unas telas y el comerciante amenazaba llevarlo ante la justicia. Miguel Ángel leyó aquella misiva varias veces, buscando, entre las noticias sobre su madrastra, hermanos y tíos, alguna indicación de cuál era la suma que su padre debía y cómo era que había contraído la deuda. Pero no la encontró. Únicamente la petición: "Envíame algún dinero".

Deseaba comenzar algún proyecto, debido a su necesidad de conseguir un trabajo remunerado. Ahora había llegado el momento de estudiar muy seriamente su situación monetaria. Todavía no sabía cuánto le iba a pagar el cardenal Riario por la escultura ni cuándo podría comenzarla.

En el palacio se le había provisto de papel de dibujo, carboncillos y modelos, y no le había costado nada vivir allí. Sin embargo, los escasos florines que tenía ahorrados de la suma que recibiera de los Popolano por el *San Juan* habían ya desaparecido. Comía con Balducci varias veces a la semana en alguna hostería o restaurante florentino y tenía que comprar de vez en cuando algunas ropas para sus visitas a los palacios y residencias de los florentinos. También necesitaba un manto abrigado para el invierno. Según parecía, no iba a recibir dinero alguno del cardenal hasta que la escultura estuviese terminada, lo que tardaría muchos meses.

Contó sus florines. Tenía veintiséis. Llevó trece al Banco de Jacopo Galli y pidió a Balducci que enviase una orden de pago por dicha suma al corresponsal del Banco de Florencia a nombre de su padre. Luego regresó a su taller y se sentó, decidido a concebir un tema que obligara al cardenal Riario a ordenarle la ejecución del trabajo. Y como ignoraba si el prelado prefería un tema religioso o uno mitológico, decidió preparar uno de cada clase.

Necesitó un mes para terminar, en cera, un Apolo de cuerpo entero, inspirado en el magnífico torso que había visto en el jardín del cardenal Rovere, y una *Piedad*, que era una proyección de su anterior *Madonna y Niño*.

Escribió una nota al cardenal, informándole que tenía listos dos modelos para que su Eminencia eligiese. No obtuvo respuesta. Volvió a escribir, esta vez pidiendo una audiencia. No recibió contestación.

Leo fue a verlo al día siguiente y le prometió que hablaría al cardenal.

Pasaron los días y las semanas, mientras Miguel Ángel miraba y remiraba el bloque de mármol, ansioso de comenzar a trabajarlo hasta sentir dolor físico.

—¿Qué razones da? —le gritó a Leo—. Sólo necesito verlo un minuto, para que elija uno de los dos proyectos.

—Los cardenales no dan razones —replicó Leo—. Tenga paciencia.

—Los días mejores de mi vida se van —gimió Miguel Ángel —y todo lo que tengo para esculpir es un bloque de "Paciencia".

No le fue posible conseguir una audiencia con el cardenal. Leo le explicó que el prelado estaba muy preocupado por una flota de naves que hacía bastante tiempo debían haber llegado de Oriente y que "no se sentía con ánimos para hablar de arte". Lo único que podía hacer, según Leo, era rezar pidiendo a Dios que llevase a buen puerto cuanto antes a las naves del cardenal.

A fuerza de hambre de esculpir, fue a ver a Andrea Bregno. El escultor era oriundo de Como, en el norte de Italia. Tenía setenta y cinco años, pero poseía todavía una asombrosa vitalidad. Antes de ir a su estudio, Miguel Ángel se había detenido para observar los altares y sarcófagos de Bregno en Santa Maria del Popolo y Santa Maria Sopra Minerva. Sus bajorrelieves decorativos eran realmente muy buenos. Podía realizar cualquier cosa que concebía, con su martillo y cincel, pero jamás esculpía nada que no hubiese visto ya esculpido. Cuando necesitaba nuevos temas, se ponía a buscar nuevas tumbas romanas y copiaba sus diseños.

El escultor lo recibió cordialmente cuando Miguel Ángel le informó que era oriundo de Settignano.

—La primera tumba que esculpí para Riario la hice con Mino da Fiesole. Era un exquisito escultor y esculpía encantadores querubines. Puesto que es usted oriundo de su mismo pueblo, supongo que será tan bueno como él, ¿no?

—Tal vez.

—Siempre puedo emplear ayudantes. Mire, acabo de terminar este trabajo para Santa Maria della Quercia, en Viterbo. Ahora estamos trabajando en el monumento Savelli, para Santa Maria de Aracoeli. La escultura no es un arte inventivo sino de reproducción. Si yo intentase idear diseños, este taller sería un verdadero caos. Aquí esculpimos lo que otros han esculpido antes que nosotros.

—Lo hace muy bien —dijo Miguel Ángel, mientras observaba los numerosos trabajos en ejecución que se veían por todas partes del taller.

—¡Soberbiamente! En medio siglo nadie me ha devuelto un trabajo. Desde los primeros días de mi carrera aprendí a aceptar la siguiente convención: "Lo que es, tiene que continuar siendo". Esta sabiduría mía, Buonarroti, me ha hecho ganar una fortuna. Si quiere triunfar en Roma, tiene que dar a la gente exactamente lo que la gente ha tenido toda su vida.

—¿Y qué le ocurriría a un escultor que dijese: "Lo que es, tiene que ser cambiado"?

—¿Cambiado? ¿Nada más que por el cambio?

—No; porque ese escultor considerase que cada nueva pieza esculpida tiene que abrirse paso entre las convenciones existentes, lograr algo fresco y diferente…

Bregno movió las mandíbulas como si estuviese chupando algo y al cabo de unos segundos dijo:

—Lo que habla por su boca es su juventud, muchacho. Unos cuantos meses bajo mi tutela le harán olvidar esas nociones tan tontas. Quizá yo estuviese dispuesto a tomarlo como aprendiz por un término de dos años. Cinco ducados el primer ano y diez el segundo…

—*Messer* Bregno, he trabajado de aprendiz durante tres años con Bertoldo, en el jardín de escultura de Lorenzo de Medici, en Florencia.

—¿Bertoldo, el que trabajó con Donatello?

—El mismo.

—¡Qué lastima! Donatello ha arruinado la escultura para todos los florentinos. Sin embargo… Tenemos una gran cantidad de ángeles que deben ser esculpidos para las tumbas…

Las lluvias y fuertes vientos del mes de noviembre trajeron consigo para Miguel Ángel la llegada de su hermano Buonarroto. La lluvia había obligado a Miguel Ángel a encerrarse en su dormitorio, cuando se le presentó su hermano, empapado pero con una amplia sonrisa de felicidad que iluminaba sus pequeñas y oscuras facciones.

Abrazó cariñosamente a Miguel Ángel y le dijo:

—Terminé mi aprendizaje y ya no podía resistir más en Florencia, no estando tú. He venido a buscar trabajo aquí en el Gremio de Laneros.

—Bueno, ahora cámbiate inmediatamente esa ropa empapada. Aquí tienes ropa mía. Cuando pare la lluvia te llevaré a la Hostería del Oso.

—¿Entonces no puedo quedarme aquí, contigo? —preguntó Buonarroto con tristeza.

—Aquí no soy más que un huésped. La hostería es cómoda. Cuéntame enseguida lo de la deuda de nuestro padre.

—Ese asunto ha quedado tranquilo por el momento, gracias a los trece florines que le enviaste. Pero el comerciante, Consiglio, sostiene que nuestro padre le debe mucho más dinero. Parece que le pidió unas telas pero nadie, ni siquiera Lucrezia, sabe lo que hizo con ellas.

Buonarroto le contó los acontecimientos de los últimos cinco meses: el tío Francesco estaba enfermo; Lucrezia también, al parecer de un aborto; como no había más entradas que el arrendamiento de la granja de Settignano, Ludovico no podía hacer frente a los gastos de la casa. Giovansimone se había negado a contribuir al sostenimiento de la casa, a pesar de los reiterados ruegos del padre.

Al cabo de una semana era evidente que no había trabajo para Buonarroto en Roma. Los florentinos no tenían Gremio de Laneros en la ciudad y los romanos no empleaban a un florentino.

—Creo que tendrás que volver a casa —dijo Miguel Ángel con pena—. Si sus cuatro hijos mayores están fuera de casa y no contribuyen con nada a su mantenimiento, ¿cómo va a arreglárselas nuestro padre?

Buonarroto partió bajo un verdadero diluvio. Piero de Medici llegó de vuelta a Roma igualmente empapado por la lluvia. Los últimos restos de su ejército andaban ya desparramados, carecía de fondos y había sido abandonado hasta por Orsini. Alfonsina estaba con sus hijos en una de las posesiones de su familia.

Piero escandalizaba a toda Roma con sus grandes pérdidas en el juego y sus violentas disputas en público con su hermano Giovanni. Pasaba las mañanas en el palacio San Severino y las tardes, hasta la puesta del sol, con la cortesana favorita del momento. Por la noche salía a las calles de Roma para intervenir en cuanto de malo ofrecía la ciudad. Pero igualmente criticable, a juicio de la colonia florentina, era su actitud de arrogante tirano. Anunció que gobernaría Florencia solo, sin la ayuda de Consejo alguno. "Prefiero —agregó— administrar mal por mi cuenta que hacerlo bien con la ayuda de otros".

Miguel Ángel se sorprendió al recibir una invitación escrita por el mismo Piero para la cena de Nochebuena en casa del cardenal Giovanni. Fue un verdadero y suntuoso banquete. La casa de Giovanni era hermosa, porque estaba llena de objetos que había llevado de Florencia en su primer viaje: cuadros, bronces, tapices, platería... todo ello empeñado a un interés del veinte por ciento, para pagar las deudas de Piero.

Se aterró al ver los estragos que la vida disoluta había causado en el rostro del hijo mayor de Lorenzo. Su párpado izquierdo estaba casi cerrado. En su cabeza se veían calvas parciales. El antes hermoso rostro se veia embotado y surcado de rojas venas.

—¡Buonarroti! —exclamó al verlo—. En Bolonia consideré que había sido desleal a los Medici. Pero me he enterado por mi hermana Contessina de que salvó numerosas gemas de gran valor y obras de arte del palacio ocultándolas en el montacargas. —Su voz altisonante, como para ser oída por cuantos se hallaban en la habitación. —A cambio de su lealtad, Buonarroti, quiero encargarle que esculpa un mármol para mi.

—Eso me haría muy feliz, Excelencia —respondió Miguel Ángel serenamente.

—Quiero que sea una gran estatua. Le haré avisar dentro de poco tiempo. Y entonces le daré mis órdenes.

—Las estaré esperando, entonces.

Al regresar a su habitación, después de aquella noche llena de tensión, vio por primera vez desde su llegada a Roma a su ex amigo Torrigiani. Estaba con un grupo de jóvenes romanos, ricamente vestido y muy alegre. Caminaba por la calle, afectuosamente tomado del brazo de uno de sus compañeros, todos ellos evidentemente bajo los efectos del alcohol, acogiendo las payasadas de Torrigiani con grandes risotadas.

Miguel Ángel sintió un vago malestar en el estómago. Se preguntó si aquello era miedo, pero sabía que era algo más, algo afín con el saqueamiento del palacio Medici, con el calamitoso estado de Piero, una conciencia de la insensata destrucción inherente a la época y al espacio, siempre pronta a lanzarse a destruirlo todo.

Las naves del cardenal Riario llegaron por fin a los muelles de Ripetta. Leo consiguió para él una invitación a la recepción de Año Nuevo.

—Conseguiré un par de cajas forradas en terciopelo —dijo—, de esas que se usan para exponer las joyas. Meteremos en ellas sus dos modelos y cuando el cardenal esté rodeado de las personas a quienes desea impresionar le haré una seña.

Y así lo hizo. El cardenal Riario estaba rodeado de los príncipes de la Iglesia, el Papa, sus hijos Juan, César y Lucrezia, a quien acompañaba su esposo, cardenales, obispos y las familias nobles de Roma, cuyas mujeres vestían lujosos vestidos de seda y terciopelo y lucían costosas joyas.

Leo se volvió al cardenal y le dijo:

—Excelencia, Buonarroti ha preparado unos modelos para que elija entre ellos el que le agrade.

Miguel Ángel colocó las cajas sobre la mesa, las abrió y tomó uno de los modelos en cada mano, tendiéndolos para que el cardenal pudiera verlos. Hubo un murmullo de admiración entre los hombres, mientras las mujeres aplaudían discretamente.

—¡Excelentes! ¡Excelentes! —exclamó el cardenal—. Siga trabajando, mi querido muchacho, y pronto tendremos el que deseamos.

—Entonces, ¿Vuestra Gracia no desea que esculpa ninguno de éstos en mármol? —preguntó Miguel Ángel con voz ronca por la emoción.

El cardenal se volvió a Leo y le dijo:

—Traiga a su amigo a verme en cuanto tenga nuevos modelos. Estoy seguro de que serán exquisitos.

Ya fuera del salón, la ira de Miguel Ángel estalló como un torrente.

—¿Qué clase de hombre es ése? —exclamó—. Fue él quien me pidió que esculpiese algo y hasta compró el bloque de mármol para hacerlo... ¡Yo tengo que ganarme la vida! A este paso, pasaré aquí meses y hasta años sin que se me permita tocar ese bloque de mármol.

—Yo creí que podríamos conseguir que el cardenal decidiese halagar a sus invitados, permitiéndoles que fueran ellos quienes eligieran. Lo siento mucho, amigo mío.

Miguel Ángel se apresuró a disculparse por su irritación.

—Perdóneme esta amargura, Leo. Le he hecho pasar un mal momento. Vuelva a la recepción y perdóneme, por favor.

Al quedarse solo vagó por las calles, ahora llenas de familias y niños que celebraban la entrada del año. De la colina Pincio estallaban sobre la ciudad cohetes y fuegos de artificio.

—¡Tiempo! —murmuró para sí—. ¡Todo el mundo quiere que le dé tiempo. Pero el tiempo es tan vacío para mí como el espacio, a menos que pueda llenarlo de figuras de mármol.

Balducci encontró una muchacha de cabellos rubios como el oro para ayudarlo a salir de aquella melancolía. Miguel Ángel sonrió por primera vez desde que había salido de la recepción del cardenal.

En la Trattoria Toscana encontraron a Giuliano da Sangallo, el arquitecto florentino amigo de Lorenzo de Medici y el primer hombre que enseñó a Miguel Ángel el arte de la arquitectura. Parecía sentirse muy solo. Había tenido que dejar a su esposa e hijo en Florencia y vivía en unas habitaciones alquiladas en Roma, a la espera de mejores encargos que el que ahora tenía: un techo de madera para Santa Maria Maggiore, el cual tendría aplicaciones del primer oro que Cristóbal Colón había llevado a Europa de América. Invitó a Miguel Ángel y a Balducci a que lo acompañaran y preguntó al primero cómo iban sus cosas en Roma. Escuchó atentamente mientras Miguel Ángel le relató su frustración.

—Lo que sucede es que está al servicio de un cardenal que no le conviene —dijo—. Fue el cardenal Rovere quien llegó a Florencia en 1481 para pedir a Ghirlandaio, Botticelli y Rosselli que pintasen murales para la capilla de su tío, el papa Sixto IV. Fue él quien persuadió a Sixto de que debía iniciar la primera biblioteca pública en Roma y reunir los bronces necesarios para crear el Museo Capitolino. Cuando el cardenal Rovert vuelva a Roma, se lo presentaré.

—¿Cuándo volverá? —preguntó Miguel Ángel, animado con una nueva esperanza.

—Ahora está en París. Está disgustado con el Borgia y permanece alejado de Roma desde hace varios años. Pero todo parece indicar que él será el próximo Papa. Mañana vendré a buscarlo y le enseñaré la Roma que más me agrada, la Roma grandiosa, en la cual construían los más grandes arquitectos del mundo. La Roma que yo volveré a crear piedra sobre piedra, una vez que el cardenal Rovere sea ungido Papa. Mañana por la noche, olvidará que ha deseado esculpir y se entregará por entero a la arquitectura.

Aquella fue una distracción sumamente necesaria para Miguel Ángel.

Sangallo quería que empezasen por el Panteón, porque era a la cima de aquella magnífica estructura adonde Brunelleschi había subido para aprender un secreto arquitectónico olvidado durante mil quinientos años: que aquello no era una cúpula sino dos, una construida dentro de la otra.

El arquitecto entregó a Miguel Ángel un rollo de papel de arquitectura y exclamó:

—Bueno, ahora vamos a crear nuevamente el Panteón, tal como lo vieron los romanos de la época de Augusto.

Primeramente dibujaron dentro, estableciendo otra vez el interior de mármol, con la abertura al cielo en el centro de la cúpula. Luego pasaron al exterior y dibujaron las dieciséis columnas de granito rojo y gris que sostenían el pórtico, las gigantescas puertas de bronce, la cúpula, cubierta de chapas de bronce, la vasta estructura circular de ladrillo, tal como la habían descripto los historiadores.

Luego, con los rollos de papel bajo el brazo, se dirigieron a la Via delle Bottheghe Oscure y subieron a la colina capitolina. Allí, de cara sobre el gran foro romano, se hallaban en pleno corazón de la primera capital romana. Ahora era un montón de escombros y basuras, una sucesión de montículos de tierra en los que pastaban cabras y retozaban cerdos. No obstante, en aquellas dos cimas habían estado el templo de Júpiter y el de Juno Moneta, del siglo IV antes de Cristo.

Bajaron por la ladera de la colina al foro romano y pasaron allí e resto del tiempo dibujando los edificios tal como eran en los días de su mayor grandeza: los templos de Saturno y Vespasiano; el Senado de Julio César, construido de severo ladrillo naranja; el gran templo de Cástor, con sus admirables columnas y sus ricos capiteles corintios; el Arco de Tito; el Coliseo... Las manos de Miguel Ángel volaban sobre el papel como jamás lo habían hecho, mientras trataba de mantener el ritmo impuesto por Sangallo, que producía una verdadera catarata de dibujos y explicaciones verbales.

Cayó la noche, Miguel Ángel estaba extenuado y Sangallo triunfante.

—Ahora —dijo—, ha descubierto el glorioso pasado de Roma. Trabaje todos los días. Suba al Palatinado y reconstruya los baños de Severo y el palacio de Flaviano. Vaya al circo Máximo, la basílica de Constantino, la casa dorada de Nerón al fondo de la colina Esquilino. Los romanos fueron los arquitectos más grandes que haya conocido el mundo.

IV

En su interior se intensificaba la creencia de que jamás conseguiría la aprobación del cardenal Riario para esculpir el bloque de mármol. Desesperado, buscó a Piero en el palacio Orsini. Estaba en medio de una ruidosa disputa con los servidores sobre la comida que le habían servido. Alfonsina estaba sentada frente a él, en la enorme mesa de roble tallado.

—Excelencia —le dijo—, ahora tengo tiempo para esculpir una hermosa estatua, si me da la orden de empezar. Tengo un diseño para un Cupido, que tal vez le agrade.

—¿Un Cupido? Bueno, ¿por qué no?

—Sólo necesito su aprobación.

Piero había empezado a gritar otra vez. Miguel Ángel comprendió que lo despedían pero al mismo tiempo se le había dicho que podía empezar a trabajar. Se dirigió, a lo largo de la orilla del río, a los patios de las marmolerías próximas a los muelles del Tíber; vio allí un pequeño bloque que le gustó, pagó cinco florines por él, de su casi exhausta bolsa, y caminó tras la carretilla que empujaba un muchacho, rumbo a su casa.

Necesitó dos días para comprobar que el mármol era malo. Había obrado estúpidamente al adquirir el primer bloque que le pareció bueno.

Al día siguiente, apenas amaneció, estaba ya en el patio de los Guffatti, donde el cardenal Riario había adquirido el bloque de mármol todavía intacto. Ahora examinó a conciencia todos los bloques y por fin encontró uno de mármol blanco que parecía translúcido a los primeros rayos del sol; no mostró fallas al ser bañado en agua. Esta vez había invertido bien sus cinco florines, pero su bolsa quedó reducida a sólo tres.

Unos días después levantaba ya su martillo y cincel para el primer golpe. Balducci le dijo:

—¿No te parece que será mejor obtener una orden escrita de Piero?

Pero Piero no quería firmar esa orden y dijo:

—Mi querido Buonarroti, yo saldré de Roma antes de que pueda terminar ese Cupido. Y lo más probable es que no vuelva más…

—¿Quiere decir, Excelencia, que se vuelve atrás? —la necesidad había puesto dureza en su pregunta.

—Un Medici jamás se vuelve atrás. Lo que pasa es que ahora tengo graves preocupaciones. Postergue esto por un año…

Esculpió el Cupido, sin embargo, por el placer de trabajar en el mármol blanco y respirar el polvillo que arrancaban sus golpes de martillo y cincel.

Pasaron dos meses de frustración antes de que pudiera conseguir otra audiencia del cardenal Riario.

—¿Qué me propone hoy? —preguntó el prelado, que aparentemente estaba de buen humor—. ¿Algo vigorosamente pagano que haga juego con las hermosas antigüedades que tiene en su jardín el cardenal Rovere?

—Sí, Excelencia —mintió rápidamente Miguel Ángel.

Se sentó en la cama de su pequeño dormitorio. Sudaba como si tuviese fiebre y buscaba afanosamente en su mente el dios griego más jubiloso y placentero que pudiera hallar. En el barrio florentino, Altovit le había preguntado una noche:

—¿No ha pensado nunca en esculpir un Baco?

—No, muy pocas veces bebo vino.

A su memoria acudió ahora un joven que había visto en los baños con el cuerpo proporcionado de un atleta: piernas delgadas, cintura breve, pecho muscularmente poderoso, brazos fuertes y aspecto felino.

Su trabajo fue la única recompensa. El Viernes Santo estalló una revuelta en Roma y los guijarros de las calles quedaron teñidos de sangre. Comenzó con un tumulto incitado por los mercenarios españoles del Papa, tan profundamente odiados por los romanos que el pueblo luchó contra ellos armado de cachiporras y piedras. El marido de Lucrezia Borgia, un Sforza, huyó de la ciudad anunciando que los Borgia estaban a punto de asesinarlo porque deseaban que Lucrezia se casase con un español. Al mismo tiempo, Piero de Medici organizó un ejército de mil trescientos mercenarios para atacar Florencia. A continuación se produjo una revuelta en el barrio florentino, cuando el papa excomulgó a Savonarola. Y terminó con el espantoso asesinato de Juan Borgia. Unos pescadores del Tíber encontraron su cadáver flotando en las aguas y lo sacaron a tierra. Tenía nueve heridas de daga y sus manos estaban atadas. Los romanos no intentaron siquiera disimular su júbilo.

El terror se apoderó de la ciudad. El Vaticano y las actividades comerciales se paralizaron. La Guardia del Papa allanó todas las casas que Juan había visitado, torturó a los servidores en busca de una pista, saqueó las residencias de los florentinos para probar una conspiración, acusó del asesinato al rechazado esposo de Lucrezia y luego a todas las familias nobles de Roma que, en diversas ocasiones, se habían mostrado hostiles al Papa, juntamente con el resto de la población, hasta que el Papa, y todo el mundo, se convenció de que César Borgia había dado muerte a su hermano mayor para que no obstaculizase su carrera.

El cardenal Riario guardó luto, al igual que su superior jerárquico. El palacio se cerró a toda actividad que no fuera de suma urgencia. La escultura no tenía tal carácter urgente. Era un lujo que debía ser abandonado en cuanto algo salía mal.

—El cardenal no hablará de escultura en mucho tiempo —dijo Leo Baglioni—. Le aconsejo que busque otro mecenas.

—¿No podría concertarme una última audiencia? Desearía ver si puedo conseguir que se me pague.

—¿Pagarle? ¡Pero si no ha hecho ningún trabajo!

—¡He trabajado! He hecho bosquejos, modelos, pero el cardenal no me permitió que tocase el bloque de mármol. Es un hombre rico y yo he llegado al fondo de mi exigua bolsa.

No pudo dormir en toda la noche. Pero las desgracias maduran siempre juntas, como los tomates. Leonardo se presentó nuevamente, roto el hábito y ensangrentado el rostro. De sus entrecortadas palabras, Miguel Ángel pudo llegar a la conclusión de que los monjes de Viterbo se habían vuelto contra él, expulsándolo del monasterio, no sin antes haberlo apaleado por defender al excomulgado Savonarola.

—Quiero volver a San Marco —dijo roncamente, mientras se enjugaba los ensangrentados labios—. Dame dinero para el viaje.

Miguel Ángel sacó la última moneda de oro que le quedaba.

—Yo también me siento vencido —dijo—. Mi único deseo es volver a casa. Pero quédate conmigo aquí unos días hasta que te sientas mejor.

—No, gracias, Miguel Ángel —dijo Leonardo—. Y te agradezco el dinero.

El segundo golpe fue la noticia del fallecimiento de su madrastra, Lucrezia, que le envió su padre en unas cuantas frases deshilvanadas. "Il migliore", pensó con afecto y pena. Ella había comprado siempre lo mejor para su casa y había dado lo mejor de sí a los nueve Buonarroti, aceptando la misión de alimentarlos. ¿La había amado su padre? Era difícil determinarlo. ¿Los había amado ella? Sí, eso era seguro. No tenía la culpa si su único talento era el culinario.

Unos días después, un mensajero le trajo una nota de la Hostería del Oso, anunciando que Buonarroto estaba de regreso. Corrió a verlo.

—¿Cómo está nuestro padre? —preguntó—. ¿Cómo ha tomado el fallecimiento de Lucrezia?

—Muy mal. Se encierra en su dormitorio y no quiere ver a nadie. Además, está a punto de ser arrestado por esa maldita deuda. Il Consiglio puede probar que nuestro padre se llevó las telas, y puesto que sólo nos quedan algunos florines, podría ir a la cárcel.

248

—¡La cárcel! Dio mío! ¡Tiene que vender la granja de Settignano!

—¡No puede! Como sabes, la tiene arrendada por un largo plazo. Además dice que prefiere ir a la cárcel que privarnos de lo único que nos queda como herencia.

—¿Nuestra última herencia una casa? —exclamó Miguel Ángel, furioso—. ¡Nuestra última herencia es el apellido Buonarroti! ¡Tenemos que protegerlo contra todo!

—Pero, ¿qué podemos hacer? Yo sólo gano unos cuantos escudos al mes.

—También yo que carezco de ingresos. ¡Pero los tendré! ¡Haré que el cardenal Riario comprenda la justicia de mi posición!

El cardenal escuchó, mientras jugaba tranquilamente con la larga cadena de oro que rodeaba su cuello.

—No espero que me dé su tiempo gratis —dijo.

—Muchas gracias, Excelencia, ya sabía yo que se mostraría generoso —dijo Miguel Ángel, emocionado.

—Y así será. Renuncio a todo derecho de propiedad al bloque de mármol y los treinta y siete ducados que me costó. El mármol es suyo, a cambio de esa paciente espera.

No le quedaba más que un recurso: los banqueros florentinos Recela y Calcavanti. Se endeudaría. Inmediatamente escribió a su padre diciéndole: "Le enviaré todo lo que me pida aunque tenga que venderme como esclavo". Y luego fue a ver a Paolo Recela para exponerle su tragedia.

—¿Un préstamo del Banco? No, no, resultaría demasiado costoso para usted a un interés del veinte por ciento —dijo Paolo—. Pero puedo prestarle dinero mío, sin interés. ¿Se las arregla con veinticinco florines?

—¡Le juro que se los devolveré!

—Exijo que se olvide de esta deuda, hasta que tenga su bolsa llena de oro.

Corrió por el laberinto de desempedradas calles, entregó a Buonarroto la nota de crédito, agregó a ella una nota para *Il Consiglio*, en la cual tomaba para sí la responsabilidad de la deuda de su padre, garantizándole que la pagaría en el plazo de un año.

—Eso es lo que quería nuestro padre, claro —dijo Buonarroto, pensativo—. Ni él ni tío Francesco ganarán un escudo más. Tú y yo somos ahora los Buonarroti. No podemos esperar la menor ayuda de Leonardo o de Giovansimone. Y el pequeño Sigismondo… el Gremio de Viñateros lo ha despedido. En cuanto nuestro padre vea estos papeles, tendrás el mantenimiento de toda la familia sobre tus hombros.

La buena suerte viene también en rachas. Miguel Ángel terminó de pulir su Cupido: el resultado fue un hermoso niño que acababa de despertar y tendía los brazos para que su madre lo tomase en los suyos. Balducci se mostró encantado ante aquella deliciosa figura que parecía palpitar de vida y preguntó a Miguel Ángel si podían llevarla a la residencia de Galli, para mostrársela a su patrón.

La casa de Jacopo Galli había sido construida por uno de sus antepasados y Galli estaba agradecido a aquel predecesor porque, al mismo tiempo, había iniciado una colección de esculturas antiguas que sólo cedía en importancia a la del cardenal Rovere.

Después de bajar por una ancha escalinata, Miguel Ángel se encontró en un atrio, cercado en tres de sus costados por la casa y, en el cuarto, por otra escalinata que daba al lugar la impresión de ser un jardín hundido o, como pensó Miguel Ángel al mirar a su alrededor, un bosque hundido, lleno de estatuas, frisos de mármol y animales de piedra.

Jacopo Galli, que había sido educado en la universidad de Roma y desde entonces había leído horas enteras todos los días, dejó un ejemplar de Aristófanes que estaba repasando y empezó a levantarse del sofá en el que se hallaba tendido. Parecía que no iba a terminar más aquel movimiento. Era un verdadero gigante de algo más de dos metros: el hombre más alto que Miguel Ángel había visto. Ante él, se sentía un pigmeo.

—¡Ah! ¡Viene a mí con un mármol en sus brazos! ¡Ése es el espectáculo que más me agrada en mi jardín! —dijo cordialmente.

Miguel Ángel colocó el Cupido encima de la mesa que estaba al lado del sofá y se volvió para mirar directamente a los azules ojos del dueño de casa.

—Temo haber traído a mi Cupido a un lugar que no le corresponde —contestó Miguel Ángel.

—Creo que no —murmuró Galli—. Balducci, lleve a su amigo Buonarroti a la casa para que le den unas tajadas de sandía fría.

Cuando los dos regresaron al jardín unos minutos después, vieron que Galli había sacado un torso del pedestal donde estaba, junto a la pared baja que servía de balaustrada a la escalinata, y colocado en su lugar el Cupido. Ahora estaba echado nuevamente sobre el sofá. Sus ojos brillaban:

—Experimento la sensación de que su Cupido ha estado ahí desde el día que nací y que es un descendiente directo de cualquiera de esas esculturas. ¿Me lo vendería? ¿Qué precio podemos ponerle?

—Eso lo dejo a su criterio —respondió Miguel Ángel humildemente.

—En primer lugar, me agradaría que me cuente cuál es su situación.

Miguel Ángel relató la historia del año de inútil espera en el palacio del cardenal Riario.

—Así que terminó allí sin que se le pagase un solo escudo y dueño de un gran bloque de mármol, ¿eh? Bueno, ¿qué le parece si decidimos que el Cupido vale cincuenta ducados? Porque sé que necesita dinero, permitiré que mi avaricia le rebaje ese precio a veinticinco ducados. Pero como detesto todo lo que sea astucia en mis negociaciones sobre objetos de arte, tomaré los veinticinco ducados que acabo de rebajarle y los agregaré al precio original. ¿Aprueba mi trato?

—¡Señor Galli! —exclamó Miguel Ángel, con los ojos empañados de emoción—. Durante un año he estado pensando cosas muy malas de todos los romanos. Ahora, ante usted, pido perdón a toda la ciudad.

Galli se inclinó cortésmente, pero sin levantarse.

—Y ahora —dijo—, hábleme de ese bloque de mármol que tiene. ¿Qué le parece que podría esculpir en él?

Miguel Ángel le explicó lo referente a sus dibujos para un Apolo, una Piedad y un Baco. Y Galli se mostró intrigado.

—No he oído decir jamás que se haya desenterrado por aquí estatua alguna de un Baco, aunque hay alguna traída de Grecia. Son figuras de hombres viejos, con barbas... Bastante insulsos.

—No, no, mi Baco sería joven, como corresponde a un dios de la alegría y la fertilidad.

—Tráigame los dibujos mañana a las nueve de la noche.

Galli entró en la casa y volvió con una bolsa, de la cual extrajo setenta y cinco ducados que entregó a Miguel Ángel. Éste se fue inmediatamente a la banca Recela para devolver los veinticinco florines que había pedido.

A la noche siguiente se presentó de nuevo en el jardín de Galli, a la hora que Jacopo le había indicado. Galli salió de la casa y le dio la bienvenida. Poco después, la señora Galli, una mujer alta y elegante, no muy joven ya pero todavía bella y de aspecto patricio, se unió a ellos para la cena. Una fresca brisa movía las hojas de las plantas. Cuando terminó la cena, Galli preguntó:

—¿Estaría dispuesto a traer su bloque aquí y esculpir ese Baco para mí? Le podría destinar una habitación para vivir y estoy dispuesto a pagarle trescientos ducados por la estatua terminada.

Miguel Ángel bajó la cabeza para que la luz de los candelabros no traicionase su enorme emoción. Acababa de ser salvado de un ignominioso regreso a Florencia y de una no menos ignominiosa derrota.

No obstante, a la mañana siguiente, cuando caminaba al lado del carro de los Guffatti que transportaba su bloque desde el palacio Riario al de Galli, con su pequeño lío de ropa a la espalda, se sintió como un mendigo. ¿Es que tendría que pasar años trasladándose de un dormitorio prestado a otro? Sabía que no se conformaría con eso. Y se prometió que un día, no muy lejano, sería dueño de sí mismo y viviría entre sus propias paredes.

V

Se le mostró su habitación: un agradable dormitorio iluminado por el sol. Una puerta, en el extremo de la habitación, daba a un huerto de higueras. Al borde del huerto se alzaba un pequeño cobertizo para almacenar objetos y provisiones. Su piso era de tierra apisonada. Le quitó el techo de tablas, dejando que las higueras le dieran sombra. La construcción daba a una calleja por la que sus amigos podían venir a visitarlo y que servía a la vez para entrar los materiales necesarios. Fuera, arrimó un barril para llenarlo con agua del pozo. Le serviría para lavarse a las noches, antes de vestirse para cenar con los Galli en el jardín.

Jacopo Galli no salía del Banco al mediodía, por lo cual no se servía almuerzo más que los domingos y fiestas religiosas. Un servidor le llevó un ligero refrigerio en una bandeja, que él comió sin levantarse de su tabla de dibujo. Se alegró de no tener que cambiarse de ropa al mediodía ni verse obligado a suspender el trabajo para hacer vida social.

Recibió una carta de su padre, acusando recibo de los veinticinco florines. El comerciante había aceptado la seguridad de pago que le ofrecía Miguel Ángel, pero quería la mitad de los cincuenta florines que Ludovico le debía aún. ¿No le sería posible, por favor, enviarle otros veinticinco florines por el correo del sábado?

Miguel Ángel suspiró, se vistió y llevó veinticinco florines al Banco de Galli, en la Piazza de San Celso, al lado del Banco de la familia Chigi. Balducci no estaba, por lo que se dirigió el escritorio de Jacopo Galli. Éste alzó la cabeza y no dio señal alguna de reconocerlo. Su rostro tenía una expresión severa, fría. Preguntó secamente qué deseaba.

Una transferencia de veinticinco florines para Florencia.

Depositó las monedas sobre el escritorio. Galli habló a un empleado que se hallaba cerca de él. La transacción fue realizada rápidamente. Y Galli volvió a enfrascarse en los papeles que tenía ante sí.

Miguel Ángel estaba asombrado. "¿Qué habré hecho para ofenderlo?", se preguntó.

Era ya de noche cuando decidió volver a la residencia. Desde su habitación, vio luces en el jardín. Y abrió la puerta decididamente.

—¡Ah, ya está aquí! —exclamó Galli—. Venga a tomar una copita de este excelente Madeira...

Galli estaba recostado en su sofá. Preguntó si Miguel Ángel había instalado ya su taller y si necesitaba alguna otra cosa. Aquel cambio de actitud tuvo entonces una fácil explicación. Jacopo Galli, al parecer, no podía o no quería, establecer un puente entre las dos mitades de su vida. En su Banco se mantenía siempre rígido, hasta un poco brusco. Cuando llegaba a su casa, cambiaba totalmente y era alegre, indulgente, cariñoso. Allí no pasaba jamás por sus labios ni una palabra de negocios. Sólo hablaba de arte, literatura, historia, filosofía.

Por primera vez desde su llegada a Roma, Miguel Ángel empezó a conocer romanos interesantes: Pedro Sabinus, profesor de oratoria en la universidad, a quien no interesaba mucho la colección de esculturas de Galli, pero poseía lo que Jacopo calificaba de "un increíble número de inscripciones cristianas antiguas"; el coleccionista Giovanni Capocci, el primer romano que intentó excavar metódicamente las catacumbas; Pomponius Laetus, uno de los antiguos profesores de Jacopo, que vivía dedicado exclusivamente al saber y vestía casi como un pordiosero.

—Ha sido torturado por la Inquisición, porque nuestra Academia, como su Academia Platón de Florencia, era considerada hereje, pagana y republicana —dijo Jacopo a Miguel Ángel—. Y todas esas acusaciones estaban perfectamente justificadas. Pomponius está tan embebido de paganismo que el solo hecho de ver un monumento antiguo lo hace llorar.

Miguel Ángel sospechaba que Galli estaba también empapado de paganismo, pues jamás había visto en su casa un hombre de Iglesia, a excepción de los hermanos ciegos Aurelius y Raffaelle Lippus, monjes agustinos que improvisaban canciones latinas e himnos poéticos al son de sus liras, y el francés Jean Villiers de la Groslaye, cardenal de San Dionigi, un hombre diminuto, de cuidada barba corta, que había comenzado su vida religiosa como monje benedictino y, profundamente amado por el rey Carlos VIII por su devoción y saber, había sido ungido cardenal merced a su intervención personal. Nada tenía que ver con la corrupción de los Borgia.

Miguel Ángel se hizo amigo de Jacopo Sadoleto, de Ferrara, un fino poeta de veintidós años y reconocido latinista, así como de Serafino, poeta ídolo de la corte de Lucrezia Borgia, que jamás mencionaba a los Borgia o al Vaticano cuando estaba de visita en la residencia Galli, pero leía sus poemas históricos acompañándose con su laúd, y de Sannazaro, de cuarenta años, que no representaba, y que mezclaba en sus versos las imágenes cristianas y paganas por igual.

Los Galli iban a misa la mayoría de los domingos y en los días de fiesta importantes. Jacopo confesaba que su anticlericalismo era el único gesto que podía hacer contra la corrupción de los Borgia y sus secuaces.

—Por medio de mis lecturas —dijo a Miguel Ángel— me ha sido posible seguir la aparición, desarrollo, decadencia y desaparición de muchas religiones. Eso es lo que le está sucediendo hoy a nuestra religión. El cristianismo ha tenido mil quinientos años para probar su valía ante el mundo y ha terminado... ¿en qué? Asesinatos, avaricias, incestos, perversiones de los Borgias. Roma es peor hoy que Sodoma y Gomorra lo eran cuando fueron destruidas por el fuego celeste.

Todos los dibujos que había hecho para el Baco, el dios griego de la alegría, le parecían superficiales y cínicos. Había intentado proyectarse hacia la época de los dioses, pero estaba jugando con un mito, como un niño con sus juguetes. Su realidad actual era Roma: el Papa, el Vaticano, los cardenales, obispos y la ciudad sumergida en una tremenda ola de corrupción y decadencia. Sentía una total repulsión hacia esa Roma. Pero, ¿podía acaso esculpir basándose en el odio? ¿Podía utilizar su puro mármol blanco, al que amaba, para representar en él la maldad y el hedor de la muerte que estaban destruyendo lo que otrora fuera la capital del mundo? ¿No existía el peligro de que su mármol se tornase también odioso?

Dormía inquieto. Iba a menudo a la biblioteca de Galli, encendía una lámpara y tomaba los materiales de escritura, como lo había hecho en el palacio Aldrovandi después de conocer a Clarissa. Entonces había sido el amor lo que lo inspiraba y lo llevaba a escribir líneas y más líneas de poesía "para desahogarse". Ahora era el odio, emoción tan ardiente como el amor, el que lo impulsaba a escribir y escribir.

Aquí se hacen yelmos y espadas con los cálices,
y la sangre de Cristo se vende por litros;
su cruz y espinas son lanzas y escudos,
y poco falta ya para que la paciencia se agote.

Y así cientos y cientos de líneas, con las que daba expresión a lo que le inspiraba la Roma de entonces.

Buscó afanosamente antiguas tallas en las colecciones de Roma. El único Baco que pudo encontrar tenía alrededor de quince años y estaba completamente sobrio. Por la manera en que sus manos apretaban un racimo de uvas negligente, parecía aburrido por el hecho de haber concebido aquella fruta, la más extraña de todas.

No. Su estatua tenía que ser jubilosa. Era necesario que él capturase el sentido de la fertilidad de Dionisio, el dios de la naturaleza, la potencia de la embriagadora bebida que permitía al hombre reír y cantar y olvidarse por un momento de las tristezas de su miseria terrenal. Y además, al mismo tiempo, quizá pudiese reflejar la decadencia que acompaña siempre a ese olvido y que él veía ahora tan claramente a su alrededor. El Baco sería la figura central de su tema, un ser humano antes que un semidiós, y además habría un niño, de unos siete años, de dulce rostro, mordisqueando un racimo de uvas. Su composición tendría también la muerte en sí: el tigre, que amaba el vino y era amado por Baco, representado por la piel y la cabeza más muertas que fuera posible concebir.

Se dirigió a los baños en busca de modelos, con la esperanza de que tal vez podría conseguir un Baco cuyas partes fueran compendio de muchos modelos distintos, como lo había hecho con el Hércules, que en realidad era el conjunto de muchos toscanos. Pero cuando, después de una cuantas semanas, fusionó las partes copiadas, el retrato no le resultaba convincente. Y se fue a ver a Leo Baglioni.

—Necesito un modelo vivo —le dijo—, joven, de menos de treinta años y perteneciente a una familia aristocrática.

—¿Debe tener un cuerpo hermoso?

—Que lo haya sido, pero que ya no lo sea. Un cuerpo corrompido por los placeres.

—¿Por qué placeres?

—Todos: el vino, la lascivia, la gula…

254

Leo meditó un instante, como si pasase revista en su memoria a las facciones y cuerpos de los jóvenes romanos que conocía. Luego respondió:

—Es posible que tenga al hombre que necesita. El conde Ghinazzo. Pero es rico, de noble familia. ¿Qué podemos ofrecerle como incentivo?

—¡Adulación, lisonja! Que va a ser inmortalizado como el gran dios Baco de los griegos o el Dionisio de los romanos, como lo prefiera.

—Eso podría dar resultado. No tiene nada que hacer y puede dedicarle algunas horas de sus días... o lo que queda de ellos después de despertarse de sus bacanales de la noche anterior.

El conde se mostró encantado con su nuevo papel. Cuando se hubo sacado las ropas y adoptó la postura que Miguel Ángel necesitaba, dijo:

—¿Sabe una cosa? Es una coincidencia que se me haya elegido para esto. Siempre me he considerado una especie de dios.

Miguel Ángel emitió una pequeña exclamación de alegría. Si hubiera buscado por toda Italia no podría haber encontrado un modelo más apropiado. La cabeza era un poco pequeña para el cuerpo, el vientre, blanco y carnoso, y las nalgas, demasiado grandes para el torso. La parte superior de los brazos, un poco fláccida, y las piernas, tan derechas y firmemente moldeadas como las de un luchador griego. Era un figura como despojada de su sexo y los ojos estaban un poco desencajados a causa de las excesivas libaciones; la boca se entreabría como en un ligero asombro. Sin embargo, el brazo que sostenía en alto la copa de vino se flexionaba con musculoso poder.

—¡Es perfecto!—exclamó impulsivamente Miguel Ángel—. ¡El mismo Baco redivivo!

—Encantado de que lo crea así—dijo el conde Ghinazzo, sin volver la cabeza—. Cuando Leo me propuso que le sirviese de modelo, le contesté que no me molestase con esas tonterías. Pero ahora veo que esto puede resultar muy interesante.

—¿A qué hora puedo esperarlo mañana? ¡Y no vacile en traer el vino cuando venga!

—¡Espléndido! Puedo quedarme toda la tarde. ¡Sin vino los días son tristes!

Dibujó al hombre en cien posturas distintas. Y ya avanzada la tarde, cuando Ghinazzo había bebido una gran cantidad de vino, Miguel Ángel le colocó racimos de uvas en la cabellera, de tal modo que daba la impresión de que las uvas surgían del pelo, lo cual divirtió extraordinariamente al noble romano. Hasta que una tarde bebió demasiado vino y comenzó a vacilar, para poco después caerse de la tarima de madera. Se golpeó fuertemente el mentón en el suelo y perdió el sentido. Miguel Ángel lo hizo reaccionar arrojándole un balde de agua sobre la cabeza. El conde se estremeció, se vistió rápidamente y desapareció del huerto... y de la vida de Miguel Ángel.

Jacopo Galli le encontró un vivaracho niño de siete años, de cabellos dorados y grandes ojos tiernos: una deliciosa criatura de la cual Miguel Ángel se hizo muy amigo mientras lo dibujaba. El único problema era conseguir que el niño mantuviese la difícil postura de sostener el brazo en posición de *contrapposto* contra el pecho, para que pudiese estrujar las uvas en la boca. Después, se dirigió a la campiña y pasó un día entero dibujando las patas, pezuñas y rizado pelo de las cabras que triscaban en las laderas de las colinas.

Fue así como su pluma diseñó finalmente la escultura que iba a ejecutar: en el centro el joven débil, confundido, arrogante y a punto de ser destruido, que alzaba la copa de vino; detrás de él, el idílico niño de ojos claros, mordiendo las uvas, símbolo de la alegría; y entre ellos, la piel de tigre. El Baco, vacío dentro de sí, fofo, trastabillante, viejo ya; el Sátiro, eternamente joven y alegre, símbolo de la niñez y la pícara inocencia del hombre.

El domingo por la mañana invitó a Galli a su taller, para mostrarle los dibujos. Galli le hizo numerosas preguntas y Miguel Ángel le explicó que haría algunos modelos de cera o arcilla y probaría esculpir en algunos trozos de piedra, para ver cómo quedaban las partes componentes del grupo.

Galli se mostró fascinado y dijo:

—No sé cómo darle las gracias.

Miguel Ángel rió, con cierto embarazo.

—Hay una manera. ¿Podría hacerme una transferencia de dinero a Florencia?

—¿Quiere que nuestro corresponsal en su ciudad entregue mensualmente una cantidad fija a su padre? De esa manera, se libraría de los disgustos cada vez que llega un correo. De esa manera no le costará más y yo puedo llevar la cuenta, para descontárselo del precio de la escultura.

VI

Llamó a uno de los Guffatti para que lo ayudase a colocar el bloque en posición vertical. Ahora el mármol le revelaba su personalidad: su tamaño, proporciones, peso. Se sentó ante el bloque y lo estudió concentradamente, permitiéndole que le hablara, que estableciese sus propias exigencias. Y sintió cierto temor, como si se encontrase ante una persona desconocida. Esculpir es eliminar mármol, pero también es hurgar, excavar, sudar, sentir y vivir hasta que la obra ha sido completada. La mitad del peso original de aquel bloque quedaría en la estatua realizada; el resto estaría por el suelo, convertido en diminutos trozos y polvillo. Lo único que lamentaba era que algunas veces tendría que comer y dormir, dolorosas pausas en que se vería obligado a suspender el trabajo.

Las semanas y meses de continua tarea pasaron en una corriente incesante. El invierno fue benigno y no se vio precisado a colocar nuevamente el techo del cobertizo. Los pensamientos, sensaciones y percepciones acudían a menudo como relámpagos fulminantes, mientras el Baco y el Sátiro comenzaban a surgir del bloque, pero expresar aquellas ideas en el mármol requería días y semanas de intenso trabajo. El bloque inconcluso lo obsesionaba a todas horas, por el día y por la noche. Sería peligroso esculpir libremente en el espacio la vasija y la rodilla en flexión; tendría que mantener un tabique de mármol entre la vasija y el antebrazo, entre rodilla y el codo, entre la base y la rodilla, para sostener aquellas partes mientras él iba adentrándose cada vez más en el bloque.

Su verdadera batalla comenzaba en el momento en que un músculo quedaba definido o un elemento estructural empezaba a surgir. El mármol se mostraba tenaz: él era igualmente terco en lo referente a lograr el delicado juego de los músculos bajo la carne del estómago, el suave tronco del árbol, la torsión en espiral del Sátiro, las uvas que aparecían en la cabeza del Baco y que parecían parte de la vida de sus cabellos. Cada detalle que completaba le traía paz a todas las facultades que había empleado en su creación; no sólo a sus ojos y su mente y su pecho sino a sus hombros, caderas y brazos.

Antes de retirarse cada atardecer, examinaba atentamente su trabajo para determinar lo que tenía que hacer al día siguiente. Y a la noche escribía a su familia, firmando con orgullo: "Miguel Ángel, escultor en Roma".

Porque no se tomaba ni un momento de descanso para dedicarlo a sus amigos o su vida social, Balducci lo acusó de que trataba de escapar del mundo para encerrarse en el mármol. Confesó a su amigo que no le faltaba razón, en parte: el escultor lleva al mármol la visión de un mundo más luminoso que el que lo rodea a él. Pero el artista no huye: persigue. Él estaba intentando, con todas sus fuerzas, alcanzar una visión. ¿Descansó realmente Dios el séptimo día? En el fresco de aquella larga tarde en que Él se sintió aliviado, refrescado, era posible que se hubiera preguntado: "¿A quién tengo en la Tierra que hable por mí? Será mejor que cree otra especie humana, a la que llamaré Artista. Su misión será llevar un significado y una belleza al mundo".

Sin embargo, Balducci llegaba fielmente todos los domingos a la tarde con la esperanza de conseguir que saliese del taller. Encontró para él una muchacha tan parecida a Clarissa que Miguel Ángel se sintió tentado. Pero el mármol era exigente, inflexible, extenuante. Entre ella y el bloque no era posible elegir.

—Cuando termine el Baco saldré contigo —prometió a Balducci.

Pero su amigo movió la cabeza con un gesto de desesperación y dijo:

—¡Estás postergando todas las cosas buenas que brinda la vida! ¡Es como arrojar el tiempo al Tíber!

Su tarea más delicada era eliminar con sumo cuidado el tabique de mármol que unía el brazo que sostenía la ornamentada y hermosa copa de vino y el costado de la inclinada cabeza. Trabajaba con infinitas precauciones y así llegó a la descendente línea del hombro. No se sentía suficientemente seguro todavía para eliminar aquel tenue tabique que unía el brazo levantado y la rodilla extendida.

Balducci le machacaba sin piedad:

—Esto es simple prevención. ¿Cómo no has dejado también un sostén para los genitales del infortunado individuo? ¿Y si se cayesen? Eso sería mucho peor que si dejase caer la copa que tanto terror te produce perder.

Miguel Ángel tomó un puñado de polvillo de mármol y se lo tiró.

—¿Has tenido alguna vez un pensamiento que proceda de la zona genital?

—¡Nadie los tiene!

Finalmente accedió, ante la insistencia de su amigo, a presenciar algunos de los espectáculos de Roma y fue con él al Monte Testaccio para ver cómo los romanos celebraban el Carnaval. Los dos ascendieron a una ladera, mientras cuatro lechones, peinados y adornados con cintas por barberos especializados, fueron atados a unos carros con banderas. A una señal de las trompetas, los carros fueron lanzados colina abajo hacia el Aventino, mientras la multitud corría tras ellos, armada con cuchillos, y gritaba: "*Al porco, al porco!*". Al negar al final de la colina, los carros se despedazaron y los perseguidores cayeron como fieras sobre los lechones, peleándose por cortar los mejores trozos de carne.

Cuando Miguel Ángel regresó a la casa, encontró en ella al cardenal francés Groslaye, de San Dionigi. Galli violó una regla por él mismo impuesta al preguntar a Miguel Ángel si permitía que el prelado fuese al taller a ver el Baco. Y Miguel Ángel no pudo negarse.

A la luz de la lámpara, explicó que estaba trabajando alrededor de la composición simultáneamente para que las formas avanzasen en el mismo estado de desarrollo. Mostró cómo, con el fin de abrir el espacio entre las dos piernas y entre el brazo izquierdo y el torso, trabajaba alternativamente el frente y la parte posterior del bloque, adelgazando cada vez más la pared de mármol. Mientras el cardenal lo observaba, tomó un punzón y demostró cómo eran de suaves los golpes que debía aplicar para atravesar el tabique, y luego tomó un *ugnetto* para eliminar el resto de aquel tabique, liberando así los miembros.

—Pero, ¿cómo alcanzar, en una figura a medio terminar, ese sentido de palpitante vitalidad? —preguntó el cardenal—. Me parece sentir la sangre y los músculos bajo esa piel de mármol. ¡Qué hermoso es ver surgir nuevos maestros de la escultura!

Unos días después, un servidor le llevó una nota al taller. Era de Galli y decía: "¿Quiere cenar esta noche con el cardenal y conmigo?".

Dejó el trabajo al ponerse el sol, se dirigió a los baños cercanos y se dio un buen baño caliente para sacarse el polvillo del mármol. Luego se vistió con ropa limpia. La señora Galli sirvió una cena ligera, pues el cardenal continuaba todavía las prácticas de la disciplina de su juventud en lo referente a la comida.

Sus ojos cansados brillaron de pronto a la luz de las velas, al volverse hacia Miguel Ángel.

—Como ve, hijo mío, estoy viejo. Tengo que dejar algo tras de mí, algo de singular belleza que aumente las hermosuras que existen en Roma. Un tributo de Francia, de Carlos VIII y mío personalmente. He conseguido permiso del Papa para instalar una estatua en la capilla de los reyes de Francia, en San Pedro. Hay allí un nicho que admitirá una escultura de tamaño natural.

Miguel Ángel no había bebido ni una copa del excelente vino Trebbiano que le ofrecía su anfitrión, pero se sintió como si hubiese consumido más que el conde Ghinazzo en una tarde de calor. ¡Una escultura para San Pedro, la más antigua y sagrada basílica de la cristiandad, construida sobre la tumba del apóstol! ¿Era posible que el cardenal francés lo eligiese a él para esculpir aquella imagen? Pero, ¿por qué? ¿Por haber visto el pequeño *Cupido* o el inconcluso Baco?

Cuando reaccionó de aquel ensimismamiento, la conversación había pasado ya a otro tema. Y poco después el coche del cardenal llegó a buscarlo. El prelado se retiró después de despedirse afectuosamente.

El domingo, Miguel Ángel fue a misa a San Pedro para ver la capilla de los reyes de Francia y el nicho del que había hablado el cardenal de San Dionigi. Ascendió los treinta y cinco escalones de mármol y pórfido que llevan a la basílica, cruzó el atrio, pasó por la fuente central, rodeada de columnas de pórfido, y se detuvo ante la base de la torre carlovingia del campanario. Una vez dentro del grandioso templo, encontró la capilla que buscaba. Era de tan año modesto, oscura. Su luz principal procedía de pequeñas ventanas situadas cerca del techo y su único adorno eran algunos sarcófagos, procedentes de antiguas tumbas paganas y cristianas, y un crucifijo de madera en un nicho. Midió a ojo el nicho vacío en la pared opuesta, desilusionado al ver que era muy profundo, tanto que una estatua colocada en él sólo sería visible desde el frente.

Pasaron siete días antes de que Galli volviese a tocar el tema.

—¿Sabe, Miguel Ángel, que ese encargo del cardenal de San Dionigi podría ser el más importante desde que se encomendó a Pollaiuolo la tumba para Sixto IV? —preguntó.

Miguel Ángel sintió que el corazón comenzaba a latirle violentamente. Luego preguntó, como con miedo:

—¿Qué probabilidades hay?

Galli las enumeró con los dedos:

—Primera: tengo que convencer al cardenal de que usted es el mejor escultor de Roma. Segunda: tiene que concebir un motivo que lo inspire. Tercera: es necesario conseguir un contrato firmado, por si acaso.

—¿Tendría que ser un tema espiritual?

—No porque Groslaye sea un miembro de la Iglesia, sino porque es un hombre profundamente espiritual. Ha vivido en Roma tres años en tal estado de gracia que literalmente no se ha dado cuenta de lo que lo rodea e ignora que Roma está podrida hasta los huesos.

—¿Inocencia o ceguera?

—¿Podríamos llamarle fe? Si un hombre tiene el corazón tan puro como el cardenal de San Dionigi, camina por el mundo con la mano de Dios sobre su hombro y no ve más que lo Eterno.

—¿Y cree que yo podría esculpir un mármol que tuviese la mano de Dios sobre él?

Galli lo miró un instante muy seriamente y luego contestó:

—Ese es un problema con el cual tiene que vérselas usted personalmente.

Esculpir su Baco todo el día y, al mismo tiempo, concebir un motivo religioso, parecía una empresa imposible. Sin embargo, no tardó en llegar a la decisión de que su tema tendría que ser una Piedad. Había deseado esculpir una Piedad desde el mismo día en que terminara su *Madonna y Niño*, pues así como esa pieza había sido el comienzo, la Piedad era el fin, la conclusión preordenada de todo cuanto María había decidido en aquella hora trascendental que Dios le había asignado; ahora, treinta y tres años después, con su hijo nuevamente sobre su regazo, ya completa la jornada de su destino.

Galli, intrigado ante aquellos pensamientos de Miguel Ángel, lo llevó al palacio del cardenal, donde esperaron que el prelado completase las cinco horas diarias de oraciones y oficios religiosos de todos los benedictinos. Luego los tres se sentaron en la galería abierta frente a la Via Recta, con una *Anunciación* en un cuadro que pendía de la pared tras ellos. El cardenal tenía el color ceniciento fruto de su prolongada vigilia. Los ojos de Miguel Ángel no pudieron percibir bajo sus hábitos más que una sospecha de líneas físicas. Pero, en cuanto oyó a Galli que le explicaba el tema de la Piedad, sus ojos relampaguearon.

—¿Y en cuanto al mármol, Miguel Ángel? ¿Podría encontrar un bloque tan perfecto como el que dice aquí en Roma?

—No lo creo, Eminencia. Un bloque, sí, pero uno oblongo, más ancho que alto, la verdad, no he visto ninguno.

—Entonces tenemos que recurrir a Carrara. Escribiré a los hermanos del monasterio de Lucca pidiéndoles que me ayuden. Si no pueden hallar lo que necesitamos, entonces tendrá que ir personalmente a las canteras hasta encontrarlo.

Miguel Ángel saltó literalmente de su silla.

—¿Sabía, Eminencia, que cuanto más alto se busca el mármol en la montaña, más puramente blanco es? No contiene manchas de tierra y, como no encuentra presión, no se forman en su interior burbujas de aire ni agujeros. Si pudiéramos extraer un bloque del pico mismo del monte Sacro, ése sería el mármol supremo.

En camino hacia la casa, Galli le dijo:

—Tiene que salir inmediatamente para Carrara. Yo le adelantaré los gastos del viaje.

—No puedo.

—¿Por qué?

—Debo terminar el Baco.

—El Baco puede esperar. El cardenal, no. Un día, pronto, Dios pondrá su mano sobre su hombro un poco más pesadamente que de costumbre y Groslaye se irá al cielo. Y, como comprenderá, desde el cielo no podrá encargarle la Piedad.

—Eso es cierto. Pero ahora no puedo suspender el trabajo —insistió Miguel Ángel tercamente.

—Lo libero de nuestro compromiso. Cuando haya terminado la Piedad volverá a trabajar en el Baco.

—Para mí no existe la palabra "volver" en ese sentido. La escultura va avanzando en mi mente. Y tengo que terminarla ahora, para que sea perfecta.

VII

Eliminó la corta columna de mármol que había dejado entre la base y el tobillo del Baco, y el pie derecho casi suspendido en el aire, apoyándose sólo en los dedos. Luego alzó el punzón, para liberar el espacio entre el codo y la copa de vino, para lo cual perforó una serie de agujeros cerca del brazo, eliminando después delicadamente el mármol que quedaba entre ellos. Finalmente, cortó en el tabique del rincón de la derecha, debajo de la copa, para dejar al aire la mano levantada con aquélla. Toda la figura, en redondo, estaba soberbiamente equilibrada. Caminó a su alrededor, con una expresión de satisfacción.

El acento estaba en la cabeza, que se proyectaba hacia adelante, el duro torso hacia afuera y el estómago, que parecía tirar todo el cuerpo hacia abajo. En la parte posterior, las dos pesadas nalgas servían como peso compensador. El equilibrio era mantenido por las hermosas piernas, aún de manera no muy segura, porque el cuerpo daba la impresión de tambalearse. El pie izquierdo estaba sólidamente plantado, pero el derecho se apoyaba únicamente en las puntas de los dedos, lo que intensificaba la sensación de vértigo.

—¡Usted es como un ingeniero! —exclamó Galli cuando lo vio.

—Por eso le dije a Bertoldo que tenía que ser escultor.

—En los días de los emperadores, habría estado diseñando coliseos, baños y estanques. En lugar de todo eso, ha creado un alma.

Miguel Ángel sintió una enorme alegría ante aquel elogio.

—Si no hay alma —dijo—, no hay escultura.

—Muchas de mis antiguas piezas fueron encontradas rotas en varias partes, a pesar de lo cual, cuando las reparamos, persistió su espíritu.

—Eso es por el escultor, que estaba todavía vivo en el mármol.

El domingo siguiente fue a cenar con los Recela, ansioso de tener noticias de Florencia. Savonarola estaba en el corazón de la mayor parte de los acontecimientos. La colonia florentina había visto con agrado la campaña del monje contra el Papa, así como su advertencia de que las excomuniones injustas no eran válidas y el haber rezado tres misas prohibidas en San Marco, durante la Navidad. Savonarola había escrito a reyes, estadistas y prelados de toda Europa, pidiendo con urgencia que se convocase un Consejo para castigar al Borgia e instituir las amplias reformas que librasen a la Iglesia de la simonía, no sólo en lo referente al Papa sino a los cardenales. El 11 de febrero de 1498 volvió a predicar en el Duomo contra el Papa y dos semanas después salió de la catedral con la hostia en sus manos, ante millares de florentinos que abarrotaban la plaza, para pedir, clamar a Dios que lo fulminase inmediatamente si merecía la excomunión. Como Dios no lo hizo, Savonarola celebró su vindicación ordenando una nueva Pira de Vanidades. Y Florencia fue saqueada una vez más por el Ejército de los Jóvenes.

Cuando Miguel Ángel les describió la Pira de Vanidades que había presenciado, sus amigos no se angustiaron.

—Cualquier precio es barato cuando hay hambre —exclamó Cavalcanti—. Es necesario que destruyamos al Borgia, cueste lo que cueste.

—¿Qué pensarán de este precio dentro de algunos años, cuando el Papa y Botticelli hayan muerto ya? Habrá otro Papa, pero jamás podrá haber otro Botticelli. Todas las obras que él mismo arrojó a esa pira han desaparecido para siempre. Se me antoja que están aprobando la ilegalidad en Florencia para liberarse de su falta de legalidad en Roma.

Si no podía tocarlos con sus razonamientos, el Papa los tocó donde les dolía: prometió confiscar todas las propiedades y comercios de los florentinos y expulsarlos de la ciudad sin un escudo, a no ser que la Signoria de Florencia enviase a Savonarola a Roma para ser sometido a juicio. Por lo que pudo colegir Miguel Ángel, la colonia capituló por completo: Savonarola tenía que ser silenciado, cumplir su excomunión y pedir la absolución al Papa. Pidieron a la Signoria que obrase en su nombre y enviase a Savonarola, perfectamente custodiado, a la ciudad eterna. Lo único que pedía el Papa era que Savonarola fuese a Roma para recibir la absolución.

La colonia se reunió en la residencia del patriarca Cavalcanti. Cuando Miguel Ángel llegó, se vio rodeado de un tumulto que descendía por la escalinata, procedente del salón de recepciones. El lugarteniente de Savonarola, fray Domenico, se había sometido a la ordalía del fuego.

Ese acontecimiento había sido originado bien por fray Domenico en persona o bien por el enemigo de los dominicanos en la lucha por el poder, la orden de los franciscanos, encabezada por fray Francesco di Puglia. En un fogoso sermón en defensa de su jefe, fray Domenico había declarado que se arrojaría a la pira para probar que todo cuanto enseñaba Savonarola era inspirado por Dios. Y desafió a los franciscanos a que uno de ellos lo acompañase. Al día siguiente, fray Francesco di Puglia aceptó el desafío, pero insistió en que fuese el mismo Savonarola quien se arrojase a la pira con él, alegando que únicamente si Savonarola salía indemne de la prueba podría considerarlo Florencia un verdadero profeta. Reunidos a la hora de la cena en el palacio Pitti, varios jóvenes del partido de los *arrabbiati* aseguraron a fray Francesco y a los franciscanos que Savonarola jamás aceptaría y que, al negarse, demostraría a toda la población de Florencia que no tenía verdadera fe en que Dios lo sacase con vida de la terrible prueba.

En ese momento, los electores de Florencia se volvieron políticamente contra Savonarola. Derrotaron a la Signoria, adicta al monje, y eligieron un nuevo Consejo que estaba contra él. La ciudad-estado se hallaba amenazada por una reedición de la guerra civil entre güelfos y gibelinos.

El 7 de abril se erigió una plataforma en la Piazza della Signoria. Los maderos estaban cubiertos de alquitrán. Una vasta multitud se congregó para presenciar el terrible espectáculo. Los franciscanos se negaron a entrar en la plaza hasta que fray Domenico accediese a llevar la hostia a la hoguera. Después de varias horas de espera, una furiosa tormenta de agua empapó la plataforma, obligando a la concurrencia a desbandarse. Aquello puso fin al espectáculo.

A la noche siguiente, los *arrabbiati* asaltaron el monasterio de San Marco y dieron muerte a un buen número de partidarios de Savonarola. La Signoria obró entonces: arrestó al monje, a fray Domenico y a fray Silvestro, el segundo lugarteniente, y los encarceló en la torre del campanario del Palazzo della Signoria. El Papa envió un emisario a Florencia para exigir que le entregasen a Savonarola. La Signoria se negó, pero designó una Comisión de Diecisiete para interrogar al preso y arrancarle la confesión de que sus palabras no habían sido inspiradas por Dios.

Savonarola se negó. La Comisión lo sometió a torturas. El monje, en pleno delirio, accedió a escribir la confesión que se le exigía y entonces fue sacado de su celda, pero lo que escribió no fue del agrado de la Signoria y se lo volvió a someter a torturas. Debilitado por las mismas, así como por sus ayunos y larguísimas horas de oración, sucumbió por fin y firmó la confesión redactada por un notario.

La Comisión lo declaró culpable de herejía. El Consejo especial designado por la Signoria lo sentenció a muerte. Y al mismo tiempo, el Papa otorgó a la ciudad-estado el tan deseado impuesto del tres por ciento sobre todas las propiedades de la Iglesia en Toscana.

Se construyeron tres cadalsos en la plaza. La multitud comenzó a llenarla, y al amanecer, la plaza y todas las calles adyacentes eran una compacta masa humana.

Savonarola, fray Domenico y fray Silvestro fueron conducidos hasta la escalinata de la Signoria y despojados de sus vestimentas religiosas. Ascendieron al cadalso orando silenciosamente. Luego subieron una empinada escalera hasta la plataforma de la horca. Alrededor de sus cuellos fueron anudadas cuerdas y cadenas. Un instante después, los tres pendían en el aire, muertos.

Se encendió la pira colocada bajo la horca. Las llamas subieron. Los tres cuerpos eran mantenidos en alto por las cadenas, después de que las cuerdas se quemaron. Los *arrabbiati* apedrearon los carbonizados cadáveres. Luego se procedió a recoger las cenizas, que tres carros transportaron hasta el Ponte Vecchio, y las aguas del Arno las recibieron.

Miguel Ángel estaba impaciente por terminar el Baco. Solamente había indicado la posición de la frente, la nariz y la boca, porque quería que el resto de la figura sugiriese la expresión del rostro. Completó las facciones: la expresión aturdida de Baco mirando la copa de vino, desorbitados los ojos, glotonamente abierta la boca.

Le quedaban dos meses de pulido para obtener los efectos de la carne que deseaba. Aunque su trabajo suponía infinito cuidado y precisión, era de carácter técnico y por ello sólo le absorbía su parte de artesano. Le dejaba la mente libre durante las cálidas jornadas de la primavera para pensar en la Piedad y su significado. En el fresco de las noches comenzó a buscar aquel último momento que la madre y el hijo pasarían juntos.

Preguntó a Jacopo Galli si podría firmar ahora un contrato con el cardenal de San Dionigi. Galli le explicó que el monasterio del cardenal en Lucca había pedido ya el bloque de las dimensiones que él necesitaba. El mismo había sido cortado, pero la cantera de Carrara se había negado a enviarlo a Roma si antes no era pagado. El monasterio de Lucca se negó a su vez a pagarlo hasta que el cardenal aprobase la compra. Y la cantera, cansada de esperar, lo había vendido.

Aquella noche, Miguel Ángel suscribió un convenio que consideró justo tanto para el cardenal como para él. Galli lo leyó y dijo que lo llevaría al Banco para guardarlo en lugar seguro.

Al finalizar el verano quedó terminado el *Baco*. Galli se mostró entusiasmado con su estatua.

—Me da la impresión de que Baco estuviera completamente vivo y que va a dejar caer la copa en cualquier momento. El sátiro es inocente y travieso al mismo tiempo. Ha esculpido para mí la mejor estatua que hay en toda Italia, Miguel Ángel. Tenemos que colocarla en el jardín y organizar una reunión para mostrarla.

Los agustinos ciegos, Aurelius y Raffaelle Lipus, estudiaron el *Baco* con sus sensitivos dedos, que pasearon por toda la escultura. Ambos dijeron que jamás habían "visto" una figura masculina tan poderosa en lo que se refería a proyectar su fuerza interior. El profesor Pomponius Laetus, que fuera torturado por la Inquisición acusado de paganismo, se emocionó hasta las lágrimas y juró que aquella estatua era puramente griega en su estructura y su brillante pulido blanco y satinado. Serafino, el poeta de la corte de Lucrezia Borgia, sintió que la odiaba no bien la vio, y dijo que era "fea, lasciva y sin el menor sentido de belleza". Sannazaro, el poeta que mezclaba imágenes cristianas y paganas en sus versos, la proclamó "una síntesis completa, griega por su talla, cristiana por su emoción, y con las mejores cualidades de ambas tendencias".

Pero la opinión que más apreció Miguel Ángel fue la de Giuliano da Sangallo, quien estudió con evidente júbilo el intrincado diseño estructural de la pieza.

—Ha esculpido este *Baco* de la misma manera que nosotros construimos un templo o un palacio —dijo—. Ha sido un experimento peligroso y valiente de construcción. Podía haber sufrido fácilmente la rotura del material. Este *Baco* permanecerá en pie mientras exista espacio que pueda desplazar.

A la noche siguiente, Galli llevó a su casa un contrato que él mismo había escrito, entre Miguel Ángel y el cardenal de San Dionigi, y que el prelado había firmado ya. Por dicho documento, Miguel Ángel, que era denominado maestro por primera vez, recibía al mismo tiempo el título de estatuario. Por la suma de cuatrocientos cincuenta ducados de oro papal, Miguel Ángel se comprometía a esculpir una Piedad de mármol. Al comenzar el trabajo, el cardenal se comprometía a pagar ciento cincuenta ducados y otros cien cada cuatro meses. La estatua debía estar terminada para el fin del año. Además de garantizar los pagos del cardenal a Miguel Ángel, Galli había escrito: "Yo, Jacopo Galli, me comprometo a que la obra será más hermosa que cualquier otra en mármol que exista hoy en Roma y que ningún maestro de nuestra época podrá producir una mejor".

Miguel Ángel miró a su buen amigo con cariño:

—Estoy seguro de que este contrato lo ha escrito en su casa y no en el Banco —dijo.

—¿Por qué? —preguntó Galli.

—Porque se ha expuesto a un riesgo. Supongamos que, cuando termine la obra, el cardenal diga: "He visto mejores esculturas en Roma". ¿Qué pasará entonces?

—Muy sencillo, le devuelvo al cardenal sus ducados y en paz.

Miguel Ángel se puso a recorrer las marmolerías del Trastevere y los muelles en busca del bloque de mármol que necesitaba, pero una pieza de dos metros diez de ancho por un metro ochenta de alto y noventa centímetros de espesor, de buen mármol, se extraía muy pocas veces de las canteras para venderla entera. En dos días recorrió todos los patios de las marmolerías: no había nada que se aproximase ni de cerca al bloque que él necesitaba. Al día siguiente, cuando había decidido ya ir a Carrara por su cuenta, Guffatti llegó hasta él corriendo y exclamó:

—¡Acabamos de descargar una barca! ¡Ha traído mármol y entre los bloques hay uno del mismo tamaño que busca! ¡Fue cortado para una orden religiosa de Lucca, pero, como no lo pagaron, se vendió para Roma!

Su bloque para la Piedad había llegado a casa.

VIII

Hizo desaparecer todo cuanto se refería al *Baco* y se dedicó a la obra que debía ejecutar. Pero el *Baco* se había tornado una figura de controversia. Mucha gente iba a ver la escultura. Galli llevaba los visitantes al taller o enviaba a un servidor para preguntar a Miguel Ángel si podía ir un momento al jardín. De pronto, se vio sumergido en un mar de explicaciones y defensas, sobre todo ante los entusiastas partidarios de Bregno, que atacaron la obra calificándola de "perversión de la leyenda de Dionisio". Cuando llegaban admiradores, Miguel Ángel tenía que describir su concepto y su técnica. Galli quería que cenase con él todos los días, incluso los domingos, para que pudiera hacerse de la mayor cantidad posible de amigos, lo que le allanaría el camino para nuevos encargos.

Los Rucellai, Cavalcanti y Altoviti estaban orgullosos de él. Todas esas familias dieron fiestas y recepciones en su honor. De todas ellas Miguel Ángel despertaba cansado a la mañana siguiente. Ansiaba terminar con el *Baco* de una vez, borrar de su mente aquella escultura pagana y llevar a efecto la necesaria transición a la espiritualidad que precisaba para pensar en la Piedad. Después de un mes de fiestas, fue evidente que no iba a poder concebir o esculpir una Piedad en tales condiciones y que, con su consagración como escultor profesional, había llegado el momento de establecer su propia vivienda y taller en un lugar donde le fuera posible vivir con entera tranquilidad, aislado, para dedicarse a su labor día y noche si así lo deseaba. Había crecido. Era ya capaz de mantenerse por sí solo. No había otra alternativa.

Jacopo Galli le preguntó, al darse cuenta de aquel estado del joven:

—¿Hay algo que lo tiene preocupado Miguel Ángel?

—En efecto.

—Dígame qué es.

—¡Qué tengo que cambiar de ambiente! —contestó—. La vida con usted y su excelente familia es demasiado agradable… Siento la necesidad de trabajar en un ambiente mío, como un hombre, no como un muchacho y eterno huésped. ¿Le parece una locura?

Galli lo miró afectuosamente un instante y luego replicó:

—Yo deseo únicamente verlo feliz y esculpiendo los más hermosos mármoles de Italia.

—Para mí, ambas cosas son iguales e inseparables.

Visitó varias casas cuyas plantas bajas estaban desocupadas, pero todas ellas eran demasiado caras. Al tercer día, en la Via Sixtina, frente a la Hostería del Oso y al borde del Campo Marzio, encontró una espaciosa habitación con dos ventanas, una hacia el norte, con luz sostenida, y la otra al este, que le proporcionaría la viva luz solar que necesitaba algunas veces. Contigua, había otra habitación pequeña con una chimenea.

266

Pagó unos cuantos escudos por el alquiler de dos meses, desenrolló la tela aceitada montada en marcos de madera que cubría las ventanas y estudió aquel humildísimo ambiente: el suelo de madera, gastada en algunas partes, rota en otras, el cemento que se desprendía de entre las piedras de las paredes, el techo de cal, que caía en grandes trozos y dejaba al descubierto evidentes señales de ruina y humedad. Metió la llave en el bolsillo y volvió a casa de los Galli.

Encontró a Buonarroto, que lo esperaba. Estaba jubiloso. Había llegado a Roma con una caravana de mulas, por lo cual el viaje no le costó nada. Volvería de la misma manera.

Miguel Ángel miró a su hermano con cariño. Hacía un año que no lo veía.

—¡No podías haber llegado en un momento mejor! —exclamó—. ¡Necesito ayuda para arreglar mi nueva residencia!

—¿Así que ya tienes casa? ¡Bien, entonces me alojaré contigo!

—Antes de decidirte, espera a ver mi palacio —respondió Miguel Ángel sonriente. Ven conmigo, al Trastevere. Necesito una provisión de argamasa, cal y lejía. Pero antes que nada voy a enseñarte el *Baco* que he esculpido.

Buonarroto se quedó un largo rato contemplando la estatua. Luego preguntó:

—¿Le ha gustado a la gente?

—A la mayoría, sí.

—Me alegro. ¡Me alegro mucho, Miguel Ángel!

Eso fue todo. Miguel Ángel pensó: "No tiene la menor noción de lo que es la escultura. Su único interés es que a la gente le agraden mis obras para que yo pueda sentirme feliz y obtenga otros trabajos… ninguno de los cuales él comprenderá jamás. Es un verdadero Buonarroti, ciego a lo que las artes significan. ¡Pero me ama entrañablemente!"

Cuando Buonarroto entró en la habitación alquilada por su hermano no pudo reprimir una exclamación de asombro:

—¡No me digas que piensas vivir en esta… pocilga! —dijo—. ¡Se está cayendo a pedazos!

—Tú y yo vamos a dejarla como nueva —respondió Miguel Ángel decidido—. Es espaciosa y me conviene por eso.

—Nuestro padre se horrorizaría si viese esto.

—Entonces, no se lo digas. Y ahora, vamos a raspar el techo.

Cuando el techo estuvo raspado y cubierto con una capa de argamasa y cal, comenzaron a trabajar en las paredes y después a reparar el lastimoso piso. Por fin se fueron a trabajar al patio que correspondía a las dos habitaciones. La única puerta que daba a él estaba en la habitación pequeña.

Balducci apareció en la nueva vivienda cuando Miguel Ángel y Buonarroto habían terminado ya las reparaciones. Conocía a un hombre que tenía una casa de compraventa de muebles en el Trastevere. Allí fueron, y tras no pocos tira y afloja, Miguel Ángel compró una cama, un colchón de paja, una mesa de cocina, dos sillas de paja, una cómoda, unos cuantos cacharros, platos y cubiertos. Cuando, una hora después, llegó el pequeño carro arrastrado por un burro, los hermanos armaron la cama bajo la ventana que daba al este, donde Miguel Ángel sería despertado por las primeras luces del amanecer. Bajo la ventana del norte colocó una mesa armada con cuatro tablas sobre caballetes para dibujar y armar sus modelos de cera y arcilla. El centro de la habitación más grande lo dejó libre para el mármol. En la habitación más pequeña instalaron la mesa de cocina, dos sillas, los cacharros y la "vajilla".

Balducci volvió, después de haber explorado la vecindad.

—Hay una "nena" gordita que vive detrás de esta casa. Es rubia, tiene unos quince años y un cuerpo perfecto. Creo que es francesa y tengo la impresión de que podría convencerla para que fuese tu sirvienta. ¡Piensa lo agradable que sería terminar el trabajo al mediodía y encontrarla en tu cama! Ésa es una parte del trabajo de las servidoras y en esta cueva vas a necesitar un poco de calor natural.

Miguel Ángel y Buonarroto rieron ante aquella salida de Balducci. Si lo dejaba, correría inmediatamente a tratar con la muchacha.

—Mira, Balducci —exclamó Miguel Ángel—. Si necesito alguien, seguiré la tradicional costumbre de los artistas: tomar un muchacho como aprendiz y enseñarle a cambio de sus servicios.

Por el momento, Buonarroto ayudó a su hermano a instalarse, cocinar y limpiar las habitaciones. Pero en cuanto partió, todas esas tareas fueron barranca abajo. Sumergido en su trabajo, Miguel Ángel no se tomaba el tiempo necesario para cocinar o ir a un restaurante. Perdió peso, así como las habitaciones su apariencia. Jamás se preocupaba de hacer la cama, lavar los platos y cubiertos que dejaba sobre la mesa de la cocina ni barrer el suelo. Las habitaciones se llenaron de tierra de la calle y de cenizas de la cocina. Al finalizar el primer mes, se dio cuenta de que aquel sistema no resultaba práctico. Y hasta comenzó a lanzar miradas a la "nena" descubierta por Balducci, que pasaba ante su puerta con mayor frecuencia de la que Miguel Ángel consideraba necesaria.

Buonarroto le solucionó el problema. Miguel Ángel salió a la puerta una tarde al oír que llamaba alguien y se encontró con un muchacho de unos trece años, con señales evidentes en su ropa de llegar de un largo viaje, que le tendía una carta en la que Miguel Ángel reconoció la caligrafía de su hermano. La carta le presentaba a Piero Argiento, que había ido a Florencia en busca de un escultor que lo tomara como aprendiz.

Lo hizo entrar, lo observó mientras el muchacho le hablaba de su familia, que tenía una granja cerca de Ferrara. Su voz era serena y sus modales tranquilos.

—¿Sabes leer y escribir, Argiento? —le preguntó.

—Sí. Ahora lo que necesito es aprender un oficio o profesión.

—¿Y crees que la escultura es una profesión buena?

—Quiero servir un aprendizaje de tres años. Con un contrato legal ante el Gremio.

Le impresionó aquella manera franca de expresarse del muchacho. Lo miró con más atención.

—¿No tienes parientes ni amigos en Roma? ¿Ningún lugar a dónde ir?

—No. He venido a verlo a usted —respondió el muchacho firmemente.

—Yo vivo modestamente, Argiento. Aquí no encontrarás lujo alguno.

—Soy *contadino*. Lo que haya para comer, lo comeremos.

—¿Qué te parece si probamos unos días? Si no resulta, nos separaremos como buenos amigos.

—De acuerdo. *Grazie.*

—Toma esta moneda y vete a los baños que hay cerca de Santa Maria dell'Anima. A tu regreso, ve al mercado y trae algo para cocinar.

—Sé hacer una rica sopa de verduras. Mi madre me enseñó antes de morir.

El padre había enseñado a Argiento no sólo a contar sino a ser escrupulosamente honesto. Partía de la casa antes del amanecer, para recorrer los mercados y llevaba siempre un pedazo de carboncillo de dibujo y un papel. Miguel Ángel se emocionaba ante la forma en que el niño volvía con las anotaciones detalladas de cuanto compraba. Y resultó que era un despiadado regateador de precios, así como un afanoso buscador de gangas.

Establecieron una sencilla rutina. Después de su almuerzo de un plato único, Argiento limpiaba las habitaciones mientras Miguel Ángel se iba a dar un paseo de una hora por los muelles del Tíber. Cuando regresaba, Argiento estaba ya durmiendo la siesta en el catre de la cocina. Miguel Ángel tenía entonces otras dos horas de tranquilidad en su banco de trabajo, antes que el muchacho despertase. Al levantarse, Argiento se lavaba ruidosamente en una palangana y se acercaba a su patrón, para recibir la instrucción diaria. Aquellas pocas horas de la tarde parecían ser toda la enseñanza que deseaba el niño. Al anochecer estaba otra vez en la cocina. Y cuando ya oscurecía se acostaba de nuevo en el catre, tapada la cabeza con una gruesa manta. Miguel Ángel encendía entonces una lámpara de aceite y volvía a su trabajo.

El arreglo parecía prometer resultados satisfactorios, a pesar de que Argiento no revelaba poseer ni la más pequeña capacidad para el dibujo. Más tarde, cuando comenzase a trabajar el mármol, enseñaría al chico a manejar martillo y cincel.

Por las lecturas de la Biblia, Miguel Ángel tenía ya anotados, como presentes en el Descenso de la Cruz, a María, su hermana, María Magdalena, Juan, José de Arimatea y Nicodemo. Por mucho que leyó y releyó, no le fue posible hallar en la Biblia algo que se refiriese al momento en que María pudo haber estado sola con Jesús. Siempre había con ellos otras personas que lloraban la muerte.

En el concepto que él se había formado no podía haber presente nadie más que María y su hijo.

Su primer deseo fue crear una madre e hijo solos en el universo. ¿Cuándo podía María haber tenido ese momento para recostar a su hijo en su regazo? Tal vez después de que los soldados lo hubieran tendido en tierra, mientras José de Arimatea estaba ante Poncio Pilatos pidiéndole el cuerpo de Cristo, Nicodemo recogía su mezcla de mirto y aloe y los otros se habían retirado a sus casas para llorar a Jesús crucificado. Quienes vieran su Piedad ya terminada, reemplazarían a los testigos bíblicos. No habría halos ni ángeles. María y Jesús serían dos seres humanos a quienes Dios había elegido.

Se sentía identificado con María por haber pasado tanto tiempo concentrado al comienzo de su viaje. Ahora, ella estaba intensamente viva, angustiada; su hijo estaba muerto. Aunque más adelante sería resucitado, en aquel momento estaba muerto, sin lugar a dudas, y en la expresión de su rostro se reflejaba claramente todo cuanto había sufrido en la cruz. Por lo tanto, en su escultura no sería posible que Miguel Ángel proyectase nada de lo que Jesús sentía hacia su madre, sino sólo lo que María sentía hacia su hijo. El cuerpo inerte de Jesús sería pasivo y sus ojos estarían cerrados. María tendría que ser el único medio de comunicación humana. Y esto le pareció bien.

Fue un alivio que su mente pasase a los problemas técnicos. Puesto que su Cristo iba a ser esculpido a tamaño natural, ¿cómo iba María a recostarlo y tenerlo en su regazo sin que pareciese desmañado? Su María iba a ser una mujer esbelta de miembros y delicada de proporciones, a pesar de lo cual tenía que sostener a este hombre, ya completamente desarrollado, con seguridad y de manera convincente, como si fuera un niño.

Empezó por dibujar unos cuantos bosquejos para dar soltura a sus pensamientos y a fin de que las imágenes apareciesen en el papel. Visualmente se aproximaban a lo que él sentía dentro de sí. Al mismo tiempo, comenzó a recorrer las calles, observando atentamente a cuantas personas se cruzaban con él, almacenando en su mente nuevas impresiones de cómo eran y cómo se movían. En particular miraba a las dulces monjitas, recordando sus expresiones, hasta que llegaba de vuelta a su casa y las reproducía en el papel.

Al descubrir que los ropajes podían diseñarse de acuerdo con propósitos estructurales, comenzó un estudio de la conformación de los pliegues. Improvisaba conforme iba avanzando y completaba una figura de arcilla de tamaño natural. Después, compró bastantes metros de tela, de la más barata que encontró, la metió en un balde y la cubrió de arcilla, que Argiento le llevó de las orillas del Tíber, hasta darle la consistencia de un barro espeso. Ni un solo pliegue podía ser accidental; cada vuelta de la tela tenía que servir, orgánicamente, para cubrir las esbeltas piernas de la Madonna y sus pies, de manera que brindasen un apoyo sustancial al cuerpo de Cristo, a la vez que intensificasen su inquietud interior. Cuando la tela se secó y endureció, vio qué ajustes era necesario hacer.

Visitó el barrio judío para dibujar rostros hebraicos, con el propósito de alcanzar una comprensión visual de cómo podía haber sido el rostro de Cristo. El barrio judío estaba en el Trastevere, cerca del Tíber y próximo a la iglesia de San Francisco da Ripa. La colonia había sido reducida hasta que la Inquisición española, en 1492, hizo que numerosos judíos se trasladaran a Roma. Allí eran bastante bien tratados, como un recordatorio de la herencia cristiana del Viejo Testamento; muchos de sus miembros figuraban prominentemente en el Vaticano, como médicos, músicos y banqueros.

Los hombres no se oponían a que Miguel Ángel los dibujase mientras ellos seguían con su trabajo, pero no le fue posible conseguir que ninguno fuera a su estudio para posar. Se le dijo que preguntase por el rabino Melzi en la sinagoga, un sábado a la tarde. Miguel Ángel fue a verlo. Era un dulce viejecito de larga barba blanca y luminosos ojos grises, vestido de gabardina negra y un gorro que cubría la parte superior de su cabeza. Estaba leyendo el Talmud con un grupo de hombres de su congregación. Cuando Miguel Ángel le explicó el motivo de su visita, el rabino respondió gravemente:

—La Biblia nos prohíbe inclinarnos o esculpir ante imágenes.

—Pero, rabino Melzi, ¿se opone a que otros creen obras de arte?

—De ninguna manera. Cada religión tiene sus principios.

—Yo estoy a punto de esculpir una Piedad de mármol blanco de Carrara. Quiero que mi Jesús sea un auténtico judío. No me será posible conseguirlo si usted no me ayuda.

El rabino meditó unos instantes y luego dijo:

—No quisiera que mi gente se viera en dificultades con la Iglesia.

—Este trabajo que voy a ejecutar es para el cardenal de San Dionigi. Estoy seguro de que lo aprobará.

—¿Qué clase de modelos prefiere?

—Trabajadores. Más o menos de la edad que tenía Cristo al morir. No quisiera hombres fornidos, sino más bien delgados pero nervudos. Dotados de inteligencia. Y sensibilidad.

—Déjeme su dirección. Le enviaré los mejores que pueda hallar en el barrio.

Miguel Ángel se dirigió apresuradamente a la residencia de Sangallo con sus dibujos y le pidió que diseñase una base que simulara la Madonna sentada. Sangallo estudió los dibujos e improvisó un armazón. Miguel Ángel compró una cantidad de madera y con la ayuda de Argiento construyó aquel armazón, al que cubrió con unas mantas.

Su primer modelo llegó al atardecer. Vaciló un instante cuando Miguel Ángel le pidió que se desnudase, por lo cual le dio una toalla para que se la pusiera como taparrabo. Luego lo tendió sobre la tosca armazón, explicándole que debía dar la impresión de haber muerto poco antes y hallarse recostado en el regazo de su madre. El modelo creyó que Miguel Ángel estaba loco, pero al terminar la sesión, cuando le enseñó los dibujos que había hecho con gran rapidez, en los cuales la madre aparecía abocetada solamente, sosteniendo a su hijo, comprendió lo que Miguel Ángel buscaba y prometió hablar con sus amigos… Y trabajó dos horas diarias con cada uno de los modelos que le envió el rabino.

María le presentaba un problema completamente distinto. No podía concebirla como una mujer de algo más de cincuenta años, envejecida, arrugada y quebrantada de cuerpo y rostro por el trabajo y el dolor. Su imagen de la Virgen había sido siempre la de una mujer joven, como era el recuerdo que tenía de su madre.

Jacopo Galli lo presentó en varios hogares romanos. En ellos dibujó muchachas jóvenes que todavía no habían cumplido los veinte años, algunas a punto de contraer matrimonio y otras ya casadas desde hacía dos, tres años. Puesto que el hospital de Santo Spirito sólo había admitido hombres, carecía de experiencia en el estudio de la anatomía femenina; pero había dibujado las mujeres de Toscana en sus campos y hogares. Por ello, pudo discernir las líneas de los cuerpos de las romanas bajo sus ropajes.

Pasó unas semanas concentrado en el trabajo de unir sus figuras: una María que sería joven y sensitiva, pero lo suficientemente fuerte para sostener a su hijo en su regazo; y un Jesús que, aunque delgado, era fuerte hasta en la muerte… aspecto que recordaba muy bien merced a su experiencia en la morgue de Santo Spirito.

IX

El convenio con Argiento se desarrollaba bien, salvo que algunas veces Miguel Ángel no podía descifrar quién era el maestro y quién el aprendiz. Argiento había sido educado con tanto rigor por los jesuitas que Miguel Ángel no podía cambiar sus costumbres: levantarse antes del amanecer para barrer y fregar el suelo, estuviera sucio o no; hervir el agua para lavar la ropa todos los días y fregar cacharros y platos con arena del río después de cada comida.

—Argiento, eres demasiado limpio. El estudio puedes lavarlo una vez a la semana. Es suficiente.

—No —respondió Argiento—. Todos los días, antes del amanecer. Así me lo han enseñado.

El niño se estaba relacionando con las familias de *contadini* que llegaban diariamente a Roma con productos de la campiña. Los domingos caminaba kilómetros y más kilómetros para visitarlas y, en particular, para ver sus caballos. Lo que más echaba de menos de su granja en el valle del Po eran los animales.

Fue necesario un accidente para que Miguel Ángel se diese cuenta del cariño que le profesaba el muchacho. Estaba inclinado sobre un yunque en el patio templando sus cinceles, cuando saltó una esquirla de acero y se le introdujo en una pupila. Entró tambaleante en la casa. El ojo le ardía como si tuviese en él un carbón encendido. Argiento lo hizo acostarse sobre la cama, llevó una palangana de agua caliente, empapó en ella un trapo blanco y limpio y se dedicó a extraer la esquirla. Pero no salía. Argiento no se separó de su lado. Constantemente tenía preparada agua caliente y compresas que aplicó durante toda la noche.

Al segundo día, Miguel Ángel empezó a preocuparse, y en la noche de ese día estaba francamente asustado: no podía ver absolutamente nada con el ojo afectado. Al amanecer, Argiento se dirigió a casa de Jacopo y éste llegó junto a Miguel Ángel poco después, con su médico, el maestro Lippi, que llevaba una jaula de palomas vivas. Pidió a Argiento que sacase una de las palomas, le cortase una gruesa vena que encontraría debajo de una de sus alas y dejase que la sangre penetrase en el ojo lesionado

El cirujano volvió al anochecer, cortó la vena de una segunda paloma y lavó de nuevo el ojo con la sangre. Durante todo el día siguiente, Miguel Ángel sintió que la esquirla se movía y, al caer la tarde, fue posible sacarla.

Argiento no había dormido durante setenta horas.

—Estás cansado —le dijo Miguel Ángel—. ¿Por qué no te vas por unos pocos días?

A Argiento se le iluminaron los inflexibles rasgos:

—Me voy a ver los caballos.

Al principio la gente que entraba y salía de la Hostería del Oso, frente a su casa, era una molestia para Miguel Ángel por el ruido de sus caballos y carros sobre la calle empedrada, los gritos y la babel de una docena de dialectos. Pero ahora ya le producían placer aquellos interesantes personajes que procedían de toda Europa y vestían toda clase de ropajes, algunos exóticos. Le servían como una especie de interminable fuente de modelos que él podía dibujar observándolos por la ventana abierta.

El ruido de la calle, los adioses y bienvenidas le hacían compañía sin violar su aislamiento. Al vivir aislado como lo hacía, el sentir la existencia de otras personas en el mundo le resultaba agradable.

En sus dibujos a pluma para la Piedad, había tachado los espacios negativos, aquellas partes del bloque de mármol que debía eliminar. Al mismo tiempo, en el dibujo incluía indicaciones sobre la clase de herramientas que debía utilizar para esculpir. Ahora, con el martillo y el cincel en las manos, le resultaba desagradable aquella tarea, pues estaba impaciente por llegar al momento en que los primeros rasgos de la imagen sepultada en el bloque apareciesen en la superficie para convertir al bloque en una fuente de vida que se comunicara con él. Después, desde el espacio exterior del bloque, penetró de lleno en la composición. Una vez que hubiese completado la escultura, la vida vibraría hacia afuera, desde las figuras. Pero en aquella etapa inicial la acción era contraria: el punto de entrada en el mármol tenía que ser una fuerza que aspirara espacio, atrayendo hacia dentro su mirada y atención. Se había decidido en favor de un bloque tan grande porque quería esculpir con abundancia de mármol. No quería tener que comprimir parte alguna de sus formas, como lo había tenido que hacer con el Sátiro del *Baco*.

Penetró en el bloque por el costado derecho de la cabeza de la Virgen y trabajó hacia la izquierda, con la luz del norte a su espalda. Hizo que Argiento lo ayudase a mover el bloque sobre su base y así pudo conseguir que las sombras cayesen exactamente en los lugares donde tenía que esculpir cavidades, un juego de luz y sombra que le indicaba dónde tenía que eliminar mármol, porque el que extraía del bloque también era escultura que creaba sus propios efectos.

Y ahora tenía que profundizar audazmente en la piedra para encontrar las principales características de las figuras. El peso del material sobre la cabeza de María, quien la inclinaba hacia abajo para mirar la mano de Cristo cruzada sobre el corazón forzaba la atención hacia el cuerpo tendido a través de su regazo. La ligera banda que se extendía entre los pechos de la Virgen era como una apretada cinta que constriñese y aplastase un palpitante corazón. Las líneas del manto se dirigían hacia la mano de María, con la cual sostenía a su hijo con firmeza, tomándolo de una axila; y de allí a los rasgos humanos del cuerpo de Cristo, a su rostro, serenamente cerrados los ojos en profundo sueño, recta pero plena su nariz, firme el mentón, llena de angustia la boca.

Como la Virgen estaba mirando a su hijo, todos los que contemplasen la estatua tendrían que mirar el rostro maternal para ver en él la tristeza, la compasión hacia todos los hijos de la humanidad, preguntándose con tierna desesperación: "¡Qué podría haber hecho yo por Él?". Y desde lo más profundo de su amor: "¿A qué fin ha servido todo esto si el hombre no puede ser salvado?".

Todos cuantos le viesen sentirían cuán insoportablemente pesado era el cuerpo de su hijo muerto que yacía sobre su regazo, pero cuánto más pesada era la carga que atribulaba su corazón.

No era común combinar dos figuras de tamaño natural en la misma escultura y resultaba revolucionario colocar a un hombre formado en el regazo de una mujer. Desde ese punto de partida, dejó atrás todos los conceptos convencionales de la *Piedad*. Eliminó las lúgubres angustias de la muerte, presentes en todas las esculturas anteriores del mismo tema, y cubrió sus dos figuras con una suave tranquilidad. La belleza humana podía revelar lo sagrado tan claramente como el dolor. Y al mismo tiempo podía exaltarlo.

Era necesario que persuadiese al mármol a decir todo eso y mucho más. Si el resultado era trágico, entonces era doble su obligación de bañar sus figuras en belleza, una belleza que su propio amor y dedicación podían igualar con este impecable bloque de mármol blanco. Cometería errores, pero los mismos serían cometidos con manos llenas de amor.

El invierno cayó sobre Roma como el estallido de un trueno: frío, húmedo, crudo. Como había previsto Buonarroto, aparecieron goteras en la habitación. Miguel Ángel y Argiento trasladaron el banco de trabajo y la cama a los lugares secos y entraron la fragua del patio a la habitación.

Miguel Ángel compró un brasero de hierro, que colocó debajo de su banco, y con ello consiguió calentarse. Pero en cuanto se levantaba para ir a otra parte de la habitación, se le helaba hasta la sangre. Tuvo que mandar a su ayudante a comprar otros dos braseros y cestas de carbón, lo que constituía un gasto que apenas podía permitirse. Cuando sus dedos se endurecían de frío, intentaba esculpir poniéndose unos guantes de lana.

Un domingo, Argiento regresó acalorado y extraño. A eso de medianoche tenía mucha fiebre. Miguel Ángel lo tomó en brazos y lo trasladó del catre a su propia cama. A la mañana, el muchacho deliraba y sudaba a mares. Miguel Ángel lo secó con una toalla y varias veces tuvo que impedirle a la fuerza que se levantase.

Al amanecer, llamó a un transeúnte y le pidió que fuera a buscar a un médico. Éste apareció en la puerta, se detuvo y exclamó:

—¡Es la epidemia! ¡Quemen todo cuanto haya tocado el enfermo desde que llegó de la calle! —y se fue a todo correr.

Miguel Ángel envió un mensaje a Galli, quien mandó al maestro Lippi. Éste miró al muchacho y dijo burlón:

—¡Tonterías! ¡Esto no es la epidemia ni cosa parecida! ¿Ha estado este muchacho por los alrededores del Vaticano últimamente?

—Sí, el domingo.

—Y probablemente habrá bebido agua estancada de la que hay en la zanja, al pie del muro. Vaya a los monjes franceses del Monte Esquilino. Hacen unas píldoras glutinosas muy eficaces…

Rogó a un vecino que se quedase junto al enfermo. Necesitó casi una hora, bajo la lluvia torrencial, para cruzar la ciudad y subir hasta el monasterio. Las píldoras aliviaron el fuerte dolor de cabeza de Argiento y Miguel Ángel creyó que el mal iba cediendo. Argiento pasó dos días más tranquilo, pero al tercero volvió el delirio.

Al finalizar la semana, Miguel Ángel estaba extenuado. Había llevado el catre del muchacho a su habitación y dormía algunos instantes aprovechando que Argiento se adormecía también, pero peor que la falta de sueño era el problema del alimento, pues no quería dejar solo al joven.

Balducci llamó a la puerta, vio al enfermo y dijo:

—¡No puedes tenerlo aquí! Pareces un verdadero esqueleto. ¡Llévalo al hospital del Santo Spirito!

—¿Para dejarlo morir allí?

—¿Y por qué ha de morir antes en el hospital?

—Porque los enfermos no reciben allí los cuidados necesarios.

— ¿Y qué clase de cuidados tiene aquí, doctor Buonarroti?

—Por lo menos, yo lo mantengo limpio, lo cuido… Él también me cuidó cuando me lastimé el ojo. ¿Cómo puedo abandonarlo en manos ajenas? ¡Eso no sería cristiano!

—Si insistes en suicidarte, vendré todas las mañanas a traerte alimentos antes de ir al Banco.

Miguel Ángel lo miró agradecido:

—Balducci —dijo—. Tú eres un falso cínico… Aquí tienes dinero, cómprame unas toallas y un par de sábanas.

Se volvió y vio que Argiento lo miraba.

—¡Voy a morir! —dijo el muchacho.

—¡De ninguna manera! ¡No hay nada capaz de matar a un campesino, si no es una montaña que se le caiga encima!

La enfermedad persistió todavía durante tres semanas más. Lo que más le dolía a Miguel Ángel era la pérdida de aquel mes de trabajo y empezó a preocuparle el temor de no poder terminar la escultura en el plazo establecido

El invierno fue piadosamente corto en Roma. Para marzo la campiña estaba inundada ya por la brillante luz solar. Y con el tiempo más tibio llegó el cardenal de San Dionigi para ver cómo avanzaba la obra de la Piedad. Cada vez que Miguel Ángel veía al prelado, le parecía que había en él más ropa que cuerpo. Preguntó al joven si había recibido puntualmente los pagos y Miguel Ángel contestó afirmativamente. Los dos se detuvieron ante el macizo bloque blanco que estaba en el centro de la habitación. Las figuras tenían todavía un aspecto tosco y quedaba mucho mármol a modo de protección de las partes más salientes de la escultura, pero los dos rostros aparecían bastante esculpidos ya y eso era lo que más le interesaba al cardenal.

—Dígame, hijo mío —preguntó cariñosamente—. ¿Cómo es que el rostro de la Virgen se mantiene tan joven, más aún que el de su hijo?

—Eminencia, me pareció que la Virgen María no envejecería jamás. Era una mujer pura y por ello mantuvo la frescura de la juventud.

Al cardenal le pareció muy satisfactoria la respuesta.

—Espero que terminará la escultura en agosto. Mi mayor deseo es oficiar una misa en San Pedro el día de su inauguración.

Esculpió furiosamente, desde el amanecer hasta la noche. Cuando terminaba la tarea del día, se arrojaba sobre la cama, sin cenar, completamente vestido, como un muerto. Se despertaba alrededor de la medianoche, algo recuperado, hirviente su cerebro de ideas, ansioso de poner sus manos otra vez en el mármol. Se levantaba, mordía un pedazo de pan y se ponía a trabajar nuevamente.

Una noche, a hora muy avanzada, sintió un golpe en la puerta. La abrió y se encontró frente a Leo Baglioni, rodeado por un grupo de amigos que llevaban linternas y antorchas.

—Vi la luz y vine a ver qué estaba haciendo a esta hora tan intempestiva. ¡Está trabajando!

Argiento desapareció al día siguiente y volvió con cuatro pesados paquetes, que echó sobre la cama.

—El señor Baglioni me mandó llamar —dijo—. Esto es un regalo.

Miguel Ángel abrió uno de los paquetes. Contenía unas grandes velas amarillas.

—¡No necesito ayuda de Baglioni! —exclamó—. ¡Devuélvelas!

—Me he destrozado los brazos trayéndolas desde Campo dei Fiori. No las devolveré. Si quiere las pondré en la puerta de calle y las quemaré todas juntas.

Las velas quedaron allí.

Miguel Ángel empezó a dividir la noche en dos partes: la primera para dormir y la otra para trabajar. Avanzó rápidamente en la tarea. Rechazaba todas las invitaciones, veía a muy pocos de sus amigos, pero Balducci seguía visitándolo a menudo para llevarle las noticias. El cardenal Giovanni, a quien el Borgia no hacía el menor caso, había partido para realizar un viaje por Europa; Piero, que seguía empeñado en organizar un ejército para un tercer ataque contra Florencia, había sido condenado al ostracismo por la colonia florentina; había estallado de nuevo la intermitente guerra entre Florencia y Pisa. Torrigiani se había unido a las tropas de César Borgia como oficial, para conquistar la región de Romana para el Vaticano. El Borgia estaba excomulgando a señores y eclesiásticos, y se apropiaba de todas sus posesiones; ningún florentino sabía cuándo le tocaría el turno.

Fue en una espléndida mañana de verano, en la que el aire era tan límpido y transparente que las colinas parecían tocarse con la mano, cuando Pablo Rucellai le envió un mensajero para pedirle que fuera a verlo cuanto antes. Miguel Ángel se preguntó qué noticia tan urgente tendría Paolo para él.

—Miguel Ángel… ¡Está usted muy delgado! —exclamó Rucellai al verlo.

—La escultura engorda mientras yo adelgazo. Eso es natural.

Rucellai lo contempló, maravillado.

—La noticia que tengo para usted es que en el correo de ayer recibí una carta de mi primo Bernardo, en la que me informa que Florencia proyecta un concurso de escultura.

—¿Un concurso? —dijo Miguel Ángel.

—Sí. La carta de Bernardo dice que es "para perfeccionar la columna de mármol ya empezada por Agostino di Duccio, que ahora está en reserva en el taller de la catedral".

—¡El bloque Duccio!

—¿Lo conoce?

—Intenté comprarlo a la Signoria, para mi *Hércules*.

—El hecho de que lo recuerde tan bien puede ser una ventaja.

—Lo veo como si lo tuviera ante mis ojos, en esta habitación.

—¿Podrá hacer algo bueno con este bloque?

—*Dio mio!* —exclamó Miguel Ángel, brillantes los ojos.

—¿Entonces está dispuesto a intervenir en ese concurso?

—¡No desearía otra cosa! ¿Cuál es el tema, político o religioso? ¿El concurso es solamente para escultores de Florencia? ¿Tengo que estar allí para intervenir? ¿Le parece que...?

—¡Un momento, por favor! —dijo Rucellai, cómicamente aterrado—. ¡No tengo más información que la que le he dado! Pero le pediré a Bernardo que me mande todos los detalles...

—¿Puedo esperar hasta que reciba su respuesta?

Pasaron tres semanas antes de que Paolo lo llamase otra vez. Y Miguel Ángel subió a saltos los escalones que llevaban a la biblioteca.

—Tengo un detalle, pero no muchos. La fecha del concurso no ha sido fijada todavía. Pero cuando poco no será hasta el próximo año. Los temas pueden ser presentados únicamente por escultores de Florencia.

—Entonces tendré que estar allí.

—Pero la naturaleza del trabajo no ha sido determinada todavía por el Consejo del Gremio de Laneros y los supervisores de la catedral.

—¿La catedral? Entonces tendrá que ser una escultura religiosa. Después de la Piedad, tenía la esperanza de poder esculpir algo diferente.

—El Gremio de Laneros es el que paga, por lo que supongo que será también el que elija el tema. Si no me equivoco, habrá de ser una escultura florentina, un símbolo que represente a la nueva república tal vez...

Miguel Ángel se rascó la cabeza, perplejo. Luego preguntó:

—¿Y qué clase de escultura representaría a la república?

—Tal vez una de las condiciones del concurso será que el artista indique el tema.

Paolo continuó dándole las noticias conforme las recibía de Florencia: el concurso se realizaría en 1500, a fin de celebrar el centenario del que se había realizado para esculpir las puertas del Baptisterio. El Gremio de Laneros confiaba que, como el concurso realizado un siglo antes, en el cual habían intervenido Ghiberti, Brunelleschi y Della Quercia, éste de ahora traería a escultores de toda Italia.

El cardenal de San Dionigi no alcanzó a ver la escultura terminada aunque envió los últimos cien ducados al Banco Galli a principios de agosto, cuando debía haber sido inaugurada la obra. Mientras oficiaba una misa, el ilustre prelado falleció repentinamente. Jacopo Galli asistió al sepelio con Miguel Ángel. Al regresar a la residencia Galli, Miguel Ángel preguntó:

—¿Quién decide ahora si mi *Piedad* es "más hermosa que cualquier otra escultura en mármol de las existentes hoy en Roma"?

—El cardenal lo decidió ya, después de la visita que le hizo en el mes de mayo. Me dijo que estaba cumpliendo fielmente el contrato. Con eso tengo bastante. ¿Cuándo cree que estará terminada?

—Me quedan todavía de seis a ocho meses de trabajo.

—Entonces, estará a tiempo para el Año del Centenario. Eso le brindará un auditorio procedente de toda Europa.

Miguel Ángel se movió nervioso en su asiento.

—¿Me haría el favor de enviar esos últimos cien ducados a mi familia? Parece que están otra vez en dificultades económicas.

Galli lo miró fijamente y dijo:

—Este es el último pago. Dice que tiene todavía para seis u ocho meses de trabajo y he enviado casi todos los ducados del cardenal a Florencia. Esto empieza a parecerme como un barril sin fondo.

—Ese dinero es para que mis hermanos Buonarroto y Giovansimone compren una tienda para ellos. Buonarroto parece tropezar con dificultades para abrirse camino y Giovansimone, desde la muerte de Savonarola, desaparece de casa a cada rato y no vuelve en muchos días. Si pueden comprar una tienda, tal vez se defiendan y me den algo de los beneficios…

—Miguel Ángel —dijo Galli severamente—, no puedo permitir que arroje este dinero, que es el último, a un agujero. Tiene que ser práctico y protegerse con vistas al futuro. El ochenta por ciento de lo que se le ha pagado por el *Baco* y la *Piedad* ha ido a su familia. Yo lo sé perfectamente, ya que soy su banquero.

Miguel Ángel bajó la cabeza y murmuró:

—Buonarroto no quiere trabajar para nadie que no sea yo, así que tengo que instalarlo en algún negocio. Y si no encamino debidamente a Giovansimone ahora, es posible que no se me presente otra oportunidad.

El dinero fue transferido a Florencia. Miguel Ángel se quedó con algunos ducados. Inmediatamente después empezó a necesitar cosas: equipo para esculpir, utensilios para la casa, ropas para él y Argiento. Racionó los alimentos y no daba al muchacho dinero más que para lo absolutamente imprescindible. Las ropas de los dos empezaron a romperse. Y fue necesaria una carta de Ludovico para hacerlo reaccionar. "Buonarroto me dice que vives miserablemente. Eso es malo, hijo mío, ya que es un vicio que desagrada a Dios y que te perjudicará tanto material como espiritualmente... Vive con moderación, pero no con miseria, y procura siempre alejarte de toda incomodidad...".

Fue a ver a Jacopo Rucellai y le pidió otra vez los veinticinco florines que le había devuelto dos años antes. Llevó a Argiento a la Trattoria Toscana y ambos comieron *bistecca alla forentina*. De camino hacia la asa compró algunas ropas para él y para Argiento.

A la mañana siguiente, Sangallo llegó al estudio presa de notable agitación.

—Su iglesia favorita —anunció—, San Lorenzo de Damaso, está siendo destruida. Ya le están sacando las cien columnas talladas.

Miguel Ángel no parecía comprender a su amigo, quien agregó:

—Es obra de Bramante, el nuevo arquitecto de Urbino. Se ha hecho amigo del cardenal Riario... y lo ha convencido de la conveniencia de retirar las columnas de la iglesia y utilizarlas para completar el patio de su palacio. ¿Cree que le será posible impedir que Bramante cometa semejante sacrilegio?

—¿Yo? ¿Cómo? No tengo la menor influencia ante el cardenal. Hace casi dos años que no lo veo...

—Leo Baglioni. El cardenal le hace caso.

—Iré inmediatamente a verlo.

Tuvo que esperar varias horas a Baglioni. Leo lo escuchó y luego dijo tranquilamente:

—Venga conmigo. Iremos a ver a Bramante. Es su primer trabajo en Roma, y como es ambicioso, dudo que se pueda conseguir que renuncie a él.

En el corto trayecto hasta el palacio, Leo le describió a Bramante como "un hombre muy cortés y amable, de trato delicioso, siempre alegre y optimista, y un magnífico narrador de cuentos y chistes".

—Jamás lo he visto perder la paciencia —agregó—. Se está conquistando muchos amigos en Roma... ¡Pero no puedo decir lo mismo de usted!

Se aproximaron al palacio y Leo dijo:

—Allí está, midiendo las bases para colocar las columnas.

Mientras Miguel Ángel observaba, Bramante separó algunas piedras. Su cuello de toro y sus musculosos hombros mostraban la fuerza de un atleta.

Leo hizo la presentación. Bramante saludó a Miguel Ángel jovialmente y enseguida contó una anécdota risueña a los dos amigos. Leo rió de buena gana, pero Miguel Ángel permaneció serio.

—¿No le gusta reír, Buonarroti? —preguntó Bramante.

—Esto de reducir San Lorenzo a un montón de escombros no me parece cosa de risa.

Bramante y Miguel Ángel miraron a Leo. Baglioni parecía decidido a permanecer neutral.

—¿Y qué tiene que ver usted con esas columnas? —preguntó Bramante, todavía cortés—. ¿Es el arquitecto del cardenal Riario?

—No. Ni siquiera soy su escultor. Pero siempre he considerado esa iglesia una de las más hermosas de Italia. Destruirla es puro vandalismo.

—Por el contrario —replicó Bramante—. Esas columnas son oro del reino. Como sabe, fueron sacadas del teatro de Pompeya en el 384, para ser traídas a esta iglesia. Toda Roma es una cantera para quienes saben cómo emplear sus piedras. No hay nada que yo no destruyese si tuviera la oportunidad de construir en su lugar algo más hermoso.

—Las piedras pertenecen al lugar para el wur fueron talladas y destinadas —dijo Miguel Ángel con firmeza.

—Ésa es una idea anticuada, Buonarroti; las piedras pertenecen a cualquier lugar donde las necesite un arquitecto. Lo viejo tiene que morir.

—¡Y muchas cosas nuevas nacen muertas!

Bramante perdió la paciencia.

—No me conoce —dijo—. No es posible que haya venido aquí por cuenta propia. Alguien le ha dicho u ordenado que viniera Dígame, ¿quién es mi adversario?

—Quien lo critica es el mejor arquitecto de toda Italia, constructor de la Villa de Poggio en Caiano, de Lorenzo Medici, diseñador del palacio del duque de Milán: Giuliano da Sangallo.

Bramante rió sarcástico.

—¡Giuliano da Sangallo! ¿Qué ha hecho aquí, en Roma? ¡Restaurar el techo de una iglesia! Eso es lo único para lo que sirve ese viejo fósil. En el plazo de un año lo habré obligado a irse de aquí para siempre. Y ahora, si me hace el favor de irse, continuaré la obra de crear el más hermoso patio del mundo. Vuelva algún día y así comprobará cómo construye Bramante.

Mientras regresaban a casa de Baglioni, Leo dijo:

—Si conozco a Roma, Bramante llegará a la cima. Es un mal enemigo, Miguel Ángel.

—Y algo me dice que ya lo tengo por tal —respondió Miguel Ángel seriamente.

XI

Ahora tenía que impregnar el mármol de un espíritu manifiesto. Todo tenía que lograr vida si había de crear potencia y monumentalidad al incorporar al mármol la fuerza del hombre. Esculpió hacia arriba del bloque, empleando su conocimiento de las formas que ya había liberado de él en la parte inferior, y una intuición, tan antigua y profunda como el largo entierro del mármol, para alcanzar la expresión de María, que emergía no tan sólo de su emoción sino del sentimiento de la escultura toda. Estaba con su cabeza más baja que la de la Virgen, las manos frente a sus ojos, las herramientas inclinadas hacia arriba. El bloque lo veía cara a cara, el escultor y la imagen, ambos envueltos por la tierna y reprimida tristeza. No esculpiría una agonía. Los agujeros de los clavos en las manos y los pies de Cristo eran apenas diminutos puntos. No se veía señal alguna de violencia. Jesús dormía plácidamente en los brazos de su madre. Sobre las dos figuras se advertía una luminosidad. Su Cristo despertaba la más profunda simpatía, no aversión, en aquellos que estaban fuera de la escultura y eran los responsables.

Su fe religiosa quedó proyectada en la sublimidad de las figuras; la armonía entre ellas era su modo de retratar la armonía del Universo creado por Dios. No intentó hacer divino a Jesús, porque no hubiera sabido hacerlo. Pero lo creó exquisitamente humano. La cabeza de la Virgen surgía ahora del mármol, delicada, de facciones florentinas: el rostro de una doncella de silenciosa compostura. En la expresión de aquel rostro trazó la distinción entre lo divino y lo sublime: sublime para él. Y reflexionó: "El significado de las figuras está en sus cualidades humanas; la belleza del rostro y del cuerpo refleja la grandeza de su espíritu". Y comprobó que las figuras reflejaban fielmente los días de amor que les había dedicado.

Balducci le llevó la noticia de que Sansovino, su compañero de aprendizaje en el jardín de escultura de Lorenzo Medici, había regresado a Florencia después de trabajar unos años en Portugal y se le había encargado que esculpiese para el Baptisterio un grupo de mármol de San Juan bautizando a Cristo. Se lo consideraba como el lógico candidato a ganar el concurso del bloque Duccio.

—Sansovino es un buen escultor —dijo Miguel Ángel lealmente.

—Torrigiani intervendrá también en el concurso y dice a cuantos quieren oírle que ganará el bloque Duccio porque fue enemigo de Medici y que, puesto que tú apoyaste a Piero, no se te permitirá competir. Paolo Rucellai dice que tienes que regresar a Florencia a tiempo para hacer las paces con la Signoria.

A mediados de enero comenzó a nevar y por espacio de dos días no cesó de caer la nieve, acompañada por un fuerte viento del norte. El intenso frío se prolongó durante varias semanas. El patio de Miguel Ángel estaba cubierto por una espesa capa blanca. Dentro, las habitaciones eran como témpanos. No había manera de impedir que el viento penetrase por las ventanas, protegidas únicamente por telas de hilo en lugar de vidrios. Los tres braseros no conseguían aminorar el frío y Miguel Ángel tenía que trabajar con el gorro y los guantes puestos, además de una manta sobre sus espaldas. La nieve y el hielo volvieron en febrero. La ciudad parecía muerta, los mercados se hallaban abandonados y los comercios cerrados, ya que resultaba imposible caminar sobre el hielo por las calles.

Miguel Ángel hizo que Argiento se trasladase a su cama para unir el calor de los dos cuerpos. Las paredes rezumaban humedad. Las goteras habían disminuido bajo la compacta nieve, pero duraban más. Escaseaba el carbón de leña y su precio subió a tal punto que Miguel Ángel sólo podía comprar una cantidad mínima. Argiento se pasaba horas enteras escarbando en la nieve de los baldíos vecinos, en busca de madera para echar a la chimenea.

Miguel Ángel se resfrió y no podía trabajar. Perdió la cuenta de los días que llevaba inactivo. Afortunadamente para él, sólo quedaba el pulido de la escultura. Ya no tenía fuerzas para el pesado trabajo manual de esculpir.

Para su Piedad esperaba lograr el máximo pulido que fuera posible alcanzar en el mármol. El primer día tibio, fue al Trastevere y compró varios grandes pedazos de piedra pómez, los partió a golpes de martillo, buscó las superficies más planas para pulir los planos más anchos del manto de la Virgen, el pecho y las piernas de Cristo. La tarea era lenta y requería infinita paciencia. Demoró largos días y semanas, hasta que por fin el blanco mármol pareció iluminar la mísera habitación, como si fuese una ventana de vidrios coloreados. El artista había creado, en verdad, una obra de admirable belleza.

Sangallo fue el primero que vio la escultura terminada. No comentó el aspecto religioso de la misma, pero felicitó efusivamente a Miguel Ángel por la arquitectura de la composición triangular, el equilibrio de las líneas y las masas.

Jacopo Galli llegó al taller y estudió atentamente la *Piedad*. Al cabo de un rato, dijo afectuosamente:

—He cumplido el contrato con el cardenal de San Dionigi. Ésta es la más hermosa obra que existe hoy en Roma.

—Estoy nervioso respecto de la inauguración —respondió Miguel Ángel—. Nuestro contrato no dice que tenemos el derecho de colocar la *Piedad* en San Pedro. Y ahora que ha muerto el cardenal…

—No haremos preguntas —dijo Galli—. La colocaremos sin que nadie se entere. Una vez que esté en el nicho que le corresponde, nadie se tomará la molestia de sacarla de allí. Será mejor que pida a sus amigos de la marmolería que lo ayuden, mañana, después del almuerzo, cuando toda la ciudad esté entregada a la siesta.

Miguel Ángel no se atrevió a confiar el traslado del mármol a medios mecánicos, por muy bien que fuera envuelta la escultura. Pidió a Guffatti que fuese a su taller, le mostró la *Piedad* y discutió el problema con él. Guffatti estuvo un rato callado contemplando la escultura y por fin dijo:

—Traeré a mi familia.

Resultó que la familia estaba compuesta no sólo por tres fornidos hijos sino por una variedad de sobrinos. No permitieron a Miguel Ángel que tocase la escultura. La misma fue envuelta primeramente en media docena de viejas mantas y luego, al son de interminables advertencias, gritos y discusiones, fue alzada y llevada por no menos de ocho hombres al viejo carro, sobre cuyo piso se había extendido una gruesa capa de paja.

Una vez allí, la ataron a ambos lados del vehículo con gran cuidado y comenzó el viaje, cauteloso, a lo largo de la empedrada Via Posterula, a través del Ponte de Sant'Angelo y luego por la flamante Via Alessandrina, de lisa calzada, que el Papa había hecho reconstruir para celebrar el Año del Centenario. Por primera vez desde su llegada a Roma, Miguel Ángel tuvo un motivo para bendecir al Borgia.

Los Guffatti detuvieron el carro al pie de la escalera de treinta y cinco peldaños. Únicamente el hecho de que transportaran una carga que consideraban sagrada les impidió emitir una buena serie de maldiciones y juramentos mientras subían la pesada pieza de mármol por las primeras tres secciones de siete peldaños cada una. Allí descansaron. Al cabo de un rato tomaron de nuevo la carga y la subieron hasta la puerta del templo.

Allí, mientras los Guffatti se detenían de nuevo para descansar, Miguel Ángel tuvo ocasión de observar que la basílica estaba algo más inclinada que cuando él había comenzado el trabajo. Además, parecía tan arruinada que se le antojó que sería imposible repararla. Sintió un cierto dolor ante la idea de colocar su *Piedad* en una basílica que no podría permanecer en pie mucho tiempo. Le parecía seguro que el primer fuerte viento que bajase de los Montes Albanos la destruiría. Tuvo la visión de sí mismo arrastrándose sobre los escombros para encontrar los fragmentos de su despedazada escultura y sólo se tranquilizó al recordar los dibujos arquitectónicos de Sangallo, que mostraban cómo era posible reforzar la enorme estructura.

Los Guffatti alzaron nuevamente su carga. Miguel Ángel los condujo al interior de la basílica, con sus cinco naves y centenares de columnas reunidas de todas partes de Roma. Luego los llevó a la capilla de los reyes de Francia. Allí fue bajada la escultura cuidadosamente, ante el nicho vacío. Miguel Ángel la despojó de las mantas que la envolvían y por fin, entre todos, la admirable obra fue alzada reverentemente al lugar que debía ocupar. El mismo Miguel Ángel la enderezó, para dejarla en la posición que deseaba. Luego los Guffatti compraron unas velas a una anciana vestida de negro y las encendieron ante el nicho.

Guffatti se negó a recibir un solo escudo por aquellas horas de durísimo trabajo.

—Recibiremos nuestra paga en el cielo —dijo.

Aquél era el mejor tributo que podía habérsele hecho a Miguel Ángel. Y fue también el único.

Jacopo Galli fue a la capilla, acompañado por Balducci.

Los Guffatti y Argiento se arrodillaron ante la *Piedad*, se persignaron y murmuraron una oración. Miguel Ángel alzó los ojos a su escultura, triste y agotado. Al llegar a la puerta, se volvió para echar una última mirada. Vio que la Virgen estaba demasiado triste y sola: el ser humano más solitario que Dios había puesto sobre el mundo.

Regresó a San Pedro un día tras otro. Muy pocos fieles se tomaban la molestia de ir a la capilla de los reyes de Francia.

Puesto que Galli había aconsejado discreción, eran escasas las personas de Roma que estaban enteradas de que la escultura había sido colocada en su nicho. Miguel Ángel no podía, por lo tanto, recibir impresiones. Paolo Rucellai, Sangallo y Cavalcanti fueron a San Pedro. El resto de la colonia florentina, apesadumbrada por la ejecución de Savonarola, se negaba a penetrar en el Vaticano.

Después de casi dos años de dura y amorosa labor, Miguel Ángel se hallaba sentado en su triste habitación, que ahora se le antojaba vacía, desolada. Nadie iba allí a hablarle sobre la escultura que acababa de terminar.

Una tarde, fue de nuevo a San Pedro y vio a una familia con varios hijos ya crecidos. Adivinó que eran de Lombardía por sus ropas y el dialecto que hablaban. Estaban frente a su *Piedad* y él se acercó disimuladamente para escuchar lo que decían.

—Les digo que reconozco este trabajo —exclamó la madre—. Es de ese hombre de Osteno, que hace todas las lápidas para las tumbas.

Su marido movió las manos como si quisiera ahuyentar aquella idea.

—¡No! —dijo—. Es de uno de nuestros paisanos, Cristoforo Solari, al que llaman El Jorobado. Es de Milán y ha hecho muchas estatuas como ésta.

Aquella noche, Miguel Ángel atravesó las silenciosas calles, con su bolsa de lona verde. Penetró en San Pedro, sacó una vela de la bolsa, la encendió y empuñó el martillo y un pequeño cincel. Alzó las herramientas, se inclinó a través de la figura del Cristo para que la vela iluminase lo mejor posible el pecho de la Virgen. Y en la banda que se extendía apretada entre los dos pechos, esculpió la siguiente inscripción:

MIGUEL ÁNGEL BUONARROTI, FLORENTINO, LA HIZO

Volvió a sus habitaciones y empaquetó sus efectos. Quemó los centenares de dibujos que había hecho para el *Baco* y la *Piedad*, mientras Argiento iba en busca de Balducci. Éste llegó, casi a medio vestir y con los cabellos revueltos, y prometió vender los muebles al mismo mercachifle a quien le habían sido comprados.

Un poco antes del amanecer, Miguel Ángel y Argiento, cargado cada uno con una voluminosa bolsa de lona, llegaron a la Porta del Popolo. Miguel Ángel alquiló dos mulas, y los dos, patrón y servidor, se unieron a una caravana de carga que partía para Florencia, la cual se puso en marcha con las primeras luces del nuevo día.

LIBRO SEXTO

El gigante

I

El cálido sol florentino de junio le bañó el rostro al asomarse a la ventana. Al regresar de Roma sin encargo alguno ni fondos, se vio obligado a enviar a su servidor y aprendiz a la granja de sus padres en Ferrara, mientras él se alojaba en la casa de los Buonarroti. No obstante, ocupaba la mejor de las habitaciones del cómodo edificio en el que residía ahora la familia, pues Ludovico había invertido con suerte una parte de los envíos de dinero que Miguel Ángel le hiciera desde Roma. Había adquirido una pequeña casa en San Pietro Maggiore, y con el alquiler de la misma desgravó el título de la propiedad de los Buonarroti en Santa Croce, que había estado en disputa. Luego elevó la posición social de la familia al alquilar aquel piso situado en la calle más elegante, la de San Próculo, a pocos metros de distancia del palacio de los Pazzi.

La muerte de Lucrezia había envejecido a Ludovico. Su rostro estaba más delgado y las mejillas hundidas. Su cabellera, descuidada, le caía hasta los hombros. Como lo pronosticara ya Jacopo Galli, no había resultado nada del negocio que Miguel Ángel esperaba instalar para Buonarroto y Giovansimone. Buonarroto se había colocado por fin en un almacén de lanas cerca de la Porta Rossa; Giovansimone era un joven apático, que aceptaba trabajos esporádicos para luego desaparecer durante semanas enteras. Sigismondo, que apenas sabía leer y escribir, ganaba unos cuantos escudos como soldado a sueldo de Florencia, en su guerra contra Pisa. Leonardo había desaparecido sin que nadie supiese en qué monasterio estaba.

Miguel Ángel y Granacci se habían abrazado alegremente, felices de verse juntos otra vez. Durante los últimos años, Granacci había recibido la primera mitad de su fortuna y, según le había informado Jacopo riendo, el de la *bottega* Ghirlandaio, tenía una amante en una villa de las colinas de Bellosguardo, sobre la Porta Romana. Granacci mantenía aún su taller en el de Ghirlandaio y ayudaba a David, después de que el hermano de éste, Benedetto, falleciera, a cambio de utilizar el taller para sus trabajos particulares.

Granacci hojeó los dibujos que se hallaban sobre la mesa de trabajo de Miguel Ángel.

—Veo que estás listo para trabajar.

—Sí.

—¿Clientes?

—Por ahora, ninguno. Voy a unirme a Soggi…

Salieron rumbo a una hostería, doblaron a la izquierda, hacia la Via del Proconsolo, entraron al Borgo dei Greci, donde se alzaba el palacio Serristori, diseñado por Baccio D'Agnolo, y pasaron a la Via dei Benci, donde estaban el palacio Ghibelline Bardelli y el primero de los palacios Alberti, con su patio rodeado de columnas originales de Giuliano da Sangallo.

Las piedras le hablaban. Sentía nítidamente su carácter, la variedad de sus estructuras, la fuerza de sus capas. ¡Qué maravilloso era estar nuevamente donde la *pietra serena* era el material principal de la arquitectura! Porque él estaba enamorado de la piedra.

La hostería estaba instalada en un jardín al que daban sombra unas cuantas higueras. El propietario, que era a la vez el cocinero, bajó al río y volvió con una canasta en la que había una botella de vino Trebbiano. La secó con su delantal y la abrió en la mesa. Bebieron por el regreso de Miguel Ángel.

Después del almuerzo, Miguel Ángel subió por las colinas hasta la casa de los Topolino, donde se enteró de que Bruno y Enrico se habían casado. Cada uno había construido una amplia habitación de piedra para sí en uno de los extremos de la casa familiar. Ya había cinco nietos y ambas esposas estaban otra vez embarazadas.

—Los Topolino —comentó— van a acaparar todos los trabajos en *pietra serena* de Florencia, como sigan a este paso.

—Y pensamos seguir —dijo Bruno.

La madre agregó:

—Tu amiga, Contessina de Medici, también ha tenido otro hijo después que murió su hijita.

Miguel Ángel estaba enterado ya de que Contessina había sido desterrada de Florencia y vivía con su esposo e hijo en una casa campesina en la ladera norte de Fiesole. Su hogar y sus posesiones estaban confiscados desde que su suegro, Niccolo Ridolfi, fuera ahorcado por intervenir en una conspiración para derrocar la república y llevar nuevamente a Piero como rey de Florencia. Su cariño hacia Contessina no había cambiado, a pesar de los años transcurridos sin verla. Nunca se había sentido visita grata en el palacio de los Ridolfi, por lo cual siempre se mantuvo alejado de él. ¿Cómo podía ir a verla ahora, después de su regreso de Roma, sabiendo que ella vivía en la mayor pobreza y en desgracia? ¿No se interpretaría su visita como inspirada por la lástima?

La ciudad misma había experimentado numerosos cambios, que se percibían sin esfuerzo. Al caminar a través de la Piazza della Signoria, la gente bajaba la cabeza con vergüenza al pasar por el lugar donde Savonarola había sido quemado en la pira. Al mismo tiempo, el pueblo trataba de acallar su conciencia con un verdadero torbellino de actividad, esforzándose por reemplazar cuanto Savonarola había destruido. Se gastaban enormes sumas de dinero en las casas de los plateros y orfebres, los lapidarios, sastres, modistas, bordadoras, diseñadores de terracotas y mosaicos de madera, fabricantes de instrumentos musicales, iluminadores de manuscritos... Piero Soderini, a quien Lorenzo de Medici había preparado como al más inteligente de los políticos jóvenes, estaba ahora a la cabeza de la República Florentina como *gonfaloniere* o alcalde-gobernador de la ciudad-estado de Florencia y había logrado un cierto grado de armonía entre las facciones florentinas por vez primera desde la mortal batalla entre Lorenzo y Savonarola.

Los artistas florentinos huidos de la ciudad intuyeron el resurgimiento de la actividad y regresaron de Milán, Venecia, Portugal, París: Piero Di Cosimo, Filippino Lippi, Andrea Sansovino, Benedetto da Rovezzano, Leonardo da Vinci, Benedetto Buglioni. Aquellos cuyas obras habían sido suspendidas por la influencia y el poder de Savonarola producían ahora nuevamente: Botticelli, Lorenzo di Credi, Baccio da Montelupo... Entre todos habían creado la Compañía del Crisol, a la que, aunque restringida a doce miembros, cada uno de ellos podía llevar cuatro invitados a la cena mensual que se realizaba en el enorme taller de escultura de Rustici. Granacci pertenecía a dicha organización e inmediatamente invitó a Miguel Ángel a que lo acompañase. Miguel Ángel se negó porque prefería esperar a tener algún encargo.

Los meses transcurridos desde su regreso le habían traído muy pocas alegrías o satisfacciones reales. Su partida para Roma había sido una aventura de niño. Ahora regresaba ya hombre, listo para esculpir montañas de mármol; pero Florencia no estaba enterada de que él hubiese realizado trabajo alguno de importancia.

Jacopo Galli seguía trabajando en Roma para él; los hermanos Mousron, de Brujas, que importaban telas inglesas a Roma, habían visto su *Piedad* y estaban interesados en una *Madonna y Niño*. Galli creía que podría conseguir un excelente contrato, cuando los hermanos visitaran Roma nuevamente. Además, consiguió interesar al cardenal Piccolomini para que encargase a Miguel Ángel las figuras necesarias para completar el altar de su familia, con el cual honraban a su tío el papa Pío II, en la catedral de Siena.

Inmediatamente después de su regreso a Florencia, había ido al taller del Duomo para estudiar atentamente el famoso bloque Duccio de mármol. Quería explorar en su interior, en busca de ideas, y probarlo nuevamente en busca de fallas.

Por las noches, a la luz de una vela, leía a Dante y el Antiguo Testamento en busca de un estado de ánimo y un motivo heroico.

Se enteró de que los miembros del Gremio de Laneros y la Junta de Obras de la catedral no estaban decididos todavía a que el bloque fuese esculpido. Aquello casi era mejor, pensó Miguel Ángel, pues acababa de enterarse de que algunos miembros de ambos grupos apoyaban la idea de otorgar el encargo a Leonardo da Vinci, que acababa de volver a Florencia, debido a la magnífica reputación de su gigantesca estatua ecuestre del conde Sforza y su pintura de *La Última Cena*, que se encontraba en el refectorio de Santa Maria delle Grazie, en Milán.

Miguel Ángel no conocía a Leonardo, pues éste llevaba unos dieciocho años alejado de Florencia, pero todos los artistas florentinos decían que era el más grande de los dibujantes de toda Italia. A la vez picado y curioso, Miguel Ángel fue a la Santissima Annunziata, donde se hallaba expuesto el dibujo de Leonardo para su obra *Virgen, niño y Santa Ana*. Se detuvo ante la obra. El corazón le latía como a golpes de martillo.

Jamás había visto semejante fuerza y autenticidad de dibujo, tanta imponente verdad en la figura, salvo, naturalmente, en sus propios dibujos. En una carpeta que había sobre un banco, encontró un bosquejo de un desnudo masculino visto de espaldas, con los brazos y las piernas extendidos. Nadie había producido una figura así, tan furiosamente viva, tan convincente. ¡Leonardo, estaba seguro, también había practicado la disección! Salió de la iglesia anonadado. Si la Junta y el Gremio otorgaban el encargo a Leonardo, ¿quién podría discutir tal decisión? ¿Podría él, con sólo su *Baco* y su *Piedad* apenas conocidos en el norte, sostener como injusta tal decisión?

Pero Leonardo rechazó el encargo, basándose en que despreciaba la escultura en mármol por considerarla un arte inferior, digno únicamente de artesanos. Miguel Ángel se enteró de la noticia completamente confundido. Se alegraba de que el bloque Duccio quedase libre para cualquiera, de que Leonardo quedara voluntariamente fuera de concurso, pero sentía un profundo resentimiento contra el hombre que acababa de formular semejante declaración contra la escultura, sobre todo porque la ciudad la repetía ahora con convicción.

Un día se levantó antes del amanecer, se vistió apresuradamente y corrió por la vacía Via del Proconsolo al taller del Duomo, deteniéndose ante la columna. Los primeros rayos diagonales del sol atravesaron el mármol, proyectando la sombra de Miguel Ángel hacia arriba, en los casi siete metros de altura del bloque, convirtiéndolo así en un gigante. De pronto, pensó en David, tal como lo conocía a través de su historia en la Biblia. "Así tiene que haberse sentido David —se dijo— en aquella mañana cuando salió para hacer frente a Goliat". ¡Un gigante para el símbolo de Florencia!

Regresó a su casa y volvió a leer el capítulo de David con una mayor percepción. Durante días dibujó de memoria numerosas figuras virilmente masculinas, en busca de un David digno de la leyenda bíblica. Sometió cada dibujo, a medida que lo terminaba, a juicio de su antiguo amigo del Palacio Medici, el *gonfaloniere* Soderini, al Gremio de Laneros, a la Junta de Obras de la Catedral. Pero no ocurrió nada. Estaba paralizado, ¡y en todo su ser ardía la fiebre del mármol!

II

Su padre lo esperaba sentado en una silla de asiento de cuero, en la sala del primer piso. En sus rodillas había un sobre que acababa de llegar en el correo de Roma. Miguel Ángel lo abrió. La carta constaba de varias hojas de apretada caligrafía y era de Jacopo Galli, quien le informaba que estaba a punto de conseguir la firma del cardenal Piccolomini al pie de un contrato. "Sin embargo, debo advertirle —agregaba— que no es en modo alguno el trabajo que usted desea o merece".

Miguel Ángel se desanimó al enterarse de que tendría que esculpir no menos de quince figuras pequeñas, todas ellas totalmente vestidas, para ser colocadas en los angostos nichos de un altar original de Andrea Bregno. Los dibujos preliminares tendrían que ser aprobados por el cardenal y las esculturas finales ejecutadas de nuevo si Piccolomini no se mostraba satisfecho con ellas. El precio era de quinientos ducados. Miguel Ángel no podría aceptar otro contrato por espacio de tres años, al final de los cuales tendría que estar terrninada y aprobada la última de las esculturas.

—¿Quinientos ducados por tres años de trabajo? En Roma has ganado más, pero esa suma, unida a nuestras rentas, podría proporcionarnos un vivir modesto —dijo Ludovico.

—No, padre. Tengo que pagar el mármol, y si el cardenal no las aprueba, debo modificar las figuras o esculpir otras nuevas.

—¿Y desde cuándo no eres capaz de satisfacer a un cardenal? Si Galli, que es un astuto banquero, está dispuesto a garantizar que tú esculpes las mejores estatuas de Italia, ¿por qué tenemos que ser tan tontos que nos preocupemos por eso? ¿Cuánto te pagarán como adelanto?

—Nada.

—¿Y cómo se imaginan que vas a comprar todo lo que necesitas? Galli tiene que incluir una cláusula en el contrato según la cual recibirás cien ducados antes de iniciar el trabajo. Así estaremos seguros.

Miguel Ángel se dejó caer contra el respaldo de la silla, desanimado.

—¡Tres años de figuras vestidas! ¡Y jamás una sola de mi propia elección!

De pronto, saltó de la silla, atravesó corriendo el piso y salió dando un portazo. Tomó el atajo por el Bargello y la Piazza San Firenze, pasó por una angosta calleja y salió a la luminosa claridad de la Piazza della Signoria. Trepó por la ancha escalinata que conducía al patio de la Signoria. A la izquierda había una escalera de piedra que tomó a saltos de tres peldaños. Por fin se encontró en el majestuoso Salón del Consejo, con espacio para un millar de ciudadanos. Estaba vacío en esos momentos y sus únicos muebles eran una mesa y doce sillas, sobre un podio, en el extremo opuesto.

Pasó por una puerta a su izquierda y llegó a las dependencias que siempre habían sido ocupadas por el *podestá* y que ahora ocupaba Piero Soderini.

Fue admitido enseguida en el despacho del *gonfaloniere*.

Sentado ante una maciza mesa de roble estaba el primer magistrado de la República. En su último viaje a Roma, Soderini había sido informado por la colonia florentina sobre el *Baco* de Miguel Ángel y fue a San Pedro a ver la *Piedad*.

—*Benvenuto* —murmuró—. ¿Qué le trae a la sede de su gobierno esta tarde tan calurosa?

—Dificultades, *gonfaloniere* —respondió Miguel Ángel.

Florencia decía que Soderini tenía tres virtudes que ningún otro toscano de su época reunía: era honesto, era franco y capaz de inducir a las facciones antagónicas a trabajar unidas.

Miguel Ángel le habló del propuesto contrato del cardenal Piccolomini.

—No deseo aceptar ese encargo, *gonfaloniere* —dijo—. ¡Estoy ansioso de esculpir el Gigante! ¿No puede obligar a la Junta y al Gremio a decidir sobre el concurso? Si no lo gano, por lo menos quedará fuera del alcance de mis posibilidades y entonces podría aceptar ese contrato de Piccolomini como algo a lo que no puedo escapar.

Soderini lo miró afectuosamente y vio que respiraba agitado.

—Éste no es un momento muy oportuno para imponer nada —dijo—. Estamos exhaustos como consecuencia de nuestra guerra con Pisa. César Borgia amenaza conquistar a Florencia. Anoche, la Signoria le compró la paz. Treinta y seis mil florines al año, durante tres años. Ése será su sueldo por actuar como capitán general del ejército florentino.

— ¡Chantaje! —exclamó Miguel Ángel.

Soderini enrojeció.

—Son muchos los que besan la mano que desearían cortar —respondió—. La ciudad no sabe todavía cuánto más tendrá que pagar a César Borgia. Los Gremios tendrán que proporcionar ese dinero a la Signoria. Por lo tanto, comprenderá por qué el Gremio de Laneros no está con ánimos como para abordar el concurso de escultura.

Un silencio emocional llenó el espacio entre los dos.

—¿No le parece que sería mejor que se mostrara más dispuesto a ejecutar ese encargo de Piccolomini? —preguntó Soderini.

—Es que el cardenal desea elegir él mismo los quince motivos. No podré esculpir hasta que él haya aprobado los dibujos. ¿Y sabe lo que me paga? ¡Treinta y tres ducados y un tercio por cada figura o sea lo justo para pagar un alquiler y comprar provisiones. Ese altar fue hecho por Bregno. Todas las figuras tienen que estar completamente vestidas y serán colocadas en nichos oscuros, donde sólo podrá vérselas como figuras muertas, rígidas. ¿Cómo puedo perder tres años de mi vida para llenar con nuevas decoraciones el altar ya excesivamente ornamentado por Bregno?

Aquel angustioso lamento parecía pesar en la atmósfera del salón.

—Haz hoy lo que tienes que hacer hoy —dijo Soderini—. Mañana estará libre para hacer lo que tenga que hacer mañana. Hemos comprado a César Borgia. Para usted, como artista, es lo mismo que para nosotros como ciudad-estado. Sólo una ley impedía la supervivencia.

En Santo Spirito, el prior Bichiellini, sentado ante su mesa, llena de manuscritos y libros, hizo todo eso a un lado y sus ojos brillaron tras las gafas, mientras exclamaba:

—Sí, supervivencia, ¿pero de qué tipo? ¿Sobrevivir, estar vivo como lo está un animal? ¡Vergüenza! El Miguel Ángel que conocí hace seis años jamás podría pensar que es mejor un trabajo mediocre que ningún trabajo. Eso es oportunismo, digno únicamente de un talento mediocre.

—Estoy de acuerdo con usted, padre.

—Entonces, no aceptes ese encargo. ¡Haz lo mejor que tienes en ti o no hagas nada!

—A la larga, tiene razón, pero a corto plazo, creo que Soderini y mi padre tienen razón.

—¡No hay a la larga ni a la corta! —exclamó el prior, indignado—. Sólo hay un número de años determinado por Dios, en los cuales uno debe trabajar y cumplir su destino. ¡No desperdicies esos años!

Miguel Ángel bajó la cabeza, avergonzado.

—Si te parece que me erijo en moralista —agregó el prior, ya sereno— te ruego que recuerdes que es mi obligación interesarme por tu persona.

Miguel Ángel salió a la brillante luz del sol y se sentó en el borde de la fuente de la Piazza Santo Spirito, remojándose la cara con agua para refrescarse, como lo había hecho aquella madrugada en que salía de la morgue. Y gimió:

—¡Tres años! ¡Dios mío!

En su estudio. Granacci apenas lo escuchó.

—Sin trabajo, Miguel Ángel, eres la criatura más desgraciada del mundo —dijo—. ¿Qué importa que tengas que esculpir figuras insulsas? Las peores tuyas serán mejores que las mejores de los demás.

—¡Eres imposible! —gruñó Miguel Ángel—. ¡Me insultas y me halagas a la vez!

Granacci rompió a reír:

—Haz todas las figuras que te permita el tiempo que tienes. Todo e mundo en Florencia te ayudará a engañar a Siena.

—¿Engañar a un cardenal?

—Trato de hacer frente a la realidad —agregó Granacci, ya serio—. Tú quieres esculpir; pues, acepta el contrato de Piccolomini y haz todo lo que puedas para cumplirlo. Cuando se presente algo mejor, esculpirás cosas mejores. Ven a cenar conmigo a la Compañía del Crisol.

—No —respondió Miguel Ángel con un movimiento negativo de cabeza.

III

Volvió a su tabla de dibujo, a sus bocetos de la Madonna para los hermanos Mouscron, a sus intentos de captar imágenes de santos para el contrato del cardenal. Pero no le era posible pensar en nada que no fuese el bloque Duccio y el gigante David.

A la mañana siguiente se detuvo ante el cuadro de Castagno y contempló al joven David, de piernas y brazos delgados, pies y manos pequeños, rostro agraciado y masa de cabellos al viento. Era una figura que daba la impresión de ser medio hombre y medio mujer. Después fue ayer al *David Vencedor*, de Antonio Pollaiuolo, un hombre más maduro que el de Castagno, con los pies sólidamente plantados en tierra, pero de dedos delicados como los de una dama. Su torso estaba bien desarrollado y la postura del cuerpo indicaba determinación, pero vestía los lujosos ropajes de un noble florentino. Y Miguel Ángel pensó: "Éste es el pastor más ricamente vestido del mundo".

Corrió al Palazzo della Signoria, subió la escalinata y se dirigió a la Sala dei Gigli. Frente a la puerta estaba el *David* de bronce de Verrocchio, un melancólico adolescente. Dentro de la sala se hallaba el primer *David* de Donatello, esculpido en mármol. Se estremeció de emoción al ver la sensibilidad y pulido de la carne. Las manos eran fuertes y la única pierna visible bajo el largo y suntuoso manto era más fornida que en los de Castagno y Pollaiuolo. Pero los ojos tenían una expresión vacua, la carne debajo del mentón aparecía fláccida, la boca acusaba debilidad y la inexpresiva cara estaba rematada por una corona de hojas.

Descendió la escalera de piedra hasta el patio y se detuvo ante el *David* de bronce de Donatello, con el cual había vivido dos años en el jardín de escultura de Medici y del que la ciudad se había apropiado después del saqueo del palacio. Era una escultura que Miguel Ángel admiraba apasionadamente. Las piernas y los pies también acusaban poder. Sin embargo. ahora que observaba la estatua con espíritu crítico, vio que, como las demás esculturas florentinas de David, ésta tenía hermosas facciones y un rostro casi femenino bajo el ornamentado sombrero, del cual sobresalían largos rizos que llegaban hasta los hombros de la figura.

Aunque tenía los órganos genitales de un muchacho, sus pechos abultaban casi tanto como los de una adolescente.

Regresó a su casa, mientras se entrecruzaban en su mente ideas fragmentadas. Aquellos David, en especial los dos de Donatello, eran casi niños. No podían haber estrangulado leones y osos ni haber dado muerte al Goliat cuya cabeza descansaba entre sus pies. ¿Por qué los mayores artistas de Florencia se habían empeñado en representar a David ya como un adolescente, ya como un joven "dandy", elegantísimamente vestido y acicalado? ¿Era porque ninguno de ellos había leído más allá de la descripción que lo pintaba como "sonrosado de mejillas, rubio, agraciado, de carácter agradable"? ¿No se habían fijado en la parte que decía: "Si me amenazaban, los tomaba del pescuezo y los estrangulaba, ya fuese un león o un oso…"?

¡David era todo un hombre! Había realizado aquellas hazañas antes que el Señor lo eligiese. Lo que hizo, lo hizo solo, con su gran corazón y sus poderosas manos. Semejante hombre no vacilaría en hacer frente a Goliat, tan gigantesco que era capaz de llevar una cota de malla que pesaba casi quinientos kilos. ¿Qué era Goliat para un joven que se había batido con leones y osos en singular combate y les había dado muerte con sus manos?

Pasaron las semanas. Se enteró que Rustici había decidido que el proyecto era demasiado grande para él. Sansovino necesitaba un nuevo bloque de mármol, para poder sacar algo del bloque Duccio. Los demás escultores de la ciudad —una media docena—, entre ellos Baccio, Buglioni y Benedetto de Rovezzano, se retiraron después de ver el bloque y dijeron que puesto que el mismo había sido trabajado profundamente por el medio y hacia abajo, forzosamente tendría que partirse en dos por la parte más angosta.

Un emisario le llevó un paquete de Roma que contenía el contrato con el cardenal Piccolomini:

"…El Muy Reverendo Cardenal de Siena encarga a Miguel Ángel, hijo de Ludovico Buonarroti-Simoni, escultor de Florencia, que esculpa quince estatuas de mármol de Carrara, el cual debe ser nuevo, limpio, blanco y sin vetas, tan perfecto como sea necesario para esculpir estatuas de primera calidad, cada una de las cuales deberá tener una altura de dos *braccia* y deberán estar terminadas en un plazo de tres años, por la suma de quinientos ducados grandes de oro…".

Jacopo Galli le consiguió un adelanto de cien ducados, garantizando la devolución del dinero al cardenal si Miguel Ángel fallecía antes de terminar las últimas tres estatuas. El cardenal aprobó los hermosos dibujos de Miguel Ángel, pero en el contrato había una línea que significaba el colmo de la indignidad. "Puesto que ya ha sido esculpida una figura de San Francesco, por Pietro Torrigiani, que dejó inconclusa la cabeza y los ropajes, Miguel Ángel completará dicha estatua gratuitamente y como homenaje a Siena, a fin de que pueda ser colocada junto a las por él esculpidas, de tal manera que quienes la vean digan que es obra de la mano de Miguel Ángel".

—No sabía que Torrigiani hubiese empezado a trabajar en ese contrato —dijo Miguel Ángel a Granacci—. ¡Piensa en la ignominia que significa que yo tenga que completar su basura!

—Ésas son palabras duras, Miguel Ángel —respondió Granacci—. Digamos más bien que Torrigiani no fue capaz de terminar ni siquiera una figura adecuadamente y que el cardenal tuvo que recurrir a ti para que la mejores.

Galli le aconsejaba en su carta que firmase el contrato y empezase a trabajar inmediatamente. "En la primavera próxima cuando vengan de Brujas los hermanos Mouscron, le conseguiré el contrato para esa Madonna y Niño. Y para el futuro tendrá cosas mejores".

Reunió un montón de nuevos dibujos para el David y fue a ver otra vez a Piero Soderini para decirle que si podía conseguir que el Gremio actuase de una vez. Estaba seguro de que el encargo sería para él.

—Sí, podría imponer una acción —convino Soderini—. Pero en ese caso el Gremio y la Junta obrarían contra su voluntad y eso produciría en ellos cierto resentimiento. No, lo que hay que conseguir es que ellos quieran que se esculpa la estatua y que lo elijan a usted para el trabajo. ¿Se da cuenta de la diferencia?

—Sí —respondió Miguel Ángel tristemente—. Eso es lo sensato, pero yo no puedo esperar más.

Junto a la Via del Proconsolo, a pocos pasos de la abadía, existía una arcada que parecía dar al patio de un palacio. Miguel Ángel había pasado por allí innumerables veces, camino de su casa al jardín de escultura, y sabía que era la entrada de una plaza de artesanos, un mundo privado rodeado por las partes posteriores de unos cuantos palacios, torres truncas y casas de dos pisos. Había allí una veintena de puestos de curtidores, caldereros, tejedores de mimbre, tintoreros de lana, herreros y demás que preparaban sus productos para los mercados y las tiendas de las calles del Corso y Pellicceria. Encontró allí un local que se alquilaba. Antes había sido ocupado por un zapatero y estaba situado en el lado sur de la ovalada plaza, por lo cual le daba el sol la mayor parte del día. Pagó tres meses adelantados de alquiler, envió una carta a Argiento diciéndole que podía volver a trabajar con él y compró un catre para que el muchacho pudiera dormir allí, en el taller.

Durante los calores de junio, los artesanos trabajaban en bancos colocados frente a sus pequeños locales y la calle se poblaba de los ruidos propios de sus respectivas ocupaciones, lo que creaba una especie de ambiente amable, de compañía, en el cual Miguel Ángel no tardó en sentirse cómodo. Rodeado de sencillos obreros, su taller le ofrecía, sin embargo, el mismo aislamiento que aquel otro de Roma.

Llegó Argiento, cubierto de polvo y con los pies hinchados, pero no cesó de charlar toda la mañana, mientras limpiaba el taller, eliminando todos los trastos del anterior ocupante. Se veía que estaba encantado de salir de la granja de su hermano.

El carpintero que tenía su taller frente a ellos lo ayudó a preparar una mesa de dibujo, que fue colocada junto a la puerta. Argiento recorrió toda la calle de los herreros en busca de una fragua de segunda mano. Por su parte, Miguel Ángel compró trozos de hierro, cestas de madera de castaño y otros útiles para forjar sus propios cinceles. Encontró dos bloques de mármol en Florencia y encargó otros tres a Carrara. Y enseguida, sin hacer modelos de cera o arcilla, casi sin mirar los dibujos aprobados por el cardenal Piccolomini, empezó a trabajar, encantado de poner las manos de nuevo sobre el mármol. Primeramente esculpió a San Pablo, con barba, de finas facciones. El cuerpo, aunque cubierto de voluminoso ropaje, se adivinaba musculoso y tenso. Sin pausa pasó a esculpir a San Pedro, el más allegado de los discípulos de Cristo, testigo de su resurrección y pilar sobre el cual había sido fundada la nueva Iglesia. Esta estatua era más plácida, física y mentalmente. Tenía un espíritu reflexivo y Miguel Ángel dispuso de modo muy interesante los ropajes, en sentido vertical.

Los obreros de la plaza lo aceptaron como un hábil artesano más, que llegaba al amanecer con ropas de obrero, poco después de que un aprendiz hubiera limpiado el taller, y que se retiraba al anochecer, cubierto de polvillo de mármol su rostro, cabellos, camisa, piernas y pies desnudos, igual que ellos terminaban cubiertos de virutas, manchas de tintura, delgados trozos de cuero y demás.

Mantuvo en secreto la ubicación de su taller. Únicamente Granacci sabía dónde estaba, y a mediodía, al pasar por allí, daba a Miguel Ángel las noticias del resto de la ciudad.

—¡No puedo creerlo! —exclamó un día Granacci—. Firmaste el contrato el 19 de junio, estamos a mediados de julio y, sin embargo, ya tienes terminadas dos estatuas. Son muy buenas, a pesar de tus lamentaciones de que no puedes esculpir nada que valga la pena. A este paso, terminarás las quince estatuas en siete meses.

Miguel Ángel contempló sobriamente las dos estatuas.

—Estas dos primeras figuras no son malas, porque contienen toda la ansiedad de mármol que me consumía —dijo—. Pero una vez que estén colocadas en esos nichos, morirán rápidamente. Las próximas dos son el papa Pío II y Gregorio el Grande, con todos sus atributos papales y sus largos y tiesos mantos…

—¿Por qué no vas a Siena? —lo interrumpió Granacci—. Así podrías deshacerte de esa figura de Torrigiani. Te sentirías mejor.

Y Miguel Ángel partió aquel mismo día.

IV

Toscana es un estado privilegiado. La campiña está tan amorosamente diseñada que el ojo pasa por las montañas y valles sin tropezar con una sola piedra. Bajo Miguel Ángel, los campos estaban madurando llenos de cebada y avena, judías y remolacha. A ambos lados del camino las viñas cuajadas de racimos se alzaban entre olivos de ramas horizontales.

Sintió un deleite físico mientras su caballo avanzaba siguiendo el contorno de una sierra, ascendiendo más y más hacia el límpido cielo italiano. El aire que respiraba era tan puro que experimentó la sensación de que todo su ser se ennoblecía, que la bajeza y la mezquindad se desvanecían en él; sensación que lo inundaba únicamente cuando estaba esculpiendo el mármol blanco. Toscana desataba los nudos de los intestinos del hombre y eliminaba las maldades del mundo. Dios y el hombre se habían unido para crear esta suprema obra de arte. Pictóricamente, pensó Miguel Ángel, esta región podía ser el Edén. Adán y Eva ya no estaban allí, pero para su ojo de escultor, mientras escrutaba las onduladas colinas con aquel lírico y verde río serpenteando por el valle a sus pies, salpicadas de casitas de piedra y tejados de rojas tejas, Toscana era el paraíso mismo.

A la caída del sol llegó a las alturas sobre Poggibonsi. Los Apeninos aparecían allí cubiertos de bosques vírgenes, ríos y lagos que brillaban como plata bajo los rayos oblicuos del sol. Bajó por la larga pendiente hasta Poggibonsi, centro vinatero, y dejó sus alforjas en el piso de tierra escrupulosamente barrido de una hostería. Luego subió la colina que se alzaba detrás de la población para explorar el Poggio Imperiale, fortaleza-palacio construido por Giuliano da Sangallo por orden de Lorenzo de Medici para impedir a cualquier ejército invasor que pasase más allá de aquel punto profusamente fortificado que dominaba el valle por el que se iba a Florencia. Pero Lorenzo había muerto ya y el Poggio Imperiale estaba abandonado...

Se le sirvió la cena en el patio de la hostería, durmió pesadamente, se levantó no bien cantaron los primeros gallos y emprendió la segunda mitad de su viaje.

Siena era una ciudad de color marrón rojizo, construida de ladrillos fabricados con su tierra, del mismo color, tal como Bolonia era una ciudad anaranjada, debido a su tierra. Entró por la portada abierta en el muro que encerraba la ciudad y se dirigió a la empinada Piazza del Campo, que bajaba abruptamente desde la línea superior de palacios particulares hasta el Palazzo Pubblico, en el extremo opuesto, mientras la audaz Torre de Mangia perforaba el cielo: hermosa escultura de piedra que asombraba a cuantos la veían.

Llegó al centro de la plaza, donde Siena realizaba cada verano su alocada carrera de caballos y se acercó a la deliciosa fuente esculpida por Della Quercia. Subió luego una empinada escalera de piedra y llegó al Baptisterio, con su pila bautismal, obra también de Della Quercia, en colaboración con Donatello y Ghiberti.

Después de varias vueltas alrededor de la hermosa pila para estudiar el trabajo de los mejores escultores de Italia, salió del Baptisterio y subió la empinada colina hasta la Catedral. Se quedó asombrado un momento ante la fachada de mármol blanco y negro con sus figuras magníficamente esculpidas por Giovanni Pisano, sus ventanas rosadas y el Campanile de mármol blanco y negro. Dentro del soberbio templo, el suelo era una verdadera mina de grandes lajas de mármol con incrustaciones de marquetería blanca que representaban escenas del Antiguo y Nuevo Testamento.

Y de pronto, sintió que el corazón se le encogía. Ante él estaba el altar de Bregno. Los nichos eran mucho menos profundos de lo que él había imaginado y cada uno de ellos tenía encima una cúpula en forma de concha, donde tendrían que ir insertas las cabezas y rostros de sus estatuas, despojándolas de toda expresión. Algunos de los nichos estaban colocados a tal altura que una persona de pie en el suelo del templo no podría ver qué clase de escultura contenían.

Midió los nichos, revisó en su mente la altura de las bases sobre las que serían colocadas sus estatuas y fue en busca del sacristán.

—¡Ah! —exclamó éste al verlo—. Miguel Ángel Buonarroti... Lo estábamos esperando. El *San Francesco* llegó a Roma hace unas semanas. Lo he puesto en una habitación fresca, en la cual está también la fragua. El cardenal Piccolomini me hado órdenes de que lo cuide y atienda bien. Ya tengo preparada una habitación para usted en nuestra casa, al otro lado de la plaza. Mi esposa cocina la mejor *pappardelle alla lepre* de toda Siena. Se chupará los dedos...

—¿Me hace el favor de llevarme a donde está el *San Francesco*? —pidió Miguel Ángel—. Tengo que ver cuánto trabajo falta para acabar esa estatua.

—Muy bien. Recuerde que aquí usted es el huésped del cardenal Piccolomini y que él es nuestro hombre más ilustre...

Miguel Ángel sufrió una verdadera conmoción al ver la escultura de Torrigiani. Era una figura como de palo, sin vida, con una gran abundancia de túnicas colgantes y mantos bajo los cuales no era posible discernir parte alguna de un cuerpo humano vivo. Las manos carecían de venas piel o hueso; el rostro tenía una expresión rígida, estilizada...

Juró dar al infortunado San Francesco, a quien ni siquiera los pájaros reconocerían, todo el amor y capacidad artística de que era capaz. Tendría que diseñar de nuevo toda la figura, modificar el concepto para que el santo emergiese tal como él lo imaginaba: el más dulce de los santos. Pero primeramente dormiría aquella noche y pensaría en él. Luego llevaría allí sus materiales de dibujo y se sentaría en aquella fresca habitación con luz difusa para hurgar en su mente hasta que el San Francesco emergiese con su amor a los pobres, los abandonados, los enfermos.

Al día siguiente hizo sus dibujos. Al anochecer ya estaba en plena tarea de afilar sus cinceles, equilibrarlos para su mano y acostumbrarse al peso del martillo. No bien amaneció al día siguiente, comenzó a esculpir y del bloque ahora más delgado emergió un cuerpo agotado por los viajes bajo su delgada túnica; los esqueléticos hombros, casi piel y hueso; las manos emocionantemente expresivas, delgadas las piernas, cansados los pies, que habían pisado los caminos para venerar a cuanto vivía en la naturaleza.

Se sintió identificado con aquel San Francesco y con el mutilado bloque del que emergía. Cuando llegó a la cabeza y al rostro, esculpió sus propios cabellos caídos sobre la frente, su nariz aplastada tal cual la había visto ante el espejo de Medici aquella mañana después del golpe recibido de Torrigiani, torcida en forma de S, un pequeño bulto sobre uno de los ojos y el pómulo hinchado: un San Francesco entristecido por lo que veía al mirar el mundo de Dios, pero sobre aquellas tristes facciones se percibía el perdón, una gran dulzura y aceptación.

Lo invadió una gran tristeza al cabalgar de regreso por las colinas de Chianti. Encontró a Argiento moviéndose excitadísimo, a la espera de que Miguel Ángel lo mirase.

—¿Qué te ocurre, Argiento, que estás tan nervioso? —preguntó.

—El *gonfaloniere* Soderini quiere verlo en seguida. Ha enviado uno de sus pajes cada hora para preguntar si había vuelto usted.

La Piazza della Signoria estaba iluminada por una luz color naranja que procedía de las ollas de aceite encendidas que pendían de todas las ventanas y de la cima de la Torre. Soderini se apartó de los miembros del Consejo con quienes hablaba y salió al encuentro de Miguel Ángel junto al pie de la *Judith* de Donatello. Tenía una expresión de contento.

—¿Por qué tanta luz? ¿Qué se celebra? —preguntó Miguel Ángel.

—A usted.

—¿A mí?

—Sí, en parte —dijo Soderini, mientras sus ojos brillaban maliciosos—. El Consejo ha convenido esta tarde una nueva constitución. Ésa es la explicación oficial. La extraoficial es que los directores del Gremio de Laneros y la Junta de Obras de la Catedral le han otorgado el encargo del Gigante.

Miguel Ángel se quedó tieso. Era increíble. ¡La columna Duccio era suya!

La voz de Soderini prosiguió, alegre.

—Cuando nos dimos cuenta de que nuestro mejor escultor florentino estaba ligado por contrato a un cardenal de Siena, nos preguntamos: "¿Supone Siena que Florencia no sabe apreciar sus propios artistas? ¿O que no tenemos el dinero suficiente para emplearlos?". Al fin y al cabo, hemos estado años enteros en guerra con Siena…

—Sí, pero, ¿y el contrato con Piccolomini?

—Por deber patriótico, tiene que postergar el cumplimiento de ese contrato y hacerse cargo del bloque Duccio en septiembre.

Miguel Ángel sintió que los ojos se le llenaban de lágrimas.

V

Se fue a Settignano. La familia Topolino estaba en el patio gozando de la fresca brisa del atardecer.

—¡Óiganme todos! ¡Acabo de enterarme de que se me ha otorgado el bloque Duccio, para esculpir el Gigante! —gritó.

—¡Ah! —bromeó el padre—. Entonces, creo que ya podríamos confiarte algunos marcos de ventanas.

Pernoctó con ellos. Al amanecer se levantó para unirse a los hombres que trabajaban en la *pietra serena*. Trabajó unas cuantas horas mientras el sol se levantaba sobre el valle y luego se dirigió a la casa. La madre le dio una jarra de agua fría.

—Madre mía, ¿qué sabe de Contessina? —preguntó.

—Está delicada... Pero todavía hay algo peor. La Signoria ha prohibido a todos que ayuden a ella y a su esposo. El odio a Piero envenena todavía...

Se despidió de la familia. Ésta sabía, por medio de algún misterioso sistema de comunicación, que la primera visita de Miguel Ángel después de enterarse de su buena suerte había sido para ellos. Y eso les revelaba que el cariño del hombre a quien habían conocido desde niño no había variado.

La distancia hasta Fiesole era corta. Fiesole constituía el ancla septentrional de la liga de ciudades etruscas que comenzaba en Veis, en las afueras de Roma, y que las legiones de César habían doblegado con enorme dificultad. César creía haber arrasado Fiesole, pero cuando Miguel Ángel comenzó a bajar por la ladera norte vio la villa de Poliziaino a distancia, pasó por los muros etruscos, todavía en pie e intactos, y ante casas nuevas reconstruidas con las piedras originales de la ciudad.

La casa de Contessina se hallaba en el fondo de una empinada senda, a mitad de camino de la ladera que iba hasta el río Mugnone. Otrora había sido la casa de los campesinos del castillo que se erguía en la cima de la colina. Ató su caballo al tronco de un olivo, atravesó un huerto y miró hacia abajo. La familia Ridolfi se hallaba en una pequeña terraza con el suelo de piedra, frente a su casita. Contessina estaba sentada en una silla de respaldo de paja con su hijito, al que daba el pecho. Otra criatura, que aparentaba unos seis años, jugaba a sus pies. Desde la pequeña prominencia, Miguel Ángel dijo cariñosamente:

—Soy yo, Miguel Ángel Buonarroti. Vengo a visitarla.

Contessina levantó la cabeza bruscamente y se cubrió el pecho.

—¡Miguel Ángel! —exclamó—. ¡Qué sorpresa! Baje, baje... La senda está ahí, a su derecha.

Se produjo un incómodo silencio cuando Ridolfi alzó su orgullosa cabeza para mirar al recién llegado, mientras su cuerpo permanecía rígido.

—Ayer me adjudicaron el encargo de esculpir el bloque Duccio —dijo Miguel Ángel, no sin un poco de timidez—. Tenía que venir a decírselo. Estoy seguro de que Il Magnifico así lo habría deseado. Además, recordé que su hijo mayor debe de tener ya unos seis años. Es hora que empiece a aprender. ¡Yo seré su maestro! Igual que los Topolino me enseñaron a mí cuando yo tenía esa edad.

Las carcajadas de Contessina resonaron por sobre los olivares. El severo rostro de Ridolfi se iluminó con una sospecha de sonrisa. Luego dijo:

—Es usted muy bondadoso al venir a vernos. Sabe que estamos proscriptos.

Era la primera vez que Ridolfi le dirigía la palabra y la primera también que Miguel Ángel estaba cerca de él desde el día de su boda con Contessina. Ridolfi no había cumplido todavía los treinta años, pero el ostracismo y la amargura ya estaban causando estragos en su rostro. Aunque no había estado complicado en la conspiración que pretendía restaurar a Piero de Medici, se sabía que odiaba a la República y estaba dispuesto a trabajar en favor de una vuelta al régimen oligárquico de Florencia. La fortuna de su familia, basada en el comercio mundial de lanas, era empleada ahora para financiar al gobierno de la ciudad-estado.

Miguel Ángel sintió que los ojos de Contessina le quemaban en la espalda. Se volvió para mirarla. Su actitud era de serena aceptación de su destino, a pesar de que la familia acababa de consumir una modestísima comida, sus ropas estaban gastadas y se alojaba en una humilde choza de campesinos, después de haber vivido en los más suntuosos palacios de Florencia.

—Dénos noticias suyas —pidió ella—, de los años que pasó usted en Roma. ¿Qué ha esculpido? Ya nos enteramos del *Baco*.

Miguel Ángel les habló de su *Piedad*, explicándoles lo que había intentado lograr con aquella escultura. Se sentía contento de estar cerca de Contessina nuevamente, de mirar sus ojos oscuros. ¿Acaso no se habían amado, aunque aquel amor fuera el de dos niños? Una vez que uno ha amado, ¿no debe perdurar acaso ese amor para siempre?

Contessina adivinó sus pensamientos. Siempre había sido así. Y se volvió a su hijito:

—Luiggi —dijo—. ¿Te gustaría aprender el arte de Miguel Ángel?

El niño lo miró muy serio y preguntó:

—¿Puedo ayudarte a esculpir la nueva estatua, Miguel Ángel?

—Vendré a enseñarte, igual que Bertoldo me enseñó en el jardín de tu abuelito...

Era casi la medianoche cuando, después de devolver el caballo a los Topolino, avanzaba colina abajo. Cuando llegó a su casa, Ludovico estaba despierto y esperándolo en su sillón con asiento de cuero negro. Aparentemente era la segunda noche que pasaba así y se hallaba exasperado.

—¿Así que necesitas dos días para volver a casa de tu padre con la noticia? ¿Dónde has estado todo este tiempo? ¿Qué precio te pagan?

—Seis florines por mes.

—¿Cuánto tardarás en esculpir eso?

—Dos años.

Ludovico hizo cuentas rápidamente y luego alzó la cabeza para mirar a su hijo.

—Pero eso solamente suma ciento cuarenta y cuatro florines.

—Están dispuestos a pagarme más cuando haya terminado la obra, si creen que merezco una compensación mayor.

—¿Y quien deberá decidir eso?

—La conciencia de los miembros del Gremio y la Junta.

—¿La conciencia? ¿Acaso no sabes que la conciencia de los toscanos desaparece cuando se trata de su bolsillo?

—El David será tan hermoso que me pagarán más.

VI

Granacci organizó una reunión a raíz del acontecimiento, para lo cual aprovechó una sesión de la Compañía del Crisol. A festejar la buena suerte de Miguel Ángel se presentaron once miembros de la Compañía. Botticelli, cojeando penosamente, y Rosselli, del taller rival de Ghirlandaio, tan enfermo que tuvo que ser llevado en una litera; Rustici, que lo recibió cordialmente; Sansovino, que le dio fuertes palmadas en la espalda; David Ghirlandaio, Bugiardini, Albertinelli, Filippino Lippi, el Cronaca, Baccio d'Agnolo, Leonardo da Vinci, todos lo felicitaron. El duodécimo miembro, Giuliano da Sangallo, estaba ausente.

Granacci había estado llevando provisiones toda la tarde al estudio de Rustici; ristras de salchichas, carne fría, lechones, damajuanas de vino Chianti. Cuando Granacci dio la noticia a Soggi, éste contribuyó con una enorme bandeja llena de patitas de cerdo en escabeche.

Se necesitaban todos aquellos alimentos y vino, ya que Granacci había invitado a casi toda la población; el personal completo del taller de Ghirlandaio, incluso su inteligente hijo Ridolfo, que ya tenía dieciocho años; todos los aprendices del jardín de escultura de Lorenzo Medici; una docena de los escultores y pintores más conocidos, entre ellos Donato Benti. Benedetto da Rovezzano, Piero di Cosimo, Lorenzo di Credi, Franciabigio, el joven Andrea del Sarto, Andrea della Robbia; los principales dibujantes florentinos, orfebres, relojeros, lapidarios, fundidores de bronce: el mosaiquista Monte di Giovanni di Liriato; el iluminador Attavanti, ebanistas, el arquitecto Francesco Filarete, heraldo jefe de Florencia.

Conocedor de las costumbres de la República, Granacci había enviado invitaciones también al *gonfalonieri* Soderini, los miembros de la Signoria, la Junta de las Obras de la Catedral, el Gremio de Laneros y a la familia Strozzi, a la que Miguel Ángel había vendido su *Hércules*. La mayoría fueron, contentos de participar de la fiesta.

La enorme concurrencia desbordó el estudio de Rustici y salió a la plaza, donde Granacci hizo trabajar a una *troupe* de acróbatas y luchadores, músicos y trovadores para entretener a los invitados. Todos estrechaban las manos de Miguel Ángel, le daban palmadas e insistían en brindar con él, tanto amigos como simples conocidos y hasta desconocidos.

Soderini se acercó a Miguel Ángel, le estrechó la mano y dijo:

—Éste es el primer encargo de importancia convenido por todas las Juntas de la ciudad desde el advenimiento de Savonarola. Tal vez se inicie con él una nueva era para nosotros y podamos borrar la profunda sensación de culpabilidad que nos embarga.

—¿A qué culpabilidad se refiere, *gonfalonieri*?

—A la colectiva y a la individual. Hemos atravesado y sufrido malos tiempos desde la muerte de Il Magnifico; hemos destruido mucho de lo que hacía de Florencia la primera ciudad del mundo. El soborno de César Borgia fue solamente la última de las indignidades sufridas en los últimos nueve años. Pero esta noche estamos satisfechos. Más adelante, quizás estemos orgullosos de usted, cuando la escultura esté terminada. Pero por ahora estamos orgullosos de nosotros mismos. Creemos que todos nuestros artistas recibirán en breve grandes encargos de frescos, mosaicos, bronces y mármoles. Vislumbramos ya un renacimiento. Y usted está haciendo el papel de partera. ¡Le ruego que trate bien al recién nacido!

La fiesta se prolongó hasta el amanecer, pero antes se produjeron dos incidentes que habrían de ejercer influencia en la vida de Miguel Ángel.

El primero de ellos lo llenó de júbilo. El achacoso y anciano Rosselli reunió a su alrededor a los otros diez miembros de la Compañía y anunció:

—No es propio que un miembro de esta Compañía del Crisol sea traído a estas orgías en una litera. Por lo tanto, por mucho que me desagrade conceder un "ascenso" a un hombre de la *bottega* de Ghirlandaio, renuncio en este instante a mi privilegio de miembro de la Compañía y designo a Miguel Ángel Buonarroti para que me reemplace.

Fue aceptado. No había formado parte de grupo alguno desde aquellos días de su aprendizaje en el jardín de escultura. Recordó nuevamente su solitaria niñez, cuán difícil le había sido granjearse amistades, ser alegre. Ahora, todos los artistas de Florencia, hasta aquellos que llevaban mucho tiempo esperando que se los invitase a ingresar a la Compañía, aplaudían con entusiasmo su elección.

El segundo incidente habría de producirle considerable angustia. Lo inició, aunque inconscientemente, Leonardo da Vinci.

Miguel Ángel estaba ya irritado contra Leonardo desde la primera vez que lo había visto cruzar la Piazza della Signoria con su inseparable y bienamado aprendiz-compañero, Salai, un muchacho de facciones puramente griegas, a quien Leonardo vestía costosa y elegantemente. No obstante, comparado con Leonardo, Salai tenía una apariencia vulgar, pues el rostro del gran pintor e inventor era el más perfecto de cuantos se hubieran visto en Florencia desde aquella dorada belleza de Pico della Miróndola.

Llevaba siempre aristocráticamente erguida su gran cabeza, la magnífica y amplia frente estaba coronada por una cabellera rojiza que le llegaba a los hombros. Su mentón parecía tallado en mármol estatuario de Carrara, aquel mármol que él despreciaba tanto. La nariz era perfecta, los labios, gordezuelos y sanguíneos, y los ojos, azules, penetrantes, llenos de inteligencia. Su tez era fresca y rosada como la de una muchacha campesina.

El cuerpo de Leonardo, tal como lo vio Miguel Ángel aquel día mientras cruzaba la plaza, seguido por su acostumbrado séquito de servidores, hacía juego con el rostro: alto, elegante, de anchos hombros y breve cintura, dotado de la agilidad y fuerza de un atleta, vestido a la última moda y con suntuosos ropajes, aunque desdeñoso de los convencionalismos.

Miguel Ángel, ante él, se había sentido feo y deforme, a la vez que consciente de que sus ropas eran mezquinas, estaban gastadas y no le quedaban bien. Cuando habló de aquel encuentro a Rustici, que era amigo de Leonardo, recibió una reprimenda.

—¡No te dejes engañar por esa elegancia exterior! Leonardo tiene un cerebro magnífico. Sus estudios de geometría están profundizando la obra de Euclides. Hace años que disecciona animales y lleva cuidadosas anotaciones de sus dibujos anatómicos. En su estudio de geología, ha descubierto fósiles de seres marinos en las cimas de las montañas del Arno superior, con lo cual demostró que las mismas estuvieron antaño bajo el agua. Además, es ingeniero e inventor de increíbles maquinarias: un cañón de múltiples bocas, grúas para levantar grandes pesos, bombas de succión, medidores de agua y viento… Ahora mismo está terminando sus experimentos para una máquina que hará que el hombre pueda volar por el espacio como los pájaros. Esa pretensión suya de parecer un noble acaudalado, es un esfuerzo para persuadir al mundo de que olvide que él es hijo ilegítimo de la hija de un tabernero de Vinci. En realidad, es el único hombre de Florencia que trabaja tan intensa y prolongadamente como tú: veinte horas diarias. Debes buscar al verdadero Leonardo bajo esa elegancia defensiva.

Ante tan entusiasta defensa, Miguel Ángel no se atrevió a mencionar su irritación por el desprecio con que Leonardo se había expresado respecto de la escultura. Además, la cordial acogida que el gran pintor le había dispensado al llegar a la Compañía del Crisol apaciguó un poco su aversión. Pero de pronto oyó la voz de Leonardo que decía a su espalda:

—Me negué a intervenir en el concurso por el bloque Duccio porque la escultura es un arte mecánico.

—Supongo que no considerará mecánico a Donatello —interrumpió una voz más grave.

—En cierto sentido, sí —replicó Leonardo—. La escultura es mucho menos intelectual que la pintura y carece de muchos de sus aspectos naturales. He pasado años trabajando el mármol y el bronce, y puedo decirles por experiencia que la pintura es muchísimo más difícil y alcanza mayor perfección.

—Sin embargo, para un encargo de tanta importancia como ese…

—¡No! ¡Jamás volveré a esculpir mármol! El escultor termina una jornada de trabajo sucio y sudoroso, con la boca y las fosas nasales llenas de polvillo, malolientes las ropas. Cuando pinto, trabajo con mis mejores ropas y al final de la sesión termino inmaculadamente limpio y fresco, como si no hubiera hecho nada. Mis amigos van a mi taller a leerme poesías y hacer música mientras yo dibujo. Soy un hombre delicado. La escultura es para obreros.

Miguel Ángel se quedó rígido. Miró por sobre su hombro. Leonardo estaba de espaldas a él. Sintió nuevamente que una enorme ira le crispaba los puños. Sentía un profundo deseo de tomar a Leonardo de un hombro, obligarlo a que se volviese y aplicarle un golpe feroz en aquel hermoso rostro, con su puño de escultor que él tanto despreciaba. Luego, se fue al extremo opuesto del salón, herido no sólo por él mismo sino por todos los escultores del mundo. ¡Algún día obligaría a Leonardo a tragarse aquellas palabras!

A la mañana siguiente despertó tarde. El Arno bajaba sin agua y tuvo que caminar varios kilómetros cauce arriba para encontrar un remanso, en el que se bañó y nadó un rato. Luego volvió, deteniéndose en Santo Spirito. Encontró al prior Bichiellini en la biblioteca y le informó de la novedad, que el monje escuchó sin cambio alguno de expresión.

—¿Y el contrato del cardenal Piccolomini? —preguntó.

—Cuando las dos Juntas firmen este encargo quedaré libre del otro.

—¿Con qué derecho? ¡Debes terminar lo que has empezado!

—Sí, pero el Gigante es mi gran oportunidad. ¡Puedo crear una estatua maravillosa!

La voz de Bichiellini se tornó afectuosa:

—Comprendo que no desees dar tus energías a figuras que no te satisfacen. Pero eso lo sabías desde el primer momento. Además, es posible que estés perdiendo tu integridad sin lograr beneficio alguno. El cardenal Piccolomini tiene muchas posibilidades de llegar a ser nuestro próximo Papa y entonces la Signoria te ordenará que vuelvas a esculpir esas estatuas para Siena, de la misma manera que obedeció al papa Alejandro VI y arrojó a Savonarola a la pira.

—Todo el mundo tiene su propio candidato a Papa —dijo Miguel Ángel, cáustico—. Giuliano da Sangallo dice que será el cardenal Rovere. Leo Baglioni asegura que será su cardenal Riario. Ahora usted dice que puede ser el cardenal Piccolomini...

El prior se levantó bruscamente, se apartó de Miguel Ángel y se dirigió a la arcada abierta que miraba sobre la plaza. Miguel Ángel corrió tras él.

—¡Perdóneme padre! ¡Es que si no esculpo ahora el David, no sé qué será de mí!

El prior atravesó la plaza, dejando a Miguel Ángel inmóvil bajo el despiadado calor del sol.

VII

El patio de trabajo del Duomo ocupaba todo lo ancho de la manzana, desde la Via dei Servi, por el norte, hasta la Via del Orologgio, por el sur, limitado por un muro de ladrillo de unos dos metros cuarenta de alto. La mitad anterior, donde había estado el bloque Duccio, alojaba a los obreros que atendían al mantenimiento de la catedral; la mitad posterior se utilizaba para almacenar leña, ladrillos y guijarros para empedrar las calles.

Miguel Ángel deseaba estar cerca de los trabajadores, a fin de poder oír el ruido de sus herramientas y sus voces, pero al mismo tiempo podía estar aislado de ellos si así lo deseaba.

En el centro del patio posterior se alzaba un roble y, detrás de él, en la pared que se extendía hasta un pasaje sin nombre, una puerta de hierro, cerrada y oxidada. Aquella puerta estaba exactamente a dos manzanas de su casa. Si así lo quería podía trabajar en horas de la noche o en los días de fiesta, cuando el patio estuviese cerrado.

—Beppe —preguntó—, ¿está permitido usar esta puerta?

—Nadie lo ha prohibido. La cerré con llave yo mismo hace años porque empezaron a faltarme materiales y herramientas.

—¿Podría utilizarla yo?

—¿Y por qué no usa la entrada principal?

—Es que si fuera posible construir mi taller al lado de esta puerta, yo podría entrar y salir sin molestar a nadie.

Beppe meditó la idea hasta estar seguro de que Miguel Ángel lo quería para no tratarse con él y sus obreros. Luego dijo:

—Muy bien. Lo haré. Dibújame los planos.

Miguel Ángel necesitaba unos diez metros a lo largo de la pared del fondo, con el piso empedrado para que resistiese el peso de la fragua y del yunque, así como para mantener seca la leña. La pared de ladrillos tendría que levantarse otros tres metros, aproximadamente, para que nadie pudiera ver el bloque o espiarlo mientras trabajaba sobre el andamio. A cada lado, a una distancia de unos seis o siete metros, quería paredes bajas de madera, pero aquel recinto de trabajo estaría abierto por encima y por delante los nueve meses secos del año. El Gigante quedaría así bañado por la luz del sol.

Decidió mantener el taller de la plaza. Sería un lugar para refugiarse en los momentos en que quisiera alejarse del mármol. Argiento dormiría allí y trabajaría con él en el nuevo taller durante el día.

El bloque Duccio estaba tan seriamente trabajado a lo largo del centro longitudinal que todo intento de moverlo tal como estaba podría resultar fatal. Compró varios pedazos de papel de los tamaños mayores que encontró, los pegó sobre la cara del bloque horizontal y cortó una silueta, con sumo cuidado de medir exactamente la profundidad del corte. Luego llevó las dos hojas de papel al taller de la plaza e hizo que Argiento las fijase en la pared. Movió la mesa de trabajo, con el fin de que quedase de cara a la silueta de papel, y comenzó a unir otras hojas para dibujar en ellas un boceto del David, con indicaciones de las partes del bloque que debían ser eliminadas y las partes que deberían usarse. De vuelta en el patio, eliminó mármol de los extremos superior e inferior del bloque, equilibrando el peso de modo que el bloque no tuviera peligro de quebrarse.

Examinó los dibujos que habían satisfecho a las Juntas y llegó a la conclusión de que ya no le servían. Había superado aquellas etapas elementales de su pensamiento. Lo único que sabía con seguridad era que éste iba a ser el David que él había redescubierto y que aprovecharía la oportunidad para crear toda la poesía y la belleza, el misterio y el inherente drama del cuerpo humano, el arquetipo y esencia de las formas correlativas.

Los griegos habían esculpido cuerpos de tan perfectas proporciones en su mármol blanco, y de tanta fuerza, que jamás podrían ser superados, pero aquellas figuras no tenían mente ni espíritu. Su David sería la encarnación de todo aquello por lo que había luchado Lorenzo de Medici, de aquello que la Academia Platón consideraba como legítima herencia del hombre; no una pequeña criatura pecadora, que vivía únicamente para lograr la salvación en la otra vida, sino una gloriosa creación, llena de belleza, fuerza, valor, sabiduría, fe en sus semejantes, con un cerebro, una voluntad y un poder interior para dar forma a un mundo lleno del fruto del intelecto creador del hombre. Su David sería Apolo, pero considerablemente superado; Hércules, pero en una medida considerablemente mayor; Adán, pero muchísimo más perfecto: el hombre más plenamente realizado que el mundo hubiera visto hasta entonces.

Durante las primeras semanas del otoño logró tan sólo respuestas fragmentarias. Cuanto más frustrado se sentía, más complicados hacía sus dibujos. Y el mármol permanecía silencioso e inerte.

Un día preguntó a Beppe:

—¿Podría comprarme un bloque más o menos de una tercera parte del tamaño de éste? Quiero hacer un modelo de mármol, en lugar de arcilla.

—No sé. Me ordenaron que le proporcionase obreros, material. Pero un bloque como el que quiere cuesta dinero.

Pero cumplió, como siempre. Miguel Ángel tuvo un bloque bastante bueno, en el que se puso a trabajar furiosamente, como si intentara resolver su problema a fuerza de golpes de martillo y cincel. Lo que surgió del mármol fue un hombre joven, primitivo, poderosamente constituido, con un rostro idealizado, pero al mismo tiempo indeterminado. Granacci, al ver la figura, dijo, con una expresión confundida:

—No entiendo. Está ahí, con un pie sobre la cabeza yacente de Goliat y al mismo tiempo tiene una piedra en la mano y con la otra sujeta la honda que tiene en el hombro. Veo que tienes las ideas un poco embarulladas, ¿por qué no vienes a pasar un par de días en mi villa?

Miguel Ángel levantó la cabeza y miró a su amigo con extrañeza. Era la primera vez que Granacci reconocía tener una villa.

—Te divertirás y así podrás olvidar a tu David por dos o tres días.

—Convenido. No recuerdo haber sonreído desde hace varias semanas.

—Tengo allí algo que te hará sonreír con toda seguridad.

Y era cierto: una muchacha de nombre Vermiglia, rubia, según la tradición florentina, los cabellos peinados hacia atrás para dar más amplitud a la frente. Resultó ser una deliciosa ama de casa, que los acompañaba en sus charlas de sobremesa por la noche, a la luz de los candelabros.

Miguel Ángel se sentó junto a la ventana de su habitación, insomne. Desde allí veía las torres y las cúpulas de Florencia. Cada tanto se levantaba de la silla y paseaba por la habitación, para volver luego a su vigilia de la ventana. ¿Por qué había esculpido dos estatuas de David, una de ellas ya triunfante sobre Goliat y la otra preparándose para arrojar la piedra con la honda? Ninguna pieza de escultura podía estar en dos momentos distintos del tiempo, como tampoco podía ocupar dos lugares en el espacio. Tendría que decidir cuál de los dos guerreros iba a esculpir en el bloque Duccio.

Al llegar el amanecer fue como si el primer rayo de sol penetrase en su cerebro para iluminarlo. Tendría que eliminar a Goliat. Su cabeza negra, muerta, salpicada de sangre, fea, no tenía lugar en una obra de arte. El significado pleno de David se oscurecía por el hecho de tener aquella cabeza eternamente encadenada a sus tobillos. Lo que David había hecho se convirtió en un acto físico que finalizó con la muerte de su adversario. Sin embargo, para él, eso era solamente una pequeña parte del significado de David, que podía representar la audacia del hombre en todas las fases de la vida: pensador, estudioso, poeta, artista, científico, estadista, explorador; un gigante de la mente, del intelecto, del espíritu y del cuerpo. Sin el detalle recordatorio de la cabeza de David, podía permanecer como el símbolo del valor del hombre y su victoria sobre sus más importantes enemigos.

David tenía que aparecer solo, como lo había estado en el valle del Terebinto.

Aquella decisión lo dejó exaltado… y extenuado. Se metió entre las finas sábanas y cayó en un profundo sueño.

Estaba sentado en su taller frente al bloque y dibujaba la cabeza, el rostro y los ojos de David, mientras se preguntaba:

"¿Qué siente David en este momento de conquista? ¿Gloria? ¿Satisfacción? ¿Se sentiría el hombre más fuerte del mundo? ¿Le inspiraría cierto desprecio Goliat y contemplaría con arrogancia la huida de los filisteos, para volverse luego y aceptar las aclamaciones de los israelitas? ¿Qué podría encontrar en el David triunfante digno de ser esculpido? La tradición lo había representado siempre después del hecho. No obstante. David, después de la hazaña, era ciertamente un anticlímax, puesto que su gran momento había pasado ya.

"¿Cuál era entonces el David importante? ¿Cuándo se convirtió en un gigante? ¿Después de dar muerte a Goliat? ¿O en el momento en que decidió intentarlo? ¿Cuando lanzaba con brillante y mortífera puntería la piedra de su honda? ¿O antes de entrar en batalla, cuando decidió que los israelitas tenían que ser liberados de su vasallaje a los filisteos? ¿No era la decisión más importante que el acto en sí?".

Para él, en consecuencia, era la decisión de David la que lo convertía en un gigante, no el hecho de matar a Goliat. Había cometido el error de fijar y concebir a David en el momento equivocado.

¿Cómo había podido ser tan estúpido, tan ciego? David, representado después de la muerte de Goliat, no podía ser más que el David bíblico, un individuo especial. Pero él no se conformaba con retratar un hombre; él buscaba el hombre universal. A todos los hombres que desde el principio de los tiempos habían enfrentado la decisión de pelear por la libertad.

Era ése el David que él había estado buscando, aprehendido en la exultante cima de su resolución, todavía reflejando las emociones de temor, vacilación, repugnancia, duda; el hombre a quien importaba poco el choque de las armas y la recompensa material; el hombre que, por haber dado muerte a Goliat, quedaría comprometido por toda la vida a guerrear y a las consecuencias de la guerra: el poder. David tenía que saber que el hombre que se entregaba a la acción se vendería a un inexorable amo que le ordenaría todos los días y años de su vida. Sabría, intuitivamente, que nada de lo que ganase como recompensa por una acción, ningún reino o poder o riqueza, compensaría a un hombre la pérdida de su aislamiento. Aquel concepto abrió amplios horizontes a Miguel Ángel. Desde ese instante dibujó con autoridad y fuerza; modeló en arcilla una figura de cuarenta y cinco centímetros de altura. Sus dedos no podían seguir la alocada carrera de sus pensamientos y emociones. Y con asombrosa facilidad, intuyó en qué lugar del bloque se hallaba David. Las limitaciones de aquella pieza de mármol comenzaron a presentársele como ventajas y forzaron en su mente una simplicidad de diseño que quizá no se le habría ocurrido nunca de haber sido perfecto el bloque. ¡Y el mármol adquirió entonces vida entre sus manos!

Cuando se cansaba de dibujar, se unía a sus amigos para pasar unas horas de charla. Sansovino se trasladó al taller del Duomo para comenzar a esculpir un mármol de San Juan bautizando a Cristo que habría de ser colocado sobre la puerta este del Baptisterio. Estableció su pequeño taller entre el de Miguel Ángel y el que ocupaban los canteros de Beppe. Cuando Rustici se aburría de trabajar solo en sus dibujos para una cabeza de Bocaccio y una Anunciación en mármol, iba al patio y dibujaba con Miguel Ángel o Sansovino. Después, en el mismo patio, se les unió

Baccio para diseñar un crucifijo que esperaba le fuese encargado para la iglesia de San Lorenzo. Bugiardini traía comida caliente, en cazuelas, de una hostería cercana y así los ex aprendices pasaban horas de camaradería, mientras Argiento servía la comida en la mesa de trabajo de Miguel Ángel, arrimada a la pared del fondo.

De cuando en cuando, Miguel Ángel subía por las colinas e iba a Fiesole para dar al pequeño Luigi Ridolfi una lección de *pietra serena*. El niño parecía gozar plenamente. Se parecía mucho a su tío Giuliano y tenía la viveza e inteligencia de Contessina.

—Se porta maravillosamente con Luigi, Miguel Ángel —observó Contessina un día—. Giuliano también lo amaba. Algún día tendrá un hijo suyo…

Miguel Ángel movió la cabeza negativamente. Luego dijo:

—No, Contessina. Como la mayoría de los artistas, soy un mendigo. Termino un encargo y tengo que salir a buscar el siguiente y trabajar en cualquier ciudad: Roma, Nápoles, Milán o Portugal, como lo hizo Sansovino. Y ésa no es vida para una familia.

—Creo que se trata de algo más profundo —dijo Contessina, con su débil pero firme voz—. El mármol es su esposa. El *Baco*, la *Piedad*, el David son sus hijos. Mientras esté en Florencia, Luigi será como su hijo. Los Medici necesitan amigos. Y los artistas también.

El cardenal Piccolomini envió un representante a Florencia para que viese las estatuas destinadas al altar de Bregno. Miguel Ángel le enseñó las ya terminadas de San Pedro y San Pablo, y los bocetos de los papas, que prometió terminar pronto. Al día siguiente, Baccio llegó al taller, muy sonriente. Se le había otorgado el encargo del crucifijo. Como San Lorenzo no podía proporcionarle un lugar para trabajar, pidió a Miguel Ángel que le permitiera compartir con él el pequeño taller de la plaza.

— En lugar de pagarte alquiler, te podría terminar los dos papas, de acuerdo con tus dibujos. ¿Qué me dices?

Esculpió las dos piezas a satisfacción de Miguel Ángel, quien consideró que con las cuatro estatuas terminadas y el San Francisco, el cardenal Piccolomini le daría un respiro. Cuando Baccio comenzó a tallar su crucifijo, Miguel Ángel se alegró de haber accedido a su pedido: su trabajo era honesto y lleno de sentimiento.

Giuliano da Sangallo volvió de Savona, donde había completado un palacio para el cardenal Rovere en una finca de la familia. Al salir de Savona, había sido interceptado y hecho prisionero durante seis meses por los Pisano. Fue necesario pagar trescientos ducados por su rescate. Miguel Ángel lo visitó en el hogar familiar.

—Cuénteme algo de su diseño para el Gigante —pidió Sangallo—. Además, le agradecería que me dijese si sabe de alguna obra arquitectónica interesante en Florencia.

—Hay varias de gran urgencia —dijo Miguel Ángel—. Una mesa giratoria lo suficientemente fuerte para soportar un bloque de mármol de mil kilos, con el fin de que yo pueda iluminarlo con el sol como más me convenga, un andamio de cerca de cinco metros para poder cambiar de altura a mi antojo y trabajar alrededor del bloque.

Sangallo rió.

—Será mi mejor cliente —dijo—. A ver, déme pluma y papel. Lo que necesita es una serie de cuatro torres, con estantes abiertos para colocar tablones en la dirección que le convenga, así, ¿ve? En cuanto a su mesa giratoria, ésa es una tarea de ingeniería...

VIII

El tiempo estaba tormentoso. Beppe y sus hombres colocaron un techo de madera desde la pared del fondo, en un ángulo bien pronunciado, para dejar espacio para el bloque. Luego lo cubrieron de tejas para que el agua de la lluvia no se filtrase.

El bloque parecía llamarlo para que se entregase a él totalmente. Las herramientas se abrían paso en su carne con terrible penetración, en busca de codos, muslos, pecho y rodillas. Los blancos cristales, que habían estado dormidos por espacio de medio siglo, cedían amorosamente a cada golpe del martillo y del cincel.

Aquélla era su tarea más gloriosa. Nunca hasta entonces había tenido semejante amplitud de figura, semejante sencillez de diseño; nunca hasta entonces se había sentido poseído de una precisión, fuerza, penetración y profundidad de pasión tan absolutas. Le era imposible pensar en nada más y ni siquiera podía detenerse para comer o cambiarse de ropa. Alimentaba su hambre de mármol veinte horas diarias. Cuando su mano derecha se cansaba de empuñar el martillo, lo cambiaba a la izquierda y lo movía con idéntica precisión y sensibilidad exploradora. Por la noche esculpía a la luz de las velas con absoluta tranquilidad, pues Argiento se retiraba al otro taller al ponerse el sol.

Había hecho frente al desafío de la parte de mármol trabajada por otro escultor, que había inclinado la figura en un ángulo de veinte grados dentro del bloque, diseñándola diagonalmente, al bies, y ahora él era como un ingeniero que intentaba incrustar en su diseño una fuerte estructura vertical, comenzando por el pie derecho y continuando hacia arriba por la pierna, el torso y el cuello del gigante, para terminar en la cabeza. Con aquella columna de sólido mármol, su David podría erguirse y jamás se produciría un derrumbamiento interior.

La clave de la belleza y del equilibrio de la composición era la mano derecha de David empuñando la piedra. Aquélla era la forma de la que emergía el resto de la anatomía y el sentimiento de David. Aquella mano, con sus venas marcadas, creaba una anchura y una masa que compensaba la delgadez que se veía obligado a darle a la cadera izquierda. El brazo y el codo del lado derecho integrarían la forma más delicada de la composición.

Conforme el trabajo iba absorbiéndolo, no le fue posible a Granacci convencerlo de que fuese a cenar a la villa. Asistía muy pocas veces a las reuniones en el taller de Rustici y cuando iba era únicamente porque la noche era demasiado fría para trabajar. Leonardo era el único que protestaba, pues no podía tolerar que Miguel Ángel fuese a las reuniones con aquellas ropas sucias y los cabellos llenos de polvillo de mármol. Por la expresión de Leonardo y los olisqueos de aquella nariz aristocrática, Miguel Ángel se dio cuenta de que el gran pintor creía que era él quien olía mal, pero no le preocupó mucho. Era mucho más fácil dejar de asistir a las reuniones de la Compañía del Crisol que perder tiempo en acicalarse para las mismas.

El día de Navidad acompañó a su familia a la misa mayor en Santa Croce. El día de Año Nuevo pasó inadvertido para él. Ni siquiera fue al taller de Rustici para recibir el año 1502 con los demás miembros de la Compañía. Trabajó furiosamente los días del oscuro mes de enero, para lo cual se veía obligado a mover la mesa giratoria a cada momento para conseguir la mejor luz. El cuello de la estatua era tan tremendo que podía trabajar en él sin temor de que la cabeza se desprendiese del resto.

Soderini visitó el taller para ver cómo progresaba la estatua. Sabía que Miguel Ángel no tendría paz en su casa hasta que no se estableciese el precio que se le habría de pagar por la estatua terminada. Hacia la mitad de febrero, cuando Miguel Ángel llevaba ya cinco meses trabajando, cuando Soderini le preguntó:

—¿Le parece que ha adelantado lo bastante como para que el Gremio y la Junta vengan a ver la estatua? Puedo citarlos aquí y arreglar la firma del contrato definitivo…

Miguel Ángel alzó la mirada hacia la estatua. Su estudio de anatomía había ejercido gran influencia en su trabajo. Señaló a Soderini cómo la estructura de los músculos consisten en fibras que corren en una misma dirección; toda acción que se desarrollaba en el David corría paralelamente a esas líneas fibrosas. Luego, de mala gana, contestó a la última pregunta de Soderini:

—A ningún artista le gusta que su obra se vea inacabada, como lo está ésta todavía.

—Indudablemente recibiría un premio mucho mayor si pudiera esperar a que la estatua estuviera terminada…

—¡No puedo! —suspiró Miguel Ángel—. ¡Ninguna cantidad adicional de dinero me compensaría dos años de penurias con mi padre!

—Traeré a esos señores en cuanto nos reunamos en un día de sol.

Terminó el mal tiempo. Salió el sol y secó las calles de la ciudad. Miguel Ángel y Argiento retiraron las tejas del techo y las colocaron en pilas para el invierno siguiente. Luego quitaron también los tablones, dejando que la luz del sol inundase el taller. El David latía de vida en todas las fibras de su cuerpo. Hermosas venas de un color gris azulado se extendían por las piernas, como venas humanas. El considerable peso de la estatua descansaba ya sobre la fuerte pierna derecha.

Le llegó un aviso de Soderini, anunciándole que los miembros de las Juntas irían al taller al mediodía siguiente. Miguel Ángel ordenó:

—Argiento, empieza a limpiar enseguida. Estoy pisando trozos de mármol y polvo de por lo menos dos meses.

—No me culpe a mí —exclamó Argiento—. No sale usted de aquí ni el tiempo suficiente para que yo pueda barrer. Estoy convencido de que le agrada pisar todo eso.

¿Qué debía decirles a esos señores que vendrían a juzgar su obra? Si este concepto del David le había insumido meses de dolorosa búsqueda intelectual, no le era posible justificar en una hora, o menos, todo cuanto se había apartado de la tradicional forma de esculpir florentina. ¿No pensarían más los jueces en lo que él les decía que en lo que su mano había esculpido?

Argiento tenía todo limpio y ordenado en el taller cuando llegó Soderini, acompañado de dieciséis miembros del Gremio y la Junta. Miguel Ángel los recibió cordialmente. Se reunieron todos en torno a la inconclusa estatua, contemplándola con asombro. El canciller Michelozzo pidió a Miguel Ángel que les mostrase cómo trabajaba el mármol. Miguel Ángel tomó martillo y cincel y les enseñó cómo la parte superior del segundo se hundía en el martillo al hundirse él a su vez en el mármol, sin crear explosión alguna, sino más bien una suave fuerza insinuante.

Hizo que todos ellos observasen la figura desde todos los ángulos, les señaló la fuerza estructural vertical, cómo los brazos serían liberados del mármol que todavía los protegía uniéndolos al torso, el tronco de árbol que sería el único objeto que sostendría al desnudo gigante. La figura estaba inclinada todavía en un ángulo de veinte grados en el bloque, pero Miguel Ángel demostró cómo, al ir eliminando el mármol negativo que ahora lo rodeaba, el David quedaría erguido verticalmente.

A la tarde siguiente, Soderini fue al patio del Duomo con un documento de aspecto oficial en una mano y palmeó cariñosamente a Miguel Ángel.

—Las Juntas se retiraron completamente satisfechas —dijo—. ¿Quiere que le lea? Escuche: "Los honorables señores cónsules del Gremio del Arte Lanero han decidido que la Junta de Obras del Duomo puede dar al escultor Miguel Ángel Buonarroti cuatrocientos florines grandes de oro en pago del Gigante llamado David y que Miguel Ángel deberá completar dicha estatua, hasta perfeccionarla, en un plazo de dos años a contar desde el día de la fecha".

—Ahora —respondió Miguel Ángel entusiasmado— puedo olvidarme del dinero hasta que haya terminado. ¡Eso es la gloria para un artista!

Esperó hasta que Ludovico le habló nuevamente de la cuestión y entonces respondió:

—Ya ha sido fijado el precio, padre, cuatrocientos florines grandes de oro.

Los ojos del padre brillaron de alegría.

—¿Cuatrocientos florines grandes de oro? ¡Excelente! Porque sumados a los seis florines mensuales que recibirás mientras dure el trabajo…

—No —replicó Miguel Ángel—. Continúo recibiendo esos seis florines mensuales por espacio de dos años…

—Bien —dijo Ludovico tomando su pluma—. Veamos: veinticuatro veces seis es igual a… ¿a ver?, sí, ciento cuarenta y cuatro, que agregados a los cuatrocientos suman quinientos cuarenta y cuatro florines. ¡Así es mejor!

Pero Miguel Ángel movió la cabeza, impaciente, y dijo:

—No, padre. Nada más que cuatrocientos florines grandes en total. Los pagos mensuales son por concepto de anticipo, que serán deducidos al final.

Toda la alegría desapareció de los ojos de Ludovico, al ver que se le esfumaban aquellos ciento cuarenta y cuatro florines.

Y Miguel Ángel comprendió que, desde aquel mismo instante, su padre andaría por la casa con una expresión dolorida, como si alguien se hubiera aprovechado de él, para engañarlo. No había comprado su paz. Quizás ese algo llamado paz no existiera.

IX

Había diseñado al David como un hombre independiente, erguido y libre de todo espacio a su alrededor. La estatua no debería ser colocada jamás en un nicho, arrimada a una pared o utilizada para decorar una fachada o suavizar la aguda esquina de un edificio. El David tenía que estar completamente rodeado de espacio libre. El mundo era un campo de batalla y el hombre estaba perennemente en él bajo presión, precario en el lugar que ocupaba. David era un guerrero, un luchador, no un brutal e insensato saqueador, capaz de alcanzar la libertad.

Y ahora la figura se tornó agresiva, comenzó a empujar para salir de la masa que la producía, luchando por definirse. Su propio paso marcaba el impulso del material, de modo tal que Sangallo y Sansovino, que fueron a visitarlo un domingo por la tarde, quedaron asombrados ante la pasión que se reflejaba en la estatua.

—¡Jamás he visto nada igual! —exclamó Sangallo—. Ha arrancado más pedazos de mármol a este bloque en el último cuarto de hora que tres de esos canteros amigos suyos en cuatro horas.

—¡No es la cantidad lo que me aterra! —agregó Sansovino—. ¡Es su impetuosidad! He estado observando atentamente y he visto fragmentos que saltaban a dos metros de altura. ¡Ha habido momentos en que creí que toda la estatua iba a volar en pedazos!

—¡Miguel Ángel! —exclamó Sangallo—. ¡Ha estado afeitando tan profundamente que si se hubiera pasado un pelo del límite podría haber arruinado toda la estatua!

Miguel Ángel dejó de trabajar y se volvió hacia sus amigos.

—Una vez que el mármol ha salido de la cantera ya deja de ser una montaña para convertirse en un río. Puede correr y cambiar su curso. Eso es lo que yo estoy haciendo ahora, ayudo a este río de mármol a cambiar de lecho.

Tampoco lo asustó la advertencia de Sansovino, pues estaba ya perfectamente identificado con el centro de gravedad del bloque y cuando eliminaba mármol lo hacía con el conocimiento preciso de cuánto podía eliminar.

La única espina que tenía clavada aún en sus carnes era aquella despectiva declaración de Leonardo da Vinci sobre el arte de la escultura. A él se le antojaba una amenaza muy seria. La influencia de Leonardo en Florencia era cada día mayor. Si llegaba a convencer a un número suficiente de personas de que la escultura en mármol era un arte de segunda categoría, una vez que su David estuviese terminado era probable que fuese recibido con indiferencia. Y sintió una creciente necesidad de contraatacar.

Al domingo siguiente, cuando la Compañía del Crisol estaba reunida en el taller de Rustici y Leonardo insistió en menospreciar la escultura, Miguel Ángel respondió:

—Es cierto que la escultura no tiene nada en común con la pintura. Existe en su propio ámbito. Pero el hombre primitivo talló la piedra durante miles de años antes de comenzar a pintar en las paredes. La escultura es el arte original, el primero.

—Y por ese mismo argumento se condena —contestó Leonardo con su voz de registro agudo—. Satisfizo únicamente hasta que el grandioso arte de la pintura se hubo desarrollado. Y ahora se está extinguiendo.

Furioso, Miguel Ángel atacó a su vez, en forma personal.

—Eso no es cierto, Leonardo —barbotó—. ¿Negará usted que su estatua ecuestre de Milán es tan colosal que jamás podrá ser fundida y, por lo tanto, nunca podrá existir como escultura en bronce? ¿Negará que su enorme modelo en arcilla se está desintegrando tan rápidamente que ya es el hazmerreír de todo Milán? ¡No me extraña que hable así de la escultura, porque no es capaz de llevar a feliz término una pieza!

Se produjo un incomodo silencio en todo el salón.

Unos días después, Florencia se enteró de que, a pesar de los pagos que se le habían hecho a César Borgia, éste avanzaba hacia Urbino e incitaba a la rebelión a la población de Arezzo contra el régimen de Florencia. Leonardo da Vinci se unió al ejército de César Borgia como ingeniero, para trabajar con Torrigiani y Piero de Medici. Y Miguel Ángel se enfureció.

—¡Es un traidor! —dijo a Rustici, que estaba al cuidado de las propiedades de Leonardo mientras durase la ausencia de éste—. César Borgia le ofrece un gran salario y él ayudará a conquistar Florencia. Después de que la ciudad le dio hospitalidad y encargos de importantes obras de pintura...

—En realidad, no se trata de una cosa tan grave —respondió Rustici para aplacarlo—. Leonardo está un poco confundido. Parece que no puede terminar su cuadro de la *Monna Lisa del Giocondo*. Le interesan más sus nuevas máquinas de guerra que el arte. Vio en el ofrecimiento de César Borgia la oportunidad de poner a prueba muchos de sus inventos. No entiende de política...

—Diles eso a los florentinos —respondió Miguel Ángel ácidamente— cuando sus máquinas de guerra derriben las murallas de la ciudad.

—Se justifica plenamente que te sientas así, Miguel Ángel, pero trata de recordar que Leonardo es un poco amoral. No le interesan ni el bien ni el mal aplicados a las personas sino únicamente en lo que se refiere a la ciencia y a los conocimientos falsos y verdaderos.

—Supongo que debería alegrarme de quedar libre de él. Ya huyó otra vez y estuvo ausente dieciocho años. Espero que esta vez tarde lo mismo en volver.

Rustici hizo un gesto de impotencia y replicó:

—Tú y él son como los Apeninos, están muy por encima del resto de nosotros y a pesar de ello se odian. ¡Eso no tiene sentido!

El ciclo de las estaciones llevó a Florencia un tiempo maravillosamente cálido. Los chaparrones ocasionales no tuvieron otro efecto en el David que lavar el polvillo de mármol que cubría la estatua. Miguel Ángel trabajaba desnudo hasta la cintura, dejando que el sol golpease directamente en su cuerpo trasmitiéndole su fuerza. Subía y bajaba por la escala de madera del andamio con la agilidad de un gato, mientras esculpía el grueso cuello, la heroica cabeza y la masa de cabellos desde la parte más alta del andamio. La espina dorsal la cincelaba con sumo cuidado, como queriendo indicar que era la fuente de todo movimiento. No podía haber parte alguna del David que no fuese palpable y perfecta. Nunca había comprendido por qué los órganos genitales habían sido representados siempre como despojados de belleza. Si Dios había hecho al hombre como decía la Biblia que hizo a Adán, ¿habría hecho la parte destinada a la procreación como algo nefando, indigno de ser visto? Tal vez el hombre pervirtió los usos de esa parte, como consiguió pervertir tantas otras cosas en la tierra; pero, ¿qué tenía eso que ver con su estatua? Lo que había sido despreciado, él lo convertiría en sublime.

En junio, Piero Soderini fue elegido *gonfaloniere* por otro período de dos meses. La gente empezaba a preguntarse por qué, si era el mejor hombre de Toscana para el cargo, no se le permitía gobernar más tiempo.

Cuando Miguel Ángel se enteró de que Contessina iba a ser madre otra vez, se dirigió a la oficina de Soderini para abogar por la causa de la hija de Lorenzo de Medici.

—¿Por qué no puede regresar a su casa para el nacimiento del hijo que espera? —le preguntó—. Ella no ha cometido delito alguno contra la República. Era hija de Il Magnifico antes de ser esposa de Ridolfi. Se está poniendo en peligro su vida por medio de ese aislamiento en una casa de campesinos que carece de todas las comodidades...

—Las campesinas han tenido hijos durante siglos en esas casas.

—Pero Contessina no es una campesina. Además, en delicada. No ha sido criada como ellas. ¿No podrías interceder en su favor ante el Consejo de los Setenta?

—Es imposible —respondió Soderini con voz inexpresiva—. Lo mejor que puede hacerse en su favor es no mencionar el nombre de Ridolfi.

A mediados del período de dos meses de gobierno de Soderini, mientras Arezzo y Pisa estaban nuevamente en rebelión, Piero de Medici fue recibido en Arezzo y se le prometió ayuda. César Borgia no se atrevía a atacar por miedo a represalias de los franceses y las puertas de la ciudad permanecían cerradas a cal y canto durante el día. Miguel Ángel recibió una nota, en la que se lo invitaba a cenar con el *gonfaloniere* en el Palazzo della Signoria.

Soderini se hallaba sentado ante una mesa baja, con su blanca cabellera mojada todavía por el baño. Cambiaron algunas palabras sobre el estado en que avanzaba el trabajo del David y luego Soderini dijo que el Consejo de los Sesenta estaba a punto de modificar la constitución. El próximo *gonfaloniere* tendría el cargo para toda su vida. A continuación se inclinó sobre la mesa y dijo confidencialmente:

—Miguel Ángel, habrá oído hablar de Pierre de Rohan, mariscal de Gié. Estuvo aquí en 1494, como uno de los más íntimos consejeros del rey Carlos VIII durante la invasión, ¿verdad? Probablemente recordará también que en el patio del palacio de los Medici, el *David* de bronce de Donatello tenía el lugar de honor...

—Sí, el día que fue saqueado el palacio, la turba me empujó contra la estatua con tal fuerza que me hizo un chichón en la cabeza.

—Entonces lo conoce perfectamente. Pues bien, nuestro embajador ante la corte de Francia ha escrito que el mariscal se emamoró del *David* durante su estancia en el palacio Medici y desearía tener una estatua igual. Durante años hemos estado comprando con dinero la protección de Francia. ¿No sería gratificante que, por una vez, podamos pagarla con una obra de arte?

Miguel Ángel miró al hombre que había llegado a ser tan amigo suyo. Seria imposible negarle nada. Pero preguntó:

—¿Pretenden que yo copie ese trabajo de Donatello?

—Digamos mejor que podría introducir algunas pequeñas variaciones, pero no tantas como para desilusionar el recuerdo del mariscal.

—Nunca he tenido oportunidad de hacer algo por Florencia. Esto que acaba de decirme me satisface. ¡Si no hubiera sido tan idiota al negarme a aprender de Bertoldo!...

—En Florencia tenemos excelentes fundidores: Bonaccorso Ghiberti, el fundidor de cañones, y Ludovico Lotti, el fundidor de campanas.

La sensación de patriotismo se esfumó cuando se encontró nuevamente ante el *David* de Donatello, en el patio de la Signoria. ¡Él se había alejado tanto de aquella concepción en la figura que estaba esculpiendo!

¿Y si no podía avenirse a copiar esta pieza y, al mismo tiempo, no podía modificarla radicalmente...?

Con un cajón para sentarse y unas hojas de papel de dibujo volvió al patio a la mañana siguiente. Su David era unos años más viejo que el de Donatello, más masculino y musculoso, dibujado con las tensiones interiores que pueden ser trasplantadas al mármol, muy pocas de las cuales estaban presentes en el pulido bronce que tenía ante sí. Preparó un armazón en el banco de trabajo del taller y empleó sus horas de descanso en convertir sus dibujos en una tosca estructura de arcilla. Lentamente fue formando un desnudo con un turbante que sujetaba la cabellera. Le divirtió pensar que, en bien de los intereses de Florencia, tenía que modelar una cabeza de Goliat, sobre la cual descansaba el pie triunfal de David. El mariscal no podría sentirse feliz sin aquella cabeza.

El día 1º de noviembre, Soderini fue designado *gonfaloniere* vitalicio en una pintoresca ceremonia realizada en la escalinata de la Signoria, con toda Florencia congregada en la plaza y Miguel Ángel en primera fila. Pero casi enseguida, el invierno se lanzó sobre la ciudad. Miguel Ángel y Argiento volvieron a colocar el techo y sobre éste las tejas. Los cuatro braseros no alcanzaban a disipar el tremendo frío. Beppe colgó una lona ante la abertura del lado del taller, pero del cielo encapotado llegaba poca luz y con aquella lona desapareció del todo. Ahora el sufrimiento era doble: el frío y la oscuridad. Y tampoco ayudó mucho la primavera, pues a principios de marzo comenzaron unas lluvias torrenciales que duraron varias semanas.

Hacia finales de abril Miguel Ángel recibió una invitación para cenar en el nuevo emplazamiento de la Signoria, en cena presidida por Monna Argentina Soderini, la primera mujer que residía en aquel palacio. Las paredes del comedor estaban pintadas al fresco y el techo en dorado. La mesa estaba tendida delante de la chimenea, en la que ardía un alegre fuego.

Después de la cena, Soderini pidió a Miguel Ángel que lo acompañase al Duomo y dijo:

—Desde hace años, Florencia viene hablando de hacer esculpir los doce apóstoles para la catedral. De tamaño mayor que el natural y en perfecto mármol de Sevarezza. He hablado con los miembros del Gremio de Laneros y la Junta de Obras de la Catedral. Todos ellos consideran que es una idea magnífica.

—¡Es un trabajo para toda la vida! —murmuró Miguel Ángel.

—También lo fueron las puertas de Ghiberti.

—Eso era lo que Bertoldo quería que hiciese yo: un conjunto de trabajos para la posteridad.

Soderini enlazó un brazo al de Miguel Ángel y avanzó con él por la larga nave, hacia la puerta abierta.

—Eso lo convertía en el escultor oficial de Florencia. El contrato que he discutido con el Gremio y la Junta incluye una casa para usted hecha por nosotros y un estudio diseñado por usted.

—¡Una casa y un estudio!

—Ya me parecía que le gustaría. Podría esculpir un apóstol cada año. Conforme los fuera entregando, iría apropiándose de una parte proporcional de la casa y del estudio. Mañana es la reunión mensual de las dos Juntas. Me han pedido que le diga que vaya.

Cuando comenzó a subir las colinas rumbo a Settignano, no pudo concentrar sus pensamientos en ninguno de los aspectos de la proposición de Soderini. Al llegar a la granja fue el orgullo el que se impuso: tenía solamente veintiocho años e iba a tener ya casa propia y un taller de escultura apropiado para esculpir en él heroicas figuras de mármol. Llegó a la casa de los Topolino y se puso a trabajar furiosamente en un bloque de *pietra serena* entre los cinco hombres.

—Será mejor que nos cuente —dijo el padre—, antes de que estalle.

—¡Soy un hombre acaudalado! ¡Voy a tener una casa propia!

Les contó lo del encargo de los doce apóstoles. El padre sacó una botella de vino añejo, de las reservadas para bodas y nacimientos de nietos. Todos bebieron un vaso para celebrar la buena noticia.

¿Por qué no se sentía feliz él también? ¿Era acaso porque no deseaba esculpir los Doce Apóstoles? ¿Vacilaba tal vez en realizar una obra que comprometiera los doce años siguientes de su vida? No sabía si podría resistir aquella esclavitud, después de la gloriosa libertad con la que había esculpido el David. Incluso Donatello había esculpido solamente uno o dos apóstoles en mármol. ¿Cómo podría él crear algo distinto, que tuviera frescura, para cada una de las doce figuras?

Fue en busca de su amigo Giuliano da Sangallo, a quien encontró ante su mesa de trabajo.

—Sangallo —le dijo—. Este proyecto no lo he concebido yo. ¿Le parece que un escultor debe aceptar un encargo que le llevará doce años cumplir, a menos que esté apasionadamente ansioso por hacerlo?

—Son muchos años… —dijo Sangallo—, pero, ¿podría rechazar el ofrecimiento del *gonfaloniere* y las Juntas? Le ofrecen el encargo más importante desde que Ghiberti ejecutó las famosas puertas. Si no acepta se ofenderían y eso lo colocaría a usted en una situación difícil.

—Lo sé. No puedo aceptarlo y no puedo rechazarlo.

—Acepte el contrato, construya la casa y el estudio, esculpa todos los apóstoles que pueda. Cuando haya terminado, santo y bueno. Si no ha terminado cuando decida no seguir, podrá pagar el resto de esa propiedad en dinero efectivo.

Miguel Ángel firmó el contrato. La noticia se extendió por la ciudad rápidamente. La gente se inclinaba respetuosamente ante él en la Via de Gori. Él respondía con movimientos de cabeza, preguntándose qué pensarían todos si supieran lo desgraciado que se sentía.

La familia Buonarroti estaba excitadísima proyectando la nueva casa. Tío Francesco y tía Cassandra decidieron que querían un tercer piso para ellos solos.

—Procura que la construyan pronto —dijo Ludovico—. Cuanto antes nos mudemos, antes tendremos que dejar de pagar alquiler.

Miguel Ángel se volvió hacia ellos, los miró con pena y respondió:

—Esa casa será para mí. Me servirá de hogar y de taller. No va a ser una residencia familiar.

Hubo un silencio de asombro. Luego, el padre y los tíos comenzaron a hablar a la vez, de tal modo que no era posible saber lo que decían.

—¡Cómo puedes decir una cosa semejante! —clamó por fin Ludovico—. Tu hogar es nuestro hogar. Con él ahorraremos el alquiler que ahora pagamos…

—Me proporcionan el terreno pero sólo me asignan seiscientos florines para la construcción. Necesito un estudio enorme para poder trabajar esos grandes bloques de mármol. Su techo debe tener una altura de por lo menos nueve metros y además necesito un gran patio exterior empedrado. Sólo quedará espacio para una casita pequeña, de un dormitorio o como mucho dos…

La tormenta se prolongó todo el día, pero Miguel Ángel, por primera vez en su vida, se mostró inflexible. Lo menos que podía sacar de provecho al contrato era una vivienda y taller, una isla solitaria en donde vivir. Pero tuvo que acceder a pagar el alquiler de la casa familiar con parte del dinero que se le entregaría mensualmente.

Una vez que tuvo un modelo en arcilla del David para el mariscal, envió a Argiento en busca de Ludovico Lotti, el mejor fundidor de campanas, y Bonaccorso Ghiberti, el fundidor de cañones. Los dos artesanos llegaron directamente desde sus fraguas con las ropas cubiertas de suciedad. El *gonfaloniere* les había pedido que ayudasen a Miguel Ángel a fundir la estatua de bronce.

Cuando los fundidores le llevaron al taller la estatua ya fundida, Miguel Ángel miró un poco aturdido la tosca figura de rojizo bronce, llena de protuberancias, manchada. Necesitaría punzones, limas y otras herramientas para darle un aspecto humano y después pulirla a fin de que resultase presentable. Pero entonces, ¿fallaría a tal punto la memoria del mariscal que no le fuese posible reconocer que este *David* no se parecía al de Donatello? ¡Lo dudaba!

X

El primer fruto de su contrato para los Doce Apóstoles fue la visita de un vecino a quien él había conocido en la Piazza Santa Croce. Se llamaba Agnolo Doni y era de su misma edad. Su padre había establecido un negocio de lanas y, cuando prosperó con él, adquirió un palacio semiabandonado cerca del de Albertini, en el barrio de Santa Croce. Agnolo Doni había heredado el palacio y el negocio, ganó una gran fortuna y remodeló el primero. Había ascendido tanto en la esfera social y comercial de Florencia que ahora estaba comprometido con Maddalena Strozzi.

—Iré directamente al grano, Buonarroti —dijo—. Quiero que me haga una Sagrada Familia. Será mi regalo de boda a Maddalena Strozzi.

Miguel Ángel se entusiasmó. Maddalena se había criado junto a su *Hércules*.

—Los Strozzi tienen un excelente gusto artístico —murmuró—. Una Sagrada Familia en mármol blanco...

—¡No, no! —gritó Doni—. ¡Soy yo el que tiene un gusto excelente! Fue a mí a quien se me ocurrió encargarle su ejecución, no a Maddalena. Además, ¿de dónde saca eso de mármol blanco? ¡Costaría una fortuna! Yo lo que quiero es una pintura, que será utilizada para cubrir la superficie de una mesa redonda.

Miguel Ángel empuñó el martillo y el cincel.

—¿Y por qué viene a mí para una pintura? Hace quince años que no tomo un pincel.

—Por lealtad. Somos del mismo barrio. ¿Recuerda cuando jugábamos al fútbol en la Piazza Santa Crocce?

Miguel Ángel sonrió irónico. Doni presionó.

—¿Qué me dice? Quiero una Sagrada Familia... Treinta florines... Diez por cada figura. Me parece una suma generosa, ¿no? ¿Cerramos el trato?

—Doni, puede elegir entre una media docena de los mejores pintores de Italia: Granacci, Filippino Lippi... el hijo de Ghirlandaio, Ridolfo... Es un buen pintor y le cobrará barato.

—¡Yo quiero que sea usted y no otro! ¡Ya tengo el permiso del *gonfaloniere* Soderini!

—Bien —replicó Miguel Ángel—. Le pintaré esa Sagrada Familia y le costará cien florines de oro.

—¿Cien? —chilló Doni a voz en cuello—. ¿Cómo es posible que pretenda explotar a un amigo de la infancia?

Después de un buen rato de discusión, acordaron setenta florines. Desde la puerta, Doni dijo, no sin cierta bondad:

—Era el peor jugador de *calcio* del barrio. Me sorprende que sea tan buen escultor. ¡Lo que no se puede dudar es que es el artista del momento!

—¿Porque estoy de moda me quiere a mí?

—¿Qué mejor razón que ésa? ¿Cuándo podré ver los bocetos?

—Los bocetos son cosa mía. El producto terminado es cosa suya.

—Sin embargo, permitió que el cardenal Piccolomini viera los dibujos.

—Hágase nombrar cardenal.

Cuando Doni se hubo ido, Miguel Ángel se dio cuenta de que había sido un idiota al dejarse convencer. ¿Qué sabía él de pintura? ¿Y qué le importaba? Podría dibujar una Sagrada Familia, porque hacerlo sería una diversión para él, pero, ¿pintarla? El hijo de Ghirlandaio lo haría mucho mejor que él.

A los pocos días dibujó a María como una mujer joven, sana, de fuertes piernas y brazos; un Jesús gordezuelo, de sonrosadas mejillas y cabello rizado. Luego dibujó un abuelo barbudo y unió las tres figuras en un afectuoso grupo, sobre la hierba. No tuvo la menor dificultad con los tonos de la carne, pero las túnicas y mantos de María y José, así como la mantilla de Jesús, parecían eludirlo.

Granacci fue a verlo y rió al ver la confusión de Miguel Ángel.

—¿Quieres que te ponga los colores? ¡Estás haciendo un merengue!

—¿Por qué no te honró Doni con este trabajo desde el primer momento? —respondió—. Tú también eres del barrio de Santa Croce. ¡Y también jugaste al *calcio* con él!

Al final, ejecutó una serie de tonos simples. Pintó la túnica y el manto de la madre en rosa pálido y azul; la mantilla del niño, en naranja oscuro; y el ropaje de José, en azul pálido. En primer plano aparecía un puñado de flores que crecían entre la hierba. El fondo tenía solamente la cara de Juan, que miraba picarescamente hacia arriba. Para divertirse, pintó un mar a un lado de la familia y montañas en el lado opuesto. Delante del mar y de las montañas puso cinco adolescentes desnudos, sentados contra una pared, como celestes criaturas bronceadas iluminadas por el sol.

El rostro de Doni adquirió el color de su roja túnica cuando llegó, llamado por Miguel Ángel, para ver el cuadro terminado.

—¡Muéstreme una sola cosa que sea sagrada en este cuadro de campesinos! —gritó—. ¡Enséñeme un solo sentimiento religioso! ¡Se está burlando de mí!

—¿Cree que estoy tan loco como para desperdiciar mi trabajo en una burla? Ésta es una buena gente, tierna en su amor al niño.

—¡Yo le pedí una Sagrada Familia en un palacio! Lo sagrado no tiene nada que ver con el ambiente. ¡Es una cualidad espiritual interior! ¡No puedo regalar esta merienda campestre a mi delicada prometida! ¡Perdería prestigio ante la familia Strozzi!

—¿Me permite recordarle que no se reservó usted el derecho de rechazar mi obra?

Doni se enfureció y gritó horrorizado:

—¿Qué hacen esos cinco muchachos ahí desnudos?

—Acaban de bañarse en el mar y se están secando al sol —respondió Miguel Ángel con toda calma.

—¡A quién se le ocurre poner unos muchachos desnudos en un cuadro cristiano!

—Piense en ellos como figuras de un friso. Esto le proporciona, a la vez, una pintura cristiana y una escultura griega, sin que le cueste más. Recuerde que su ofrecimiento original fue de diez florines por figura.

—¡Llevaré el cuadro a Leonardo da Vinci! —gruñó Doni—. ¡Haré que borre de él esas cinco figuras obscenas!

Hasta ese momento, Miguel Ángel se había estado divirtiendo. Ahora exclamó:

—¡Lo demandaré por estropear una obra de arte! ¡Recuerde a Savonarola! ¡Lo llevaré ante el Consejo!

Doni emitió un nuevo gruñido y partió como una tromba. Al día siguiente, llegó al taller un servidor suyo con una bolsa que contenía treinta y cinco florines, la mitad del precio convenido, y un recibo para que Miguel Ángel lo firmase. Miguel Ángel envió a Argiento con la bolsa y una notita en un papel que decía: "La Sagrada Familia le costará ahora ciento cuarenta florines".

Florencia gozó con aquella lucha de intereses y hasta se concertaron apuestas sobre quién vencería. Miguel Ángel comprobó que los apostadores daban ventaja a favor de Doni, pues se sabía que nadie le había ganado en una puja comercial. No obstante, faltaba ya muy poco tiempo para la boda y Doni se había jactado ante todos de que su regalo de boda a su prometida sería una obra del artista oficial de la ciudad.

Un día se presentó en el taller con una bolsa que contenía setenta florines.

—Aquí tiene su dinero. Déme el cuadro.

—Doni, eso no sería justo —respondió Miguel Ángel—. Este cuadro no le gusta. Lo libero del compromiso.

—¡Es usted un estafador! ¡Convino en pintar el cuadro por setenta...

—Convenio que usted mismo ha dejado abierto a una reconsideración al ofrecerme treinta y cinco florines. Mi precio, ahora, es ciento cuarenta.

Doni se fue de nuevo, más furioso que nunca.

Miguel Ángel decidió que ya se había divertido bastante y estaba a punto de enviar el cuadro a Doni, cuando un pequeño *contadino* descalzo le llevó una notita que decía:

"Me he enterado de que Maddalena quiere su cuadro. Ha dicho que ningún regalo de boda le agradaría más. C.".

Reconoció de inmediato la letra de Contessina. Sabía que ella y Maddalena Strozzi habían sido amigas y se alegró al comprobar que la segunda seguía tratándose con ella. Tomó papel y pluma y escribió una nota a Doni:

"Comprendo perfectamente que mi cuadro le resulte caro. Como viejo y querido amigo suyo, lo absuelvo de su compromiso y por mi parte regalaré el cuadro de la Sagrada Familia a otro amigo mío".

Doni llegó corriendo no bien Argiento volvió de entregar la nota y arrojó una bolsa sobre la mesa de trabajo de Miguel Ángel.

—¡Exijo que me entregue el cuadro! ¡Es mío por derecho legal!

Desató el cordón de la bolsa y volcó los ciento cuarenta florines.

—¡Cuéntelos! —gritó—. ¡Son ciento cuarenta piezas de oro! ¡Y todo por una familia que está merendando en el campo!

Miguel Ángel tomó el cuadro y lo entregó al iracundo Doni, que se fue inmediatamente. Cuando estuvo solo, tomó las monedas de oro. Aquel asunto resultó divertido. Fue tan refrescante como unas vacaciones.

XI

Hubo considerable regocijo en agosto, cuando el papa Borgia, Alejandro VI, dejó de existir. Cuando el cardenal Piccolomini, de Siena, fue ungido Papa, Miguel Ángel sintió cierta aprensión. No había trabajado más en las estatuas de Piccolomini, ni siquiera en los dibujos. Una sola palabra del nuevo Papa y el *gonfaloniere* Soderini se vería obligado a retirarle el trabajo del David hasta que terminase las once figuras que faltaban y las mismas fuesen entregadas. Se negó a permitir la entrada a nadie en el taller durante un mes y trabajó furiosamente, antes que cayese sobre su cabeza el hacha del Vaticano. La mayor parte del cuerpo de David estaba ya realizada, sólo le faltaban la cabeza y la cara. Por primera vez comprendió el peso del contrato de los Doce Apóstoles, que también estaría pendiente sobre su cabeza durante años. Y sintió la tentación de arrojarse a las aguas del Arno para terminar de una vez.

El cardenal Piccolomini falleció repentinamente en Roma, un mes después de ascender al trono papal. El cardenal Rovere le sucedió, con el nombre de Julio II. En casa de los Sangallo hubo una ruidosa celebración. Giuliano dijo, a quien quisiera oírlo, que se llevaba consigo a Roma a Miguel Ángel para crear grandes estatuas de mármol.

Leonardo da Vinci regresó de su aventura en el ejército de César Borgia y se le otorgaron las llaves del Gran Salón de la Signoria como anticipo del encargo de crear un fresco para la pared de detrás de la plataforma en la que el *gonfaloniere* Soderini y la Signoria tenían sus sitiales. El precio de aquella obra sería diez mil florines.

Miguel Ángel se puso lívido. Aquél era el mayor y más importante encargo de pintura otorgado por Florencia desde hacía varias décadas. Se pagarían diez mil florines a Leonardo por un fresco cuya ejecución demandaría dos años. ¡A él, por el Gigante David, se le daban cuatrocientos florines! ¡Por la misma cantidad de trabajo! ¡Y el precio mayor lo cobraría un hombre que había ayudado a César Borgia a conquistar Florencia!

Dominado completamente por una ira ciega, corrió a la oficina de Soderini. El *gonfaloniere* lo escuchó pacientemente, antes de contestarle con toda tranquilidad:

—Leonardo da Vinci es un gran pintor. He visto su cuadro *La última cena* en Milán. ¡Es tremendo! ¡Nadie en toda Italia podría igualarlo! ¡Francamente, envidio ese fresco de Milán, y como es lógico, estoy ansioso de que pinte otro para Florencia! ¡Si es tan bueno como aquél, nos enriquecerá artísticamente!

Miguel Ángel había sido retado y despedido, todo en el mismo instante.

Comenzaron entonces los últimos meses de trabajo, tan agradables para él, ahora que los dos años de dura labor estaban por finalizar. Encaró el rostro del David y lo esculpió tiernamente, con todo el amor y simpatía de que era capaz; el fuerte y noble rostro del joven que, un momento después, saltaría a la virilidad pero que, en ese instante, estaba todavía triste e indeciso ante lo que tenía que hacer; su ceño profundamente fruncido, interrogantes los ojos, expectantes los labios. La expresión de aquella cara tenía que comunicar que el mal era vulnerable, aunque llevase una armadura que pesaba quinientos kilos. Siempre habría en ella un punto que no estuviese debidamente defendido; y si el bien en el hombre estaba dormido, encontraría aquel punto expuesto e idearía el modo de penetrar en él. La emoción tenía que expresar la idea de que su conflicto con Goliat era una parábola del bien y el mal.

La cabeza tenía que dar una sensación de luminosidad que emergiera no solamente de dentro sino del aura que la rodeaba.

Terminada ya la labor de eliminar el mármol de soporte de los salientes, comenzó el pulido. No quería darle un lustre tan intenso como el de la *Piedad*. Lo que deseaba era la expresión externa de sangre, músculos y cerebro, venas, huesos y tejidos, real, convincente, en hermosa proporción: David en la cálida y palpitante carne humana, con una mente y un espíritu y un alma que se manifestasen exteriormente, un David tembloroso de emoción, marcados los músculos del cuello por la cabeza vuelta en una forzada posición hacia Goliat.

A principios de enero de 1504, Florencia se enteró de que Piero de Medici había actuado por última vez. Luchando en las filas del ejército francés, porque esperaba conseguir ayuda de Luis XII contra Florencia, se había ahogado en el río Garigliano al volcar su embarcación, en la que llevaba cuatro piezas de artillería para salvarlas de manos de los españoles. Un miembro de la Signoria exclamó públicamente al llegar la noticia: "Nosotros, los florentinos, nos regocijamos profundamente ante esta buena nueva". Miguel Ángel, por su parte, se apenó un momento y luego sintió lástima por Alfonsina y sus hijos. Recordó a Lorenzo, en su lecho de muerte, mientras aconsejaba a Piero cómo tenía que gobernar Florencia. Pero luego se alegró, al pensar que la muerte de Piero significaba que Contessina podría estar más cerca del fin de su destierro.

A finales de enero, Soderini convocó a una reunión de artistas y artesanos de Florencia con el propósito de decidir dónde habría de colocarse el *David*. Miguel Ángel fue llamado a la Signoria, donde se le enseñó la lista de personas invitadas al encuentro. Vio que entre los pintores figuraban Botticelli Rosselli, David Ghirlandaio, Leonardo da Vinci, Filippino Lippi, Piero di Cosimo, Granacci, Perugino y Lorenzo di Credi. Los escultores eran Rustici, Sansovino y Betto Buglioni. Los arquitectos, Giuliano da Sangallo y su hermano Antonio, *Il Cronaca*, dos joyeros, un bordador un diseñador de terracotas, un iluminador, dos carpinteros que estudiaban arquitectura, el fundidor de cañones Ghiberti y el relojero Lorenzo della Golpaia.

La reunión estaba programada para el día siguiente en la biblioteca del piso superior del Duomo, antes de la hora de la cena. La biblioteca tenía ventanas que daban al patio del Duomo y Miguel Ángel pudo oír el rumor de numerosas voces al reunirse los citados. Cruzó el patio, subió por una escalera hasta un pequeño vestíbulo contiguo a la biblioteca y se sentó. Alguien pidió silencio y Miguel Ángel oyó la voz de Francesco Filarete, heraldo de la Signoria:

—He estado meditando las sugestiones que me ha brindado mi propio juicio —dijo— y he llegado a la conclusión de que hay dos lugares donde podría colocarse la estatua: el primero, donde está la *Judith* de Donatello; el segundo, en medio del patio, donde está el *David* de bronce. Les aconsejaría que decidan colocar al Gigante en uno de esos dos lugares, pero personalmente doy mi voto en favor del de *Judith*.

Aquello convenía admirablemente a Miguel Ángel, quien a continuación oyó otra voz, la de Monciatto, el ebanista:

—Digo que el Gigante ha sido esculpido para ser colocado en las columnas fuera del Duomo. No sé por qué no ha de colocarse allí y me parece que quedaría muy bien, pues resultaría apropiado ornamento para la iglesia de Santa Maria del Fiore.

Miguel Ángel vio que Rosselli se levantaba penosamente.

—Creo —dijo— que *messer* Francesco Filarete y *messer* Francesco Monciatto han hablado con mucha sensatez. No obstante, primero pensé que el Gigante debería ser colocado en la escalinata del Duomo, a la derecha; a mi juicio, ése sería el mejor lugar.

Siguieron rápidamente otras opiniones. Gallieno, el bordador, opinó que la estatua debía colocarse donde estaba el Marzocco, en la plaza, con lo que David Ghirlandaio estuvo de acuerdo; varios otros, entre ellos Leonardo da Vinci, se pronunciaron en favor de la galería, porque en ella el mármol estaría protegido. Otro sugirió el gran salón, donde Leonardo da Vinci iba a pintar su fresco.

Filippino Lippi dijo:

—Creo que todos han expresado opiniones sensatas, pero estoy seguro de que el escultor habrá de proponer el mejor lugar, porque con toda seguridad ha pensado más largamente y con más autoridad el lugar que cree debe ocupar el Gigante.

Miguel Ángel cerró la puerta silenciosamente y bajó hasta el patio. El *gonfaloniere* Soderini podría guiar ahora al Gigante *David* al lugar que él deseaba: frente al Palazzo della Signoria, donde estaba la *Judith* de Donatello.

El rudo Pollaiuolo, Il Cronaca, en su carácter de arquitecto supervisor del Duomo, tenía a su cargo la tarea de trasladar la escultura, pero pareció agradecer el ofrecimiento de Antonio da Sangallo, así como de Giuliano, en el sentido de diseñar un transportador. Baccio d'Agnolo, el arquitecto, ofreció sus servicios, igual que Chimente del Tasso y Bernardo della Cecca, los dos jóvenes carpinteros arquitectos, pues les interesaba el problema de trasladar la mayor escultura en mármol que había cruzado las calles de Florencia.

—La solución —dijo Antonio— es un transportador dentro de otro. No ataremos la escultura. La colocaremos en un armazón, dentro de un marco de madera. De esa manera, oscilará suavemente con el movimiento.

Los dos carpinteros construyeron una especie de sólida jaula de madera de siete metros de alto, de acuerdo con el plano que dibujaron los hermanos Sangallo, abierta en la parte superior. El *David* fue introducido en una red de enormes cuerdas y colocado dentro de la jaula, donde se lo suspendió para que quedara colgado en su armazón. La pared posterior del taller fue derribada y la jaula montada sobre rodillos de madera. Previamente, se había alisado el piso por donde tenía que pasar. Y la estatua quedó en condiciones de emprender su azaroso viaje a través de las calles de Florencia.

Il Cronaca contrató cuarenta hombres para llevar la enorme jaula sobre sus rodillos. A pesar de ese número, la estatua avanzaba solamente unos pocos metros por hora. Al caer la tarde la habían sacado del taller a través de la pared derribada y por la Via del Orologgio, hasta la esquina. Allí se maniobró para doblar a la Via del Proconsolo, mientras centenares de personas observaban la difícil tarea. Y antes de que oscureciera, el *David* había adelantado sólo media manzana por dicha calle.

Los hombres se retiraron. Miguel Ángel se fue a su casa y pasó unas horas impaciente, recorriendo la habitación. Al llegar la medianoche, intranquilo, salió de su casa para volver al lugar donde estaba la estatua. Allí se quedó. Tiró una manta dentro de la jaula, detrás del *David*. Había allí suficiente lugar para tenderse en el suelo de madera.

Había caído en un estado de semisomnolencia cuando oyó el ruido de alguien que corría, voces y luego piedras que golpeaban la pared lateral de la jaula. Dio un salto y salió de su encierro, mientras llamaba a gritos a los guardianes.

Oyó que los desconocidos corrían por la Via del Proconsolo y emprendió su persecución, sin dejar de gritar.

La media docena de sombras que huían parecían ser mozalbetes. Miguel Ángel volvió junto a la estatua, donde encontró a dos guardianes con linternas. Les denunció el hecho.

—¿Acertaron a la estatua con alguna de las piedras? —preguntó uno.

—Creo que no —respondió Miguel Ángel—. Pero dieron en la madera de la jaula.

Dio una vuelta alrededor del *David*, preguntándose quién o quiénes podrían desear su destrucción.

—¡Vándalos! —exclamó Soderini, que llegó a la madrugada para ver el proceso del transporte—. ¡Esta noche pondré guardianes!

Los "vándalos" volvieron, en número de una docena, después de la medianoche. Miguel Ángel los oyó acercarse sigilosamente por la Via del Proconsolo y dio un grito de alerta que obligó a los desconocidos a lanzar sus piedras prematuramente. A la mañana siguiente toda Florencia se enteró de que existía una conspiración para dañar la estatua. Soderini hizo llamar a Miguel Ángel a una reunión de la Signoria para preguntarle si sospechaba quiénes pudieran ser los autores.

—¿Tiene enemigos? —preguntó.

—Que yo sepa, no —dijo Miguel Ángel.

—Sería mejor preguntar: "¿Tiene enemigos Florencia?" —dijo el heraldo Filarete—. ¡Pero ojalá lo intenten otra vez esta noche!

Lo intentaron, en la esquina de la Piazza della Signoria, donde se unía a ella la Piazza San Firenze. Pero Soderini había ocultado guardianes armados en algunas casas y patios vecinos. Ocho de la banda fueron detenidos y llevados al Bargello. Miguel Ángel leyó la lista de sus nombres. No había uno solo que le fuese conocido.

Por la mañana, el salón del piso alto del Bargello estaba abarrotado de florentinos. Miguel Ángel contempló a los culpables. Cinco de ellos eran jóvenes, tal vez de unos quince a diecisiete años de edad. Declararon que se habían limitado a intervenir en la aventura propuesta por sus amigos mayores y ni siquiera sabían qué era lo que apedreaban. Sus familias fueron multadas y los cinco quedaron en libertad.

Los otros tres eran mayores y se mostraron hoscos. El primero dijo que había arrojado piedras contra el *David* porque era una figura obscenamente desnuda, a la que Savonarola habría querido destruir. El segundo declaró que aquella era una muestra de pésima escultura y que él había querido demostrar al autor que el pueblo se daba cuenta de su pobre calidad. El tercero sostuvo que había obrado en nombre de un amigo que quería la destrucción del *David*, pero se negó a revelar el nombre. Los tres fueron condenados a prisión por el juez, quien citó un antiguo adagio de Toscana: "El arte tiene un enemigo llamado ignorancia".

Aquella noche, cuarta jornada de su viaje, el *David* llegó a su destino. D'Agnolo y los carpinteros desarmaron la jaula. Los Sangallo desataron los fuertes nudos y sacaron el armazón. La *Judith* fue retirada de su lugar y el *David* quedó instalado en él, al pie de la escalinata del palacio, de cara a la plaza.

Miguel Ángel se detuvo al llegar a la plaza. Nunca había visto su escultura a tal distancia. Allí estaba, en toda su majestuosa gracia, como si iluminase la Signoria con una pura luz blanca. Se acercó al pie de la gran figura y se sintió insignificante, débil, impotente, ahora que la estatua había abandonado ya sus manos. Y se preguntó: "¿Cuánto de lo que quería decir he conseguido expresar en esta estatua?".

Granacci lo acompañó de vuelta a su casa, le sacó las botas, lo ayudó a acostarse y lo tapó con una manta. A Ludovico, que miraba desde la puerta, le dijo:

—Déjelo dormir todo lo que quiera, aunque sean dos días.

Despertó completamente fresco y hambriento. Aunque no era la hora de la comida, devoró dos platos de sopa, lasaña y pescado cocido, todo lo cual estaba destinado a alimentar a la familia.

Volvió a la Piazza San Firenze y entró en la de la Signoria. Había una multitud detenida ante el *David*. Reinaba un profundo silencio. En la estatua había algunos pedazos de papel que habían sido pegados durante la noche. Se acercó, por entre la multitud que, respetuosa, le abrió paso. Trató de leer lo que decían aquellos papeles, para pulsar la opinión pública. Se subió a la base de la estatua y leyó. Al llegar al tercer papel, sus ojos estaban húmedos de lágrimas. Todos aquellos mensajes eran de amor, de aceptación.

> *"Nos ha devuelto nuestra dignidad".*
> *"¡Estamos orgullosos de ser florentinos!".*
> *"¡Ha esculpido una bellísima estatua!".*
> *"¡Bravo!".*

Sus ojos se posaron en otro papel. Lo tomó y leyó:

> *"Todo cuanto mi padre había esperado realizar por Florencia está expresado en su* David*".*
> *Contessina Ridolfi de Medici.*

Contessina había ido a la ciudad durante la noche, deslizándose sin que la viesen los guardianes. Se había arriesgado para ver su *David* y dejó constancia de su admiración, como los demás florentinos.

Se dio vuelta y quedó frente a la multitud que lo miraba. Se hizo un gran silencio en la plaza. Sin embargo, Miguel Ángel jamás había sentido una comunicación tan total. Era como si se leyesen sus pensamientos mutuos, como si fuesen un solo cuerpo y una sola alma: cada uno de aquellos fiorentinos que ahora estaban a sus pies, en la plaza, eran parte de sí mismo y él era parte de todos ellos.

XII

Le llegó una carta de Jacopo Galli en la que éste incluía un contrato firmado por los hermanos Mouscron, quienes convenían en pagar a Miguel Ángel cuatrocientos *guildens* de oro. La carta decía: "Queda en libertad de esculpir cualquier Madonna y Niño que conciba. Y ahora, después de lo dulce, viene lo amargo. Los herederos de Piccolomini insisten en que esculpa el resto de sus estatuas. He conseguido que extiendan el plazo del contrato otros dos años. Es cuanto puedo hacer".

¡Una prórroga de dos años! Inmediatamente, Miguel Ángel mandó aquellas estatuas a lo más recóndito de su mente.

Una repercusión instantánea de su *David* fue la visita a la casa de la familia Buonarroti de Bartolommeo Pitti, de la rama secundaria de los acaudalados Pitti que vivían en un palacio de piedra en la orilla opuesta del Arno. Bartolommeo era un hombre tímido, cuya modesta vivienda en la Piazza Santo Spirito tenía una tienda de tejidos en la planta baja.

—Estoy iniciando una colección de obras de arte —dijo—. Hasta ahora tengo tres pequeñas pinturas sobre madera, encantadoras, pero no importantes. Mi esposa y yo daríamos cualquier cosa por contribuir a la creación de una obra de arte.

Aquella sencilla manera de expresarse del hombre agradó a Miguel Ángel.

—¿Y en qué forma desearía hacer eso, *messere?* —preguntó.

—Nos hemos preguntado si no habría algún pequeño bloque de mármol que estuviese dispuesto a esculpir para nosotros...

Miguel Ángel descolgó la primera pieza que había esculpido, el relieve de la *Madonna y Niño* ejecutado bajo la dirección de Bertoldo.

—Desde hace mucho tiempo —dijo— he comprendido hasta qué punto fallé en este bajorrelieve, que es mi primera obra, y por qué fallé. Me gustaría retomarlo de nuevo pero con figuras completas. Creo que podría reproducirlo sobre la base de este bajorrelieve. ¿Le agradaría que lo intentase para usted?

Pitti exclamó entusiasmado:

—¡No puedo expresarle cuánto nos agradaría eso!

Miguel Ángel acompañó a su visitante hasta la calle. Al despedirse, le dijo:

—Algo bueno saldrá para usted. ¡Lo siento hasta en la médula de los huesos!

La Signoria aprobó una resolución por la cual se encargaba a Il Cronaca que construyese la casa y el taller para Miguel Ángel. Pollaiuolo había perdido los dibujos y no los podía encontrar.

—¿Qué le parece si preparo la estructura y espacio para las habitaciones? —preguntó a Miguel Ángel—. Supongo que usted querrá diseñar los bloques de piedra.

—Sí —dijo Miguel Ángel—. Me gustaría que la cocina estuviese en el piso superior, entre la sala y mi dormitorio. Una chimenea empotrada en la pared. Una galería con columnas fuera de mi dormitorio, que dé al patio de atrás. Suelos de ladrillos, buenas ventanas y una letrina en el segundo piso. Una puerta principal con cornisa de piedra. Todas las paredes interiores revocadas. Yo mismo las pintaré.

—No comprendo para qué me necesita —gruñó Il Cronaca—. Vamos al terreno y fijaremos el lugar para el taller, de manera que cuente con la mejor luz y sol.

Miguel Ángel le preguntó si sería posible encargar a los Topolino todo el trabajo de piedra de la casa.

—Siempre que garantice la calidad de su trabajo.

—Nos entregarán los bloques más perfectamente tallados que hayan salido de las canteras de Settignano.

El terreno estaba ubicado en la esquina del Borgo Pinti y la Via della Colonna, catorce metros sobre el Borgo, contiguo al monasterio Cestello, y una longitud considerablemente mayor por la Via della Colonna. Este lado terminaba en el taller de un herrero y carpintero. Compraron a éste unos tacos de madera, midieron el terreno y colocaron los tacos en los límites de la finca.

Il Cronaca volvió un par de semanas después con los planos de la casa y el taller contiguo. Era cuadrada por fuera pero diseñada con apreciable comodidad por dentro. En el dormitorio del segundo piso había una galería abierta donde Miguel Ángel podría comer y descansar en verano.

Los Topolino comenzaron enseguida a cortar *pietra serena* de acuerdo a las especificaciones del arquitecto. Trabajaron los bloques destinados a la chimenea y las delgadas piedras para la cornisa, y una vez listos los bloques de la estructura exterior de la casa, toda la familia se puso a trabajar para levantarla. Il Cronaca trajo los revocadores para las paredes interiores, los albañiles para colocar las tejas, pero a las noches Miguel Ángel no pudo resistir la tentación de ir a su casa a pintar las paredes interiores y empleó los mismos colores que había puesto en los ropajes de la Sagrada Familia pintada para Doni.

El dinero de los muebles tenía que salir de su bolsillo. Sólo pudo hacer compras modestas: una ancha cama, una cómoda y una silla para su dormitorio; sillas y una mesa para la galería, las que podrían ser entradas cuando hiciese mal tiempo; una gran silla de cuero y un banco para la sala; y ollas, cazuelas, una sartén y envases para el azúcar, la sal y la harina, todo ello destinado a la cocina. Argiento trasladó su cama del taller de la plaza y la puso, en la pequeña habitación del piso bajo, cerca de la puerta principal.

Miguel Ángel colgó su primera *Madonna y Niño* frente a su cama y los *Centauros* en la sala. Jubiloso, trabajó al sol que inundaba su taller abierto. Cabeza y manos rebosaban de ideas que se atropellaban en fulminante sucesión: la figura en cera de la Madonna para Brujas; los bocetos para el fondo de Pitti; figuras preliminares para el Apóstol San Mateo, que iría al Duomo; el pulido del David destinado al mariscal francés. Cuando llegó de Carrara el bloque de un metro y medio de alto para la Madonna, Argiento le ayudó a colocarlo sobre una mesa giratoria en medio del taller. Al cabo de una hora, Miguel Ángel estaba ya cincelando los bordes, sentía las figuras que palpitaban dentro del bloque. Y bautizaba los ladrillos del piso con la primera nevada de trozos y polvillo de mármol.

Su alegría personal no lo llevó a esculpir una Madonna alegre; por el contrario, su figura era triste. Ya había conocido el Descenso de la Cruz, por medio de sus esculturas. La tranquilidad de aquel primer bajorrelieve, cuando María no había llegado aún a su decisión, jamás podría ser captada de nuevo. Esta joven madre que ahora esculpía ya estaba comprometida: conocía el final de la vida de su hijo. Y por eso se mostraba poco dispuesta a dejarlo ir, a soltar aquella pequeña y gordezuela mano que buscaba protección entre las suyas. Y por eso lo amparaba con un costado de su manto.

La criatura, sensible al estado de ánimo de su madre, tenía un dejo melancólico en los ojos. Era un niño fuerte, tenía valor y habría de salir del seguro refugio de los brazos maternos, pero por el momento tomaba una de las manos de la madre entre las suyas, mientras con la otra se agarraba firmemente a su cuerpo. ¿No era de su propia madre de quien se estaba acordando ahora, triste porque tenía que dejarlo a él solo en el mundo?

Granacci, al ver aquellas figuras, comentó:

—Van a ser los dos seres más vivos de la capilla en donde sean colocados.

El prior Bichiellini, que no había formulado comentario alguno sobre el *David*, fue a casa de Miguel Ángel para oficiar en la tradicional ceremonia de la bendición. Se arrodilló y murmuró una oración a la Virgen. Luego se puso en pie y echó un brazo sobre los hombros de Miguel Ángel.

—Esta *Madonna y Niño* —dijo— no podrían haber sido efectuadas con tan tierna pureza si tú no tuvieras sentimientos tiernos y no fueras puro de corazón. Bendito seas y bendito sea también tu taller.

Celebró la terminación de su *Madonna y Niño* para Brujas colocando sobre la mesa giratoria un bloque cuadrado de mármol y dando los primeros golpes a la pieza que iba a esculpir para los Pitti. El modelo de cera tomó forma rápidamente, pues aquél fue un período idílico para Miguel Ángel: trabajaba en su propio taller. Éra esa la primera escultura circular que intentaba. Inclinando el mármol hasta darle la forma de un platillo, pudo lograr planos de profundidad en los cuales la Virgen, sentada en un sólido bloque como la más importante de las figuras, emergía de cuerpo entero; el niño, aunque inclinado sobre un libro en el regazo de la madre, retrocedía a segundo plano. Juan, espiando por encima del hombro de María, estaba hundido en lo más hondo del platillo. Únicamente el rostro de María iba a ser pulido hasta darle los tonos cálidos de la carne de la *Piedad*. Le parecía que esta Virgen era la más fuerte de las que había realizado: una figura madura, el niño corporizaba la dulzura y el encanto de una criatura feliz. Y todas las figuras parecían moverse libremente dentro de su círculo.

Argiento envolvió el medallón tiernamente en mantas y pidió prestada una carretilla al carpintero de al lado para llevarlo a la residencia de los Pitti. Miguel Ángel caminaba a su lado. La subieron por la escalera y la colocaron sobre un angosto aparador. Los Pitti estaban mudos de asombro. Luego, padres e hijos comenzaron a hablar y reír todos a un tiempo y a moverse por la habitación para admirar la pieza desde todos los ángulos.

Los meses que siguieron fueron para Miguel Ángel los más felices de su vida. El *David*, al cual la mayoría de los florentinos seguía llamando el Gigante fue aceptado por la ciudad como su nuevo símbolo, mentor y protector. Las cosas cambiaron para mejorar. César Borgia, gravemente enfermo, dejó de ser una amenaza; Arezzo y Pisa parecían dominadas; el papa Julio II, amigo de Florencia, dio un cargo de suma importancia en el Vaticano al cardenal Giovanni de Medici. Se respiraba en la atmósfera un espíritu de confianza y energía. El comercio resurgía, había trabajo para todos y mercado para cuanto produjeran los hombres. El gobierno, con Soderini permanentemente a su cabeza, era estable y seguro, y habían sido olvidados los sanguinarios feudos de la ciudad-estado.

Florencia atribuía gran parte de todo eso al David-Gigante. La fecha de su inauguración señaló una nueva era en las mentes de los florentinos. Los contratos y convenios eran fechados "un mes después de la inauguración del Gigante". En las conversaciones, el tiempo era señalado al decir: "Esto ocurrió antes de inaugurarse el Gigante" o "Lo recuerdo muy bien porque sucedió la segunda semana después de la inauguración del Gigante".

Miguel Ángel consiguió de Soderini la promesa de que Contessina, su marido e hijos podrían dirigirse a Roma para ponerse bajo la protección del cardenal Giovanni de Medici, en cuanto él consiguiera convencer a los miembros del Consejo de los Setenta.

Miguel Ángel obligó a Argiento a pasar más tiempo adiestrándose con él. Fue a la casa de Contessina a dar una lección a Luigi y a jugar con el pequeño Niccolo. Se mostró paciente con su propia familia y escuchó en silencio a Ludovico, que le hablaba de sus planes para buscar nuevas casas y granjas con el fin de ir acrecentando las propiedades que dejaría a sus hijos.

La familia Pitti le envió a Taddeo Taddei, un intelectual florentino que amaba las artes. Deseaba que Miguel Ángel le esculpiese un medallón.

Miguel Ángel tenía una idea, nacida mientras trabajaba la pieza de los Pitti. Bocetó la misma para Taddei, quien se mostró entusiasmado. Y ello le significó otro delicioso encargo para un hombre sensible, que sabría apreciar lo que él iba a esculpir.

Ahora, cuando le faltaban unos pocos meses para cumplir los treinta años, parecía haber alcanzado la plena expresión y aceptación que tanto había ansiado.

XIII

Pero aquel período de gracia duró muy poco.

Sangallo, desde que fue llamado a Roma por Julio II, había estado enviando cada dos o tres semanas noticias alentadoras para Miguel Ángel. Había hablado al Papa sobre el *David*. Le aconsejó que fuera a ver la *Piedad* que estaba en San Pedro. Convenció al Pontífice que no había un escultor igual a él en toda Europa. El Papa estaba ya decidido a encargar algunas esculturas de mármol y pronto especificaría lo que deseaba que se esculpiese para él. Entonces, llamaría a Miguel Ángel a Roma...

Miguel Ángel comentó algunas de aquellas cartas en las reuniones de la Compañía del Crisol, por lo cual, cuando Julio II llamó a Roma al escultor Sansovino para que le esculpiese dos tumbas: una para el cardenal Recanati y la otra para el cardenal Sforza, en Santa Maria del Popolo, el golpe fue terrible para él. La Compañía despidió a Sansovino con una ruidosa fiesta, a la cual asistió Miguel Ángel, a quien alegraba aquella buena suerte de su amigo, a la vez que ocultaba su propia humillación. Su prestigio acababa de sufrir un severísimo golpe. Muchos en Florencia se preguntaban: "Si es cierto que Miguel Ángel es el primer escultor de Florencia, ¿por qué el Papa no lo mandó llamar a él, en lugar de a Sansovino?".

Durante los primeros meses de 1504, Leonardo da Vinci se dedicó a una serie de inventos mecánicos: bombas de succión, turbinas, conductos para desviar el cauce del Arno lejos de Pisa, un observatorio con un cristal de aumento para estudiar la luna y otros más. Tras una reprimenda de la Signoria por el abandono en que tenía el fresco encargado, se puso a trabajar seriamente en él durante el mes de mayo. Numerosos artistas acudieron al taller del pintor en Santa Maria Novella, para estudiar, admirar, copiar y modificar sus estilos de acuerdo con el suyo. Circuló la noticia de que Leonardo estaba pintando algo tan asombroso como magnífico.

Al correr los meses, la ciudad se llenó de admiración hacia Leonardo y la obra que pintaba. Todo el mundo se hacía eco de aquella maravilla. El *David* de Miguel Ángel era ya una cosa con la que todos se habían familiarizado y las satisfacciones que había producido estaban ya un poco olvidadas. Miguel Ángel empezó a sentir que lo estaban reemplazando. Había tenido su día, pero ya era ayer. Leonardo da Vinci era la figura del momento y Florencia lo proclamaba como "el primer artista de Toscana".

Aquello fue una amarga medicina para él. Porque conocía la iglesia de Santa Maria Novella por los meses que en ella pasara con Ghirlandaio cuando era aprendiz, consiguió ver el panel de Leonardo sin que nadie se diese cuenta de su presencia. ¡La Batalla de Anghiari era realmente tremenda! Leonardo, que amaba los caballos con igual intensidad que Rustici, había creado una obra maestra del caballo en la guerra, montado por hombres cubiertos de antiguas armaduras romanas, que intentaban destruirse brutalmente unos a otros, hombres y caballos sorprendidos por igual en un violentísimo conflicto.

Miguel Ángel tuvo que admitir que Leonardo era un gran pintor, quizás el más grande que el mundo había visto hasta entonces. Pero eso, lejos de serenarlo, lo encolerizó todavía más. Al ponerse el sol, mientras pasaba por Santa Trinitá, en los bancos frente a la casa de Banca Spina, vio a un grupo de hombres sentados que discutían un pasaje de Dante.

El que se hallaba en el centro del grupo alzó la cabeza. Era Leonardo.

—¡Ah! Aquí está Miguel Ángel, él nos interpretará esos versos de Dante.

Miguel Ángel, sucio y mal vestido, tenía el aspecto tan de obrero que regresase a su casa después de una dura jornada que algunos de los jóvenes admiradores de Leonardo rompieron a reír.

—Explíqueselos usted mismo —exclamó Miguel Ángel, pensando que Leonardo era el culpable de aquellas risas—. Usted, que hizo un modelo de un caballo para ser fundido en bronce y para vergüenza suya tuvo que dejarlo inconcluso.

Leonardo enrojeció intensamente.

—No me burlaba de usted —respondió—. Lo dije muy en serio. No es culpa mía que los demás se hayan reído.

Pero los oídos de Miguel Ángel estaban taponados por la ira. Se dio vuelta sin responder y partió rumbo a las colinas. Caminó toda la noche en un intento de sofocar su ira, humillación, sensación de derrota y vergüenza.

Había recorrido una gran distancia río arriba, hacia Pontassieve. Al amanecer estaba en la confluencia del Sieve y el Arno, en el camino que llevaba a Arezzo y Roma. Sabía que únicamente existía una solución a su problema: jamás podría superar a Leonardo en belleza, suntuosidad de figura y superioridad de modales. Pero él era el mejor dibujante de Italia. Aunque nadie lo creería sólo porque él lo dijese, tendría que probarlo. Y ninguna prueba serviría más que un fresco, exactamente de las mismas proporciones que el de Leonardo.

La pintura de Da Vinci iba a ocupar la mitad derecha de la larga pared del este del Gran Salón. Pediría a Soderini la mitad izquierda. Colocaría su trabajo frente al de Leonardo y probaría que era superior a él en pintura, figura por figura. Todo el mundo podría verlo y juzgar. ¡Y entonces Florencia podría decir, con justicia, quién era el primer artista de la época!

—¿Y si resulta que él sale triunfante? —le preguntó Granacci al oír el proyecto de su amigo.

—Confía en mí Granacci. ¡Venceré yo! ¡Tengo que vencer! —respondió Miguel Ángel muy serio.

Aquella tarde se presentó en la oficina del *gonfaloniere* afeitado, pulcramente peinado y con sus mejores galas. Informó al *gonfaloniere* sobre el motivo de su visita. Soderini se mostró asombrado y por primera vez Miguel Ángel lo vio perder la serenidad.

—¡Eso no tiene sentido! —exclamó mirando fijamente a Miguel Ángel—. Usted mismo me ha dicho que nunca le gustó la pintura al fresco.

—Estaba equivocado. Sé que puedo pintar frescos. ¡Mejor que Leonardo da Vinci!

—¿Está seguro?

—¡Pondría la mano en el fuego!

—Pero, ¿por qué se empeña ahora en robarle años a la escultura? Su *Madonna* para los hermanos Mouscron es divina. Lo mismo digo del medallón para la familia Pitti. Su talento escultórico es un don de Dios. ¿Por qué arrojarlo por la ventana para reemplazarlo por un arte que no le gusta?

—Porque lo vi a usted tan entusiasmado y emocionado cuando Leonardo le pintó esa mitad de las paredes del salón. Dijo que todo el mundo vendría a ver esa obra. ¿Por qué, entonces, no ha de venir dos veces ese número de personas para ver dos paneles: uno de Leonardo y otro mío?

Soderini se dejó caer de nuevo en su sillón, moviendo la cabeza negativamente.

—¡No, no! —respondió—. La Signoria jamás lo aprobaría. Ya tiene un contrato con el Gremio de Laneros y la Junta de Trabajos del Duomo para esculpir los doce apóstoles.

—Los esculpiré, pero la otra mitad de la pared tiene que ser mía. Yo no necesito dos años, como necesitó Leonardo. La pintaré en uno, en diez meses, en ocho…

—No, caro. Está equivocado. No permitiré que se coloque en una situación difícil, que puede resultar desastrosa.

—¿Porque no me cree capaz de hacerlo? Tiene razón en no creer, puesto que estoy aquí con sólo palabras en las manos. La próxima vez vendré con dibujos y entonces podrá ver lo que soy capaz de hacer.

—Por favor, Miguel Ángel —dijo Soderini con gesto fatigado—. Prefiero que vuelva con un apóstol de mármol. Por eso le hemos construido la casa y el taller: para que esculpa apóstoles. —Miró al techo y agregó cómicamente desesperado: —¿Por qué no me conformé con dos meses de *gonfaloniere*? ¿Por qué acepté este cargo para toda la vida?

—Sencillamente —respondió Miguel Ángel— porque es un *gonfaloniere* sabio que va a conseguir que la ciudad destine otros diez mil florines para el fresco de la pared opuesta a la de Leonardo.

Para emocionar lo bastante a la Signoria para que invirtiese una segunda suma igual y deleitar a las Juntas del Gremio y el Duomo lo suficiente para que lo dejasen en libertad por un año de su compromiso de escultura, tendría que pintar una escena de gloria y orgullo para los florentinos. Pero, ¿qué escena?

Fue a la biblioteca de Santo Spirito y pidió una historia de Florencia. El empleado le dio *La Cronaca*, de Filippo Villani. Leyó todo lo referente a las guerras entre güelfos y gibelinos, así como las libradas con Pisa y otras ciudades-estados. ¿Dónde podría encontrar, en la historia de Florencia, una escena de la clase que él podía pintar y que, al mismo tiempo, pudiera contrastar dramáticamente con la batalla pintada por Leonardo? Además, tenía que ser una escena que le brindase la oportunidad de emerger victorioso en la comparación.

Sólo cuando llevaba varios días de lectura encontró un relato que le interesó vivamente. La escena era en Cascina, cerca de Pisa, donde las fuerzas florentinas habían acampado a orillas del Arno, en un caluroso día de verano. Como no se consideraban en peligro de un ataque, unos cuantos soldados se bañaban alegremente en el río, otros se estaban secando y otros, despojados de sus armaduras, estaban tendidos en la hierba tomando baños de sol. De pronto, un soldado llegó a todo correr. Gritaba: "¡Estamos perdidos! ¡Las huestes de Pisa están a punto de atacar!". Los florentinos salieron apresuradamente del agua, los que estaban en la orilla se pusieron las armaduras a toda prisa y otros buscaron sus armas afanosamente. Y llegaron a tiempo para rechazar primero el ataque del enemigo y derrotarlo después.

Miguel Ángel fue inmediatamente a la calle de los papeleros, donde compró las hojas más grandes de papel de dibujo que pudo encontrar así como tintas de colores, lápices y carboncillos de dibujo. Llevó todo aquello a su taller y se puso a trabajar furiosamente en la escena del Arno. En el centro aparecía Donati en el momento de gritar al capitán Malatesta: "¡Estamos perdidos!". Algunos de los soldados estaban todavía en el agua, otros trataban de subir por la escarpada orilla, otros se colocaban sus armaduras afanosamente y otros buscaban sus armas entre la hierba.

Tres días después, se presentó en la oficina de Soderini. Éste examinó atentamente los dibujos. Cuando alzó la cabeza, Miguel Ángel reconoció la afectuosa consideración que el *gonfaloniere* le había demostrado siempre.

—Hice mal —dijo Soderini— al desanimarlo. Para ser un artista, uno debe esculpir, pintar y crear obras de arquitectura con idéntica autoridad. Este fresco suyo puede resultar tan revolucionario como el *David* y brindarnos el mismo regocijo. ¡Voy a conseguirle este encargo, aunque para ello tenga que pelearme con cada uno de los miembros del Consejo!

Y así lo hizo, por la suma de tres mil florines, algo menos de la tercera parte de la que se había pagado a Leonardo da Vinci. Era el encargo más importante que hubiera recibido Miguel Ángel en su vida, aunque le disgustó pensar que la Signoria consideraba que su trabajo valía tanto menos que el de Leonardo. ¡Ya cambiarían de opinión cuando viesen el fresco terminado!

XIV

Se le proporcionó una angosta y larga habitación en el Hospital de los Tintoreros, a sólo dos manzanas de distancia de su primer hogar en Santa Croce. Su habitación daba al Arno, por lo cual tenía en ella sol todo el día. La pared del fondo era mayor que la que él tenía que pintar en el Salón del Gran Consejo. Podría montar su boceto hoja por hoja en aquella pared, para ver la obra entera antes de pintarla en su lugar definitivo. Ordenó a Argiento que tuviese siempre cerrada con llave la puerta de calle.

Trabajó con verdadero frenesí, decidido a demostrar a la ciudad que era un maestro rápido y seguro. Dibujó la escena general en un pedazo de papel a escala y luego la dividió en un número de cuadrados, los suficientes para llenar la pared de seis metros sesenta de alto por dieciocho metros de largo.

Dibujó un joven guerrero, de espaldas, con coraza y escudo. Tenía una espada bajo los pies. Luego boceto un grupo de jóvenes desnudos, que recogían sus armas sin preocuparse de sus ropas; avezados guerreros de poderosas piernas y brazos, listos para lanzarse a mano limpia contra el enemigo que estaba a punto de llegar. Tres soldados jóvenes escalaban la orilla del río. En el centro había un grupo que rodeaba a Donati. En todas sus figuras se observaba consternación y los febriles preparativos para la inminente batalla. Un soldado introducía su fuerte brazo por la manga de la camisa. Otro soldado, ya maduro, que tenía adornada la cabeza con una corona de hiedra, pugnaba por meter una de sus piernas en la correspondiente de su malla.

Trabajado cuidadosamente, el cuadro que Miguel Ángel tituló *Los bañistas*, habría requerido un año de sostenida tarea. Ejecutado en la cúspide del talento y la potencia física de un joven, resultaba concebible que pudiera hacerlo en seis meses. El día de Año Nuevo de 1505, o sea tres meses después de comenzarlo, impulsado por una fuerza que le resultaba imposible contener, el boceto de Miguel Ángel estaba completamente terminado. Salvatore, el encuadernador, había pasado los dos días anteriores pegando las hojas unas a otras y ahora Argiento, Granacci, Antonio da Sangallo y Miguel Ángel estiraron el boceto completo y lo fijaron a un marco ligero contra la pared del fondo de la habitación. Ésta quedó llena, con unos cincuenta o sesenta hombres desesperadamente angustiados frente a una amenaza. En aquel dibujo había miedo, terror, desaliento y, al mismo tiempo, las emociones varoniles que trataban de imponerse a la sorpresa y la sensación de desastre por inminente ante una rápida y decidida acción.

Granacci contempló la imponente fuerza de aquel grupo de hombres sorprendidos entre la vida y la muerte, cuando cada uno reaccionaba de acuerdo con su carácter y resolución individual. Y se asombró ante la autoridad del admirable dibujo.

—¡Qué extraño es —dijo— que un motivo pobre pueda crear semejante riqueza de arte! —Y como Miguel Ángel no respondiese, agregó: —Tienes que abrir esta puerta y permitir que todos vean lo que has realizado.

—Sí, se han oído muchas protestas por causa de esta puerta cerrada —dijo Antonio—. Hasta los miembros de la Compañía del Crisol me han preguntado por qué no permite que todos vean lo que hace. Ahora que podrán ver el milagro que ha realizado en sólo tres meses, comprenderán el porqué.

—Me gustaría esperar otros tres meses —gruñó Miguel Ángel—, o sea hasta tener el fresco completo en la pared del salón. Pero si los dos dicen que debo hacerlo, lo haré.

Rustici llegó y, por ser íntimo amigo de Leonardo, lo que dijese tendría indudable peso. Sopesó sus palabras cuidadosamente:

—Leonardo pintó su fresco para los caballos y tú para los hombres. Nada se ha hecho tan soberbio en materia de batallas como esta obra de Leonardo. Y respecto a seres humanos, jamás se ha pintado nada tan magníficamente espantoso como esta obra tuya. ¡La Signoria va a tener dos paredes maravillosas!

Ridolfo Ghirlandaio, de veintidós años, que estudiaba en el taller de Rosselli, preguntó si se le permitía copiar. Andrea del Sarto, florentino de diecinueve años que se había trasladado del taller de un orfebre a la *bottega* de pintura de Piero di Cosimo, llegó también con sus materiales de dibujo. Antonio da Sangallo llevó a su sobrino de veinticuatro años, que era aprendiz en el taller de Perugino. Rafael Sanzio, ex aprendiz de Perugino, fue llevado por Taddeo Taddei, que había encargado el segundo medallón de Miguel Ángel.

Rafael se volvió hacia el boceto y no habló una palabra más en toda la tarde. Cuando se puso el sol, se acercó a Miguel Ángel y dijo con voz en la que no se percibía el menor indicio de adulación.

—¡Esto convierte a la pintura en un arte completamente distinto! Tendré que volver al comienzo una vez más. Ya no me es suficiente ni siquiera lo que he aprendido de Leonardo da Vinci.

Los ojos con que miró a Miguel Ángel no expresaban tanto admiración como incredulidad; su expresión traducía el pensamiento de que no era Miguel Ángel quien había actuado sino una fuerza externa.

Preguntó si podía trasladar sus materiales del estudio de Perugino para trabajar ante el boceto. Sebastiano da Sangallo puso fin a su aprendizaje con Perugino para estudiar la forma y el movimiento de los músculos en las figuras de *Los bañistas*, mientras que, al mismo tiempo, escribía con entera dedicación sus teorías respecto de lo que había impulsado a Miguel Ángel a dibujar aquellas figuras en tan difíciles posiciones. Sin desearlo, Miguel Ángel se vio a la cabeza de una escuela de talentosos aprendices jóvenes.

Hacia finales de enero, Perugino fue a ver a Miguel Ángel, impulsado por el entusiasmo de Rafael. Tenía veinticinco años más que Miguel Ángel, se había adiestrado en el taller de Verrocchio, para luego practicar y avanzar en la inmensamente difícil técnica de la perspectiva, iniciada por Paolo Ucello. Miguel Ángel lo recibió con suma cordialidad.

Perugino se detuvo ante el boceto, en silencio. Al cabo de un rato Miguel Ángel vio que avanzaba lentamente hacia el cuadro. Su rostro se ensombreció, los ojos se tornaron vidriosos y sus labios se movían como si realizase un esfuerzo para hablar. Miguel Ángel tomó una banqueta y la puso detrás de él.

—Siéntese, por favor. Voy a darle un vaso de agua…

Perugino dio un puntapié a la banqueta.

—¡Detestable!

Mudo de asombro, Miguel Ángel lo miró. Perugino extendió un brazo y añadió:

—¡Déle un pincel a un animal cualquiera y haría lo mismo que ha hecho usted! ¡Nos destruirá! ¡Destruirá lo que nos ha costado toda la vida crear!

Entristecido, Miguel Ángel sólo pudo murmurar:

—Perugino, ¿por qué me ataca? ¡Yo admiro su trabajo!

—¡Mi trabajo! ¿Cómo se atreve a mencionar mi trabajo en presencia de esta… asquerosidad? En mi trabajo hay decencia, gusto, respetabilidad. Mi trabajo es pintura, lo que no es el suyo. ¡Esta obra es una muestra de libertinaje en todos sus detalles! ¡Debería ser arrojado a un calabozo para impedir que destruya el arte que hombres decentes han creado!

—¿Y yo no soy un hombre decente? ¿Por qué? ¿Porque he pintado desnudos? ¿Acaso eso es… nuevo? ¿O es porque mi pintura es nueva?

—¡No me hable de originalidad! ¡Yo he realizado tanto en ese sentido como cualquier pintor italiano!

—En efecto, ha hecho mucho, pero la pintura no empieza y termina en usted. Todo verdadero artista crea de nuevo el arte al que se dedica.

—Voy a decirle una cosa. ¡Jamás conseguirá que ni una sola figura de esta inmoralidad que ha pintado llegue a la pared del Salón de la Signoria! ¡Organizaré a todos los artistas de Florencia…!

Salió como un ciclón, caminando con las piernas rígidas, y Miguel Ángel permaneció inmóvil, sin comprender el motivo de aquella escena. Era comprensible que a Perugino no le hubiese gustado su pintura, pero de eso a lanzar un amargo ataque personal y hablar de meterlo en un calabozo y destruir su pintura… ¡Bah! Seguramente no sería tan insensato como para ir hasta la Signoria con tan ridícula pretensión.

Se levantó, volvió la espalda al cuadro, cerró la puerta de la habitación y salió a recorrer las calles de Florencia, hasta su casa. Penetró en el taller, tomó el martillo y un cincel y se puso a trabajar en el brillante mármol del medallón de Taddei. Invirtió por completo el concepto de la pieza que había esculpido para Pitti, creándola toda en sentido contrario. Esculpiría una juguetona y jubilosa escultura de madre e hijo. Esculpió a María en un plano secundario de profundidad, con el fin de que el niño dominase la escena, echado diagonalmente sobre su regazo para esquivar el pajarillo que Juan le estaba arrimando.

Había elegido un bloque profundo. Con un punzón pesado, penetró en el mármol para crear un fondo que diera la sensación del desierto de Jerusalén. Los trozos blancos volaban alrededor de su cabeza, mientras trabajaba con una gradina para alcanzar el efecto de plato. Los cuerpos de María y Juan formaban el borde circular, mientras Jesús se atravesaba entre ellos y los ligaba. Ninguna de las figuras estaba fijada al fondo, sino que daba la impresión de moverse con cada nuevo cambio de luz.

Se abrió la puerta y entró Rafael, que se detuvo silencioso a su lado. Era paisano de Perugino y Miguel Ángel se preguntó a qué habría ido.

—He venido a pedirle que perdone a mi amigo y maestro —dijo Rafael—. Ha sufrido una gran conmoción y ahora está enfermo…

—Pero, ¿por qué me atacó? —preguntó Miguel Ángel.

—Tal vez porque desde hace ya bastantes años Perugino se ha estado… repitiendo, imitándose a sí mismo. Lo que no he comprendido nunca es por qué cree que tiene que hacer eso, cuando es uno de los más famosos pintores de Italia. Cuando vio *Los bañistas*, sintió exactamente lo mismo que yo: que la de usted es una clase de pintura diferente, que tendría que empezar de nuevo. Para mí, eso fue algo así como un desafío, que me abrió los ojos a un arte mucho más emocionante de lo que yo creía cuando lo inicié. Pero yo tengo, es de suponer, mucha vida por delante y Perugino tiene ya cincuenta y cinco años: jamás podrá comenzar de nuevo. Este trabajo suyo hace que la pintura de él parezca anticuada.

—Le agradezco que haya venido, Rafael.

—Entonces, sea generoso. Tenga la bondad de no hacerle caso. Ya ha ido a la Signoria a protestar y ha convocado una reunión especial de la Compañía del Crisol para esta noche, dejándolo a usted afuera…

—¡Pero si está organizando una campaña contra mí tengo que defenderme!

—¿Necesita defensa aquí, en Florencia, donde todos los pintores jóvenes lo consideramos nuestro guía? Déjelo que hable; dentro de unos días se cansará y todo quedará en nada…

—Muy bien, Rafael, me callaré.

Pero le resultaba cada día más difícil cumplir aquella promesa. Perugino había iniciado lo que equivalía a una cruzada. Su furia y energía aumentaban en lugar de disminuir. Había presentado protestas no sólo ante la Signoria sino ante las Juntas del Gremio de Laneros y el Duomo.

En febrero, Miguel Ángel pudo comprobar que su enemigo no había resultado totalmente inefectivo, puesto que ya tenía un pequeño grupo de partidarios, casi todos ellos amigos de Leonardo. Buscó a Granacci y le dijo, mientras trataba de mantener su calma de costumbre:

—Perugino ya tiene sus partidarios.

—Sí, pero no debes preocuparte. Se han unido a él por diversas razones. Hubo ciertas protestas cuando tú, un escultor, obtuviste ese encargo para pintar el fresco. Pero para otros tu pintura es un punto de partida. Si fuera convencional o mediocre, creo que ni se ocuparían de ella...

—¿Entonces son celos? —preguntó Miguel Ángel.

—Envidia, tal vez. De la misma clase que tú sientes hacia Leonardo. Supongo que podrás comprenderlos.

Miguel Ángel palideció. Nadie que no fuera Granacci podría haberse atrevido a decirle semejante cosa.

—He prometido a Rafael que no diría nada contra Perugino —contestó—. Pero ahora voy a responder a sus ataques.

—Sí, tienes que hacerlo. Está hablando a cuantos encuentra en las calles, en las iglesias...

Miguel Ángel fue a ver las pinturas de Perugino existentes en diversas partes de la ciudad: una *Piedad* que recordaba a la de la iglesia de Santa Croce, un tríptico en el convento de Gesuati y un panel en San Domenico de Fiesok. Dejó para el final un retablo de la *Asunción*, en la iglesia de la Santissima Annunziata. No podía ponerse en duda que sus trabajos anteriores tenían pureza de línea, brillo en el uso de los colores y altura en la concepción; sus paisajes resultaban atractivos, pero su obra posterior le pareció chata, decorativa, carente de vigor y percepción.

El domingo fue a la comida de la Compañía. En cuanto entró en el taller de Rustici, cesaron las risas y conversaciones.

—No tienen por qué esquivar las miradas y quedarse silenciosos —exclamó con un dejo de amargura.

—*É vero* —contestaron varias voces.

—Fue él quien vino a atacarme sin el menor motivo y luego lanzó esta campaña como no he visto otra. Ustedes son mis jueces y saben que no he respondido a esos ataques.

—Nadie lo culpa, Miguel Ángel.

En aquel instante, entró Perugino al taller. Miguel Ángel lo miró un segundo y luego dijo:

—Cuando la obra de uno está en peligro es necesario protegerse. He estado estudiando en estos últimos días las pinturas de Perugino existentes en Florencia. Y ahora comprendo por qué desea destruirme. Es para defenderse... —Se produjo un silencio de muerte en el salón. Miguel Ángel añadió: —Esto que acabo de decirles puedo probárselo a ustedes cuadro por cuadro y figura por figura...

—¡No en mi taller, Miguel Ángel! —exclamó Rustici—. Se declara una tregua inmediata y cualquiera de las partes que la viole será expulsado de aquí por la fuerza.

A la mañana siguiente, Miguel Ángel se enteró de que Perugino se había enfurecido tanto por su declaración ante la Compañía, que se iba a presentar ante la Signoria para exigir una audiencia pública sobre la decencia de *Los bañistas*. Un voto adverso podría significar la inmediata anulación del contrato. Su contraataque fue duro, pero no veía otra alternativa. Perugino, dijo a toda Florencia, había agotado completamente su talento. Sus últimas obras eran anticuadas, figuras duras como de madera, sin vida ni anatomía, débiles reproducciones de obras anteriores.

Un mensajero fue a decirle que debía presentarse ante la Signoria. Perugino lo había acusado de calumnia y lo demandaba por los daños y perjuicios ocasionados a su reputación y poder adquisitivo. Miguel Ángel se presentó en la oficina de Soderini a la hora fijada. Perugino ya estaba allí. Parecía fatigado y envejecido.

Soderini, pálido pero sereno a costa de un gran esfuerzo, rodeado por todos los miembros de la Signoria, no miró a Miguel Ángel cuando éste entró. Habló primeramente a Perugino, determinó que éste había sido el primero en atacar sin otra provocación que la de haber visto el cuadro de *Los bañistas* y luego preguntó a Miguel Ángel si había formulado ciertas acusaciones contra Perugino. Miguel Ángel reconoció que sí, pero alegó que lo había hecho en defensa propia. Y entonces Soderini habló con evidente tristeza:

—Perugino: ha obrado usted mal. Atacó a Miguel Ángel sin provocación alguna. Intentó causarle daño, así como a su obra. Miguel Ángel, usted, por su parte, hizo mal en menospreciar en público el talento de Perugino, aunque obró en defensa de sus intereses. Pero a la Signoria le preocupa menos todo eso que el daño que los dos han causado a Florencia. Somos famosos en todo el mundo como la capital de las artes. Mientras yo desempeñe el cargo de *gonfaloniere*, continuaremos mereciendo esa reputación. Por lo tanto, la Signoria ordena que ambos presenten sus excusas, que desistan de atacarse uno al otro y que ambos vuelvan a su trabajo, del cual Florencia obtiene su fama. La demanda por calumnia presentada contra Miguel Ángel Buonarroti queda desechada.

Miguel Ángel se dirigió a su casa solo; sentía una enorme repugnancia. Había sido reivindicado, pero se sentía completamente vacío.

XV

Fue entonces cuando le llegó el llamamiento que esperaba. El papa Julio II quería que fuera a Roma inmediatamente y le enviaba cien florines para los gastos del viaje.

Era un mal momento para abandonar Florencia, porque tenía suma importancia que transfiriese el boceto de *Los bañistas* a la pared del Salón de la Signoria mientras la pintura estaba fresca y palpitante en su mente y antes de que apareciesen otras amenazas de afuera contra el proyecto. Y después tenía que esculpir el San Mateo, pues llevaba ya un tiempo considerable viviendo en su casa y tenía que empezar a pagarla.

No obstante, deseaba desesperadamente ir y enterarse de cuáles eran las ideas concebidas por Julio II para él y recibir alguno de aquellos magnificentes encargos que sólo los Papas podran otorgar.

Informó a Soderini del asunto y éste estudió atentamente el rostro de Miguel Ángel antes de hablar.

—Uno no puede rechazar un ofrecimiento del Papa. Si Julio II dice "Venid", tiene que ir. Su amistad es de suma importancia para Florencia.

—Sí, pero... mi casa..., mis dos contratos...

—Dejaremos ambos en suspenso hasta que sepa lo que desea el Santo Padre. Pero recuerde que esos contratos tendrán que ser cumplidos.

—Comprendo perfectamente, *gonfaloniere*.

No tuvo más que entrar por la Porta del Popolo para ver y oler los sorprendentes cambios. Las calles habían sido lavadas. Muros y casas semiderruidas habían sido demolidas a fin de ensanchar las calles. La Via Ripetta estaba empedrada de nuevo. El mercado de cerdos no se veía ya en el Foro Romano. Numerosos edificios nuevos estaban en plena construcción.

Encontró a la familia Sangallo alojada en uno de los palacios pertenecientes al papa Julio II, cerca de la Piazza Scossacavalli. Cuando un criado lo hizo entrar, vio que el interior estaba cubierto de ricos tapices flamencos, las habitaciones aparecían decoradas con costosas vasijas de oro y plata, pinturas y esculturas antiguas.

El palacio estaba lleno de gente. Un salón de música cuyas ventanas daban al patio había sido convertido en taller de pintor. En él, media docena de jóvenes arquitectos, aprendices de Sangallo, trabajaban en los planos para la ampliación de plazas, construcción de puentes sobre el Tíber, edificios para nuevas academias, hospitales e iglesias. Los planos habían sido concebidos originalmente por Sixto IV, que hizo construir la Capilla Sixtina, descuidada luego por Alejandro VI y ahora ampliada por Julio II, sobrino de Sixto.

Sangallo parecía veinte años más joven que el día que Miguel Ángel lo viera por última vez. El arquitecto lo condujo por una amplia escalinata de mármol al departamento de la familia, donde fue cariñosamente abrazado por la señora Sangallo y su hijo Francesco.

—Hace muchos meses que esperaba este día para darle la bienvenida a Roma —dijo Sangallo—. Ahora que ya ha sido formulado el encargo, el Santo Padre está ansioso por verlo. Iré al Palacio Papal inmediatamente para solicitar una audiencia para mañana por la mañana.

—¡No tan rápido, Sangallo, por favor! —exclamó Miguel Ángel—. ¡Todavía no sé lo que desea el Papa que esculpa para él!

Sangallo acercó una silla y se sentó frente a Miguel Ángel, tan cerca que las rodillas de ambos se tocaban. El arquitecto estaba evidentemente excitado.

—Se trata de una tumba —dijo—. La Tumba… ¡La Tumba del Mundo!

—¿Una tumba? ¡Oh, no! —gimió Miguel Ángel.

—No me ha comprendido. Esta tumba será mucho más importante que los mausoleos de Augusto y Adriano…

—¡Augusto!… ¡Adriano!… Pero, ¡esos son gigantescos!

—Como lo será el suyo. No de tamaño, sino por su escultura. El Santo Padre desea que esculpa tantas figuras de mármol como le sea a usted posible concebir: ¡diez, veinte, treinta! Será el primer escultor que tenga tantas figuras suyas en el mismo lugar desde que Fidias hizo el friso del Partenón. ¡Fíjese, Miguel Ángel! ¡Treinta Davides en una sola tumba! Jamás se le ha presentado una oportunidad semejante a maestro escultor alguno. Este encargo lo convierte en el primer estatuario del mundo.

—¡Treinta Davides! ¿Y para qué quiere el Papa tantos Davides? —preguntó Miguel Ángel ingenuamente.

—No me extraña que no comprenda. Yo tampoco lo comprendí al principio, mientras veía cómo se desarrollaba el proyecto en la mente del Santo Padre. Lo que he querido decir ha sido treinta estatuas del tamaño de su *David*.

—¿De quién ha sido la idea de esa tumba?

Sangallo vaciló un momento antes de contestar:

—La concebimos juntos. Un día, el Papa estaba hablando de tumbas antiguas y yo aproveché la oportunidad para sugerir que la suya debía ser la más grandiosa que hubiera visto el mundo. Él opinó que las tumbas debían ser construidas después de la muerte del Papa, pero lo convencí de que únicamente utilizando su propio y sensato juicio podría estar seguro de tener el monumento que se merecía. El Santo Padre comprendió mi razonamiento de inmediato… Y ahora, perdóneme, tengo que correr al Vaticano.

Miguel Ángel se dirigió a la residencia de Jacopo Galli. La casa parecía extrañamente silenciosa. Cuando la señora Galli entró en la sala a la cual lo había conducido un sirviente, vio que estaba pálida y algo envejecida.

—¿Qué ha sucedido, señora? —preguntó con temor.

—¡Jacopo está gravemente enfermo! El invierno pasado se acatarró y ahora tiene los pulmones afectados. El doctor Lippi ha traído varios de sus colegas, pero no pueden hacer nada para mejorarlo.

Miguel Ángel sintió una gran angustia.

—¿Podría verlo, señora? Le traigo muy buenas noticias…

—Eso lo animará, seguramente, pero debo advertirle una cosa: no demuestre compasión ni mencione su enfermedad. Háblele solamente de escultura.

Jacopo Galli estaba tendido bajo ahogadas mantas. Su cuerpo apenas abultaba. El rostro aparecía macilento, hundidos los ojos. Sin embargo, se animaron de alegría al ver a Miguel Ángel.

—¡Ah! —exclamó—. ¡Miguel Ángel! ¡Qué placer verlo otra vez! ¡He oído cosas maravillosas de su *David*!

Miguel Ángel bajó la cabeza, emocionado, a la vez que enrojecía.

—Si está en Roma —agregó Jacopo—, eso sólo puede significar que tiene algún encargo importante. ¿Del Papa?

—Sí. Giuliano da Sangallo me lo ha conseguido.

—¿Y qué va a esculpir para Su Santidad?

—Una tumba monumental, con profusión de mármoles.

Galli lo miró con ojos risueños.

—Después de la figura de *David* que ha creado un nuevo concepto para la arquitectura, ¡una tumba! —dijo—. Y la va a realizar el hombre que más odia las tumbas en toda Italia…

—Es que ésta será distinta: una tumba que contendrá todas las esculturas que yo pueda concebir.

—¡Qué serán muchas, claro! —rió penosamente Galli.

—¿Sabe si Su Santidad es un hombre bueno para trabajar por él? Fue él quien encargó los frescos de la Capilla Sixtina…

—Sí, se puede trabajar para él, siempre que no acentúe demasiado lo espiritual y no lo irrite. Tiene un genio insoportable.

Galli se dejó caer sobre las almohadas.

—Recuerde, Miguel Ángel —añadió—, que todavía soy su administrador en Roma. Tiene que permitirme que redacte su contrato con el Papa, para que sea como debe ser…

—No haré nada sin usted.

Aquella noche hubo una reunión en casa de Sangallo: altos prelados, acaudalados, banqueros y comerciantes y muchos otros miembros de la colonia florentina. Balducci abrazó a Miguel Ángel con un grito de júbilo y concertó una cena en la Trattoria Toscana. El palacio estaba refulgente, con sus centenares de velas en altos candelabros. Servidores uniformados circulaban entre los invitados con alimentos y vinos. Los Sangallo estaban rodeados de admiradores; aquél era el éxito que tantos años había esperado Giuliano. Hasta Bramante estaba presente. No había envejecido nada en los cinco años pasados. Parecía haber olvidado su discusión en el patio en el palacio del cardenal Riario. Si estaba decepcionado por el golpe de suerte que acababa de convertir a Sangallo en el arquitecto de Roma, no lo demostraba.

Al partir el último invitado, Sangallo explicó:

—Esto no ha sido una fiesta, sino la visita de nuestros amigos. Sucede todas las noches. Los tiempos han cambiado, ¿eh?

Aunque Julio II no podía ni siquiera oír que se mencionase el apellido Borgia, se vio obligado a ocupar las habitaciones de Alejandro VI porque las suyas no estaban preparadas todavía. Cuando Sangallo llevó a Miguel Ángel por el gran vestíbulo de la residencia de Borgia, éste tuvo tiempo para contemplar los techos dorados, los tapices, las cortinas de seda y las alfombras orientales, los murales de Pinturicchio, integrados por jardines y paisajes, y el trono, rodeado de banquetas y almohadones de terciopelo.

Sentado en un alto trono con respaldo púrpura estaba Julio II y, a su alrededor, el secretario privado, Sigismondo de Conti, dos maestros de ceremonias, Paris de Grassis y Johannes Burchard, varios cardenales y obispos y otros caballeros que parecían ser embajadores. Todos ellos esperaban turno para unas palabras en privado con el Papa.

Miguel Ángel vio ante él al primer pontífice que llevaba barba. Era un hombre delgado, como consecuencia de su vida austera, otrora agraciado, pero ahora con un rostro surcado por profundas arrugas. En su barba se veían algunos hilos de plata. Lo que más impresionó a Miguel Ángel fue la enorme energía, lo que Sangallo había descrito como "fiera impetuosidad".

Julio II alzó la cabeza, los vio detenidos junto a la puerta y los llamó con un ademán.

Sangallo se arrodilló y besó el anillo papal; luego presentó a Miguel Ángel, que hizo lo mismo.

—He visto su *Piedad* en San Pedro —dijo el Papa—. Allí es donde deseo que se levante mi tumba.

—¿Podría Su Santidad especificarme en qué lugar de San Pedro? —preguntó Miguel Ángel.

—¡En el centro! —respondió Julio II fríamente.

Miguel Ángel se dio cuenta de que había hecho una pregunta inconveniente. El Papa era, al parecer, un hombre brusco y eso le agradó.

—Estudiaré la basílica —dijo—. ¿Desea, Santo Padre, exponerme cuáles son sus deseos para esa tumba?

—Eso es cosa suya: proporcionarme lo que yo deseo.

—Y así lo haré, pero debo construir sobre la base de los deseos de Su Santidad.

La respuesta agradó a Julio II, que comenzó a hablar con su bien timbrada voz, exponiendo sus planes, ideas, datos históricos. Miguel Ángel lo escuchó atentamente. Y de pronto el Pontífice lo aterró.

—Deseo que diseñe un friso de bronce que abarque los cuatro lados de la tumba —dijo—. El bronce es el mejor medio para relatar historias. Por medio de él puede relatar los episodios más importantes de mi vida.

XVI

Cuando se hubo ido el último de los aprendices, Miguel Ángel se sentó en una banqueta ante la mesa de dibujo, en la sala de música de Sangallo, convertida en taller. La casa estaba tranquila. Sangallo extendió unas hojas de papel del tamaño de las que ambos usaban siete años antes para dibujar los monumentos romanos.

—Dígame si estoy equivocado —dijo Miguel Ángel—. El Papa desea que la tumba sugiera que él ha glorificado y solidificado la Iglesia...

—Sí, y que ha devuelto a Roma el arte, la poesía y el estudio. Aquí tiene mis cuadernos de bocetos sobre las tumbas antiguas y clásicas. Ésta es una de las primeras, construida para Mausolo, rey de Caria, en el año 360 antes de Cristo. Y aquí están mis dibujos de los sepulcros de Augusto y Adriano, según los describen los historiadores.

Miguel Ángel estudió atentamente los dibujos.

—Sangallo —dijo—, en estos bocetos la escultura es utilizada para decorar la arquitectura, para ornamentar una fachada. Mi tumba utilizará la estructura arquitectónica simplemente para servir de base a mis esculturas.

—Primero, diseñe una estructura sólida o sus mármoles se caerán.

Sangallo, se disculpó, Miguel Ángel quedó solo para proseguir el estudio de aquellos numerosos bocetos. Haría una tumba más pequeña y diseñaría las esculturas más grandes, para que empequeñecieran la arquitectura.

Amanecía ya cuando abandonó sus lápices y carboncillos. Se retiró al dormitorio contiguo al de Francesco, el hijo de Sangallo, y se acostó.

Durmió un par de horas y se despertó refrescado. Se dirigió a San Pedro y fue a la capilla de los reyes de Francia, para ver su *Piedad*. El mármol parecía vivo, lleno de fuerza. Al pasar sus dedos sobre las dos figuras acudieron a su mente fragmentos de recuerdos. ¡Cómo había trabajado para lograr aquello!

Penetró en la basílica principal y contempló el altar del centro, bajo el cual se veía la tumba de San Pedro. Allí era donde el Papa quería que se levantase su sepulcro. Luego recorrió el antiguo edificio de ladrillo, con su centenar de columnas de mármol y granito que formaban cinco naves. Se preguntó en qué lugar de la nave central, que tenía un ancho tres veces mayor que las otras, habría un lugar para la tumba de Julio II, que habría de unirse a las otras noventa y dos de los papas allí sepultados. Y después, se fue al palacio del cardenal Giovanni de Medici, que estaba cerca del Panteón.

El cardenal se alegró sinceramente de ver a Miguel Ángel y le pidió detalles de su *David*. Giuliano entró en la habitación. Era ya todo un hombre, tan agraciado como los retratos que Miguel Ángel había visto del hermano de Lorenzo, cuyo nombre llevaba. Y por primera vez en el recuerdo de Miguel Ángel, el primo Giulio lo saludó sin hostilidad.

—¿Cuento con el permiso de Su Gracia para hablarle de un asunto delicado? —preguntó Miguel Ángel.

Al cardenal Giovanni no le agradaban los asuntos delicados, porque generalmente eran dolorosos.

—Se trata de Contessina —añadió Miguel Ángel—. Está sufriendo la pobreza de la pequeña casa en que vive. ¡Y casi nadie se atreve a visitarla!

—Le estamos enviando dinero —dijo el cardenal.

—Si fuera posible, Su Gracia, traerla a Roma… al lugar que le corresponde por su cuna.

—Me conmueve su lealtad hacia nuestra casa, Miguel Ángel. Puede estar seguro de que ya he pensado en eso…

—No debemos ofender al Consejo florentino —dijo el primo Giulio—. Ahora estamos reconquistando la amistad de Florencia. Si hemos de tener esperanzas de que se nos devuelvan el palacio y las demás posesiones de los Medici…

El cardenal lo interrumpió con un pequeño ademán.

—Todo eso se hará a su debido tiempo —dijo—. Muchas gracias por haberme visitado, Miguel Ángel. Venga cuantas veces le sea posible.

Giuliano lo acompañó hasta la puerta y no bien estuvieron solos lo tomó cariñosamente de un brazo.

—¡Qué placer verlo de nuevo, Miguel Ángel! —exclamó—. ¡Y me agradó muchísimo oírlo interceder en favor de mi hermana! ¡No sabe cómo deseo que todos estemos juntos otra vez!

Miguel Ángel alquiló un departamento que daba al Tíber y al castillo Sant'Angelo, donde podría gozar de tranquilidad y aislamiento, lo que era imposible en el palacio de Sangallo.

¿Qué clase de monumento podría diseñar para Julio II?, se preguntó. ¿Qué deseaba esculpir? ¿Cuántas figuras grandes podría colocar en él? ¿Cuántas pequeñas? ¿Y las alegorías?

La tumba propiamente dicha no le absorbió mucho tiempo: sería de diez metros ochenta de longitud, seis noventa de ancho, nueve metros de alto; el piso bajo, de tres noventa; el segundo piso, de dos metros setenta, y en él irían las gigantescas figuras. El último piso tendría dos metros diez.

Mientras leía la Biblia que le había prestado Sangallo, encontró una figura vastamente distinta al *David*, pero también un pináculo de las realizaciones humanas y representaba un modelo para el hombre: Moisés, que simbolizaba la madurez humana, así como David había representado la juventud del hombre. Moisés, el conductor de su pueblo, el legislador, que había logrado convertir el caos en orden y la anarquía en disciplina, a pesar de que él, personalmente, era imperfecto, capaz de iras y debilidades. Era una figura merecedora de amor, no un santo, pero sí un hombre a quien había que amar.

Moisés ocuparía una esquina del segundo piso. Para la esquina opuesta pensó en el apóstol San Pablo, sobre quien había leído bastante cuando estaba esculpiendo el santo para el altar del cardenal Piccolomini. Pablo, nacido judío, había sido un hombre culto, ciudadano romano, estudioso de la cultura griega y amante de las leyes. Dedicó su vida a llevar el mensaje del cristianismo a Grecia y Asia Menor, estableciendo los cimientos de una Iglesia tan extendida como el Imperio Romano. Esas dos figuras dominarían la tumba. Para las otras esquinas encontraría figuras igualmente interesantes: ocho en total, macizas de volumen, de dos metros cuarenta de altura, a pesar de estar sentadas.

Puesto que todas aquellas figuras debían estar vestidas, se consideró en libertad para esculpir numerosos desnudos en el plano principal: cuatro cautivos en cada lado de la tumba, cuyas cabezas y hombros sobresaldrían por encima de las columnas a las que estarían atados; dieciséis figuras de todas las edades, sorprendidas en la angustia de los capturados. Su emoción fue acrecentándose. También incluiría figuras de vencedores. Julio II le había pedido un friso de bronce y Miguel Ángel se lo esculpiría, pero sería tan sólo una estrecha banda, la parte más insignificante de la estructura. El verdadero friso estaría integrado por aquella banda de desnudos magníficos que se extendería por los cuatro lados de la tumba.

Durante varias semanas trabajó con una enorme fiebre de entusiasmo y por fin llevó su carpeta de dibujos a Sangallo.

—Su Santidad no aceptará una tumba llena de desnudos masculinos —dijo el arquitecto, con una sonrisa algo forzada.

—Pensaba incluir cuatro alegorías, que serán femeninas, figuras de la Biblia, tales como Raquel y Ruth...

Sangallo estudiaba atentamente el plano arquitectónico.

—No se olvide que será necesario incluir algunos nichos...

—¡Ah, Sangallo, nichos no! —clamó Miguel Ángel.

—Sí. El Santo Padre me pregunta a cada momento qué va a poner en los nichos. Si cuando le presente los dibujos no encuentra un solo nicho en toda la tumba... Su Santidad es un hombre muy terco. O consigue lo que quiere o usted no consigue nada.

—Muy bien. Diseñaré los nichos... entre cada grupo de cautivos. Pero los haré altos, de dos metros y medio y dos metros setenta, y las figuras serán colocadas casi frente a ellos, no dentro. Después, puedo poner ángeles en este tercer plano...

—¡Bien! Ahora empieza a pensar como piensa el Papa.

Pero si Sangallo se entusiasmó al crecer el montón de dibujos, Jacopo Galli lo contempló en silencio. Por fin dijo:

—¿Cuántas figuras va a esculpir en total? ¿Piensa montar todo un taller con ayudantes? ¿Quién va a esculpir estos querubines al pie de las victorias?

—Éstos son solamente bocetos en bruto para satisfacer al Papa y obtener su consentimiento.

Llevó a Sangallo su último dibujo. Los cautivos y los vencedores, en el plano más bajo, descansaban sobre una plataforma de bloques de mármol, todos ellos ricamente ornamentados. A partir del segundo plano, entre el Moisés y el San Pablo, había una corta forma piramidal, un templete con columnas dentro del cual se hallaba el sarcófago y, sobre él, dos ángeles.

Tenía ya indicadas para la tumba entre treinta y cuarenta grandes esculturas, lo cual dejaba relativamente muy poca arquitectura que oscureciese la escultura.

Sangallo se mostró asombrado por la magnitud de su concepción.

—¡Será un mausoleo colosal! —exclamó—. ¡Exactamente lo que el Papa había imaginado para sí! Iré inmediatamente a concertar una audiencia.

En cambio, Jacopo Galli se puso furioso. Contra las protestas de su esposa llamó a un servidor para que lo ayudase a levantarse, lo envolviese en mantas calientes y lo llevase a la biblioteca para estudiar los dibujos de Miguel Ángel. Su apenas reprimida irritación le prestaba fuerzas. Su voz, que había enronquecido durante su enfermedad, se tornó ahora clara.

—¡Hasta Bregno se negaría a ser tan obvio! —dijo.

—¿Por qué es obvio esto? —preguntó Miguel Ángel un poco irritado también—. ¡Me brindará la oportunidad de esculpir magníficos desnudos, como jamás los ha visto!

—No lo niego, pero las figuras buenas estarían rodeadas de tanta mediocridad que se perderían. Estas interminables cadenas de salchichas...

—¡Son guirnaldas!

—¡Y esta figura del Papa, en la cima! ¿Va a esculpir semejante monstruosidad?

— ¡Perdone, pero me parece que se muestra desleal! —exclamó Miguel Ángel.

—El mejor espejo es un buen amigo. ¿Por qué ha metido este friso de bronce en una tumba totalmente de mármol?

—Porque el Papa lo quiere así.

—¿Y si el Papa quiere que se pare cabeza abajo en la Piazza Navona el día de Jueves Santo, con las nalgas pintadas de púrpura, lo hará también? —De pronto, su tono se tornó afectuoso, tranquilo. —*Caro mio*, esculpirá una tumba maravillosa, pero no ésta. ¿Cuántas estatuas ha indicado aquí?

—Unas cuarenta.

—¡Ah! ¿Entonces piensa dedicar toda su vida a la tumba?

—No —dijo Miguel Ángel tercamente—. Ahora ya conozco mi oficio y puedo trabajar con gran rapidez.

—¿Con rapidez y bien?

—Sí.

—Bueno —dijo Galli—. Pasemos a otra cosa.

Abrió un cajoncito de la mesa escritorio y sacó un pequeño montón de papeles atado con un cordón de cuero.

—Aquí están los tres contratos que redacté para su *Piedad*, el altar del cardenal Piccolomini y la *Madonna* para Brujas. Tome esa pluma, papel y tomaremos las mejores cláusulas de cada uno de ellos. Veamos: si no me equivoco, el Papa querrá que la tumba sea terminada cuanto antes. Insista en un plazo de diez años o más, si puede. En cuanto al precio, el Papa es un gran hombre de negocios y quiere destinar su dinero a financiar un ejército. No acepte un escudo menos de veinte mil ducados…

Miguel Ángel fue escribiendo conforme le dictaba Galli. Pero de repente, el banquero palideció, comenzó a toser y se llevó una de las mantas a la boca. Dos servidores lo llevaron casi alzado al lecho. Se despidió brevemente de Miguel Ángel, mientras trataba de ocultar la toalla manchada de sangre.

Cuando Miguel Ángel entró de nuevo en la residencia Borgia, se sorprendió al ver que Bramante conversaba animadamente con el Papa. Sintió una extraña intranquilidad. ¿Por qué estaría allí Bramante, a la misma hora fijada para el examen de los dibujos? ¿Era que acaso también él tendría voz en las decisiones?

Un chambelán colocó una mesa ante Julio II, quien tomó la carpeta de dibujos que Miguel Ángel le alcanzaba y los extendió ansiosamente ante sí.

—¡Esto es todavía más importante de lo que yo había imaginado! —exclamó—. ¡Ha captado mi deseo exactamente! Bramante, ¿qué le parece? ¿No cree que va a ser el mausoleo más hermoso de Roma?

—¡De toda la cristiandad, Santo Padre! —respondió Bramante.

—Buonarroti —dijo el Papa—, Sangallo me informa que desea elegir los mármoles en Carrara.

—Sí, Santo Padre. Únicamente en las canteras puedo estar seguro de conseguir bloques perfectos.

—Entonces, parta inmediatamente. Se le entregarán mil ducados para la compra de las piedras. Daré orden en ese sentido a Alamanno Salviati.

Hubo un breve silencio y Miguel Ángel preguntó respetuosamente:

—¿Y por la escultura, Santo Padre?

Bramante alzó las cejas y miró rápidamente a Julio II. El Papa pensó un segundo y luego decretó:

—El Tesoro Papal recibirá instrucciones de abonarle diez mil ducados cuando la tumba haya sido terminada a satisfacción.

Miguel Ángel sintió que se le paralizaba el corazón. ¡Cuarenta figuras de mármol, de gran tamaño, en cinco años! Sólo el Moisés que proyectaba le llevaría un año. Cada uno de los cautivos y de los vencedores le llevaría por lo menos seis meses y el apóstol Pablo…

Sus labios se apretaron con obstinación. No era posible tampoco discutir con el Papa sobre el tiempo, como no lo había sido sobre el dinero. Se las arreglaría… Era humanamente imposible crear toda la tumba con sus cuarenta figuras de mármol en cinco años. Entonces, tendría que realizar lo sobrehumano. Tenía dentro de sí la potencia de diez escultores. ¡Y la tendría de cien, si era necesario! Completaría la tumba en cinco años, aunque le costase la vida.

Bajó la cabeza resignado y respondió:

—Se hará todo como decís, Santo Padre. Y ahora que está convenido todo, ¿podría pediros que redactemos el contrato?

—Ahora que todo está convenido —respondió secamente Julio 11—, me agradaría que vos y Sangallo visiten San Pedro para decidir el lugar apropiado para el mausoleo.

Ni una palabra sobre el contrato. Besó el anillo papal y se retiró hacia la puerta. El Papa lo llamó.

—¡Un momento!… Deseo que Bramante los acompañe, para darles el beneficio de sus consejos.

Sencillamente, no había sitio en la basílica y mucho menos un lugar apropiado para tan imponente tumba de mármol. Era evidente que las esculturas tendrían que ser hacinadas entre las columnas, sin espacio a su alrededor para moverse ni respirar. Las pequeñas ventanas tampoco brindaban buena luz. El mausoleo resultaría un estorbo para todo movimiento en la basílica.

Salió y avanzó por un costado hacia la parte posterior, donde recordaba una estructura semiterminada, fuera del ábside occidental. Sangallo y Bramante se le unieron ante el muro de ladrillo de unos dos metros de altura.

—¿Qué es esto, Sangallo? —preguntó Miguel Ángel.

—Aquí había un antiguo Templum Probi. El papa Nicolás V lo hizo derribar y comenzó la construcción de una tribuna en la que se colocaría una plataforma para el trono del obispo. Falleció cuando la construcción había alcanzado esta altura y así quedó desde entonces.

Miguel Ángel escaló el muro, saltó al lado opuesto y midió a pasos el ancho y el largo.

—¡Ésta podría ser la solución! —exclamó—. Aquí la tumba tendría espacio libre por todas partes. Podríamos construir el techo a la altura que necesitamos, abrir ventanas para obtener buena luz y abrir la pared de la basílica para una arcada cuadrada…

—En efecto, contiene todos los requisitos —apuntó Bramante.

—No —dijo Sangallo—. Nunca sería más que una cosa improvisada. El techo resultaría demasiado alto para el ancho y las paredes se inclinarían hacia adentro, como ocurre en la Capilla Sixtina.

Desilusionado, Miguel Ángel exclamó:

—¡Pero, Sangallo, no podemos utilizar la basílica!

—Venga conmigo.

En el área circundante se levantaban unos cuantos edificios construidos a través de los siglos, desde que Constantino construyera la catedral de San Pedro en el año 319: capillas, coros, altares, un verdadero mosaico levantado evidentemente con cualesquier material que se había encontrado a mano.

—Para una tumba tan original como la que usted ha ideado —dijo Sangallo—, tenemos que contar con un edificio completamente nuevo. La arquitectura del mismo tiene que nacer de la misma tumba.

En los ojos de Miguel Ángel brilló de nuevo la esperanza.

—Yo lo diseñaré —prosiguió Sangallo—. Puedo convencer al Santo Padre. Aquí, en esta pequeña prominencia, por ejemplo, hay suficiente espacio si eliminamos estas estructuras de madera y un par de esas capillas que se encuentran semiderruidas. Y así, la tumba sería visible para el público.

Miguel Ángel se dio vuelta. Con sorpresa vio que los ojos de Bramante brillaban de aprobación.

—¿Parece que le gusta la idea, Bramante? —preguntó.

—Sangallo tiene mucha razón. Lo que se necesita aquí es una hermosa capilla nueva y que desaparezcan todos estos horribles adefesios.

Sangallo sonrió, complacido. Pero cuando Miguel Ángel se volvió a Bramante para darle las gracias, vio que los ojos del arquitecto se habían tornado fríos y que en sus labios jugueteaba un asomo de sonrisa irónica.

LIBRO SÉPTIMO

El Papa

I

Miguel Ángel regresó a Roma desde Carrara con tiempo para asistir a la recepción de Julio II del Año Nuevo de 1506 y para descargar las embarcaciones conforme fueran llegando a la Ripa Grande. Pero se encontró con que la guerra entre él y el Pontífice había comenzado. Bramante había convencido al Papa de abandonar la idea de Sangallo para la construcción de una capilla separada que alojase su tumba. En su lugar, iba a levantarse una nueva iglesia a San Pedro en la colina donde se habría construido dicha capilla. El diseño para el nuevo templo sería elegido por medio de un concurso. Miguel Ángel no oyó hablar de provisión alguna para su tumba.

Había gastado los mil ducados del Papa en los bloques de mármol y su transporte, pero Julio II se negó a entregarle más dinero hasta no ver esculpida una de las estatuas. Cuando el Papa le proporcionó una casa detrás de la Piazza San Pietro, uno de los secretarios papales le informó que tendría que pagar varios ducados al mes en concepto de alquiler.

Un día gris de enero fue a los muelles acompañado por Piero Rosselli, un muralista de Livorno que era famoso como el mejor preparador de paredes para la pintura al fresco.

—¡Yo he luchado contra esta corriente numerosas veces! —dijo Rosselli—. En mi juventud fui marinero. ¿Ve? El Tíber ha crecido mucho y ahora pasarán muchos días antes de que una embarcación pueda llegar aquí.

De vuelta en la casa de Sangallo, Miguel Ángel se calentó las manos ante la chimenea de la biblioteca, mientras su amigo le mostraba sus diseños, ya terminados, para la nueva iglesia de San Pedro. Sangallo creía haber superado las objeciones del Sacro Colegio y del público, ante la amenaza de reemplazar totalmente la iglesia original.

—Entonces, ¿no cree que Bramante tenga probabilidades de ganar el concurso?

—Tiene talento —respondió Sangallo—, y su *Tempietto* de San Pietro de Montorio es una gema. Pero no tiene experiencia en la construcción de iglesias.

357

Francesco Sangallo irrumpió en la habitación y exclamó:

—¡Padre! ¡Acaban de desenterrar una gran estatua de mármol en el antiguo palacio del emperador Tito! ¡El Santo Padre quiere que vaya inmediatamente para dirigir las excavaciones!

Ya se había congregado una multitud en las viñas, detrás de Santa Maria Maggiore. En un hoyo, con la parte inferior todavía oculta, se hallaba una magnífica cabeza barbada y un torso de tremendo poder. Por un brazo, y pasando al hombro opuesto, se veía una serpiente; en ambos costados emergían cabezas, brazos y hombros de dos jóvenes, a los que rodeaba la misma serpiente. La mente de Miguel Ángel voló hacia atrás, a la primera noche que había visitado el *studiolo* de Lorenzo de Medici.

—¡Es el *Laoconte*! —exclamó Sangallo.

—¡Del cual escribió Plinio! —dijo Miguel Ángel.

La escultura tenía más de dos metros cuarenta de altura y un largo aproximadamente igual. Cuando se extendió la noticia por Roma, las viñas, calles y las escaleras de Santa Maria Maggiore se llenaron de altos dignatarios de la Iglesia, comerciantes, nobles y pueblo, todos dispuestos a pujar por la adquisición de la escultura. El campesino propietario del terreno anunció que la había vendido a un cardenal en cuatrocientos ducados. El maestro de ceremonias del Vaticano, Paris de Grassis, ofreció quinientos. El campesino aceptó. Paris de Grassis se volvió a Sangallo y dijo:

—Su Santidad pide que la lleve al palacio papal inmediatamente. —Y volviéndose a Miguel Ángel agregó: —Y a usted le pide que vaya esta tarde para examinar la pieza.

El Papa había ordenado que el *Laoconte* fuese colocado en la terraza cerrada del pabellón Belvedere, en la colina sobre el palacio papal.

—Deseo que examinen las figuras detenidamente —dijo Julio II— y me digan si realmente están esculpidas a partir de un solo bloque. —Miguel Ángel comenzó a examinar la estatua desde todos los ángulos, con ojos inquisitivos y sensitivos dedos, y descubrió cuatro junturas verticales en las cuales habían sido unidos trozos separados de mármol por los escultores de Rodas.

Salió del Belvedere y llegó hasta el Banco que había sido de Galli. ¡Qué diferente le parecía toda Roma sin Galli y cuán desesperadamente necesitaba ahora su amistoso consejo! Baldassare Balducci era el nuevo gerente propietario del Banco. Su familia de Florencia había invertido dinero en Roma y Balducci aprovechó la oportunidad de casarse con la muy poco agraciada hija de una rica familia romana, que le aportó una considerable dote.

—¿Qué haces ahora los domingos, Balducci? —preguntó Miguel Ángel.

—Los paso con la familia de mi esposa —respondió el flamante banquero, sonrojándose.

—¿Y no echas de menos el… ejercicio, como tú lo llamabas?

—¡El dueño de un Banco tiene que ser respetable!

—*Che rigorista!* No esperaba encontrarte tan convencional.

—No es posible ser rico y seguir divirtiéndose al mismo tiempo —dijo Balducci con un suspiro—. Uno debe dedicar su juventud a las mujeres, su edad mediana al dinero y su vejez al juego de bolos.

—Veo que te has convertido en todo un filósofo. ¿Podrías prestarme cien ducados?

Estaba parado, bajo la lluvia, mientras observaba la embarcación que llegaba con sus mármoles y luchaba para atracar en uno de los muelles. Parecía que la embarcación y su preciosa carga estaban en peligro de naufragar en las aguas del crecido Tíber, llevándose consigo treinta y cuatro carros de sus mejores mármoles. Mientras miraba, calado hasta los huesos, los marineros realizaron un último y desesperado esfuerzo: arrojaron sogas desde el muelle y la embarcación quedó amarrada. La tarea de descargar bajo la lluvia torrencial parecía casi imposible.

Anocheció antes que fuese completada. Miguel Ángel se acostó, mientras la tormenta arreciaba. Cuando llegó al muelle a la mañana siguiente, se encontró con que el Tíber se había desbordado. La Ripa Grande era una ciénaga. Sus hermosos mármoles estaban cubiertos de barro. Se metió en el agua hasta las rodillas para limpiarlos lo que pudo, recordando los meses que había pasado en las canteras buscando el mármol más puro. ¡Y ahora, después de sólo unas horas en Roma, estaban todos manchados!

Debió esperar tres días, hasta que cesó la lluvia y el Tíber volvió a su cauce normal. Los Guffatti llegaron con el carro para llevar los mármoles al pórtico posterior de la casa. Miguel Ángel les pagó con dinero prestado por Balducci y luego compró una gran lona para tapar los bloques y algunos muebles de segunda mano. El último día de enero escribió una carta a su padre, adjuntándole una nota para que la enviase a la granja del hermano de Argiento, en Ferrara.

A la espera de la llegada de Argiento, Sangallo le recomendó un carpintero de cierta edad, llamado Cosimo, que necesitaba albergue. Las comidas que cocinaba tenían gusto a resina y virutas, pero el buen hombre ayudó metódicamente a Miguel Ángel a construir un modelo en madera de los primeros dos planos de la tumba. Dos veces a la semana, el joven Rosselli iba a los mercados de pescado del Pórtico de Octavia para comprar almejas, camarones, calamares y pescado y preparar el tradicional *cacciucco* de Livorno.

Para adquirir una fragua, hierro sueco y madera de castaño, le fue necesario visitar el Banco de Balducci para pedirle otros cien ducados.

—No tengo inconveniente en hacerte este segundo préstamo —dijo Balducci—, pero sí me preocupa mucho ver que te estás hundiendo cada vez más en un hoyo. ¿Cuándo crees que conseguirás que este negocio de la tumba te rinda algún beneficio?

—En cuanto tenga alguna escultura para enseñarle al Papa. Primero, tengo que decorar algunos de los bloques de la base y hacer modelos para Argiento; también necesito un tallista de piedra, que pienso traer del taller del Duomo. Entonces podré empezar a esculpir el Moisés.

—¡Pero eso te llevará meses! ¿De qué piensas vivir hasta entonces? Tienes que ser sensato, Miguel Ángel. Ve a ver al Papa: Cuando tratas con un hombre que paga mal, debes sacarle cuanto puedas.

Volvió a su casa. Argiento no respondió a su carta. El tallista del Duomo no podrá ir. Y Sangallo opinó que no era un momento propicio para pedirle dinero al Pontífice.

—El Santo Padre —dijo— está ocupado ahora juzgando los planos para San Pedro. El ganador del concurso será anunciado el 1º de marzo. Ese mismo día, lo llevaré a ver al Papa.

Pero el 1º de marzo, cuando Miguel Ángel llegó a casa de Sangallo, la encontró desierta. Ni siquiera los dibujantes habían ido a trabajar. Sangallo, su esposa e hijo se hallaban sentados juntos en un dormitorio del piso superior. Daba la impresión de que hubiese muerto alguien de la familia.

—Pero, ¿cómo puede haber ocurrido eso? —preguntó Miguel Ángel—. Es el arquitecto oficial del Papa y uno de sus más viejos y fieles amigos.

—Hasta ahora no he oído más que rumores —dijo Sangallo—. Los romanos allegados al Papa odian a los florentinos, pero son amigos de Urbino y, por lo tanto, de Bramante. Otros dicen que Bramante hace reír al Papa, sale de caza con él, lo entretiene…

—Iré a ver a Leo Baglioni, que me dirá la verdad.

Baglioni lo miró con sincero asombro.

—¿La verdad? —exclamó—. ¿No la conoce? Venga conmigo.

Bramante había comprado un antiguo palacio en el Borgo, lo derribó y reconstruyó otro de sencilla elegancia. La casa estaba abarrotada de importantes personajes de Roma. Y Bramante presidía la reunión, centro de todos los ojos y la general admiración. Su rostro resplandecía.

Leo Baglioni llevó a Miguel Ángel al piso superior, a un espacioso taller. Prendidos en las paredes y desparramados por las mesas de trabajo se hallaban los dibujos de Bramante para la nueva iglesia de San Pedro. Miguel Ángel se quedó mudo de asombro: era un edificio que empequeñecería a la catedral de Florencia, pero de diseño elegante, lírico noble en su concepción. Comparada con ésta, la concepción de Sangallo, de estilo bizantino, una cúpula sobre un cuadrado, parecía pesada y excesivamente maciza.

Ahora Miguel Ángel sabía la verdad, que no tenía nada que ver con el odio de los romanos a los florentinos o con que Bramante fuese quien entretenía al Papa. La iglesia de San Pedro planeada por Bramante era mucho más hermosa y moderna en todos sentidos.

Miguel Ángel bajó a saltos la escalera y salió al Borgo. Si él hubiese sido Julio II, también se habría visto obligado a elegir el plano de Bramante.

Aquella noche, acostado pero insomne, se dio cuenta claramente de que el ganador del concurso, desde el momento en que el Papa lo había enviado con él para buscar un lugar apropiado para la tumba, había trazado sus planes para que la nueva capilla no fuese construida jamás. Había utilizado la idea original de Sangallo de un edificio separado y el grandioso plan de Miguel Ángel para sus propios fines: conseguir el encargo de construir una nueva catedral. No podía dudarse que ésta sería soberbia y constituiría un lugar maravilloso para la tumba, pero ¿permitiría Bramante que la tumba fuese colocada en su nueva iglesia? ¿Estaría dispuesto a compartir los honores con Miguel Ángel?

II

A mediados de marzo, Miguel Ángel hizo que la familia Guffatti fuese a colocar en posición vertical tres enormes bloques. Pronto estaría listo para eliminar el mármol negativo y empezar a buscar en los bloques su Moisés y sus cautivos. El 1º de abril se anunció que el Papa y Bramante colocarían la primera piedra de la nueva catedral el día 18 del mismo mes. Cuando los obreros comenzaron a excavar el amplio hoyo al cual que descender el Pontífice para bendecir la primera piedra, Miguel Ángel vio que la antigua y sagrada basílica no iba a ser incluida en la nueva estructura, sino demolida para hacer lugar a la nueva iglesia.

Amaba aquellas antiguas columnas y tallas. Pensaba que era un sacrilegio destruir el templo más antiguo del cristianismo en Roma. Habló de ello a cuantos quisieron oírle, hasta que Leo Baglioni le advirtió que algunos adláteres del Papa decían que, a no ser que él dejase de atacar a su amigo, su tumba podría ser construida antes que la del Papa.

Recibió una carta del dueño de las embarcaciones anunciándole que a principios de mayo llegaría a Ripa Grande un nuevo cargamento de mármoles. Tendría que pagar el flete en el muelle, antes de que se le entregasen los bloques. No le alcanzaba el dinero y fue inmediatamente al palacio papal. El Pontífice estaba en su pequeño salón del trono, rodeado de cortesanos. Junto a él se hallaba su joyero favorito, a quien decía en ese momento:

—¡No pienso gastar ni un ducado más en piedras grandes o pequeñas!

Miguel Ángel esperó hasta que le pareció que el Papa estaba más tranquilo. Se acercó a él:

—Santo Padre, está ya en viaje el segundo cargamento de mármol para su mausoleo. Hay que pagar los fletes antes de que entreguen los bloques. Yo no tengo fondos para efectuar el pago. ¿Podría darme alguna suma?

—Vuelva el lunes —respondió secamente Julio II. Y le dio la espalda.

Caminó ciegamente por las calles, mientras en su cabeza rugía una atormentada tempestad. ¡Había sido despedido como un vulgar obrero!

¿Por qué? Sí, porque eso era un artista, un obrero idóneo. Sin embargo, el Papa lo había llamado el mejor escultor de Italia.

Fue con su queja a Baglioni, preguntándole si sabía la causa de aquel cambio en el Papa.

—Sí, Miguel Ángel, Bramante ha convencido a Su Santidad de que trae mala suerte hacer construir la propia tumba.

—¿Qué haré, entonces?

—Vuelva el lunes, como si nada hubiera ocurrido.

Volvió el lunes y luego el martes, el miércoles y el jueves. Cada vez fue admitido, recibido fríamente y citado para otro día. El viernes, uno de los guardias del palacio le negó la entrada. Por si se trataba de un error, intentó nuevamente, pero también se le cerró el paso. En ese momento, el obispo de Lucca, primo del Pontífice, se acercó.

—¿Qué está haciendo? —increpó al guardia—. ¿No conoce acaso al maestro Buonarroti?

—Lo conozco, Vuestra Gracia.

—¿Entonces, por qué le niega la entrada?

—Perdóneme, pero cumplo órdenes.

Miguel Ángel se fue a su casa. Le ardían las sienes. Apresuró el paso, entró en su dormitorio y escribió una nota al Pontífice:

Vuestra Santidad: Se me ha prohibido la entrada en vuestro palacio hoy, por orden vuestra. Por lo tanto, si deseáis verme, deberéis buscarme en cualquier otro lugar que no sea Roma.

Alquiló un caballo en la Porta del Popolo y partió con la posta para Florencia. Al llegar a la elevación del norte, desde donde había visto por primera vez Roma, se volvió en la montura para contemplar la ciudad dormida.

A primera hora del segundo día de viaje, desmontó en Poggibonsi. Se estaba lavando en una palangana cuando oyó el furioso galope de varios caballos que se acercaban. Era Baglioni, a la cabeza de cinco hombres cuyos caballos estaban cubiertos de espuma. Miguel Ángel miró sorprendido a los cinco guardias del Papa.

—¡Leo! —exclamó—. ¿Qué lo trae a Poggibonsi?

—¡Usted! El Santo Padre me ha ordenado que venga a buscarlo.

—Voy en viaje a Florencia…

—No —repicó Baglioni—. Aquí tiene una carta del Papa. Le ordena que regrese inmediatamente a Roma, so pena de caer en desgracia ante él.

—No merecía que se me negara el acceso al palacio.

—Todo se arreglará. Tengo la palabra del Papa.

—El Papa tiene algunas lagunas en la memoria.

—Miguel Ángel: no es usted el primero a quien el Papa hace esperar. Si Julio II dice: "Esperad", debe esperar, ya sea una semana, un mes o un año.

—Vuelvo a Florencia para siempre.

—Le juro que el Santo Padre siente mucho lo ocurrido. Desea que regrese a reanudar su trabajo.

—¡No permito que ningún hombre me trate como si fuese una basura!

—El Papa no es "ningún hombre". —Leo se acercó a él, para que los guardias no pudieran oírlo, y añadió: —¡Bravo! ¡Parece el *Marzocco* florentino! Pero ahora que ya ha dejado constancia de su independencia, vuelva conmigo. ¡No me coloque en una posición difícil! ¡No es posible desafiar al Pontífice! Lo comprobará tarde o temprano. ¡Y tarde sería peor! Como amigo suyo le aconsejo que no oponga su voluntad a la de él. ¿Cómo podría vencer?

Miguel Ángel bajó la cabeza.

—No sé, Leo… Pero si vuelvo ahora, lo pierdo todo. Voy a Florencia para conseguir mi casa y mi contrato otra vez. Si el Papa lo desea, esculpiré su tumba… a la sombra de la torre de la Signoria.

III

Su padre no se alegró al verlo. Había imaginado a Miguel Ángel triunfador en Roma, ganando grandes sumas por sus obras.

La noticia del incidente de Poggibonsi sólo tardó unas horas en llegar a Florencia por el paso de las montañas. Cuando Miguel Ángel y Granacci llegaron al taller de Rustici para cenar con los miembros de la Compañía del Crisol, el primero se encontró convertido en un héroe.

—¡Qué tremendo cumplido le ha hecho el Papa! —exclamó Botticelli, que había pintado frescos en la Capilla Sixtina para el papa Sixto IV, tío de Julio II—. ¡Eso de enviar un piquete de su guardia tras de usted! ¿Cuándo le ha ocurrido semejante cosa a un artista?

—¡Jamás! —gruñó Il Cronaca—. Un artista es igual a otro; si desaparece, hay una docena para ocupar su lugar.

—Sin embargo, he aquí que el Papa reconoce que un artista es un individuo —dijo Rustici excitadísimo—, y como tal, dotado de talentos y dones especiales que no se encuentran en la misma combinación exacta en cualquier otro hombre del mundo.

—¿Qué otra cosa podía hacer yo —exclamó Miguel Ángel, mientras Granacci ponía en sus manos un vaso de vino—, puesto que se me había prohibido la entrada en el Vaticano?

A la mañana siguiente Miguel Ángel comprendió que el gobierno florentino no estaba de acuerdo con la Compañía del Crisol respecto de los benéficos efectos de su rebelión. El rostro del *gonfaloniere* Soderini tenía una expresión grave cuando lo recibió en su oficina.

—Estoy preocupado por lo que ha hecho —dijo—. En Roma, como escultor del Papa, podría ser considerablemente útil a Florencia. Al desafiarlo, se convierte en una fuente de peligro en potencia para nosotros. Es el primer florentino que desafía al Papa desde los días de Savonarola. Temo que su suerte sea parecida a la de él.

—Pero, *gonfaloniere*, yo lo único que quiero es establecerme en Florencia. Comenzaré a esculpir el San Mateo mañana, para que se me devuelva mi casa.

—No, Miguel Ángel; Florencia no puede renovar ahora su contrato. Su Santidad lo consideraría una afrenta personal. Nadie podrá darle trabajo, ni Doni ni Pitti ni Taddei, sin incurrir en la enemistad del Pontífice. Por lo menos hasta que no haya terminado la tumba del Papa o éste lo libere de su compromiso.

—¿Le produciría trastornos si yo completase los contratos existentes?

—Termine el *David*. Nuestro embajador en París nos escribe constantemente que el rey está irritado porque no se le envía la estatua.

—¿Y *Los bañistas*? ¿Puedo pintar el fresco?

Soderini lo miró muy serio:

—¿No ha estado en el gran salón?

—No, su servidor me trajo directamente aquí.

—Le sugiero que vaya.

Fue directamente al lado este de la plataforma del Consejo, donde estaba el fresco de Leonardo da Vinci. Y no bien llegó, lanzó una exclamación de horror.

—¡Dios mío, no!

Toda la parte inferior del fresco de Leonardo estaba arruinada. Los colores se habían corrido como atraídos por un poderoso imán y ahora caballos, guerreros, armas, árboles y rocas eran una masa irreconocible de pintura.

Sintió los pasos de Soderini, que se acercó a él.

—Pero, *gonfaloniere*… ¿qué ha ocurrido? —preguntó angustiado.

—Leonardo —respondió Soderini— estaba decidido a revivir la antigua pintura encáustica. Tomó de Plinio la receta para el revoque y empleó cera con un solvente, aplicándole luego goma para endurecer la mezcla. Cuando terminó, aplicó calor encendiendo braseros en el suelo. Dijo que lo había hecho en un pequeño fresco que pintó en Santa Maria Novella y que el resultado había sido excelente. Pero esta pared tiene más de seis metros y medio de altura y para calentar todo el fresco, de manera que el calor llegase también a la parte más alta, tuvo que añadir más combustible. El intenso calor en la mitad inferior hizo derretir la cera, que se corrió, llevándose los colores consigo.

Miguel Ángel se dirigió inmediatamente a casa de Leonardo.

—Acabo de estar en la Signoria —le dijo—. Quiero que sepa que lamento profundamente lo ocurrido a su fresco. Yo también acabo de perder un año de mi vida en Roma y sé lo que eso significa.

—Gracias. Es usted muy bondadoso —dijo Leonardo.

—Pero ése no es el propósito principal de esta visita. Quiero solicitar su perdón, presentarle mis excusas por las cosas tan desagradables que dije sobre su estatua de Milán.

—Las dijo bajo provocación. Yo también dije cosas injustas sobre los escultores. En su ausencia, he visto su dibujo completo de *Los bañistas*. ¡Le juro que me ha parecido magnífico! Estuve dibujando algunas de sus figuras, de la misma manera que dibujé su *David*. ¡Éste será una gloria para Florencia!

—No sé. He perdido todo deseo, ahora que su *Batalla de Anghiari* ya no podrá verse frente a mi fresco.

Si acababa de reconquistar una amistad, estaba poniendo en peligro la más valiosa que tenía. Soderini lo mandó llamar dos días después para leerle una carta del Papa, exigiendo que la Signoria enviase inmediatamente a Miguel Ángel Buonarroti a Roma, so pena de incurrir en el desagrado pontifical.

—Parece que será mejor que siga viaje al norte —respondió Miguel Ángel tristemente—. Tal vez a Francia, donde me encuentre fuera del alcance del Papa y lo libere a usted de su responsabilidad.

—¡No podrás escapar al Papa! Su brazo alcanza a toda Europa.

—Pero, ¿por qué soy tan precioso para el Pontífice en Florencia, cuando se negó a recibirme cuando estaba en Roma?

—Porque en Roma no era usted más un empleado al cual se puede ignorar. Al haber abandonado su servicio se ha convertido usted en el artista más deseable del mundo. ¡Pero le aconsejo que no ponga demasiado a prueba su paciencia!

—¡Yo lo único que quiero es que me dejen tranquilo para trabajar! —clamó Miguel Ángel angustiado.

—Demasiado tarde. El momento oportuno para eso era cuando todavía no había entrado al servicio de Julio II.

En el correo siguiente recibió una carta de Piero Rosselli. El Papa no quería que volviese a Roma para trabajar en los mármoles de su tumba. Bramante lo había convencido definitivamente de que la tumba apresuraría su muerte. Su Santidad quería ahora que Miguel Ángel pintase la bóveda de la Capilla Sixtina, la pieza arquitectónica más horrible, torpe y mal concebida de toda Italia.

La carta perturbó todavía más a Miguel Ángel. No le era posible realizar trabajo alguno. Partió hacia Settignano, para sentarse silencioso y trabajar los bloques de piedra con los Topolino. Luego visitó a Contessina y Ridolfi. El nene más chico, Niccolo, que ya tenía cinco años, insistió en que le enseñase también a él cómo "se hacían volar los pedazos de mármol". Dedicó una hora de vez en cuando a pulir el bronce del mariscal y fue algunas veces a la Signoria, en cuyo gran salón intentó revivir su entusiasmo por el fresco de *Los bañistas*.

A principios de Julio, Soderini lo llamó a su oficina y, apenas entró, comenzó a leerle una carta del Papa:

> *Miguel Ángel, el escultor que nos abandonó sin razón y por mero capricho, teme, según se nos ha informado, regresar a Roma, aunque Nos, por nuestra parte, no estamos irritados contra él, pues conocemos el carácter de tales genios. A fin de que deje a un lado toda ansiedad, confiamos en vuestra lealtad para que le convenzáis, en nuestro nombre, que si regresa a Nos, no sentiremos hacia él resquemor ni rencor alguno y que podrá conservar nuestro favor apostólico en la misma medida que lo gozara antes.*

Soderini dejó la carta en el pupitre y dijo:

—Voy a hacer que el cardenal de Pavia escriba una carta de su puño y letra, en la cual me prometa su seguridad. ¿Quedará satisfecho con eso?

—No. Anoche encontré a un comerciante florentino llamado Tommaso di Tolfo, que reside en Turquía. Me dijo que allí tengo grandes probabilidades de trabajar para el sultán.

Su hermano Leonardo le pidió que fuera a verlo al arroyo que corría al pie de las colinas de Settignano. Leonardo se sentó en la orilla Buonarroti y Miguel Ángel en la Topolino, remojándose los pies en el angosto cauce.

—Quiero ayudarte, Miguel Ángel —dijo Leonardo.

—¿En qué forma?

—Permíteme primero confesarte que en mis primeros años cometí errores. Tú estuviste en lo cierto al seguir tu camino. He visto tu *Madonna y Niño* en Brujas. Nuestros hermanos, en Roma hablan reverentemente de tu *Piedad*. Perdóname lo que hice para desviarte de ese camino.

—Estás perdonado, Leonardo.

—Y ahora tengo que explicarte que el Papa es el virrey de Dios en la tierra. Cuando desobedeces al Papa, desobedeces a Dios.

—¿Era cierto eso también cuando Savonarola luchó contra el Papa Alejandro VI?

Leonardo se echó la capucha hacia adelante, cubriéndose el rostro casi por completo. Luego dijo:

—Savonarola desobedeció. Pensemos lo que pensemos sobre un Papa determinado, siempre es el descendiente de San Pedro.

—Los papas son hombres, Leonardo, elegidos para su alto cargo… Yo tengo que hacer lo que considero que está bien.

—¿No temes que Dios te castigue?

—Creo que Dios ama la independencia más que la esclavitud.

—Debes tener razón —dijo Leonardo, mientras bajaba la cabeza de nuevo—, pues de lo contrario Él no te ayudaría a esculpir mármoles tan divinos.

Leonardo se puso de pie y empezó a subir la colina hacia la casa de los Buonarroti. Miguel Ángel ascendió por la margen opuesta del arroyo. Al llegar a las dos cimas, ambos se volvieron y se saludaron. No habrían de volver a verse.

IV

A fines de agosto, Julio II partió de Roma a la cabeza de un ejército de quinientos caballeros y nobles. Se le unió su sobrino, el duque de Urbino, en Orvieto, y entre ambos llevaron a efecto la conquista de Perugia, sin derramamiento de sangre. El cardenal Giovanni de Medici fue dejado al mando de la ciudad. El marqués de Gonzaga, de Mantua, se urgió al Papa con un ejército disciplinado, cruzó los Apeninos para dejar de lado a Rimini, que estaba en poder de la hostil Venecia, sobornó al cardenal de Rouen para que no enviase ocho mil soldados franceses en defensa de Boloña ofreciendo capelos cardenalicios a sus tres sobrinos y excomulgó públicamente a Ciovanni Bentivoglio, el gobernante de Boloña. Los boloñeses expulsaron a dicho funcionario. Y Julio II entró en la ciudad.

Sin embargo, nada había distraído la atención de Julio II lo suficiente como para hacerle olvidar a su rebelde escultor. En el Palazzo della Signoria, Soderini, rodeado de los otros miembros de la autoridad, gritó a Miguel Ángel en cuanto entró.

—Ha intentado librar una lucha contra el Papa a la cual no se habría atrevido ni el rey de Francia. No deseamos ir a la guerra con el Pontífice por culpa suya. El Santo Padre desea que haga unos trabajos en Bolonia. ¡Decídase de una vez y vaya!

Miguel Ángel sabía que estaba vencido. Lo sabía desde hacía varias semanas, pues mientras el Papa avanzaba por Umbría, reconquistándola para el Estado Papal, y luego por Emilia, la gente en las calles de Florencia comenzó a volver la cabeza cuando se cruzaba con él. Florencia necesitaba tan desesperadamente la amistad del Pontífice que había enviado mercenarios contratados, entre ellos el hermano de Miguel Ángel, Sigismondo, para ayudarlo en sus conquistas. Nadie quería que el ahora reforzado ejército de Julio II cruzase los Apeninos para atacar. La Signoria, el pueblo y, en una palabra, todos, estaban decididos a que Miguel Ángel fuese enviado de vuelta al Papa, fueran cuales fueran las consecuencias para él. Soderini no lo abandonó. Le entregó una carta para su hermano, el cardenal de Volterra, que estaba con el Papa.

Había llegado ya noviembre. Las calles de Bolonia estaban abarrotadas de cortesanos, soldados, extranjeros de pintorescos ropajes que habían acudido a la corte del Pontífice. En la Piazza Maggiore un monje fue colgado en una jaula de alambre de uno de los balcones del Palazzo del *podestá*, por haber sido sorprendido al salir de una casa de la Calle de los Burdeles.

Miguel Ángel encontró un mensajero para llevar su carta de protección al cardenal de Volterra. Luego se dirigió a una iglesia en la que se estaba rezando una misa y fue reconocido por uno de los servidores del Papa.

—*Messer* Buonarroti —dijo el servidor—. Su Santidad ha estado esperándolo muy impaciente.

El Papa estaba cenando en un palacio, rodeado por su corte de veinticuatro cardenales, los generales de su ejército, nobles, caballeros y príncipes. Tal vez sumaban un centenar las personas que comían en el gran salón adornado con estandartes y banderas. Miguel Ángel fue acompañado a todo lo largo del salón por un obispo, enviado por el cardenal de Volterra, que se encontraba enfermo. El Papa levantó la cabeza, vio a Miguel Ángel y se quedó en silencio, al igual que todos los demás comensales. Miguel Ángel se acercó al sillón que ocupaba Julio II, a la cabeza de la inmensa mesa. Los dos hombres se miraron severamente. Sus ojos despedían llamas. Miguel Ángel se inclinó, negándose a arrodillarse. El Papa fue el primero en hablar.

—¡Ha demorado mucho! Nos hemos visto obligados a venir para encontrarlo.

Miguel Ángel respondió tercamente.

—Santo Padre, no merecí el tratamiento que me dio en Roma.

El silencio se hizo todavía mayor. El obispo que lo había acompañado, en un intento de intervenir en favor de Miguel Ángel, dio un paso adelante:

—Santidad, debe ser indulgente con esta casta de artistas. No entienden nada fuera de su arte y a menudo carecen de educación.

Julio II se alzó de su sillón y tornó:

—¿Cómo osa decir cosas a este hombre que ni yo mismo me atrevería a decirle? ¡Es usted quien carece de educación!

El obispo se quedó mudo de terror, incapaz de moverse. El Papa hizo una señal. Varios cortesanos se acercaron al prelado y lo sacaron a empujones y golpes del salón. Y tras aquello, que era a lo máximo que podía hacer el Papa para excusarse, Miguel Ángel se arrodilló, besó el anillo papal y murmuró sus propias excusas. El Pontífice le dio su bendición y dijo:

—Venga mañana a mi campamento. Arreglaremos nuestros asuntos.

Clarissa estaba de pie, en la puerta abierta a la terraza que daba a la Piazza di San Martino, recortada su silueta contra el fulgor anaranjado de las lámparas de aceite que ardían detrás de ella, enmarcado su rostro en la capucha de piel de su túnica de lana. Se quedaron mirándose uno al otro en silencio. Miguel Ángel recordó la primera vez que la había visto, cuando ella tenía diecinueve años y era delgada, de dorada cabellera, ondulante en sus movimientos, que revelaban una delicada sensualidad. Ahora tenía treinta y un años y se hallaba en la cima de su madurez física, algo más llena de carnes y tal vez un poco menos centelleante, pero hermosísima. De nuevo su cuerpo despertó en él aquel inmenso deseo.

—Recuerdo —dijo ella— que la última cosa que le dije fue que "Bolonia está en el camino a todas partes". Entre.

Lo llevó a una pequeña salita, en donde ardían dos braseros, y luego se volvió hacia él. Miguel Ángel deslizó sus brazos dentro de la túnica. Su cuerpo estaba tibio. La atrajo hacia sí y besó su boca. Ella murmuró:

—Los artistas nada saben del amor.

La túnica se desprendió y cayó de sus hombros. Clarissa levantó los brazos, soltó algunas horquillas y las largas trenzas de oro cayeron hasta su cintura. No había voluptuosidad en sus movimientos, sino más bien la cualidad que él recordaba tan bien: dulzura, como si el amor fuera su medio natural.

Más tarde, acostados, uno en brazos del otro, ella le preguntó:

—¿Ha encontrado el amor?

—Después de usted, no.

—En Roma hay muchas mujeres disponibles.

—Siete mil. Mi amigo Balducci las contaba todos los domingos.

—¿Y usted no las deseaba?

—Eso no es el amor para mí.

—Nunca llegó a enseñarme sus sonetos.

—Uno de ellos se refería a sus hermosísimos pechos.

—¿Y cómo sabía que yo tenía hermosísimos pechos? Sólo me había visto vestida cuando escribió esos sonetos.

—¿Olvida cuál es mi profesión?

—¿Y no recuerda algún otro soneto?

—No.

—He oído decir que es usted un maravilloso escultor. He oído a gente de paso hablar de su *David* y su *Piedad*. Pero también es poeta.

—Mi maestro, *messer* Benivieni, se alegraría si la oyese.

Dejaron de hablar y se amaron nuevamente. Clarissa murmuró a su oído, mientras apretaba el rostro de él contra su pecho y pasaba una mano por los bien desarrollados hombros, los duros y musculosos brazos como los que él había dibujado tantas veces entre los canteros de Maiano:

—¡Amar por amar!... ¡Qué maravilloso! Yo sentí cierto afecto hacia Marco. Bentivoglio sólo deseaba ser entretenido... Mañana iré a la iglesia para confesar mi pecado, pero no creo que este amor sea pecado.

V

Llegó al campamento militar de Julio II, a orillas del Reno. Nevaba copiosamente. El Papa estaba revisando sus tropas, envuelto en un abrigo forrado de piel, cubierta la cabeza por una capucha de lana que le cubría la frente, las orejas y la boca. Por lo visto no le agradaba el estado en que se hallaban sus soldados, pues increpaba duramente a los oficiales, a quienes calificaba de "ladrones y villanos".

Aldrovandi le había contado anécdotas del Papa: cómo sus admiradores lo aclamaban porque pasaba largas horas con sus tropas desafiando los elementos e igualándolos en la resistencia a todas las penurias, a la vez que los superaba en los juramentos e imprecaciones.

Julio II lo precedió hasta su tienda y una vez allí dijo:

—Buonarroti, he estado pensando que me agradaría que esculpiera una estatua para mí, una enorme estatua de bronce, retrato mío, con los ropajes ceremoniales y con la triple corona...

—¡Bronce! —exclamó Miguel Ángel—. ¡No es mi profesión, Santo Padre!

Aquel silencio total que había escuchado en el banquete del palacio se reprodujo ahora entre los militares y prelados que llenaban la tienda de campaña. El rostro del Pontífice enrojeció de ira.

—Se nos ha informado que ha creado un bronce del *David* para el mariscal francés de Gié. ¿Es su profesión para él y no para su Pontífice?

—Pero hice esa pieza porque se me urgió a que la hiciese como un gran servicio a Florencia —protestó Miguel Ángel.

—*Ecco!* Entonces hará ésta como un gran servicio a su Papa.

—Santo Padre... ¡no sé nada de fundir y pulir el bronce!

—¡Basta! —El rostro del Papa estaba lívido, al gritar violentamente: —¿No es bastante que me haya desafiado durante siete meses, negándose a regresar a mi servicio y que ahora continúe oponiendo su voluntad a la mía? ¡Es incorregible!

—Como escultor, no, Santo Padre. Permítame que vuelva a mis bloques de mármol y me verá el trabajador más obediente de cuantos están a su servicio.

—¡Le ordeno, Buonarroti, que cese inmediatamente esos ultimátums! Creará una estatua de bronce para mí, que colocaremos en la iglesia de San Petronio para que toda Bolonia ore ante ella cuando yo regrese a Roma. Ahora vaya y estudie el espacio sobre el portal principal de esa iglesia.

A media tarde estaba ya de regreso en el campamento.

—¿De qué tamaño puede hacer esa estatua? —preguntó Julio II.

—Para una figura sentada, de tres metros noventa a cuatro metros.

—¿Cuánto costará?

—Creo que podré fundirla por mil ducados, pero ésta no es mi profesión y, en verdad, no deseo asumir la responsabilidad.

—La fundirá una y otra vez, hasta que salga bien, y yo le daré el dinero suficiente para hacerlo feliz.

—¡Santo Padre, solamente podrá hacerme feliz si me promete que si la estatua le satisface me permitirá que vuelva a esculpir mármol!

—¡El Pontífice no hace promesas! —exclamó Julio II—. Tráigame sus dibujos dentro de una semana a esta misma hora.

Humillado, se retiró, encaminándose a la residencia de Clarissa. Ésta lo miró un instante, vio su rostro pálido, vencido, y lo besó, cariñosa. Ante aquel beso Miguel Ángel sintió que la sangre volvía a circular normalmente por sus venas.

—¿Ha comido hoy? —preguntó ella.

—Sólo mi orgullo.

—Tengo agua caliente en el fuego. ¿Le gustaría bañarse para descansar los nervios? Puede hacerlo en la cocina, mientras busco algo para que coma. Le lavaré la espalda. Está deprimido. ¿Qué mala noticia ha recibido del Papa?

Le contó que el Pontífice exigía una estatua de bronce casi tan grande como la enorme ecuestre que Leonardo había hecho en Milán y que era imposible fundir.

—¿Cuánto tiempo tardará en hacer los dibujos?

—¿Para que le agraden al Papa? Una hora.

—Entonces tiene toda la semana libre.

Echó el agua caliente en una larga tina ovalada y le dio un jabón perfumado. Él dejó caer sus ropas sobre el piso de la cocina y se metió en la tina, donde estiró las piernas con un suspiro de alivio.

—¿Por qué no pasa esta semana aquí, conmigo? —preguntó Clarissa—. Los dos solos. Nadie sabrá que está aquí y nadie podrá molestarlo.

—¡Una semana entera para pensar solamente en el amor! ¿Es posible eso?

Tendió los brazos enjabonados hacia ella, que se inclinó. Luego dijo, extasiado:

—¡Tiene el cuerpo más maravilloso del mundo!

Ella emitió una pequeña risa musical, que disipó el último rastro de la humillación de aquel día.

—Bueno. Séquese con esta toalla delante de la chimenea.

Se frotó el cuerpo vigorosamente y luego Clarissa lo envolvió en otra toalla gruesa y de gran tamaño, llevándolo hasta la mesa donde ya humeaba un plato de ternera, con guisantes.

Se sentó frente a él, descansando el rostro en sus dos manos, muy abiertos los ojos, mientras lo contemplaba arrobada. Miguel Ángel comió con enorme apetito. Luego, satisfecho, retiró la silla de la mesa y se volvió hacia la chimenea para que las llamas calentasen su rostro y sus manos. Clarissa se sentó a sus pies. El contacto de su carne, a través de la fina tela, le quemó más que el calor de los leños.

—Ninguna otra mujer me ha hecho desearla como usted. ¿Cómo puede explicarse eso? —dijo.

—El amor no se explica —dijo ella. Se volvió y, arrodillada, lo envolvió con sus brazos—. Se goza —agregó.

—¡Qué maravilla! —murmuró él. De pronto rompió a reír—. Estoy seguro de que el Papa no ha querido hacerme un favor, pero me lo ha hecho... por esta vez.

En la última tarde de la semana, lleno de deliciosa laxitud, incapaz de mover parte alguna de su cuerpo sin un decidido esfuerzo, olvidado de todas las preocupaciones del mundo, tomó papel de dibujo, un pedazo de carboncillo y se rió al comprobar que apenas podía moverlo sobre el papel.

Esforzó su mente para ver a Julio II sentado en el gran trono, con sus blancas vestimentas. Sus dedos comenzaron a moverse rápidamente. Por espacio de varias horas dibujó al Papa en una docena de posturas distintas, hasta captar una que le agradó. La figura aparecía con la pierna izquierda extendida y la mano derecha doblada hacia atrás, descansando en una base que se alzaba desde el suelo. Uno de los brazos se tendía hacia adelante, quizás en una bendición. Los ropajes cubrirían los pies, por lo cual tendría que fundir casi cuatro metros de sólidas telas de bronce.

A la hora fijada se presentó ante el Pontífice, con sus dibujos. Julio II los contempló y dio muestras de entusiasmo.

—Como ve, Buonarroti, yo tenía razón. Puede hacer estatuas de bronce.

—Con su perdón, Padre Santo, esto no es bronce sino dibujo. Pero haré la estatua lo mejor que me sea posible, para poder volver a mis mármoles. Y ahora, si tiene la bondad de ordenar a su tesorero que me dé algún dinero, compraré lo necesario para ponerme a trabajar.

El Papa se volvió a *messer* Carlino, el tesorero papal, y dijo:

—Entregará a Buonarroti todo lo que necesite.

Carlino le dio cien ducados que extrajo de un cofre. Miguel Ángel envió un mensaje en busca de Argiento, que se hallaba a pocos kilómetros de distancia, en las cercanías de Ferrara, y escribió a Mandifi, el nuevo heraldo de la Signoria de Florencia, pidiéndole que le enviara dos fundidores de bronce, Lapo y Lotti, empleados por el Duomo, para que le ayudasen a fundir la estatua del Papa en Bolonia.

Alquiló una cochera que encontró desocupada en la Via de Toschi. Tenía techo alto, paredes de piedra y el suelo de ladrillo anaranjado. Al fondo había un jardín al que se salía por una puerta y una chimenea para cocinar. Las paredes no tenían ni rastro de pintura, pero estaban secas. Luego fue a una casa de muebles de segunda mano donde encontró una enorme cama *Prato* de matrimonio, de casi tres metros de ancho, y por fin compró una mesa para la cocina y algunas sillas de asiento de paja.

Argiento llegó a Ferrara y le explicó que no había podido dejar la granja de su hermano cuando Miguel Ángel lo llamó desde Roma. Inmediatamente estableció la cocina en la chimenea.

—Quiero aprender a fundir el bronce —dijo, mientras fregaba el suelo vigorosamente.

Lapo y Lotti llegaron dos días después, atraídos por la oferta de un salario mayor que el que ganaban en Florencia. Lapo tenía una cara tan honesta que Miguel Ángel le encargó la compra de todas las provisiones: cera, arcilla, yeso, telas y ladrillos para el horno de fundición. Lotti era un hombre de mediana edad, delgado, consciente artesano, que trabajaba como maestro fundidor de la artillería florentina.

La cama *Prato* resultó un verdadero regalo del cielo. Después de que Lapo hubo comprado las provisiones y Argiento recorrió las tiendas en busca de alimentos y utensilios de cocina, los cien ducados habían desaparecido. Los cuatro hombres dormían juntos en la misma cama, que por su enorme ancho los cobijaba cómodamente. Sólo Argiento se quejaba de que todos los precios estaban por las nubes.

—Paciencia —dijo Miguel Ángel—. Le pediré más dinero a *messer* Carlino.

El tesorero escuchó el pedido y miró a Miguel Ángel seriamente.

—Como todos los plebeyos, Buonarroti, tiene usted un concepto equivocado del papel del tesorero papal. Mi misión no es dar dinero sino arbitrar los medios para negarlo.

—Yo no he pedido hacer esa estatua. El Papa le ha ordenado que me proporcione cuanto necesite.

—¿Qué hizo con los primeros cien ducados?

—¡Eso no es cosa suya! A no ser que me entregue otros cien, iré al Papa y le diré que usted me obliga a abandonar la estatua.

—Tráigame la lista de los gastos de los primeros cien y otra de lo que piensa comprar con éstos. Y no me mire así. Mi trabajo consiste en hacerme odiar por la gente. Así no vuelven.

—Yo volveré, pierda cuidado.

Lapo lo tranquilizó:

—Recuerdo todas las compras que hice y las detallaré hasta el último escudo.

Miguel Ángel se fue a la iglesia de San Domenico. Entró en el templo y se dirigió al sarcófago de mármol de Dell'Arca, sonriendo para sí al contemplar su propio fornido *contadino* con las alas de águila. Pasó las manos amorosamente por la estatua del anciano San Petronio, con la reproducción de Bolonia en sus manos. Luego se inclinó para ver de cerca el *San Próculo* y, de pronto, se quedó rígido. La estatua había sido rota en dos partes y torpemente reparada.

Sintió que alguien se acercaba a su espalda y al darse vuelta vio a Vicenzo.

—¡Bienvenido de regreso a Bolonia! —dijo irónicamente el ladrillero.

—¡Canalla! ¡Ha cumplido su promesa de romper uno de mis mármoles!

—El día que cayó yo estaba en el campo, haciendo ladrillos. Puedo probarlo.

—¡Ha mandado a alguien que la rompiese!

—Y podría volver a ocurrir. ¡Hay gente maligna que dice que la estatua del Papa será derretida el mismo día que los soldados papales se retiren de Emilia!

VI

Empezó a trabajar impulsado por un furioso deseo de terminar casi antes de empezar. Lapo y Lotti sabían lo que podía fundirse y le aconsejaron sobre la estructura técnica del armazón para el modelo de cera y la composición del modelo ampliado de arcilla. Trabajaron juntos en la fría habitación, que el fuego de Argiento calentaba sólo en un radio de un poco más de un metro. Cuando llegase el buen tiempo volvería al patio cerrado de San Petronio. Necesitaría ese espacio abierto cuando Lapo y Lotti empezasen a construir el gigantesco horno para fundir la figura de bronce de cuatro metros.

Aldrovandi le envió modelos e hizo correr la voz de que los que más se pareciesen al papa Julio II recibirían un salario especial. Dibujó desde el amanecer hasta la noche. Argiento hacia la limpieza de la casa y cocinaba.

Lotti construyó un pequeño horno de ladrillo para probar cómo se fundían los metales locales. Y Lapo hacía las compras de provisiones y pagaba a los modelos.

Aunque no consideraba que modelar en arcilla fuese escultura auténtica, pues era el arte de agregar, estaba aprendiendo también que su carácter no le permitía realizar un trabajo mediocre. Aunque detestaba el bronce, sabía que tendría que hacer la estatua del Papa tan buena como se lo permitiesen su talento y habilidad, aunque para ello tuviese que emplear el doble de tiempo. Era una víctima de su propia integridad, que le imponía la obligación de hacer siempre lo mejor, incluso en aquellos casos en que hubiese preferido no hacer nada.

Su único gozo era Clarissa. A pesar de que a menudo trabajaba hasta ya entrada la noche, siempre se las arreglaba para ir a pasar dos noches por semana con ella. Llegase a la hora que llegase, siempre encontraba algo que comer junto a la chimenea, listo para ser calentado.

—No come casi nada —dijo ella un día, al ver que empezaban a notársele los huesos de las costillas—. ¿Es que Argiento no cocina bien?

—Más que eso es que el tesorero del Papa me ha negado dinero tres de las veces que se lo he pedido. Dice que mis listas de compra contienen precios que no son reales; sin embargo, Lapo detalla todo lo que compra.

—¿No podría venir aquí todas las noches a cenar? Así, por lo menos comería bien una vez al día.

La abrazó y besó sus labios húmedos. Ella devolvió el beso. Y agregó:

—Bueno, ahora basta de hablar de cosas serias. En mi casa, quiero que se sienta completamente feliz.

—Usted cumple sus promesas mucho mejor que el Papa. Espero que él, cuando se vea reproducido en una estatua de bronce de cuatro metros, quedará tan satisfecho que me amará también. Sólo de esa manera podré volver a esculpir mis bloques de mármol.

—¿Tan exquisitos son?

—No tanto como usted…

El correo llegaba irregularmente por el paso Futa. Miguel Ángel esperaba siempre con interés noticias de su familia, pero casi lo único que recibía eran solicitudes de dinero. Ludovico había encontrado una granja en Pozzolático, una propiedad de buena renta, pero había que pagar una cantidad inmediatamente para tener opción a ella. Si Miguel Ángel pudiera enviarle quinientos florines… o aunque sólo fueran trescientos… De Buonarroto y Giovansimone, que trabajaban juntos en el negocio de lanas de la familia Strozzi, apenas le llegaba una carta sin una línea que dijese: "Nos has prometido comprarnos un negocio. Estamos cansados de trabajar para extraños. Queremos ganar mucho dinero…".

Y Miguel Ángel contestaba: "En cuanto vaya a Florencia los estableceré o haré que ingresen como socios en alguna empresa ya establecida. Trataré de conseguir dinero para ese adelanto de la granja. Creo que estaré listo para fundir la estatua más o menos a mediados de Cuaresma. Rueguen a Dios que todo salga bien, pues si es así creo que me irá bien con el Papa…".

Pasó muchas horas siguiendo al Papa por todas partes para dibujarlo en infinidad de posturas. Y luego regresaba al taller para modelar en cera o arcilla cada una de aquellas posturas.

—¿Cuándo veré algo hecho, Buonarroti? —le preguntó el Papa un día de Navidad, después de oficiar misa en la catedral—. No sé cuánto tiempo más tendré la corte aquí. Necesito volver a Roma. Infórmeme cuando esté listo e iré a su taller.

Alentado por aquella promesa, Miguel Ángel, con la ayuda de Lapo Lotti, trabajó día y noche en la construcción del armazón de madera, al que añadió después la arcilla, poco a poco, a espátula, para crear el modelo sobre el que habría de ser fundido el bronce. Capturado por el calor de su propia creación, proseguía la tarea veinte horas diarias, después de lo cual se arrojaba sobre la cama como un muerto, entre Argiento y Lotti. En la tercera semana de enero, visitó al Papa.

—Si Su Santidad lo desea, puede venir a mi taller. El modelo está listo para su aprobación.

—¡Excelente! Iré esta misma tarde.

—Gracias… ¿Podría llevar con usted a su tesorero? Parece que cree que yo puedo hacer esta estatua con salchichas boloñesas.

Julio II llegó a media tarde acompañado por *messer* Carlino. Miguel Ángel había puesto una piel sobre su mejor silla, en la que se sentó el Papa. Éste pareció satisfecho. Dio varias vueltas alrededor del modelo y comentó la exactitud y la cualidad de vida de la figura. Luego se detuvo y miró perplejo el brazo derecho de la estatua, que estaba levantado en un gesto altivo y casi violento.

—Buonarroti, esta mano, ¿está bendiciendo o maldiciendo?

—Conmina a los boloñeses a ser obedientes, aun después que Su Santidad haya regresado a Roma.

—¿Y qué sostendrá la mano izquierda?

—¿No podría el Santo Padre tener en ella las llaves de la nueva iglesia de San Pedro?

—Bravissimo! —exclamó el Pontífice—. Tendremos que extraer grandes sumas de todas las iglesias para la construcción y ese símbolo de las llaved contribuirá.

Miguel Ángel miró a Carlino y dijo:

—Tengo que comprar de trescientos a cuatrocientos kilos de cera para crear el modelo definitivo.

El Papa autorizó la compra y se retiró. Miguel Ángel envió a Lapo a buscar la cera. Lapo regresó casi enseguida.

—No puedo conseguirla por menos de nueve florines y medio el centenar de kilos. Será mejor que compremos inmediatamente, porque me parece una ganga.

—Vuelva y dígales que rebajen el medio florín.

—Ya me han dicho que no les es posible.

A Miguel Ángel le llamó la atención una extraña nota en la voz de Lapo. En un momento en que éste estaba ocupado, envió a Argiento a pedir precio a la misma tienda. Argiento volvió y le dijo en voz baja:

—Sólo piden ocho florines y medio, y además me harán un descuento como comisión.

—Ya me parecía —dijo Miguel Ángel—. El rostro honrado de Lapo me ha engañado.

Había oscurecido ya cuando llegó el carro cargado con la cera. Una vez que se hubo retirado, Miguel Ángel enseñó la factura a Lapo y dijo:

—Ha estado engañándome en los precios desde que realizó la primera compra.

—¿Y por qué no habría de hacerlo, cuando paga tan poco salario? —respondió el toscano, imperturbable.

—¿Poco salario? En las últimas seis semanas le he dado veintisiete florines, o sea, mucho más de lo que ganaba en el Duomo.

—Sí, ¡pero vivimos tan miserablemente aquí! ¡Casi no se come en esta casa!

—Entonces, vuélvase a Florencia —replicó Miguel Ángel amargamente—. Allí vivirá mejor.

—¿Me despide? ¡No puede hacerlo! ¡Me quejaré a la Signoria! Y además, contaré a toda Florencia lo avaro que es usted.

Comenzó a empaquetar sus efectos. Lotti se acercó a Miguel Ángel y dijo como disculpándose:

—Tendré que irme con él.

—¿Por qué, Lotti? Usted no ha hecho nada malo. Hemos sido amigos.

—Sí, lo admiro, messer Buonarroti, y espero que alguna vez me será posible volver a trabajar para usted. Pero he venido con Lapo y debo volver con él.

Aquella noche, solos en la mesa, Miguel Ángel y Argiento no pudieron comer el *stufato* que había preparado el muchacho. Miguel Ángel esperó que Argiento se durmiese y se fue a casa de Clarissa, a quien encontró dormida. Nervioso, muerto de frío, temblando además, de frustración e ira, trató de entrar en calor abrazándose al cuerpo de ella. Pero eso fue todo. La infelicidad no es un clima propicio para el amor.

VII

Perdió no solamente a Lapo, sino a Clarissa.

El Papa anunció que regresaría a Roma para Cuaresma. Tal decisión dejaba a Miguel Ángel sólo unas semanas para preparar el modelo de cera y obtener la aprobación del Pontífice. Sin ayudantes experimentados, sin que le fuera posible conseguir un fundidor bronce en Emilia, eso significaba que tendría que trabajar los días que faltaban sin pensar ni un momento en comer, dormir ni descansar. En las escasas ocasiones en que podía dejar el trabajo no le quedaba tiempo para sentarse con Clarissa, charlar amigablemente y contarle lo que estaba haciendo. Iba tan sólo cuando ya no le era posible contener su pasión, cuando el deseo de tenerla entre sus brazos lo llevaba ciegamente por las calles para llegar al departamento, tomarla como con prisa y volver al taller. Clarissa estaba triste y cada vez daba menos de sí misma en aquellos fugaces contactos, hasta que llegó a no dar nada y el acto no se parecía en absoluto a la plena dulzura de su amor interior.

Una noche, al retirarse, Miguel Ángel dijo:

—Clarissa, siento mucho esta situación.

Ella levantó los brazos y los dejó caer nuevamente, desesperanzada.

—Los artistas viven en todas partes... y en ninguna —dijo—. Usted está dentro de esa estatua de bronce. Bentivoglio ha enviado un coche desde Milán a buscarme...

Unos días después, el Papa visitó el taller por última vez, aprobó el modelo definitivo, bendijo a Miguel Ángel y dio orden al banquero boloñés Antonmaria da Lignano para que le continuase pagando los importes de sus gastos.

Necesitaba desesperadamente un fundidor de bronce y escribió de nuevo al heraldo de la Signoria, pidiéndole que le enviase al maestro Bernardino, el mejor de Toscana. El heraldo contestó que Bernardino estaba conforme en ir, pero que no podría hacerlo antes de unas semanas.

Un calor fuera de estación se precipitó sobre la ciudad a principios de marzo, agostando las cosechas de primavera. Bolonia *la Gorda* se convirtió en Bolonia *la*

Flaca. Siguió una plaga, que se propagó a más de cuarenta familias en unos pocos días. Las personas que caían en las calles eran abandonadas allí, pues nadie se atrevía a tocarlas. Miguel Ángel y Argiento trasladaron el taller de la cochera al patio abierto de San Petronio, donde por lo menos corría alguna brisa.

El maestro Bernardino llegó en otra racha de fuerte calor, en mayo. Aprobó el modelo de cera que había preparado Miguel Ángel y construyó un tremendo horno de ladrillo en el centro del patio. Siguieron algunas semanas de experimentos. Miguel Ángel estaba impaciente por fundir la estatua y volver a casa.

—No podemos apurarnos —aconsejó Bernardino—. Un paso en falso, sin previos ensayos, y a lo mejor todo nuestro trabajo se arruina.

¡No podían apurarse! Pero hacía ya más de dos años que había entrado al servicio del Papa. Había perdido su casa, sus años, sin poder ahorrar ni un escudo. Leyó nuevamente la carta que recibiera de su padre aquella mañana, pidiéndole dinero para otra maravillosa oportunidad de inversión. Necesitaba doscientos florines inmediatamente o perdería la ganga y jamás perdonaría a Miguel Ángel por su avaricia.

Miguel Ángel fue a ver al banquero, a quien detalló sus dos años perdidos al servicio de Julio II y su urgente necesidad del momento. El banquero se mostró compasivo.

—El Papa —dijo— ha autorizado solamente que le pague lo que necesite para adquirir lo necesario para la estatua. Pero la tranquilidad del artista es también un elemento imprescindible, tanto como los materiales, le adelantaré cien florines contra futuras necesidades y así podrá enviarlos hoy mismo a su casa.

Llegó por fin el momento de fundir, en junio, y algo salió mal. La estatua fundió bien hasta la cintura, pero el resto del material, casi la mitad del metal, quedó en el horno. Para sacarlo fue necesario desmantelar el horno. Miguel Ángel exclamó, aterrado:

—¿Qué puede haber ocurrido?

—No sé —respondió Bernardino—. ¡Jamás me ha sucedido una cosa igual! Tiene que haber algo que ha fallado en la segunda mitad del bronce. ¡Estoy avergonzado! ¡Mañana mismo empezaré de nuevo!

Bolonia, como Florencia y Roma, tenía su sistema de comunicación instantánea. Como un relámpago corrió por toda la ciudad la noticia de que Miguel Ángel no había podido fundir la estatua del Pontífice. Una multitud empezó a congregarse en el patio, para ver.

—¿Es muy serio ese fracaso, Miguel Ángel? —preguntó Aldrovandi que llegó apresurado.

—Afecta a la mitad de la estatua. En cuanto podamos reconstruir el horno podremos echar el metal al molde desde arriba. Si el metal se funde como es debido, no habrá dificultad.

—Todo saldrá bien, ya verá.

Bernardino trabajó afanosamente, día y noche. Reconstruyó el horno, probó los canales al molde, experimentó con los metales que no habían fundido debidamente y por fin, bajo el enceguecedor sol de mediados de julio, echó de nuevo la aleación derretida. Lentamente, mientras esperaban nerviosos, el metal empezó a correr del horno al modelo. Y Bernardino dijo:

—Ya no me necesita. Saldré para Florencia al amanecer.

—Pero, ¿no quiere ver cómo sale la estatua? ¿Se habrán unido bien las dos mitades? Porque entonces podremos reírnos en las narices de los boloñeses.

Bernardino respondió con tono cansado.

—No me interesa la venganza. Lo único que quiero es escapar de aquí. Si tiene la bondad de pagarme, me iré.

Esta vez Bernardino había realizado un buen trabajo. Las dos mitades de la estatua se unieron sin dejar marca seria alguna. El bronce era rojizo y de superficie tosca, pero sin imperfecciones. "Unas semanas de pulir y limar, y yo también me iré", pensó Miguel Ángel.

Pero había calculado mal la tarea. Agosto, septiembre y octubre pasaron. El agua escaseaba y casi no podía conseguirse a ningún precio, mientras él y Argiento proseguían tenazmente la tarea. Parecían condenados a una eternidad de labor en aquella tremenda estatua.

Finalmente, en noviembre el bronce quedó terminado. Hacía un año largo que Miguel Ángel había llegado a Bolonia… Se dirigió al banquero, para que le firmase el documento de entrega de la estatua, a fin de quedar libre.

—He recibido una orden del Papa —dijo Antonmaria—, en la que me dice que debe instalarla debidamente en la fachada de San Petronio.

—¿Y dice que debe pagarme ese trabajo?

—No, sólo que tiene que instalarla.

Nadie podía explicarle a qué se debían las demoras. La base no estaba preparada, había que pintarla, se aproximaban las fiestas de Navidad, luego la Epifanía… Argiento decidió regresar a la granja de su hermano.

Miguel Ángel ardía en una agotadora fiebre de esculpir. Por fin, a mediados de febrero, llegó un grupo de obreros para llevar la estatua a la fachada de San Petronio. Las campanas de la iglesia fueron lanzadas a vuelo. La estatua fue izada hasta su nicho, sobre el portal de Della Quercia. A la hora que los astrólogos declararon más propicia, las tres de la tarde, la estatua fue despojaba de la envoltura que la ocultaba. La multitud prorrumpió en aclamaciones y luego todos cayeron de rodillas para orar.

Miguel Ángel lo observaba todo; de pie en el extremo opuesto de la plaza, pasó inadvertido. Alzó los ojos para contemplar a Julio II en su nicho, iluminado fugazmente por los resplandores de los cohetes. No sentía nada. Ni siquiera alivio. Estaba seco, vacío, demasiado extenuado por la larga espera y pérdida de tiempo para preguntarse siquiera si, por fin, había conquistado su libertad.

Le quedaban exactamente cuatro florines y medio. Al amanecer, llamó a la puerta de Aldrovandi, para despedirse de él. Su amigo le prestó un caballo, como lo había hecho ocho años antes.

VIII

En los pocos días transcurridos desde su regreso a Florencia, se enteró de cómo Soderini tenía excelentes motivos para estar satisfecho de sí mismo: por mediación de su embajador ambulante, Niccolo Machiavelli, Florencia había concertado una serie de tratados de amistad que permitirían a la ciudad-estado vivir en paz y prosperar.

—Todas las informaciones que recibimos de Bolonia y el Vaticano nos dicen que el Papa está encantado... —dijo a Miguel Ángel.

—*Gonfaloniere*, los cinco años que pasé esculpiendo el *David*, la *Madonna* para Brujas y los medallones fueron los más felices de mi vida. Sólo ansío una cosa: volver a esculpir mármol.

—La Signoria sabe expresar su gratitud. Se me ha autorizado a ofrecerle un encargo hermoso: un gigantesco Hércules, que haga juego con su *David*. Con una de esas figuras a cada lado de la portada principal del Palazzo della Signoria, la nuestra será la entrada al edificio de gobierno más noble del mundo.

Miguel Ángel no pudo responder, porque se le había hecho un nudo en la garganta. ¡Un gigantesco Hércules! Aquello representaba todo cuanto tenía de más potente y hermoso la cultura clásica de Grecia. Se le brindaba la oportunidad de establecer el eslabón que uniría a Pericles y Lorenzo de Medici, a la vez que avanzar en sus primitivos experimentos con una estatua de Hércules. Temblaba de emoción.

—¿Podría conseguir que se me devolviese mi casa y mi taller para esculpir esa estatua? —preguntó.

—Ahora está alquilada, pero el contrato expira pronto. Le cobraré ocho florines mensuales de alquiler. Cuando comience a esculpir los apóstoles, la casa será suya otra vez.

—En ella viviré y esculpiré el resto de mi vida. ¡Que Dios oiga estas palabras mías!

Soderini le preguntó, ansioso:

—¿Y qué hay de los mármoles de la tumba del Pontífice, en Roma?

—Ya he escrito a Sangallo, quien le ha informado al Papa que sólo volveré a Roma para modificar el contrato y traerme a Florencia los bloques. Los trabajaré todos a la vez: Moisés, Hércules, San Mateo, los Cautivos...

—Ha llegado el momento de que consiga liberarlo de la tutela paterna, Miguel Ángel —dijo Soderini—. Quiero que él lo acompañe a un notario para firmar su emancipación legal. Hasta ahora, el dinero que ha ganado ha sido legalmente de su padre. Después de la emancipación, será suyo y podrá manejarlo. Lo que dé entonces a su padre será un regalo, no una obligación.

Miguel Ángel conocía todos los defectos de Ludovico, pero lo amaba y compartía con él el orgullo del apellido familiar, el deseo de reconquistar su antiguo lugar en la sociedad de Toscana. Movió la cabeza lentamente, en un gesto negativo.

—No servirá de nada, *gonfaloniere*. De todas maneras, tendría que darle el dinero aunque fuese mío.

—Obtendré una audiencia con el notario —insistió Soderini—. Ahora respecto del mármol para el Hércules, le escribiré a Cuccarello, el dueño de la cantera, informándole que debe entregarle el bloque mayor y más puro que sea posible conseguir en todas las canteras.

Cuando regresaron del notario, Ludovico dijo con lágrimas:

—Miguel Ángel, ¿nos abandonarás ahora? Prometiste a Buonarroto y Giovansimone que les instalarías una casa de comercio. Necesitamos comprar más granjas para aumentar nuestros ingresos...

—Haré siempre cuanto pueda por la familia, padre. ¿Qué otra cosa tengo? Mi trabajo y mi familia.

Reanudó sus amistades en la Compañía del Crisol. Rosselli había muerto, Botticelli estaba demasiado enfermo para asistir a las reuniones, por lo cual se habían elegido nuevos miembros jóvenes, entre ellos Ridolfo Ghirlandaio, Sebastiano da Sangallo, Franciabigio, Jacopo Sansovino, y Andrea del Sarto, un brillante pintor. Granacci había terminado dos trabajos que lo ocuparon varios años: *Madonna con San Juan niño* y *San Juan evangelista en Patmos*.

Se enteró de que la suerte de Contessina había mejorado considerablemente. Con la creciente popularidad e importancia del cardenal Giovanni en Roma, la Signoria permitió a la familia Ridolfi que se trasladase a una villa mucho más amplia, donde tenía más comodidades. El cardenal Giovanni enviaba todo el dinero y provisiones que necesitaban. Se permitía a Contessina que bajase a Florencia cuando lo deseaba, pero no a Ridolfi.

Lo sorprendió mirando su *David* y preguntó:

—¿Todavía le parece bueno? ¿No se ha agotado aún el placer que le produce verlo?

Miguel Ángel se volvió rápidamente al oír la voz. Contessina estaba sonrosada por la caminata al fresco aire de marzo. Su cuerpo había engordado un poco y le daba un aspecto más sano.

—¡Contessina! —exclamó él—. ¡Qué bien está! ¡Qué alegría verla!

—¿Qué tal dejó Bolonia?

—Para mí, fue el *Infierno* de Dante.

—¿Todo él? —al oír la pregunta, Miguel Ángel se sonrojó y ella añadió—: ¿Cómo se llamaba ella?

—Clarissa.

—Entonces, ¿ha conocido el amor o parte de él?

—Plenamente.

—Permítame que lo envidie —replicó Contessina, mientras sus ojos se llenaban de lágrimas.

Soderini le adelantó doscientos florines a cuenta de futuros trabajos. Miguel Ángel fue a ver a Lorenzo Strozzi, a quien conocía desde que su familia había adquirido el *Hércules*. Strozzi se había casado con Lucrezia Rucellai, hija de Nannina, hermana de Il Magnifico, y de Bernardo Rucellai, primo de Miguel Ángel. Le dijo que podía invertir una pequeña suma a nombre de sus hermanos, para que pudieran empezar a compartir los beneficios del negocio.

—Perfectamente, Buonarroti —respondió Strozzi—. Y si en cualquier momento desea que sus hermanos abran una casa comercial propia, nosotros les proveeremos de lana de nuestros establecimientos de Prato.

Se dirigió al taller del Duomo y fue recibido ruidosamente por Beppe y sus canteros.

—Quisiera que me ayuden a mover el San Mateo —les pidió.

Sus primeros bocetos del santo lo habían representado como un tranquilo estudioso, con un libro en una mano y apoyada en la otra la reflexiva barbilla. Aunque había penetrado ya en la pared frontal del bloque, la incertidumbre le impidió ahondar más. Y ahora comprendía por qué. No podía encontrar un Mateo histórico. El suyo no había sido el primer Evangelio escrito, pues había absorbido mucho de Marcos; se decía que había estado muy allegado a Jesús, a pesar de lo cual no escribió su Evangelio hasta cincuenta años después de la muerte del Maestro...

Fue con su problema al prior Bichiellini. Los profundos ojos azules del monje se habían agrandado tras los gruesos cristales de sus anteojos y su rostro estaba sumido por la edad.

—¿Qué debo hacer, padre? —preguntó.

—Tiene que crear su propio Mateo, tal como creó el *David* y la *Piedad*. Aléjese de los libros: la sabiduría está en usted. Lo que esculpa sobre Mateo será la verdad.

Comenzó de nuevo, buscando un Mateo que simbolizase al hombre en su tortuosa búsqueda de Dios. ¿Podría esculpirlo en un movimiento espiral ascendente, tratando de abrirse paso fuera del mármol, de la misma manera que el hombre luchó para liberarse de la montaña de piedra del politeísmo en la que había yacido encadenado? Diseñó la rodilla izquierda de Mateo empujando enérgicamente contra la piedra, como si intentase liberar al torso de su prisión, los brazos arrimados al cuerpo, la cabeza vuelta en agonía hacia un costado, en busca de una vía de huida.

Por fin se hallaba de nuevo ante el bloque y se sentía otra vez competo. La fiereza de su júbilo impulsaba el cincel contra el mármol como un rayo a través de densas nubes. Esculpía con una fiebre tan ardiente como la de la fragua en la cual templaba sus herramientas. El mármol y la carne de Mateo se tornaron una sola cosa y el santo se proyectaba fuera del bloque por la pura fuerza de su voluntad, para lograr un alma con la cual elevarse hasta Dios.

Sediento de un estado de ánimo más lírico, volvió a la Nuestra Señora que destinaba a Taddei y esculpió el redondo marco, el sereno y encantador rostro de María y el niño Jesús tendido sobre su regazo. Y un día llegó la noticia de que el papa Julio 11 deseaba que Florencia celebrase un jubileo de Culpa y Castigo, a fin de reunir fondos para la construcción de la nueva iglesia de San Pedro.

—Se me ha encargado las decoraciones —anunció Granacci alegremente.

Un jubileo para pagar la iglesia que construiría Bramante no podía ser agradable a Miguel Ángel. Estaba anunciado para abril y él juró huir de la ciudad y pasar aquellos días con los Topolino. Pero el Papa intervino de nuevo para malograr sus planes.

—Acabamos de recibir un breve del Pontífice —dijo Soderini—. Está sellado, como ve, con el anillo del Pescador. Pide que vaya a Roma, pues tiene buenas noticias para darle.

—Eso sólo puede significar que me permitirá esculpir de nuevo.

—¿Irá?

—Mañana. Sangallo me ha escrito para decirme que el segundo cargamento de mármoles está en la Piazza San Pietro, expuesto a los elementos. Quiero sacarlo de allá cuanto antes.

IX

Sus ojos se desorbitaron al ver los bloques de mármol tirados en la plaza, descoloridos por la lluvia y la tierra.

—El Santo Padre lo espera —dijo Sangallo, tomándolo de un brazo.

Una vez en el gran salón del trono, avanzó hacia el Pontífice y al pasar saludó con ligeras inclinaciones de cabeza a los cardenales. El Papa lo vio y dijo:

—¡Ah! Buonarroti, ha vuelto a nosotros. ¿Está satisfecho con la estatua de Bolonia?

—Nos traerá honor —dijo Miguel Ángel.

—Cuando yo le brindé esa espléndida oportunidad, exclamó: "¡Ésa no es mi profesión!". Ahora ya ve cómo la ha convertido en su profesión, al crear una hermosa estatua de bronce.

—Es generoso, Santo Padre…

—Y tengo la intención de seguir siéndolo. Voy a honrarlo por encima de todos los maestros de pintura de Italia. He decidido que es el mejor artista para completar la obra empezada por sus coterráneos Botticelli, Ghirlandaio y Rosselli, a quien yo mismo contraté para pintar el friso de la Capilla Sixtina. Le confío ahora el encargo de completar la capilla de mi tío Sixto, pintando su techo.

Miguel Ángel se quedó aturdido. Había pedido a Sangallo que aclarase ante el Papa que sólo regresaría a Roma para esculpir las esculturas de la tumba.

—¡Pero yo soy escultor! —exclamó con pasión.

—¡Me ha costado menos conquistar Perugia y Bolonia que someterlo a usted! —clamó el Santo Padre moviendo la cabeza con desesperación.

—Yo no soy un Estado Papal, Santo Padre. ¿Por qué pierde su precioso tiempo en tratar de dominarme?

—¿Dónde ha recibido su educación religiosa, que osa poner en duda el juicio de su Pontífice? —dijo Julio II mirándolo iracundo.

—Como dijo en Bolonia el obispo, Santidad, no soy más que un pobre artista ignorante, sin educación.

—Entonces, podrá esculpir su obra maestra en un calabozo de Sant'Angelo.

—Eso le aportaría muy pocos honores, Santo Padre —dijo Miguel Ángel apretando los dientes—. El mármol es mi profesión. Permítame que esculpa. Muchos serían los que vendrían a ver mis estatuas y bendecirían a Su Santidad por haberlas hecho posibles.

—Oígame, Miguel Ángel —dijo el Pontífice con un gesto de impaciencia mal reprimida—. Mis informantes de Florencia describen su panel para la Signoria como "la escuela del mundo"…

—¡Fue un accidente, nada más que un accidente! —exclamó Miguel Ángel, desesperado—. ¡Estoy seguro que jamás podría repetirse! ¡Fue sólo una diversión para mí!

—*Bene.* Entonces, diviértase ahora para la Sixtina. ¿O debo creer que está dispuesto a pintar para un salón florentino y no para la capilla papal?

—Santidad —exclamó entonces uno de los cortesanos armados—. Diga una sola palabra y colgaremos a este presuntuoso florentino de la torre di Nona.

El Papa miró furiosamente a Miguel Ángel, que estaba de pie ante él, desafiante. Los ojos se encontraron y los dos sostuvieron la mirada, inmóviles. Luego, una levísima sonrisa apuntó en los severos labios del Pontífice.

—Este presuntuoso florentino, como lo llaman —dijo Julio II—, fue descripto hace diez años por Jacopo Galli como el más grande de los escultores de Italia. Y lo es. Si yo hubiera deseado arrojarlo como alimento a los buitres, ya lo habría hecho hace mucho. —Se volvió hacia Miguel Ángel. —Buonarroti —agregó con el tono de un exasperado, pero amante, padre—, pintará los doce apóstoles en el techo de la Sixtina y decorará la bóveda con los diseños tradicionales. Por ese trabajo le pagaremos tres mil ducados grandes de oro. Además, pagaremos, con agrado, los gastos y salarios de los cinco ayudantes que usted mismo elegirá. Cuando haya terminado, tiene desde ya la promesa de su Pontífice de que volverá a esculpir mármoles. Y ahora, hijo mío, retírese.

Miguel Ángel se arrodilló y besó el anillo papal. Luego dijo:

—Será como lo desea, Santo Padre.

Más tarde, llegó a la entrada principal de la Capilla Sixtina. Sangallo iba con él, triste y cabizbajo.

—¡Todo esto es culpa mía! —exclamó—. Persuadí al Papa de que hiciese construir para sí una tumba monumental y que lo llamara para esculpirla. ¡Y lo único que ha sacado de todo esto es dolor!

—¡Intentó ayudarme!

Sangallo no pudo reprimir el llanto y Miguel Ángel le puso un brazo sobre los hombros, mientras decía:

—*Pazienza, caro!* De alguna manera saldremos de esta situación. Y ahora, explíqueme este edificio. ¿Por qué fue construido así?

Sangallo le explicó que cuando fue terminado, originalmente, el edificio se parecía más a una fortaleza que a una capilla. Como el papa Sixto había tenido la intención de usarlo como defensa del Vaticano en caso de guerra, fue la parte superior se coronó con un bastión abierto desde el que los soldados podrían disparar cañones y dejar caer grandes piedras sobre los atacantes. Cuando el vecino Sant' Angelo fue reforzado como fortaleza, adonde podía llegarse por un pasadizo de altos muros desde el palacio papal, Julio II ordenó a Sangallo que extendiese el techo de la Capilla Sixtina para que cubriese el almenado parapeto. Las dependencias destinadas a los soldados, sobre la bóveda que Miguel Ángel tenía que pintar, estaban ahora abandonadas.

Una intensa luz solar se filtraba por las tres altas ventanas e iluminaba los magníficos frescos de Botticelli y Rosselli. Las paredes laterales, de cuarenta metros de longitud, estaban divididas en tres zonas en su extensión hacia la bóveda, que se veía veinte metros cuarenta centímetros más arriba. La parte inferior estaba cubierta de tapices. El friso de frescos llenaba las partes intermedias. Sobre los frescos había una cornisa modelada horizontalmente que sobresalía unos sesenta centímetros de la pared. En la parte superior estaban las espaciadas ventanas y a ambos lados de cada una, los retratos de los papas.

Miguel Ángel echó la cabeza hacia atrás, para mirar el área que debía decorar. Varias pechinas emergían del tercer plano de la pared y ascendían a la bóveda curvada. Estaban apoyadas en pilares cuyos extremos se hundían en el tercer piso. Aquellas pechinas, cinco en cada pared y una en cada extremo, constituían las zonas en las que tenía que pintar los doce apóstoles. Sobre cada ventana había un luneto semicircular.

De inmediato comprendió, con horror, el motivo del encargo que se le había hecho. No era pintar magnánicamente el techo para complementar los primitivos frescos, sino más bien ocultar, disimular, los soportes estructurales que significaban una brusca transición entre la tercera parte superior de la pared y la bóveda barrilada. Los apóstoles no debían ser creados por ellos mismos, sino para que la mirada de la gente fuese atrapada por ellos y, de esa manera, desviada de aquellas horribles divisiones arquitectónicas. Como artista, él se había convertido no sólo en un simple decorador sino en eliminador de las torpezas de otros hombres.

X

Volvió a casa de Sangallo y pasó el resto del día escribiendo cartas: a Argiento, pidiéndole que partiese cuanto antes para Roma; a Granacci, rogándole que se uniese a él para hacerse cargo de organizarle una *bottega*; a los Topolino, preguntándoles si conocían algún buen cantero dispuesto a ayudarlo con los bloques de mármol. A la mañana siguiente llegó un paje del Papa informándole que la casa en la que habían estado depositados dos años sus primeros bloques de mármol estaba todavía a su disposición. Algunos de los bloques más chicos habían sido robados.

No pudo encontrar a Cosimo, el carpintero. Esa tarde, él y Rosselli examinaron la casa que estaba desocupada desde que él la dejara tan bruscamente dos años atrás.

En mayo firmó su contrato para la Capilla Sixtina y le fueron entregados quinientos ducados grandes de oro. Tomó un muchacho romano para que cuidara la casa, pero lo despidió al comprobar que le robaba. Otro muchacho que tomó hizo lo mismo.

Granacci llegó al terminar la semana.

—¡Jamás me he alegrado tanto de ver a una persona! —exclamó Miguel Ángel—. Tienes que ayudarme a escribir una lista de ayudantes.

—¡No tan de prisa! —rió Granacci—. Ésta es mi primera visita a Roma y quiero ver lo que es digno de verse.

—Mañana te llevaré al Coliseo, los Baños de Caracalla, el Capitolino...

—Todo a su debido tiempo. Esta noche quiero visitar los lugares alegres, las tabernas de las que tanto he oído hablar.

—Me gustaría reunir a los pintores con quienes trabajamos en la *bottega* de Ghirlandaio: Bugiardini, Tedesco, Cieco, Baldinelli, Jacopo...

—Bugiardini vendrá. Tedesco también, aunque creo que no sabe mucho más de pintura ahora que cuando estaba en la *bottega*. Jacopo va a cualquier parte, siempre que no le cueste nada. Pero Cieco y Baldinelli... no sé si siguen dedicados a la pintura.

—¿A quiénes podemos conseguir?

—A Sebastiano da Sangallo. Se considera discípulo tuyo. Todos los días va a copiar algún detalle de *Los bañistas*. Tendré que pensar en un quinto. No es fácil conseguir cinco pintores que estén libres simultáneamente.

—Voy a darte una lista de colores que hay que comprar. Estos colores romanos no sirven para nada.

—Voy sospechando —dijo Granacci— que en Roma no hay una sola cosa que te guste.

—Me pasa lo mismo que a todos los demás florentinos.

—Pues yo seré la excepción. He oído hablar de las sofisticadas y hermosas cortesanas y de las suntuosas villas que tienen. Ya que tengo que quedarme aquí para ayudarte a preparar la bóveda, voy a buscarme una amante excitante.

Una carta le trajo la noticia de que su tío Francesco había muerto. La tía Cassandra, después de vivir con la familia durante cuarenta años, se había trasladado a la casa de su familia y acababa de iniciar juicio contra los Buonarroti para obligarlos a devolver su dote y pagar las deudas de Francesco. Le causó tristeza la muerte del penúltimo de los Buonarroti mayores. Y se preocupó. Su padre tenía evidentemente la intención de que él se opusiese a la demanda de Cassandra, contratase los servicios de un notario para ello y se presentase ante el tribunal de justicia.

Al día siguiente, se armó de valor para volver a la Capilla Sixtina. Encontró allí a Bramante, dirigiendo a los carpinteros que montaban un andamio colgante desde el techo.

—He aquí un andamio que lo sostendrá seguro por el resto de su vida —dijo el arquitecto.

—Le gustaría que así fuese —respondió Miguel Ángel—, pero en realidad será sólo cuestión de unos meses. —Inspeccionó la obra y frunció el ceño, mientras agregaba: —¿Y qué piensa hacer con los agujeros que se están abriendo en el techo, una vez que se saquen los postes?

—Llenarlos, naturalmente.

—¿Y cómo se podrá subir para llenarlos, después de haber desmontado el andamiaje?

—¡Hum! No había pensado en eso.

—Tampoco ha pensado lo que tendremos que hacer con los cuarenta horribles agujeros rellenos de cemento en medio de mi pintura, cuando yo haya terminado el trabajo, ¿verdad? Será mejor que discutamos esto con el Pontífice.

—Comprendo —dijo Julio II al escuchar a Miguel Ángel. Se volvió a Bramante con una expresión de perplejidad—. ¿Qué pensaba hacer con esos agujeros del techo? —preguntó.

—Dejarlos, lo mismo que se hace con los de los costados de los edificios cuando sacamos los postes que sostienen los andamios. No es posible evitarlo.

—¿Qué opina, Buonarroti?

—Santo Padre, yo diseñaré un andamio que no llegará a tocar el techo. De esa manera, la pintura quedará perfecta.

—Le creo. Desarme el andamio de Bramante y construya el suyo. Chambelán, pagará lo que cueste el andamio de Buonarroti.

Aquella noche, Miguel Ángel atacó el problema. Tendría que inventar un andamio. La capilla propiamente dicha estaba dividida en dos partes: la mitad, de los legos, que él pintaría primeramente; y la división mayor, el presbiterio, para los cardenales. Luego venía el altar y el trono para el Papa. En la pared del fondo estaba el fresco de *La Asunción*, original de Perugino. Las paredes eran gruesas y muy fuertes. Podrían resistir cualquier presión por fuerte que fuese. Si él construía el andamio con tablones sólidamente calzados contra los muros, cuanto más grande fuese el peso colocado sobre el andamio, mayor sería la presión y más segura quedaría su estructura. El problema era cómo afirmar los extremos de los tablones, puesto que no podía abrir nichos en las paredes. De pronto recordó la cornisa que sobresalía. No sería suficientemente fuerte como para resistir el peso del andamio y los hombres, pero podría brindar el calce necesario para los tablones.

—Tal vez resulte —dijo Piero Rosselli, que a menudo tenía que construir sus propios andamios. Dirigió a Mottino en la tarea de sujetar los tablones y construir el puente. Ambos lo robaron y luego hicieron subir uno a uno a todos los carpinteros. Cuanto mayor era el peso en el armazón transversal, más fuerte resultaba el andamio.

Argiento escribió que no podía abandonar la granja de su hermano hasta después de las cosechas. Granacci tampoco había podido reunir el personal de ayudantes por carta.

—Tendré que ir a Florencia y ayudarlos a terminar los trabajos que están realizando —dijo—. Quizá demore un par de meses, pero te prometo que volveré con todos los que deseas.

—Mientras tanto, yo haré los dibujos. Cuando vuelvas, empezaremos a pintar —contestó Miguel Ángel.

Llegó el verano. Era imposible respirar. La mitad de la ciudad se enfermó. Rosselli, su único compañero durante aquellos días agobiantes, huyó a las montañas. Miguel Ángel subía al andamio al amanecer y pasaba los sofocantes días dibujando modelos a escala de las doce pechinas en las que serían pintados los apóstoles. A media mañana la bóveda era un verdadero horno y él se ahogaba de calor. Dormía como si estuviese bajo los efectos de un narcótico y luego, al llegar la noche, trabajaba en el jardín, ideando diseños para los casi seis mil pies cuadrados de cielo y estrellas que había que revocar y embellecer de nuevo.

Los días y semanas de intenso calor pasaron. Llegó Michi, el cantero de Settignano que su padre le había encontrado en Florencia y que deseaba visitar Roma. Tenía unos cincuenta años y sabía cocinar algunos de los platos comunes en su pueblo. Antes de su llegada, Miguel Ángel pasó muchos días a pan y un poco de vino.

En septiembre llegó Granacci, quien traía a remolque toda una *bottega* de ayudantes. Miguel Ángel vio, risueño, cómo habían madurado aquellos ex aprendices: Jacopo seguía delgado, fuerte, con sus ojos negros que hacían juego con el resto de sus cabellos; Tedesco, que lucía una revuelta barba, más intensamente rojiza que su pelo y estaba más gordo; Bugiardini, siempre con su cara de luna llena y sus grandes ojos, mostraba una incipiente calvicie que parecía una tonsura; Sebastiano da Sangallo, nuevo en el grupo, se había tornado muy serio desde que Miguel Ángel lo había visto, lo que le valió el sobrenombre de Aristóteles; Donnino, el único a quien Miguel Ángel no conocía, había sido llevado por Granacci porque "es un gran dibujante, el mejor del lote". Tenía cuarenta y dos años. Aquella noche la nueva *bottega* realizó una reunión. Granacci hizo llevar unas botellas de vino blanco Frascati y una docena de fuentes de comida de la Trattoria Toscana.

Miguel Ángel compró una segunda cama en el Trastevere. Él, Bugiardini y Sangallo durmieron en la habitación contigua al taller, mientras Jacopo, Tedesco y Donnino lo hicieron en la que daba al vestíbulo. Bugiardini y Sangallo salieron a comprar caballetes y tablones, con los que fabricaron una mesa de trabajo en la que podían trabajar los seis juntos.

La *bottega* comenzó a trabajar en serio. Miguel Ángel extendió en la mesa sus dibujos de todo el techo a escala. Las grandes pechinas a cada extremo de la capilla las reservó para las figuras de San Pedro y San Pablo; en las cinco más pequeñas, a un lado, irían las de Mateo, Juan y Andrés. En la pared opuesta se pintarían las de Jaime el Grande, Judas Tadeo, Felipe, Simón y Tomás.

En la primera semana de octubre, la casa era ya un caos, porque nadie pensaba ni siquiera en hacer una cama, lavar un plato o barrer un suelo. Argiento llegó de Ferrara y se mostró entusiasmado al enterarse de que tendría seis compañeros en la casa. Inmediatamente se puso a fregar pisos, cocinar y limpiar todas las habitaciones.

Miguel Ángel asignó una división en la bóveda a cada uno de sus seis ayudantes. Él pintaría personalmente las figuras de la mayoría de los apóstoles, pero Granacci podría encargarse de dos y tal vez Donnino y Sangallo podrían hacer uno cada uno. Ahora que ya tenía a todos juntos y en plena labor, se sentía seguro de que podría terminar todo el techo en unos siete meses. Eso significaría otro año de su vida. Un total de cuatro, desde que lo había llamado a Roma por primera vez el papa Julio II. Terminaría en mayo y después se pondría a trabajar en las figuras de mármol para la tumba o volvería a su Hércules, que el *gonfaloniere* Soderini había llevado a Florencia para él.

Pero las cosas no salieron de esa manera. Donnino, aunque era un excelente dibujante, como había dicho Granacci, carecía del valor suficiente para aventurarse más allá de sus bocetos y colorear los dibujos. Jacopo entretenía a todos, pero no realizaba más trabajo a los treinta y cinco años que cuando estaba en la *bottega* de Ghirlandaio a los quince. Tedesco pintaba mediocremente. Sangallo se atrevía con cuanto Miguel Ángel le encargaba, pero le faltaba experiencia todavía. Bugiardini era un trabajador consciente, en quien podía confiar, pero como antes, en la *bottega* de Ghirlandaio, sólo sabía pintar paredes lisas, ventanas, tronos y pilares. El dibujo de Granacci para su apóstol salió bien, pero el joven se estaba divirtiendo en Roma. Como se había negado a percibir salario alguno, Miguel Ángel no podía obligarlo a trabajar más horas que las pocas que trabajaba. Miguel Ángel tuvo que realizar una labor dos veces más intensa de lo que había calculado y durante las semanas de noviembre la tarea avanzó lentamente.

Durante la primera semana de diciembre, la *bottega* estaba lista para pintar una parte bastante extensa del techo. Uno de los apóstoles era suyo, el San Juan. Granacci debía pintar el Santo Tomás, en el lado puesto. Los demás, en el andamio, encabezados por Bugiardini, tenían que pintar las decoraciones de la bóveda, entre los dos apóstoles. Piero Rosselli había cubierto aquella parte del techo con una gruesa capa de *intonaco* el día anterior, logrando así una superficie tosca sobre la cual esa mañana revocaría la parte que debía pintarse antes de la noche.

Al amanecer, partieron todos hacia la Capilla Sixtina. El carro iba cargado de baldes, pinceles, tubos de pintura, dibujos, afilados palos, potes y botellas de colores. Miguel Ángel y Granacci caminaban delante, seguidos por Bugiardini y Sangallo. Tedesco, Jacopo y Donnino cerraban la marcha. Miguel Ángel sentía un vacío en la boca del estómago, pero Granacci estaba animadísimo.

XI

El grupo trabajó bien como equipo. Michi mezclaba el revoque en el andamio, después de subir las bolsas por la escalera. Rosselli extendía hábilmente el revoque en la superficie a pintar. Y hasta Jacopo trabajaba intensamente para copiar los colores en los bocetos, preparados ya por Bugiardini.

Cuando la pintura había tenido tiempo de secarse, Miguel Ángel volvía solo a la capilla, para estudiar el resultado de la labor del día. Terminada ya una séptima parte de la bóveda, podía ver lo que sería todo el techo cuando hubiesen pintado el resto. Se alcanzaría el objetivo que perseguía el Papa. Nadie encontraría los obstáculos de los lunetos vacíos. Los apóstoles en sus tronos y el enorme espacio cubierto de diseños de brillantes colores ocultarían todos los defectos y distraerían la atención de quienes mirasen.

Pero, ¿y la calidad del trabajo? Miguel Ángel no podía resignarse a producir más que lo mejor de que era capaz: crear mucho más allá de su capacidad y habilidad, porque no podía conformarse con nada que no fuese fresco, nuevo, diferente. Jamás había cedido un ápice en cuanto a la calidad. Su integridad de hombre y artista era la roca sobre la cual estaba construida toda su vida. Ahora, no podía negar que la calidad de aquel trabajo era mediocre. Y así se lo dijo a Giuliano da Sangallo.

—Nadie lo culpará —respondió el arquitecto—. El Papa le ha dado este trabajo y usted hizo lo que él le ordenó. ¿Quién podría hacer otra cosa?

—Yo. Si termino este techo tal como va, me despreciaré a mí mismo.

—¿Por qué se empeña en tomar las cosas tan en serio?

—Si hay una cosa que sé perfectamente es que, cuando tengo un martillo y un cincel en las manos, necesito toda la seguridad de que no puedo hacer nada mal. Necesito mi propia dignidad. Una vez que descubriese que podría contentarme con un trabajo inferior, habría terminado como artista.

Tuvo ocupada a toda la *bottega* haciendo los dibujos para la parte siguiente del techo. No dijo nada a nadie del dilema en que estaba. Sin embargo, una crisis era inminente. Sólo faltaban diez días para aplicar el siguiente panel con el tamaño natural. ¡Tenía que adoptar una decisión!

La celebración de las fiestas de Navidad en Roma, comenzadas con un adelanto considerable, le brindó un motivo para suspender el trabajo, sin revelar la angustia de que estaba poseído. La *bottega* entera se mostró encantada con aquellas vacaciones.

Recibió una nota del cardenal Giovanni. Lo invitaba a cenar el día de Nochebuena. Era la primera noticia que recibía de Giovanni desde su descomunal batalla con el Papa.

Un paje lo introdujo en el palacio de la Via Ripetta. Al atravesar el espacioso vestíbulo, con su majestuosa escalinata, y luego un rico salón y un saloncito de música, pudo percibir cuán grandes eran los beneficios que el cardenal había obtenido en los últimos años. Había pinturas en las paredes, antiguas esculturas sobre pedestales, vitrinas llenas de joyas antiguas, gemas y monedas.

De pronto, se detuvo a la entrada del más pequeño de los salones. Sentada ante la chimenea en la que ardían varios gruesos leños hacia los cuales tendía sus manos, estaba Contessina.

—¡Miguel Ángel! —exclamó ella, mirándolo sonriente.

—¡Contessina! No necesito preguntarle cómo está… ¡Hermosísima!

—Nunca me ha dicho eso —respondió ella sonrojándose.

—Pero siempre lo he pensado. Forma parte de mí mismo. Desde los días en que comenzó mi verdadera vida, en aquel jardín de escultura.

—También usted ha sido parte de mi vida.

—Luigi y Nicolo, ¿están bien? —preguntó él, cambiando de tono al ver que se acercaban otras personas.

—Sí, están aquí conmigo.

—¿Y Ridolfi?

—No. Giovanni me ha llevado a ver al Papa, quien me prometió interceder por nosotros ante la Signoria. Pero no tengo muchas esperanzas. Mi marido está comprometido en la causa antirrepublicana. Jamás pierde la ocasión de dar a conocer sus puntos de vista. No es muy discreto, pero está decidido a no cambiar. —Se detuvo bruscamente y lo miró. —Bueno, ya he hablado bastante de mí. Hablemos ahora de usted.

—Lucho, pero siempre pierdo.

—¿No anda bien su trabajo?

—Todavía no.

—Saldrá bien. ¡Pondría las manos en el fuego!

Los dos rieron ante aquella dramática afirmación. Y al reír Miguel Ángel pensó que aquella comunión era también una especie de posesión, extraña, hermosa, sagrada.

La *campagna* romana no era Toscana. Pero poseía fuerza, historia, en las llanas y fértiles extensiones atravesadas por los restos del acueducto romano: la villa de Adriano, donde el emperador había hecho renacer la gloria de Grecia y el Asia Menor; Tívoli, con sus majestuosas caídas de agua; una serie de poblaciones enclavadas en las laderas de los volcánicos Montes Albanos; y otras sierras cubiertas de verdes bosques, que se elevaban en ondulaciones sucesivas.

Fue hundiéndose más y más profundamente en el pasado. Cada noche se detenía en alguna diminuta posada y golpeaba la puerta de una familia *contadina* para comprar su cena y el derecho a dormir.

Cuanto más penetraba en el inconmensurable pasado de los montes volcánicos y las civilizaciones, más se fue aclarando su problema. Sus ayudantes tenían que irse. Muchos escultores habían permitido a sus aprendices esculpir el mármol hasta una distancia prudente de la figura encerrada en el bloque, pero él tenía que hacer todo eso personalmente. No tenía el carácter de un Ghirlandaio, capaz de ejecutar las figuras principales y las escenas centrales, mientras permitía que la *bottega* hiciera el resto. No, él tenía que trabajar solo.

No prestó atención al tiempo que pasaba. ¡Los días le parecían infinitesimales entre esas eras perdidas de la roca volcánica! En lugar de tiempo, tuvo conciencia del espacio y trató de adaptarse al corazón, la esencia de la bóveda de la Capilla Sixtina, como lo había hecho con el bloque Duccio, para conocer su peso y masa y adivinar lo que podría contener.

En la mañana del día de Año Nuevo de 1509, abandonó la choza de piedra de las montañas y subió más y más por las sendas de cabras, hasta llegar a la cumbre de la sierra. El aire era fresco, cortante, límpido. De pie en el pico, tapada la boca con su bufanda de lana, sintió el calor del sol que se elevaba a sus espaldas, sobre la montaña más distante que alcanzaba a ver. Y al subir el astro por el cielo, la *campagna* cobró vida con unos pálidos rosas y oscuros marrones. Allá, a la distancia, estaba Roma, a la que alcanzaba a ver claramente. Más allá y hacia el sur, se extendía el mar Tirreno, verde bajo el azul del cielo invernal. Todo el paisaje estaba inundado de luz; bosques, sierras que iban descendiendo a sus pies, colinas, poblaciones, fértiles llanuras, somnolientas granjas, aldeas de piedra, caminos de montaña que llevaban a Roma, y el mar, un barco en el agua...

Pensó reverente: "¡Qué artista maravilloso fue Dios cuando creó el universo! Escultor, arquitecto, pintor que concibió originalmente el espacio y lo llenó con todas estas maravillas...".

Y de pronto, se iluminó su cerebro y supo, tan claramente como podía haber sabido algo en su vida, que nada podría bastarle para su bóveda más que el mismo Génesis, una nueva creación del Universo. ¿Qué obra de arte más noble podría haber que la creación por Dios del sol y la luna. La tierra y el agua, la creación del hombre y después de la mujer. Él crearía el mundo en aquel techo de la Capilla Sixtina, como si se estuviese creando por primera vez. ¡Aquél sí que era un tema que conquistaría la bóveda!

XII

Pidió al chambelán Accursio si podía hablar a solas con el Papa unos instantes. El chambelán concertó la entrevista para la última hora de la tarde. El Papa estaba sentado en el pequeño salón del trono, acompañado por un solo secretario. Miguel Ángel se arrodilló ante él:

—Santo Padre —dijo—. He venido a hablarle sobre la bóveda de la Capilla Sixtina.

—¿Sí, hijo mío?

—No hice más que terminar de pintar una parte, cuando me di cuenta de que la obra no saldría bien.

—¿Por qué?

—Porque la colocación de los apóstoles surtirá un efecto desfavorable. Ocupan un área demasiado pequeña del total del techo y se pierden.

—Pero hay otras decoraciones.

—Las he comenzado, como ordenó. Y con ellas los apóstoles aparecen más empequeñecidos.

—¿Es su sincero juicio que, al final, el techo producirá un efecto pobre?

—He meditado mucho sobre esto, Santo Padre, y ésa es mi honesta opinión. No importa que el techo esté bien pintado, no nos aportará muchos honores.

—Cuando habla tranquilamente, como ahora, Buonarroti, adivino la verdad en usted. Y, al mismo tiempo, sé que no ha venido a verme para abandonar el trabajo.

—No, Santo Padre. He ideado una composición que cubrirá de gloria todo ese techo.

—Tengo confianza en usted, así que no le preguntaré qué representa ese nuevo diseño suyo. Pero iré a menudo a la Capilla para observar su progreso. ¿Se va a empeñar en un trabajo tres veces mayor?

—Sí, Santo Padre; tres o cinco veces mayor.

El Pontífice se levantó y paseó unos instantes por el pequeño salón. Luego se detuvo ante Miguel Ángel.

—Pinte el techo como quiera. No podemos pagarle cinco veces el precio original de tres mil ducados, pero lo doblaremos a seis mil.

La tarea que tenía ahora ante sí era más delicada y difícil. Tenía que decirle a Granacci que la *bottega* quedaba disuelta y que los ayudantes tendrían que volverse a Florencia.

—Retendré a Michi para que me prepare los colores y a Rosselli para preparar la pared. El resto tendré que hacerlo yo solo.

Granacci se mostró asombrado:

—Nunca creí —dijo— que pudieras manejar una *bottega* como lo hacía Ghirlandaio, pero quisiste probar y te ayudé… Pero trabajar solo encima de ese andamio, para crear de nuevo la historia del Génesis te llevará por lo menos cuarenta años.

—No, más o menos cuatro. Pero… mira, Granacci, yo soy un cobarde. No puedo decírselo a los otros. ¿Me harías el favor de decírselo tú?

Volvió a la Capilla Sixtina y miró la bóveda con ojos más penetrantes. La estructura arquitectónica no se acomodaba a su nueva visión. Necesitaba una nueva bóveda, un techo completamente distinto que diera la impresión de haber sido construido únicamente con el propósito de exponer allí sus frescos. Pero decidió no volver al Papa con la pretensión de pedirle que invirtiese un millón de ducados para semejante obra. Él mismo, como su propio arquitecto, tendría que reconstruir la tremenda bóveda, con el único material de que disponía: ¡pintura!

Por medio de la pura invención tenía que transformar el techo, utilizando sus defectos de la misma manera que había explotado el bloque Duccio para forzar sus poderes creativos, por rutas que de otra manera probablemente nunca habría emprendido. O bien él era el más fuerte y podía desplazar este espacio de la bóveda o la fuerza para resistir de la bóveda lo aplastaría.

Estaba decidido a llevar al techo una verdadera multitud humana, así como a Dios, creador de toda ella. A la humanidad, retratada en su asombrosa belleza, sus debilidades y sus indestructibles fuerzas, y a Dios, en su capacidad para hacer posibles todas las cosas.

Argiento y Michi construyeron un banco de trabajo para él en el centro del helado suelo de mármol. Ahora sabía lo que la bóveda tenía que decir y él realizar. El número de frescos que podía pintar sería determinado por su reconstrucción arquitectónica. Tenía que crear el contenido y el continente al mismo tiempo. Comenzó por el techo, directamente encima de él. El espacio central que corría todo a lo largo de la bóveda sería utilizado para sus leyendas más importantes: la división de la tierra y las aguas; Dios en la creación del sol y la luna; Dios crea a Adán y Eva; la expulsión del Paraíso; la leyenda de Noé y el Diluvio. Ahora, por fin, podría pagar su deuda a Della Quercia por las magníficas escenas bíblicas talladas en piedra de Istria en el portal de San Petronio.

La importante sección central debía ser enmarcada arquitecturalmente; además, tenía que hacer que la larga y estrecha bóveda fuera vista como un todo unificado. A todos los efectos prácticos, no tenía un techo que pintar sino tres. Tendría que ser un verdadero mago para lograr una fuerza unificadora que abarcase todas las porciones de las paredes y el techo, para ligar los elementos de tal modo que cada uno apoyase al otro y ninguna figura o escena apareciese aislada.

Las ideas acudieron ahora en tumultuoso tropel, de tal manera que apenas podía mover las manos con suficiente rapidez para fijarlas. A las doce pechinas las reservaría para sus profetas y sibilas, sentando a cada figura en amplios tronos de mármol. Una cornisa de mármol uniría aquellos doce tronos y rodearía por completo la capilla. Esa fuerte cornisa arquitectónica serviría como marco interior cohesivo para encerrar sus nueve historias centrales. A cada lado de los tronos se vería un niño de mármol y sobre ellos, encerrando los paneles en los rincones, a la gloriosa juventud masculina del mundo: veinte figuras desnudas, de cara a los paneles menores.

Argiento llegó hasta él, con los ojos llenos de lágrimas.

—¿Qué te sucede? —preguntó Miguel Ángel.

—Ha muerto mi hermano.

—Lo siento, Argiento —dijo Miguel Ángel, poniéndole un brazo sobre el hombro.

—Tengo que volver a casa. La granja familiar es mía ahora. Tengo que trabajarla. Mi hermano ha dejado hijos pequeños. Seré un *contadino*. Me casaré con la viuda de mi hermano para criar los hijitos.

—Pero no te gusta vivir allí, en la granja.

—Usted estará ahí arriba, en ese andamio, mucho tiempo, y a mí no me gusta la pintura.

—¿Cuándo partirás?

—Hoy, después de comer.

—Te echaré de menos, Argiento.

Le pagó lo que le debía: treinta y siete ducados de oro. Aquello lo dejó casi sin fondos. No había recibido dinero alguno del Papa desde mayo, nueve meses antes. No podía ni siquiera pensar en pedir más fondos al Pontífice hasta que hubiese terminado una parte importante del techo. Pero al mismo tiempo, ¿cómo iba a pintar ni siquiera un panel completo hasta que hubiese diseñado toda la bóveda? Eso significaba meses de dibujo antes de poder empezar a pintar su primer fresco. Y ahora, cuando iba a estar más apremiado de trabajo, no tendría quien le cocinase o le limpiase la casa.

Tomó su sopa de verduras en la silenciosa vivienda, recordando los meses en que la misma había estado tan ruidosa y alegre. Ahora no habría en ella ruidos ni voces, pero allá arriba, en el andamio, él se sentiría más solo todavía.

XIII

Comenzó por el Diluvio, un gran panel situado a la entrada de la capilla. Para marzo ya tenía el dibujo listo para ser transferido al techo El invierno no había aflojado todavía. La capilla estaba fría como el hielo. Un centenar de braseros no podrían calentar las partes más bajas.

Rosselli, que partió para Orvieto, contratado para un trabajo provechoso, había adiestrado a Michi en la mezcla del revoque y el método de aplicarlo. Miguel Ángel no estaba satisfecho con el color moreno producido por la *pozzolana* y le agregó más cal y mármol molido. Luego, él y Michi se encaramaron a las tres plataformas construidas por Rosselli para poder revocar y pintar la parte superior de la bóveda. Michi extendió una capa de *intonato* y luego colocó el dibujo, que Miguel Ángel usó, fijándolo por medio de carboncillo y ocre rojizo para unir las líneas.

Michi descendió y se puso a trabajar en la mezcla de colores. Miguel Ángel estaba ahora en lo alto de la plataforma, a unos veinte metros de altura sobre el suelo. Tenía trece años cuando subió por primera vez al andamio en Santa Maria Novella. Ahora tenía treinta y cuatro y, como entonces, sufría vértigo. Se volvió y tomó uno de los pinceles, cuyos pelos apretó entre los dedos, mientras recordaba que tenía que mantener líquidos los colores a esa hora temprana de la mañana.

Pintaba con la cabeza y los hombros pronunciadamente echados para atrás, mientras sus ojos miraban hacia arriba. La pintura goteaba sobre su cara. Se le cansaban en seguida la espalda y los brazos, debido a la tensión de la tan forzada postura. Durante la primera semana permitió a Michi que extendiese sólo pequeñas zonas de *intonato* cada día, pues procedía con suma cautela, experimentalmente. Sabía que, a ese paso, el cálculo de cuarenta años hecho por Granacci estaría más cerca de la verdad que los cuatro calculados por él. Sin embargo, aprendía conforme iba avanzando en el trabajo. Su panel de vida y muerte en violenta acción tenía poco o nada en común con los de Ghirlandaio, que a él le parecían carentes de vida. Se conformaba con ir tanteando lentamente, hasta que sintiera que dominaba aquel medio.

Al finalizar la primera semana, se levantó un fuerte y helado viento norte. Miguel Ángel se dirigió a la Capilla, se encaramó al andamio y al llegar a la plataforma superior vio con espanto que todo el panel estaba arruinado. El revoque y la pintura no secaban. Por el contrario, goteaban incesantemente por los bordes y aquella humedad creaba un moho que iba extendiéndose sobre la pintura, absorbiéndola inexorablemente.

Pensó: "¡No sé mezclar los colores para la pintura al fresco! ¡Hace demasiados años que aprendí en la *bottega* de Ghirlandaio!".

Bajó la escalera desesperado, con los ojos llenos de lágrimas y se dirigió como ciego al palacio papal, donde se le hizo esperar largamente en una antecámara. Cuando fue admitido ante el papa Julio II le preguntó:

—¿Qué sucede, hijo mío? Parece enfermo.

—He fracasado, Santo Padre.

—¿En qué sentido?

—Todo cuanto he pintado está arruinado. ¡Previne a Su Santidad que la pintura no era mi profesión!

—Vamos, levante la cabeza, Buonarroti. Jamás lo he visto... aplastado. Lo prefiero cuando me grita y me mira airado.

—El techo ha empezado a gotear. La humedad está llenando de moho la pintura.

—¿No puede secarlo?

—No sé cómo, Santidad. ¡Mis colores desaparecen mezclándose con el moho!

—¡No puedo creer en su fracaso! —dijo el Papa. Se volvió hacia un funcionario y ordenó—: Vaya inmediatamente a casa de Sangallo y dígale que inspeccione el techo de la Capilla Sixtina sin pérdida de tiempo y me traiga su informe.

Miguel Ángel se retiró a una antecámara para esperar. Aquella era su peor derrota. No estaba acostumbrado al fracaso; aquella palabra era la única en su léxico que consideraba peor que verse obligado a trabajar en medios extraños a él. No podía dudar de que el Papa daría por terminado su contrato con él. Con toda seguridad no se le permitiría que esculpiese la tumba. Cuando un artista fracasaba de manera tan abyecta, estaba terminado. La noticia de su fracaso se extendería por toda Italia en pocos días. En lugar de regresar a Florencia triunfante, se arrastraría como un perro castigado, con la cola de su orgullo entre las piernas.

Antes de que tuviera tiempo de serenarse, fue introducido de nuevo en el salón del trono.

—Sangallo —preguntó el Papa—, ¿cuál es su informe?

—No es nada serio, Santo Padre. Miguel Ángel aplicó la cal demasiado aguada y el viento norte provocó la exudación.

—¡Pero si es la misma composición que Ghirlandaio utilizaba en Florencia! —exclamó Miguel Ángel.

—La cal romana es de tramontina y no se seca tan fácilmente. La *pozzolana* que Rosselli le enseñó a mezclar con ella permanece blanda y a menudo desarrolla una eflorescencia mientras se seca. Sustituya la *pozzolana* por polvo de mármol y use menos agua con esa cal. Con el tiempo, el aire consumirá el moho. Sus colores no sufrirán nada.

El viento cesó y salió el sol. El revoque se secó. Pero fue Sangallo quien recorrió el largo camino de la derrota, rumbo a Florencia. Cuando Miguel Ángel fue a la casa de la Piazza Scossacavalli, encontró todos los muebles cubiertos con sábanas y los efectos de la familia amontonados en el vestíbulo de la planta alta. Miguel Ángel sintió que se le oprimía el corazón.

—¿Qué ha sucedido?

Sangallo movió la cabeza melancólicamente.

—No me dan trabajo. ¿Sabe cuál es el único encargo que tengo ahora? ¡Colocar alcantarillas bajo las calles principales! ¡Noble trabajo para un arquitecto papal!, ¿no? Mis ayudantes se han ido a trabajar con Bramante. Éste ocupa ahora mi lugar, como juró que haría.

A la mañana siguiente, Sangallo y su familia se habían ido. Allá arriba, en su andamio, Miguel Ángel se sintió más solo en Roma que nunca, como si fuera él quien yacía melancólico e impotente en las últimas rocas grises que se levantaban todavía sobre las aguas.

El *Diluvio* le absorbió treinta y dos días de incesante pintura. Durante las últimas semanas, estaba sin dinero. Sus ganancias anteriores, invertidas en casas y granjas para aumentar las rentas de la familia, no le aportaban ni un escudo. Por el contrario, cada carta le traía lamentaciones. En esos momentos, se sentía como uno de aquellos hombres desnudos que había pintado en el centro de su panel, intentando subir al Arca de Noé, donde otros hombres aterrados levantaban contra ellos sus cachiporras, por temor a que hiciesen zozobrar aquel último refugio.

¿A qué se debía que él, a diferencia de los demás, fracasara en sus relaciones con el Papa? El joven Rafael Sanzio, recientemente llevado a Roma por Bramante, se había conseguido inmediatamente un importante encargo particular. El Papa estaba tan embelesado con la gracia y el encanto de sus obras que le encargó que cubriese de frescos las estancias de su nueva residencia. Al recibir un suculento adelanto del Pontífice, Rafael alquiló una lujosa villa, instaló en ella a una joven y hermosa amante y tomó servidores para que atendiesen a ambos. A esas alturas, Rafael ya estaba rodeado por una cohorte de admiradores y aprendices y cosechaba los mejores frutos que podía ofrecer Roma a un artista.

Miguel Ángel lanzó una mirada a las despintadas paredes de su casa, sin cortinas ni alfombras, con apenas unas cuantas piezas de mobiliario, pobres y deslucidas.

Una noche, mientras Miguel Ángel cruzaba la Piazza San Pietro, vio a Rafael que caminaba hacia él, rodeado por sus aduladores y aprendices. Al cruzarse, Miguel Ángel le dijo secamente:

—¿Adónde va, rodeado de un séquito como un rey?

—¿Y adónde va usted, tan solo como el verdugo? —respondió Rafael con mordacidad.

El hecho de que su aislamiento fuese voluntario no lo consolaba. Se dirigió a su mesa de dibujo y hundió su hambre y soledad en el trabajo, poniéndose a dibujar su próximo fresco: el *Sacrificio de Noé*. Conforme las figuras iban adquiriendo vida bajo sus rápidos dedos, el taller se llenó de energía, vitalidad y color. Su hambre, su sensación de soledad, desaparecieron. Se sentía seguro entre aquel mundo que él mismo creaba. "Jamás estoy menos solo que cuando estoy solo", murmuró para sí. Y suspiró, porque se sabía él mismo víctima de su propio carácter.

XIV

Quería que el Papa viese la Sibila de Delfos y el profeta Joel en sus tronos, como buenos ejemplos de las figuras que rodearían a los paneles centrales.

Julio II se encaramó por la escala del andamio y contempló atentamente los cincuenta y cinco hombres, mujeres y niños, de algunos de los cuales se veían solamente las cabezas y hombros, pero en su mayoría presentados totalmente. Comentó la magnífica belleza de la Sibila de Delfos y le hizo algunas preguntas sobre lo que iba a pintar en las otras áreas. Por fin dijo:

—¿El resto del techo será tan bueno como este panel?

—Debe resultar mejor, Santo Padre, pues sigo aprendiendo lo referente a la perspectiva apropiada, a esta altura.

—Estoy satisfecho de usted, hijo mío. Ordenaré que el tesorero le entregue otros quinientos ducados.

Ahora ya podía enviar dinero a su casa, comprar alimentos y los materiales que necesitaba para seguir trabajando. Transcurrirían así unos meses tranquilos, durante los cuales podría pintar *El Paraíso, Dios crea a Eva* y luego el corazón mismo del techo: *Dios crea a Adán*.

Pero los meses siguientes no tuvieron nada de tranquilos. Advertido por su amigo el chambelán Accursio de que su *Piedad* era sacada de San Pedro para que el ejército de dos mil quinientos obreros de Bramante pudiera demandar la pared sur de la Basílica y hacer lugar al primero de los entrepaños de pared, subió a saltos la larga escalera y comprobó que la *Piedad* había sido llevada ya a otra pequeña capilla…, por suerte sin daño para la escultura. Después, incrédulo, con una sensación de angustia en la boca del estómago, vio cómo caían en pedazos las antiguas columnas de mármol y granito, y cómo los obreros sacaban los escombros. Los monumentos construidos en la pared sur se vinieron abajo cuando la derrumbaron. ¡Y habría costado tan poco llevarlos a otro lugar sin que sufrieran daño alguno!

Que él supiera, nadie tenía llave de la Capilla Sixtina más que el chambelán Accursio y él. Miguel Ángel había insistido en ello, para que de este modo ninguna persona pudiera espiar su trabajo o irrumpir en su aislamiento. Un día, mientras pintaba el profeta Zacarías en su enorme trono, tuvo la sensación de que alguien visitaba la Capilla durante la noche. No podía probarlo, pero adivinaba que las cosas no estaban exactamente igual que como él las había dejado la tarde anterior. Alguien subía por la escala durante su ausencia.

Michi se ocultó aquella noche y le informó que los visitantes eran Bramante y, según creía, Rafael. Bramante tenía una llave, por lo visto. Iban allí después de la medianoche. Miguel Ángel se enfureció. Antes que su bóveda estuviera completa y abierta al público, Rafael pintaría sus obras copiando su técnica. Así, sería Rafael el autor de la revolución en la pintura y él, Miguel Ángel, un simple imitador.

Pidió al chambelán Accursio que le consiguiese una audiencia con el Papa, a la que debía asistir también Bramante. En ella, formuló la acusación. Bramante no pronunció una sola palabra. Miguel Ángel exigió que el arquitecto entregase su llave al chambelán y así se hizo. Una nueva crisis había quedado resuelta. Y Miguel Ángel regresó a su bóveda.

Al día siguiente recibió un aviso de una sobrina del cardenal Piccolomini. La familia insistía en que terminase de esculpir las restantes once estatuas del altar de Siena o que devolviese los cien florines que se le habían dado como adelanto. En ese momento, no podía desprenderse de aquella suma. Además, la familia le debía el importe de una de las figuras, que ya había sido entregada.

Recibió una carta de Ludovico en donde le informaba que, mientras se efectuaban reparaciones en la casa de Settignano, Giovansimone había tenido un cambio de palabras con él y amenazó con pegarle, después de lo cual prendió fuego a la casa. Los daños eran insiginificantes porque el edificio era de piedra, pero Ludovico estaba enfermo debido al tremendo disgusto. Miguel Ángel envió dinero para reparar la casa y una carta severísima a su hermano.

Aquellos incidentes lo deprimieron profundamente. Se vio obligado a suspender el trabajo. Fue a la campiña y caminó muchos kilómetros incansablemente. En medio de su desesperación, recibió un mensaje del cardenal Giovanni, llamándolo al palacio Medici. ¿Qué otra cosa habría salido mal?

Giovanni estaba acompañado de Giulio cuando él llegó:

—Miguel Ángel —dijo el cardenal—. Como antiguo compañero bajo el techo de mi padre, siento por usted un cálido afecto.

—Eminencia: siempre lo he creído así.

—Es por eso que deseo que sea un miembro más de mi casa. Tiene que venir a cenar, estar a mi lado en mis cacerías y figurar en mi séquito cuando cruzo la ciudad para oficiar misa en Santa Maria de Domenica. Quiero que toda Roma sepa que es miembro de mi círculo más íntimo.

—¿Y no podría decírselo a toda Roma?

—Las palabras no significan nada. A este palacio vienen eclesiásticos, nobles, ricos comerciantes… Cuando toda esa gente lo vea aquí, sabrá que está bajo mi protección.

Bendijo a Miguel Ángel y salió de la habitación. Miguel Ángel miró a Giulio, quien dio un paso hacia él y le habló cálidamente:

—El cardenal considera que necesita usted de su bondad.

—¿En qué forma?

—Bramante lo desacredita a usted allá adonde va. Si se convierte en un íntimo de esta casa, el cardenal, sin decir una palabra a Bramante, silenciará a sus detractores.

Miguel Ángel estudió un instante el hermoso rostro de Giulio y, por primera vez, sintió simpatía hacia él, de la misma manera que Giulio le estaba ofreciendo, también por primera vez, su amistad.

Ascendió la tortuosa senda hasta la cima del cenáculo y desde allí contempló los tejados y terrazas de Roma. El Tíber atravesaba la ciudad trazando una S continua. Se preguntó si podría unirse al séquito del cardenal Giovanni y pintar al mismo tiempo la Capilla Sixtina. Estaba agradecido a Giovanni por su deseo de ayudarlo y él necesitaba ciertamente ayuda. Pero aun cuando no estuviese trabajando día y noche, ¿cómo podía convertirse en un dependiente del cardenal? Los años eran tan cortos, las frustraciones tan numerosas, que a no ser que trabajase al máximo de su capacidad jamás lograría reunir un volumen de obra importante. ¿Cómo podía pintar varias horas por la mañana, ir a los baños, dirigirse a la residencia de Giovanni, conversar cortésmente con varias docenas de invitados y consumir una deliciosa cena que se prolongaría varias horas?

El cardenal Giovanni lo escuchó atentamente cuando le expresó su gratitud y le dio las razones por las cuales no podía aceptar su ofrecimiento.

—¿Por qué le es imposible, cuando Rafael lo hace con tanta facilidad? —preguntó Giovanni—. También él produce una gran cantidad obras, a pesar de lo cual cena todas las noches en un palacio distinto, sale con sus amigos, va a los teatros… ¿Por qué él sí y usted no?

—Sinceramente, ignoro la respuesta, Eminencia. Yo trabajo desde el amanecer hasta la noche y después a la luz de una vela o una lámpara. Para mí, el arte es un tormento, doloroso cuando sale mal, delicioso cuando todo va bien, pero siempre un tormento que me domina. Cuando he terminado una jornada de trabajo, quedo totalmente vacío. Todo cuanto tenía dentro de mí ha quedado dentro del mármol o el fresco. Es por eso que no tengo nada que dar en otras partes.

Volvió a su andamio, decidido a que nada lo distrajera en adelante, ni las dificultades en Roma ni las de Florencia. Sus bocetos para la bóveda estaban ahora casi terminados y en ellos figuraban trescientos hombres, mujeres y niños, todos ellos imbuidos de la potencia de la vida, como los vivos que caminaban por la tierra. La fuerza para crearlos tenía que proceder de su interior. Necesitaría días, semanas, meses, de diabólica energía, para dar a cada personaje individual una anatomía, mente, espíritu y alma auténticas, una irradiación de fuerza tan monumental que muy pocos hombres de la tierra pudieran igualarse a ellos. Cada uno tenía que ser arrancado de su matriz artísticas, a la fuerza, una fuerza articulada y frenética. Era imprescindible que reuniese dentro de sí todo su poder. Mientras estaba creando el Dios Padre, él era el Dios Madre, fuente de una noble estirpe, compuesta de medio-hombres y medio-dioses, cada uno de ellos inseminado por su propia fertilidad creadora.

Hasta Dios se había cansado después de su torrente de actividad. Al séptimo día llegó al fin de su creación y descansó. ¿Por qué, entonces, él, Miguel Ángel Buonarroti, un hombre pequeño, que sólo medía un metro sesenta y pesaba cuarenta y siete kilos, tenía que trabajar durante meses, años, sin alimentarse debidamente, sin descansar, sin agotarse?

Durante treinta días pintó del amanecer hasta bien entrada la noche para terminar *El Sacrificio de Noé*, las cuatro titánicas figuras masculinas desnudas que lo rodeaban, la Sibila de Eritrea, en su trono, y el profeta Isaías, mientras que por las noches regresaba a su casa para ampliar el dibujo del *Paraíso*. Durante treinta días durmió vestido, sin quitarse ni siquiera las botas. Se alimentaba de sí mismo. Cuando se sintió mareado de pintar largas horas con la cabeza y los hombros inclinados violentamente hacia atrás, hizo que Rosselli le construyese una plataforma todavía más alta; la cuarta sobre el andamio. De este modo podía pintar sentado, sus ojos a sólo unos centímetros del techo, hasta que los huesos de sus nalgas, poco cubiertos de carne, estuvieron tan lastimados y doloridos que ya no podía resistir. Entonces se tendía boca arriba, con las rodillas dobladas hasta donde le era posible contra el pecho, para dar mayor firmeza al brazo con que pintaba. Como ya no se preocupaba de afeitarse, su barba se había convertido en el recipiente al cual iban a parar las gotas de pintura y agua. Todo movimiento que hacía, por pequeño que fuese, era un tremendo esfuerzo y una agonía de dolor.

Un día creyó que estaba casi ciego. Le llegó una carta de Buonarroto y cuando trató de leerla no veía las letras. La dejó, se lavó la cara, comió unas cucharadas de la pasta que Michi le había preparado y tomó nuevamente la carta. No podía descifrar una palabra.

Se arrojó sobre la cama, asustado. ¿Qué estaba haciendo de su vida? Se había negado a pintar el sencillo encargo que quería hacerle el Papa y ahora saldría de la Capilla envejecido, arrugado, deformado, feo. Y todo por culpa de su colosal estupidez. Porque de haber hecho las paces con el Papa habría estado de vuelta en Florencia, mucho tiempo antes, gozando de aquellas cenas de la Compañía del Crisol, viviendo en su cómoda casa, esculpiendo su Hércules.

Le llegó la noticia de que su hermano Leonardo había muerto en un monasterio de Pisa. No conocía los motivos por los que había sido llevado a Pisa o si lo habían sepultado allí. Tampoco sabía de qué había muerto. Pero mientras caminaba a San Lorenzo de Dámaso para hacer rezar una misa por él, creyó tener la respuesta: su hermano había muerto de exceso de celo. ¿No le esperaría a él una suerte igual?

Michi encontró la colonia de canteros de Trastevere, con quienes pasaba las noches y los días de fiesta. Rosselli se fue a Nápoles, Viterbo y Perugia para construir sus magistrales paredes para frescos. Miguel Ángel no fue a ninguna parte. Nadie iba a visitarlo o a invitarlo a salir. Sus conversaciones con Michi se limitaban a comentarios sobre la mezcla de colores y los materiales que se necesitaban para la bóveda. Vivía una vida tan monacal y recluida como los hermanos del Santo Spirito.

Ya no iba al palacio papal para departir con el Pontífice, aunque éste, después de una segunda visita a la Capilla, le había hecho entregar otros mil ducados para continuar el trabajo. Nadie iba a la Sixtina. Cuando se dirigía de su casa a la Capilla o volvía de regreso, lo hacía casi totalmente ciego, baja la cabeza, sin ver a nadie. Los transeúntes ya no se fijaban en sus ropas cubiertas de pintura y de revoque, en su rostro manchado, su barba y pelo descuidados. Algunos lo creían loco.

En cuanto a él, había cumplido su objetivo primario: la vida y la gente que aparecían en el techo de la Sixtina eran reales. Los que vivían en el mundo eran fantasmas. Sus amigos, sus íntimos, eran Adán y Eva en el Paraíso, el cuarto panel majestuoso de la línea. Pintó las dos figuras, no pequeñas, tímidas y delicadas sino poderosamente constituidas, vivaces hermosas, tan primitivas como las rocas que las protegían del manzano en cuyo tronco se enroscaba la serpiente; tomaban la tentación con una tranquila aceptación, fuertes, no con débil estupidez. Y cuando se les arrojaba del Paraíso a la árida tierra en el lado opuesto del panel, cuando el Arcángel les apuntaba con su espada, se asustaban pero no se encogían, no eran reducidos a cosas que se arrastraban por la tierra. Eran el padre y la madre del hombre, creados por Dios, y él, Miguel Ángel Buonarroti, les había dado vida, noble carácter y proporciones.

En junio de 1510, unas semanas después de mostrar al Papa el *Diluvio*, completó la primera mitad de la bóveda. En un pequeño panel central, Dios, con un manto color rosa, acababa de crear a Eva de la costilla del durmiente Adán. En los rincones, enmarcando el drama, se veían cuatro hijos desnudos, que nacerían de aquella unión. Sus rostros eran hermosos y fuertes sus cuerpos. Directamente debajo, a cada lado, estaban la Sibila de Cumea y el profeta Ezequiel en sus tronos, bajo las cornisas. La mitad de la bóveda era ahora una explosión de gloriosos colores.

No había dicho a nadie que había terminado ya la mitad de la bóveda, pero el Papa lo supo inmediatamente y envió un aviso a Miguel Ángel de que iría a la Capilla a media tarde. Miguel Ángel lo ayudó a subir la escala y le mostró las historias de David y Goliat, Judith y Holofernes, las cuatro de los antepasados de Cristo, que completaban cinco de las pechinas.

Julio le ordenó desmontar el andamio para que el mundo pudiese ver la grandiosidad de la obra que se estaba realizando.

—Todavía no es el momento, Santo Padre —dijo Miguel Ángel.

—¿Por qué?

—Porque faltan muchas cosas por terminar: los niños jugando detrás de los tronos de los profetas y sibilas, los desnudos que llenan los costados...

—¿Cuándo estará listo todo eso?

—Cuando esté listo —replicó Miguel Ángel, cortante.

Julio II enrojeció, alzó su bastón furioso y lo dejó caer en un seco golpe sobre los hombros de Miguel Ángel.

Se produjo un silencio, durante el cual los dos antagonistas se miraron iracundos. Miguel Ángel sintió que lo invadía un frío mortal. Luego se inclinó y dijo, con una voz a la cual el golpe parecía haber arrancado toda expresión:

—Será como lo desea su Santidad —y se hizo a un lado para que el Papa descendiese por la escala.

—Usted no es quién para despedir a su Pontífice, Buonarroti. ¡Usted es el despedido!

Miguel Ángel bajó del andamio y salió de la Capilla. ¡Qué amargo y degradante final, ser golpeado con un bastón, como un villano! ¡Él, que había jurado elevar la condición del artista de la categoría de obrero especializado a las más altas cimas de la sociedad; él a quien la Compañía del Crisol había aclamado, cuando desafió al Papa, acababa de ser humillado y degradado como ningún otro famoso artista que él conociese!

El triunfo de Bramante era ya completo.

¿Qué debía hacer ahora? El Pontífice no le perdonaría jamás haberlo incitado a propinar aquel golpe y él jamás perdonaría a Julio II el haberlo hecho. ¡No volvería a tomar un pincel en sus manos y nunca regresaría a aquella bóveda! Rafael podía decorar la mitad que faltaba.

Se dirigió a su casa. Michi lo esperaba, silencioso, con los ojos desorbitados.

—Michi —le dijo—. Prepara tus efectos personales y parte una hora antes que yo. Es mejor que no salgamos juntos de Roma. Si el Papa ordena que se me arreste, no quiero que te capturen a ti también.

Llenó una bolsa de lona con sus dibujos y otra con sus ropas y efectos personales. Cuando hubo terminado, alguien llamó a la puerta. Se quedó rígido y sus ojos se dirigieron a la puerta del fondo. ¡Era demasiado tarde para huir!

Abrió. Esperaba ver soldados. Pero era el chambelán Accursio.

—¿Permite usted que entre, *messer* Buonarroti? —preguntó.

—¿Ha venido a arrestarme?

—Mi buen amigo —dijo Accursio cariñosamente—, no tiene que tomar tan en serio estas pequeñas cosas. ¿Cree acaso que el Pontífice se tomaría la molestia de golpear a una persona si no la quisiera entrañablemente?

—¿Pretende sugerir que ese golpe ha sido una demostración de cariño de Su Santidad?

—El Papa lo ama como a un hijo maravillosamente dotado aunque rebelde. —Sacó una bolsa de su cinto y la dejó sobre el banco de trabajo. —El Pontífice me ha pedido que le traiga estos quinientos ducados…

—¿Un remedio de oro para cicatrizar mi herida?

—…y me ha rogado que le haga llegar sus excusas.

—¿Excusas del Santo Padre? ¿A mí?

—Sí. En cuanto regresó al palacio. No quería que esto hubiera ocurrido por nada del mundo. Me dijo que todo fue porque tanto usted como él tienen una gran *terribilitá*.

—¿Quién sabe que el Papa lo ha enviado a pedirme perdón?

—¿Tiene importancia eso?

—Puesto que Roma se enterará de que el Pontífice me ha golpeado, sólo podré seguir viviendo aquí si la gente sabe también de que me ha pedido disculpas.

—¿Quién ha sido capaz de ocultar nada en esta ciudad? —replicó Accursio, encogiéndose de hombros.

Julio II eligió la semana de la fiesta de la Asunción para dejar inaugurada la primera mitad de la bóveda. Miguel Ángel pasó las semanas hasta esa fecha en su casa, entregado al dibujo. Estaba haciendo los bocetos de los profetas Daniel y Jeremías y de las sibilas de Libia y Persia. En ningún momento se acercó a la Sixtina ni al palacio papal. Julio II no le hizo llegar palabra alguna. Era una tregua preñada de intranquilidad.

No llevaba cuenta del tiempo que pasaba. El Papa no le ordenó que fuera a la Capilla para la ceremonia. La primera noticia que tuvo de ella fue cuando Michi respondió a un golpe en la puerta e introdujo a Rafael en el taller. Miguel Ángel estaba encorvado sobre la mesa, dibujando.

Levantó la cabeza y vio que Rafael había envejecido considerablemente. Vestía suntuosos ropajes, ornados de costosas gemas. Las comisiones y encargos que llovían a su *bottega* incluían de todo, desde el diseño de una daga a la construcción de grandes palacios. Sus ayudantes completaban todo cuanto Rafael no tenía tiempo de terminar. Tenía sólo veintisiete años, pero representaba diez más.

—*Messer* Buonarroti —dijo—. Su Capilla me asombra. He venido a pedirle que me perdone mi mala educación. Jamás debí hablarle como lo hice aquella vez en la plaza.

Miguel Ángel recordó aquella visita que hiciera a Leonardo da Vinci con idéntico fin que el de Rafael.

—Los artistas deben perdonarse unos a otros sus pecados —respondió.

Nadie más fue a felicitarlo ni nadie lo detuvo en la calle o se acercó a él para encargarle alguna obra. Estaba tan solitario como si hubiese muerto. La pintura del techo de la Capilla Sixtina estaba fuera del ámbito de vida de Roma; era un duelo personal entre Miguel Ángel, Dios y Julio II.

Y, de pronto, el Papa se vio envuelto en una guerra.

Dos días después de la ceremonia de inauguración, el Pontífice partió de Roma a la cabeza de su ejército para expulsar a los franceses del norte de Italia y solidificar el Estado Pontificio. Miguel Ángel lo vio partir, seguido por las tropas españolas facilitadas por el rey de España, a quien había dado el dominio de Nápoles, los mercenarios italianos a las órdenes de su sobrino, el duque de Urbino, y las columnas romanas, que mandaba Marcantonio Colonna. Su primer objetivo era sitiar Ferrara, aliada de los franceses. Para ayudarlo en su conquista, debía recibir quince mil soldados suizos, apoyados por las considerables fuerzas de Venecia. Al dirigirse hacia el norte, había ciudades-estados que debían ser reducidas: Módena, Mirandola, sede de la familia Pico, y otras...

Miguel Ángel estaba muy preocupado. Los franceses eran la única protección de Florencia. Si Julio II conseguía expulsar a dichas tropas de Italia, Florencia sería vulnerable. Les tocaría el turno al *gonfaloniere* Soderini y a la Signoria de sentir el bastón papal sobre sus espaldas. Él también había quedado desamparado o se había desamparado a sí mismo. El chambelán del Papa le había llevado dinero y excusas, pero no el permiso específico de volver al andamio y comenzar el trabajo en la mitad de la bóveda correspondiente al altar. El Papa podía estar ausente varios meses. ¿Qué iba a hacer mientras tanto?

Una carta de su padre le informó que su hermano Buonarroto estaba gravemente enfermo. Le habría gustado estar a su lado, pero no se atrevía a salir de Roma. Envió dinero, parte de la suma que le había enviado el Papa con sus excusas.

Se enteró de que el dietario papal, un florentino llamado Lorenzo Pucci, partía para unirse al Pontífice en Bolonia. Fue a verlo y le preguntó si podía hablar con Julio II en su favor, intentar el cobro de los quinientos ducados que todavía se le debían de la mitad de la bóveda terminada, conseguir permiso para comenzar la segunda y dinero para levantar otra vez el andamio. El dietario prometió que haría lo posible y que, además, vería si podía conseguirle algún encargo particular para que pudiera vivir mientras tanto.

Miguel Ángel se sentó aquella noche a su mesa de trabajo y escribió un soneto al Papa, que comenzaba:

> *Soy vuestro siervo y lo fui desde joven:*
> *vuestro, como los rayos que llenan el círculo del sol;*
> *empero, la pérdida de mi amado tiempo no os preocupa...*
> *cuánto más trabajo, menos os muevo a compasión!*

XVII

No pudo empezar a pintar otra vez hasta el día de Año Nuevo de 1511. Durante los meses intermedios habían aumentado sus agravios y su frustración. Ante la imposibilidad de resistir más tiempo la inactividad, siguió al Papa a Bolonia, donde encontró a los Bentivoglio, que reconquistaban el poder, y a Julio II, demasiado preocupado como para verlo. Siguió viaje a Florencia para visitar a Buonarroto, resuelto a retirar parte de sus antiguos ahorros depositados en poder del Spedalingo, administrador del hospital de Santa Maria Nuova, para reconstruir su andamio y volver al trabajo, aun sin el permiso o el dinero del Papa. Buonarroto se había recuperado ya, pero estaba demasiado débil para trabajar. Su padre había recibido el primer nombramiento político acordado por Florencia a un Buonarroti en vida de Miguel Ángel: *podestá* de la población de San Casciano. Ludovico se había llevado consigo gran parte de aquellos ahorros, sin conocimiento ni autorización de su hijo, a pesar de ser un dinero que era suyo por derecho.

Había regresado, pues, a Roma, con las manos vacías. Y parecía que el papa Julio II regresaría también del mismo modo. Para Julio, como general, la cosas no le habían salido del todo bien: aunque sus tropas habían conquistado Módena, encontró Bolonia casi sin guarnición, y a los franceses, atrincherados a pocos kilómetros de la ciudad. Ferrara había infligido una derrota a sus tropas; las fuerzas suizas fueron sobornadas por los franceses y regresaron a su país. Y ya estaba dispuesto a enviar al sobrino de Pico della Mirandola a negociar su rendición a los franceses, cuando finalmente llegaron las tropas venecianas y españolas para salvarlo.

Ahora, el dietario regresó con el dinero que se le debía a Miguel Ángel, el permiso para armar el andamio nuevamente bajo la segunda mitad del techo de la capilla y el dinero para pagarlo. Miguel Ángel podía, en consecuencia, ponerse a trabajar y visualizar un Dios de tal trascendencia que todos exclamarían al verlo: "Sí, ése es el Todopoderoso… ¡No podía ser de otro modo!". Esos cuatro paneles constituían el "corazón" de la bóveda. Todo dependía de ellos. A no ser que le fuera posible crear a Dios tan convincentemente como Dios había creado al hombre, su techo carecería de la esencia de la que emergía su misma razón de ser.

Siempre había amado a Dios. Su fe en Él lo sostenía. Y ahora tenía que manifestar al mundo quién era Dios, cómo era y cómo sentía y dónde radicaba su divino poder y gracia.

Era una tarea delicada, a pesar de lo cual no dudaba que podría lograr ese Dios. Tenía solamente que fijar en dibujos la imagen que había llevado en su corazón desde niño. Dios, como la fuerza más amante, poderosa, inteligente, hermosa del Universo. Había creado al hombre a su propia imagen. Tenía el rostro y el cuerpo de un hombre. El primer hombre creado por Él, Adán, había sido formado a su imagen y semejanza.

Mientras Miguel Ángel permanecía allá arriba, pintando el panel más chico de *Dios separa las aguas y la tierra*, Julio II invirtió la posición con su pintor de frescos, hundiéndose en ese infierno especial reservado para los guerreros que sufren una derrota. Perdió sus ejércitos, artillería y bagaje y el resto de sus recursos. Derrotado, mientras emprendía el camino de regreso a Roma, encontró clavado en la puerta de la catedral de Rimini un llamamiento de todos los eclesiásticos rebeldes al Consejo General de Pisa, en el sentido de realizar una investigación referente al comportamiento oficial del papa Julio II.

La derrota del Papa fue una derrota para Miguel Ángel, puesto que su vida se había tornado inexplicablemente ligada a la de su Pontífice. En cuanto los Bentivoglio volvieron al poder, los boloñeses se congregaron en la Piazza Maggiore, arrancaron la estatua de Julio 11 de su nicho y la arrojaron al suelo. El triunfante duque de Ferrara la hizo derretir y refundir en un cañón que era objeto de burdas ironías por parte de la población y que sería seguramente utilizado contra el Papa, si éste se aventuraba a salir a la cabeza de otro ejército hacia el norte.

Durante los espléndidos días del sol de mayo y junio, Miguel Ángel trabajó diecisiete horas consecutivas diarias en el andamio. Llevaba consigo su comida y un orinal para no tener que bajar y pintaba como un poseso las cuatro figuras masculinas desnudas de las esquinas de los paneles, el joven profeta Daniel, con un enorme libro sobre las rodillas, y frente a él, la vieja Sibila de Persia, con sus ropajes de color blanco y rosa; y a Dios, en una acción profundamente dramática, mientras creaba la bola de oro del sol. Trabajaba esperanzado, creando, intentando con desesperación completar su Génesis antes del derrumbe de su protector, antes de que sus indignados sucesores llegaran para borrar hasta los últimos vestigios del reinado de Julio II y enviasen una cuadrilla de obreros a la Capilla Sixtina, para cubrir con capas de cal todo su techo.

Era una carrera contra la muerte. Como resultado de su intenso guerrear, el Pontífice había vuelto a Roma convertido en el hombre más odiado de Italia, tan agotados sus recursos que tuvo que llevar oculta entre sus ropas la tiara papal a la casa de banca de Chigi para pedir prestados cuarenta mil ducados. Sus enemigos eran ahora todas las ciudades-estados a las que Julio II había derrotado y castigado anteriormente: Venecia, Módena, Perugia, Mirandola... Hasta los nobles romanos, algunos de los cuales habían estado al mando de sus ejércitos, estaban ahora unidos contra él.

Miguel Ángel consideró que tenía el deber de ir a visitar a su Papa, única obligación capaz de arrancarlo de su andamio.

—Santo Padre —dijo—, he venido a presentarle mis respetos.

—¿Su techo progresa satisfactoriamente? —preguntó Julio II. Enseguida comprendió que Miguel Ángel no había acudido en busca de venganza y su voz fue por ello cariñosa, íntima.

—Santo Padre, creo que quedará satisfecho.

—Iré a la Sixtina con usted. Ahora mismo.

Apenas si pudo escalar el andamio. Miguel Ángel tuvo que ayudarlo en los últimos peldaños de la empinada escala. Ya arriba, respiraba agitadamente. Y entonces vio a Dios sobre él, a punto de impartir a Adán la vida humana. Una sonrisa entreabrió sus resecos labios:

—¿Cree realmente que Dios es tan benigno? —preguntó.

—Sí, Santo Padre.

—Lo espero ardientemente, puesto que pronto me hallaré ante él para que me juzgue. —Se volvió hacia Miguel Ángel y añadió: —Estoy muy satisfecho de usted, hijo mío.

Miguel Ángel cruzó la plaza hasta el lugar donde las paredes de la nueva iglesia de San Pedro comenzaban a levantarse. Al acercarse, se sorprendió al descubrir que Bramante no estaba construyendo de acuerdo con la forma tradicional para las catedrales, con sólida piedra y argamasa, sino que levantaba formas huecas de hormigón y las hacía rellenar con escombros de la antigua basílica.

Pero aquello no fue sino su primera sorpresa, el comienzo de su asombro. Al recorrer la obra y observar a los obreros que preparaban el hormigón, vio que no seguían el sólido precepto de ingeniería: mezclar una porción de cemento con tres o cuatro de arena, sino que empleaban de diez a doce porciones de arena por cada una de cemento. Estaba seguro de que aquella mezcla resultaría fatal, aun en las mejores circunstancias; sostener la vasta estructura de San Pedro con escombros entre los entrepaños de pared tenía que ser catastrófico.

Se dirigió a toda prisa al palacio de Bramante y fue introducido por un lacayo uniformado a un elegante vestíbulo con el suelo recubierto de ricas alfombras persas que hacían juego con los suntuosos muebles. Bramante estaba trabajando en su biblioteca.

—Bramante —dijo Miguel Ángel—, quiero hacerle el cumplido de creer que no sabe lo que está ocurriendo en San Pedro. No obstante cuando se derrumben las paredes del templo, no importará que haya sido usted estúpido o negligente. ¡Y esas paredes se derrumbarán!

Bramante se indignó y respondió con voz dura:

—¿Y quién es usted, un simple decorador de techos, para enseñarle a construir al más grande de los arquitectos de Europa?

—Soy el mismo que le enseñó a usted a construir un andamio. Alguien lo está estafando

—*Davvero?* ¿Y cómo?

—Echando en la mezcla mucho menos cemento que el mínimo requerido.

—¡Ah, es ingeniero también!

—Bramante, le aconsejo que vigile a su capataz. Alguien se está aprovechando de usted.

—¿Con quién más ha hablado usted de esto? —preguntó Bramante, rojo de ira.

—Con nadie más. He corrido a prevenirlo…

—Buonarroti, si corre al Papa con ese chisme, le juro que lo estrangularé con mis propias manos. ¡No es más que un incompetente entremetido!… ¡Un florentino!

Escupió la última palabra como si fuera un terrible insulto. Miguel Ángel se mantuvo sereno.

—Seguiré observando a sus mezcladores de cemento dos días más, y al cabo de ese tiempo, si sigue empleando esa mezcla insuficiente, lo denunciaré al Papa.

—¡Nadie lo escuchará! ¡No merece el menor respeto en Roma! ¡Y ahora, salga de aquí!

Bramante no hizo nada por cambiar sus materiales y Miguel Ángel se presentó en el palacio papal. Julio II lo escuchó unos instantes y luego lo interrumpió con impaciencia aunque no sin bondad:

—Hijo mío, no deben preocuparle los asuntos de otras personas. Bramante me ha notificado ya del ataque del que fue víctima y del cual es el culpable. Ignoro la causa de su enemistad, pero le digo que no es digna de usted.

—¡Santo Padre, temo sinceramente por la seguridad de esa estructura! La nueva iglesia de San Pedro fue idea de Sangallo, quien pensó en construir una capilla separada para su tumba. Me siento responsable en parte…

—Buonarroti, ¿es arquitecto?

—Hasta donde lo es un buen escultor.

—Pero no es tan buen arquitecto ni tan experimentado como Bramante, ¿verdad?

—No, Santo Padre.

—¿Se inmiscuye él en la forma en que está pintando la Capilla Sixtina?

—No, Santo Padre.

—Entonces, ¿por qué no puede conformarse con pintar su techo y dejar que Bramante construya su iglesia?

—Si Su Santidad designara una comisión para investigar... He venido aquí impulsado únicamente por mi lealtad.

—Ya lo sé, hijo mío. Pero para construir San Pedro se van a necesitar muchos años. Si viene corriendo aquí, con la sangre en el ojo, cada vez que vea algo que no le agrade...

Miguel Ángel se arrodilló bruscamente, besó el anillo del Papa y salió. Se sentía dolorosamente aturdido. Bramante era un arquitecto demasiado bueno para poner en peligro su más importante creación. Tenía que haber una explicación. Leo Baglioni estaba enterado de todo. Y fue a verlo.

—No es muy difícil de explicar —dijo Leo en tono despreocupado—. Bramante lleva una vida muy por encima de sus ingresos y gasta ciento de miles de ducados. Tiene que buscar más dinero... de cualquier lado. Por el momento, los entrepaños de San Pedro están pagando sus deudas.

XVIII

En agosto, mientras Miguel Ángel comenzaba su panel de *La Creación de Eva*, Julio II fue de caza a Ostia y regresó enfermo de malaria. Se anunció que su estado era agónico. Las habitaciones de su residencia privada fueron saqueadas; los nobles romanos se organizaron "para expulsar al bárbaro de Roma"; en toda Italia, la jerarquía eclesiástica corrió a Roma para elegir nuevo Papa. La ciudad era un hervidero de rumores. ¿Le tocaría, por fin, el turno al cardenal Riario, con lo cual Leo Baglioni se convertiría en el agente confidencial del Papa? Mientras tanto, los franceses y españoles rondaban las fronteras, con la esperanza de conquistar Italia en medio de aquella confusión. Miguel Ángel estaba poseído por una profunda ansiedad. Si fallecía el papa Julio II, ¿cómo cobraría él la segunda mitad de su trabajo en la Capilla Sixtina? Sólo tenía un convenio verbal con el Pontífice y carecía de documento alguno que los herederos de Julio II tuviesen que respetar.

Pero Julio II engañó a todos. Sanó de su enfermedad. Los nobles huyeron. El Papa retomó con mano firme el control del Vaticano y el dinero comenzó a entrar de nuevo. Pagó otros quinientos ducados a Miguel Ángel, quien envió una modesta suma a su casa, reteniendo la mayor parte.

—¡Cuánto me alegro! —exclamó Balducci, cuando Miguel Ángel le entregó su dinero. Había engordado como resultado de su buena vida y ya tenía cuatro hijos—. Ahora que eres ya independiente y casi rico, ¿quieres venir a cenar con nosotros el domingo? ¡Siempre invitamos a nuestros más importantes depositantes!

—Gracias, Balducci. Esperaré a ser socio tuyo.

Cuando Miguel Ángel efectuó un segundo depósito considerable y de nuevo rechazó la invitación de Balducci, éste fue a casa de su amigo un domingo a última hora de la tarde, con una torta que su cocinero había hecho. Hacía dos años que no iba a casa de Miguel Ángel y se asombró al ver la pobreza que imperaba allí.

—¡Por amor de Dios, Miguel Ángel! —exclamó—. ¿Cómo puedes vivir de esta manera? Toma un servidor que sepa cocinar y limpiar, que pueda proporcionarte siquiera algunas de las pequeñas comodidades de la vida.

—¿Y para qué quiero un servidor? Nunca estoy en casa más que por la noche...

—Con él, tendrías una casa limpia, comida decente y una buena tina de agua caliente para bañarte al volver de tu trabajo, además de ropa limpia y una buena botella de vino debidamente refrescado...

—*Piano, piano*, Balducci, hablas como si yo fuera un hombre rico.

—No eres pobre, sino avaro. Ganas lo suficiente para vivir bien, no como un... ¡Estás destruyendo tu salud! ¿De qué te servirá ser un hombre rico en Florencia, si te matas en Roma?

—Pierde cuidado, no me mataré. ¡Soy de piedra!

Avanzó vigorosamente en su trabajo hasta el otoño. Pintaba incluso los domingos y fiestas religiosas. Un joven aprendiz huérfano, llamado Andrea, iba a ayudarlo por las tardes y a ocuparse de los quehaceres de la casa. Miguel Ángel le permitía pintar algunas decoraciones sencillas, mientras Michi se encargaba, a su vez, de llenar algunas de las superficies lisas de los tronos y cornisas. El joven Silvio Falconi, que había pedido ser considerado como un aprendiz y que poseía verdadero talento para el dibujo, obtuvo autorización para pintar algunas decoraciones de las pechinas. Pero el resto, toda la extensión de la bóveda, la pintó él personalmente: la gigantesca labor de una vida, condensada en tres años apocalípticos.

Fuera de Roma, la situación estaba nuevamente perturbada. Julio II, nuevamente poderoso, se volvió contra el *gonfaloniere* Soderini, dictó un veto contra la República de Florencia por los siguientes delitos: no estar de su parte, brindar refugio a las tropas francesas y no aplastar al Consejo, en Pisa. Designó al cardenal Giovanni de Medici delegado papal en Bolonia, con vistas a poner a Toscana bajo la soberanía del Vaticano.

Miguel Ángel fue invitado al palacio Medici. El cardenal Giovanni, el primo Giulio y Giuliano estaban reunidos en uno de los salones.

—¿Se ha enterado de que el Papa me ha designado delegado en Bolonia, con autoridad para organizar un ejército? —preguntó el cardenal.

—¿Como el de Piero? —respondió Miguel Ángel.

—Confío en que no —replicó Giovanni—. Todo se hará pacíficamente. Lo único que deseamos es ser florentinos otra vez, tener nuestro palacio, nuestros bancos y nuestras propiedades.

—¡Soderini tiene que ser expulsado! —intervino Giulio.

—¿Es eso parte de su plan, Eminencia? —inquirió Miguel Ángel.

—Sí. El Papa está indignado contra Florencia y decidido a conquistarla. Si Soderini desaparece, unos pocos intransigentes de la Signoria…

—¿Y quién gobernará en lugar de Soderini?

—Giuliano.

Miguel Ángel lanzó una mirada a Giuliano y vio que éste se sonrojaba. Aquella elección parecía un golpe genial, puesto que Giuliano, que contaba entonces treinta y dos años y según se decía padecía una lesión pulmonar, aunque a Miguel Ángel le pareció bien robusto, era un hombre parecidísimo a su padre, Il Magnifico, tanto mental como espiritual y temperamentalmente. Había dedicado numerosos años a un disciplinado estudio, tratando de prepararse a imagen y semejanza de su padre. De él había heredado las mejores cualidades: un carácter dulce, sabiduría, horror a la violencia. Reverenciaba las artes y el saber, amaba profundamente a Florencia, su pueblo y sus tradiciones. Si en Florencia tenía que haber un gobernante, además y por encima de su *gonfaloniere* electo, el menor y más dotado de los hijos de Lorenzo parecía el ideal para ese cargo.

Los hombres que estaban en la habitación conocían perfectamente el profundo afecto de Miguel Ángel hacia Giuliano. Pero no sabían que también se hallaba presente allí una quinta persona, erguida con sus ropajes oficiales en el centro del salón, presente para Miguel Ángel. Se trataba de Piero Soderini, elegido *gonfaloniere* vitalicio de la República de Florencia, protector, amigo leal, honesto funcionario, perfecto caballero.

—¿Por qué me han contado esto? —preguntó Miguel Ángel.

—Porque lo queremos de nuestra parte —respondió el cardenal—. Pertenece a los Medici. Si lo necesitáramos…

Se abrió paso por la calle de los antiguos foros romanos y entró en el Coliseo, brillantemente iluminado por la luna llena. Subió hasta el último piso y se sentó en el parapeto de la galería que daba al vasto anfiteatro donde antaño se acumulaban multitudes romanas para gritar su sed de combate y de sangre.

Combate y sangre. Sangre y combate. La frase daba vueltas en su mente. Parecía ser todo cuanto conocería Italia y cuanto él había conocido en toda su vida. En ese mismo momento, el Papa estaba organizando otro ejército para avanzar hacia el norte. Si Florencia no resistía, el *gonfaloniere* Soderini sería separado de su cargo, al igual que todos los miembros de la Signoria que no consintiesen en perder la independencia de su ciudad-estado. Y ahora se le pedía que formase parte de todo eso.

Amaba por igual al *gonfaloniere* Soderini y a Giuliano de Medici. Sentía una profunda lealtad hacia Il Magnifico, hacia Contessina, y sí, también hacia el cardenal Giovanni. Pero tenía fe en la República. ¿A quién sería infiel, desagradecido?

XIX

Durante los grises meses invernales de 1512, mientras pintaba los lunetos sobre las altas ventanas, los ojos de Miguel Ángel se vieron tan seriamente afectados que no le era posible leer una línea a no ser que alzase la cabeza y sostuviese el papel bien alto sobre ella. Aunque Julio II se había quedado en Roma, sus guerras habían comenzado ya. Sus ejércitos estaban al mando del español Cardona, de Nápoles. El cardenal Giovanni partió para Bolonia, pero los boloñeses, apoyados por los franceses, rechazaron dos veces a las tropas papales. El cardenal no pudo entrar jamás en Bolonia. Luego, los franceses persiguieron al ejército papal hasta Ravenna, donde se libró la batalla decisiva durante Semana Santa. Se informó que unos diez o doce mil hombres de las tropas de Julio II habían quedado muertos sobre el campo de batalla. El cardenal Giovanni y su primo Giulio fueron hechos prisioneros. Toda la Romana cayó en manos de los franceses y Roma estaba en pleno pánico. El Papa se refugió en la fortaleza de Sant'Angelo.

Miguel Ángel seguía pintando su bóveda.

Pero la suerte cambió de nuevo: el comandante francés fue muerto. Los franceses lucharon entre sí. Los suizos penetraron en Lombardía para luchar contra los franceses. El cardenal Giovanni consiguió escapar y regresó a Roma. El Papa volvió al Vaticano y, durante el verano, consiguió reconquistar Bolonia. El general español Cardona, aliado de los Medici, saqueó Prato, a pocos kilómetros de Florencia. El *gonfaloniere* Soderini se vio obligado a renunciar y huir con su familia. Giuliano entró en Florencia como ciudadano particular. Tras él llegó el cardenal Giovanni de Medici con el ejército de Cardona y volvió a su antiguo palacio del barrio de Sant'Antonio, cerca de la puerta de Faenza. La Signoria renunció. Se designó un Consejo de los Cuarenta y Cinco, que aprobó una nueva constitución inspirada por Giovanni. La República había terminado.

Durante todos esos meses, el Papa no dejó de insistir en que Miguel Ángel terminase de pintar la bóveda cuanto antes. Y un día subió por el andamio sin previo aviso.

—¿Cuándo terminará, Buonarroti? Ya hace cuatro años que comenzó. Deseo que termine dentro de algunos días.

—Se hará, Santo Padre, cuando se haga.

—¿Quiere que lo arroje de este andamio?

Miguel Ángel lanzó una mirada al piso de mármol, allá abajo.

—El día de Todos los Santos —agregó el Papa— oficiaré una misa. Hará dos años que bendije la primera mitad de su obra.

Al día siguiente, el Pontífice volvió a presentarse en el andamio.

—¿No le parece que algunas de estas decoraciones necesitan unos toques de oro? —preguntó.

—Santo Padre —respondió Miguel Ángel paciente—, en aquellos tiempos los hombres no se adornaban con dorados.

—¡Hará un pobre efecto!

Miguel Ángel afirmó sus pies en el tablón, apretó los dientes y alzó la cabeza. Julio II empuñó más firmemente su bastón. Los dos se miraron con furia y largamente.

El día de Todos los Santos, la Roma oficial vistió sus mejores galas para la inauguración de la nueva bóveda de la Capilla Sixtina. Miguel Ángel se levantó temprano, fue a los baños, se afeitó la crecida barba y se puso sus mejores prendas. Pero no fue a la Capilla. Se fue al pórtico de su casa, corrió la lona que cubría los bloques de mármol y se quedó mirándolos. ¡Había esperado siete largos años para esculpirlos! Se dirigió a su mesa de trabajo, tomó pluma y papel y escribió:

> *El mejor artista no puede mostrar un pensamiento*
> *que la tosca piedra, en su superflua cáscara, no incluya;*
> *romper el encanto del mármol*
> *es cuanto puede hacer la mano que sirve al cerebro.*

En el umbral de su tan duramente ganada libertad, sin tener en cuenta las costosas ropas que vestía, tomó martillo y cincel. Su fatiga, recuerdos tristes y amarguras desaparecieron como por encanto. La luz del sol que entraba por la ventana hizo brillar los primeros diminutos trozos y el polvillo del mármol que el cincel hacía saltar.

Libro octavo

Los Medici

I

El papa Julio II sobrevivió sólo unos meses a la terminación del techo de la Capilla Sixtina. Giovanni de Medici era el nuevo Papa, primer florentino que alcanzaba tan encumbrada distinción eclesiástica.

Miguel Ángel estaba en la Piazza San Pietro entre los nobles florentinos, que estaban decididos a que aquélla fuera la más suntuosa ceremonia y fiesta que se hubiera visto en Roma.

Delante de él se veían doscientos lanceros montados, los capitanes de las trece Legiones de Roma, con sus banderas desplegadas, los cinco portaestandartes de la Iglesia, que llevaban los pendones y estandartes papales. Doce caballos completamente blancos de las cuadras del Papa iban flanqueados por un centenar de jóvenes nobles tocados con seda roja y armiño. Detrás de ellos seguían unos cien barones romanos, acompañados por sus escoltas armadas, los guardias suizos con sus uniformes blancos, amarillos y verdes. El nuevo Papa, León X, montado en un precioso caballo árabe, avanzaba protegido contra el cálido sol de abril por un dosel de seda bordada. A su lado iba su primo Giulio.

Al mirar al flamante Pontífice, que sudaba copiosamente por el peso tanto de sus propias carnes como de su triple tiara y de su pesadísimo manto cuajado de joyas, Miguel Ángel pensó cuán inescrutables eran los designios de Dios. Cuando falleció Julio II, el cardenal Giovanni de Medici estaba en Florencia, tan enfermo de úlcera que tuvo que ser llevado a Roma en una litera para votar al nuevo Papa. El Colegio de Cardenales, encerrado herméticamente en la Capilla Sixtina, pasó casi una semana luchando entre las fuerzas del cardenal Riario y los partidarios de los cardenales Fiesco y Serra. El único miembro de aquel cuerpo que no tenía un solo enemigo era Giovanni de Medici. Al séptimo día, el Colegio se decidió, por unanimidad, en favor del suave, modesto y amigable Giovanni, con lo cual se daba cumplimiento al plan visionario de Il Magnifico cuando hizo que Giovanni fuese consagrado cardenal en la Abadia Fiesolana a la edad de dieciséis años.

Sonaron las trompetas, señalando el comienzo del esplendoroso desfile a través de la ciudad de San Pedro, donde León X fue coronado en un pabellón frente a la destruida Basílica, y luego siguió hasta San Juan de Letrán, el más antiguo de los hogares papales. El puente de Sant'Angelo estaba cubierto de tapices de brillantes colores. Al comienzo de la Via Papale, la colonia florentina había hecho levantar un gigantesco arco de triunfo que llevaba los escudos y emblemas de los Medici. Enormes multitudes se alineaban a lo largo de todas las calles y daban muestra de gran entusiasmo.

Con su primo Paolo Rucellai a un lado y Strozzi, que había adquirido su primer *Hércules*, al otro, Miguel Ángel cabalgaba y observaba a León X, que sonreía plenamente feliz y levantaba su diestra enguantada para bendecir a la muchedumbre. Sus chambelanes, que caminaban a su lado, arrojaban puñados de oro a la gente. Todas las casas estaban engalanadas con brocados y terciopelos. En la Via Papale se habían colocado numerosos mármoles romanos antiguos: bustos de emperadores, estatuas de apóstoles, santos, la Virgen, unos al lado de otros y mezclados con esculturas paganas griegas.

A media tarde, el papa León X desmontó de su corcel por medio de una pequeña escala, se detuvo un instante junto a la antigua estatua ecuestre en bronce de Marco Aurelio, frente a Letrán, y luego, rodeado por el Colegio de Cardenales en pleno, su primo Giulio y nobles florentinos y romanos, penetró en Letrán y se sentó en la *Sella Stercoraria*, antiguo sitial utilizado por los primeros papas.

Al ponerse el sol, Miguel Ángel montó de nuevo en su caballo para seguir al Papa y a su séquito de vuelta al Vaticano. Cuando el cortejo llegó al Campo dei Fiori, ya era noche. Las calles se iluminaron con antorchas y velas. Miguel Ángel desmontó frente a la casa de Leo Baglioni y entregó las riendas a un paje. Baglioni no había sido invitado a cabalgar en el cortejo. Se hallaba solo en la casa, sin afeitar, triste. Esa vez, había estado seguro de que el cardenal Riario iba a ser elegido Papa.

—¿Así que ha llegado al Vaticano antes que yo? —gruñó al ver a Miguel Ángel.

—Sería más feliz si no tuviera que ver más que el interior del palacio papal. Se lo cedo con gusto —respondió Miguel Ángel.

—Éste es un juego en el que el ganador no puede ceder nada. Yo he quedado fuera y usted está adentro. Ahora recibirá grandes encargos y podrá realizar maravillosas obras.

—Me quedan años de intenso trabajo esculpiendo las figuras para la tumba de Julio II.

Era tarde cuando regresó a su casa nueva. Poco antes de su muerte, Julio II le había pagado dos mil ducados para saldar la cuenta de la Capilla Sixtina y comenzar a esculpir los mármoles de la tumba. Desterrados de Florencia el *gonfaloniere* Soderini y los miembros de la Signoria, se había esfumado el encargo que tenía de esculpir el Hércules para el frente del palacio de la Signoria.

Cuando aquella propiedad, compuesta por un edificio principal construido con ladrillo refractario amarillo, con una galería techada a un costado y un grupo de cobertizos de madera al fondo, salió a la venta a precio razonable, Miguel Ángel la adquirió y llevó a ella sus mármoles.

La plaza estaba silenciosa: no había en ella ni tiendas ni puestos. Sólo quedaban algunas pequeñas casas de madera a la sombra de la iglesia de Santa Maria di Loreto, que carecía de cúpula. Durante el día, pasaba gente en dirección al palacio Colonna o a la Piazza del Quirinale, por un lado, o al palacio Anibaldi y San Pietro de Vincoli, por el opuesto.

Durante la noche todo aquello estaba tan en silencio como si se viviera en plena campiña.

Las dependencias de su vivienda consistían en un dormitorio bastante espacioso con ventana a la calle; tras él, el salón comedor y, detrás de éste, con puerta a un pabellón y al jardín, una pequeña cocina construida con el mismo ladrillo. En la segunda mitad de la casa había eliminado la pared que separaba sus dos habitaciones para tener un taller tan grande como el que había construido en Florencia. Compró una nueva cama de hierro para él, mantas de lana, un nuevo colchón relleno de lana y envió dinero a Buonarroto para que le comprase en Florencia sábanas, manteles, toallas, servilletas, camisas, pañuelos y blusones, todo lo cual guardó en un armario colocado al lado de la cama. Adquirió un caballo para viajar por las empedradas calles de la ciudad y comía en una mesa bien puesta. Silvio Falconi estaba resultando un buen aprendiz y servidor.

En las casas de madera y en la torre de piedra del fondo del jardín estaban los ayudantes que trabajaban con él en la tumba: Michele y Basso, dos jóvenes canteros de Settignano; un prometedor aprendiz de dibujante que había solicitado permiso para llamarse Andrea de Michelangelo; Federico Frizzi y Giovanni da Reggio, que hacían modelos para el friso de bronce; Antonio de Pontassieve, que había convenido llevar sus hombres a Roma para dar forma y ornamentar los bloques y columnas de construcción.

Se sentía tranquilo respecto a su futuro. ¿Acaso el papa León X no había anunciado a sus cortesanos: "Buonarroti y yo nos educamos juntos bajo el techo de mi padre"?

Con pasión se lanzó a trabajar en los tres bloques, pero con una calma y seguridad interiores. Las tres columnas de mármol blanco lo rodeaban en su taller, como nevados picos de montaña. Deseaba intensamente respirar el mismo aire que ellos. Esculpía catorce horas diarias, pero sólo necesitaba separarse unos pasos de aquellos mármoles, dar la espalda a sus sólidas imágenes, ir a la puerta y contemplar tranquilamente el mundo, para sentirse completamente fresco otra vez.

Mientras esculpía el Moisés se sentía hombre de enjundia, porque su propia fuerza tridimensional se fusionaba con la piedra tridimensional. Y luego, al pasar del Moisés al Cautivo Moribundo y al Cautivo Rebelde, podría demostrar la verdad con irrefutable y cristalina realidad.

Moisés, con las tablas de piedra bajo un brazo, tendría una altura de dos metros cuarenta y sería macizo, a pesar de aparecer sentado. No obstante, lo que Miguel Ángel perseguía no era una conciencia de volumen, sino de un peso y estructura interiores. La mano armada del cincel volaba infalible al punto de penetración en el bloque: bajo el codo izquierdo, con el nudoso antebrazo agudamente proyectado.

A medianoche dejó la tarea, aunque a regañadientes. No se oía ruido alguno a excepción del distante ladrar de algunos perros que buscaban restos de comida tras las cocinas del palacio Colonna. La luz de la luna entraba por la ventana posterior, que daba al jardín, envolviendo el bloque con su trascendente fulgor. Acercó una banqueta y se sentó ante el mármol, meditando sobre Moisés como ser humano, profeta, conductor de su pueblo, que había estado en presencia de Dios para recibir las Tablas de la Ley.

El escultor que no tenía una mente filosófica creaba formas vacías. ¿De qué valía que él supiera con entera precisión el lugar exacto por el que tenía que penetrar en el mármol si no sabía qué Moisés tenía la intención de proyectar? El significado de su Moisés tanto como la técnica escultórica habrían de determinar el valor de la escultura. ¿Quería presentar al apasionado e irritado Moisés que regresaba del Monte Sinaí al ver que su pueblo adoraba al becerro de oro? ¿O al triste y amargado Moisés, temeroso de haber llegado demasiado tarde con la ley?

Comprendió que debía negarse a aprisionar a Moisés en el tiempo. Él buscaba al Moisés universal, que conocía el modo de obrar de Dios y de los hombres: aquel Moisés que había sido llamado a la cima del Monte Sinaí, donde ocultó su rostro porque no se atrevía a contemplar abiertamente a Dios, y recibió de Él las Tablas cinceladas de los Diez Mandamientos. Lo que había impulsado a Moisés fue la resolución de que su pueblo no podía destruirse a sí mismo, que debía recibir y obedecer los mandamientos que Dios esculpiera en las Tablas, y sobrevivir.

La puerta se abrió sin ninguna ceremonia y Miguel Ángel vio a Balducci, que lo estaba asesorando respecto a la revisión del contrato de la tumba. El Papa empleaba sus buenos oficios para persuadir al duque de Urbino y los demás herederos de Rovere de que hiciesen más equitativo y llevadero el contrato para Miguel Ángel, o sea, que le dieran más tiempo y dinero.

—¿Han accedido a las nuevas condiciones? —preguntó el recién llegado.

—Han subido el precio a dieciséis mil quinientos ducados y siete años para terminar la obra, o más, si los necesito.

—Déjame ver los planos para la nueva tumba.

Miguel Ángel buscó un montón de papeles en una carpeta. Balducci le preguntó:

—¿Cuántas estatuas son, en total?

—Cuarenta y una.

—¿Sus tamaños?

—Desde el natural a dos veces más.

—¿Cuántas piensas esculpir personalmente?

—Tal vez unas veinticinco. Menos los ángeles…

—¡Estás loco! —exclamó Balducci, que había palidecido—. ¡Todo lo que has reducido es el marco estructural, que de todos modos no ibas a esculpir tú! Hiciste muy mal en no escuchar a Jacopo Galli hace ocho años, pero entonces eras más joven. ¿Cómo puedes disculpar ahora el hecho de que has concertado un nuevo contrato comprometiéndote, por segunda vez, a ejecutar lo imposible?

—Los albaceas de Julio II no aceptan menos. Y ahora me dan la suma y el tiempo que Galli quería conseguirme… o casi.

—Miguel Ángel —dijo Balducci cariñosamente—. No puedo ocupar el lugar de Galli como hombre de cultura, pero él siempre respetó mi talento lo suficiente como para darme la administración de su Banco. Lo que has hecho es un negocio estúpido. Esas veinticinco grandes figuras consumirán por los menos veinticinco años de tu vida. Aunque llegaras a vivir tanto tiempo, ¿quieres estar atado a este mausoleo por el resto de tus días? ¡Vas a ser más esclavo que esos Cautivos que estás esculpiendo!

—Ahora tengo una buena *bottega*. Una vez que se haya firmado el nuevo contrato, traeré más canteros de Settignano. Tengo ya esculpidas en la mente tantas de esas figuras que no darles vida sería una lástima, una verdadera crueldad.

II

El techo de la Capilla Sixtina había producido un efecto igual al de la inauguración del *David* en Florencia. Ahora Miguel Ángel había reconquistado el título que se le había otorgado por *Los bañistas* y era nuevamente aclamado como el "Maestro del Mundo". Únicamente el grupo que rodeaba y seguía a Rafael continuaba discutiendo la bóveda, a la que calificaba de anatomía más que arte, así como carnal y exagerada. Pero ahora ese grupo se veía atado en cierto modo, pues Bramante ya no era el emperador del arte en Roma. En las paredes y columnas de la nueva San Pedro habían aparecido grietas de tales dimensiones que la obra estaba suspendida y se realizaban profundos estudios para determinar si los cimientos podrían ser salvados. El papa León X se mostró demasiado bondadoso y no destituyó al arquitecto de su título oficial, pero el trabajo en el Belvedere, sobre el Vaticano, estaba suspendido igualmente.

Un día, al atardecer, Miguel Ángel respondió a una llamada, impaciente, porque significaba obligarlo a suspender el trabajo. Y se encontró mirando los sonrientes y bondadosos ojos de un joven.

—Maestro Buonarroti —dijo el desconocido—. Soy Sebastiano Luciani, de Venecia. He venido a confesar...

—No soy un sacerdote —dijo Miguel Ángel rápidamente.

—...a confesarle que he sido un imbécil y un idiota. Este golpe que acabo de dar a su puerta y estas palabras que ahora pronuncio son lo primero que mi mano y mi boca han hecho desde mi llegada a Roma. ¡He traído mi laúd para poder acompañarme mientras le relato mi patética historia!

Divertido ante la contagiosa alegría del joven veneciano, Miguel Ángel se hizo a un lado mientras lo invitaba a entrar con un gesto. Sebastiano se acomodó en la banqueta más alta de la habitación y pulsó las cuerdas del laúd.

—Cantando o recitando, todos los males pasan —dijo.

Miguel Ángel se dejó caer en la silla de asiento forrado y Sebastiano comenzó a cantar una improvisación en la cual relataba que el banquero Chigi lo había traído a Roma para pintar su villa, que él se había unido al grupo que consideraba a Rafael como su ídolo, y que no vaciló en proclamarlo genial maestro, a la vez que creía a Buonarroti un buen dibujante, sí, pero un mediocre pintor, monótono, sin gracia en las escenas y de anatomía exagerada...

—Esas acusaciones las he oído muchas veces —interrumpió Miguel Ángel— y me hartan.

—Lo cual me parece muy lógico —replicó Sebastiano—. Pero Roma no volverá a escuchar de mis labios semejantes tonterías. Desde hoy, me dedicaré a loar, con toda mi voz, al maestro Buonarroti.

—¿Y a qué se debe este cambio tan radical?

—Al ecléctico Rafael. ¡Me ha sorbido los huesos! ¡Ha asimilado todo cuanto aprendí de Bellini y Giorgione, hasta el extremo de que hoy es mejor pintor veneciano que yo!

—Rafael sólo aprovecha lo que es bueno. Y lo hace muy bien. ¿Por qué lo abandona ahora?

—Ahora que se ha convertido en un mágico colorista veneciano, consigue más trabajos que nunca. Mientras yo... no consigo ni uno. Rafael me ha engullido totalmente, a excepción de los ojos, que han estado extasiados en los últimos días contemplando su Capilla Sixtina. —Su voz llenaba la habitación y Miguel Ángel lo estudió, preguntándose cuál sería el motivo verdadero de aquella visita.

Desde aquel día, Sebastiano fue a visitarlo a menudo para conversar y cantarle. Era locuaz, alegre, y se negaba tenazmente a tomar las cosas en serio, ni siquiera el hecho de ser el padre de un hijo natural que acababa de nacer. Miguel Ángel trabajaba mientras escuchaba su divertida charla.

—Mi querido compare —preguntaba—. ¿No se confunde trabajando así, en tres bloques de mármol a la vez? ¿Cómo recuerda lo que quiere hacer con cada uno de ellos, cuando va de uno a otro constantemente?

—Quisiera tener los veinticinco bloques delante de mí —respondió Miguel Ángel, sonriente—, en un gran círculo. Entonces iría de uno a otro con tal rapidez que en cinco años habría completado todas las figuras. ¿Tiene idea de cuán concienzudamente puede uno esculpir bloques de mármol cuando piensa en ellos constantemente por espacio de ocho años? ¡Las ideas son mucho más afiladas que los cinceles!

—Yo podría ser un gran pintor —dijo Sebastiano, serio por una vez—. Domino la técnica. Ponga una tela ante mí y la copiaré con tal exactitud que ni usted mismo sabría cuál es el original y cuál la copia. Pero la idea es lo que me elude. ¿Cómo hay que hacer para concebir la idea original?

Aquello era casi un lamento angustioso y una de las pocas veces que Miguel Ángel había visto a Sebastiano serio.

—Tal vez las ideas no son una función natural de la mente —respondió—, como la respiración lo es de los pulmones. Tal vez sea Dios quien las pone en nuestro cerebro. Si yo conociese el origen de las ideas de los hombres, habría resuelto uno de los más profundos misterios. Sebastiano, voy a hacer varios dibujos para usted. Sus conocimientos y habilidad para los colores son tan excelentes como los de Rafael. Las figuras que pinta son líricas. Puesto que él ha copiado su paleta veneciana, ¿por qué no puede aceptar usted mis dibujos? Vamos a ver si conseguimos que suplante a Rafael.

Le agradaba dibujar a las noches, después de todo un día de esculpir, y meditar sobre nuevas variaciones de algunos temas religiosos. Presentó a Sebastiano al papa León X, mostró a éste escenas de la vida de Cristo hermosamente transformadas por Sebastiano, y el Pontífice, que sentía una gran simpatía hacia todos los animadores musicales, lo acogió cordialmente en el Vaticano.

Una noche, a hora avanzada, Sebastiano rompió a reír:

—¿Se enteró de la noticia? ¡Ha surgido un nuevo rival de Rafael! ¡El mejor de los venecianos, igual a Bellini y Giorgione! Pinta con el encanto y la gracia rafaelina, pero es un dibujante más vigoroso, más imaginativo…

—Felicitaciones —respondió Miguel Ángel, sonriente.

Cuando se dio a Sebastiano el encargo de pintar un fresco para San Pietro de Montorio, trabajó intensamente para dar vida en colores a los dibujos de Miguel Ángel. Roma llegó a la conclusión de que, como integrante de la *bottega*, Sebastiano estaba aprendiendo a dibujar con la mano de su maestro.

Sólo Contessina, que acababa de llegar a Roma con su familia, pensó que allí había algo más que lo que saltaba a la vista. Había pasado durante dos años las veladas sentada al lado de Miguel Ángel, observándolo mientras dibujaba: por lo tanto conocía su estilo mejor que nadie. Por eso, un día en que Miguel Ángel asistió al suntuoso banquete que ella preparó para el Papa y su corte, pues estaba decidida a convertirse en la anfitriona oficial de León X, lo llevó a un lado y, después de mirarlo fijamente, preguntó:

—¿Por qué permite que Sebastiano presente su trabajo como de él?

—No hace daño a nadie.

423

—Rafael ha perdido ya un importante encargo, que le fue otorgado a Sebastiano.

—Es una bendición tener demasiado trabajo, Contessina.

—¿Por qué se presta a un engaño como ése?

Miguel Ángel devolvió aquella mirada, mientras pensaba que ella seguía siendo la Contessina de su juventud, pero al mismo tiempo consciente de que ella había cambiado desde que su hermano había sido electo Papa. Ahora ya no era Contessina sino la Gran Condesa, que tenía en sus manos la enorme influencia del Vaticano, después de años de pobreza y destierro. Y aquello había significado un cambio en ella que perturbaba a Miguel Ángel.

—Desde que terminé la Capilla Sixtina —explicó—, ciertas personas han estado diciendo: "Rafael tiene encanto y elegancia mientras Miguel Ángel sólo tiene resistencia". Y puesto que no quiero rebajarme a luchar contra la camarilla de aduladores de Rafael en defensa de mi posición, me resulta muy divertido que lo haga por mí un pintor joven y de talento. Sin que yo me vea envuelto, Roma comienza ya a decir: "Rafael tiene encanto, pero Miguel Ángel tiene profundidad".

Contessina apretó los puños ante la ironía que destilaba la voz de él.

—¡No es divertido! —respondió—. Ahora yo soy la Condesa de Roma. Puedo protegerlo… oficialmente… con dignidad. Puedo obligar a sus detractores a arrodillarse. Ésa es la manera…

Miguel Ángel extendió las manos y tomó en ellas los dos pequeños y apretados puños.

—No, Contessina —dijo cariñosamente—. Ésa no es la manera. Confíe en mí. Ahora soy feliz y trabajo bien.

En lugar de la irritación, sobrevino inmediatamente la radiante sonrisa que él recordaba desde su niñez. Sin pensarlo, puso sus manos sobre los hombros cubiertos de seda y la acercó a él buscando aquel perfume que siempre lo había atraído. Contessina empezó a temblar. Sus ojos se agrandaron enormemente. El tiempo se esfumó y aquel saloncito se convirtió en el *studiolo* del palacio de los Medici en Florencia. Ya no eran la Gran Condesa y el gran artista, ida ya la mitad de sus vidas. Por un instante, se sintieron en el umbral de la vida.

III

Unos guardias suizos llegaron a su casa a primera hora de la mañana con lo que equivalía a una bota del papa León X, invitándolo a comer aquel día en el palacio del Vaticano. Le resultaba una tragedia separarse de sus queridos mármoles, pero había aprendido que no podía desoír las llamadas de un Pontífice.

Empezó a comprender por qué los romanos se quejaban de que "Roma se ha convertido en una colonia florentina", pues el Vaticano estaba lleno de triunfantes toscanos. Moviéndose de un lado a otro entre más de cien invitados reunidos en los dos salones del trono, reconoció a Pietro Bembo, el secretario de Estado del Vaticano y poeta humanista; Ariosto, el gran poeta que estaba escribiendo entonces su *Orlando Furioso*; el neolatinista Sannazaro; Guicciardini, el historiador; Vida, autor de la *Cristiada*; Giovanni Rucellai, que escribía su tragedia en verso *Rosmunda*; Fracastpro, médico; Tommaso Inghirami, diplomático, clasicista e improvisador de versos latinos; Rafael, que ahora pintaba *Stanza d'Eliodoro* en el palacio papal y ocupaba un lugar de honor cerca de León X; el tallista de madera Giovanni Barile, de Siena, que decoraba las puertas y persianas del palacio con los emblemas de los Medici. Y vio también a Sebastiano, alegrándose de que su protegido hubiera sido invitado.

Durante la suntuosa cena, en la cual el Pontífice consumiría bien poco, pues padecía del estómago, León movía sus blancas, enjoyadas y gordas manos mientras acompañaba a Gabriel Marin, poseedor de una voz realmente hermosa, al maestro violinista Marone, de Brescia, y a Raffaelle Lippus, el trovador ciego. Entre aquellos números musicales, algunos bufones divertían al Papa.

Las cuatro horas que duró el banquete le parecieron interminables a Miguel Ángel, quien tampoco pudo comer mucho. Se retorcía en su asiento, lamentando los momentos preciosos que estaba perdiendo y preguntándose cuándo lo dejarían en libertad. Para León X, aquella comida no era más que el preliminar de toda una tarde y noche de placer. A continuación se presentaron algunos de los más grandes poetas de Italia para leer sus nuevos versos, después un ballet y luego una representación teatral. Aquellos entretenimientos continuarían mientras León X pudiera mantener los ojos abiertos.

Al regresar a su casa por las oscuras y desiertas calles, recordó aquellas palabras que León X había dicho a su primo Giulio inmediatamente después de la ceremonia de su coronación: "Puesto que Dios ha considerado conveniente otorgarnos el papado, gocemos de éste lo mejor posible".

Italia estaba ahora en paz, mucho más de lo que lo había estado a través de muchos pontífices anteriores. Cierto que el dinero salía a manos llenas del Vaticano, en una proporción sin precedentes. Varias veces aquel día Miguel Ángel había visto al alegre León X arrojar bolsas de varios centenares de florines a cantantes, bardos y animadores.

Llegó a Macello del Corvi cuando las campanas de las iglesias dejaban oír los tañidos de la medianoche. Se cambió de ropa, poniéndose la de trabajo. Con un suspiro de alivio tomó el martillo y el cincel y decidió, severamente, que aquélla iba a ser la última vez que conseguirían persuadirlo de perder todo un día de esa manera. En aquel momento sintió simpatía hacia Rafael, que era llamado a todas horas del día o la noche para atender a los más triviales caprichos del Papa, dar su opinión sobre un manuscrito iluminado o diseñar una decoración mural para el nuevo cuarto de baño del Pontífice. Rafael se mostraba siempre cortés, interesado, aunque lo obligasen a perder horas de su trabajo y de su sueño.

Aquello no era para él, que jamás había sido un hombre de trato encantador. ¡Y jamás llegaría a serlo!

Podía cerrar sus puertas a Roma, pero el mundo de Italia era ahora el mundo de los Medici y él estaba ligado demasiado íntimamente a la familia para que le fuera posible escapar.

La desgracia cayó sobre Giuliano, el único de los hijos de Il Magnifico a quien él amaba realmente. Cartas de su familia y de Granacci le informaron cuán magníficamente Giuliano estaba gobernando Florencia. Pero todas las cualidades que poseía no resultaban gratas al papa León X ni a su primo Giulio. León llamó a su hermano a Roma en septiembre. Miguel Ángel se estaba vistiendo para asistir a la ceremonia en la cual se designaría a Giuliano: Barón de Roma.

La ceremonia se realizó en el antiguo Capitolio. Miguel Ángel ocupó un lugar con la familia Medici: Contessina y Ridolfi, con sus tres hijos, Maddalena Cibo, con sus cinco hijos, Lucrezia Salviati, con su numerosa prole... León había hecho levantar un escenario en la plaza y sobre él fueron instalados centenares de asientos. Miguel Ángel escuchó los discursos de bienvenida de los senadores romanos en honor del nuevo barón y poemas épicos en latín; vio a una mujer envuelta en una tela de oro, que representaba a Roma, llevada ante el trono de Giuliano para agradecerle que hubiera condescendido a ser nombrado comandante de la ciudad. Después de una comedia de Plauto, el Papa proclamó algunos privilegios que acordaba a la ciudad de Roma, tales como una reducción del impuesto a la sal, lo que fue aclamado estruendosamente. Y por fin dio comienzo un banquete de seis horas, con una profusión de platos que no habían sido vistos en Roma desde los días de Calígula y Nerón.

Al finalizar aquella verdadera orgía, Miguel Ángel bajó por el Capitolino, atravesando la multitud que había sido alimentada con los restos de la saturnalia de arriba. Cuando llegó a su casa, cerró con llave ambas puertas. Ni él ni Giuliano ni Roma habían sido engañados por aquella fastuosa fiesta, sólo ideada para ocultar el hecho de que el estudioso, prudente y sensato Giuliano, que amaba a la República de Florencia, había sido reemplazado por Lorenzo, de veintiún años, hijo de Piero de Medici y la ambiciosa Alfonsina.

El poder de Giulio crecía día a día. Una comisión designada por León X lo proclamó de nacimiento legítimo, basándose en que el hermano de Il Magnifico había convenido casarse con la madre de Giulio y que sólo su muerte había impedido que el casamiento se realizase. Y ahora que era hijo legítimo, Giulio fue ungido cardenal y tendría en sus manos el poder necesario para gobernar la Iglesia y los Estados Papales.

El deseo de León X y Giulio de extender el control de los Medici a toda Italia no era ajeno a los asuntos de Miguel Ángel. Ambos habían estado empeñados en despojar de su ducado al duque d'Urbino, sobrino del ex cardenal Rovere, luego papa Julio II, y uno de sus herederos. Ese mismo día el Pontífice había depuesto al duque como portaestandarte de la Iglesia, en favor de Giuliano. El duque, hombre violento, era a quien Miguel Ángel tenía que reconocer como heredero legítimo de Julio II y tratar con él la cuestión de la tumba del fallecido Papa. La guerra, por fin abierta, entre los Medici y los Rovere, sólo podía producir disgustos a los Buonarroti.

Durante el suave invierno de aquel año, Miguel Ángel consiguió sustraerse a las reuniones y fiestas de Contessina, llevándola a su taller para que pudiera ver cómo iban emergiendo del mármol sus tres figuras. Y se libró asimismo de los entretenimientos del Papa por medio de una serie de excusas que divirtieron a León X lo suficiente como para perdonarle su ausencia. Sus únicos compañeros durante las largas semanas de labor productiva habían sido sus ayudantes y su única distracción, alguna cena ocasional con un grupo de jóvenes florentinos cuya amistad estaba basada en una nostálgica ansiedad de volver a estar cerca del Duomo.

Sólo una vez rompió aquella especie de vigilia: cuando Giuliano fue a su estudio para pedirle que asistiese a una recepción en honor de Leonardo da Vinci, a quien Giuliano había invitado a Roma e instalado en el Belvedere.

—Usted, Leonardo y Rafael son los grandes maestros italianos de nuestro tiempo —dijo Giuliano con su voz suave—. Me agradaría que los tres fuesen amigos y hasta que trabajasen juntos…

—Iré a su recepción, Giuliano —prometió Miguel Ángel—. Pero en lo que se refiere a que trabajemos juntos… ¡Somos tan distintos!

—Venga temprano. Me agradaría enseñarle algunos de los experimentos de alquimia que está realizando Leonardo para mí.

Al entrar en el Belvedere al día siguiente, Giuliano lo condujo a través de una serie de talleres extensamente renovados para los fines que perseguía Leonardo. Giuliano había convencido al Papa que diese un encargo de pintura a Leonardo, pero ahora, al recorrer aquellos talleres, Miguel Ángel se dio cuenta de que el gran artista todavía no había empezado a trabajar en su verdadero fuerte, la pintura.

—Mire estos espejos cóncavos —exclamó Giuliano— y esta máquina cortadora de tornillos metálicos. Cuando llevé a Leonardo a las lagunas Pontinas localizó algunos volcanes extintos y trazó los planos para desaguar toda esa zona, que es un gran foco de fiebres. No permite que nadie vea sus cuadernos de anotaciones, pero sospecho que está completando sus estudios matemáticos para cuadrar las superficies curvas. Su trabajo sobre óptica así como sus fórmulas referentes a las leyes de botánica son realmente asombrosos. Leonardo cree que le será posible determinar la edad de los árboles por el número de anillos del tronco. ¡Imagínese!

—¡Yo lo imaginaría mejor pintando hermosos frescos! —dijo Miguel Ángel.

Giuliano lo llevó de nuevo al salón y poco después llegó Leonardo, seguido por su compañero de siempre, el todavía exquisito y joven Salai. A juicio de Miguel Ángel, Leonardo parecía cansado, envejecido. Su magnífica barba y la cabellera que le llegaba a los hombros estaban blancas ya. Los dos hombres, cuyo mutuo entendimiento era absoluto, cambiaron algunas frases de alegría al verse reunidos allí. Leonardo dijo a Miguel Ángel que había pasado bastante tiempo estudiando el techo de la Capilla Sixtina.

—Después de analizar su trabajo, he introducido algunas correcciones en mi ensayo sobre la pintura. Ha probado usted que la anatomía es extremadamente importante y útil para el artista. —Su voz se tornó impersonal al agregar: —Pero también veo un gran peligro ahí.

—¿De qué clase? —preguntó Miguel Ángel con cierta irritación.

—De exageración. El pintor, después de estudiar su bóveda, tiene que cuidar de no volverse inexpresivo a fuerza de dar demasiada importancia a los huesos, músculos y nervios: no enamorarse demasiado de las figuras desnudas, que revelan todos sus sentimientos.

—¿Y cree que mis figuras son así? —inquirió Miguel Ángel con un nudo en la garganta

—Por el contrario: las suyas son casi perfectas. Pero, ¿qué le ocurrirá al pintor que intente superarlo, ir más lejos que usted? Si su utilización de la anatomía hace que el techo de la Sixtina sea tan bueno, entonces él tendrá que usar todavía más anatomía para mejorar lo de usted.

—Yo no puedo hacerme responsable de exageraciones ulteriores.

—Y no lo es, salvo que ha llevado la pintura anatómica hasta su límite máximo. A los demás no les queda margen alguno para perfeccionar. Por lo tanto, distorsionarán. Y los observadores dirán: "Es culpa de Miguel Ángel. Sin él, podríamos haber refinado y mejorado la pintura anatómica a través de centenares de años". ¡Por desgracia, usted ha empezado y terminado todo en un solo techo!

Comenzaron a llegar otros invitados y poco después se oía en los salones un animado rumor de conversaciones. Miguel Ángel se quedó solo junto a una ventana que daba a la Capilla Sixtina, sin saber si estaba perplejo o dolorido. Leonardo asombraba a los invitados con sus nuevos inventos: animales llenos de aire que volaban por sobre las cabezas de todos; un lagarto vivo al cual había adosado alas llenas de mercurio y cuya cabeza estaba decorada con ojos artificiales, cuernos y una barba.

Miguel Ángel murmuró para sí: *"Questo è il colmo!"*, y salió, dirigiéndose apresuradamente a su casa.

IV

Bramante murió en la primavera. El Papa ordenó un sepelio suntuoso y luego mandó llamar a Giuliano da Sangallo, el arquitecto favorito de su padre. Sangallo llegó. Su antiguo palacio de la Via Alessandrina le fue devuelto. Miguel Ángel estaba allí, sólo unos minutos después, para abrazar a su viejo amigo.

—¡Nos encontramos de nuevo! —exclamó Sangallo, con un jubiloso brillo en los ojos—. He sobrevivido a mi destitución y usted a los años en su Capilla Sixtina. —Hizo una pausa y frunció el ceño.— Pero me he encontrado con una extraña comunicación del papa León X. Me pregunta si tengo inconveniente en tomar como ayudante a Rafael para la obra de San Pedro. ¿Es arquitecto, Rafael?

Miguel Ángel sintió un involuntario escalofrío de disgusto: ¡Rafael!

—Ha estado dirigiendo las reparaciones en la iglesia y se lo ve en los andamios a todas horas.

—Pero es usted quien debió hacerse cargo de mi trabajo. Al fin y al cabo, tengo casi setenta años.

—Gracias, *caro*. Permita que lo ayude Rafael. Eso me deja en libertad para dedicarme a mis mármoles.

Miguel Ángel permitía a muy pocas personas visitar su taller: el ex *gonfaloniere* Soderini y su esposa, a quien se había permitido ir a vivir a Roma; Metello Vari dei Porcari, un romano de antiguo linaje, y Bernardo Cencio, canónigo de San Pedro. Este último dijo un día:

—Nos gustaría que nos esculpiera un Cristo Resucitado, para nosotros... Para la Iglesia de Santa María sopra Minerva.

—Me agrada que me lo pida —declaró Miguel Ángel—, pero tengo que decirle que mi contrato con los herederos del papa Julio II no me permite aceptar trabajos de otras personas...

—Ésta sería una pieza única, que esculpiría a su entera comodidad —exclamó Mario Scappucci, otro de los presentes.

—¿Un Cristo Resucitado? —dijo Miguel Ángel. La idea le interesaba—. ¿Cómo imagina la pieza?

—De tamaño natural. Con una cruz en los brazos y una actitud que determinará usted mismo.

—¿Podría meditarlo? —agregó.

Hacía mucho que pensaba que la mayor parte de las crucifixiones cometían una grave injusticia contra Jesús, pues lo pintaban aplastado y vencido por el peso de la cruz. Él no había creído eso ni un instante: su Cristo era un hombre poderoso que había llevado la cruz Calvario arriba como si fuera una rama de olivo. Comenzó a dibujar. La cruz se convirtió en una cosa diminuta en las manos de Jesús. Puesto que le habían dado el encargo invirtiendo la tradición, al pedirle una cruz después de la Resurrección, ¿por qué no podía él también apartarse del concepto hasta entonces aceptado? En lugar de la cruz que aplastaba a Cristo, Jesús se erguiría triunfante.

Su familia mantenía desbordante la copa de su amargura. Extenuado por las eternas peticiones de dinero de Buonarroto para abrir su tienda propia, Miguel Ángel tomó mil ducados de los fondos provistos por su nuevo contrato con los Rovere y los llevó a Balducci para que los enviara a Florencia. Buonarroto y Giovansimone abrieron su tienda y de inmediato tropezaron con dificultades. Necesitaban más capital. ¿No podría Miguel Ángel enviarles otros mil ducados? Pronto empezaría a percibir parte de los beneficios de la tienda... Mientras tanto, Buonarroto había conocido a una joven con quien estaba dispuesto a casarse pues el padre de la muchacha prometía una buena dote. ¿Creía Miguel Ángel que debía casarse?

Envió a Buonarroto otros doscientos ducados, que su hermano jamás acusó haber recibido. Una triste noticia fue la de la muerte de la señora Topolino. Dejó de lado el trabajo y fue la iglesia de San Lorenzo a orar por ella. Envió dinero a Buonarroto, ordenándole que fuese a la iglesia de Settignano e hiciese rezar una misa por el descanso del alma de la buena amiga.

Pasaron los meses. Sus aprendices le traían al taller las noticias y chismes locales. Leonardo da Vinci se había visto en muy serias dificultades y pasaba una gran parte de su tiempo en experimentos con nuevos aceites y barnices para presentar las pinturas, por lo cual no le quedaba tiempo para encargos del Papa. Y éste dijo un día, burlón, en la corte: "Leonardo jamás hará nada, pues comienza a pensar en el fin de una cosa antes que en el principio".

Los cortesanos propagaron el chiste y Leonardo, al enterarse de que se había convertido en blanco de burlas, abandonó el encargo que le había hecho León X. El Papa se enteró de que el pintor estaba realizando trabajos de disección en el hospital de Santo Spirito y amenazó con expulsarlo de Roma. Leonardo huyó del Belvedere, dispuesto a continuar sus estudios en las lagunas Pontinas, pero contrajo la malaria. Cuando sanó, descubrió que su herrero había destruido sus experimentos de mecánica. Y cuando su protector, Giuliano, partió a la cabeza de las tropas papales para expulsar a los invasores franceses de Lombardía, ya no le fue posible permanecer más tiempo en Roma.

También Sangallo paladeó la amargura de la tragedia, pues enfermó tan gravemente de cálculos biliares que ya no podía trabajar. Fue transportado a Florencia en una litera, por lo que su rehabilitación llegó demasiado tarde.

Rafael fue designado arquitecto de San Pedro y de Roma.

Miguel Ángel recibió una nota urgente de Contessina. Corrió al palacio, fue recibido por Niccolo y llevado al dormitorio. Aunque hacía calor, Contessina estaba cubierta de mantas y edredones. Su rostro pálido descansaba sobre las almohadas y sus ojos estaban hundidos en sus cuencas.

—Contessina… ¿está enferma? —preguntó él, ansioso.

Ella lo llamó a su lado y le indicó un lugar al borde del lecho. Miguel Ángel le tomó una mano, blanca y frágil. Ella cerró los ojos. Al abrirlos de nuevo, estaban cuajados de lágrimas.

—Miguel Ángel —dijo—, recuerdo la primera vez que nos vimos, en el jardín de escultura. Todos creían entonces que yo iba a morir muy pronto, como mi madre y mi hermano… Pero usted me dio fuerzas, *caro*…

Se miraron profundamente y Miguel Ángel susurró:

—Jamás nos hemos confesado nuestros sentimientos. —Pasó sus manos dulcemente por las hundidas mejillas y agregó: —¡La he amado inmensamente, Contessina!

—Yo también lo he amado, Miguel Ángel. Siempre he sentido su presencia a mi alrededor. —Sus ojos brillaron un instante, animados, y añadió: —Mis hijos serán sus amigos…

Sufrió un ataque de tos que sacudió el amplio lecho. Volvió la cabeza y se llevó un pañuelo a los labios, pero Miguel Ángel vio en él una mancha roja. Su mente voló al recuerdo de Jacopo Galli. Ésa sería la última vez que vería a Contessina.

Esperó, con los ojos llenos de lágrimas. Ella no volvió a mirarlo.

Murmuró:

—*Addio, mi cara!* —y salió silenciosamente de la habitación.

La muerte de Contessina fue un duro golpe para él. Se concentró en el trabajo y su cincel volvió a la cabeza de su Moisés, para completarla. Luego pasó a las exquisitamente sensitivas figuras de los dos Cautivos, uno resistiéndose a la muerte y el otro rindiéndose a ella. Había sabido siempre que no habría para él una vida en común con Contessina. Pero también el había sentido constantemente su presencia en torno suyo. Hizo los modelos para el friso de bronce, llamó a varios canteros más de Settignano, apresuró el trabajo de la cuadrilla de Pontassieve, que decoraba las piedras estructurales, y escribió varias cartas a Florencia para pedir un experto en mármol que pudiera ir a Carrara para comprarle nuevos bloques. Contaba con todos los ingredientes para trabajar con intensidad a fin de completar en otro año la importantísima pared frontal, el Moisés y los Cautivos, para colocarlos en sus respectivos lugares, así como las Victorias en sus nichos y el friso de bronce sobre el primer piso.

León X había decidido reinar sin guerras, pero eso no significaba que pudiera evitar los incesantes intentos por parte de sus vecinos para conquistar el país ni la lucha intestina que había sido siempre la historia de las ciudades-estados. Giuliano no pudo someter a los franceses en Lombardía. Enfermó durante la campaña y se internó en el monasterio de la Abadía de Fiesole, donde, según se decía, estaba moribundo. El duque de Urbino no sólo se negó a prestar ayuda al ejército papal sino que se alió con los franceses. El Papa partió apresuradamente para el norte con el propósito de firmar un tratado con los franceses que lo dejase en libertad para atacar al duque de Urbino.

Al regresar a Roma, llamó inmediatamente a Miguel Ángel al Vaticano. León X se había mostrado bondadoso con la familia Buonarroti durante su permanencia en Florencia. Dio a Ludovico el título de conde Palatino, alto honor que lo colocaba en el camino de la nobleza, y le otorgó el derecho de usar el escudo de armas de los Medici.

Al presentarse Miguel Ángel ante él, León estaba sentado en su biblioteca con Giulio. Alzó la cabeza y dijo:

—Buonarroti, no queremos que usted, un escultor Medici, pase su tiempo esculpiendo estatuas para un Rovere.

—Pero estoy obligado por contrato —respondió Miguel Ángel.

Se produjo un silencio, León X y Giulio se miraron un instante.

—Hemos decidido otorgarle el encargo más importante de nuestra época —agregó el Papa—. Deseamos que haga una fachada para nuestra iglesia familiar, San Lorenzo… como mi padre lo pensó… ¡una fachada gloriosa!

—Santo Padre, me abruma, pero… ¿y la tumba de Julio II que debo realizar? Recordará sin duda el contrato firmado hace tres años Tengo que terminar lo que me he comprometido a hacer, pues de lo contrario los Rovere me demandarán ante la justicia.

—Ya ha dedicado demasiado tiempo a los Rovere —exclamó Giulio bruscamente—. El duque de Urbino firmó un tratado por el que se compromete a ayudar a los franceses contra nosotros. A él se debe, en parte, la pérdida de Milán.

—Lo siento. No sabía…

—Pues ahora lo sabe —agregó el cardenal Giulio—. Un artista Medici debe servir a los Medici. Entrará a nuestro servicio exclusivo inmediatamente… —De pronto, cambió de tono y dijo más afectuoso: —Miguel Ángel, somos sus amigos. Lo protegeremos contra los Rovere y le aseguraremos un nuevo contrato que le procure más tiempo y dinero. Cuando haya completado la fachada de San Lorenzo, podrá volver a su mausoleo del papa Julio II…

—Santo Padre —exclamó Miguel Ángel dirigiéndose al Pontífice—. He vivido con esa tumba los últimos diez años. Tengo hasta el último centímetro de sus veinticinco figuras esculpido en la mente. Estamos listos para construir la pared frontal, fundir los bronces y montar mis tres estatuas grandes… —Su voz había ido adquiriendo volumen y ahora hablaba casi a gritos. —¡No debe detenerme! ¡Es un momento crítico para mí! Tengo conmigo obreros especializados. Si tengo que despedirlos y dejar esos mármoles abandonados… ¡Santo Padre, por el amor que sentí siempre hacia su noble padre, le imploro que no me cause este terrible daño!

Puso una rodilla en tierra e inclinó la cabeza ante el Pontífice.

—Deme tiempo para terminar este trabajo tal y como lo tengo planeado —agregó—. Entonces podré trasladarme a Florencia y hacer su fachada con toda tranquilidad. ¡Crear una gran fachada para San Lorenzo, pero no puedo hacerlo si me siento atormentado…!

La única respuesta que recibió fue un silencio durante el cual León X y Giulio, a fuerza de toda una vida de comunicación entre sí, expresaban por medio de una simple mirada lo que opinaban sobre aquel artista difícil que estaba inclinado ante ellos.

—Miguel Ángel —dijo por fin el Papa—. ¿Toma todo tan… tan… desesperadamente…?

—¿O es que no desea crear la fachada de San Lorenzo para los Medici? —inquirió Giulio, ceñudo.

—¡No, no es eso, Eminencia! Pero se trata de una obra enorme…

—¡Tiene razón! —exclamó León X—. Debe partir inmediatamente para Carrara, elegir personalmente los bloques de mármol y controlar el corte. Haré que Jacopo Salviati, de Florencia, le envíe mil florines para pagarlos.

Miguel Ángel besó el anillo papal y partió. Sus ojos estaban llenos de lágrimas.

Aquella noche, solitario, entristecido, se encontró sin darse cuenta en el barrio donde Balducci buscaba las prostitutas. Vio una joven delgada, de rubia cabellera, que se acercaba a él. Por un sorprendente instante le pareció ver a Clarissa, pero aquella visión se esfumó de inmediato, pues las facciones de la joven eran toscas y sus movimientos no tenían la gracilidad de los de Clarissa. Sin embargo, aquel fugaz recuerdo fue suficiente para reavivar su nostalgia.

—*Buona sera… Vuoi venire con me?* —preguntó ella.

—No sé.

—*Sembra triste.*

—Lo estoy. ¿Podría curar mi tristeza?

—Es mi oficio.

—Iré, entonces.

—No te arrepentirás.

Pero se arrepintió, antes de las cuarenta y ocho horas. Balducci escuchó la descripción de sus síntomas y exclamó:

—Te ha contagiado el mal francés. ¿Por qué no me dijiste que querías una muchacha?

—No sabía que la quería…

—¡Idiota! ¡Hay una epidemia de eso en Roma! Llamaré a mi médico.

—No. La contraje solo y solo lo curaré.

V

Carrara estaba dormido dentro de sus muros en forma de herradura. Miguel Ángel no había deseado salir de Roma, pero el hecho de encontrarse ahora en la fuente del material que tanto amaba mitigó su dolor.

Avanzó por la angosta calle hasta la porta del Bozzo y recordó la orgullosa casta de habitantes que decían: "Carrara es la única población del mundo que puede darse el lujo de empedrar sus calles con mármol". Vio las marmolerías, con sus delicados marcos de ventanas y columnas en mármol, pues todo cuanto Florencia realizaba tan maravillosamente con la *pietra serena* los maestros canteros de Carrara lo hacían con el mármol que era extraído de las montañas sobre la ciudad.

Carrara era una población de una sola cosecha: mármol. Todos los días los carrarinos alzaban los ojos a las queridas vetas blancas que se veían en los montes, parches que parecían nieve incluso en los cegadores días de verano. Y daba gracias a Dios por aquella inagotable fuente de sustento. La vida era comunal: cuando prosperaba uno, prosperaban todos; cuando uno sufría hambre, la sufrían todos.

Recorrió la orilla del río Carrione. El aire de septiembre era agradablemente fresco, ideal para subir a las montañas. Allá abajo podía ver la torre-fortaleza de la Rocca Malaspina y la aguja de la catedral, que parecía montar guardia sobre las apiñadas casas, arrimadas a los muros. La población no se había extendido un metro en siglos. Pronto comenzaron a aparecer ante él las aldeas de las montaña: Codena, Miseglia, Bedizzano... Cada una de ellas vertiendo su población masculina, alimentando arroyos de canteros en la corriente humana que fluía ascendente. Eran hombres más parecidos a él que sus propios hermanos: pequeños, nerviosos, fuertes, incansables, taciturnos, con ese poder primitivo del hombre que trabaja la terca piedra.

Aquella corriente de centenares de canteros, padres e hijos, se dividió en pequeñas filas que avanzaban por los tres principales desfiladeros de mármol, cada uno de los cuales tenía sus canteras preferidas: la Ravaccione, el Canale di Fantiscriti, abierta por los antiguos romanos, y el Canale di Colonnata. Y al separarse, cada uno murmuraba:

—Ve con cuidado...

—Que Dios lo permita...

Miguel Ángel continuó con un grupo hasta la cantera Polvaccio, donde había hallado sus mejores mármoles para la tumba de Julio II, once años atrás. La cantera, que estaba en el extremo del Poggio Silvestro, producía buen mármol para estatuas, pero las circundantes del Battaglino, Grotta Colombara y Ronco contenían mármoles ordinarios, con vetas diagonales. Cuando el sol tocó la cima del Monte Sacro, el grupo llegó al *poggio*, de casi mil seiscientos metros de altura, donde los hombres dejaron caer sus sacos y se pusieron a trabajar inmediatamente. Los *tecchiaioli* descendieron por sus sogas desde los altos precipicios, limpiando las cornisas de toda piedra suelta y eliminando con sus *subbie* y *mazzuoli* todo cuanto pudiera constituir un peligro para quienes trabajaban abajo. Esa labor la realizaban colgados de las sogas, a enorme altura, en el aire.

El dueño de la cantera, llamado El Barril por su enorme torso redondo, saludó cordialmente a Miguel Ángel. Aunque era analfabeto, igual que sus obreros, su contacto con los compradores de otros países le había enseñado a hablar algunas palabras seguidas, sin tropiezos.

—¡Ah, Buonarroti! —exclamó—. ¡Hoy tenemos su gran bloque!

Lo tomó del brazo y lo condujo al área donde se habían introducido cuñas de madera empapadas de agua en una incisión en forma de V y que, en su natural hinchazón, acababan de forzar una abertura en el sólido acantilado de mármol, que los canteros atacaban ahora con grandes mazas de hierro y palancas, hundiendo las cuñas más y más, para desalojar al mármol de su lecho. El capataz gritó de pronto: "¡Ahí va!". Los obreros saltaron, huyendo hasta el borde del *poggio*. El bloque de la cima se desprendió, con el sonido de un árbol que se desplomase a tierra, y llegó abajo con un tremendo impacto, quedando inmóvil en el área de trabajo, después de haberse quebrado siguiendo el corte de sus vetas.

Cuando Miguel Ángel estudió el bloque se llevó una desilusión. Las pesadas lluvias, al filtrarse por la escasa capa de tierra que había cubierto al mármol por espacio de incontables siglos, habían llevado consigo suficientes sustancias químicas para producir vetas en el puro blanco de la piedra. El Barril había hecho cortar aquel bloque expresamente, con la esperanza de que Miguel Ángel lo considerase satisfactorio.

—Hermoso pedazo de carne, ¿eh? —exclamó.

—Tiene vetas manchadas.

—El corte es casi perfecto.

—Sí, pero yo lo quiero perfecto, no casi.

El Barril perdió la paciencia.

—Nos cuesta mucho dinero —dijo—. Hace un mes que estamos sacando mármol para usted y hasta ahora no hemos visto ni un ducado.

—Le pagaré mucho dinero, pero por mármoles para estatuas.

—Dios es quien hizo el mármol. Quéjese a él.

—No lo haré hasta que no esté convencido de que no hay bloques más blancos debajo de ésos.

—¿Pretende que haga cortar todo el pico de la montaña?

—Tendré miles de ducados para gastar en material destinado a la fachada de San Lorenzo. Usted recibirá su parte.

El Barril se volvió, ceñudo, murmurando algo que Miguel Ángel no alcanzó a oír. Tomó su saco y partió para Ravaccione por una vieja senda de cabras. Llegó a la cantera a las diez. En el plano del cerro, dos cuadrillas trabajaban con una inmensa sierra a través de un bloque de mármol, mientras los *bardi*, aprendices que acompañaban su trabajo con cantos rítmicos, mantenían una constante corriente de arena y agua bajo los dientes de las herramientas. A un grito del capataz, que parecía un canto, comenzaron a bajar los hombres de los planos superiores, para la comida. Miguel Ángel se unió a un grupo para comer sobre un tablón colocado sobre dos bloques de piedra. La comida eran gruesas rebanadas de pan mojado con aceite de oliva, vinagre y sal, que se hundían en el balde común lleno de agua.

Aquella era la mejor manera de tratar a los *carrarini*. Durante su estancia allí, en 1505, para comprar los bloques destinados a la tumba de Julio II, había sido recibido con bastante desconfianza. Pero conforme fueron pasando los días, los *carrarini* llegaron a considerarlo no solamente escultor sino cantero. Ahora, al volver a la zona, se lo aceptó ya como un carrarino; se lo invitaba a las tabernas los sábados por la noche, punto de reunión de los hombres que bebían el vino Cinqueterre y jugaban al *bastoni*.

Miguel Ángel se sentía orgulloso de ser aceptado en una mesa donde las sillas parecían pasar de padres a hijos como herencia. Cierta vez, al ver un edificio vacío en una altura sobre la población, en el lugar donde una media docena de marmolerías se extendían a lo largo del Carrione, pensó para sí: "¿Por qué volver a Roma o a Florencia para esculpir estatuas, cuando aquí, en Carrara, parece más natural que extraño que un hombre desee dedicar su vida entera a la escultura?". Allí había expertos modeladores y jamás le faltarían ayudantes perfectamente capacitados.

En Ravaccione recibió la segunda desilusión de la mañana: el bloque que se acababa de precipitar desde el cerro mostraba vetas sucias y algunas fisuras. No le sería posible utilizarlo para una de sus gigantescas figuras.

—Hermoso bloque —dijo el dueño de la cantera—. ¿Lo compra?

—Tal vez… Probaré.

Aunque había respondido cortésmente, el rostro del dueño adoptó una expresión adusta. Miguel Ángel estaba a punto de seguir hasta la cantera siguiente, cuando oyó el sonido de un cuerno, que procedía, al parecer, de Grotta Colombara, unas colinas más arriba. Los canteros se quedaron inmóviles. Luego dejaron sus herramientas en tierra, se echaron los sacos sobre los hombros y comenzaron un silencioso descenso por una senda.

Uno de su oficio estaba herido, tal vez muerto. Todos los canteros de los Alpes Apuanos concurrieron luego a la aldea para recibir allí la noticia sobre la suerte de su camarada. No se trabajaría más hasta la mañana siguiente, pero ni siquiera entonces, si tenían que asistir al entierro.

Miguel Ángel bajó por la senda, dando un rodeo hasta el extremo de la aldea, y entró en su pequeño alojamiento de dos habitaciones, en el fondo de la casa del boticario Francesco di Pelliccia, un hombre de cincuenta y cinco años, tal vez el único del poblado que había salido de Carrara. Había visto su *David*, en Florencia, y el techo de la Capilla Sixtina. No era la primera vez que alquilaba aquellas habitaciones a Miguel Ángel y los dos eran ya muy buenos amigos.

Pelliccia no estaba. Había salido para atender al cantero accidentado. Había un médico en Carrara, pero muy pocos canteros lo empleaban, ya que decían: "La naturaleza cura y el médico cobra". Cuando alguien enfermaba, un familiar iba a la botica, describía a Pelliccia los síntomas y luego esperaba mientras le preparaba la pócima.

La señora Pelliccia, una vigorosa mujer de prominente busto, que había cumplido poco antes los cuarenta, puso la mesa en el comedor que daba a la Piazza del Duomo. Le había guardado a Miguel Ángel un plato de pescado del mediodía. Miguel Ángel estaba terminando cuando llegó un servidor de Rocca Malaspina con una nota del marqués Antonio Alberico II de Carrara, señor de la comarca Massa-Carrara, en la que le pedía que fuera inmediatamente a su castillo.

VI

Rocca Malaspina estaba a poca distancia, cuesta arriba, y era una especie de mansión-fortaleza que, a modo de ancla montañosa, servía a la defensa de Carrara. Construida en el siglo XII, tenía torres almenadas, un foso y gruesos muros de piedra capaces de resistir cualquier asedio. Porque ésa era una de las razones por las que los *carrarini* odiaban a los extraños: constantemente habían sido atacados e invadidos durante los últimos quinientos años. Sólo últimamente había podido la familia del marqués mantener la paz. Lo que originalmente había sido una tosca fortaleza estaba convertida ahora en un elegante palacio de mármol, con frescos y mobiliario procedentes de todas partes de Europa.

El marqués lo estaba esperando en lo alto de la majestuosa escalinata. Miguel Ángel no pudo contener la admiración al ver los suelos de mármol y las columnas. El dueño de Rocca Malaspina era alto, elegante, de aspecto severo.

—Le agradezco que haya venido, maestro Buonarroti —dijo con su voz patriarcal—. Pensé que quizá le agradaría ver la habitación donde Dante Alighieri durmió cuando fue huésped de nuestra familia. Escribió en ella algunas líneas de *La Divina Comedia*, sobre nuestro país. Ésta es su cama.

Más tarde, en la biblioteca, el marqués entró en materia. Primeramente mostró a Miguel Ángel una carta de Monna Argentina Soderini, que era una Malaspina:

El maestro Miguel Ángel, escultor a quien mi esposo quiere entrañablemente, ha ido a Carrara para conseguir cierta calidad de mármoles. Deseamos vivamente que le preste toda su ayuda.

El marqués miró a Miguel Ángel y dijo:

—Recuerda qué murmuró El Barril en la cantera, ¿verdad?

—Recuerdo que dijo algo. Me pareció que era "puro ruido".

—En carrarino eso significa "rezongón". Los dueños de las canteras dicen que usted ni siquiera sabe lo que quiere.

—En parte tienen razón —reconoció Miguel Ángel, un poco avergonzado—. Es que busco mármoles para la fachada de San Lorenzo. Tengo la sospecha de que el papa León X y el cardenal Giulio han concebido esta idea nada más que para impedirme que haga el trabajo de la tumba de Julio II, para los Rovere. Me han prometido mil ducados para comprar mármoles, pero hasta ahora no he recibido nada. Por otra parte, yo también pequé de remiso: les prometí enseñarles modelos a escala, pero desde que salí de Roma no he dibujado una sola línea. Una mente perturbada, marqués, no ayuda a dibujar.

—¿Me permite que le sugiera algo? Firme dos o tres contratos pequeños para la entrega futura de bloques de mármol. Así los dueños de las canteras se quedarán tranquilos. Esta gente cuenta con muy pocas reservas y sólo las separan del hambre unas cuantas semanas de judías y harina. Si alguien amenaza ese margen tan reducido, lo consideran su enemigo.

—Haré lo que me sugiere —dijo Miguel Ángel.

En las semanas siguientes firmó dos contratos y la tensión desapareció inmediatamente, no bien prometió a El Barril y a Pellicia adquirir una apreciable cantidad de mármol en cuanto llegase el Papa.

Había disipado la tensión en lo referente a los *carrarini*, pero no pudo hacer mucho en ese sentido respecto de sí mismo. Aunque los herederos de Julio II habían accedido a las demandas del Papa y escribieron un tercer contrato que reducía aún más el tamaño de la tumba y extendía el plazo de entrega de siete a nueve años, Miguel Ángel sabía que estaban furiosos. La tumba inconclusa era un cáncer que les roía el estómago.

Las noticias de Florencia no eran tampoco muy jubilosas. El placer que había sentido la ciudad al ver ungido Papa por primera vez a uno de sus ciudadanos, se veía agriado por el hecho de que la elección había costado su libertad a Florencia. Giuliano había muerto. La República terminó, el Consejo fue disuelto y la constitución anulada. Los florentinos no veían con agrado que los gobernase Lorenzo, el hijo de Piero, que contaba sólo veinticuatro años y cuyos actos, hasta los más insignificantes, eran dictados e impuestos por su madre romana y el cardenal Giulio. La tienda de Buonarroto, lejos de dar beneficios, producía en cambio pérdidas. No era culpa de Buonarroto, los tiempos no eran buenos para una nueva aventura comercial. En consecuencia, el hermano de Miguel Ángel necesitaba más dinero del que su eterno proveedor podía proporcionarle.

Buonarroto había llevado a su esposa, Bartolommea, a vivir en la casa de su padre y no cesaba de expresar la esperanza de que Miguel Ángel simpatizase con ella. Era una buena mujer. Había cuidado a Ludovico durante una reciente enfermedad y administraba la casa muy satisfactoriamente. Miguel Ángel llegó a la conclusión de que no era muy agraciada de rostro ni cuerpo pero había aportado una dote bastante abultada y poseía un carácter dulce y tranquilo.

"Me gustará, Buonarroto —escribió Miguel Ángel—. Recemos a Dios que te dé algunos hijos. Tu buena Bartolommea es nuestra única esperanza de perpetuar el apellido Buonarroti".

Las lluvias invernales convirtieron en desbordados ríos las sendas de las montañas. Luego cayeron copiosas nevadas. Todo el trabajo cesó en la zona del mármol. Los canteros, en sus frías casas de piedra de las laderas, se resignaron a esperar, mientras trataban de mantenerse lo más abrigados posible y reducían sus raciones de judías y de pasta. Miguel Ángel compró una carretada de leña y colocó su mesa de trabajo frente a la chimenea. A su alrededor tenía cartas de Baccio d'Agnolo, que iba a ayudarle a construir un modelo de madera de la fachada de Sebastiano, informándole que una docena de escultores, entre ellos Rafael, estaban tratando de arrebatarle el encargo de la fachada; y de Domenico Buoninsegni, de Roma, un hombre honesto y capaz que dedicaba su tiempo a negociar el contrato de la fachada y le imploraba que fuese a Roma, porque el Papa clamaba por los diseños.

Llegó a Roma mientras la ciudad se preparaba para celebrar la Navidad. Primeramente fue a su casa y se sintió aliviado al comprobar que todo estaba tal como lo había dejado. Su Moisés parecía estar más próximo a la terminación que lo que él recordaba. ¡Si pudiera tener un mes libre para dedicarlo exclusivamente a la estatua!

Fue recibido cordialmente en el Vaticano. Al arrodillarse para besar el anillo del Pontífice, observó que la papada de León X caía nuevamente sobre el cuello de su manto de armiño y que las mejillas carnosas ocultaban casi por completo la pequeña y enfermiza boca.

—Me produce un gran placer verlo nuevamente, hijo mío —dijo el Papa, mientras conducía a Miguel Ángel a la biblioteca.

Extendió las hojas de sus dibujos sobre una mesa. Había un boceto de la obra de ladrillo inconclusa de San Lorenzo y luego otros de la fachada, dividida en dos pisos y una torre. El piso tenía una cornisa divisoria sobre las entradas del templo. Flanqueando las puertas, había dibujado cuatro grandes figuras que representaban a San Lorenzo, San Juan Bautista, San Pedro y San Pablo, y en la torre, Damián y Cosme, representados como médicos. Esculpiría esas nueve grandes figuras personalmente; el resto de la fachada era arquitectónica. El plan, que absorbería nueve años, le podía dar el tiempo necesario para terminar los mármoles de la tumba de Julio II. Al finalizar el contrato, tanto los Medici como los Rovere quedarían satisfechos.

—Estamos dispuestos a ser generosos —dijo el Papa.

—Pero hay un detalle que debe ser modificado —interpuso Giulio.

—¿Cuál, Eminencia?

—Los mármoles tienen que ser de las canteras de Pietrasanta, que tienen el mejor mármol estatuario del mundo.

—Sí, Eminencia, así he oído decir. Pero no existe camino hasta las canteras.

—Eso es un inconveniente salvable. Se construye el camino.

—Se ha dicho que los ingenieros romanos lo intentaron y fracasaron.

—No lo intentarían muy seriamente.

En el rostro del cardenal Giulio se había reflejado una expresión concluyente. Y Miguel Ángel pensó que allí había algo ajeno a la calidad del mármol. Se volvió hacia León X y lo miró, interrogante.

—Le irá mejor en Pietrasanta y Seravezza —explicó el Papa—. Los *carrarini* son gente rebelde. No han cooperado nunca con el Vaticano. La gente de Pietrasanta y Seravezza se consideran leales toscanos. Han traspasado sus canteras a Florencia. De esta manera, nos aseguraremos el más puro mármol estatuario y su costo será solamente el de la mano de obra.

—No creo que sea humanamente posible extraer mármol de Pietrasanta, Santidad —dijo Miguel Ángel—. Los bloques tendrían que ser sacados de precipicios de enorme altura.

—Hará el viaje a la cima de Monte Altissimo y me presentará un informe de lo que encuentre.

Miguel Ángel no respondió.

VII

Regresó a Carrara. Cuando, por fin, le fueron enviados los mil ducados del Papa, dejó de preocuparse por las canteras de Pietrasanta y empezó a comprar mármoles a toda prisa: de Jacopo y Antonio, tres bloques que estaban expuestos en el Mercado de Cerdos, y otros siete de Mancino. Entró en sociedad con Ragione para financiar la extracción de un centenar de carros de mármol.

Rechazó el modelo de madera que le había hecho Baccio d'Agnolo, por considerarlo "infantil". Hizo uno él mismo… que no resultó mucho mejor. Pagó a La Grassa, un cantero de *pietra serena* de Settignano, para que le hiciese un modelo de arcilla… y lo destruyó no bien estuvo listo. Cuando Salviati le comunicó desde Florencia, y Buoninsegni desde Roma, que el Papa y el cardenal se impacientaban porque todavía no había comenzando, firmó un contrato con Francesco y Bartolomeo, de Torano, por otros cincuenta carros de mármol, a pesar de que no había dibujado nada más que los tamaños y formas de los bloques que deseaba que le preparasen los modeladores.

El marqués de Carrara lo invitó a cenar un domingo en la Rocca. Después de la cena lo interrogó sobre el plan del Papa respecto de la explotación de las canteras de Pietrasanta, sobre la que se habían filtrado algunas noticias desde Roma.

—Puede estar seguro, *signore* —respondió Miguel Ángel— que no se hará trabajo alguno en esas montañas.

Y un día recibió una enérgica carta de Buoninsegni:

> *El cardenal y el Papa consideran que está descuidando el mármol de Pietrasanta. Creen que lo hace deliberadamente... ¡El Papa quiere mármoles de Pietrasanta!*

Hizo preparar un caballo para el amanecer del día siguiente, a fin de tomar el camino de la costa, pero sin revelar a nadie adónde se dirigía. Se detuvo un momento en el mercado de Pietrasanta para comprar una naranja. Sobre él se elevaba imponente el Monte Altissimo, así llamado por la gente de Pietrasanta y Seravezza porque su impresionante bastión de roca viva, que perforaba el cielo hasta una altura de mil seiscientos metros, empequeñecía e intimidaba a cuantos vivían a su vista.

Los *carrarini* protestaban desdeñosamente que el Monte Altissimo no era el pico más alto, ya que lo superaban el Monte Sacro, Pizzo d'Uccello y Pisanino, en la zona de Carrara. Los de Pietrasanta respondían que los carrarinos podían vivir en sus montes, atravesarlos y extraer de ellos el mármol, pero que Monte Altissimo era inexpugnable. Los etruscos, verdaderos genios en el arte de trabajar la piedra, y el ejército romano no habían podido conquistar jamás sus implacables gargantas y precipicios.

Había un angosto camino de carros entre Pietrasanta y la aldea montañosa de Seravezza. Se utilizaba para el transporte de productos agrícolas. Miguel Ángel emprendió la ascensión por aquella senda. Allí todo era piedra. Las casas estaban apretadas alrededor de una pequeña plaza empedrada. Encontró una habitación para pasar la noche y un guía, que era el fornido hijo de un remendón.

Partieron de Seravezza cuando todavía era de noche. La primera hora de camino por las colinas circundantes no fue difícil, pues Anto, el guía, conocía el terreno palmo a palmo. Pero cuando terminó la senda, tuvieron que abrirse paso por espesuras de matorrales con dos cuchillos que Anto había sacado del taller de su padre. Ascendieron casi en línea recta, por verdaderos bosques de piedra que significaban un duro trabajo. A menudo resbalaban y se veían obligados a agarrarse desesperadamente de algún matorral para no precipitarse barranca abajo. Descendieron a profundas gargantas, en las cuales hacía un pegajoso y húmedo frío, y escalaron a gatas por la sierra siguiente, que subía hacia el Monte Altissimo, cuya hosca silueta se alzaba al fondo.

A mitad de la mañana se encontraron en la cima de un promontorio cubierto de matorrales. Entre Miguel Ángel y el Monte Altissimo quedaba solamente una colina de escarpada cúspide y, tras ella, un precipicio en el fondo del cual tendrían que cruzar un río.

Anto sacó dos grandes panes de su bolsa de cuero, cuya miga había sido sacada para rellenar la corteza con pescado en salsa de tomate. Comieron y luego descendieron al valle.

Miguel Ángel se sentó en una roca y miró hacia arriba, a los ceñudos Alpes.

—Con la ayuda de Dios y de todo el ejército francés, tal vez uno podría construir un camino hasta este punto, pero, ¿cómo podría nadie prolongarlo por esa pared de roca viva completamente perpendicular?

—No es posible —dijo Anto—. ¿Para qué intentarlo?

—Para extraer mármol.

Anto lo miró un instante asombrado, como si creyera que estaba loco.

—¡Nadie ha sacado mármol de Monte Altissimo ni lo sacará jamás! —exclamó—. ¡Eso es una locura!

—*È vero* —dijo Miguel Ángel.

—Y entonces, ¿para qué ha venido?

—Para estar seguro de que no es posible. Bueno, empecemos la ascensión, Anto. Quiero ver hasta qué punto son buenos esos mármoles que no podremos bajar de ahí.

Los mármoles no sólo eran buenos, eran perfectos. El más puro mármol blanco estatuario. Miguel Ángel descubrió un *poggio* en el cual habían excavado los romanos. Después de la verdadera batalla que habían librado para subir hasta allí, comprendió claramente por qué los emperadores romanos habían utilizado el mármol de Carrara para construir Roma. No obstante, todo su cuerpo se estremecía de ansia por aplicar el martillo y el cincel en aquella brillante piedra, la más pura que había visto en su vida.

Era ya el anochecer cuando llegaron de regreso en Carrara. Al avanzar por el camino desde Avenza, observó que los campesinos que trabajaban en sus campos parecían no verlo. Cuando entró por la Porta Ghibellina, la gente parecía descubrir de repente una ocupación que desviaba sus miradas hacia otro lado. Penetró en la botica de Pelliccia.

—¿Qué ha sucedido? —preguntó—. Ayer a la mañana partí de aquí y todos me consideraban un carrarino. Esta noche regreso y soy un toscano, por lo visto.

—Es por el viaje que ha hecho al Monte Altissimo.

—¿Así que esta gente ha adoptado la ley romana según la cual un hombre es culpable hasta que no haya demostrado ser inocente?

—Tienen miedo. La apertura de las canteras de Pietrasanta significaría la ruina para ellos.

—Le ruego que les informe que he ido a Monte Altissimo por orden del Papa.

—Ellos sostienen que es cosa suya.

—Pero… ¿acaso no he estado comprando mármoles de Carrara?

—Los *carrarini* creen que ha estado buscando el sanctasanctórum, el alma blanca de la montaña, y que a eso se debe que el Papa le haya ordenado extraer el mármol de Pietrasanta: para que encuentre los bloques perfectos que le satisfagan.

Instintivamente, los *carrarini* tenían razón en eso. Ni una sola vez en los últimos siete meses, ni siquiera después de haber pagado muy buenas monedas de oro por los mármoles, quedó convencido de haber conseguido los mejores para esculpir estatuas. ¿Acaso habría estado ansiando, inconscientemente, que el Papa hiciese abrir las canteras de Pietrasanta, a pesar de que consideraba y había proclamado imposible tal empresa?

—Informaré a Su Santidad que no es posible extraer mármol del Monte Altissimo.

—¿Pueden confiar en usted?

—Les doy mi palabra de honor.

Fue una primavera próspera para Carrara, pues acudieron varios escultores a comprar bloques de mármol: Bartolomé Ordóñez, de España; Giovanni de Rossi y el maestro Simoni, de Mantua; Domenico Garé, de Francia; don Bernardino de Chivos, que trabajaba para Carlos I de España. Y Miguel Ángel se consideraba también próspero, pues los Medici habían convenido en pagarle veinticinco mil ducados por la fachada.

Jacopo Sansovino, aprendiz de su viejo amigo Andrea Sansovino, llegó a Carrara una lluviosa tarde y se puso de espaldas a la chimenea de Miguel Ángel para secar sus ropas. Tenía treinta años y había adoptado el apellido de su maestro. Parecía tener talento.

—¿Qué lo trae a Carrara con este tiempo tan malo? —preguntó Miguel Ángel.

—Usted —respondió Sansovino.

—¿Yo?

—Sí. El papa León X me ha ofrecido un friso en su fachada. Ya he presentado el diseño y el Papa está encantado.

Miguel Ángel volvió la cabeza para que Jacopo no advirtiese su asombro.

—Pero yo, en mi proyecto, no he indicado friso alguno —dijo.

—El Papa organizó un concurso para quien quisiera colaborar con una construcción en la fachada. Lo gané yo. Con una banda continua de bronce sobre los tres pórticos en la que se vean escenas de la vida de los Medici.

—¿Y si su friso no encaja en mi diseño?

—Usted haga su trabajo y yo haré el mío.

El tono de Jacopo no era insolente, a pesar de lo cual parecía no admitir discusión.

—Nunca he colaborado con nadie, Jacopo.

—Lo que dice el Papa se hace, Miguel Ángel.

—Naturalmente, pero según mi convenio yo tengo que corregir las faltas del trabajo de los demás.

—No encontrará faltas en el mío. Confíe en mí. No puedo decirle lo mismo de Baccio y Bigio.

—¿Qué sucede con Baccio y Bigio?

—Tienen el trabajo de hacer todas las piedras y columnas decoradas.

Aquella noche no durmió. Echó abundantes leños al fuego y se pasó las horas recorriendo a grandes pasos las dos habitaciones, mientras intentaba resolver aquel problema. ¿Por qué había dejado pasar todos aquellos meses para diseñar las figuras principales o regresar a Florencia para colocar los cimientos de la fachada? La visita de Jacopo Sansovino, con la noticia de que aquel trabajo se le iba poco a poco de las manos, demostraba que aquello había sido un error. Porque, para un artista, una de las más dolorosas formas de la muerte es la inactividad.

Ya no tenía más tiempo que perder. Puesto que tenía que esculpir esa fachada, debía empezar a hacerlo inmediatamente y esculpir toda ella, columnas, cornisas, capiteles y figuras. Escribió a Roma:

Le prometo, Santo Padre, que la fachada de San Lorenzo
será un espejo de arquitectura y escultura para toda Italia.

VIII

Regresó a Florencia en la primavera, a tiempo para celebrar el nacimiento de la hija de Buonarroto, Francesca, a quien puso de sobrenombre Cecca. Fue a comprar un terreno en la Via Mozza, cerca de Santa Caterina, decidido a construir en él un estudio de suficiente tamaño para albergar los grandes bloques destinados a la fachada y la tumba de Julio II. Tuvo que tratar con los canónigos del Duomo, que le cobraron trescientos florines grandes de oro por el terreno, sesenta más de lo que valía.

Trabajó durante varias semanas para terminar el diseño sobre el que habría de construir su modelo de madera. Conforme iba expandiendo su concepto, al cual agregó cinco bajorrelieves en marcos cuadrados y dos en marcos circulares, amplió también sus costos, por lo cual sería imposible crear una fachada por menos de treinta y cinco mil ducados. El Papa le contestó por intermedio de Buoninsegni, quien le escribió:

Le agrada su plan, pero ha aumentado usted el precio en
diez mil ducados. ¿Se trata de ampliaciones en la fachada
o de un cálculo erróneo en sus planes originales?

Miguel Ángel contestó:

Va a ser la maravilla arquitectónica y escultórica de Italia.

A lo cual Buoninsegni replicó:

El dinero escasea, pero no debe preocuparse; su contrato
será firmado. Comience inmediatamente los cimientos.
Su Santidad está un poco disgustado porque todavía no
los ha colocado.

Jacopo Sansovino, informado por el Vaticano de que el nuevo modelo de la obra no incluía friso alguno, fue a ver a Miguel Ángel, a quien atacó duramente. Miguel Ángel trató de aplacarlo y al final dijo:

—No nos separemos como enemigos. Le prometo que lo ayudaré a conseguir un trabajo. Entonces comprenderá que una obra de arte no puede ser un simposio: tiene que poseer la unidad orgánica de la mente y las manos de un solo hombre.

Ludovico eligió aquel momento para reprochar a Miguel Ángel que no le permitía utilizar los fondos depositados en la administración de Santa Maria Nuova.

—Padre —respondió Miguel Ángel—, si no cesa con sus eternas exigencias de dinero y lamentaciones y reproches, la casa no será suficientemente grande para ambos.

Al anochecer, Ludovico había desaparecido. A la noche siguiente, Buonarroto volvió con la noticia de que el padre andaba diciendo a todos que había sido arrojado de su propia casa.

—¿Dónde está? —preguntó Miguel Ángel.

—En la casa de los campesinos de detrás de nuestra granja de Settignano.

—Le mandaré una nota inmediatamente.

Se sentó ante el escritorio de su padre y escribió:

Queridísimo padre: Tienen una experiencia de treinta
años, usted y sus hijos, de todo cuanto se relaciona con-
migo, y sabe perfectamente que siempre he pensado y
obrado por su bien. ¿Cómo es posible que vaya diciendo
que lo he expulsado de nuestra casa? ¿Es que no com-
prende el daño que me causa con esa mentira? Esto es lo
único que faltaba para completar mi cúmulo de dificulta-
des. Me paga muy bien.

Pero paciencia, que así sea. Estoy dispuesto a aceptar
la posición de que sólo le he traído vergüenza y desho-
nor... Le ruego que me perdone por ser tan canalla...

445

Ludovico regresó a la Via Ghibellina y "perdonó". Y de pronto, aquel cúmulo de desdichas se agrandó con una más: Miguel Ángel se enteró de que su dibujo para el fresco de *Los bañistas* había desaparecido.

—Destruido no sería precisamente la palabra correcta —dijo Granacci muy serio—. Ha sido objeto de toda clase de atropellos. Fue primeramente copiado, luego cortado en pedazos que desaparecieron, aparte de haber sido borroneados los que quedaron.

—Pero, ¿cómo es posible? ¿Por qué no se lo protegió? ¡Era de Florencia!

Granacci le dio todos los detalles. El dibujo había sido enviado al Salón de los Papas, cerca de Santa Maria Novella, y después al salón del piso alto del palacio de los Medici. Cien artistas de paso por Florencia habían trabajado ante él sin que nadie los vigilase. Algunos cortaron pedazos para llevarlos consigo. Su enemigo Baccio Bandinelli se había apropiado de varios trozos. Los únicos fragmentos que se hallaban todavía en Florencia eran los comprados por los amigos de Miguel Ángel, los Strozzi.

Concentró toda su atención en la fachada y construyó un sólido modelo. Éste entusiasmó al Papa, al extremo de que firmó un contrato por cuarenta mil ducados: cinco mil anuales por espacio de ocho años, cuatro mil adelantados para gastos y una vivienda gratuita cerca de la iglesia de San Lorenzo. Sin embargo… "Su Santidad —decía una cláusula— estipula que todo el trabajo que se realice en la fachada de San Lorenzo debe ser hecho con mármoles de Pietrasanta y en modo alguno de otro lugar".

Miguel Ángel asistió, con la cabeza descubierta, a los últimos ritos oficiados en el cementerio de San Lorenzo por el prior Bichiellini, en quien le pareció ver que perdía al más querido y fiel amigo de su vida.

Sólo una hora después de su regreso a Carrara, comenzó a congregarse una multitud en la Piazza del Duomo. Las ventanas del comedor del boticario llegaban hasta el suelo y no tenían balcón. Miguel Ángel se colocó tras las cortinas para escuchar el rumor que crecía por momentos, mientras los mineros iban llenando la plaza. Alguien lo descubrió tras las cortinas. La multitud comenzó inmediatamente a lanzarle insultos.

Miguel Ángel miró al boticario, cuyo rostro estaba sumamente serio. Luchaba entre la lealtad a su gente y a su huésped.

—Tendré que hablarles —dijo Miguel Ángel.

Abrió la ventana y se asomó al vacío.

—*Figlio di cane!* —gritó uno de los canteros.

Se alzaba un verdadero bosque de puños amenazadores. Miguel Ángel levantó los brazos para pedir silencio.

—No es culpa mía… Tienen que creerme —gritó.

—¡Bastardo! ¡Nos ha traicionado!

—¿No he comprado mármoles en sus canteras? Tengo nuevos contratos para darles… ¡Confíen en mí! ¡Soy un carrarino!

—Lo que eres es un servidor del Papa.

—Esto me costará mucho más que a ustedes...

Se hizo un silencio. Un hombre que estaba en primera fila gritó con voz llena de angustia.

—¡Pero no sufrirá como nosotros, en su estómago!

Aquel grito obró como una señal. Cien brazos se alzaron y una lluvia de piedras llenó el aire. Los vidrios de las dos ventanas saltaron, rotos en mil pedazos.

Una piedra hizo blanco en su frente. Quedó aturdido, más por el impacto que por el dolor. La sangre empezó a deslizarse por su rostro. La sintió bajar por una de sus mejillas.

No hizo el menor movimiento para enjugarla. La multitud advirtió lo que había sucedido y un rumor recorrió la plaza:

—¡Basta! Está sangrando.

Pocos minutos después la plaza estaba desierta, pero su piso, bajo las dos ventanas, se hallaba cubierto de piedras.

IX

Alquiló una casita del lado que daba al mar, en la plaza de Pietrasanta, con vistas a la extensa ciénaga que tendría que atravesar para construir un puerto. El cardenal Giulio le había informado que también tendría que extraer mármoles de Pietrasanta para la iglesia de San Pedro y para las reparaciones que necesitaba el Duomo de Florencia. El Gremio de Laneros enviaba un perito para la construcción de dicho camino.

Era el mes de marzo. Tenía alrededor de seis meses de buen tiempo antes de que la nieve y el hielo le cerrasen completamente las montañas. Si podía conseguir que empezasen a salir bloques de mármol de las canteras hacia la playa para el mes de octubre, su tarea estaría cumplida... ¡Si pudiera empezarla! Haría embarcar los primeros bloques a Florencia, donde pasaría el invierno esculpiéndolos. Cuando llegase otra vez el buen tiempo, un capataz y una dotación de hombres podría regresar a la cantera para seguir extrayendo el mármol.

Comenzó a tramitar la obtención de todo cuanto necesitaba: sogas, una fragua, barras de hierro, picos, palas, hachas, serruchos...

¡Todo le fue negado! Las casas de comercio parecían haber vendido todas las existencias de cualquier artículo que él pedía. Desesperado, volvió a la casa del boticario por la puerta trasera del jardín y buscó a Pelliccia.

—Usted se ha pasado toda la vida contratando y adiestrando capataces —le dijo—. Mándeme uno. Necesito ayuda. Todo el mundo se niega a prestármela. Ni siquiera puedo conseguir los materiales y herramientas...

—Lo sé —dijo Pelliccia—. Soy su amigo y los amigos no pueden abandonarse unos a otros.

—Entonces, ¿me ayudará?

—No puedo. Nadie querría trabajar con usted. Éste es el más grave peligro que nuestra comunidad ha tenido que enfrentar desde que el ejército francés nos invadió. En cuanto a mí, si lo ayudase, me arruinaría. Le pido perdón.

—El error fue mío. No debí haber venido.

Volvió a recorrer las calles empedradas de mármol hasta que llegó a la Rocca Malaspina. El marqués era no solamente el dueño de una gran parte de Carrara sino el único gobierno del marquesado. Su palabra era ley. El marqués lo recibió cordialmente, grave pero sin asomo de hostilidad.

—El Papa carece de poder aquí —explicó—. No puede obligar a los hombres a que extraigan mármol de la montaña. ¡Ni aunque excomulgara a toda la provincia!

—Entonces, por implicación, tampoco puede ordenar que extraigan bloques para mí...

El marqués sonrió y dijo:

—Un gobernante sabio jamás imparte órdenes que sabe no han de ser cumplidas.

—Marqués —dijo Miguel Ángel—, he invertido mil ducados en mármoles que todavía no han sido arrancados de la montaña. ¿Tampoco me pueden ser entregados?

—¿Especifican los contratos que esos bloques deben ser llevados a la costa?

—Sí, marqués.

—Entonces puede estar tranquilo, porque serán entregados. Nosotros cumplimos siempre nuestros contratos.

Los bloques y columnas fueron bajados de las montañas en carros especiales para cargar mármol. Pero cuando todos habían sido depositados en la playa, los marineros *carrarini* se negaron a transportarlos a Florencia. "No figura en el contrato", declararon.

—Ya lo sé —arguyó Miguel Ángel—. Estoy dispuesto a pagar bien. Quiero que sean llevados a Pisa y luego por el Arno, mientras tiene agua.

—No tenemos espacio.

—Pero veo muchas barcas que están ancladas y vacías.

—Sí, pero mañana tendrán carga. No hay espacio.

Miguel Ángel maldijo su suerte, montó a caballo y realizó el duro y largo viaje por Spezia y Rapallo hasta Génova. En el puerto encontró numerosos dueños de barcas ansiosos de trabajar. Se calcularon las embarcaciones que se necesitarían para transportar los mármoles. Miguel Ángel pagó por adelantado y concertó una cita en Avenza para dirigir la carga.

Dos días después, cuando llegaron a la vista las barcas genovesas, un bote de Carrara partió a remo a su encuentro. Miguel Ángel esperaba en la playa, impaciente por la demora. Por fin regresó el bote, en el que llegaba el capitán genovés. Miró los bloques y columnas y declaró, desviando la mirada:

—No podemos llevarlos. Pesan demasiado.

Miguel Ángel palideció de ira.

—En Génova le dije el número de bloques, su forma, peso y demás detalles.

—Son demasiados —replicó el capitán. Arrojó una bolsa con dinero a Miguel Ángel y partió en el bote a remo.

Al día siguiente, Miguel Ángel se dirigió a caballo por la costa hasta Pisa. Al aproximarse a la población vio la torre inclinada, que se recortaba contra el cielo azul. Recordó su primer viaje a la ciudad, con Bertoldo, cuando tenía quince años. Ahora ya tenía cuarenta y tres.

Encontró un capitán de confianza, pagó un depósito y regresó a Pietrasanta. Las barcas no llegaron el día señalado... ni el siguiente ni el otro. Él y sus costosos y escrupulosamente elegidos mármoles habían sido abandonados. ¿Cómo iba a hacer para sacarlos de la playa de Carrara?

No se le ocurría dónde podría ir para solucionar el problema. Tenía que abrir una cantera. No le quedaba más remedio que dejar los mármoles donde estaban. Más adelante volvería a intentar.

Los canteros de *pietra serena* de Settignano sabían que la fama adquirida por Miguel Ángel había sido alcanzada a elevado precio. No les provocó envidia al verlo avanzar por el camino. Pero cuando estuvo ya cerca de la cantera y vio claramente las cicatrices de la montaña y los hombres que trabajaban en ella, Miguel Ángel sintió revivir su espíritu y sus labios se abrieron en una amplia sonrisa. Era la hora de comer. Llegaron unos cuantos niños con pértigas colocadas sobre sus hombros. En cada extremo pendía una olla de comida caliente. Y los canteros se reunieron en la boca de su caverna.

—¿Conocen alguna cantera a la que le escaseen pedidos? —preguntó Miguel Ángel—. Podría dar empleo a unos cuantos canteros buenos, en Pietrasanta.

No querían que se dijese que habían abandonado a un viejo compañero, pero las canteras estaban trabajando y cuando eso ocurría ningún hombre podía dejar el trabajo.

—Eso es una suerte para ustedes —dijo Miguel Ángel—. ¿Les parece que podré tener más suerte en las cercanías? ¿En Prato, por ejemplo?

Los hombres se miraron en silencio.

—Pruebe... A lo mejor...

Visitó otras canteras, una de *pietra serena*, en Cava di Fossato Coverciano, y la de *pietra forte*, en Lombrellino. Los hombres tenían abundante trabajo y no había razón para abandonar sus hogares y familias. Entre ellos existía una seria aprensión respecto de las montañas de Pietrasanta.

Desesperado, regresó a pie a Settignano y fue a la casa de los Topolino. Los hijos estaban ahora a cargo del patio de trabajo, mientras siete nietos, de siete años para arriba, aprendían ya el oficio. Bamo, el mayor de los hijos, negociaba los contratos; Enrico, el mediano, adiestrado por el abuelo para las tareas más delicadas, era el artista del trío; Gilberto, el más vigoroso, trabajaba con la rapidez de tres canteros. Ésta era la última probabilidad que se le presentaba a Miguel Ángel. Si la familia Topolino no podía ayudarlo, nadie podría hacerlo. Expuso su situación claramente, sin omitir detalle de los peligros y penurias.

—¿Podría venir conmigo uno de ustedes? —preguntó—. Necesito alguien en quien pueda confiar ciegamente.

Los hermanos meditaron un buen rato. Luego, todos miraron a Miguel Ángel.

—No podemos permitir que se vaya solo —dijo Bruno, por fin—. Uno de nosotros tiene que acompañarlo.

—¿Cuál?

—Bruno no puede. Hay contratos que negociar —dijo Enrico.

—Enrico tampoco —interpuso Gilberto—. Él es el encargado de los trabajos más finos.

Los dos mayores miraron a Gilberto y dijeron a la vez:

—Tú.

—Sí, yo —asintió Gilberto—. Yo soy el menos hábil, pero el más fuerte. ¿Le serviré?

—¡Claro que me servirá! ¡Y le quedo muy agradecido!

En los días que siguieron, Miguel Ángel consiguió reunir un grupo de hombres: Michele, que ya había trabajado con él en Roma; los tres hermanos Fancelli; Domenico, un hombre diminuto pero buen escultor; Zara, a quien Miguel Ángel conocía desde muchos años atrás; y Sandra, el más joven de todos. La Grassa, de Settignano, accedió a ir y con él un grupo de canteros a quien tentó el ofrecimiento de doble salario. Cuando los reunió para darles instrucciones para la partida a la mañana siguiente, sintió que se le encogía el corazón: doce canteros, pero ni uno con experiencia en extraer bloques de mármol de las montañas. ¿Cómo podría atacar una mole virgen con semejante cuadrilla?

Mientras se dirigía a su casa, vio a un grupo de obreros que estaban colocando piedras en la Via Sant'Egidio. Entre ellos le asombró ver a Donato Benti, un escultor de mármol que había trabajado en Francia con éxito.

—¡Benti!… ¿Qué diablos hace aquí?

Benti tenía sólo treinta años y un rostro arrugado.

—Esculpo pequeñas esculturas, para que la gente pise sobre ellas —respondió—. Aunque lo poco que como me sienta mal, no tengo más remedio que comer de cuando en cuando.

—Puedo pagarle más en Pietrasanta que lo que gana aquí. Lo necesito. ¿Quiere venir?

—¡Me necesita! —repitió Benti, mientras sus ojos se abrían enormemente incrédulos—. Esas dos palabras podrían ser las más hermosas del mundo. ¡Iré con usted!

—Bien. Lo espero en mi casa de la Via Ghibellina al amanecer. Somos catorce y viajaremos en un carro.

Aquella noche, Salviati fue la casa de Miguel Ángel con un hombre de cabellos grises y algo ralos, a quien presentó. Era Vieri, un primo lejano del papa León X.

—Vieri irá con usted a Pietrasanta como administrador. Él se encargará de todo lo referente a provisiones de alimentos, materiales, transportes y contabilidad. El Gremio de Laneros le pagará el sueldo.

—Es una suerte, porque estaba preocupado con respecto a la contabilidad.

Salviati sonrió, mientras ponía un brazo en el hombro de Vieri.

—Se llevará un verdadero artista en ese trabajo —dijo.

Fue una partida feliz, a pesar de todo, pues su cuñada Bartolommea dio a luz un varoncito muy sano, a quien se bautizó con el nombre de Simone. Por fin el apellido Buonarroti-Simoni tenía la seguridad de continuar por lo menos por una generación más.

Vieri, Gilberto Topolino y Benti se instalaron en la casa de Pietrasanta con Miguel Ángel. Vieri destinó uno de los dormitorios para su oficina. Miguel Ángel encontró una casa mayor en Seravezza para el resto de los hombres. Señaló la ruta que le pareció más conveniente para dirigirse al área de las canteras y puso a trabajar a los hombres, con pico y palas, para abrir una senda por la que los burros pudieran transportar las provisiones. Un grupo de muchachos de las granjas vecinas empezó a trabajar, a las órdenes de Anto, para formar una cornisa que permitiera el paso. Cuando fue evidente que el único herrero de Seravezza no podía atender a todas las necesidades de Miguel Ángel y los suyos, Benti mandó a buscar a su patrón, Lazzero, quien estableció una fragua para servir tanto a la cantera como al nuevo camino y construir los carros reforzados con hierro para transportar las columnas y bloques de mármol hasta el mar.

Miguel Ángel, Gilberto y Benti fueron a explorar y hallaron varias vetas de mármol en las laderas inferiores del Monte Altissimo. Y un día, en un risco a escasa distancia de la cúspide, descubrieron una formación de mármol estatuario, de un blanco purísimo, perfecta de color y composición.

—¡Es cierto! —exclamó Miguel Ángel, dirigiéndose a Benti—. ¡Cuánto más alta es la montaña, más puro es el mármol!

Llamó a sus hombres y ordenó a Anto que preparase con sus muchachos un área plana en la cima, a fin de que pudieran comenzar a extraer el mármol. Éste se extendía en una sólida pared blanquísima. Era toda una montaña de mármol que podía extraerse. Su superficie estaba ligeramente deteriorada por la nieve, el viento y la lluvia, pero debajo de aquella "cáscara" exterior la piedra era absolutamente pura.

—Lo único que tenemos que hacer —exclamó entusiasmado— es arrancarle a esta montaña enormes bloques que han estado aquí desde el Génesis.

—Sí —dijo Benti—. Y después de arrancarlos, sacarlos de aquí. Francamente me preocupa mucho más el camino que el mármol.

Como capataz, Gilberto Topolino era un volcán de energía. Atacaba la montaña como un verdadero ciclón y hacía que los demás siguieran aquel terrible ritmo de actividad; desgraciadamente, lo único que conocía a fondo era la *pietra serena* para construir casas. El carácter del mármol lo enfurecía, por su arrogante dureza.

El fornido La Grassa protestaba a su vez:

—¡Es como si uno trabajara a oscuras!

Después de una semana de tarea en el lugar donde Domenico dijo que había encontrado una veta excelente, consiguieron desprender un bloque que resultó con vetas circulares oscuras y, por lo tanto, inútil para el propósito que perseguía Miguel Ángel.

Vieri resultó un notable administrador. Conseguía los mejores precios para las provisiones y alimentos, y mantenía los costos de la empresa al más bajo nivel posible. Tenía archivados los recibos correspondientes a cuanto compraba, pero al finalizar el mes aquella contabilidad inmaculada constituía un consuelo bien pobre para Miguel Ángel, puesto que no había sido posible extraer mármol utilizable ni por valor de un ducado.

Se acercaba ya el mes de junio. El Gremio de los Laneros no había enviado todavía al superintendente que se encargaría de la construcción del camino. Miguel Ángel sabía que, a no ser que la misma comenzase inmediatamente, no podría ser completada antes de que se desatasen las tormentas de invierno.

El constructor llegó por fin. Se llamaba Bocca y era un obrero analfabeto que en su juventud había trabajado en los caminos de Toscana. Poseedor de la necesaria energía y ambición para aprender a trazar mapas y manejar a las cuadrillas de peones, llegó a contratista y ahora construía caminos entre las aldeas.

El Gremio de Laneros había elegido a Bocca por su reputación de realizar las obras en tiempo récord. Miguel Ángel le enseñó sus dibujos para la ruta proyectada.

—Ya veo la montaña —dijo Bocca, devolviéndole los planos—. Donde yo vea un lugar apropiado, allí construiré el camino.

Se había preparado concienzudamente. Al cabo de diez días había trazado el recorrido de la ruta más fácil posible hasta la base del Monte Altissimo. La única dificultad era que aquella ruta no se dirigía a los lugares en los cuales se encontraba el mármol. Una vez que Miguel Ángel hubiera bajado sus bloques de veinte toneladas poco menos que a mano se encontraría aún a considerable distancia del camino construido por Bocca.

Insistió en que el contratista lo acompañase hasta las canteras más altas, Polla y Vincarella, y luego descendieron por los barrancos que Miguel Ángel tendría que utilizar para bajar sus bloques.

—Como ve, me sería imposible llevar los bloques hasta su camino —le dijo.

—Yo acepté el contrato para construir hasta el Monte Altissimo. Es aquí, o en ninguna parte, donde construiré.

—Pero, ¿de qué me servirá ese camino si no puedo llevar los bloques a él?

—No sé. Yo soy camino y usted es mármol.

—Pero al extremo de su camino no hay más que mármol —exclamó Miguel Ángel, exasperado—. Tendré que emplear un equipo de treinta y dos bueyes para arrastrar los carros... ¡No se trata de heno sino de mármol! El camino tiene que seguir la mejor ruta desde las canteras... como ésta, por ejemplo.

—O construyo yo o construye usted. Los dos es imposible.

Miguel Ángel caminó varios kilómetros hacia el sur por el camino de la costa y pasó por dormidas aldeas, mientras luchaba mentalmente con su problema. ¿De qué le serviría el camino si no podía utilizarlo para transportar su mármol? ¿No considerarían que era culpa de él si los bloques no podían llegar al mar? La ruta decidida por Bocca sería inútil, ya que no iba en dirección a las canteras. ¿Qué podría hacer?

Podía quejarse al Papa, al cardenal Giulio, a Salviati, y conseguir que se le enviase otro constructor de caminos. Pero, ¿qué seguridad tendría de que el segundo contratista no siguiese también la ruta que considerase mejor? Hasta podría suceder que el Papa achacase a su *terribilità* las dificultades para construir el camino.

¿Qué alternativa se le presentaba? ¡Tenía que construir el camino personalmente!

Emitió un torturado lamento. ¿Cómo podía echar sobre sus hombros la tarea de construir un camino en aquella zona, una de las más abruptas de Italia? Nunca había realizado un trabajo como aquél. Él era escultor. ¿Qué sabía de construir caminos? Semejante empresa significaría aplastantes penurias, reunir y supervisar una dotación de hombres que rellenase la ciénaga, talase un enorme número de árboles y abriese camino con explosivos a través de sólidos muros de roca viva. Sabía lo que dirían el Papa y el cardenal Giulio: lo mismo que el papa Julio II había dicho cuando él había luchado tan enérgicamente para no tener que pintar la bóveda de la Capilla Sixtina... Y luego se vería obligado a trazar otro plan que cuadruplicaría el trabajo.

Aunque todavía no le hubiera sido posible producir un solo bloque de mármol utilizable, había contemplado de cerca la gloriosa "carne" del Monte Altissimo. Sabía que, finalmente, extraería aquellos mármoles ideales para sus esculturas. Y cuando lo hiciese, tenía que contar con un camino adecuado.

¿No había aprendido, a través de los años, que un escultor tenía que ser un arquitecto? Si él era capaz de esculpir el *Baco*, la *Piedad*, el *David* y el *Moisés*, si podía diseñar un mausoleo para el papa Julio II y una fachada para la iglesia de San Lorenzo, ¿por qué habría de resultarle más difícil un pequeño camino de unos ocho kilómetros de extensión?

X

Utilizó las sendas campesinas hasta Seravezza. De allí torció hacia el norte de dicha población, para esquivar el río Vezza y la garganta, y luego trazó el recorrido del camino directamente hacia el Monte Altissimo, a pesar de que enormes rocas se levantaban en su ruta. Cruzó el río Sena por un vado conveniente y siguió el contorno de la orilla para subir por la empinada garganta. En dos lugares decidió abrir túneles a través de la roca, en vez de llevar el camino hasta la cima de un monte y bajar luego en serpentina hasta el valle. Para el punto terminal del camino eligió un lugar situado en la base de dos precipicios, por los cuales proyectaba bajar los bloques de mármol desde Vincarella y Polla.

Compró un tronco de nogal e hizo que un fabricante de carros de Massa construyese con él un carro de dos ruedas recubiertas de hierro para transportar los bloques cortados hasta la ciénaga entre Pietrasanta y el mar.

Designó a Donato Benti superintendente de la construcción del camino desde Pietrasanta hasta la base del canal de Monte Altissimo.

A Michele le encargó el trabajo de rellenar la ciénaga.

Gilberto Topolino siguió en su puesto de capataz de Vincarella, la cantera situada a unos mil quinientos metros de altura, en el único lugar donde era posible trabajar, después de excavar un *poggio*.

A finales de junio, Vieri fue a verlo. Su rostro tenía una expresión grave.

—Tendremos que suspender la construcción del camino —dijo.

—¿Por qué? —inquirió Miguel Ángel, inquieto.

—Se ha terminado el dinero.

—El Gremio de Laneros es rico y paga el costo —arguyó Miguel Ángel.

—No he recibido más que cien florines —dijo Vieri—. Se han terminado ya. Mire, aquí tiene las cuentas.

—No me interesan. Lo único que me interesa ver son los bloques de mármol. Y sin el camino no podré llevarlos a la costa.

—*Peccato.* Tal vez llegue pronto el dinero. ¡Hasta entonces… *finito*!

—¡Ahora no se puede suspender el trabajo! ¡Utilice mi dinero!

—¡Pero no puede usar su dinero particular para la construcción de un camino. ¡Se quedará sin nada!

—Es lo mismo. Si no tengo camino, no tendré mármol. Pague las cuentas con los ochocientos ducados de mi cuenta privada.

—¡No volverá a recuperarlos! ¡Y no tendrá argumento legal alguno para que el Gremio se lo devuelva!

—¡Hasta que no extraiga los bloques de esta montaña, el Santo Padre no me permitirá ser escultor! Invierta mi dinero en este camino, Vieri. Cuando recibamos el que nos manda el Gremio, podrá restituirlo a mi cuenta.

Miguel Ángel recorría las montañas en una mula, desde el amanecer hasta el anochecer, para vigilar el progreso de los distintos trabajos.

Benti estaba realizando una labor rápida en la construcción del camino, pero dejaba para el final la tarea más pesada: eliminar las enormes rocas que obstruían el paso.

Gilberto había extraído ya la tierra de las capas de mármol de Vincarella y colocaba las cuñas de madera mojada en las grietas para facilitar la extracción de los bloques.

Los carreteros locales arrojaban toneladas y toneladas de piedra a la ciénaga, construyendo lentamente la base hasta la playa, donde Miguel Ángel proyectaba armar su puerto. Con un centenar de largos días de calor por delante, calculaba que tendría varios bloques para sus principales figuras de la fachada en el canal y la plataforma de carga para finales de septiembre.

En julio, según las cuentas de Vieri, había gastado ya más de trescientos de los ochocientos ducados de su cuenta particular. El domingo, después de oír una de las primeras misas, se sentó con Gilberto sobre la balaustrada de madera del Ponte Stazzemese. Gilberto dijo:

—Quiero decirle... para que no esté allí cuando se vayan...

—¿Quiénes se van? —preguntó Miguel Ángel.

—La mitad de los hombres: Angelo, Francesco, Bartolo, Barone, Tommaso, Andrea, Bastiano... Cuando Vieri les pague, regresarán a Florencia.

—Pero, ¿por qué? ¡Les pagamos muy bien!

—Tienen miedo. Temen que el mármol nos venza...

—¡Eso es una tontería! Ya tenemos un gran bloque en marcha. Dentro de una semana conseguiremos desprenderlo.

Gilberto movió la cabeza negativamente. Luego dijo:

—Ha aparecido una veta fuerte. Todo el frente es desperdicio. Tenemos que perforar mucho más hondo en la montaña. Perdóneme, Miguel Ángel. Le he fallado. Nada de lo que conozco sobre *pietra serena* me sirve aquí.

—Está haciendo todo lo que puede. Encontraré nuevos canteros. ¡Yo tengo la desgracia de que no sé abandonar una cosa que he empezado!

A mediados de septiembre estaban listos para abrir túneles a través de las tres enormes rocas que habían dejado atrás, en pleno camino. Una de ellas estaba en las afueras de Seravezza; la segunda, un poco más allá de Rimagno, y la tercera, en un lugar donde el río atravesaba una antigua senda. Su camino sería terminado por fin. Había arrojado la suficiente piedra suelta en la ciénaga como para llenar todo el mar Tirreno, pero el lecho del camino, después de hundirse numerosas veces, estaba firme, al fin, hasta la playa.

En la cantera de Vincarella, había conseguido desprender un magnífico bloque. Además, tenía otro en el borde del *poggio*. Aunque algunos de los canteros que acababa de contratar se habían ido también, quejándose de exceso de trabajo, Miguel Ángel estaba contento con los resultados obtenidos durante el verano.

—Sé que esto ha sido interminable para usted, Gilberto —dijo—. Pero ahora que hemos establecido un *modus operandi* desprenderemos tres o cuatro bloques más antes de que empiecen las lluvias.

A la mañana siguiente comenzó a mover las enormes masas de mármol precipicio abajo. El piso estaba cubierto de trozos de mármol y tierra para proporcionar una base de deslizamiento lo más lisa posible. El bloque fue atado con sogas media docena de veces alrededor de su parte más ancha y montado sobre rodillos de madera. Luego lo empujaron hasta el borde del *poggio*, con la punta hacia el borde del canal. A lo largo de la empinada pendiente, se habían introducido, a ambos lados, grandes tacos inclinados hacia afuera. Las sogas del bloque, atadas a esos tacos, constituían el único freno que los hombres tenían para contener el bloque e impedir que se precipitase al fondo del barranco.

La enorme masa empezó a deslizarse pendiente abajo, contenida por unos treinta hombres. Miguel Ángel les indicaba la manera en que tenían que manejar los rodillos, para ir colocándolos delante del bloque cuando éste los iba dejando atrás.

Pasaron las horas y el sol se elevó en el cielo. Los hombres estaban cubiertos de sudor, maldecían, se quejaban de que tenían hambre.

—¡No podemos detenernos para comer! —exclamó Miguel Ángel—. ¡No podemos asegurar el bloque! ¡Se nos iría hasta el fondo!

El mármol seguía deslizándose por la cuesta, mientras los hombres hacían desesperados esfuerzos para mantenerlo bajo su control y no permitir que tomase impulso.

A última hora de la tarde se hallaban ya a sólo unos treinta metros del camino. Miguel Ángel estaba jubiloso. Poco más y el bloque sería deslizado hasta la plataforma de carga, desde la que sería llevado al carro especial tirado por los treinta y dos bueyes.

Nunca se supo cómo se produjo el accidente. Un ágil y joven pisano, llamado Gino, que colocaba los rodillos ante el bloque, se acababa de encorvar para poner uno de ellos cuando de pronto se oyó un grito de alarma y el bloque comenzó a descender por propio impulso.

—¡Gino!… ¡Cuidado abajo, Gino!… ¡Apártate!

Los gritos llegaron demasiado tarde. El enorme bloque pasó sobre el infortunado joven y se desvió hacia Miguel Ángel. Éste se arrojó a un lado y rodó sobre sí mismo varias veces hasta contener su caída.

Los hombres quedaron paralizados de horror, mientras la gran masa de piedra adquiría impulso y se precipitaba hacia abajo, llegaba a la plataforma de carga y se despedazaba en cien fragmentos en el camino.

Gilberto estaba inclinado sobre el cuerpo de Gino. Una gran mancha de sangre cubría el lugar donde yacía el infortunado cantero.

—¡Ha muerto instantáneamente! —dijo Gilberto.

Miguel Ángel tomó el cadáver en brazos y bajó tambaleante el resto de la pendiente. Alguien acercó su mula hasta la plataforma de carga. Miguel Ángel montó sin soltar el cuerpo y, seguido por los demás, emprendió el camino a Seravezza.

XI

La muerte del joven pesaba como un bloque de mármol sobre su conciencia. Tuvo que guardar cama, enfermo. Torrenciales lluvias inundaron la plaza. Todo el trabajo fue suspendido. Vieri cerró sus libros. Los obreros regresaron a sus casas. Las cuentas demostraban que Miguel Ángel había gastado treinta ducados más de los ochocientos que le habían sido adelantados al comienzo del año para mármoles. ¡No había cargado ni un solo bloque! El único consuelo que tenía era el hecho de que un grupo de canteros de Carrara y algunos dueños de canteras asistieron al sepelio de Gino.

Pelliccia, el boticario, tomó a Miguel Ángel del brazo cuando ambos salían del cementerio.

—Todos lo hemos sentido mucho, Miguel Ángel —dijo—. La muerte de ese muchacho nos ha devuelto la sensatez. Lo hemos tratado muy mal. Pero también nosotros hemos sufrido las consecuencias de la falta de contratos, pues muchos agentes y escultores esperaban poder comprar en las canteras del Papa.

Ahora, los marineros de Carrara estaban dispuestos a transportar sus bloques, que todavía se hallaban en la playa, hasta los muelles de Florencia.

Durante varias semanas estuvo enfermo. El porvenir se le presentaba negro. Había fracasado en la tarea que se le había asignado. Había empleado dinero que no le pertenecía y perdido un año lastimosamente. ¿Qué ocurriría ahora? Ni el Papa ni el cardenal Giulio tenían mucha paciencia con quienes fracasaban.

Necesitó una carta de su amigo Salviati, recibida a fines de octubre, para reaccionar:

> *Siento mucho enterarme de que está hondamente disgustado por lo ocurrido. En una formidable empresa como la que ha emprendido no es raro tropezar con dificultades y accidentes mucho peores todavía. Puede creerme cuando le digo que no le faltará nada y que Dios lo compensará por*

este accidente. Recuerde que, cuando complete esa obra,
nuestra ciudad estará obligada por una gran deuda hacia
usted y toda su familia. Los hombres que son realmente
grandes y honrados, se muestran más valientes en la adver-
sidad y con ello ganan nuevas fuerzas.

Su temor de que el Papa y el cardenal pudieran criticarlo por el fracaso fue aliviado por otra carta enviada por Buoninsegni desde Roma:

El Papa y Su Eminencia están muy satisfechos ante la can-
tidad de mármol que tiene disponible. Desean que la em-
presa sea llevada adelante con la mayor rapidez posible.

Unos días después realizó solo el viaje a caballo hasta el extremo de su camino y luego escaló el Monte Altissimo hasta la cantera de Vincarella. Una vez allí, marcó verticalmente, con martillo y un cincel pesado, los cuatro bloques que debían ser desprendidos de la montaña en cuanto pudiera regresar con suficientes hombres. Volvió a Pietrasanta, metió sus efectos personales en una alforja y partió por la costa hasta Pisa y de allí por el ondulante valle del Arno.

Florencia estaba enterada del accidente, pero sólo como un inconveniente que demoraría algo el trabajo. Aunque algunos de los obreros, a su regreso, se habían quejado de él por haberlos hecho trabajar excesivamente, lo elogiaron sin reservas por la rapidez y eficiencia con que había construido el camino y extraído el primer bloque de mármol que se había logrado arrancar jamás a las montañas de Pietrasanta.

Se dedicó, desde su regreso, a un trabajo mucho más saludable para él: la construcción de su taller en el terreno que había adquirido en la Via Mozza. Esta vez no diseñó una casa con un taller adosado sino más bien un espacioso taller, de alto techo, con un par de habitaciones para vivir.

Cuando el plan que preparó resultó demasiado grande para el terreno de que disponía, se dirigió a Fattucci, el capellán de Santa Maria dei Fiore e intentó otra vez obtener el pedazo de terreno que se entendía al fondo del suyo.

El capellán le respondió:

—El Papa acaba de emitir una bula, ordenando que todas las tierras pertenecientes a la Iglesia deberán ser vendidas al mayor precio posible.

Al final, pagó el precio máximo por el trozo de terreno adicional.

Inmediatamente se lanzó con verdadera furia a la construcción. Contrató obreros y adquirió los materiales necesarios. Dirigió los trabajos personalmente y estaba en la obra desde la mañana a la noche. Luego, en su casa, llevaba las cuentas con escrupuloso cuidado, como Vieri se las había llevado en Pietrasanta.

Intentó, por una vez, ser un buen negociante, como Jacopo Galli, Balducci y

Salviati habrían querido que fuera. Para ello tomó de manos de Buonarroto, que se hallaba enfermo, todas las cuentas de las propiedades e ingresos que había ido acumulando a través de los años.

El invierno fue benigno. Al llegar febrero, Miguel Ángel llevó media docena de bloques de mármol destinados a la tumba de Julio II, que se hallaban deposita-dos en un cobertizo a orillas del Arno, y los hizo colocar en su taller para estudiar-los. Terminado ya su taller y vivienda, ahora sólo tenía que volver a Pietrasanta, extraer los bloques que necesitaba para la fachada de San Lorenzo y luego radicarse en Via Mozza para los años de trabajo concentrado que le esperaban, a fin de com-pletar las obras de los Rovere y Medici.

No pidió a Gilberto Topolino que volviera con él a Pietrasanta. Le pareció que hacerlo habría sido injusto. Pero la mayoría de los otros se mostró de acuerdo en acompañarlo y hasta consiguió formar un nuevo grupo de canteros. Estos consi-deraban que, abierto ya el camino y en condiciones de ser trabajadas las canteras, lo más duro del trabajo estaba hecho ya.

Miguel Ángel llevó consigo a Florencia todas las provisiones, materiales y herra-mientas necesarias. Ideó un sistema de grandes clavijas de hierro para alzar las pie-dras, las cuales serían clavadas en la superficie del bloque, con lo cual los canteros tendrían un medio más firme para sujetar la masa al ser deslizada por la pendiente del precipicio. Lazzero dijo que podía hacer aquellas clavijas en su fragua y Miguel Ángel envió a Benti a Pisa para que comprase el mejor hierro que pudiera encontrar.

A su debido tiempo, desprendieron verticalmente el mármol de la montaña y dejaron que los bloques se deslizacen hasta el *poggio*. El Papa había sido bien in-formado: había allí suficiente mármol, de espléndida calidad, para proveer al mundo durante mil años. Y ahora, a la vista ya las blanquísimas paredes de la cantera, y limpios de tierra suelta, piedras y polvillo de mármol los conductos de desliza-miento, las canteras empezaron a rendir soberbiamente.

Vaciló antes de permitir que los bloques fueran bajados sin las clavijas de hie-rro, pero Pelliccia fue a la cantera y le recomendó que duplicara el número de tacos colocados a ambos lados a lo largo de la senda y que usase sogas más gruesas.

No se produjeron más accidentes. En las semanas que siguieron, consiguió bajar cinco soberbios bloques y transportarlos hasta la playa en el carro tirado por los treinta y dos bueyes.

Al finalizar el mes de abril, Lazzero terminó de forjar las clavijas de hierro. Miguel Ángel, en un estado de gran entusiasmo ante la belleza de sus espléndi-dos bloques de mármol, se sintió aliviado por aquella protección adicional. Aho-ra, lista ya en el *poggio* otra soberbia masa blanca, se preocupó de que las clavijas de hierro fueran firmemente clavadas para actuar como frenos, con lo cual sería posible aliviar la tensión en las sogas.

Aquella mejora fue su perdición. Cuando el bloque iba ya a mitad de la pendiente, una de las clavijas se rompió y el mármol adquirió un impulso tal que saltó por el borde del precipicio y fue a estrellarse al fondo del barranco, rompiéndose en mil pedazos.

Miguel Ángel reaccionó de su momentánea estupefacción, comprobó que nadie había resultado herido y luego examinó la clavija rota. Estaba forjada con hierro de pésima calidad.

Miguel Ángel fue llamado a Florencia no bien se recibieron las comunicaciones que mandó el Papa a Roma y al Gremio de Laneros. Se envió a un capataz del Duomo para que lo reemplazara.

Llegó a caballo a Florencia a última hora de la tarde siguiente. Debía presentarse inmediatamente ante el cardenal Giulio en el Palacio Medici.

El gran palacio estaba de luto. Madeleine de la Tour d'Auvergne, que había contraído matrimonio con Lorenzo, hijo de Piero de Medici, había fallecido en el parto. Lorenzo, que se levantó de su lecho de enfermo para dirigirse al palacio desde la villa de los Medici, en Careggi, experimentó una recaída y había fallecido el día anterior. Aquella muerte eliminaba al último heredero legítimo de la línea Medici, aunque existían otros dos descendientes ilegítimos: Ippolito, hijo del extinto Giuliano, y Alessandro, que según los rumores que circulaban era hijo natural del cardenal Giulio.

Además, el palacio estaba triste porque se decía que las extravagancias del León X habían llevado al Vaticano al borde de la ruina. Los banqueros florentinos que lo financiaban se encontraron en situación muy seria.

Miguel Ángel se cambió de ropa, envolvió sus libros de cuentas y emprendió el tan amado camino al palacio de los Medici. El cardenal Giulio, enviado por el Papa para que empuñase las riendas, estaba rezando una misa de réquiem en la capilla de Benozzo Cozzoli. Terminada la ceremonia y cuando todos habían salido ya, Miguel Ángel expresó al cardenal su pesar por la muerte de Lorenzo. Pero Giulio no parecía oírlo.

—Eminencia —preguntó Miguel Ángel—. ¿Por qué me ha llamado? En cuestión de pocos meses, ya habría tenido listos los bloques para las gigantescas figuras, en la playa de Pietrasanta.

—Hay suficiente mármol ahora.

Miguel Ángel se sintió algo asustado por el tono hostil que advirtió en las palabras del cardenal.

—¿Suficiente? ¡No comprendo!

—Hemos decidido abandonar el proyecto de la fachada de San Lorenzo.

Miguel Ángel palideció y quedó mudo. Giulio continuó:

—El suelo del Duomo necesita reparaciones. Puesto que las juntas de ambas instituciones pagaron el costo del camino, tienen derecho a la propiedad de los mármoles que has extraído de Pietrasanta.

—¿Para el suelo del Duomo? ¿Hacer el suelo del Duomo con mis mármoles? ¿Con los más hermosos mármoles estatuarios que se hayan extraído de las montañas? ¿Por qué me humilla de esta manera?

El cardenal Giulio lo miró un instante y luego respondió fríamente:

—El mármol no es más que mármol y debe ser usado para lo que se necesite. En estos momentos la catedral necesita ese mármol para su piso.

Miguel Ángel apretó los puños, para contener el tremendo temblor que sacudía todo su cuerpo. Luego dijo:

—Hace casi tres años que Su Santidad y Su Eminencia me obligaron a abandonar el trabajo en la tumba para los Rovere. En todo ese tiempo, no he podido esculpir ni un centímetro de mármol. De los dos mil trescientos ducados que me han enviado, he gastado mil ochocientos en los mármoles, canteras y el camino. Por orden del Papa, hice enviar aquí los bloques destinados a la tumba de Julio II, para que yo pudiera esculpirlos mientras trabajaba en la fachada de San Lorenzo. Para enviarlos a Roma ahora, el transporte me costará más que la diferencia de quinientos ducados. No tengo en cuenta los costos del modelo de madera que construí, no tengo en cuenta los tres años que he desperdiciado en este trabajo; tampoco tengo en cuenta el gran insulto que significa para mí el haber sido llamado aquí para hacer este trabajo y luego ver que se me retira de él; no tengo en cuenta mi casa de Roma, que tuve que abandonar y en la cual mis mármoles, muebles y estatuas han sufrido daños por valor de más de otros quinientos ducados. No tendré en cuenta todas esas cosas, a pesar del tremendo perjuicio que significaron para mí. Lo único que deseo ahora es una sola cosa: ¡quedar en completa libertad!

El cardenal había escuchado atentamente. Su delgado rostro adquirió una expresión sombría.

—El Santo Padre estudiará cuanto usted dice a su debido tiempo. Ahora, puede retirarse.

Miguel Ángel bajó a la calle sin saber siquiera cómo.

LIBRO NOVENO

La guerra

I

¿Adonde iba un hombre cuando estaba destruido? ¿Adónde sino a su trabajo, encerrado en su taller, después de haber colocado doce bloques de mármol alrededor de la habitación como si fueran soldados puestos allí para proteger su aislamiento?

El nuevo taller era agradable: su techo tenía una altura de algo más de diez metros. Poseía altas ventanas al norte y era lo bastante espacioso como para esculpir varias de las estatuas del mausoleo al mismo tiempo. Ése era el ambiente en el cual debía hallarse siempre un escultor: en su taller propio.

Puesto que había firmado un contrato con Metello Vari de Roma para esculpirle el Cristo resucitado, decidió comenzar por dicha pieza. Su mano derecha le reveló que no le sería posible diseñar un Cristo resucitado porque en su mente Cristo jamás había muerto. No había habido crucifixión ni sepultura. Nadie podía haber dado muerte al Hijo de Dios, ni Poncio Pilatos ni todas las legiones romanas destacadas en Galilea. Los nervudos brazos de Cristo sostenían la cruz fácilmente. Su viga atravesada era demasiado corta para el hombre que debía ser clavado en ella. Los símbolos estaban allí: la vara de bambú poéticamente curvada, la esponja empapada en vinagre; pero en su mármol blanco no habría la menor señal de angustia ni recuerdo alguno de aquel terrible padecimiento.

Fue a Santa Maria Novella y, una vez allí, contempló el robusto Cristo de Ghirlandaio, para el que había dibujado los bocetos preliminares.

El pequeño modelo de arcilla emergió fácilmente entre sus dedos. Luego, el taller quedó bautizado con los primeros trocitos de mármol que arrancaba su cincel y que a Miguel Ángel le parecieron gotas de agua bendita. Un grupo de amigos llegó para celebrar su "penetración" del mármol: Bugiardini, Rustici, Baccio d'Agnolo y Granacci. Este último sirvió el Chianti, levantó su vaso y exclamó:

—Brindo por los tres años perdidos. *Requiescat in pace.* Y ahora, bebamos por los años venideros, en que todos estos hermosos bloques cobrarán vida. *Beviamo!*

—*Auguri!*

Después de su "ayuno" de tres años, el Cristo resucitado fue emergiendo de la blanca masa de mármol. Por haber convencido a Vari de que contratase una figura desnuda, su cincel fue perfilando el contorno del varón erguido, en un perfecto equilibrio de proporción, la cabeza inclinada hacia abajo. El Cristo parecía decir: "Tened fe en mí y en la bondad de Dios. He subido a mi cruz y la he conquistado. Vosotros también podréis conquistar la vuestra. La violencia pasa. El amor queda".

Debido a que la estatua tenía que ser enviada a Roma, dejó unos tabiques de mármol como protección entre el brazo izquierdo y el torso, y entre los dos pies. Tampoco trabajó el cabello, pues podría quebrarse, ni pulió el rostro, ya que podría ser arañado durante el viaje.

En años venideros no podría ganar mucho, ya que el Cristo resucitado le significó menos de doscientos ducados y las figuras de la tumba de Julio II habían sido pagadas por adelantado. No obstante, seguía siendo el único sostén de su familia. Su hermano Buonarroto tenía ya dos hijos y otro en camino. Estaba enfermo y poco trabajo podía hacer. Giovansimone se pasaba los días en la tienda, pero carecía de sentido comercial. Su otro hermano, Sigismondo, no había sido preparado para ningún oficio más que el de la guerra. Cuando Ludovico enfermó también, llovieron sobre Miguel Ángel las cuentas de botica y médico. Los ingresos de las granjas desaparecían en poco tiempo. Iba a tener que reducir gastos.

—Buonarroto —le dijo un día a su hermano—, ahora que estoy de regreso en Florencia, ¿no te parece que sería mejor que dedicaras tu tiempo a administrar mis asuntos?

Buonarroto estaba aplastado. Su rostro palideció.

—¿Vas a cerrar nuestra tienda? —preguntó.

—No da beneficios.

—Sí, pero sólo porque he estado enfermo. En cuanto mejore puedo atenderla todos los días. ¿Qué haría Giovansimone si la cerrases?

Y Miguel Ángel comprendió que aquella tienda era necesaria para mantener la posición social de sus dos hermanos. Con ella eran comerciantes, sin ella se convertirían en dependientes, que vivirían a costa de su hermano. Y él no podía hacer nada que lesionase el nombre de su familia.

—Tienes razón, Buonarroto —dijo con un suspiro—. La tienda dará beneficios algún día.

Cuanto más celosamente cerraba la puerta del taller al mundo exterior, más evidente se le hacía que el estado natural del hombre eran las dificultades. Le llegó la noticia de que Leonardo da Vinci había muerto en Francia, sin que sus compatriotas lo quisieran ni lo honraran; otra carta, que recibió de Sebastiano desde Roma, le comunicó que Rafael estaba enfermo y agotado, por lo que cada día se veía obligado a confiar mayor cantidad de trabajo a sus aprendices. Los Medici se hallaban también en serias dificultades: Alfonsina padecía de úlcera de estómago y, para consolarse de la muerte de su hijo y la pérdida del poder en Florencia, se trasladó a Roma, donde su vida se extinguió. El criterio político del papa León X al apoyar a Francisco I de Francia había resultado erróneo. Ahora Carlos V, el flamante emperador español del Santo Imperio Romano, Alemania y Holanda, había salido triunfante en aquella lucha. Y en Alemania, Lutero desafiaba la supremacía papal.

Después de encerrarse durante semanas enteras, Miguel Ángel asistió a una cena de la Compañía del Crisol. Granacci llegó a su taller para ir los dos juntos al de Rustici. Había heredado la fortuna de su familia y vivía en una austera respetabilidad, con su esposa y dos hijos, en la residencia ancestral de Santa Croce. Cuando Miguel Ángel se mostró sorprendido al enterarse de la devoción de Granacci por sus asuntos comerciales, su amigo le respondió muy serio:

—Cada generación tiene que custodiar la fortuna familiar.

—Tal vez adoptes idéntica seriedad en lo que se refiere a tu talento de pintor y trabajes...

—¡Ah!... El talento... Tú no has descuidado nunca el tuyo y mira todo lo que has tenido que pasar. Yo aún sigo empeñado en gozar de la vida. ¿Qué nos queda, cuando los años se han ido? ¿Amargas reflexiones?

—Si yo no tengo maravillosas esculturas para demostrar que los años han pasado, entonces mis recuerdos serán ciertamente muy amargos.

Mientras pasaban por la Piazza San Marco, Miguel Ángel vio una figura conocida. Tomó del brazo a Granacci. Era Torrigiani, que hablaba con Benvenuto Cellini, un orfebre de diecinueve años y aprendiz de escultor. Torrigiani reía a carcajadas y movía mucho los brazos.

No bien llegaron al taller de Rustici, entró también Cellini, quien se dirigió directamente a Miguel Ángel.

—¡Ese Torrigiani—dijo— es un verdadero animal! Me dijo que un día, cuando usted se burló de él, le propinó tal golpe en la nariz que sintió que el hueso crujía bajo su puño.

—¿Por qué me repite esa historia Cellini?

—Porque sus palabras engendraron tal odio en mí hacia ese canalla que, aunque tenía pensado irme a Inglaterra con él, ahora comprendo que jamás me sería posible tolerar su presencia.

Era agradable verse rodeado por un grupo de amigos y conciudadanos en la exclusiva atmósfera de la Compañía del Crisol. Había recomendado a Jacopo Sansovino para un importante trabajo en Pisa y Jacopo le perdonó que no le hubiese permitido participar del ahora difunto proyecto de la fachada para San Lorenzo. Lo mismo había ocurrido con Baccio d'Agnolo, que se había hecho famoso por la belleza de sus trabajos de incrustaciones de madera en mosaicos; Bugiardini, a quien Paolo Rucellai había confiado un encargo: una escultura del *Martirio de Santa Catalina* para un altar de Santa Maria Novella, tropezaba con dificultades en su dibujo. Miguel Ángel había pasado varias noches con su amigo bocetando algunas figuras desnudas, heridas o muertas, para captar una variedad de efectos de luz y sombra.

La única nota amarga la dio Baccio Bandinelli, que rehuía la mirada de Miguel Ángel. Éste observó al hombre que había luchado contra él desde el incidente con Perugino. Tenía ahora treinta y un años y era el conversador más empedernido de Toscana. Los Medici le habían hecho algunos encargos.

Agnolo Doni, para quien Miguel Ángel había pintado la *Sagrada Familia*, era ahora socio del Crisol. Había conquistado tal distinción al financiar un número de aquellas costosas reuniones. Conforme iba creciendo la fama de Miguel Ángel, Doni se encargó de aumentar la leyenda de la amistad entre ambos. Según Doni, eran una pareja invencible en el equipo del *calcio* de Santa Croce. Él era quien había alentado a Miguel Ángel en su arte. Y Miguel Ángel sonreía. No podía desmentir públicamente al fanfarrón.

Al correr los meses, penetró simultáneamente en cuatro bloques de mármol de cerca de tres metros de altura y creó formas esculturales avanzadas en un rincón de cada uno de ellos, para pasar después a trabajar en el lado opuesto.

Aquellos bloques estaban destinados a formar parte de su tema de los Cautivos para la tumba de Julio II. Daba vueltas alrededor de los macizos mármoles, con un punzón en la mano, haciendo saltar trocitos de la piedra aquí y allá para familiarizarse con la densidad de la masa. Únicamente con el martillo y el cincel le era posible captar el peso interior, la profundidad con que podía penetrar.

Con su ojo de escultor conocía todos los detalles de las esculturas. En su mente, no eran cuatro figuras separadas entre sí sino partes integrantes de una única concepción: el somnoliento Joven Gigante, que intentaba liberarse de su prisión en la piedra del tiempo; el Gigante Despierto, que irrumpía desde su crisálida de la montaña; el Atlas, lleno de años, fuerza y sabiduría, que llevaba sobre sus hombros la Tierra creada por Dios; y el Gigante Barbudo, viejo, cansado, pronto para pasar el mundo al Joven Gigante en un continuo ciclo de nacimiento y muerte.

También él vivía tan fuera del imperio del tiempo y el espacio como esos semidioses que surgían, retorciéndose en espirales, de los bloques que los aprisionaban. Esculpió incansablemente todo el otoño y el invierno. Por la noche se arrojaba sobre el lecho completamente vestido, cuando ya no le era posible seguir trabajando. Despertaba después de un par de horas de profundo sueño, refrescado, encendía una vela y volvía al trabajo, cincelando los frentes de sus figuras, perforando agujeros entre las dos piernas, modelando los cuatro cuerpos con cinceles afilados. Quería que los cuatro gigantes cobrasen vida al mismo tiempo.

Al llegar la primavera, las cuatro figuras estaban ya preparadas. Al acercarse a ellas, lo empequeñecían. Sin embargo, las cuatro se inclinaban ante su fuerza superior, su potente impulso, el enérgico martillo y el penetrante cincel, que creaban cuatro semidioses paganos para sostener la tumba de un pontífice cristiano.

Granacci exclamó un día:

—¡Ya has reconquistado los tres años que perdiste en las canteras! Pero, ¿de dónde proceden estas misteriosas criaturas? ¿Son del Olimpo de la antigua Grecia o profetas del Antiguo Testamento?

—Toda obra de arte es un autorretrato.

—Tienen un tremendo impacto emocional. Es como si yo tuviese que proyectarme en sus formas inconclusas y completarlas con mis propios pensamientos y sentimientos.

Si Granacci no quería decir a Miguel Ángel que dejase a sus cuatro Cautivos inconclusos, el papa León X y el cardenal Giulio se lo dijeron abiertamente, al anunciarle que habían decidido construir una sacristía en San Lorenzo para sepultar en ella a sus padres: Il Magnifico y su hermano Giuliano. Las paredes de esa sacristía habían sido comenzadas en dos ocasiones anteriores. Sin que les preocupase en absoluto el hecho de que habían anulado el proyecto de la fachada, el Papa y el cardenal (este último ya de vuelta en Roma, después de dejar al cardenal de Cortona a cargo de Florencia) enviaron a Salviati a ver a Miguel Ángel con el ofrecimiento de esculpir las figuras para dicha sacristía.

—Yo ya no soy su escultor —exclamó Miguel Ángel cuando Salviati se presentó en su taller—. Baccio Bandinelli tiene ahora tan distinguido cargo. Hacia el final de este año tendré terminados cuatro Cautivos. En otros dos años de trabajo terminaré la tumba de Julio II, la armaré y quedaré libre de la tortura de ese contrato. La familia Rovere me deberá unos ocho mil quinientos ducados. ¿Sabe lo que eso significa para un hombre que no ha ganado un escudo en cuatro años?

—Sí, pero necesita la amistad, la buena voluntad de los Medici —observó Salviati.

—También necesito dinero… que los Medici no me dan.

Conforme fueron alzándose las paredes de la sacristía, fue intensificándose la presión de los Medici sobre Miguel Ángel. Y el paso siguiente fue una carta que Sebastiano le escribió desde Roma.

Miguel Ángel siguió esculpiendo sus Gigantes. Ellos constituyeron la realidad de su vida durante los últimos días de la primavera, el cálido verano, y las primeras brisas frescas que bajaban de las montañas en septiembre.

El día en que su hermano Buonarroto, ahora padre de un segundo hijo al que se le puso el nombre de Leonardo, fue a verlo al taller para quejarse de que casi nunca lo veían y preguntarle si no se sentía demasiado solo trabajando de aquella manera, día y noche, sin familia ni amigos, Miguel Ángel le contestó:

—Los Gigantes son mis amigos. No solamente me hablan sino que se hablan entre sí.

¿Por qué accedió? No estaba seguro de saberlo. Al llegar al mes de octubre la presión del Vaticano se había intensificado. En noviembre, las cuentas de Buonarroto revelaron que había gastado más dinero en el último año del que había entrado por concepto de arrendamientos de la casa de la Via Ghibelina y por la venta de los productos de las granjas que comprara en años anteriores. En octubre había prodigado tan afanosamente sus fuerzas en los Cautivos, que se sintió desfallecer. La noticia de la muerte de Rafael le había producido profunda emoción y le demostró, al mismo tiempo, que la vida era corta y muy limitado el período de productividad.

"¿Qué habría sido yo sin Lorenzo de Medici —se preguntó—. ¿Y qué he realizado hasta ahora para pagar su protección? ¿No sería una ingratitud de mi parte negarme a esculpir su tumba?".

El ímpetu final fue proporcionado por la abierta expresión de hostilidad del papa León X. Sebastiano, que luchaba desesperadamente para conseguir el encargo de pintar el Salón de Constantino, del Vaticano, aseguró al Papa que podría hacer maravillas con los frescos, si le fuera posible contar con la ayuda de Miguel Ángel. León X exclamó:

—No lo dudo ni un instante, pues todos ustedes pertenecen a su escuela. Observen la obra de Rafael. No bien contempló la de Miguel Ángel, abandonó para siempre el estilo de Perugino. Pero Miguel Ángel tiene una *terribilità* enorme y no escucha razones.

Sebastiano escribió:

> *Le respondí al Pontífice que usted era así porque tenía importantes trabajos que terminar. Asusta usted a todos, incluso a los papas.*

Éste era el segundo Pontífice consecutivo que lo acusaba de ser irascible. Aun cuando fuese cierto, ¿quiénes sino ellos mismos habían sido la verdadera causa de su irascibilidad? Escribió a Sebastiano quejándose.

Sebastiano le respondió, en un intento de aplacarlo:

> *Yo no lo considero un hombre terrible, excepto en lo que se refiere a su arte; es decir, en que es el maestro más grande que haya existido jamás.*

Pronto terminaría un número suficiente de las figuras de la tumba de Julio II para satisfacer a los Rovere. ¿Qué haría entonces? No podía permitirse el lujo de ser enemigo del Papa, quien controlaba todas las iglesias de Italia. Ni los nobles y comerciantes acaudalados lo ayudarían por temor a ofender al Pontífice. Florencia estaba gobernada asimismo por los Medici. O bien decidía trabajar para éstos o carecería de trabajo.

II

El papa León X y el cardenal Giulio se pusieron muy contentos de tenerlo de vuelta en el seno de la familia. Fueron olvidados todos los resquemores sobre las canteras de Pietrasanta y el camino. Las primeras estaban clausuradas. Sus cinco grandes bloques de mármol blanco yacían en la playa. Salviati, camino a Roma para atender asuntos del Papado, ofreció sus servicios para llegar a un acuerdo práctico y conveniente.

—Si tal cosa es posible —exclamó Miguel Ángel con resignación—, dígales al Papa y al cardenal que trabajaré para ellos con un contrato, con un sueldo mensual, un salario diario o incluso gratis.

A primera hora de la mañana siguiente fue a la nueva sacristía. De inmediato pensó qué delicioso sería ornar su interior de *pietra serena* procedente de las canteras de Maiano.

Florencia fue inundada por copiosas lluvias y temporales. Trasladó su mesa de trabajo frente a la chimenea y dibujó algunos planos exploratorios. El Papa había decidido ahora que debían incluirse también tumbas para los Medici jóvenes: su hermano Giuliano y Lorenzo, el hijo de Piero. La primera idea de Miguel Ángel, una tumba elevada con cuatro sepulcros en el centro de la capilla, fue rechazada por el cardenal Giulio con el argumento de que la capilla era demasiado pequeña para contener las tumbas y las esculturas.

Dibujó un nuevo proyecto, un austero sarcófago a cada lado de la capilla y en cada uno de ellos dos figuras alegóricas reclinadas: El Día y La Noche en un lado, El Amanecer y El Anochecer en el otro; dos figuras masculinas y dos femeninas; grandes figuras pensativas de intensa belleza emocional y física, que representarían el ciclo del hombre dentro de los días de su vida.

Aquel proyecto fue aceptado.

Envió los doscientos ducados que le adelantó el Vaticano a su cantera favorita: Polvaccio de Carrara, juntamente con detallados dibujos sobre los bloques de mármol blanco que deseaba y, cuando éstos llegaron, observó con inmensa alegría que eran de excelente calidad estatuaria y habían sido adecuadamente preparados.

Pasó los meses de la primavera y el verano diseñando las paredes interiores y la cúpula, además de bocetar las figuras de El Día, La Noche, El Amanecer y El Anochecer, las dos figuras de tamaño natural de los jóvenes Medici para los nichos que irían sobre los sarcófagos y una Madonna y Niño para la pared opuesta. El cardenal Giulio pasó por Florencia camino a Lombardía para unirse al ejército del Papa, que una vez más luchaba contra los invasores franceses. No bien llegó, mandó llamar a Miguel Ángel y lo recibió cariñosamente en el palacio de los Medici.

—Miguel Ángel —dijo—, ¿cómo puedo ver con mis ojos y tocar con mis manos la capilla exactamente igual que cuando la terminen?

—Eminencia, le daré dibujos de las puertas, ventanas, pilares, columnas nichos y cornisas de *pietra serena*. Luego haré modelos de madera del tamaño exacto que tendrán las tumbas. Pondré en ellos las estatuas en arcilla, iguales a las de mármol que adornarán la tumba.

—¡Pero eso llevará mucho tiempo y Su Santidad está apurado!

—No, Eminencia, llevará poco tiempo y costará muy poco también.

—Entonces queda arreglado. Daré orden a Buoninsegui para que entregue el dinero conforme lo vaya necesitando.

Pero el cardenal no hizo tal cosa. Miguel Ángel procedió a hacer los modelos por su cuenta. Sólo detuvo su trabajo para celebrar el nacimiento del tercer hijo de Buonarroto, Buonarrotino. Con tres herederos varones, el apellido Buonarroti-Simoni estaba aparentemente asegurado.

A finales de noviembre, el Papa regresó enfermo de una cacería. El 1º de diciembre de 1521, el primer pontífice Medici yacía muerto en el Vaticano.

Miguel Ángel asistió a la solemne misa en el Duomo con Granacci. Por su mente pasaron aquellos días de su niñez con Giovanni en el palacio de los Medici, así como la bondad y lealtad de Giovanni cuando llegó a ser un influyente cardenal en Roma.

El tramontano soplaba, tan frío como el hielo, por las calles. No era posible calentar el taller, por muchos leños que se echaran a la chimenea. Muerto León X, el proyecto de la capilla de los Medici quedaba igualmente frío y barrido por los vientos. En Roma, media docena de facciones del Colegio de Cardenales luchaba por el poder, hasta que finalmente llegaron a un acuerdo y designaron a Adrian de Utrecht, de sesenta y dos años, un práctico flamenco que había sido tutor del emperador Carlos V.

El cardenal Giulio había huido a Florencia, pues el nuevo Papa era un eclesiástico de elevada moral, que siempre desaprobó el pontificado de los Medici y sabía que Giulio era responsable de buena parte del mismo. Adriano se dedicó de inmediato a corregir los errores cometidos por León X y a rehabilitar a todos aquellos que fueron lesionados en su honor o propiedades. Comenzó por devolver la soberanía al duque de Urbino y terminó por escuchar con simpatía las protestas de la familia Rovere, conviniendo que ésta demandaría a Miguel Ángel Buonarroti por incumplimiento de su contrato con los herederos de Julio II.

Miguel Ángel se dirigió inmediatamente a ver al notario Raffaello Ubaldini, que acababa de volver de una audiencia con el nuevo Pontífice.

—¿Por qué quieren llevarme ante la justicia? —preguntó Miguel Ángel—. ¡No he abandonado el trabajo en esa tumba!

—En su contrato modificado, convino en completar la tumba para mayo pasado… Se comprometió a no aceptar nuevos trabajos, a pesar de lo cual aceptó la sacristía de los Medici.

—Solamente hice algunos bocetos para esa sacristía… Otro año…

—El duque de Urbino no tiene confianza en sus promesas. La familia ha mostrado al Papa que, en los diecisiete años transcurridos desde la firma del convenio, no ha entregado usted nada.

Temblando de ira, Miguel Ángel exclamó, protestando:

—¿Y le dijeron al papa Adriano que fue Julio II quien me impidió originalmente que trabajase, al negarse a financiar la tumba? ¿Que me hizo perder quince meses de mi vida porque me obligó a esculpir su figura en bronce para Bolonia y volvió a impedirme que prosiguiera la obra? ¿No saben acaso que Julio II me tuvo durante cuatro años en la bóveda de la Capilla Sixtina, cuyos frescos pinté?…

—*Piano, piano!* Vamos, siéntese junto a mi escritorio.

—¿Qué es lo que quieren de mí?

—En primer lugar, que les devuelva todo el dinero: más de ocho mil ducados…

—¿Ocho m…? —Salió como si alguien le hubiese prendido fuego al asiento de su silla y gritó: —¡Si sólo he recibido tres mil!

Ubaldino le mostró los documentos que comprobaban su deuda. Miguel Ángel palideció:

—Los dos mil ducados que Julio II me pagó antes de morir corresponden a mi trabajo de pintura en la Capilla Sixtina.

—¿Puede probarlo?

—No.

—Entonces, la Corte de Justicia les acordará la suma de ocho mil ducados, además de los intereses correspondientes a la misma durante todos los años transcurridos.

—¿Y cuánto será eso?

—No más del veinte por ciento. Además, piden daños y perjuicios por no habérseles entregado la tumba en el plazo estipulado. Y eso puede ser cualquier suma que la Corte considere oportuno fijar. El Papa no se interesa por las artes. Considera que éste es un asunto puramente comercial.

Miguel Ángel parpadeó y luego cerró los ojos fuertemente, para contener las lágrimas.

—¿Qué debo hacer? —murmuró—. Todas mis pequeñas propiedades juntas apenas valen diez mil florines. Quedaré arruinado para siempre…

—Francamente, no sé qué aconsejarle. Tenemos que buscar amigos en la Corte, gente que admire su trabajo e intervenga ante el Pontífice. Entretanto, ¿me permite que le sugiera que complete los cuatro Cautivos y los lleve a Roma? Si pudiera armar toda la parte de la tumba de Julio II que ha esculpido ya…

Volvió como ciego a su taller. La noticia de la catástrofe que se cernía sobre él se propaló rápidamente por toda Florencia. Comenzaron a llegar amigos: Granacci y Rustici, que le llevaban sendas bolsas llenas de monedas de oro; miembros de las familias Strozzi y Pitti, que se ofrecían a ir inmediatamente a Roma para interceder en su favor.

Pero a los Rovere no les interesaba el dinero. Estaban decididos a castigarlo por haber abandonado la tumba en favor de una fachada y una capilla para los Medici. Cuando escribió a Sebastiano ofreciéndole ir a Roma para completar la tumba, el duque de Urbino rechazó el ofrecimiento y dijo:

—Ya no queremos la tumba. Queremos que Buonarroti sea llevado ante la justicia y que ésta lo castigue.

Ahora se hallaba ante un tremendo desastre. Tenía cuarenta y siete años y se vería despojado de todo cuanto poseía, así como desacreditado públicamente como persona incapaz de terminar un encargo que se le había confiado o poco dispuesta a terminarlo. Los Rovere lo señalarían como un ladrón por haber recibido su dinero sin darles nada a cambio. No podría conseguir un solo trabajo mientras Adriano fuese Papa. Como artista y como hombre, su vida quedaba ya tras de sí.

Vagó por la campiña de Pistoia y Pontassieve, mientras su mente estaba en Roma, Urbino, Carrara o Florencia, peleando, discutiendo, gritando… incapaz de absorber tantas injusticias e indignidades.

Observó a los campesinos que recogían sus cosechas. Adelgazó terriblemente y no podía retener los alimentos que ingería, como le ocurriera tantos años atrás cuando realizaba sus experiencias de disección en la morgue de Santo Spirito. Se preguntaba una y otra vez: "¿Qué crimen he cometido, Dios mío? ¿Por qué me abandonas así? ¿Por qué tengo que pasar por este infierno de Dante, si todavía no he muerto?"

Fue en busca de Granacci y le preguntó:

—¿Qué es lo que me falta? He sido allegado a los papas, se me han confiado importantísimos encargos, tengo talento, energía, entusiasmo disciplina y unidad de propósito. ¿Qué me falta? ¿Suerte? ¿Dónde tiene uno que ir a buscar la suerte?

—Soporta estos tiempos malos, *caro*, y luego podrás gozar los buenos. Si te quemas como un tronco seco al que se prende fuego…

—¡Ah, Granacci! Tu palabra favorita: "supervivencia". ¿Y si la obra de uno ya está realizada?

—Sólo has pasado la mitad de tu vida. Sólo has hecho la mitad de tu obra. Lo que pasa es que no tienes suficiente fe.

Resultó que Granacci tenía razón. Dios y sólo Dios lo salvó. Después de veintidós meses de agonía, el Todopoderoso se llevó a su seno al papa Adriano. En el Colegio de Cardenales siguieron siete semanas de negociaciones, promesas, compromisos, discusiones… hasta que por fin el cardenal Giulio de Medici consiguió reunir el número suficiente de votos para ser ungido Papa. ¡El primo Giulio!

Clemente VII, el flamante Pontífice, ordenó inmediatamente después de la ceremonia de su coronación: "Miguel Ángel debe reanudar el trabajo en la capilla".

Comenzó a esculpir las alegorías para la sacristía como criaturas que, habiendo sufrido las penurias y tragedias de la vida, conocían su futilidad. Los *contadini* decían: "La vida es para ser vivida". Granacci decía: "La vida es para ser gozada". Miguel Ángel decía: "La vida es para ser trabajada". El Amanecer, El Día, El Anochecer y La Noche decían "La vida es para ser sufrida".

Su *David* había sido joven, sabedor de que era capaz de conseguir todo cuanto pretendía; *Moisés* era maduro en años, pero con la fuerza interior suficiente para mover montañas y formar naciones. Estas nuevas criaturas de su creación tenían un halo de tristeza, de piedad; formulaban las más dolorosas e incontestables preguntas: ¿Con qué propósito se nos coloca en la tierra? ¿Para vivir nuestro ciclo? ¿Para perpetuarlo? ¿Una continua cadena de carne viva, para pasar la carga de una generación a la otra?

Antes su preocupación había sido el mármol y lo que de él podía extraer. Ahora se desviaba a la emoción humana y lo que él podía reflejar del significado filosófico de la vida. Había sido un hombre con mármol; ahora había alcanzado la identidad de hombre y mármol. Siempre había querido que sus figuras representasen algo importante, pero su *David*, su *Moisés* y su *Piedad* habían sido piezas solitarias, completas en sí mismas. En esta capilla Medici tenía una oportunidad de presentar un tema unificado. Lo que su mente evocara sobre el significado de las esculturas sería más importante que los movimientos de sus manos de escultor sobre las superficies de los mármoles.

El 6 de marzo de 1525, Ludovico ofreció una cena en la residencia familiar para celebrar el quincuagésimo aniversario del nacimiento de Miguel Ángel. Éste despertó en un estado de ánimo melancólico, pero al sentarse a la mesa, rodeado de su padre, Buonarroto, su esposa y cuatro hijos, Giovansimone y Sigismondo, se sintió contento.

III

Dibujó, modeló y esculpió como un hombre liberado de una prisión. Su único gozo era la libertad de proyectarse en el espacio. El tiempo era su cantera. De él excavaría los años blancos, puramente cristalinos. ¿Qué otra cosa había de extraer en las abruptas montañas del futuro? ¿Dinero? Siempre le había eludido. ¿Fama? Lo había hecho caer en una trampa. El trabajo constituía su propio premio y no había otro. Crear en mármol blanco las figuras más excelsas que se hubiesen visto jamás en la tierra; expresar por medio de ellas verdades universales: ése era el pago, la gloria del artista. Todo lo demás era ilusión, humo que se desvanecía en el horizonte.

El papa Clemente le asignó una pensión vitalicia de cincuenta ducados mensuales y le facilitó una casa al lado opuesto de la plaza, frente a San Lorenzo, para que la utilizase como taller. El duque de Urbino y los demás herederos de Julio II fueron convencidos y abandonaron su demanda. Ahora, sólo había que diseñar una tumba, para la cual ya tenía esculpidas todas las figuras, a excepción de un Papa y una Virgen.

Para la sacristía contrató a la familia Topolino, para que se hiciese cargo del corte de las piedras e instalase las puertas y ventanas de *pietra serena*, así como las columnas corintias y arquitrabes que dividían las paredes de la capilla en tres planos.

Comenzaron a llegarle encargos de toda índole: ventanas para un palacio, una tumba para Bolonia, otra para un noble de Mantua, una estatua de Andrea Doria para la ciudad de Génova, la fachada de un palacio de Roma, una Virgen con el arcángel San Miguel para San Miniato. Hasta el mismo papa Clemente le ofreció un nuevo trabajo: una biblioteca para los manuscritos y libros de los Medici, que debía ser construida sobre la vieja sacristía de San Lorenzo. Bocetó algunos planos para la biblioteca, empleando *pietra serena* para los efectos decorativos.

Su nuevo aprendiz era Antonio Mini, sobrino de su amigo Giovan Battista Mini. Era un muchacho de cara larga y serena actitud ante la vida. Honesto, merecedor de confianza, resultó ser un ayudante tan leal y delicioso como había sido Argiento, pero con muchísimo más talento. Puesto que Miguel Ángel tenía ahora una mujer como criada, Monna Agniola, que hacía todos los trabajos de la casa, el romántico Mini quedaba en libertad para pasar sus horas libres en la escalinata del Duomo con los muchachos de su edad, contemplando el desfile de las chicas ante el Baptisterio.

Giovanni Spina, un estudioso comerciante, fue designado por el Papa para tratar con Miguel Ángel lo referente a los trabajos de la sacristía y la biblioteca Medici. Era un hombre delgado, alto, de hombros cargados y rostro inteligente. Se presentó a sí mismo desde la puerta del taller diciendo:

—Conocí a Sebastiano en la corte de Roma. Me permitió entrar en su casa del Macello del Corvi para ver el *Moisés* y los dos Cautivos. Siempre he adorado la obra de Donatello. Son como padre e hijo.

—Abuelo y nieto. Yo soy un heredero de Bertoldo, que a su vez lo fue de Donatello.

—Cuando el Papa no tenga fondos en Florencia, puede contar conmigo para obtenerlos… de alguna parte. —Se acercó a los cuatro inconclusos Cautivos y los estudió con ojos en los que se veía un gran asombro.

Se sentaron en el banco de trabajo y Spina preguntó:

—Los Rucellai no reconocen que usted es su primo, ¿verdad?

—¿Cómo lo sabe?

—He investigado. ¿Quiere venir a nuestras reuniones en los jardines de su palacio? Somos todo lo que queda de la Academia Platón. Este jueves, Niccolo Machiavello nos leerá el primer capítulo de su *Historia de Florencia*, que le ha encargado la Signoria.

Dentro de la inconclusa sacristía, trabajó en los bloques de El Amanecer, El Anochecer, la Virgen y el joven Lorenzo. Más tarde, cansado ya de esculpir o modelar arcilla, se tendió en el lecho para escuchar las campanas de las iglesias vecinas que daban las horas. Hacia el amanecer, cerró los ojos y vio ante sí a Contessina, y oyó el delicioso timbre de su voz; y al mismo tiempo sintió a Clarissa tendida a su lado, envolviéndolo en sus tibios y torneados brazos y apretándose mucho a él. Las dos imágenes se fusionaron en una, que era la figura del amor. Y se preguntó si llegaría a saborearlo nuevamente.

Con la primera claridad del amanecer se levantó, fue ante el espejo del tocador y estudió su rostro como si perteneciese a un modelo que él hubiera contratado para posar. Toda su fisonomía parecía ahora más profunda; las líneas que surcaban su chata frente, los ojos bajo las salientes cejas, la nariz, más ancha que nunca, los apretados labios… Sólo sus cabellos se resistían a todo cambio y seguían ricos en color y textura, rizándose juvenilmente sobre su frente.

Con la vuelta de un Medici al Papado, Baccio Bandinelli recibió el encargo de esculpir el Hércules para el frente de la Signoria, el mismo que le había sido ofrecido a Miguel Ángel por el *gonfaloniere* Soderini unos diecisiete años antes. Al saber que Miguel Ángel había sufrido un disgusto al enterarse de la noticia, Mini corrió a la casa y entró como una tromba en el taller, mientras gritaba:

—¡El bloque de Hércules acaba de llegar… y se ha hundido en el Arno! La gente que presenció el accidente dice que el bloque intentó suicidarse antes de dejarse esculpir por Baldinelli.

Miguel Ángel estalló en una carcajada. A la mañana siguiente, un canónigo de Roma le llevó un mensaje del papa Clemente.

—Buonarroti, ¿conoce la esquina de la galería del jardín de los Medici, frente a la casa donde vive Luigi della Stufa? El Papa desea saber si le agradaría levantar allí un Coloso de unos veinticuatro metros de altura.

—Maravillosa idea —dijo Miguel Ángel, sarcástico—, pero podría quitar demasiado espacio a la calle. ¿Por qué no colocarlo en la esquina donde vive el barbero? Podríamos hacer que la estatua fuese hueca y arrendarle la planta baja.

Un jueves a la noche fue al palacio Rucellai para escuchar a Machiavello la lectura de su *Mandrágora*. El grupo se mostraba amargamente hostil al papa Clemente, a quien llamaban "La Mula", "Bastardo", "La hez de los Medici" y algunos otros apodos. La Academia Platón estaba en el mismo corazón de la conspiración, tendiente a restaurar la República. Y aquel odio se intensificaba porque los dos Medici ilegítimos vivían en el palacio y se los preparaba para hacerse cargo del gobierno de Florencia.

Miguel Ángel escuchó aquella noche historias sobre Clemente. Al parecer, éste estaba reforzando la causa del partido opuesto a los Medici al cometer fatales errores, como los había cometido León X antes que él. En las incesantes guerras entre las naciones circundantes, Clemente apoyaba de manera consistente a la nación perdedora. Sus aliados, los franceses, habían visto destruidos sus ejércitos por Carlos V, cuyas tentativas de amistad había rechazado el nuevo Pontífice. En Alemania y Holanda, millares de católicos abandonaban su religión en favor de la reforma que Clemente se negó a realizar en el seno de la Iglesia y que las noventa y cinco tesis de Lutero, clavadas en la puerta del castillo-iglesia de Wittenberg en 1517, habían enunciado.

—Me encuentro en una posición difícil —dijo Miguel Ángel a Spina, mientras comían un asado de pichones que les había servido Monna Agniola—. Ansío la vuelta de la República, pero estoy trabajando para los Medici. El futuro de la sacristía depende de la buena voluntad del papa Clemente. Si me pliego a un movimiento tendiente a expulsar a los Medici de Florencia, ¿qué será de mis esculturas?

—El arte es la más elevada expresión de la libertad —respondió Giovanni Spina—. Deje que los demás se peleen por la política.

Miguel Ángel se encerró con llave en la sacristía y se sumergió en el trabajo de esculpir sus mármoles.

Pero el cardenal Passerini de Cortona gobernaba a Florencia autocráticamente. Extranjero, no sentía el menor amor hacia la ciudad, como tampoco parecía sentirlo el mismo Papa, que rechazó todos los pedidos de la Signoria y las antiguas familias en el sentido de que reemplazase al hombre que los florentinos consideraban tosco, avaro y despreciativo de los Consejos locales, a la vez que desangraba a la ciudad con excesivos impuestos.

Los florentinos esperaban solamente el momento propicio para levantarse contra el cardenal, apoderarse de las armas necesarias y expulsar una vez más a los Medici de la ciudad. Cuando el ejército del Sacro Imperio Romano avanzó hacia el sur para invadir Roma y castigar al Papa, Clemente marchó a Bolonia con sus treinta mil hombres, después de lo cual tenía intención de conquistar Florencia. La ciudad se levantó en masa, asaltó el palacio de los Medici y exigió armas para defenderse contra la invasión.

El cardenal de Cortona se asomó a una de las ventanas del piso superior y prometió entregar armas al pueblo, pero cuando se enteró de que el ejército del Papa, al mando del ex enemigo de Miguel Ángel, el duque de Urbino, se aproximaba a Florencia, olvidó su promesa y salió a toda prisa con los dos muchachos Medici para unirse al duque.

Miguel Ángel se reunió con Granacci y sus amigos en el Palazzo della Signoria.

En la plaza, la muchedumbre, furiosa, gritaba:

—*Popolo, libertà!*

Los soldados florentinos que defendían el palacio de la Signoria no se opusieron al paso de una comisión de ciudadanos que deseaba entrar. Se realizó una reunión en el gran salón. Niccolo Capponi, cuyo padre había encabezado el movimiento anterior para expulsar a Piero de Medici, salió poco después a uno de los balcones y dijo:

—¡Ha quedado restablecida la República Florentina! ¡Los Medici son expulsados de la ciudad-estado! ¡Todos los ciudadanos serán armados y deberán congregarse en la Piazza della Signoria!

El cardenal Passerini de Cortona llegó a la ciudad con un millar de soldados de caballería del duque de Urbino. El partido Medici les abrió las puertas. La Comisión popular, reunida en sesión permanente en el palacio, cerró y atrancó las puertas del edificio. De las ventanas de los dos pisos altos y del parapeto almenado llovieron sobre los soldados del duque cuantos objetos pudieron ser arrojados: mesas, sillas, piezas de armaduras, cacharros, trozos de hierro, maderos...

Un pesado banco de madera fue lanzado desde el parapeto. Miguel Ángel vio que iba a hacer blanco en su *David*.

—¡Cuidado! —gritó con angustia, como si la estatua pudiese esquivar el impacto.

Era demasiado tarde. El banco se estrelló contra la estatua y el brazo izquierdo de la misma, que sostenía la honda, se partió por debajo del codo, y cayó a la calle, rompiéndose en pedazos sobre las piedras.

La muchedumbre retrocedió. Los soldados se dieron vuelta para mirar. Cesó todo movimiento en las ventanas y el parapeto del palacio de la Signoria. Se hizo un enorme silencio. Miguel Ángel avanzó hacia la escultura y la multitud se abrió para dejarlo pasar, mientras se oían algunos murmullos que decían:

—Es Miguel Ángel... Permítanle el paso.

Se detuvo debajo de la gran estatua y contempló el rostro pensativo pero resuelto y hermoso de la figura. Goliat no le había causado ni un rasguño pero la guerra civil dentro de Florencia había estado a punto de destruirlo por completo. Y Miguel Ángel sintió que su brazo le dolía como si hubiera sido alcanzado por el banco de madera.

Giorgio Vasari, uno de los jóvenes aprendices de Miguel Ángel, y Cecchino Rossi corrieron hacia la estatua, recogieron los tres fragmentos de mármol del brazo y la mano, y huyeron por una de las callejuelas adyacentes.

En la quietud de la noche, alguien golpeó con los nudillos en la puerta de Miguel Ángel. Abrió. Vasari y Cacchino entraron y empezaron a hablar, agitados:

—*Signor* Buonarroti!

—Tenemos escondidos los tres pedazos...

—...en un arcón en casa del padre de Rossi...

—...Están seguros.

Miguel Ángel miró a los dos pequeños y pensó: "¿Seguros? ¿Qué es lo que está seguro en este mundo de guerras y caos?".

IV

El ejército del emperador del Sacro Imperio Romano llegó a Roma y asaltó sus muros, que fueron superados. La horda de mercenarios se desparramó por toda la ciudad y obligó al papa Clemente a huir por un alto pasadizo a la fortaleza de Sant'Angelo, donde permaneció encerrado, mientras las tropas alemanas, españolas e italianas saqueaban e incendiaban la ciudad y se dedicaban a los más repudiables excesos. Destruían las más admirables obras de arte, profanaban los altares, violaban mujeres, rompían a golpes de maza maravillosas estatuas religiosas y derretían las de bronce para fundir cañones. Una estatua de Clemente fue arrastrada hasta la calle y reducida a pequeños trozos a fuerza de golpes.

—¿Qué será de mi *Piedad*, mi bóveda de la Capilla Sixtina y mi taller? —gemía Miguel Ángel—. ¿Qué suerte correrán mi Moisés y los dos Cautivos? ¡Quedarán rotos en mil pedazos!

Spina llegó a hora avanzada de la noche. Había asistido a una serie de agitadas reuniones en el palacio Medici y en el de la Signoria. A excepción de un pequeño grupo de fanáticos partidarios de Medici, todos los florentinos estaban de acuerdo en que los Medici debían ser despojados del poder. Prisionero el papa Clemente, era posible proclamar de nuevo la República. Se permitiría a Ippolito, Alessandro y al cardenal de Cortona que viviesen tranquilos en la ciudad.

—Y creo —dijo Spina pensativamente— que esto será el fin de la dominación de los Medici por muchísimo tiempo.

Miguel Ángel guardaba silencio. De pronto, levantó la cabeza y preguntó:

—¿Y la nueva sacristía?

Spina bajo la cabeza como entristecido.

—Debe ser cerrada —dijo.

—¡Los Medici son mi ruina! —exclamó Miguel Ángel, desesperado—. ¡He trabajado numerosos años para ellos y nada tengo que mostrar! Ahora que Clemente está prisionero, los Rovere se lanzarán de nuevo sobre mí como lobos...

Se dejó caer pesadamente en su banco de madera. Spina se acercó a él y le habló dulcemente:

—Lo recomendaré para un cargo en la República. Una vez que nuestro gobierno esté consolidado, podemos persuadir a la Signoria de que la capilla se consagre a Il Magnifico, a quien reverencian todos los toscanos. Entonces conseguiremos el permiso para abrir sus puertas y podrá recomenzar su trabajo.

Clavó unas tablas en las puertas de la casa situada frente a San Lorenzo, dejando dentro sus dibujos y modelos de arcilla, y volvió a la Via Mozza, donde se lanzó enérgicamente, martillo y cincel en mano, a uno de los bloques, para definir una Victoria que era uno de sus conceptos originales para la tumba de Julio II.

Emergió al fin como un clásico joven griego, de cuerpo bien proporcionado, pero no tan musculoso como otros que él había esculpido.

¿Victoria? ¿Sobre quién? ¿Sobre qué? Si él no sabía quién era el Victorioso, ¿cómo podía determinar quién era el Derrotado? Bajo los pies del Victorioso puso la cabeza, aplastada, vencida, de un hombre viejo... ¿Él mismo, tal como sería dentro de diez o veinte años, larga y blanca la barba? ¿Qué era lo que lo había derrotado? ¿La edad? ¿Era la juventud la victoriosa, puesto que era el único período en el cual uno podía imaginarse victorioso? El Derrotado tenía experiencia, una profunda sabiduría y sufrimiento en su rostro. ¿Era eso lo que le ocurría a la experiencia y a la sabiduría? ¿Debían ser aplastadas por el tiempo, disfrazado de juventud?

Fuera de su taller, la República de Florencia triunfaba. Niccolo Capponi fue elegido *gonfaloniere*. Para su protección, la ciudad-estado había adoptado el plan revolucionario de Machiavello: una milicia de ciudadanos adiestrados, armados y equipados para defender a la República contra cualquier invasor.

Florencia era gobernada ahora no solamente por la Signoria sino por un Consejo de Ochenta, que representaba a las familias más antiguas. El comercio se desarrollaba con gran actividad; la ciudad vivía en plena prosperidad; su población se sentía feliz de haber reconquistado la libertad.

El papa Clemente seguía encerrado en la fortaleza de Sant'Angelo, defendido por unos cuantos partidarios. A Miguel Ángel le interesaba de manera muy especial el Pontífice. Había dedicado cuatro años de amoroso trabajo a la sacristía. Había bloques de mármol parcialmente terminados en la capilla, ahora herméticamente cerrada, y a cuyo futuro él estaba dedicado plenamente.

El Papa se veía amenazado por dos lados. La Iglesia se dividía en unidades nacionales, que suponían una disminución del poder de Roma. No era simplemente que los luteranos estuviesen propagándose con rapidez por Europa central. El cardenal Wolsey, de Inglaterra, propuso la realización de una conferencia de cardenales libres, que se había de realizar en Francia, para establecer un nuevo gobierno de la Iglesia. Los cardenales italianos se reunían en Parma, para establecer su propia jerarquía. Los cardenales franceses estaban designando vicarios papales. Las tropas alemanas y españolas de Carlos V, destacadas en Roma, seguían su saqueo y destrucción de la ciudad y exigían un rescate para abandonarla. Y al correr los meses, se intensificaron las intrigas en todos los países, en favor de una nueva distribución del poder religioso, la designación de un nuevo Papa y la Reforma.

Al finalizar el año 1527, la marea cambió. Una virulenta plaga diezmó los ejércitos del Sacro Imperio Romano. Las tropas alemanas odiaban Roma y estaban desesperadamente ansiosas de volver a su patria. Un ejército francés invadió Italia para luchar contra las fuerzas del Sacro Imperio Romano. Clemente aceptó pagar a los invasores trescientos mil ducados en un plazo de tres meses. El ejército español fue retirado de la base de Sant'Angelo... y después de siete meses de encarcelamiento, el papa Clemente, disfrazado de traficante, huyó a Orvieto.

Miguel Ángel recibió prontamente una comunicación del Papa. ¿Estaba trabajando todavía para él? ¿Continuaría esculpiendo la nueva sacristía? En caso afirmativo, el Papa tenía a mano quinientos ducados que podría enviarle por un mensajero para cubrir los gastos más inmediatos.

Miguel Ángel se emocionó profundamente: el Papa, a pesar de verse duramente hostigado, sin fondos ni partidarios ni perspectivas de conquistar el poder, le enviaba palabras afectuosas y confiaba en él, como si se tratase de un miembro de su familia.

—No puedo aceptar ese dinero de Giulio —dijo Miguel Ángel a Spina, durante una charla en el taller de Via Mozza—. Sin embargo, ¿no podría seguir mi trabajo en esas esculturas aunque fuese sólo de cuando en cuando? ¿Qué le parece si fuese a la sacristía de noche, sin que nadie me viese? Creo que con eso no causaría daño alguno a Florencia.

—Tenga paciencia... Dentro de uno o dos años... El Consejo de Ochenta se muestra preocupado por lo que el Papa pueda hacer. Consideraría su trabajo en la sacristía como una deslealtad.

Al llegar los primeros calores, se desencadenó sobre Florencia una epidemia. Millares de florentinos perecieron. La ciudad se convirtió en una inmensa morgue. Buonarroto llamó a su hermano a la casa de la Via Ghibellina.

—Miguel Ángel —dijo—. Tengo miedo por Bartolommea y los niños. ¿Me permites que me mude a nuestra casa de Settignano? Allí estaríamos seguros.

—Por supuesto. Y llévate contigo a nuestro padre.

—¡No me iré! —gruñó Ludovico—. Cuando un hombre llega a los ochenta y cinco años, tiene derecho a morir en su propia cama.

El destino parecía acechar a Buonarroto en Settignano, en la misma habitación en que había nacido. Cuando Miguel Ángel, llamado presurosamente, llegó allí, Buonarroto estaba ya delirante. Su lengua se había hinchado enormemente y estaba cubierta de una capa amarillenta. Giovansimone había llevado a Bartolommea y los niños a otro lugar, el día antes. Los criados y *contadini* habían huido por temor al contagio.

Miguel Ángel acercó una silla al lecho de su hermano, mientras pensaba qué parecidos eran todavía. Buonarroto lo miró alarmado.

—¡Miguel... Ángel!... ¡No... no te... quedes...! ¡La... epidemia!

Mojó los resecos labios del enfermo con un trapo húmedo y murmuró:

—¡No te dejaré! ¡Tú eres el único de toda la familia que me ha amado!

—¡Siempre... te quise!... Pero... he sido... una carga... Perdón...

—No tengo nada que perdonarte, Buonarroto. Si te hubiera retenido a mi lado siempre, habría sido mucho mejor para mí.

El enflaquecido rostro del enfermo se animó con una leve sonrisa:

—Miguel... Ángel... ¡Siempre... has sido... tan bueno!

Al anochecer, Buonarroto agonizaba ya. Miguel Ángel lo alzó rodeándole el cuerpo con el brazo izquierdo y apoyada la pálida cabeza en su pecho. Buonarroto sólo despertó una vez, vio a Miguel Ángel cerca de él y una expresión de paz iluminó su rostro. Unos segundos después, expiró.

Miguel Ángel llevó el cadáver de su hermano, envuelto en una manta, al cementerio situado detrás de la pequeña iglesia. No había féretros ni nadie que cavara una fosa. Lo hizo él mismo, bajó el cadáver al hoyo, llamó al sacerdote, esperó que el cuerpo de su hermano fuera rociado de agua bendita y luego comenzó a rellenar la tumba.

Regresó a Via Mozza, quemó todas las ropas que había llevado puestas, se bañó en su tina de madera con agua bien caliente. Ignoraba si aquello lo inmunizaría contra la epidemia, pero en realidad no le importaba mucho. Le llegó la noticia de que Simone, el mayor de sus sobrinos, había muerto también, víctima de la epidemia. Y pensó: "Tal vez Buonarroto sea el más afortunado de todos".

Si estaba atacado ya por el mal, no le quedaban más que unas horas para poner en orden sus asuntos. Tomó un papel y escribió un documento por el cual devolvía la dote que la viuda de su hermano había aportado. Puesto que era joven todavía, necesitaría aquel dinero para conseguir un segundo marido. Dispuso que su sobrina Cecca, de once años ya, fuese internada en el convento de Boldrone, para lo cual destinó el producto de dos de sus granjas. Destinó también fondos para la educación de sus sobrinos Leonardo y el pequeño Buonarrotino. Y cuando Granacci golpeó a su puerta cerrada con llave, Miguel Ángel le gritó:

—¡Vete! ¡He estado expuesto a la epidemia! ¡Puedo haberme contagiado!

—¡No seas loco! ¡Eres demasiado duro para morir! Abre enseguida, que traigo una botella de vino para ahuyentar a los espíritus malignos.

—Vuélvete a tu casa y bebe ese vino con tu familia. ¡No quiero ser la causa de tu muerte! Tal vez si sigues viviendo puedas llegar a pintar un cuadro bueno.

—*Allora!* —rió Granacci—. Si estás vivo mañana, ven a terminar la mitad del Chianti que te corresponde.

La epidemia cedió. De las colinas circundantes, la gente fue regresando a la ciudad. Se abrieron nuevamente los comercios. La Signoria volvió a Florencia y una de sus primeras resoluciones fue encargar a Miguel Ángel Buonarroti que esculpiera el Hércules que Soderini había encargado veinte años atrás.

Pero... una vez más intervino el papa Clemente. De vuelta en el Vaticano, merced a una alianza con el Sacro Imperio Romano, retomó las riendas del poder sobre los renegados cardenales italianos, franceses e ingleses, y formó un ejército con las fuerzas del duque de Urbino, las tropas de Colonia y las españolas. Ese ejército fue enviado ahora contra la independiente Florencia, con el fin de derrocar a la República, castigar a los enemigos de los Medici y restaurar una vez más el poderío de la familia. Spina había subestimado al papa Clemente y a los Medici; Miguel Ángel fue llamado a la Signoria, donde el *gonfaloniere* Capponi ocupaba la mesa escritorio de Soderini y se hallaba rodeado por los miembros del Consejo de Ochenta.

—Puesto que es escultor, Buonarroti —dijo con voz apresurada—, hemos supuesto también que puede ser ingeniero de defensas. Necesitamos muros que no puedan ser vencidos. Puesto que son de piedra y usted es hombre de piedra…

Miguel Ángel calló. ¡Ahora sí que se vería realmente envuelto en la guerra y por ambos bandos!

—Limítese al sector sur de la ciudad —prosiguió Capponi—. Por el norte somos inexpugnables. Y presente su informe lo más rápidamente posible.

Miguel Ángel exploró los varios kilómetros de muros, que comenzaban en el este con la iglesia de San Miniato, en la cima de una colina, y serpenteaban hacia el oeste antes de volver al Arno. Ni los muros ni las torres de defensa se hallaban en buenas condiciones. Además, no había zanjas en la parte exterior de los muros que hicieran más peligroso el avance al enemigo. Las piedras estaban flojas y los ladrillos, pésimamente cocidos, se desmoronaban; eran necesarias más torres para colocar cañones y agregar más altura a las mismas para que no pudieran ser escaladas. La base principal de la línea de defensa tendría que ser el campanario de San Miniato, desde cuya altura los defensores podrían dominar la mayor parte del terreno donde tendrían que cargar las tropas enemigas.

Volvió al despacho del *gonfaloniere* Capponi con su informe y expuso ante él y los miembros del Consejo de Ochenta el número de picapedreros, albañiles, fabricantes de ladrillos, carreros, porteadores y campesinos que necesitaría para que aquellos muros quedasen en condiciones de ser defendidos. El *gonfaloniere* exclamó impetuosamente:

—¡No toque San Miniato! ¡No hay necesidad de fortificar una iglesia!

—Por el contrario, Excelencia, ¡hay necesidad y mucha! Si no lo hacemos, el enemigo no tendrá necesidad de derribar nuestros muros. Nos atacarán por el flanco, desde aquí, al este de la colina de San Miniato.

Se le dio permiso para demostrar que su plan era el mejor posible. Inmediatamente pidió la ayuda de todos: Comanacci, la Compañía del Crisol, los canteros del patio de mármoles del Duomo. Los trabajos avanzaron a toda prisa, pues según se anunciaba, el ejército del Papa avanzaba ya sobre Florencia desde varias direcciones: una formidable fuerza de hombres bien adiestrados y poderosamente armados. Miguel Ángel hizo construir un camino desde el río para sus hombres y provisiones y luego comenzó el trabajo en los bastiones de la primera torre, fuera de la portada de San Miniato, hacia San Giorgio, cerrando la colina vital de defensa con elevados muros de ladrillo. Un centenar de *contadini* trabajaban febrilmente, levantando aquellas paredes a toda prisa. Mientras tanto, otras cuadrillas reforzaban, reparaban o reconstruían otras partes débiles de los muros y daban mayor altura a las paredes de las torres, a la vez que construían otras nuevas en los lugares más vulnerables.

Terminada la primera fase del trabajo, la Signoria realizó una inspección de las obras. A la mañana siguiente, cuando entró Miguel Ángel en el despacho de la Signoria, fue saludado con sonrisas.

—Miguel Ángel, ha sido elegido miembro de los Nove della Milizia, con el cargo de gobernador general de las fortificaciones.

—Es un gran honor para mí, *gonfaloniere*.

—Y una responsabilidad todavía mayor. Queremos que haga una gira de inspección a Pisa y Livorno, para asegurarse de que nuestras defensas marítimas están en condiciones.

Ya ni siquiera pensaba en su querida escultura. Ahora tenía una misión específica que cumplir. Florencia lo había llamado en un momento de peligrosa crisis. Jamás se había imaginado como jefe militar ni organizador, pero ahora descubrió que la creación de complicadas obras de arte le había enseñado a coordinar cada detalle importante para lograr un resultado final completo. Y hasta se lamentaba de no poseer algo del genio inventivo de Leonardo da Vinci.

A su regreso de Pisa y Livorno, inició la excavación de una serie de grandes zanjas, tan profundas como fosos. La tierra y piedras de aquellas excavaciones fue empleada en la construcción de nuevas barricadas. Después ordenó que se derribasen todos los edificios que se hallaban entre los muros defensivos y la base de las colinas circundantes, sobre una extensión de algo más de un kilómetro y medio al sur, para limpiar el terreno desde donde atacaría el enemigo. Sólo unos cuantos soldados obedecieron la orden de derribar algunas pequeñas capillas. Cuando el mismo Miguel Ángel llegó al refectorio de San Salvi y vio *La última cena* de Andrea del Sarto con todo su esplendor, exclamó.

—¡Déjenla! Es una obra de arte demasiado grande para ser destruida.

La Signoria lo envió a Ferrara para estudiar las nuevas fortificaciones del duque de Ferrara. Éste, un hombre culto y entusiasta aficionado a la pintura, escultura, poesía y teatro, le rogó que aceptase ser invitado suyo en el palacio. Miguel Ángel rechazó muy cortés el ofrecimiento y se alojó en una posada, donde experimentó la alegría de un ruidoso reencuentro con Argiento, que llevó a sus nueve hijos para que besaran su mano.

—Dime, Argiento, ¿has conseguido ser un buen agricultor? —preguntó Miguel Ángel.

—No —respondió Argiento—. Pero la tierra hace crecer las cosas, por mucho que yo haga en contra. Los niños son mi principal cosecha.

Cuando Miguel Ángel agradeció al duque de Ferrara por haberlo acompañado a recorrer las estructuras de defensa, el duque dijo:

—Pinte algo para mí. Con eso me recompensará con creces.

—En cuanto termine la guerra —respondió Miguel Ángel, sonriente.

De regreso en Florencia, se encontró con que el general Malatesta, de Perugia, había sido llevado a la ciudad con el cargo de comandante. Sería uno de los que mandarían las fuerzas de defensa. Inmediatamente discutió con Miguel Ángel respecto al plan de éste de levantar soportes de piedra a las fortificaciones, tal como lo había visto en Ferrara.

—¡Ya nos ha cargado con demasiados muros! —dijo—. Llévese a sus campesinos y deje que mis soldados se encarguen de la defensa de Florencia.

Aquella noche, Miguel Ángel recorrió la base de los baluartes. Llegó a un lugar donde había ocho piezas de artillería dadas a Malatesta para defender el muro de San Miniato. En lugar de colocarlas dentro de las fortificaciones o en los parapetos, estaban fuera de los muros. Miguel Ángel despertó a Malatesta que dormía.

—¿Qué significa esto de exponer sus piezas de artillería de esa manera? —inquirió, severo—. Las hemos protegido con nuestras vidas hasta su llegada. Cualquiera podría robarlas o destruirlas ahí afuera.

—¿Es usted el comandante del ejército florentino? —preguntó Malatesta, lívido de ira.

—No, nada más que de los muros de defensa.

—Entonces, vaya a construir sus ladrillos de bosta y no venga a decirle a un soldado cómo debe pelear.

De regreso en San Miniato, Miguel Ángel encontró al general Mario Orsini, quien le preguntó:

—¿Qué ha sucedido, amigo mío? ¡Su rostro tiene una expresión sombría!

Miguel Ángel le contó lo que acababa de ocurrirle con el general Malatesta. Cuando hubo terminado, el general Orsini le dijo con evidente tristeza.

—Debe saber que todos los hombres de su casa son traidores. A su tiempo, éste también traicionará a Florencia.

—¿Ha denunciado eso a la Signoria?

—No. Soy un soldado contratado, como Malatesta, no un florentino.

A la mañana, Miguel Ángel esperó en el gran salón del palacio hasta que fue admitido a la presencia del *gonfaloniere*. La Signoria no se mostró muy impresionada por sus palabras.

—Deje de preocuparse respecto de nuestros oficiales. Limítese a la realización de sus nuevos planes para los muros defensivos. Éstos no deberán ser vulnerados, recuerde.

—No será necesario, si los defiende Malatesta. Él mismo se encargará de vulnerarlos.

—Vaya a descansar… ¡Está agotado!

Volvió a los muros y continuó dirigiendo los trabajos, bajo el sol calcinante de septiembre, pero no le era posible arrancar de su mente al general Malatesta. En cualquier sitio oía historias contra el militar: había entregado Perugia sin combatir, sus hombres se negaron a luchar contra las fuerzas del Papa en

Arezzo. No bien los ejércitos invasores llegasen a Florencia, Malatesta entregaría la plaza…

Su agitación creció. Veía ya a las tropas del Papa entrar en la ciudad y destruirla, como Roma había sido arrasada, y dedicarse al saqueo y el pillaje. Las obras de arte serían destruidas. Desvelado, incapaz de dormir, comer ni concentrar su atención en las obras defensivas, comenzó a oír frases que lo convencieron de que Malatesta había reunido a los oficiales en el muro meridional y estaba conspirando contra Florencia.

Pasó seis días y sus noches sin dormir ni alimentarse, imposibilitado de dominar su ansiedad. Una noche oyó una voz que le hablaba y se dio vuelta instantáneamente en el parapeto.

—¿Quién es? —inquirió.

—Un amigo suyo.

—¿Qué desea?

—Salvarle la vida.

—¿Está en peligro?

—¡De la peor clase!

—¿A causa del ejército del Papa?

—No. Malatesta.

—¿Qué trama Malatesta?

—Hacerlo matar.

—¿Por qué?

—Por haber denunciado sus planes de traición.

—¿Qué debo hacer?

—Huir.

—Pero eso sería otra traición.

—Mejor que ser muerto.

—¿Y cuándo debo partir?

—Ahora mismo… ¡Inmediatamente!

Bajó del parapeto, cruzó el Arno y se dirigió a la Via Mozza. Ordenó a Mini que pusiera ropas y dinero en sus alforjas. Los dos montaron a caballo y al llegar a la Puerta de Prato fueron detenidos. Sin embargo, uno de los guardias exclamó:

—¡Déjenlo pasar! Es Miguel Ángel, miembro de los Nove della Milizia.

Se dirigió a Bolonia, Ferrara, Venecia, Francia… hacia la seguridad.

Siete semanas después volvió humillado, deshonrado. La Signoria lo multó y lo suspendió de su cargo en el Consejo por un período de tres años. Pero debido a que los ejércitos del Papa estaban acampados ahora en número de treinta mil, en las colinas, frente a las defensas meridionales de la ciudad, lo mandaron de nuevo a hacerse cargo de las fortificaciones.

—Debo confesar que la Signoria te ha tratado con excesiva benevolencia —dijo Granacci, severo—. Sobre todo, si se considera que has regresado cinco semanas después de aprobarse la Ley de Exclusión de los Rebeldes. Podías haber perdido todas tus propiedades de Toscana. Creo que será mejor que lleves una manta a San Miniato y suficientes provisiones para un año de sitio...

—No te preocupes, Granacci, no cometeré dos veces la misma estupidez.

—Pero, ¿qué fue lo que te pasó?

—Oí voces.

—¿De quiénes?

—Mías.

Granacci rió de buena gana y replicó:

—En mi misión me ayudaron los rumores de la recepción de que habías sido objeto en la corte de Venecia, el ofrecimiento del *dux* para que le diseñases un puente sobre el Rialto y los esfuerzos del embajador de Francia para llevarte a la corte francesa. La Signoria opinó que eras un idiota, lo cual también es cierto. No les agradaba eso de que te radicases en Venecia o París. Tienes que dar gracias a tu buena estrella por saber esculpir, pues de lo contrario, a lo mejor no volverías a ver el Duomo.

V

Llevó todos sus efectos a la torre de San Miniato y contempló a la luz de la luna los centenares de tiendas de campaña del enemigo, a un kilómetro y medio de distancia, más allá de los terrenos que él había hecho limpiar para que no ofreciesen protección alguna a los atacantes.

Al amanecer lo despertó el fuego de artillería. Como lo había esperado el ataque enemigo se concentraba en la torre de San Miniato. Si las fuerzas del Papa conseguían derribarla, entrarían fácilmente en la ciudad. Ciento cincuenta piezas de artillería hacían fuego sostenidamente. Las balas y granadas habían destruido ya algunas partes de ladrillo y piedra.

El ataque duró dos horas. Cuando terminó, Miguel Ángel salió por un túnel y se detuvo en la base de la torre del campanario para observar los daños.

Pidió voluntarios entre los hombres que sabía capaces de trabajar la piedra y el cemento. Bastiano dirigió los trabajos desde adentro. Miguel Ángel llevó un grupo afuera y a la vista de las fuerzas papales reparó los desperfectos causados por el bombardeo en los muros. Por una razón que no pudo comprender, quizá porque no sabían la extensión de los daños que habían causado, las tropas enemigas permanecieron en su campamento.

Ordenó a sus caseros que transportaran arena del Arno y bolsas de cemento; envió corredores para reunir piquetes de obreros y al anochecer puso a trabajar a todos aquellos hombres en la reparación de la torre. Trabajaron toda la noche, pero el cemento necesitaba tiempo para fraguar. Si la artillería enemiga abría fuego demasiado pronto, sus defensas serían arrasadas. Miró hacia la cima del campanario, con su cornisa almenada, sobresalía un poco más de un metro en los cuatro lados de la torre. Si pudiera idear algún modo de colgar algo de aquel parapeto, algo que pudiera absorber los impactos de las balas de hierro y piedra de los cañones, antes de que pudieran hacer blanco en la torre propiamente dicha...

Bajó la colina, cruzó el Ponte Vecchio y obligó a los guardias a despertar al nuevo *gonfaloniere*, Francesco Carducci, a quien explicó su idea y obtuvo de él una orden escrita y una compañía de milicianos. Al amanecer, estaban golpeando ya en las puertas de todas las tiendas que vendían lana, en los depósitos comerciales y los de la aduana. Después recorrieron la ciudad en busca de fundas para colchones, tanto en las casas de comercio como en hogares particulare,s y por fin requisaron carros para transportar todo aquel material. Hizo trabajar a sus hombres a toda prisa. Cuando apareció el sol, ya tenía varias docenas de aquellas duras fundas rellenas de lana y suspendidas por sogas a lo largo del frente de la torre.

Cuando los oficiales del Papa se enteraron de lo que ocurría y enfilaron contra la torre el fuego de sus cañones, ya era demasiado tarde. Las granadas hacían blanco en los gruesos colchones que, aunque cedían ante el impacto, tenían algo más de un metro de espacio libre para retroceder, antes de golpear contra las piedras de la torre. Los colchones actuaban como un escudo para los nuevos trabajos de cemento realizados por los hombres de Miguel Ángel. Las balas caían inofensivamente al zanjón abierto al pie de la torre. Y después de bombardear hasta el mediodía, el enemigo abandonó el ataque.

El éxito obtenido con aquellos ingeniosos paragolpes le ganó la repatriación. Volvió a su taller y pudo dormir, por primera vez en meses, tranquilo en su propia cama.

Empezaron a caer fuertes lluvias. Aquella faja de terreno limpio de obstrucciones entre sus muros y el campamento enemigo se convirtió en un verdadero pantano. Todo ataque resultaba imposible. Miguel Ángel pintó *Leda y el cisne* para el duque de Ferrara. Aunque adoraba los aspectos físicos de la belleza, su arte había estado impregnado de sexual pureza. Ahora se encontró dedicado a una robusta carnalidad. Pintó a Leda como una mujer arrebatadoramente hermosa, tendida sobre un canapé, el cisne echado entre sus piernas. La S de su largo cuello se curvaba alrededor de uno de los senos. Y le agradó pintar aquella lujuriosa fábula.

Continuó el mal tiempo. Miguel Ángel pasó muchos días en los parapetos y por la noche aprovechaba la oportunidad para deslizarse a la sacristía y esculpir a la luz de una vela. La capilla estaba fría y llena de sombras. Pero él no estaba solo. Sus figuras eran antiguos amigos: El Amanecer, El Anochecer, la Virgen, pues aunque todavía no habían nacido del todo, vivían en el mármol, pensaban y le decían lo que sentían respecto del mundo.

En la primavera se reanudó la guerra, pero ninguna de sus batallas, como no fuera la del hambre, se libró en Florencia. De nuevo en su cargo de los Nove della Milizia, Miguel Ángel recibía informes todas las noches. Mediante la captura de algunos pequeños fuertes en el Arno, el ejército papal había conseguido cortar las provisiones por el lado del mar. Tropas alemanas llegaron desde el norte y españolas desde el sur, para aumentar los efectivos del ejército papal.

Los alimentos escaseaban ya. Primero se terminó la carne, luego el aceite y después los vegetales, la harina y el vino. El hambre cobró sus víctimas. Miguel Ángel entregaba su ración diaria a Ludovico para mantenerlo vivo. La gente comenzó a comer los burros, perros y gatos de la ciudad. El calor del verano calcinaba las piedras de las calles. Mermó la provisión de agua, se secó el Arno y la epidemia apareció nuevamente. Muchas personas caían en las calles para no levantarse más. A mediados de julio había cinco mil muertos dentro de los muros de la ciudad.

Florencia tenía solamente una probabilidad de sobrevivir: su heroico general Francesco Ferrucci, cuyo ejército se hallaba en las cercanías de Pisa. Se trazaron planes, según los cuales Ferrucci debía atacar por la parte de Lucca y Pistoia para levantar el sitio de Florencia. Los últimos dieciséis mil hombres que estaban dentro de los muros de la ciudad y en condiciones de empuñar armas juraron asaltar los campamentos enemigos a ambos costados de Florencia, mientras Ferrucci atacaba desde el oeste.

El general Malatesta traicionó a la República. Se negó a ayudar al general Ferrucci. Éste atacó duramente y estaba a punto de conquistar la victoria cuando Malatesta negoció con los generales del Papa. Ferrucci fue derrotado y muerto.

Florencia capituló al fin. Las tropas de Malatesta abrieron las puertas de la ciudad. Los representantes del papa Clemente penetraron por ellas para hacerse cargo del gobierno en nombre de los Medici. Florencia convino en entregar ochenta mil ducados como paga atrasada de los ejércitos del Papa. Los miembros del gobierno que pudieron huir, lo hicieron. Otros fueron ahorcados en el Barguello. Y todos los miembros de los Nove della Milizia fueron condenados a muerte.

—Será mejor que desaparezcas de la ciudad esta misma noche —aconsejó Bugiardini a Miguel Ángel—. El Papa no tendrá compasión de nadie. Y tú construiste las defensas contra su ejército.

—¡No puedo volver a escapar de él! —dijo Miguel Ángel, fatigado.

—Refúgiate en el desván de mi casa —ofreció Granacci.

—¿Y poner en peligro a tu familia? ¡De ninguna manera!

—Como arquitecto oficial, tengo en mi poder las llaves del Duomo —dijo Baccio d'Agnolo—, puedo esconderte allí.

Miguel Ángel meditó un instante y luego dijo:

—Conozco una torre que hay al otro lado del Arno. Nadie sospechará que pueda estar allí. Iré a refugiarme en ella hasta que el general Malatesta se vaya de la ciudad con sus tropas.

Se despidió de sus amigos y, recurriendo a oscuras callejas y pasadizos, llegó al Arno, lo cruzó y subió silenciosamente a la torre del campanario de San Niccoio. Primeramente, llamó a la puerta de la casa contigua, que pertenecía a los canteros hijos de Beppe, el capataz del patio del Duomo, para hacerles saber que se iba a esconder en la torre. Luego cerró la puerta con llave.

Se sentó en el suelo y empezó a meditar en los años transcurridos desde el día en que el papa León X lo había obligado a abandonar su trabajo de escultura en la tumba de Julio II. ¿Qué podía mostrar como resultado de aquellos catorce años? Un *Cristo resucitado* que, según informó Sebastiano desde Roma, había sido dañado por el inexperto aprendiz que tuvo a su cargo la tarea de eliminar los tabiques de protección entre las piernas y pies de la estatua y que, además, había pulido excesivamente el rostro de Jesús, hasta darle una expresión insulsa. Una *Victoria*, que ahora, mucho más que el día en que la terminó, parecía perpleja. Cuatro Gigantes que todavía se retorcían en sus bloques en el taller de la Via Mozza. Un *Moisés* y dos *Jóvenes esclavos* en otra casa de Roma que había sido saqueada por el ejército invasor.

Nada. Nada terminado, nada entregado. Y un *David* mutilado, sin un brazo, que se erguía como símbolo de la República derrotada.

Hacia mucho tiempo, su amigo Jacopo Galli le había dicho al cardenal Groslaye de San Dionigi: "Miguel Ángel esculpirá para usted el mármol más hermoso que exista actualmente en Roma, un mármol tal que ningún maestro de nuestros días será capaz de superar".

Y ahí estaba ahora, encarcelado por propia voluntad, acurrucado y temeroso en un antiguo campanario, sin atreverse a salir de su escondite por miedo a ser colgado del Barguello como tantos otros que había visto durante su niñez y adolescencia. ¡Qué final tan poco glorioso para el brillante y puro fuego que ardía en su pecho!

Entre la medianoche y el amanecer, salió de la torre y caminó por las ciénagas que bordeaban el Arno. Cuando regresó a su escondite vio que alguien le había dejado allí alimentos y agua, así como las noticias del día, anotadas por Mini. El *gonfaloniere* Carducci había sido decapitado en el patio del Barguello. Girolami, que le había sucedido como *gonfaloniere*, fue llevado a Pisa y envenenado. Fray Benedetto, sacerdote que había abrazado la causa de la República, estaba ahora prisionero en el Sant'Angelo de Roma, donde se lo dejaría morir de hambre. Todos los que habían conseguido huir estaban declarados prófugos y sus propiedades se hallaban ya confiscadas.

Florencia sabía dónde estaba oculto Miguel Ángel, pero el odio que la población sentía hacia el papa Clemente, sus generales y sus tropas era tan intenso que selló los labios de todos, por lo cual él estaba no sólo seguro en su refugio sino convertido en un verdadero héroe.

Ludovico, a quien Miguel Ángel había enviado a Pisa con los dos hijos de Buonarroto durante los peores días del estado de sitio de la ciudad, regresó sin Buonarrotino. El niño había muerto en Pisa.

Un día, a mediados del mes de noviembre, oyó que alguien gritaba su nombre frente a la torre. Miró por uno de los ventanucos y vio a Giovanni Spina, envuelto en un enorme abrigo de pieles. Hacía bocina con sus manos en la boca, inclinada la cabeza hacia arriba, y gritaba:

—¡Miguel Ángel! ¡Miguel Ángel! ¡Baje! ¡Puede bajar sin peligro!

Bajó la escalera circular de madera de tres en tres peldaños, abrió la puerta, que estaba con llaves y cerrojos, y vio que el rostro de Spina resplandecía de alegría:

—¡El Papa lo ha perdonado! —dijo inmediatamente, mientras tomaba a Miguel Ángel de ambos brazos—. Mandó decir, por mediación del prior Figiovanni, que si lo encontraban debía ser tratado con bondad, que se le volviese a pagar su pensión y la casa de San Lorenzo…

—¿Por qué todo eso?

—Porque el Santo Padre desea que vuelva para reanudar su trabajo en la sacristía.

Mientras Miguel Ángel recogía sus efectos personales, Spina contempló la torre.

—Aquí hace un frío de muerte. ¿Cómo conseguía calentarse?

—¡Con mi indignación, que me hacía hervir la sangre!

Su taller de la Via Mozza había sido concienzudamente saqueado por las tropas papales que estuvieron buscándolo por toda la ciudad. Hasta la chimenea, los cofres y los armarios habían sido registrados. Sin embargo, no faltaba nada. En la capilla, descubrió que el andamiaje había sido retirado, probablemente para que los sacerdotes de San Lorenzo pudieran utilizar sus maderas como leña para calentarse. Ninguno de sus mármoles había sido tocado.

Después de tres años de guerra, podía por fin reanudar su trabajo. ¡Tres años…! Ahora, de pie y rodeado por sus bloques alegóricos de mármol, comprendió que el tiempo era también una herramienta: una importante obra de arte requería meses y hasta años para que sus elementos emocionales se solidificaran. El tiempo era una levadura. Muchos aspectos de El Día, El Amanecer y la Virgen, que antes se le habían mostrado esquivos, ahora se le presentaban claros, maduradas sus formas, resueltas sus definiciones. Una obra de arte significaba crecer desde lo particular o individual a lo universal.

Después de una cena ligera con su padre, volvió al taller de la Via Mozza. Mini había salido. Le resultaba profundamente grato estar de vuelta en su taller. Tomó las carpetas de sus dibujos, fue observando éstos aprobatoriamente e hizo algunas rápidas correcciones con su pluma. Luego, en el reverso de una hoja de dibujo, escribió con profunda emoción:

Una suerte excesiva, no menor que la desgracia,
puede matar a un hombre condenado a mortal dolor,
si, perdida la esperanza, heladas todas sus venas,
un inesperado perdón llega para liberarlo.

Baccio Valori, nuevo gobernador de Florencia en representación del papa Clemente, lo mandó llamar al palacio Medici. Miguel Ángel se extrañó. Valori había ayudado a expulsar al *gonfaloniere* Soderini de Florencia en 1512. Sin embargo, Valori era todo sonrisas cuando lo recibió, sentado tras el suntuoso escritorio desde el que Il Magnifico había guiado los destinos de Florencia.

—Buonarroti —exclamó con entusiasmo—, ¡lo necesito!

—Siempre es bueno ser necesitado, *signor* —respondió Miguel Ángel, cauteloso.

—Deseo que diseñe una casa para mí. ¡Quiero iniciar su construcción inmediatamente! Y además de la casa, una de sus admirables esculturas para el patio.

—¡Me hace un honor excesivo! —murmuró Miguel Ángel.

Cuando comunicó a Granacci el resultado de su visita, su amigo se mostró entusiasmado.

—Ahora te toca a ti adular al enemigo —dijo—. Valori odia a la Compañía del Crisol con toda su alma. Sabe que todos éramos contrarios a los Medici. Si haces lo que acaba de pedirte, todos quedaremos libres temporalmente de peligro.

Miguel Ángel se dirigió a la casa de la Via Ghibellina. En un arcón en la cocina se hallaba, bien envuelto en lana, el *David* experimental que había esculpido del bloque que Beppe había comprado para él, el *David* cuyo pie descansaba sobre la negra y ensangrentada cabeza de Goliat. Con un poco de trabajo con el martillo y el cincel, aquella cabeza desaparecería y en su lugar colocaría una esfera... el mundo. David se convertiría en un nuevo Apolo.

La casa familiar parecía vacía, desamparada. Echaba de menos a Buonarroto y Sigismondo. Giovansimone estaba empeñado en que él financiase la reapertura de la tienda. Ludovico se hallaba muy debilitado. El pequeño Leonardo, de once años, constituía la única esperanza que le quedaba entre toda la familia Buonarroti para conservar el apellido. Miguel Ángel había pagado su educación durante tres años.

—Tío Miguel Ángel... ¿No podría ser tu aprendiz? —preguntó un día Leonardo.

—¿Aprendiz de escultor? —inquirió Miguel Ángel, aterrado.

—Sí, ¿acaso no lo eres tú?

—Lo soy, pero no es una vida que yo pudiera desearle a mi único sobrino, Leonardo. Creo que serías mucho más feliz si entrases como aprendiz en la empresa lanera de los Strozzi. Hasta entonces podrías venir a mi taller y ocuparte de la contabilidad, como lo hacía tu padre. Necesito a alguien que me lleve los libros.

Los ojos del muchacho, tan parecidos a los de Buonarroto y los suyos, brillaron de alegría.

Al volver a la Via Mozza, Miguel Ángel se encontró con Mini, que atendía a un elegantísimo emisario del duque de Ferrara.

—Maestro Buonarroti —dijo el visitante—, he venido a buscar la pintura que usted prometió a mi señor, el duque de Ferrara.

—Ya está terminada.

Cuando sacó el cuadro de *Leda y el cisne*, el emisario lo contempló en silencio. Al cabo de unos segundos, dijo:

—Ésta es una pintura sin la menor importancia. El duque esperaba de usted una obra maestra.

Miguel Ángel miró el cuadro, contemplando con satisfacción la voluptuosa figura de Leda.

—¿Podría preguntarle a qué se dedica, *signor*? —inquirió.

—¡Soy comerciante! —respondió el emisario, con orgullo.

—Entonces, su duque comprobará que usted ha hecho un pésimo negocio en su nombre. ¡Tenga la bondad de retirarse de mi taller inmediatamente!

VI

Reanudó su trabajo en la capilla. Contrató albañiles y ladrilleros, otra vez, para avanzar la obra. En lugar de colocar los bloques de sus alegorías sobre banquetas giratorias, para captar en todo momento la mejor luz, los hizo colocar apoyados en soportes de madera, en el ángulo exacto en que las figuras quedaran descansando en los sarcófagos y en la posición que habrían de ocupar definitivamente en la capilla. De esa manera, utilizaría con el máximo de provecho la luz y sombras que las figuras absorberían una vez terminadas.

Al diseñar las cuatro figuras reclinadas para las dos tumbas creó una contracurva en el torso, con una pierna de cada figura doblada hacia arriba, en elevada proyección, mientras la otra se extendía hasta el borde del bloque.

Las lluvias exteriores filtraban su humedad al taller, helándolo. El cemento fresco de las ventanas goteaba agua. De cuando en cuando, Miguel Ángel se encontraba tiritando; sus dientes castañeteaban, hasta cuando trabajaba más intensamente en el bloque. Por la noche, cuando volvió a su casa, comprobó que estaba acatarrado. Se sentía congestionado y con la garganta irritada. No hizo caso de aquellas molestias, pues estaba decidido a que el proyecto en el cual trabajaba ahora no fuera a correr la misma suerte que la tumba de Julio II.

Sebastiano continuaba escribiéndole desde Roma: la *Piedad* se había visto en peligro en su capilla pero nadie se atrevió a dañar al Cristo que aparecía muerto en el regazo de su madre. El *Baco* había sido enterrado por la familia de Jacopo Galli en el huerto, junto al viejo taller que él había tenido. Pero ahora ya estaba de nuevo en su antiguo lugar. Sebastiano, convertido ahora en fraile, con un suculento sueldo, era conocido por Sebastiano del Piombo. En cuanto a la casa de Macello dei Corvi, el techo y las paredes se estaban quedando sin revoques, la mayor parte de los muebles habían desaparecido, todas las pequeñas edificaciones que rodeaban el jardín habían sido derribadas, pero sus mármoles estaban intactos. La casa necesitaba inmediatas reparaciones y cuidados, pues de lo contrario se derrumbaría a breve plazo. ¿Podía Miguel Ángel mandar dinero para esas reparaciones?

Pero Miguel Ángel no tenía dinero para mandar. Florencia no se había recobrado todavía de los efectos de la guerra: los alimentos y materiales escaseaban, la actividad comercial era muy reducida. Su tienda de lanas perdía dinero todos los meses. Valori gobernaba con mano de hierro. El papa Clemente mantenía a las diversas facciones políticas de la ciudad en perpetuo conflicto. La población había esperado que Ippolito, el suave y bondadoso hijo de Giuliano, reemplazaría a Valori, pero el Papa tenía otros planes. Ippolito fue ungido cardenal, contra sus propios intereses, y enviado a Hungría, como jefe de las fuerzas italianas que luchaban contra los turcos. El hijo de Clemente, conocido por "Alessandro el Moro" debido a su oscura piel, fue llevado a Florencia con gran ceremonia y proclamado soberano vitalicio de la ciudad-estado. Alessandro, que era un joven disoluto, de aspecto físico repelente, corta inteligencia y rapaces adeptos, ensoberbecido ante la presencia de las tropas de su padre, que lo ayudaban a imponer hasta sus más insignificantes deseos, asesinaba a sus adversarios a plena luz del día, violaba doncellas y saqueaba la ciudad borrando de la misma hasta los últimos vestigios de libertad. Naturalmente, aquella conducta de su soberano provocó un rápido estado de anarquía.

Y Miguel Ángel chocó, también rápidamente, con Alessandro. Cuando éste le pidió que le diseñase los planos para un nuevo fuerte a orillas del Arno, Miguel Ángel se negó. Y cuando Alessandro le hizo saber que deseaba enseñar la capilla en que él trabajaba al virrey de Nápoles, que se encontraba de visita en Florencia, Miguel Ángel cerró con llave la sacristía.

—Su conducta es muy peligrosa —le advirtió Giovanni Spina.

—Hasta que no haya completado la tumba, no corro peligro alguno. Clemente ha dejado esto perfectamente claro, incluso para el imbécil de su hijo. De lo contrario, hace tiempo que yo estaría muerto.

Aquella noche, en el taller, encontró un pedido de Giovanni Batista, tío de Mini. El muchacho se había enamorado perdidamente de la hija de una viuda pobre y estaba empeñado en casarse con ella. El tío pensaba que el muchacho debía ser alejado de Florencia. ¿Podría ayudarlo Miguel Ángel en tal propósito?

Cuando Mini volvió al taller, Miguel Ángel le preguntó:

—¿Amas verdaderamente a esa muchacha?

—¡Apasionadamente! —contestó Mini.

—¿Se trata de la misma muchacha que amabas tan apasionadamente el verano pasado?

—¡Claro que no!

—Bueno, entonces, toma esta pintura de *Leda y el Cisne* y todos estos dibujos. El dinero que te paguen por ellos te alcanzará para establecerte en un estudio en París.

—¡Pero este cuadro vale una fortuna! —protestó Mini.

—Entonces, ocúpate de que te paguen una fortuna por él. Escríbeme desde Francia.

No bien había partido Mini hacia el norte, apareció en la puerta del taller un joven de unos veinte años, que se presentó como Francesco Amadore.

—Sin embargo —agregó— me llaman Urbino… El sacerdote de San Lorenzo me dijo que necesita un muchacho.

—¿Qué clase de empleo busca? —preguntó Miguel Ángel.

—Busco un hogar, *signor* Buonarroti. Y una familia, pues no tengo ninguna. Más adelante, me gustaría casarme y tener una familia propia, pero primero tendré que trabajar muchos años. Soy de una familia humilde y no tengo otra ropa que la que llevo puesta.

—¿Quiere ser aprendiz de escultor?

—Aprendiz de artista, *messere*.

Miguel Ángel estudió al joven que tenía ante sí. Sus ropas estaban gastadas pero limpias. Era delgado y su hundido estómago proclamaba claramente que jamás había sido plenamente satisfecho. Tenía unos ojos grises que miraban serenamente y el pelo era claro. Necesitaba un hogar y trabajo, pero su aspecto era digno y parecía expresar una quietud interior. Resultaba evidente que era un hombre que se respetaba a sí mismo. Y eso le agradó a Miguel Ángel.

—Muy bien —le respondió—. Podemos probar.

Urbino tenía una nobleza de espíritu que iluminaba todo cuanto hacía. Se mostró tan jubiloso ante el hecho de que ya pertenecía a algo, de que era alguien, que llenaba la casa con su propia felicidad y trataba a Miguel Ángel con el respeto y la reverencia debida a un padre. Miguel Ángel sintió más y más afecto por el joven.

El papa Clemente pidió nuevamente a los herederos de Julio II que liberaran a Miguel Ángel de sus compromisos. Los Rovere, aunque se sentían insultados, convinieron verbalmente aceptar la tumba con una sola pared ornamentada con las figuras que Miguel Ángel tenía ya esculpidas. Debería entregar el *Moisés* y los dos *Esclavos*, terminar los cuatro Cautivos y enviarlos a Roma, junto con la *Victoria*. Lo único que le quedaba por hacer, en consecuencia, eran los boçetos de las otras figuras y reunir dos mil ducados que debería devolver a los Rovere, que emplearían esa suma para pagarle a otro escultor la terminación del sepulcro. Después de veintisiete años de hondas y dolorosas preocupaciones, y de esculpir ocho grandes estatuas por las cuales no recibiría un solo escudo, se veía libre de aquel infierno torturante.

No podía vender ninguna de sus cosas o granjas para obtener los necesarios dos mil ducados. Nadie en Toscana tenía dinero líquido entonces. El único edificio por el que podría obtener una suma satisfactoria era el taller de la Via Mozza.

—¡Estoy desolado! —dijo a Giovanni Spina—. ¡Amo profundamente esta *bottega*!

Spina lo miró, emitió un suspiro y dijo:

—Déjeme que escriba a Roma. Tal vez podamos conseguir que se postergue el pago de esos dos mil ducados.

Se enteró de que Sigismondo había llegado a una casa de campesinos de Settignano y estaba trabajando personalmente la tierra. Fue a verlo y lo encontró empuñando un arado, detrás de dos bueyes blancos. Tenía los cabellos y el rostro cubiertos de sudor, y las botas con una gruesa capa de estiércol.

—¡Sigismondo —exclamó—, estás trabajando como un vulgar *contadino*!

Sigismondo se quitó el sombrero de paja, se enjugó la frente con un rudo movimiento de su antebrazo y respondió:

—Estoy arando este campo.

—Pero, ¿por qué? Tenemos arrendado este campo y hay quien lo trabaje.

—Me gusta trabajar.

—Sí, pero no como un peón. ¿En que estás pensando, Sigismondo? Ningún Buonarroti ha realizado trabajos manuales desde hace trescientos años.

—Ninguno más que tú.

Miguel Ángel se sonrojó y dijo:

—Yo soy escultor. ¿Qué dirá la gente en Florencia cuando se entere de que mi hermano está trabajando de campesino? Al fin y al cabo, los Buonarroti han sido siempre nobles burgueses: tenemos un escudo de armas...

—Los escudos de armas no me alimentan. Ahora ya no tengo edad de seguir peleando como soldado. Por eso he decidido trabajar. Esta tierra es nuestra y considero apropiado que yo cultive en ella trigo, aceitunas, uvas...

—¿Y para hacerlo tienes que llenarte de estiércol?

—El estiércol fertiliza la tierra.

—Yo he luchado toda mi vida para que el apellido Buonarroti mereciese honores en toda Italia. ¿Quieres que la gente diga que tengo un hermano en Settignano que trabaja con los bueyes, como un peón?

Sigismondo miró a los dos hermosos animales blancos y respondió:

—Los bueyes son buenos compañeros.

Concentró su trabajo en las dos figuras femeninas: El Amanecer y La Noche. A excepción de sus *madonnas*, nunca había esculpido una mujer. No deseaba retratar jóvenes, en los umbrales de la vida: quería esculpir fertilidad, el fecundo cuerpo que produce la raza humana, mujeres maduras que habían trabajado y estado encintas, con sus cuerpos fatigados pero indomables. Esculpió El Amanecer como una mujer todavía dormida, sorprendida en la transición entre el sueño y la realidad. Su cabeza descansaba todavía sobre un hombro. Tenía una banda tirante bajo los senos, para destacar en el espacio su cualidad bulbosa, la matriz extenuada de parir: toda la ardua jornada de la vida en los semicerrados ojos y la entreabierta boca; el brazo izquierdo doblado y suspendido en el aire, pronto a caer no bien ella levantase la cabeza para hacer frente al día.

Se trasladó pocos pasos más allá para trabajar en la figura suntuosamente voluptuosa de La Noche: una mujer todavía joven, fértil, deseable, cuna de hombres. La exquisita cabeza griega descansaba sobre el cuello delicadamente arqueado. Los ojos estaban cerrados, entregados al sueño y la oscuridad. La luz, en un movimiento libre sobre el contorno del lechoso mármol, intensificaría las figuras femeninas.

Pulió la figura de La Noche con paja y azufre, mientras recordaba cómo sus antepasados los etruscos habían esculpido figuras reclinadas de piedra para las tapas de sus sarcófagos.

Terminó *El Amanecer* en junio y *La Noche* en agosto, dos mármoles heroicos esculpidos en los nueve meses desde el día en que abandonara su refugio de la torre. Luego pasó a las figuras masculinas de El Día y El Anochecer. El Día era un fuerte y sabio hombre que conocía todos los aspectos del dolor y el placer pasajeros de la vida. Lo esculpió reflejando en su musculoso torso una espalda que había levantado y sobrellevado las cargas del mundo.

El Anochecer era un autorretrato. La cabeza, con sus hundidos ojos y su nariz torcida, estaba inclinada diagonalmente, la terca expresión de las facciones se reflejaba en las manos nudosas, las poderosas rodillas cruzadas, una pierna extendida hacia afuera en su angosta cornisa de mármol.

Había estudiado anatomía para conocer el funcionamiento interno del hombre; ahora, trató al mármol como si tuviese una anatomía propia. En esta capilla quería dejar algo de sí mismo, algo que el tiempo no pudiese borrar.

Terminó *El Anochecer* en septiembre.

Comenzaron las lluvias y la capilla se tornó fría y húmeda. Nuevamente adelgazó: ahora era sólo piel y huesos. Pesaba menos de cuarenta y cinco kilos cuando, martillo y cincel en mano, trasvasó la sangre de sus venas, su propio calcio, a las venas y los huesos de El Día, La Virgen y Niño y la estatua de un contemplativo Lorenzo sentado. Conforme los mármoles parecían cobrar vida, él fue agostándose en la misma proporción. Era gracias a su propio caudal interior de voluntad, valor, audacia y cerebro que los mármoles estaban llenos de sus inagotables energías. Y su último resto de energía fue volcado en la inmortalidad de aquellos mármoles.

—¡Esto no puede ser! —le reprochó Granacci, un Granacci que había también adelgazado como consecuencia de los infortunios de la ciudad—. La muerte por exceso de placeres es una manera de suicidarse, ya sea por los excesos de vino, diversiones y mujeres, o por exceso de trabajo.

—Es que si no trabajo veinte horas diarias, jamás terminaré —alegó Miguel Ángel.

—Todo lo contrario —replicó Granacci—. Si tuvieras el suficiente sentido común para descansar, podrías vivir eternamente. A los cincuenta y siete años tienes la fuerza de un hombre de treinta. Yo, en cambio, estoy agotado... de placeres. Con la suerte que tienes, ¿por qué has de pensar que morir te va a resultar más fácil que vivir?

Miguel Ángel rió, por primera vez en muchas semanas.

—Granacci mío —dijo—. ¡Qué pobre hubiera sido toda mi vida sin tu amistad! Esta escultura... es culpa tuya. Tú fuiste quien me llevó al jardín de Lorenzo y fuiste tú quien me animó.

—Tú nunca quisiste esculpir tumbas —replicó Granacci, con una carcajada— y, sin embargo, te has pasado la mayor parte de tu vida cincelando mármoles para tumbas. Toda la vida te he oído decir que jamás harías un retrato y ahora tienes ante ti la tarea de esculpir dos, de tamaño natural.

Urbino había aprendido a leer y escribir. Le habían enseñado los sacerdotes de Castel Durante. Poco a poco, fue deslizándose a la posición de mayordomo, tanto de la vivienda como del taller. Ahora que su sobrino Leonardo progresaba como aprendiz de los Strozzi, Miguel Ángel confió a Urbino la contabilidad. El muchacho pagaba los sueldos y las facturas y asumió el papel que había tenido Buonarroto cuando era joven. Además, se convirtió en un protector que hacía más fácil y grata la vida de su patrón al aliviarlo de infinidad de pequeñas preocupaciones. Miguel Ángel llegó a tener una sensación de permanencia respecto de aquella combinación.

Descansaba cuando ponía sus manos en la arcilla para hacer los modelos. La humedad del barro era tan similar a la de la capilla que le parecía estar dando forma al frío húmedo del ambiente de la sacristía. Pasando del barro al mármol, esculpió la estatua del joven Lorenzo para el nicho que iría sobre *El Amanecer* y *El Anochecer*. Empleó un enfoque arquitectónico y diseñó aquella figura estática, introvertida, ungida en sus propias meditaciones. Como contraste, creó una composición activa que representaba a Giuliano, para la pared opuesta del nicho donde irían *El Día* y *La Noche*, en libertad y con una corriente de tensión y un continuo estado de movimiento.

Pero fue la Madonna y Niño la que le produjo un genuino goce. Ansiaba con toda su alma dar a la Virgen una belleza divina, un rostro en el que brillasen amor y compasión. Vio el tema de la madre y el hijo como si jamás lo hubiese esculpido: intenso deseo e intensa realización. El niño estaba con el cuerpecito torcido en el regazo de su madre; buscaba vigorosamente su alimento. Los pliegues complicados de la túnica de la madre acrecentaban la agitación y exteriorizaban la sensación de realización y dolor, mientras el niño, terrenal y gozoso, mamaba. Y Miguel Ángel sintió que su cabeza se aligeraba y que era como si estuviese de vuelta en su primer taller, esculpiendo la Virgen para los dos hermanos comerciantes de Brujas en aquél "su" período de gracia.

Sólo fue una fuertísima fiebre. Y cuando pasó, quedó tan débil que las piernas apenas podían sostenerlo.

El Papa envió un carruaje a Florencia y ordenó a Miguel Ángel que fuese en él a Roma para reponerse en el sol meridional y enterarse del gran proyecto que había concebido. Aquella solicitud de Clemente por la salud de Miguel Ángel era legítima, casi la de un hermano. Y poco después, el Papa le reveló lo que quería: ¿le agradaría a Miguel Ángel pintar un Juicio Final en la vasta pared del altar mayor de la Capilla Sixtina?

En la cena, Miguel Ángel conoció a un joven singularmente agraciado. Parecía uno de los efebos griegos que él había pintado detrás de la *Sagrada Familia* para Doni.

Tommaso de Cavalieri, de veintidós años, culto, serio, era el heredero de un patricio apellido romano. Ambicionaba llegar a ser un pintor destacado y pidió a Miguel Ángel que lo aceptara como aprendiz. La admiración que advirtió en los ojos del joven era poco menos que idolatría, pero le contestó que tenía que volver a Florencia para terminar la capilla Medici, a pesar de lo cual no tenía inconveniente en pasar parte de su tiempo en Roma para dibujar juntos. La intensa concentración del joven mientras observaba cómo Miguel Ángel obtenía aquellos efectos volátiles en sus dibujos le resultaba enormemente halagüeña. Y descubrió que Tommaso era un trabajador inteligente, consciente y de un carácter deliciosamente simpático. Cuando se separaron, convinieron escribirse. Miguel Ángel ofreció enviar algunos dibujos especiales que Tommaso podría utilizar como estudio y hacérselo saber cuando llegase a una decisión respecto de la propuesta del Papa.

De regreso en Florencia volvió a la sacristía. Se sentía como nuevo.

Cuando Miguel Ángel era joven, cada día tenía, para él, un cuerpo, un contenido, una forma, destacándose como una entidad individual que podía numerarse, registrarse, recordarse.

Ahora, el tiempo era soluble: las semanas y los meses se ligaban en una corriente continua, a una velocidad siempre más y más acelerada. Trabajaba tanto como entonces, pero la trama del tiempo había cambiado para él y sus arbitrarios límites eran ahora indistintos. Los años ya no eran bloques individuales, sino montañas alpinas que el hombre, en su necesidad, dividía en picos separados. ¿Eran realmente más cortos los días y los meses o era que él había dejado de contarlos y ahora había adoptado una medida diferente? Antes, el tiempo tenía una cualidad dura y era sólido. Ahora era fluido. Su paisaje se había tornado tan diferente para él como la campiña de Roma era distinta a la de Toscana. Había imaginado que el tiempo era absoluto, siempre el mismo, en todas partes y para todos los hombres; y ahora veía que era tan variable como el carácter humano o las condiciones meteorológicas. Y al correr los días, las semanas, los meses y los años, se preguntaba: "¿Adónde va el tiempo?".

La respuesta era sencilla: había sido transmutado de lo amorfo a lo sustantivo, al tornarse parte de la fuerza vital de la *Virgen y Niño, El Amanecer, El Anochecer, El Día* y *La Noche*, y del joven Medici. Lo que él no había comprendido era que ese tiempo se había ido acortando al igual que el espacio. Cuando se detenía en la cima de una colina y contemplaba a sus pies un valle toscano, la mitad más cercana era visible para él en todos sus más diáfanos detalles; en cambio, la mitad más distante, a pesar de ser tan amplia como la cercana, se comprimía, hacinaba y daba la sensación de un angosto sendero en lugar de un vasto campo. Esto mismo ocurría con el tiempo en el área más distante de la vida del hombre. Por muy atentamente que escrutase las horas y días cuando iban pasando, le parecerían siempre más cortos al compararlos con la primera mitad de su vida

Esculpió las dos tapas de los sarcófagos con líneas severamente puras. Dejó de lado todas las ideas originales que había concebido sobre los dioses fluviales, los símbolos de Cielo y Tierra... Esculpió una careta debajo del hombro proyectado hacia fuera de *La Noche* y puso un búho en el ángulo derecho formado por la rodilla levantada. Eso fue todo. Para él, la belleza del hombre había sido siempre el principio y el fin del arte.

Se extendió, por toda Italia primero y luego por Europa, el rumor de lo que estaba ensayando. Recibió la visita de numerosos artistas serios, que dibujaban mientras él trabajaba; pero aquella creciente corriente de visitantes llegó a molestarlo.

Un noble, con suntuoso ropaje, le preguntó:

—¿Cómo llegó a concebir esa asombrosa figura de *La Noche*?

Y Miguel Ángel respondió, muy serio:

—Tenía un bloque de mármol, en cuyo interior estaba oculta esa estatua que ve allí. Lo único que tuve que hacer fue ir sacando pequeños pedazos de mármol a su alrededor, porque impedían que la estatua pudiera ser vista. Cuando hube sacado suficientes pedacitos de mármol, emergió la estatua. Para quien sepa sacar esos pedacitos, no hay nada más fácil.

—Entonces —respondió el noble, sin captar la ironía—, enviaré a mi criado a buscar estatuas dentro de las piedras.

Vivía en el triángulo formado por la sacristía de los Medici, donde esculpía, la casa en la acera opuesta de la calle, donde hacía sus modelos, y la Via Mozza, donde habitaba y era amorosamente cuidado por Urbino. Se consideraba completamente feliz por el hecho de haberse rodeado de buenos escultores que lo estaban ayudando a completar la capilla: Tribolo, que esculpiría El Cielo y La Tierra según los modelos de Miguel Ángel; Angelo Montorsoli, que esculpiría el San Cosme; Raffaello de Montelupo, hijo de su viejo amigo Baccio, que había terminado sus dos papas Piccolomini. Bandinelli terminó su *Hércules* para Clemente. El duque Alessandro dio orden de que fuera instalado al otro lado del *David*, frente al Palazzo della Signoria. La protesta del público contra la estatua fue tan clamorosa que Bandinelli tuvo que ir a Roma y conseguir una orden papal para que fuese colocada. Miguel Ángel fue con Urbino a ver el *Hércules* y los pedazos de papel que habían sido pegados en la estatua durante la noche, algunos de los cuales eran movidos por el viento. Se aterró al ver aquellas masas de músculos sin sentido que había esculpido Bandinelli; después de leer algunos de los papeles, comentó:

—Bandinelli no se va a sentir muy feliz cuando lea estos elogios.

Florencia estaba ahora acobardada porque Alessandro había estrangulado su libertad. Puesto que las artes eran igualmente estranguladas, la mayor parte de los miembros de la Compañía del Crisol se había trasladado a otras ciudades.

La Florencia de los primitivos Medici había desaparecido. Los mármoles de Orcagna y Donatello seguían majestuosos en sus nichos de Orsanmichele, pero los florentinos caminaban por las calles con la cabeza baja; después de las interminables guerras y derrotas, el "Moro" constituía el golpe de gracia para la ciudad-estado.

Miguel Ángel no se sentía con ánimo para reparar el brazo roto de su *David*, por lo menos hasta que no hubiesen sido restauradas la República y la grandeza de Florencia como centro intelectual y artístico, como la Atenas de Europa.

El nonagésimo cumpleaños de Ludovico cayó en un hermoso día de junio de 1534. Miguel Ángel reunió a los restos de la familia Buonarroti. En la mesa de aquella cena se hallaban presentes Ludovico, tan débil ya que tuvo que ser sostenido en su sillón por medio de almohadones; Giovansimone, delgado, como consecuencia de una prolongada enfermedad; el silencioso Sigismondo, que seguía viviendo solo en la granja familiar donde todos ellos habían nacido; Cecca, la hija de diecisiete años de Buonarroto, y el joven Leonardo, que estaba terminando su aprendizaje en la casa comercial de los Strozzi.

—Tío Miguel Ángel —dijo Leonardo—, me prometió que reabriría la tienda de lanas de mi padre en cuanto yo estuviese en condiciones de dirigirla.

—Y así lo haré —Leonardo.

—¿Pronto? Ya tengo quince años y he aprendido el negocio de las lanas a la perfección.

—Sí, Leonardo, pronto. En cuanto consiga arreglar mis asuntos.

Ludovico comió solamente unas cucharadas de sopa, que llevaba a su boca con mano temblorosa. A mitad de la cena, pidió que lo llevasen a la cama. Miguel Ángel lo tomó en sus brazos. Pesaba aterradoramente poco. Lo acostó y cubrió bien con las mantas. El anciano volvió ligeramente la cabeza hacia él, pero antes miró a su escritorio, en la cual se veían los libros de contabilidad, pulcramente ordenados. Una sonrisa entreabrió sus resecos y pálidos labios.

—¡Miguel Ángel! —dijo con voz débil.

—¿Sí, *messer* padre?

—Quería… vivir… hasta noventa… años. Y lo he conseguido. Pero ahora… estoy… muy cansado. Miguel Ángel…

—¿Sí, padre?

—¿Cuidarás a… los muchachos… Giovansimone… Sigismondo…?

Miguel Ángel pensó: "¡Los muchachos y están ya a mitad de camino entre los cincuenta y sesenta años!". Luego, en voz alta, prometió:

—Sí, padre. Nuestra familia es todo cuanto tengo.

—¿Le reabrirás… la tienda… a Leonardo?… ¿Darás una dote a Cecca?

—Sí padre.

—Entonces… todo va bien. He… mantenido… unida… a mi familia. Hemos… prosperado… reconquistado… el dinero que… perdió mi padre… Mi vida… ha sido vivida… y no en vano. Llama… a un sacerdote… de Santa Croce.

Leonardo trajo al sacerdote. Ludovico murió tranquilamente, rodeado de sus tres hijos, su nieto y su nieta.

Miguel Ángel se sintió extrañamente solo. Había vivido toda su vida sin madre y sin amor de padre, sin afectos ni comprensión. Sin embargo nada de todo eso importaba ahora. Él había amado a su padre del mismo modo que Ludovico lo había amado a él, a su manera: la dura manera toscana. El mundo parecería vacío ahora sin él. Ludovico le había ocasionado interminables angustias, pero era necesario confesar que no tenía la culpa de haber tenido sólo a uno de sus cinco hijos capaz de ganarse la vida. A eso se debía que hubiera hecho trabajar tanto a Miguel Ángel, para compensar lo que los otros cuatro no aportaban a la familia.

Y Miguel Ángel se sintió orgulloso de haber podido contribuir a que se realizase la ambición de su padre y de verlo morir satisfecho.

Aquella noche, en su estudio, a la luz de la lámpara de aceite, escribió largamente. De pronto, el jardín y su habitación se vieron invadidos por millares de pequeñas mariposas blancas que tejían una red alrededor de la llama de la lámpara. Poco después morían y el jardín y la casa quedaban cubiertos con una capa como de nieve.

Estaba solo en la sacristía, bajo la bóveda que él mismo había diseñado y construido, rodeado por la *pietra serena* y el mármol de las paredes, tan amorosamente concebidas y trabajadas. Lorenzo, el contemplativo, estaba ya en su nicho; Giuliano se encontraba sentado en el suelo, inconcluso todavía. *El Día*, última de las siete figuras, tenía bloques de madera apoyados bajo los hombros, la espalda del poderoso cuerpo masculino todavía inconclusa. El rostro, detrás del elevado hombro derecho, era el de un águila y miraba duramente al mundo a través de sus hundidos ojos, mientras la cabellera, la nariz y la barba estaban cinceladas en bruto, como cortadas en granito, extraño contraste con la suave piel del hombro.

¿Estaba terminada la capilla, después de catorce años?

De pie entre sus dos sarcófagos exquisitamente tallados, uno a cada lado, y cada uno con sus dos figuras *El Amanecer* y *El Anochecer*, *El Día* y *La Noche*, mientras la hermosa *Virgen y niño* aparecía sentada en la repisa, contra la espaciosa pared lateral, Miguel Ángel experimentó la sensación de que había esculpido todo cuanto había querido esculpir y dicho todo cuanto quiso decir. Para él, la capilla Medici estaba completa. Creía que Il Magnifico habría quedado satisfecho con aquella obra y aceptado la capilla y las estatuas en lugar de la fachada que había proyectado cuando le sorprendió la muerte.

Tomó un pedazo de papel de dibujo y escribió las instrucciones a sus tres escultores para montar las estatuas en los sarcófagos. Dejó la nota sobre la mesa de tablones, bajo un trozo de mármol blanco, se volvió y salió sin mirar atrás.

Urbino le preparó las alforjas de viaje.

—¿Está todo, Urbino? —preguntó.

—Sí, *messere*. Todo, menos las carpetas de dibujos, que estarán listas dentro de unos minutos.

—Envuélvalas en algunas camisas, para que no se estropeen.

Montaron a caballo, cruzaron la ciudad y salieron por la Porta Romana. Al llegar a la cima de la colina, Miguel Ángel detuvo su cabalgadura y se volvió para mirar el Duomo, el Baptisterio y el Campanile, la oscura torre del Palazzo Vecchio, y la exquisita ciudad de piedra y tejas rojas que brillaba al sol de septiembre. Era duro despedirse de la ciudad donde uno había nacido; duro pensar que, ya próximo a cumplir los sesenta años, no podía estar seguro de volver a verla.

Resueltamente, reanudó la marcha hacia Roma

—Vamos a apurar el paso, Urbino —dijo—. Pasaremos la noche en Poggibonsi, donde hay una posada que conozco.

—¿Y llegaremos a Roma mañana por la noche? —preguntó Urbino, con gran excitación— ¿Cómo es Roma, *messere?*

Trató de describirle la ciudad eterna, pero sentía un peso muy doloroso en el corazón. No tenía ni siquiera la menor idea de lo que le reservaba el destino, aunque tenía la seguridad de que su propia e interminable guerra había terminado. Si los astrólogos que se congregaban en torno de la Porta Romana le hubiesen gritado, cuando él pasó ante ellos, que todavía no había recorrido más que dos terceras partes del camino de su vida, dos de los cuatro amores de su existencia, y que le quedaban todavía otros dos amores, la batalla más larga y sangrienta y sus más hermosas esculturas, pinturas y obras de arquitectura, habría recordado el desdén con que Lorenzo Il Magnifico veía aquella pseudociencia, y se habría reído. Sin embargo, los astrólogos habrían estado en lo cierto.

LIBRO DÉCIMO

Amor

I

Condujo su caballo a través de la Porta del Popolo. Roma, después de su última guerra, parecía estar todavía peor que cuando él la había visto por primera vez en 1496.

Recorrió las dependencias de su vivienda de Macello dei Corvi. La mayor parte de los muebles habían sido robados, igual que los colchones y todos los utensilios de cocina. Faltaban también algunos de los bloques de mármol que tenía destinados para la base de la tumba de Julio II. *El Moisés* y los dos *Cautivos* no habían sufrido daños.

Contempló la ruina que eran las habitaciones y miró por una de las ventanas al jardín, ahora cubierto de altos hierbajos. Tendría que revocar las paredes y pintarlas, colocar maderas en el piso, amueblar nuevamente toda la casa.

De los cinco mil ducados que había ganado en los últimos diez años como pago por la construcción de la Capilla Medici, sólo había conseguido ahorrar y llevar a Roma algunos centenares.

—Tendremos que poner en orden nuestra casa, Urbino —dijo.

—No se preocupe, *messere*, yo puedo hacer casi todas las reparaciones.

Dos días después, el papa Clemente VII falleció en el Vaticano.

La población se lanzó a las calles en un verdadero paroxismo de júbilo. El odio hacia el Pontífice, que continuó expresándose durante las complicadas ceremonias de las exequias, se basaba en la responsabilidad que le había correspondido a Clemente en el saqueo de Roma.

Durante las dos semanas que necesitó el Colegio de Cardenales para reunirse y elegir nuevo Papa, Roma paralizó sus actividades. Pero no la colonia florentina. Cuando Miguel Ángel llegó al palacio Medici, comprobó que en su exterior solamente había colgajos negros. Dentro, los *fuorusciti* (desterrados) se mostraban contentos. Muerto Clemente VII no habría nadie que protegiese a su hijo Alessandro, quien podría ser reemplazado por Ippolito, hijo del bienamado Giuliano.

El cardenal Ippolito, que entonces contaba veinticinco años, estaba en lo alto de la escalinata y allí recibió a Miguel Ángel, con una afectuosa sonrisa que iluminó su pálido rostro de facciones patricias. Llevaba puesto un manto de terciopelo rojo oscuro. Puso un brazo sobre los hombros de Miguel Ángel, quien de pronto vio al hijo de Contessina, el cardenal Niccolo Ridolfi, que tenía el mismo cuerpo delgado y los mismos brillantes ojos castaños de su madre.

—Tiene que vivir con nosotros, aquí, en el palacio —dijo Ippolito, cariñoso—, hasta que su casa esté reparada.

—Mi madre lo habría querido así —dijo Niccolo.

Una docena de sus antiguos amigos acudieron a saludarlo: los Cavalcanti Rucellai Acciajuoli, Olivieri, Baccio Valori, representante de Clemente VII en Florencia, Filippo Strozzi y su hijo Roberto, el cardenal Salviati el mayor, el cardenal Giovanni Salviati, hijo de Jacopo, Pindo Altoviti... La colonia florentina de Roma se había visto aumentada por las familias a las que Alessandro había despojado de sus propiedades y poder.

Muerto Clemente, ya no había necesidad de tanta discreción. Lo que antes había sido una conspiración secreta para deshacerse de Alessandro, era ahora un franco movimiento rebelde.

—Nos ayudará, ¿verdad, Miguel Ángel? —preguntó el cardenal Giovanni Salviati.

—Naturalmente —respondió Miguel Ángel, sin vacilar—. Alessandro es una bestia salvaje.

Hubo un inmediato murmullo de aprobación y el cardenal Niccolo dijo:

—No queda más que un obstáculo: Carlos V. Si el Emperador estuviera de nuestra parte, podríamos marchar sobre Florencia y dominar a Alessandro. Los ciudadanos se levantarían para apoyarnos.

—¿En qué forma puedo ayudar? —preguntó Miguel Ángel.

Fue el historiador de Florencia, Jacopo Nardi, quien respondió:

—Al Emperador le preocupan muy poco las artes. No obstante, hemos recibido informaciones según las cuales se ha mostrado interesado en sus trabajos. ¿Pintaría o esculpiría algo para él, si con ello ayuda a nuestra causa?

Miguel Ángel aseguró que lo haría con mucho gusto. Después de la cena, Ippolito dijo:

—Las cuadras que Leonardo da Vinci diseñó para mi padre están terminadas. ¿Le gustaría verlas?

En la primera cuadra se hallaba un maravilloso caballo árabe de inmaculada blancura Miguel Ángel acarició su arqueado pescuezo, cálido bajo su mano.

—¡Es hermosísimo! —exclamó—. ¡Jamás he visto un animal parecido!

—Acéptelo como un obsequio mío —respondió Ippolito.

—No, no, muchas gracias —dijo Miguel Ángel rápidamente—. Esta misma mañana, Urbino desarmó el último galpón de nuestra casa. No tendríamos sitio donde ponerlo.

Pero cuando llegó a su casa, encontró a Urbino en el jardín con el precioso animal tomado de las riendas. Miguel Ángel volvió a pasar su mano por el lustroso pescuezo, mientras preguntaba:

—¿Debemos aceptarlo?

—Mi padre me decía siempre que no aceptase nunca un regalo que comiera —respondió Urbino.

—Sí, pero, ¿cómo puedo devolver un animal tan admirable? Compraremos madera para construirle una cuadra.

Se preguntaba una y otra vez si se sentía aliviado al ver libres sus espaldas del aplastante peso del Juicio Final. La pared del altar mayor de la Capilla Sixtina exigiría por lo menos cinco años para pintarla, ya que sería el fresco más grande que se hubiese realizado en toda Italia. Sin embargo, al ver cómo desaparecían sus ducados en reparaciones y muebles para su casa, comprendió que muy pronto se encontraría sin dinero.

Balducci, que ahora estaba casi tan ancho como alto, pero de duras carnes y sonrosadas mejillas, y lleno de nietos, estalló:

—¡Claro que te encuentras en dificultades! ¡Has pasado todos estos años en Florencia sin la asesoría de este mago de las finanzas que soy yo! Pero ahora ya estás en buenas manos. Entrégame el dinero que ganas y yo te lo invertiré para que puedas llegar a ser rico.

—Balducci, hay algo en mí que parece rechazar el dinero. Por lo visto los ducados comentan entre ellos: "Este hombre no nos brindará un hogar seguro en el que podamos vivir tranquilos y multiplicarnos. Vayámonos a otra parte". Dime una cosa, ¿quién va a ser el próximo Papa?

—Adivina.

De casa de Balducci fue a la de Leo Baglioni, en Campo dei Fiori. Leo, que tenía todavía una cabellera leonina y un rostro sin arrugas, había prosperado como agente confidencial de los papas León X y Clemente VII, puesto que Miguel Ángel lo ayudara a conseguir.

—Ahora ya estoy en condiciones de retirarme —confirmó Leo a Miguel Ángel, mientras cenaban en el comedor exquisitamente amueblado—. He tenido casi todo el dinero, mujeres y aventuras a que puede aspirar un hombre. Me parece que dejaré que el próximo Papa actúe como su propio agente confidencial.

—¿Y quién va a ser ese Papa?

—Parece que nadie lo sabe.

Temprano, a la mañana siguiente, el duque de Urbino fue a visitar a Miguel Ángel, acompañado por un servidor con una cajita en la cual llevaba los cuatro contratos correspondientes a la tumba de Julio II. Era un hombre de aspecto feroz, cuyo rostro parecía un campo de batalla lleno de trincheras. Llevaba una afilada daga pendiente del cinto. Era la primera vez, desde la coronación del papa León X, veintiún años antes, que los dos antagonistas se encontraban frente a frente. El duque informó a Miguel Ángel que ya estaba preparada la pared para la tumba de Julio II en la iglesia de San Pedro de Vincoli, que había sido la iglesia del extinto cuando era cardenal Rovere. Luego sacó de la cajita de cuero el último de los contratos firmados, el de 1532, que "liberaba y absolvía a Miguel Ángel de todos los contratos firmados con anterioridad", y lo arrojó a sus pies.

—Ahora —dijo— ya no habrá un Medici que lo proteja. Si no completa para el mes de mayo del año próximo todo lo especificado en este contrato, lo obligaré a cumplir el de 1516: veinticinco estatuas, de tamaño mayor que el natural. Las veinticinco que ya le hemos pagado.

Salió como una tromba, con la mano derecha empuñando la afilada daga.

Miguel Ángel no había dispuesto que fuesen traídas de Florencia las estatuas inconclusas de los cuatro Gigantes y la Victoria. Había aceptado con agrado la liberación que le significaba el cambio establecido en el contrato, respecto de la forma que tendría la tumba. No obstante estaba preocupado porque aquellas enormes estatuas no estarían ahora en proporción con la fachada de mármol. Para las tres estatuas adicionales que debía a los Rovere, decidió esculpir una Virgen, un Profeta y una Sibila, para las cuales tenía los bloques guardados en el jardín. Esas figuras no serían grandes ni difíciles. Estaba seguro de que los Rovere quedarían satisfechos, pero de cualquier modo, su propio sentido del diseño le reclamaba el cambio. Para mayo del año siguiente, como lo especificaba el contrato, habría terminado las figuras menores y sus obreros podrían armar la tumba en San Pietro de Vincoli.

En lo referente a completar la tumba de Julio II, los hados estuvieron tan en contra del duque de Urbino como de Miguel Ángel. El 11 de octubre de 1534, el Colegio de Cardenales eligió a Alessandro Farnese para la elevada investidura de Papa. Farnese había sido educado por Lorenzo, pero ya había dejado el palacio para dirigirse a Roma cuando Miguel Ángel ingresó como aprendiz en el jardín de escultura.

De Il Magnifico había adquirido toda una vida de amor a las artes y el saber. Cuando su hermana Giulia, una mujer arrebatadoramente hermosa, fue tomada como amante por el papa Alejandro VI, Farnese fue ungido cardenal, entró en la disoluta vida de la corte de los Borgia y fue padre de cuatro hijos ilegítimos. Roma le había puesto el satírico sobrenombre de "El cardenal enagua", porque había recibido su nombramiento de cardenal por influencia de su hermana, la amante del Papa. Sin embargo, en 1519, cuando fue ordenado sacerdote, renunció a los placeres de la carne y comenzó una vida ejemplar.

El papa Pablo III —tal fue el nombre que adoptó el cardenal Farnese— envió un emisario a la casa de Macello dei Corvi para preguntar a Miguel Ángel si le sería posible ir a verlo al Vaticano aquella tarde, pues tenía algo importante que comunicarle.

Cuando Miguel Ángel entró en el pequeño salón del trono del Vaticano, el papa Pablo III hablaba animadamente con Ercole Gonzaga, cardenal de Mantua, hijo de la culta Isabella d'Este y hombre de exquisito buen gusto. Miguel Ángel se arrodilló y besó el anillo papal, mientras dibujaba rápidamente con sus ojos el rostro del nuevo Pontífice: la angosta cabeza, los ojos incisivamente astutos, la larga nariz que se desplomaba sobre el bigote abundante y blanco como la nieve, las hundidas mejillas y la boca de delgados labios, que hablaba del voluptuoso convertido en asceta. En general, era un rostro fuerte.

—Hijo mío, considero que es un buen augurio que estará trabajando en Roma durante mi pontificado — dijo Pablo III.

—Su Santidad es muy bondadosa —respondió Miguel Ángel.

—Es una cuestión de interés propio. Varios de mis predecesores serán recordados más que nada porque le encargaron la creación de obras de arte.

Miguel Ángel se inclinó humildemente en una reverencia ante el cumplido. Y el Papa agregó afectuosamente.

—Deseo que entre a nuestro servicio.

—¿Y en qué forma puedo servir a Su Santidad?

—Continuando su trabajo en el Juicio Final.

—Santo Padre… ¡No puedo aceptar un trabajo tan enorme!

—¿Por qué?

—Estoy comprometido, por contrato, con el duque de Urbino, a completar la tumba de Julio II. Me ha amenazado con un desastre si no me dedico exclusivamente a dar cumplimiento a ese contrato.

—¿Acaso la Santa Sede va a intimidarse con un belicoso señor feudal? Olvídese de esa tumba. Deseo que complete la Capilla Sixtina, para gloria de nuestro pontificado.

—Santo Padre, ¡durante treinta años he estado torturado por el pecado de haber firmado ese contrato!

Pablo III se puso de pie. Su delgado cuerpo temblaba bajo la capa de terciopelo rojo brillante, con aplicaciones de armiño.

—También hace treinta años que deseo tenerlo a mi servicio. Ahora que soy Papa, ¿no se me permitirá satisfacer ese deseo?

—Santidad, son sus treinta años contra los míos.

Con un enérgico gesto, Pablo III se echó atrás el rojo casquete de terciopelo y exclamó:

—¡Estoy decidido a que me sirva, ocurra lo que ocurra!

Miguel Ángel beso el anillo papal y salió caminando de espaldas del salón del trono. Al regresar a su casa, se dejó caer en el sillón de asiento de cuero. Un fuerte golpe en la puerta lo hizo enderezar. Urbino hizo entrar a dos guardias suizos, verdaderos gigantes rubios, quienes le anunciaron que a la mañana siguiente, hacia el mediodía, Su Santidad Pablo III iría a visitarlo.

—Ya encontraré algunas mujeres que limpien esto, *messere* —dijo Urbino imperturbable—. ¿Qué debemos ofrecer al Santo Padre y su séquito? Jamás he visto a un Papa, excepto en las procesiones.

—¡Ojalá no lo hubiese visto yo más que en tales ocasiones! —exclamó Miguel Ángel, con desesperación—. Habrá que comprar *passito* y *biscotti*. En la mesa, nuestro mejor mantel florentino.

El Papa llegó con sus cardenales y séquito, lo que causó una verdadera sensación en la Piazza del Foro Trajano. Pablo III sonrió bondadosamente a Miguel Ángel y se dirigió rápidamente a la estatua del *Moisés*. Los cardenales rodearon la escultura, con un verdadero campo de ropajes rojos. Era evidente, por la mirada que lanzó el Papa a Ercole Gonzaga, que el cardenal de Mantua era el experto en arte del Vaticano. Gonzaga se alejó dos o tres pasos del *Moisés*, con la cabeza ligeramente inclinada, brillantes los ojos de admiración. Luego declaró con voz en la que se advertían orgullo, entusiasmo y asombro:

—Este *Moisés* basta, por sí solo, para hacer honor al papa Julio II. ¡Ningún hombre podría desear un monumento más glorioso!

El Papa miró al cardenal y dijo con tono ligeramente melancólico:

—Ercole… ¡Ojalá fuera yo quien hubiera pronunciado esas palabras!

Luego se volvió rápidamente a Miguel Ángel y añadió:

—Como ve, hijo mío, he sido irrazonable. Pinte el Juicio Final para mí. Haré lo necesario para que el duque de Urbino acepte el *Moisés* y estos dos *Cautivos* para dejarlo en completa libertad.

Miguel Ángel no había vivido a lo largo de cuatro pontificados como para no comprender cuándo había sido vencido.

II

Al revolverse intranquilo en su lecho aquella noche, se preguntó: "¿De dónde voy a sacar las fuerzas suficientes para pintar una pared mayor que los paneles de la Capilla Sixtina pintados por Ghirlandaio, Botticelli y Perugino juntos?". No tendría que pintar acostado junto al techo, pero la pared llevaría tanto tiempo como la bóveda y lo dejaría completamente agotado. ¿Cómo reunir, a los sesenta años, las fuerzas que tenía a los treinta y tres?

Se levantó temprano para asistir a la primera misa en San Lorenzo de Damaso. De camino, se encontró con Leo Baglioni. Después de que cada uno se hubo confesado de sus pecados y comulgado, salieron de la iglesia y se detuvieron en el Campo dei Fiori.

—Leo, seguro que usted ha estado divirtiéndose esta noche, mientras que yo tuve que luchar con mi alma inmortal. Sin embargo, ha tardado menos tiempo en confesarse que yo.

—Mi querido Miguel Ángel —respondió Leo, sonriente—, para mí, todo lo que produce placer es bueno, mientras que todo lo que provoca dolor es pecado. *Ergo*, mi conciencia está tranquila. Entre y le daré un vaso de leche caliente. Brindaremos por el elogio que el cardenal Gonzaga le ha tributado. Roma no habla de otra cosa.

Salió de la casa de Baglioni y caminó lentamente hasta San Pedro. Antonio da Sangallo, sobrino de Giuliano da Sangallo y ayudante de Bramante, había heredado el título de arquitecto de San Pedro. Que supiese Miguel Ángel, poco se había trabajado en los dieciocho años desde que él saliera de Roma, a excepción de la reparación de los gigantescos pilares y la construcción de los muros bajos. Doscientos mil ducados procedentes de toda la cristiandad habían sido invertidos en aquellas obras, pero la mayor parte de esa suma había ido a parar a los bolsillos de los contratistas, que estaban levantando San Pedro tan lentamente.

Entró y se detuvo ante su *Piedad*. ¡Qué hermosa era María! ¡Qué exquisita y tierna! Y el hijo que yacía en su regazo, ¡qué rostro sensitivo tenía!

Cayó de rodillas. Por un instante se preguntó si estaría mal que orase ante su propia creación, pero él había esculpido aquellas figuras tanto tiempo atrás… cuando sólo tenía veinticuatro años…

Roma estaba en las calles con sus ropas de fiesta, pues ese día era festivo. Doce carros triunfales partirían del Capitolino y se los conduciría con toda pompa a la Piazza Navona. Ese año la carrera sería entre búfalos y caballos. Luego, veinte toros serían atados a carros en la cima del Monte Testaccio y bajarían a toda carrera hasta el llano, donde se los sacrificaría.

Sin darse cuenta, Miguel Ángel se encontró ante la residencia de la familia Cavalieri. El palacio estaba situado en Rione di Sant'Eustachio, frente a su propia plaza, y rodeado de extensos jardines. Durante varios siglos había servido como centro de continuas generaciones de "conservadores" Cavalieri, ciudadanos romanos que se hacían cargo de la conservación de las antigüedades de Roma: viejas iglesias cristianas, fuentes y estatuas de la ciudad.

Había tardado tres semanas en cubrir la distancia que habría significado diez minutos de camino desde su casa de Macello dei Corvi al palacio Cavalieri. Al dejar caer la pesada aldaba contra su base de metal en la imponente puerta, se preguntó por qué había retrasado tanto aquella visita a Tommaso de Cavalieri, cuando sabía perfectamente que uno de los principales motivos por los que había deseado regresar a Roma era el ver a su querido y joven amigo.

Un criado le abrió la puerta y lo condujo a un salón de alto techo que contenía una de las mejores colecciones particulares de esculturas antiguas de mármol en toda Roma. Mientras las admiraba, recordó las afectuosas cartas intercambiadas entre él y Tommaso.

Oyó pasos tras él, se volvió… y lanzó una exclamación. En los dos años transcurridos sin ver a Tommaso, éste había realizado la transición de joven atractivo a la figura masculina más magnífica que Miguel Ángel hubiese visto jamás.

—Por fin ha venido —dijo Tommaso, con voz tranquila, tan sorprendentemente grave y cortesana en un joven de veinticuatro años.

—No he querido traerle mis tristezas y dificultades.

—Los amigos pueden compartir todo eso.

Se adelantaron uno hacia el otro, tomándose de los brazos en un afectuoso saludo. Los ojos de Tommaso se habían oscurecido y ahora tenían un tono azul cobalto. Sus facciones eran ya perfectamente delineadas, aristocráticas.

—¡Ahora sé dónde lo he visto antes! —exclamó Miguel Ángel—. ¡En el techo de la Capilla Sixtina!

—¿Y cómo fue que me encaramé hasta ese techo? —respondió Tommasso, sonriente.

—Yo lo puse allí. Era Adán, a punto de recibir el soplo de vida de Dios.

—Pero ese Adán lo pintó hace mucho tiempo.

—Sí, hace unos veinticuatro años, más o menos cuando usted nació. Y ahora ha materializado ese retrato.

—¿Ve hasta qué extremo soy capaz de llegar por un amigo? —rió Tommaso—. ¡Hasta creer en milagros!

—Los milagros pueden no ser imposibles. Llegué hasta su puerta con los pies y el corazón pesados. Paso diez minutos con usted y ya tengo diez años menos de vida.

Una afectuosa sonrisa entreabrió sus labios e iluminó todo su rostro. De pronto, se sintió más liviano, como alado.

—¿Sabe que tengo que pintar el Juicio Final para el papa Pablo? —inquirió.

—Lo he oído decir esta mañana en la misa. Eso completará de forma magnífica la Capilla Sixtina, pues hará juego con la bóveda.

Miguel Ángel dio la espalda a su joven amigo para ocultar la emoción que lo embargaba en aquel instante. Una ola de felicidad lo invadió. De nuevo giró para mirarlo.

—Tommaso —dijo—. Hasta este momento no había creído que me sería posible armarme del valor suficiente para crear ese Juicio Final. Ahora estoy seguro de que podré hacerlo.

Ascendieron la amplia escalinata. En la balaustrada, la familia Cavalieri había montado algunas de sus esculturas y tallas más pequeñas y delicadas. Tommaso de Cavalieri pasaba la mitad de sus días en su trabajo como *curator* de Obras Públicas y la otra mitad entregado de lleno al dibujo. Su taller estaba en la parte posterior del palacio y la ventana daba a la Torre Argentina; era una habitación sin muebles. Lo único que se veía en ella eran algunos tablones montados sobre caballetes. En la pared, encima de aquella rústica mesa de trabajo, estaban los dibu-

jos que Miguel Ángel había hecho dos años antes, así como los que había enviado a Tommaso desde Florencia. Extendidos sobre los tablones de la mesa se veían
numerosos bocetos. Miguel Ángel los estudió atentamente y luego dijo:

—Tommaso, tiene usted verdadero talento. Y además, veo que trabaja intensamente.

El rostro del joven se ensombreció repentinamente

—En el último año he caído en malas compañías —dijo—. Como sabe, Roma
está llena de tentaciones. He bebido y andado demasiado con mujeres y, la verdad, no he trabajado mucho…

—Hasta el mismo San Francisco tuvo su juventud alocada, Tommaso —respondió Miguel Ángel, con una cariñosa sonrisa.

—¿Me permite que trabaje con usted, aunque sólo sea un par de horas al día?

—Mi taller es suyo. ¿Qué mayor felicidad podría desear yo? Mire lo que su fe
y afecto han hecho ya… Ahora estoy ansioso por empezar a dibujar para el Juicio
Final. Seré no sólo su buen amigo sino también su maestro. Y a cambio de eso, me
ayudará a ampliar los dibujos y preparar los modelos. ¡Llegará a ser un gran pintor!

Desde entonces, fueron inseparables. Caminaban tomados del brazo alrededor de la Piazza Navona, para tomar el aire; dibujaban en el Capitolino o en el Foro
los domingos; cenaban, bien en casa de Miguel Ángel o en la de Tommaso, después de la jornada diaria; y pasaban las veladas en estimulantes horas de dibujo y
conversación. El gozo que ambos sentían al encontrarse juntos parecía emitir alegría y hacer felices a quienes ocasionalmente los acompañaban y, ahora que ya eran
compañeros reconocidos, se los invitaba juntos a todas partes.

¿Como definía Miguel Ángel sus sentimientos hacia Tommaso? Ciertamente se trataba de una adoración de la belleza masculina. El aspecto físico del joven
había causado una profunda emoción en él, a la vez que le producía una sensación
de vacío en la boca del estómago. Se dio cuenta de que lo que sentía hacia Tommaso sólo podía ser descripto como amor, a pesar de lo cual le era imposible iden-
tificarlo específicamente como tal. De los amores de su vida, ¿a cuál se parecía
éste? ¿Con cuál podía compararse? Era distinto del que sentía hacia su familia y
de la reverencia que le había inspirado Il Magnifico o su respeto hacia Bertoldo;
de su perdurable aunque tenue amor por Contessina; de la inolvidable pasión hacia Clarissa; de su amistoso cariño a Granacci y del amor paternal que sentía por
Urbino. Tal vez este amor, al llegarle en una hora tan avanzada de su vida, era in-
definible.

—Lo que adora en mí es su juventud perdida —le dijo Tommaso un día.

Ahora se levantaba con la primera claridad del día, ansioso de verse ante su
tabla de dibujo. Cuando el sol alcanzaba la cima de la Columna de Trajano, ya Tommaso había llegado con un paquete de panecillos frescos para la merienda de media mañana. Todos los días aparecía en el taller un nuevo modelo, contratado por
Urbino en su búsqueda de tipos que Miguel Ángel le detallaba: trabajadores, me-

cánicos, estudiosos, nobles, gente de todas las razas y constituciones físicas. Puesto que en el Juicio Final habrían de figurar numerosas mujeres, también tuvieron modelos femeninos: mujeres de los baños públicos, de los burdeles, algunas de las más costosas hetairas, que posaban desnudas solamente por lo que de aventura tenía el hecho.

Miguel Ángel hizo un retrato de Tommaso, la única vez en su vida que rindió semejante tributo a nadie

—¿Se reconoce, amigo mío? —le preguntó.

—El dibujo es soberbio, pero no soy yo —respondió Tommaso, un poco intrigado.

—Sí, es usted tal como yo lo veo.

—Me desilusiona —dijo el joven— porque me demuestra lo que he estado sospechando desde el principio: tengo gusto, soy capaz de distinguir entre una buena y una mala obra, pero no poseo el fuego creador.

Miguel Ángel estaba de pie, ligeramente inclinado sobre Tommaso que, sentado, miraba el dibujo extendido sobre la mesa de trabajo. Su amor hacia el joven lo hacía sentirse enormemente alto.

—Tommaso —dijo—. ¿Acaso no he conseguido que Sebastiano llegue a ser un gran pintor y no le he encontrado excelentes trabajos? Pues bien, usted tiene mil veces más talento que él.

Tommaso apretó los labios en silencio Tenía sus propias convicciones.

—De sus enseñanzas —respondió— obtengo una mayor comprensión de lo que este arte de la pintura supone y contiene, pero en cambio no aumento mi propio poder para producir. Pierde el tiempo pensando en mí como pintor. No debería venir más a su taller.

El joven bajó la cabeza y se quedó así un largo rato. Luego levantó la cabeza nuevamente y exclamó, al ver la tristeza reflejada en el rostro de Miguel Ángel:

—Soy indigno de su amor, pero le juro que haré todo lo posible por merecerlo.

III

Estaba solo en la Capilla Sixtina, estudiando detallada y totalmente la pared que se extendía sobre el altar. Aquella pared, de dieciséis metros y medio de alto por doce de ancho, estaba ennegrecida por el fuego en su parte inferior y rota en partes algo más arriba. La humedad había causado averías en algunos sectores y toda su extensión aparecía oscurecida por la suciedad, la tierra y el humo de las velas que ardían en el altar. A Miguel Ángel le dolía tener que destruir los frescos de Perugino, pero puesto que también iba a eliminar dos de sus propias pinturas en los lunetos, nadie podría achacarle que fuera vengativo. Sellaría las dos ventanas, construiría una nueva pared de ladrillo cocido, la cual haría colocar levemente inclinada hacia afuera con un desnivel de unos treinta centímetros entre el techo y el suelo, para que el polvo, la suciedad y el humo no se adhiriesen a ella.

El papa Pablo III aprobó inmediatamente los planes de construcción que le expuso Miguel Ángel y éste descubrió que el papa Farnese le resultaba mucho más tratable y simpático. Hasta llegó a experimentar una sensación de verdadera amistad hacia él. Después de haber vivido los excesos de su juventud, Pablo III se había convertido en un estudioso erudito del griego y latín, elocuente orador y excelente escritor. Tenía la intención de evitar las guerras que habían caracterizado a Julio II, las orgías de León X y los errores internacionales e intrigas de Clemente VII. Además poseía un astuto sentido del humor, como pudo comprobar Miguel Ángel cuando fue al Vaticano. Al observar el excelente color del rostro del Papa y el brillo de sus ojos, dijo:

—Su Santidad tiene hoy un excelente aspecto.

El Papa sonrió y, acercando su rostro al de Miguel Ángel, le dijo, fingiendo un secreto inexistente, pues su voz llegó a todos:

—¡No hable tan alto por favor! ¡Va a desilusionar a los cardenales! Me eligieron Papa solamente porque creyeron que estaba ya en mi lecho de muerte o poco menos. Pero el Papado parece sentarme muy bien y creo que los sobreviviré a todos ellos.

Miguel Ángel fue feliz durante todos aquellos meses de dibujo en su taller. El dibujo, como los alimentos, las bebidas y el sueño, devuelve las fuerzas a un hombre. Por medio de su mano de dibujante, empezaba ya a concebir ciertas ideas germinales. El día del Juicio Final había sido anunciado por la fe cristiana como coincidente con el fin del mundo. ¿Podría ser posible eso? ¿Podía Dios haber creado el mundo para después abandonarlo? La decisión de crear al hombre había sido exclusiva de Dios. Entonces, ¿no era Dios lo suficientemente poderoso como para sostener el mundo eternamente a pesar de la maldad? ¿No desearía hacerlo?

Puesto que todos los hombres se juzgaban a sí mismos antes de la muerte, ya fuera por medio de la confesión de sus pecados o muriendo sin arrepentirse, ¿no podía ser el Juicio Final un concepto de un milenio que Dios mantenía siempre como reserva, con Cristo recién llegado entre los hombres, a punto de iniciar el juicio? No creía que le fuera posible pintar el Juicio Final como algo que ya se hubiera producido sino solamente en el momento de su comienzo. Entonces, tal vez podría pintar el tremendo juicio del hombre sobre sí mismo. No podría haber engaños ni evasivas. Creía que cada individuo era responsable de su conducta en la Tierra y que la misma sería juzgada. ¿Podría un Cristo terriblemente irritado infligir castigo mayor? ¿Podría el Caronte del Dante, en su barca sobre el Aqueronte, lanzar a los malvados a un infierno más profundo y eterno que el del propio veredicto recaído sobre sí mismos?

Desde el momento en que su pluma tocó el papel de dibujo, buscó el contorno de la figura humana, una sola línea para cada figura, de calidad nerviosa, para denotar la desesperada urgencia que animaba todos sus movimientos. Hundía repetidamente la pluma en la tinta, impaciente, porque tenía que interrumpir la continuidad de sus trazos, ansioso de lograr una simultaneidad de forma y espacio. Dentro de aquellas líneas de los contornos, utilizó un sistema de líneas paralelas y cruzadas para describir el juego de los músculos en sus diversos estados de tensión, al ser afectados por las tensiones nerviosas de los contornos. Lo que buscaba era una aguda delineación del cuerpo humano, separándolo del aire que rodeaba a la figura, y eso lo logró escarbando en los nervios desnudos del espacio. Todo hombre, mujer y niño debía destacarse en plena claridad, para alcanzar la plenitud de su dignidad humana. Porque cada uno era un individuo y tenía su valor. Ésta era la clave del renacimiento de la sabiduría y la libertad humanas que habían sido creadas en Florencia, después de las tinieblas de un millar de años. ¡Jamás sería él, Miguel Ángel Buonarroti, toscano, responsable de reducir al hombre a una parte indistinguible de una masa incipiente ni siquiera aunque se dirigiese al cielo o al infierno!

Aunque no lo habría reconocido, sus brazos estaban fatigados después de los diez años de esculpir continuamente para la Capilla Medici. Cuanto más estudiaba su bóveda de la Capilla Sixtina, más llegaba a pensar que la pintura podría transformarse en un arte noble y permanente.

Se convirtió en el maestro de un grupo de jóvenes florentinos que se reunían en el taller de Macello dei Corvi todas las tardes para organizar sus planes tendientes a derrocar al tirano Alessandro. Los líderes eran el brillante y vital cardenal Ippolito, que compartía con el cardenal Ercole Gonzaga la dirección de la alta sociedad de artistas y sabios de Roma; el suave y bondadoso cardenal Niccolo; Roberto Strozzi, cuyo padre había ayudado a Miguel Ángel a instalar a sus hermanos Giovansimone y Sigismondo en el comercio de la lana y cuyo abuelo había comprado la primera escultura de Miguel Ángel.

Se dio cuenta, con melancolía, que jamás había gozado de una aceptación semejante y que, por otra parte, quizá no la habría aceptado de habérsele presentado.

—Mi carácter está experimentado un cambio —le comentó a Tommaso—. Durante todo el tiempo que pasé pintando la bóveda de la Capilla Sixtina, no hablé con nadie más que con Michi.

—¿Fue un período desgraciado para usted?

—Un artista que trabaja en la plenitud de su potencia vive en un reino que sobrepasa a la felicidad humana.

Sabía que aquel cambio en su carácter había sido producido, al menos en parte, por los sentimientos que le inspiraba Tommaso. Admiraba la belleza física del joven y su nobleza de espíritu, como si él fuese un joven que se enamorase por primera vez de una muchacha. Sentía todos los síntomas: una alegría inenarrable cuando Tommaso entraba en la habitación donde él estaba, una sensación de soledad cuando partía, horas de dolor hasta que podía verlo de nuevo…

Llegó a Roma la noticia de que Carlos V proyectaba casar a su hija ilegítima, Margarita, con Alessandro. Ello significaría una alianza entre el soberano del Sacro Imperio Romano y Alessandro, que merced a ella podría mantenerse en el poder. Las esperanzas de la colonia florentina se desvanecieron. Pero una desilusión más personal para Miguel Ángel fue fray Sebastiano, redondo como una pelota, que regresaba después de un viaje.

—¡Mi querido compadre, qué maravilloso es verlo nuevamente! —exclamó el fraile—. Tiene que venir a San Pietro de Montorio para que vea cómo he transformado sus dibujos en óleos.

—¿Óleos? —inquirió Miguel Ángel—. ¿Pero no debía pintar el fresco?

—Los frescos son para usted, querido maestro, que jamás comete error. El óleo es mucho mejor para mi temperamento. Si cometo una docena de errores, puedo borrarlos y comenzar de nuevo.

Fueron a San Pietro de Montorio, situada sobre una eminencia desde la cual se dominaba Roma.

El aire era diáfano. Las aguas del Tíber, serpenteando entre las casas de la ciudad, eran azules bajo el cielo invernal.

En el patio pasaron ante el Tempietto de Bramante, una joya de la arquitectura que siempre arrancaba una exclamación a Miguel Ángel. Dentro de la iglesia, Sebastiano condujo orgullosamente a su maestro a la primera capilla de la derecha. Miguel Ángel vio que Sebastiano había realizado una obra maestra al ampliar y colorear sus dibujos, y que los colores permanecían frescos, inalterables. Otros artistas que habían pintado al óleo en paredes, hasta maestros de la talla de Andrea del Castagno, Antonio y Piero Pollaiuolo, habían visto, con el consiguiente disgusto, que el tiempo tornaba negras o desvanecía sus figuras.

—Es un nuevo método que he inventado —explicó Sebastiano orgullosamente—. Empleo una tosca capa de cal mezclada con resina y cemento bituminoso. Derrito todo eso sobre un fuego y luego lo aplico a la pared con una paleta bien caliente. ¿No está orgulloso de mí?

—¿Qué más ha pintado después de esta capilla?

—Pues… no mucho…

—¿Cómo, si estaba tan orgulloso de haber perfeccionado un nuevo método?

—Cuando el papa Clemente VII me designó Guardián de los Sellos, ya no necesité trabajar. Tenía todo el dinero que deseaba.

—¿Así que el dinero era la única razón de su pintura?

Sebastiano miró a Miguel Ángel con asombro, como si creyese que su benefactor había perdido repentinamente la razón.

—¿Y qué otra razón podía haber?

Miguel Ángel contempló al fraile con irritación, pero de pronto se dio cuenta de que tenía que habérselas con un niño.

—Sebastiano —le dijo—. Tiene muchísima razón. Cante, toque su laúd, diviértase. La pintura es solamente para aquellos pobres infelices que no pueden evitar practicarla.

La suspensión de las obras de San Pedro fue una píldora mucho más amarga. Aunque habían sido empleados centenares de obreros y muchas toneladas de cemento durante los meses transcurridos desde su llegada a Roma, Miguel Ángel advirtió, con su experimentado ojo, que no se había logrado progreso alguno en el cuerpo principal de la construcción. La colonia florentina sabía perfectamente cómo se habían desperdiciado dinero y tiempo en aquel trabajo; pero ni siquiera sus tres jóvenes amigos, los cardenales, podían decirle si el papa Pablo III lo sospechaba. Antonio da Sangallo se había consolidado tanto durante los veinte años que llevaba como arquitecto de San Pedro que nadie osaba atacarlo. Miguel Ángel comprendió que la discreción aconsejaba guardar silencio. Sin embargo, ardía de indignación, ya que jamás había conseguido despojarse de la idea de que San Pedro era un proyecto suyo, pues él había sido partícipe de su concepción. Cuando ya no le fue posible callar más, encontró un momento que le pareció propicio para revelar al Papa lo que estaba ocurriendo.

El Pontífice lo escuchó con gran paciencia, mientras se alisaba su larga y blanca barba.

—Dígame, Miguel Ángel, ¿no formuló idéntica acusación contra Bramante? La Corte dirá que está celoso de Antonio da Sangallo. Eso lo colocará en una posición adversa…

—La mayor parte de mi vida la he pasado en una posición adversa, Santo Padre.

—Pinte El Juicio Final, Miguel Ángel, y deje que Antonio da Sangallo construya San Pedro.

Cuando regresó a su casa, frustrado, se encontró con Tommaso que lo esperaba, acompañado por los cardenales Ippolito y Niccolo.

—Parecen una delegación —dijo sonriente.

—Y lo somos —respondió Ippolito—. Carlos V va a pasar por Roma. Visitará solamente a una persona, Vittoria Colonna, la marquesa de Pescara. Es un antiguo amigo de su esposo y su familia, de Nápoles.

—No conozco a la marquesa —dijo Miguel Ángel.

—Pero yo sí —intervino Tommaso— Le he pedido que lo invite a la reunión que se realizará en su palacio el domingo por la tarde. Irá, ¿verdad?

Antes de que Miguel Ángel pudiera preguntar qué haría él en semejante reunión, el cardenal Niccolo se apresuró a decirle:

—Significaría muchísimo para Florencia si se hiciese amigo de la marquesa y pudiera ser presentado al Emperador cuando llegue a Roma, que será próximamente.

Una vez que los dos cardenales se hubieron retirado, Tommaso dijo a Miguel Ángel:

—La verdad es que hace tiempo que deseo que conozca a Vittoria Colonna. En los años transcurridos desde que estuvo aquí la última vez, Vittoria se ha convertido en la primera dama de Roma. Es una exquisita poetisa y una de las mentes más esclarecidas de la ciudad. Es muy hermosa y, además, es una santa.

—¿Está enamorado de esa dama, Tommaso? —preguntó Miguel Ángel, sonriente.

Tommaso rió un buen rato y luego agregó:

—¡Ah, no! Es una mujer de cuarenta y seis años. Ha tenido un maravilloso romance y casamiento, y hace diez años enviudó.

—¿Es de los Colonna del palacio en el Quirinal?

—Sí. Es hermana de Ascanio Colonna, aunque muy raras veces vive en ese palacio. La mayor parte del tiempo lo pasa en un convento en el que tienen la cabeza de San Juan Bautista. Prefiere la vida austera de las monjas a la agitación de la alta sociedad.

Vittoria Colonna, perteneciente a una de las más poderosas familias de toda Italia, había sido prometida en matrimonio a Ferrante Francesco d'Avalos, de Nápoles, marqués de Pescara, cuando ambos tenían solamente cuatro años. Se casaron en una ceremonia de gran pompa y boato cuando tenían diecinueve. La luna de miel fue de muy corta duración, pues el marqués era general al servicio del Sacro Imperio Romano, por su amistad con el emperador Maximiliano, y se vio precisado a partir para la guerra. En sus dieciséis años de su matrimonio, Vittoria apenas había visto a su marido. En 1512 fue herido en la batalla de Ravenna. Vittoria lo cuidó amorosamente hasta que estuvo sano de nuevo, pero Ferrante partió otra vez con su ejército y trece años después fue muerto en la batalla de Pavia, Lombardía, después de una heroica acción en el campo. La solitaria Vittoria había pasado los interminables años de la separación entregada a un disciplinado estudio del griego y el latín, y se había convertido en una de las mentes más destacadas de Italia. Al morir su esposo, intentó ingresar al convento, pero el papa Clemente VII se lo prohibió. Los últimos diez años los había pasado dando su fortuna y sus cuidados a los pobres y a la construcción de conventos, con lo que hizo posible que las innumerables jóvenes que carecían de dote, y por lo tanto no podían encontrar marido, entrasen al servicio de Dios. Sus poemas eran considerados entre los más importantes de la literatura de su época.

—Sólo he visto un santo que caminase por el mundo con sandalias de cuero —respondió Miguel Ángel— y ése fue el prior Bichiellini. Me interesará mucho ver como es esta versión femenina.

Vittoria Colonna, sentada entre media docena de hombres, se puso en pie para saludarlo. Miguel Ángel quedó considerablemente sorprendido al verla. Después de la descripción que le había hecho Tommaso sobre la privación y tristeza de aquella mujer, de su santidad, él había esperado encontrarse con una vieja dama vestida de negro, que mostraría en sus facciones la acción demoledora del tiempo y de la tragedia vivida. Por el contrario, se encontró mirando a los ojos profundamente verdes de la mujer más vitalmente encantadora que había visto en su vida, de mejillas sonrosadas, cálidos labios entreabiertos en una cordial sonrisa: en una palabra, con toda la expresión de una mujer joven, enormemente excitada por la vida. Tenía un continente regio, aunque sin altanería. Debajo del liviano tejido de su sencilla túnica, Miguel Ángel entrevió una figura en plena maravilla de madurez, a la que complementaban los grandes y expresivos ojos. Las largas trenzas de color oro pasaban sobre sus hombros y descendían por el pecho. Los dientes, pequeños, blanquísimos, regulares, aparecían entre los rojos y carnosos labios. La nariz era recta, típicamente romana, y la barbilla, delicadamente modelada, hacía juego con el resto de su bellísimo rostro.

Se sintió tan avergonzado al desnudar a aquella indefensa mujer, como si fuera una modelo a sueldo, que sintió un zumbido en los oídos y no pudo oír el saludo que ella le dirigía. Y pensó: "¡Qué cosa tan espantosa para hacerle a una santa!".

Su arrepentimiento hizo que disminuyera aquel zumbido extraño, pero no le era posible desviar sus ojos de la encantadora visión. Su belleza era como el sol de mediodía que llenaba el jardín con su luz, pero que al mismo tiempo cegaba a quien lo mirase. Hizo un esfuerzo y contestó a la presentación que ella le hacía de Lattanzio Tolomei, un cultísimo embajador de Siena; el poeta Sadoletto, el cardenal Morrone, el secretario papal Blosio, a quien Miguel Ángel conocía ya de la corte, y un sacerdote que estaba hablando al grupo sobre las epístolas de San Pablo.

Vittoria Colonna le habló con una voz ricamente melodiosa:

—Le doy la bienvenida, como a un viejo amigo, Miguel Ángel Buonarroti, pues sus obras me han hablado por espacio de muchos años.

—Mis obras fueron más afortunadas que yo, marquesa —respondió él, inclinándose galantemente.

Los verdes ojos de Vittoria se ensombrecieron levemente.

—Había oído decir que era un hombre brusco, que no conocía la galantería —respondió.

—Y ha oído bien.

El tono de su voz no daba pie a la discusión. Vittoria vaciló un momento y luego añadió:

—Se ha dicho también que conoció a Savonarola.

—No, no lo conocí personalmente, pero lo oí predicar muchas veces. En San Marco y en el Duomo.

—Fue una pena que sus palabras no llegaran a Roma, porque de haber ocurrido eso, habríamos introducido nuestras reformas en la Madre Iglesia y ahora no estaríamos perdiendo fieles en Alemania y Holanda.

Miguel Ángel se dio cuenta de que se hallaba en el seno de un grupo revolucionario, que criticaba enérgicamente las prácticas de la Iglesia y buscaba un medio de iniciar su propia reforma del clero. La Inquisición en Portugal y España había arrebatado millares de vidas por acusaciones mucho menos serias. Se volvió a la marquesa, admirando su valor.

—No deseo que me juzgue irrespetuoso, *signora*, pero fray Savonarola destruyó una gran cantidad de hermosas obras de arte y literatura, en lo que él denominó "una pira de vanidades", antes de caer él en idéntica desgracia.

—Siempre he lamentado eso, *signor* Buonarroti. Sé que uno no purifica el corazón humano por medio de la eliminación de la mente humana.

La conversación derivó hacia temas generales. Hablaron de la pintura flamenca, que era muy respetada en Roma, y de sus pronunciados contrastes con la pintura italiana. Luego, la conversación versó sobre los orígenes del concepto del Juicio Final.

Cuando Miguel Ángel bajaba por el Monte Cavallo, observando la puesta del sol que ensombrecía los colores de la ciudad, preguntó:

—Tommaso, ¿cuándo podremos verla otra vez?

—Cuando nos invite —respondió Tommaso.

—¿No tendremos más remedio que esperar su invitación?

—Tenemos que esperar. Ella no va a ninguna parte.

—Entonces esperaré, como un silencioso suplicante, hasta que la dama se digne mandar a buscarme.

Una sonrisa jugueteó entre los labios de Tommaso.

—¡Estaba seguro de que lo impresionaría! —dijo.

Aquella noche fue el rostro de Vittoria Colonna el que brilló en la habitación de Miguel Ángel. Hacía muchos años que la presencia de una mujer no se había posesionado a tal punto de él.

IV

Pasaron dos semanas antes de que recibiese una segunda invitación. En ese intervalo, que se le antojó interminable, Miguel Ángel había comenzado a identificar la escultural belleza del cuerpo de Vittoria, el fuerte pero tierno rostro, con su estatua de mármol de *La Noche* en la capilla de Medici. Era un cálido domingo de mayo cuando uno de los servidores de la marquesa, Foao, llegó con un mensaje de su señora.

—La señora marquesa me ha pedido que le diga, *messere*, que está en la capilla de San Silvestro al Quirinale. Que la iglesia esta cerrada y su ambiente es agradable. Le pregunta si desea ir a perder una pequeña parte del día con ella, a fin de que ella pueda ganarla con usted.

Se vistió con una camisa azul oscuro y medias que había comprado en previsión de un momento como aquél y se dirigió colina arriba.

Esperaba encontrarse solo con ella, pero cuando Vittoria salió a recibirlo, vestida de seda blanca, con una mantilla de encaje del mismo color, vio que la capilla estaba llena de gente. Reconoció a ilustres miembros de la corte del Vaticano y los círculos universitarios. Los hombres empezaron a hablar de las artes en sus respectivas ciudades-estados: en Venecia los retratos de Tiziano; en Padua, los frescos de Giotto; en Siena, la singular pintura de la Cámara Municipal; en Ferrara, las obras del castillo; y en Pisa, Bolonia, Parma, Piacenza, Milán, Orvieto...

Miguel Ángel conocía la mayor parte de esas obras de arte y sólo escuchaba a medias, pues estaba observando a Vittoria, sentada e inmóvil bajo una ventana de vidrios coloreados que arrojaban rayos multicolores de luz sobre la delicada piel. Se puso a pensar cosas sobre ella. Si su matrimonio con el marqués de Pescara había sido por amor, como todos decían, ¿por qué habían estado juntos solamente unos meses en los dieciséis años que duró aquella unión? ¿Y por qué había desviado los ojos un viejo amigo cuando él le preguntó en qué heroicas circunstancias había muerto el marqués?

De pronto, se dio cuenta de que en la capilla se había hecho un gran silencio. Todos los ojos estaban vueltos hacia él. El cardenal Ercole Gonzaga repitió cortésmente la pregunta: ¿haría el favor Miguel Ángel de hablarle algo sobre sus obras de arte favoritas en Florencia? Ligeramente coloreadas las mejillas y un poco desentonada la voz, habló sobre la belleza de las esculturas de Ghiberti, Orcagna, Donatello, Mino da Fiesole, las pinturas de Masaccio, Ghirlandaio, Botticelli... Cuando terminó, Vittoria dijo:

—Puesto que sabemos que Miguel Ángel es un hombre modesto, todos nos hemos abstenido de hablar de las artes en Roma. En la Capilla Sixtina, él ha realizado la labor de veinte grandes pintores. Toda la humanidad verá y comprenderá un día la Creación por medio de sus maravillosos frescos.

Sus enormes ojos verdes lo envolvieron por completo. Cuando ella habló, lo hizo directamente hacia él, serena y castamente, a pesar de lo cual su voz tenía una cualidad particularmente emotiva. Sus labios le dieron a Miguel Ángel la sensación de estar a muy pocos centímetros de los suyos.

—Miguel Ángel —dijo—, no piense ni por un momento que me excedo en mis elogios hacia usted. La verdad es que no es a usted a quien elogio sino al servidor fiel que hay en usted. Porque hace mucho tiempo que pienso que posee un don divino y que ha sido elegido por Dios para realizar sus grandes obras. Su Santidad me ha otorgado el favor de permitirme la construcción de un convento para mujeres jóvenes al pie de Monte Cavallo. El lugar que he elegido está junto al pórtico de la Torre de Mecenas, desde donde, según se dice, Nerón contempló el incendio de Roma. Me gustaría ver que las pisadas de aquel hombre tan maligno fuesen borradas por las de santas mujeres. No sé, Miguel Ángel, qué forma ni proporciones dar a la casa ni si algo de lo que ya hay puede adaptarse a lo nuevo.

—Si desea ir a ese lugar, *signora*, podríamos estudiar las ruinas.

—Realmente, es usted muy bondadoso, *signor* Buonarroti.

Había concebido la esperanza de que él y Vittoria descenderían al antiguo templo y pasarían allí una hora juntos, mientras recorrían los montones de piedras. Vittoria invitó a todo el grupo a que los acompañase. Y Miguel Ángel sólo pudo salvar, de aquel naufragio de sus ilusiones, el derecho de ir al lado de ella, emocionado por aquella cercanía.

—Marquesa —dijo, una vez en el lugar—, creo que este pórtico roto podría convertirse en un campanario. Podría hacerle algunos dibujos para el convento.

—No me atrevía a pedirle tanto.

Lo cálido de su gratitud le llegó como dos brazos que lo abrazasen amorosamente. Se felicitó por su estratagema de derribar la barrera impersonal que Vittoria había mantenido siempre alta entre ella y los demás.

—Dentro de un par de días tendré listos algunos dibujos. ¿Dónde puedo entregárselos?

Los ojos de Vittoria se pusieron opacos, y cuando habló, su voz sonó evidentemente reprimida.

—En mi convento hay mucho trabajo que hacer. ¿Podría enviarle a mi criado Foao para que le avise cuando estoy libre? Será seguramente dentro de una o dos semanas.

Regresó a su taller furioso y comenzó a golpear y arrojar cosas. ¿Qué clase de juego era el de aquella mujer? ¿Le tributaba todos aquellos elogios con el exclusivo propósito de ponerlo a sus pies? ¿Lo admiraba o no? Si deseaba su amistad, ¿por qué la rechazaba? ¡Aplazarle el placer de verla… un par de semanas! ¿Acaso no se había dado cuenta de que él estaba ya prendido en sus redes? ¿No tenía sangre humana en las venas y sentimientos humanos en su pecho?

—Tiene que comprender —le dijo Tommaso, cuando advirtió que Miguel Ángel estaba profundamente perturbado— que Vittoria está dedicada por entero a la memoria de su marido. Durante todos los años transcurridos desde que él murió, ella ha amado únicamente a Jesús.

—Si el amor a Jesús impidiese que una mujer amase a un hombre mortal, el pueblo italiano habría desaparecido de la faz de la tierra hace tiempo. Vittoria parece una mujer profundamente herida.

—Sí. Por la muerte.

—Permítame que lo dude.

—¿Y entonces, por qué?

—Mi instinto me dice que ahí hay algo que no es lo que parece.

—Hay medios de obtener información —le aseguró Leo Baglioni, como siempre lleno de recursos—. Entre los napolitanos de Roma, especialmente aquellos que pelearon al lado del marqués. Déjeme pensar quiénes de ellos me deben favores…

El material informativo tardó cinco días en llegar a él y cuando Leo lo llevó a su taller parecía cansado.

—Los hechos comenzaron a lloverme, como si alguien hubiese desencadenado un chaparrón desde allá arriba. Pero lo que más me ha cansado, hasta en mi avanzada y cínica edad, es la enorme cantidad de mitos que la gente toma por verdades.

—Urbino —pidió Miguel Ángel—. Una botella de nuestro mejor vino para el *signor* Baglioni.

—En primer lugar —prosiguió Leo—, ése no ha sido un lírico romance de amor. El marqués jamás amó a su esposa y huyó de ella unos pocos días después de la boda. En segundo término, no dejó una sola criada sin poseer en todo el viaje desde Nápoles a Milán. En tercer lugar, utilizó todas las excusas conocidas por los maridos imaginarios para no encontrarse jamás en la misma ciudad que su esposa. Y por último, el noble marqués realizó una de las más infames traiciones dobles de la historia, al traicionar tanto a su emperador como a sus compañeros de conspiración. Circulan rumores que murió envenenado y a muchas leguas de un campo de batalla.

—¡Lo sabía! —exclamó Miguel Ángel—. ¡Leo, acaba de convertirme en el hombre más feliz de la tierra!

—Permítame que lo dude.

—¿Qué diablos quiere decir?

—Que eso que acaba de saber le hará más dura la vida, antes que más placentera. Tengo la impresión de que, si Vittoria Colonna se enterase de que sabe la verdad…

—¿Cree acaso que soy idiota?

—Un hombre enamorado empleará cualquier arma contra la mujer a la que está seduciendo…

—¿Seduciendo? ¡Todavía no he conseguido hablar a solas con ella ni un minuto!

Estaba dibujando en su mesa de trabajo, entre montones de papeles, plumas, carboncillos de dibujo y un ejemplar del *Infierno* del Dante abierto en la página de la historia de Caronte, cuando entro el criado de Vittoria, Foao, para invitarlo a los jardines del palacio Colonna al día siguiente por la tarde. El hecho de que ella lo llamara a su ancestral mansión, y no a una iglesia o capilla, lo llevó a pensar que quizá pudieran estar solos por fin…

Los jardines Colonna ocupaban una importante parte de la ladera del Monte Cavallo. Un sirviente lo condujo a lo largo de una senda bordeada de jazmines en flor. Desde cierta distancia le llegó el rumor de numerosas voces, que le produjeron una gran desilusión. Llegó a la vista de un quiosco de verano sombreado por árboles, con una pequeña cascada de agua y un estanque que irradiaban frescura en el ambiente.

Vittoria se acercó para saludarlo. Él saludó a su vez con un movimiento de cabeza a los hombres que se hallaban en el quiosco y se sentó bruscamente en un rincón, reclinado contra el enrejado de madera pintado de blanco. Vittoria buscó sus ojos e intentó hacerlo intervenir en la conversación, pero él se negó a pronunciar una palabra. En su mente cruzó como un relámpago un pensamiento: "Por eso que se niega a amar nuevamente. No porque el primer amor fuera muy hermoso sino porque fue muy horrible. Y por eso ahora sólo da su amor a Cristo".

Alzó la cabeza y miró a Vittoria con una intensidad que podría haber perforado el tejido de su cerebro. Ella calló en medio de una frase y se volvió, solícita, hacia él:

—¿Le sucede algo, Miguel Ángel?

Y otro pensamiento acudió a la mente de Miguel Ángel: "Jamás ha tenido contacto íntimo con un hombre. Su esposo nunca consumó realmente el matrimonio ni en su luna de miel ni cuando regresó de la guerra. Es tan virgen como una de las jovencitas a las que lleva al convento".

Le dolía el corazón a fuerza de compadecerla. Tendría que aceptar la leyenda del amor inmortal y desde ese punto de vista tratar de persuadir a esta mujer valerosa y tan deseable de que él tenía un amor que ofrecerle y de que podía ser tan hermoso como el que ella había inventado.

V

Su amor hacia Vittoria no cambió en modo alguno sus sentimientos hacia Tommaso de Cavalieri, quien continuó llegando todas las mañanas con una jarra de leche fresca y una canastilla de frutas para dibujar con él durante dos horas. Miguel Ángel le hacía dibujar cada boceto hasta una docena de veces, sin que al parecer estuviera satisfecho jamás; pero en realidad muy contento de los progresos de su discípulo. El papa Pablo III había aceptado a Tommaso en la corte, designándolo conservador de las fuentes de Roma.

El diseño general para la pared de la Capilla Sixtina estaba ya completo. Miguel Ángel pudo contar más de trescientos personajes que había integrado de sus dibujos originales, todos ellos en movimiento, ninguno inmóvil: una tumultuosa horda de seres humanos que rodeaba a Cristo en círculos íntimos o remotos. En la parte baja, a la izquierda, estaba la caverna del Infierno, con su negra boca abierta. El río Aqueronte estaba a la derecha. Miguel Ángel se estableció un programa de pintura: una figura de tamaño natural en la pared por día, y dos días para las que tenían un tamaño mayor que el natural.

La Virgen emergió como una armoniosa mezcla de su propia madre, la *Piedad* y las vírgenes de Medici, su propia *Eva*, cuando tomaba la manzana de la serpiente, y Vittoria Colonna. Como *Eva*, era joven, robusta; como las otras, tenía un rostro y un cuerpo divinos.

Carlos V no fue a Roma y en lugar de aquella visita preparó una flota para zarpar desde Barcelona contra los piratas de Berbería. Los exiliados florentinos mandaron una delegación, pidiéndole que designase al cardenal Ippolito gobernador de Florencia. Carlos recibió a la delegación con términos alentadores… pero retrasó su decisión hasta su regreso de la guerra. Cuando Ippolito se enteró de la noticia, decidió unirse a la expedición del Emperador y luchar a su lado. En Itri, donde esperaba embarcar, fue envenenado por uno de los agentes de Alessandro y murió instantáneamente.

La colonia florentina quedó hundida en la más profunda tristeza. Para Miguel Ángel aquella pérdida fue especialmente dolorosa. En Ippolito había encontrado todo cuanto había amado en el padre del joven, el cardenal Giuliano. Aquello lo dejó con el hijo de Contessina como único ser en que perpetuar su amor hacia los Medici. Niccolo parecía abrigar idénticos sentimientos, pues ambos se buscaron mutuamente para acompañarse en aquellos días sombríos.

Al llegar el otoño, un año después de su regreso a Roma, la pared de la Capilla Sixtina estaba ya reparada y seca. Su gran boceto, de más de trescientas figuras, estaba listo para ser trasladado a la pared, una vez ampliado al tamaño de la misma. El papa Pablo III, ansioso de darle seguridad, emitió un edicto en el que proclamaba a Miguel Ángel Buonarroti escultor, pintor y arquitecto de todo el Vaticano, con una pensión vitalicia de cien ducados al mes, cincuenta del tesoro papal y cincuenta de lo producido por los derechos del cruce del río Po en Piacenza. Sebastiano del Piombo se hallaba con él ante el andamio en la Sixtina y preguntó ansiosamente:

—¿Desea que ponga la capa de *intonaco* en la pared? Ya sabe que soy un experto.

—Es una tarea agotadora, Sebastiano. ¿Está seguro de que quiere hacerla usted?

—Me enorgullecería decir que he contribuido en algo a la creación de este Juicio Final.

—Muy bien. Pero no tiene que usar la *pozzolana* romana, pues se queda blanda. Ponga polvillo de mármol en su lugar y no mucha agua en la cal.

—Le haré una superficie perfecta para su fresco.

Y así lo hizo, estructuralmente, pero en el momento en que Miguel Ángel se aproximó al altar, sospechó que algo no estaba bien.

—Sebastiano —dijo—. ¡Ha preparado esta pared para pintura al óleo! ¡Y sabe que yo tengo que pintar al fresco!

—¡Pero no me lo dijo! ¡Lo hice para ayudarlo!

—¡Debería echarlo de aquí! —gritó Miguel Ángel—. ¡Debería echarle toda esa mezcla por la cabeza!

Pero mientras Sebastiano se alejaba, Miguel Ángel comprendió que aquella superficie necesitaría días o semanas para ser modificada. Después, la pared de ladrillo tendría que ser dejada hasta que se secase debidamente, antes de colocar una base apropiada para la pintura al fresco. También esa base necesitaría algún tiempo para secar. Sebastiano le había hecho perder unos meses.

La pared sería reparada por el capaz Urbino, pero el abismo abierto por el edicto del Papa entre Miguel Ángel y Antonio da Sangallo duraría toda la vida del primero.

Antonio da Sangallo, que entonces tenía cincuenta y dos años, se había unido a Bramante como aprendiz en San Pedro y, después de la muerte de su maestro, trabajó como ayudante de Rafael. Había formado parte del grupo Bramante-Rafael que había atacado tan duramente la bóveda de la Capilla Sixtina. Desde la muerte de Rafael, a excepción de unos años en los que Baldassare Peruzzi, de Siena, le había sido impuesto como coarquitecto por el papa León X, Sangallo fue el arquitecto oficial de San Pedro y de Roma. Por espacio de quince años, mientras Miguel Ángel se hallaba en Carrara y Florencia, nadie había disputado su supremacía… Y ahora, el edicto del Papa lo enfureció.

Fue Tommaso quien llevó primero a Miguel Ángel la advertencia de que Sangallo se estaba volviendo cada vez más violento.

—No es tanto que critique su designación como escultor y pintor oficial del Vaticano, aunque lo considera un colosal error del Pontífice; es su nombramiento como arquitecto oficial lo que lo ha sacado de quicio…

—Yo no le pedí al Papa que emitiese ese edicto y que incluyese en él tal designación.

—No podría convencer a Sangallo de eso. Sostiene que ha estado tramando una conspiración para arrebatarle el cargo, para separarlo de San Pedro.

—¿Qué San Pedro? ¿Esos pilares y cimientos en los que ha estado enterrando dinero durante quince años?

Sangallo se presentó en el taller aquella misma noche, acompañado por dos de sus aprendices. Miguel Ángel los hizo entrar e intentó apaciguar al arquitecto recordándole los días en que ambos habían estado juntos en la casa de su tío en Florencia. Pero Sangallo se negó a deponer su violenta actitud.

—Debí haber venido aquí el mismo día en que me enteré de que había formulado acusaciones contra mí al Papa. Fue la misma táctica e idénticas calumnias que las que empleó contra Bramante.

—Lo único que hice fue decirle a Julio II que la mezcla que empleaba Bramante era mala y que los pilares se derrumbarían con el tiempo. Rafael tuvo que pasar varios años reparándolas. ¿Es cierto eso o no?

—Cree que podrá volver al Papa contra mí. Le ha pedido que lo designe arquitecto del Vaticano. ¡Ha urdido una trama para despojarme de mi cargo!

—Eso no es cierto. Lo único que me preocupa es el edificio. La construcción ha sido pagada ya, a pesar de lo cual ni una sola parte de la iglesia propiamente dicha está construida.

—¡Ah! ¡Habla el gran arquitecto! ¡He visto la horrorosa cúpula que ha hecho para la Capilla Medici! ¡Desaparezca de San Pedro! ¡Siempre le gustó meterse en los asuntos de los demás! Hasta Torrigiani tuvo que romperle la nariz por eso, aunque no consiguió corregirlo. Si tiene aprecio a la vida, recuerde esto: ¡San Pedro es mía!

Miguel Ángel, irritado al fin, apretó los labios y al cabo de un instante replicó:

—No del todo. Fue mía en su principio y muy bien puede serlo también en el final.

Ahora que Sangallo había anunciado abiertamente la guerra, Miguel Ángel decidió que sería conveniente que viese el modelo realizado por su rival. Tommaso dispuso llevarlo a la oficina de los Comisionados de San Pedro, donde se guardaba dicho modelo. Fueron un día de fiesta religiosa, seguros de que no habría nadie allí.

Miguel Ángel se quedó aterrado ante lo que vio. El interior proyectado por Bramante, en forma de una sencilla cruz griega, era limpio y puro, lleno de luz y aislado de cuanto lo rodeaba. El modelo de Sangallo incluía una serie de capillas que privaban al concepto de Bramante de toda su luz y no brindaban ninguna propia. Había tantas columnas, una pegada a la otra… tan innumerables eran las proyecciones, pináculos y subdivisiones que se perdía por completo la anterior tranquilidad. Si se permitía que Sangallo continuase, levantaría un monumento pesado, hacinado, de pésimo gusto.

Mientras volvían a su casa, Miguel Ángel dijo tristemente a Tommaso:

—Hice muy mal en hablarle al Papa respecto del dinero malgastado. Ese es el menor de todos los peligros.

—Entonces, ¿no dirá nada?

—Por el tono de su voz, Tommaso, me resulta claro que alberga la esperanza de que calle. Sí, estoy seguro de que el Papa medirá: "Eso lo colocará en una posición incómoda". Y sería cierto. ¡Pero San Pedro será una iglesia más oscura que una caverna estigia!

VI

Todos los Juicios Finales que Miguel Ángel había visto eran sentimentales, carentes de realidad, cuentos de niños, rígidos, sin movimiento, estratificados tanto en el espacio como en categoría espiritual, con un Cristo hierático en un trono, emitido ya su juicio. Miguel Ángel había buscado siempre el momento de la decisión, que para él era la eterna matriz de la verdad: David, antes de su batalla con Goliat; Dios, antes de impartir la llama de vida a Adán; Moisés, antes de proteger a los israelitas. Ahora buscó también un Juicio Final todavía no consumado, con Cristo al llegar al lugar en una explosión de fuerza, mientras todos los pueblos de la Tierra y del tiempo se dirigían hacia él, preguntándose aterrados: ¿Qué va a sucedernos?

Éste sería el más poderoso de todos sus Cristos: lo hizo Zeus y Hércules, Apolo y Atlas, mientras se daba cuenta de que sería él, Miguel Ángel Buonarroti, quien juzgaría a las naciones de hombres. Todo el fresco de la gran pared sería dominado por la *terribilità* de Cristo.

En la bóveda, había pintado su *Génesis* con colores brillantes, dramáticos. El Juicio Final se limitaría a tonos más apagados. En el techo había trabajado en paneles rotundamente delineados. El Juicio Final tendría que realizar una suerte de magia: hacer que la pared se desvaneciera y que apareciese el espacio infinito.

Ahora, listo ya para comenzar el fresco propiamente dicho, desapareció de él aquella sensación de años desperdiciados, de fatiga e incertidumbre.

—Tommaso —preguntó—, ¿cómo puede ser feliz un hombre al pintar el Juicio Final del mundo, cuando sabe que se salvarán tan pocos seres?

—Porque su felicidad no emana de la condenación en sí. Esta mujer que sostiene a la niña en su regazo y este pecador condenado son figuras tan o más hermosas que cualquiera de las que ha pintado en su *Génesis*.

Estaba tratando de capturar la verdad desnuda por medio de la desnudez, de expresar todo cuanto la figura humana podía articular. Su Cristo llevaría únicamente un pequeño trapo que le cubriría las partes secretas. La Virgen vestiría un manto color lila pálido. Sin embargo, al pintar sus hermosas piernas, sólo se animó a cubrirlas con una finísima seda también de color lila. El resto, hombres, mujeres, niños y ángeles aparecían desnudos. Los estaba pintando como Dios los había hecho... como él había querido pintarlos siempre, desde que tenía trece años. Retrató una sola humanidad desnuda, en lucha por el mismo destino: los pueblos de todas las razas. Hasta los apóstoles y santos, que exhibían sus símbolos de martirio, asustados por el temor de no ser reconocidos por Cristo, parecían aturdidos ante aquella imagen de Jesús, a punto de lanzar sus rayos sobre los culpables.

Durante el día, se encerraba en su mundo de la Sixtina, acompañado únicamente por Urbino en el elevado andamio, pintando primeramente en los lunetos, de los cuales había borrado su anterior trabajo. Justo debajo de ellos estaba la figura de Cristo, en la roca del cielo, con el sol de oro como trono tras de sí. De pie en el suelo de la capilla, con la vista hacia arriba, sintió la necesidad de impartir un mayor impacto visual al levantado brazo de Cristo. Subió al andamio y le agregó más volumen extendiendo la pintura más allá de la línea diseñada en la húmeda pasta del revoque. Luego pintó a María al lado de Cristo, con las hordas de seres humanos a ambos lados.

Por la noche, leía la Biblia, Dante y los sermones de Savonarola, que le habían sido enviados por Vittoria Colonna; todos encajaban perfectamente como partes de una unidad. Le parecía oír la voz de Savonarola al leer los sermones que le había oído predicar cuarenta años antes. Ahora, como Vittoria le había dicho, el fraile martirizado se alzaba en toda su gloria como un profeta. Todo cuanto había pronosticado había resultado cierto: la división en el seno de la Iglesia; el establecimiento de una nueva fe dentro del marco del cristianismo; la bajeza moral del Papado y del clero; la decadencia de las virtudes morales y el auge de la violencia.

Fuera de la Capilla, parecía que el Día del Juicio había llegado para el papa Pablo III. El cardenal Niccolo, ahora uno de los más influyentes personajes de la corte pontificia, le llevó la noticia a Miguel Ángel: Carlos V de España y Francisco I de Francia se habían declarado en guerra una vez más. Carlos viajaba hacia el norte desde Nápoles, a la cabeza de su ejército, el mismo que había saqueado Roma y aplastado Florencia. El papa Pablo III no tenía ejército ni medios de resistencia y se estaba preparando para huir.

—Pero, ¿adónde? —preguntó Tommaso, irritado—. ¿A la fortaleza de Sant' Angelo, mientras las tropas de Carlos V saquean de nuevo a Roma? ¡No podemos resistir un nuevo saqueo! ¡Nos convertiremos en otro tremendo montón de piedras, como Cartago!

—¿Y con qué quiere que luche? —preguntó la voz de Miguel Ángel—. He observado el ejército del Emperador desde la torre de San Miniato. Tiene cañones, caballería, lanceros… ¿Qué podrían emplear los romanos para defenderse?

—¡Nuestras manos! —exclamó Tommaso, lívido de ira. Era la primera vez que Miguel Ángel lo veía dominado por una furia semejante.

El papa Pablo III decidió pelear… con paz y grandeza. Recibió al Emperador en la escalinata de San Pedro, rodeado por toda la jerarquía eclesiástica con sus más esplendorosos ropajes y tres mil valientes jóvenes romanos. Carlos V se comportó gentilmente y aceptó la autoridad espiritual del Papa. Al día siguiente visitó a Vittoria Colonna, marquesa de Pescara, amiga de su real familia, quien llamó a su amigo Miguel Ángel Buonarroti para que estuviera presente en la visita, la cual se realizó en el jardín de San Silvestro al Quirinale.

El Emperador del Sacro Imperio Romano, un monarca pundonoroso y altivo, acogió cordialmente a Miguel Ángel al serle presentado por Vittoria. Miguel Ángel rogó al soberano que retirase de Florencia a su tirano, Alessandro.

Una vez que hubo terminado su ruego, el Emperador se inclinó hacia él y le dijo con inusitado entusiasmo:

—Puedo prometerle una cosa. Para cuando llegue a Florencia...

—Muchas gracias, Majestad.

—Le prometo que haré una visita a su sacristía. Algunas personas de mi corte han declarado, a su regreso a España, que se trata de una de las maravillas del mundo.

Miguel Ángel miró hacia donde se hallaba Vittoria, para ver si ésta le indicaba que continuase; vio que el rostro de la marquesa estaba completamente sereno; estaba dispuesta a arriesgarse a la irritación de Carlos V para permitir a Miguel Ángel que hablase en favor de su ciudad.

—Majestad, si las esculturas de la nueva sacristía son buenas, ello se debe a que yo me he criado en la capital europea del arte. Florencia puede continuar creando nobles obras artísticas sólo si su Majestad la libera de la bota opresora de Alessandro.

Carlos V conservó su tono risueño al decir:

—La marquesa de Pescara me dice que es usted el artista más grande de la humanidad, desde el comienzo de los tiempos. He visto el techo de la Capilla Sixtina; dentro de unos días veré las esculturas de la Capilla Medici. Si son como se han dicho, tenga nuestra promesa real de que... algo se hará.

La colonia florentina acogió jubilosamente la noticia. Carlos V cumplió su palabra. Lo emocionó tan profundamente la nueva sacristía que... ordenó que el acto nupcial de su hija Margarita con Alessandro se llevase a efecto en dicha capilla. Y aquella perspectiva aterró de tal modo a Miguel Ángel que no le era posible trabajar. Se dedicó a pasear por la campiña, a lo largo de la Via Appia, bordeada de tumbas, asqueado ante el carácter engañoso y vil del mundo existente.

Sin embargo aquel matrimonio tuvo muy escasa duración, pues Alessandro fue asesinado en una casa contigua al palacio Medici por uno de los primos Popolano, Lorenzino, quien creyó que Alessandro acudía a dicha casa para verse clandestinamente con su casta hermana. Florencia quedaba libre de su rapaz tirano, pero Miguel Ángel, no. El cuerpo de Alessandro, odiado por toda Toscana, fue colocado subrepticiamente, durante la noche, en el castamente esculpido sarcófago, bajo *El Amanecer* y *El Anochecer*.

—Todos los florentinos han quedado libres de Alessandro... menos yo —se lamentó a Urbino—. Ahora ya ve para lo que sirve un escultor: para proveer tumbas a los tiranos.

La repugnancia y el dolor pasan, como pasa la alegría. Cada rudo golpe recibido mantenía a Miguel Ángel alejado de la Capilla Sixtina por espacio de una o dos semanas.

Cada buena noticia, como por ejemplo el casamiento de su sobrina Cecca con el hijo del famoso historiador florentino Guicciardini, o la elevación al cardenalato del confesor de Vittoria Colonna, padre Reginaldo Pole, lo que daba un gran impulso a la facción reformista, lo devolvía al taller con renovadas energías, para pintar el compacto grupo de los santos. Empleaba sus fuerzas restantes en aplacar al indignado duque de Urbino, haciéndole un modelo para un caballo de bronce, así como un salero ricamente decorado. Lo consolaba el hecho de que Cosimo de Medici, descendiente de la rama Popolano de la familia, un joven de diecisiete años, humilde, decente, estaba en el palacio Medici y que muchos de los desterrados regresaban ya a sus hogares: los hijos de sus amigos, que acudían a su taller para despedirse afectuosamente de él.

Recibió un rudísimo golpe cuando los hados malignos, que habían comenzado a envolver a Florencia desde el fallecimiento de Lorenzo Il Magnifico, se presentaron inexorablemente para infligir a la ciudad-estado la culminante tragedia: Cosimo, aunque de conducta moralmente intachable, se estaba convirtiendo en un tirano y procedía a reducir a la impotencia a los Consejos que acababan de ser elegidos. Los jóvenes de Florencia organizaron un ejército, adquirieron armas, apelaron a Francisco I de Francia para que les proporcionase tropas con las cuales derrotar a los partidarios de Cosimo. Carlos V no quería que se estableciese una república en Florencia y puso su ejército a disposición de Cosimo, que consiguió aplastar el levantamiento. Los cabecillas del mismo fueron ejecutados.

—¿Cuál fue su pecado? —exclamó Miguel Ángel—. ¿De qué fueron juzgados para ser asesinados a sangre fría? ¿En qué clase de jungla vivimos que puede cometerse un crimen tan brutal como insensato con toda impunidad?

¡Cuánta razón había tenido él en pintar sobre aquella pared un fiero e indignado Jesús en el Día del Juicio Final!

Dibujó de nuevo el rincón bajo de la derecha de su composición, frente a los muertos que se levantaban de sus tumbas, a la izquierda; y por primera vez pintó un grupo de seres ya condenados, a los cuales Caronte transportaba en su barca a la boca del Infierno. Ahora el hombre parecía sólo otra forma de vida animal, que se arrastraba sobre la superficie de la tierra. ¿Era poseedor de un alma inmortal? ¡De bien poco le había valido! No era sino otro apéndice que tendría que llevarse al Infierno consigo.

También Vittoria Colonna atravesaba días difíciles. Giovanni Pietro Caraffa, que desde hacía tiempo sospechaba de las actividades de la marquesa en su carácter de investigadora de las nuevas doctrinas y enemiga de la fe, había sido elegido cardenal. Verdadero fanático religioso, el cardenal Caraffa inició sus esfuerzos tendientes a introducir la Inquisición en Italia para exterminar a los herejes y… como en el caso de Vittoria Colonna, a aquellos que trabajaban fuera de la Iglesia para obligar a ésta a reformarse en su seno. Manifestó claramente que la consideraba peligrosa, lo mismo que al grupo que la rodeaba. Aunque muy pocas veces había presentes más de ocho o nueve personas en las reuniones, entre ellas había un delator. Y los lunes a la mañana el cardenal Caraffa tenía un informe completo de cuanto se había discutido en las reuniones de los domingos a la tarde.

—¿Qué significará esto para usted? —preguntó Miguel Ángel a Vittoria, con profunda ansiedad.

—Nada, mientras algunos de los cardenales estén a favor de la reforma —respondió ella.

—Pero, ¿y si Caraffa consigue dominar la situación?

—Entonces, el exilio.

—¿No le parece que debería poner mayor cuidado? —preguntó él, palideciendo.

Su voz había tenido un tono agrio. ¿Había formulado la pregunta por temor a lo que le pudiera pasar a ella o temiendo por sí mismo? Vittoria sabía cuán importante era su presencia en Roma para él.

—No ganaría nada —respondió ella—. Y podría hacerle la misma advertencia a usted. —También su voz tenía un asomo de actitud. —Caraffa —agregó— no oculta que no le agrada lo que está pintando en la Capilla Sixtina.

—¿Y cómo puede saberlo? ¡Siempre la tengo cerrada con llave!

—De la misma manera que sabe cuanto hablamos aquí.

Aunque no había permitido la entrada en su taller más que a Urbino, Tommaso y los cardenales Niccolo y Giovanni Salviati, desde que dio comienzo a la tarea de ampliar su boceto, y a nadie más que a Urbino en la Capilla Sixtina, lo cierto era que el cardenal Caraffa no era el único que sabía lo que él pintaba en la pared. Comenzaron a llegarle cartas de toda Italia, elogiando su obra. La más extraña de todas estaba firmada por Pietro Aretino, a quien Miguel Ángel conocía por su reputación como inspirado escritor y redomado pillo, que vivía del chantaje y obtenía los más asombrosos favores de orden material y moral, hasta de príncipes y cardenales, mostrándoles cuánto daño podía causarles si inundaba Europa de cartas contra ellos. Por el momento era un hombre importante en Venecia, íntimo amigo de Tiziano y allegado a reyes.

El propósito de la carta de Aretino era informar a Miguel Ángel, con toda exactitud, cómo debía pintar su Juicio Final.

Después de indicarle lo que él consideraba que debía pintar, Aretino terminaba la carta diciendo que, aunque había jurado no volver jamás a Roma, su resolución flaqueaba ante el deseo de rendir personalmente homenaje al genio de Miguel Ángel.

Éste contestó con ironía, creyendo que así podría librarse del intruso: "No modifique su resolución de no venir a Roma por el sólo hecho de ver mis trabajos. ¡Eso sería pedirle demasiado! Cuando recibí su carta, me regocijé, pero al mismo tiempo me entristecí porque, como ya he pintado una gran parte del fresco, no me es posible utilizar su brillante concepción del Juicio Final".

Aretino desató una andanada de cartas. Una de ellas decía: "¿No merece mi devoción hacia usted, el príncipe de la escultura y la pintura, que me obsequie uno de esos dibujos que arroja al fuego?". Y hasta llegó a enviar misivas a los amigos de Miguel Ángel, decidido a conseguir su ayuda para obtener algunos de los dibujos que luego podría vender. Miguel Ángel contestó con evasivas hasta que por fin se cansó y no volvió a responderle.

Fue un error. Aretino guardó su veneno hasta que el *Juicio Final* estuvo terminado, y entonces atacó con dos pronunciamientos, uno de los cuales casi destruyó sus últimos cinco años de pintura, y el segundo, su carácter.

VII

Ahora, el tiempo y el espacio se tornaron idénticos para Miguel Ángel. No podía decir con seguridad cuántos días, semanas o meses habían pasado mientras 1537 daba paso a 1538, pero ante sí, en la pared del altar de la Capilla Sixtina, era capaz de decir con toda precisión cuántas figuras tenía pintadas a uno y otro lado de María y su Hijo. Cristo, con un brazo levantado sobre la cabeza en indignada acusación, no estaba allí para escuchar ruegos especiales. De nada valía a los pecadores que implorasen piedad. Los malos estaban condenados ya y el terror poblaba la atmósfera.

Todas las mañanas, Urbino extendía la necesaria capa de *intonaco* y al ponerse el sol Miguel Ángel había llenado aquel espacio con un cuerpo que se precipitaba de cabeza hacia el Infierno o los retratos de los ahora maduros Adán y Eva. Urbino se había convertido en un experto en la tarea de unir el *intonaco* de cada día con el del siguiente, de manera que no se advirtiesen las líneas de unión. Y todos los días, al mediodía, él y Caterina, la criada, llevaban la comida caliente, que él recalentaba en un brasero antes de servírsela a Miguel Ángel en el andamio.

—*Mangiate bene*—le decía—. Necesitará su fuerza. Es una torta como las que hacía su madrastra: pollo frito en aceite y picado después para formar salchichas con cebolla, huevos, azafrán y perejil.

—Urbino, ya sabe que estoy demasiado preocupado para comer a mitad del trabajo —protestaba él.

—Sí... Y demasiado cansado para comer al finalizar el trabajo.

Miguel Ángel sonreía y, para no disgustar a Urbino, comía algo y se sorprendía al sentir el grato sabor.

Cuando Miguel Ángel comenzó a adelgazar, después de meses de intenso trabajo, fue Urbino quien lo obligó a quedarse en casa, descansar, distraerse preparando los bloques de mármol para el Profeta, la Sibila y la Virgen destinados a los Rovere. Cuando falleció el duque de Urbino, Miguel Ángel sintió un enorme alivio, aunque sabía que tendría que confesar el pecado de regocijarse por la muerte de otro hombre. No pasó mucho tiempo sin que el nuevo duque se presentase en el taller de Macello dei Corvi. Miguel Ángel le lanzó una mirada y en el hombre detenido en el hueco de la puerta vio la cara del anterior duque.

"¡Dios mío! —pensó—, ¡tengo que heredar los hijos de mis enemigos también!". Pero estaba equivocado respecto del nuevo duque.

—He venido a verlo —dijo el joven— para poner fin a la lucha. Nunca he estado de acuerdo con mi padre en que el hecho de que jamás haya cumplido su contrato con nosotros para la tumba de Julio II sea culpa suya.

—¿Quiere decir que desde ahora puedo llamar amigo mío al duque de Urbino?

—Amigo y admirador. A menudo dije a mi padre que, si se le hubiera permitido continuar su trabajo, ya habría completado la tumba de Julio II, como completó la Capilla Sixtina y la sacristía para los Medici. Desde hoy, no volverá a ser hostigado.

Fue tal la emoción que experimentó, que tuvo que dejarse caer sobre una silla.

—Hijo mío —dijo—, ¿sabe de qué infierno acaba de liberarme?

—Pero al mismo tiempo —agregó el joven duque—, comprenderá fácilmente nuestro serio deseo de ver terminado el sagrado monumento a mi tío el papa Julio II. Por la reverencia que sentimos hacia el papa Pablo III, no lo interrumpiremos mientras esté trabajando en su fresco, pero una vez terminado el mismo, le pedimos que se dedique al monumento, redoblando su diligencia para remediar en lo posible la pérdida de tiempo.

—¡Con todo mi corazón lo haré así! ¡Tendrá su monumento!

Durante las largas noches de invierno hizo dibujos para Vittoria: una Sagrada Familia, una Piedad exquisitamente concebida, mientras ella correspondía obsequiándole un ejemplar de la primera edición de sus poemas titulada *Rimas*. Para Miguel Ángel, que ansiaba volcar toda su pasión, aquélla era una relación incompleta, a pesar de lo cual, el amor que sentía hacia ella y su convicción de que Vittoria correspondía a su afecto mantenían su poder creador en un elevado nivel.

Sus hermanos, su nuevo sobrino Leonardo y su sobrina Cecca lo mantenían al corriente de los asuntos familiares. Leonardo, que se acercaba a los veinte años, conseguía los primeros beneficios en la tienda de lanas de la familia. Cecca lo obsequiaba con un nuevo sobrino cada año. De cuando en cuando, tenía que escribir cartas irritadas a Florencia, como, por ejemplo, cuando no se le acusaba recibo del dinero que enviaba o cuando Giovansimone y Sigismondo disputaban por el trigo de una granja.

Cuando Leonardo le enviaba excelentes peras o vino Trebbiano, Miguel Ángel llevaba una parte al Vaticano, como obsequio para Pablo III. Se habían hecho íntimos amigos. Si pasaba un período largo sin que Miguel Ángel lo visitase, el Papa lo llamaba al salón del trono y le increpaba, herido:

—¿Por qué no viene a verme con más frecuencia?

—Santo Padre, usted no necesita mi presencia aquí. Creo que le sirvo mejor quedándome a trabajar que otros que vienen a importunarlo a todas horas del día.

—El pintor Passenti viene todos los días.

—Passenti tiene un talento ordinario, que puede hallarse sin necesidad de linterna en todos los mercados del mundo.

Pablo estaba resultando un excelente Papa. Designaba honorables y capaces cardenales y estaba dedicado a la reforma dentro de la Iglesia. Aunque comprendió la necesidad de oponer la autoridad de la Iglesia contra el poder militar de Carlos V, no provocó guerras ni invasiones. Era un decidido protector de las artes y el saber. No obstante, su herencia del régimen de los Borgia persistía y lo convertía en blanco de ataques. Tan sentimentalmente apasionado por sus hijos y nietos como el papa Borgia lo había estado por César y Lucrezia, no había acto de intriga que considerase despreciable si contribuía a la fortuna de su hijo Pier Luigi, para quien estaba decidido a crear un ducado. Designó cardenal a su nieto de catorce años, Alessandro Farnese, y casó a otro nieto con la hija de Carlos V, viuda de Alessandro de Medici, para lo cual lo convirtió en duque, arrebatando el ducado de Camerino a su legítimo dueño, el duque de Urbino. Por esos y otros actos, sus enemigos lo calificaban de ruin y despiadado.

Al finalizar 1540, cuando Miguel Ángel había completado las dos terceras partes superiores de su fresco de la Capilla Sixtina, contrató al carpintero Ludovico para que bajara el andamio. El Papa se enteró de la noticia y se presentó ante la cerrada puerta de la capilla sin previo aviso. Urbino, que contestó a los golpes dados en la puerta, no pudo negarse a admitir al Pontífice.

Miguel Ángel bajó del nuevo andamio, saludó al Papa y a su maestro de ceremonias, Biagio da Cesena, con toda cordialidad. El Papa estaba frente al Juicio Final. De pronto, avanzó rígidamente hacia la pared sin apartar la mirada. Cuando llegó al altar, cayó de rodillas y oró.

No hizo lo mismo Biagio da Cesena, que estaba mirando el fresco con gesto adusto. Pablo III se puso de pie, se persignó, bendijo a Miguel Ángel y luego a la pintura de la pared. Por sus mejillas se deslizaban lágrimas de orgullo y humildad.

—Hijo mío —dijo—. Ha creado una cosa gloriosa para mi pontificado.

—¿Gloriosa? ¡Vergonzosa, diría yo! —clamó Biagio da Cesena.

El Papa se quedó asombrado.

—¡Y enteramente inmoral! —añadió el maestro de ceremonias—. ¡No me es posible distinguir quiénes son los santos y quiénes los pecadores! ¡Sólo veo centenares de figuras completamente desnudas! ¡Vergonzoso!

—¿Considera vergonzoso el cuerpo humano? —preguntó Miguel Ángel.

—En un baño, no. En la capilla del Papa, ¡escandaloso!

—Únicamente si usted desea crear un escándalo, Biagio —dijo el Papa, con firmeza—. El día del Juicio Final todos estaremos desnudos ante el Señor. Hijo mío, ¿cómo puedo expresarle mi gratitud?

Miguel Ángel se volvió hacia el maestro de ceremonias con un gesto conciliatorio, no quería que su fresco tuviese enemigos. Biagio da Cesena dijo bruscamente:

—¡Un día, esta sacrílega pared será derribada, como usted ha destruido los hermosos Peruginos que había donde hoy está su escandalosa pintura!

—¡No será mientras yo viva! —clamó el Papa, furioso—. ¡Excomulgaré a quien ose tocar esta obra maestra!

Salieron de la Capilla. Miguel Ángel pidió a Urbino que mezclase una cantidad de *intonaco* y la extendiese sobre un lugar en blanco, en el extremo derecho de la parte baja de la pared. Una vez seco, pintó una caricatura de Biagio da Cesena, representándolo como juez de los fantasmas del infierno, con orejas de asno y una monstruosa serpiente arrollada en torno a la parte inferior de su torso: un parecido extraordinario, en el cual había acentuado la afilada nariz, los labios entreabiertos, que dejaban ver los enormes y amarillentos dientes. Aquella era una pobre venganza, lo sabía, pero, ¿qué otra le quedaba a un pintor?

La noticia se propagó sin saber cómo. Biagio da Cesena exigió una segunda visita a la Capilla.

—¿Ve, Santo Padre? —exclamó—. Lo que nos habían dicho resultó cierto. ¡Buonarroti me ha pintado en su fresco! ¡Con una repulsiva culebra en mis partes genitales!

—Sabía que no le gustaría que lo pintara enteramente desnudo —dijo Miguel Ángel.

—El parecido es sorprendente —observó el Papa, con un brillo de picardía en los ojos—. Miguel Ángel, creí que no le gustaba pintar retratos.

—En este caso, me hallaba inspirado, Santidad.

—Santo Padre…, ¡oblíiguelo a que me saque de ahí!

—¿Que yo lo saque del Infierno? —exclamó el Papa, volviendo sus sorprendidos ojos al maestro de ceremonias—. Si lo hubiera puesto en el purgatorio, yo habría hecho cuanto estuviera a mi alcance para sacarlo de él, pero sabe muy bien que del Infierno no hay redención posible.

Al día siguiente, Miguel Ángel estaba en el andamio pintando a Caronte que arrojaba a los condenados fuera de su barca y a las profundidades del Infierno, cuando sintió un mareo; trató de agarrarse de la balaustrada, pero cayó al suelo de mármol. Por un instante, sintió un tremendo dolor. Cuando volvió en sí, Urbino le estaba mojando el rostro con agua fría que sacaba de un balde.

—¡Gracias a Dios que ha recuperado el sentido! —exclamó el joven—. ¿Se ha lastimado? ¿Tiene alguna fractura?

—¿Cómo voy a saberlo? ¡Tenía que haberme roto todos los huesos del cuerpo, por estúpido! ¡Durante cinco años he estado encaramado diariamente en este andamio y ahora que estoy a punto de terminar el fresco me caigo de él!

—La pierna le sangra. Se ha hecho un rasguño con esta madera. Buscaré un coche para llevarlo.

—¡De ninguna manera! No quiero que nadie se entere de lo idiota que soy. Ayúdeme. Ponga uno de sus brazos bajo mi hombro. Podré volver a casa a caballo.

Urbino lo acostó, le dio un vaso de Trebbiano y luego lavó la herida. Cuando dijo que salía en busca de un médico, Miguel Ángel lo detuvo:

—¡Nada de médicos! —exclamó enérgico—. ¡Sería el hazmerreír de toda Roma! ¡Cierre la puerta de calle con llave!

A pesar de cuanto hizo Urbino con sus toallas calientes y vendajes, la herida comenzó a infectarse. Sobrevino una alta fiebre. Urbino se asustó y envió a buscar a Tommaso.

—Si lo dejase morir, maestro... ¡no me lo perdonaría!

—Pero tendría sus compensaciones, Urbino. Así no tendría que andar encaramándose más a esos andamios...

—¿Cómo la sabe? A lo mejor, en el infierno, cada uno tiene que seguir haciendo eternamente lo que más ha odiado en la vida...

Mandó llamar al doctor Baccio Rontini. Cuando Miguel Ángel se negó a que entraran por la puerta principal, el médico y su acompañante forzaron la entrada por la del fondo de la casa. El médico estaba furioso.

—¡Nadie puede compararse a un florentino en perversa idiotez! —exclamó, mientras examinaba la herida infectada—. ¡Uno o dos días más y habría perdido esta pierna!

Necesitó una semana para poder levantarse nuevamente. Urbino lo ayudó a subir al andamio, colocó un área de *intonaco* en el Cielo, debajo de San Bartolomé. Miguel Ángel pintó una caricatura de sí mismo el rostro angustiado, suspendida la cabeza en medio de una piel vacía y sostenida por la mano del santo.

—Ahora Biagio da Cesena no podrá quejarse —dijo a Urbino—. Los dos hemos sido juzgados y condenados.

Pintó el tercio inferior de la pared, que era la parte más sencilla, pues en ella había menos figuras.

Fue en esos días que las dificultades de Vittoria le hicieron tambalear. A pesar de ser la mujer más influyente e inteligente de Roma, elogiada por el gran Ariosto por sus poemas y por el Papa por su santidad; de ser la amiga más íntima del emperador Carlos V en Roma, miembro de la familia Colonna, poderosa y riquísima, y emparentada con los d'Avalo por su matrimonio, estaba a punto de ser condenada al exilio por el cardenal Caraffa. Parecía imposible que una mujer de tan elevada posición pudiese ser perseguida de tal manera.

Miguel Ángel visitó al cardenal Niccolo, en el palacio Medici, en busca de ayuda. Niccolo trató de tranquilizarlo.

—Todo el mundo en Roma reconoce ya la necesidad de una reforma —dijo—. Pablo III va a enviar al cardenal Contarini, amigo de la marquesa, para negociar con los luteranos y calvinistas. Espero que tendremos éxito y que éste llegue a tiempo.

El cardenal Contarini estaba al borde de un brillante éxito en la Dieta de Ratisbona, cuando el cardenal Caraffa lo hizo llamar, acusándolo de colusión con el emperador Carlos V, y lo desterró a Boloña.

Vittoria envió un mensaje a Miguel Ángel. ¿Podría ir a verla inmediatamente? Deseaba despedirse de él.

Miguel Ángel esperaba encontrarla sola, en un momento tan personal, pero el jardín estaba lleno de gente. Ella se puso de pie y lo saludó con una triste sonrisa. Vestía de negro y una mantilla del mismo color cubría sus dorados cabellos. Su rostro parecía tallado en mármol estatuario de Pietrasanta. Miguel Ángel se acercó presuroso a ella.

—Le agradezco mucho que haya venido, Miguel Ángel.

—No perdamos tiempo en cortesías. ¿Ha sido desterrada?

—Se me ha dado a entender que sería conveniente que saliese de Roma.

—¿Adónde piensa ir?

—A Viterbo. He vivido allí, en un convento de Santa Catalina. Lo considero uno de mis hogares.

Se quedaron en silencio, mirándose hondamente a los ojos, tratando de comunicarse sin hablar. Por fin, Vittoria agregó:

—Lo siento mucho, Miguel Ángel, pero no me será posible ver terminado su *Juicio Final*.

—Lo verá. ¿Cuándo parte?

—A la mañana. ¿Me escribirá?

—Le escribiré y le enviaré dibujos.

—Yo le contestaré y le enviaré poemas.

Miguel Ángel se volvió bruscamente y abandonó el jardín. Se encerró en su taller de la casa. Se sentía solo, abandonado. Era ya noche cuando salió de su ensimismamiento y pidió a Urbino que le alumbrase el camino hasta la Capilla Sixtina. Urbino abrió la puerta de la Capilla y precedió a su maestro con la vela encendida para dejar caer cera caliente en el andamio y colocar sobre ella las dos velas que llevaba.

El Juicio Final cobró ciclónica vida a la vacilante luz de las velas. El Día del Juicio se convirtió en la Noche del Juicio. Los trescientos hombres, mujeres y niños, santos, ángeles y demonios parecían pugnar por lanzarse hacia adelante para ser reconocidos y desempeñar el portentoso drama en los espacios abiertos de la capilla.

Algo llamó la atención de Miguel Ángel en el techo. Miró y vio a Dios creando el Universo.

Bajó los ojos de nuevo a su pintura en la pared del altar. Y como Dios después de crear el mundo, vio lo que había hecho y le pareció muy bueno.

LIBRO UNDÉCIMO

La cúpula

I

En la víspera del Día de Todos los Santos, exactamente veintinueve años después de que el papa Julio II hubiera inaugurado el techo de la Capilla Sixtina pintado por Miguel Ángel, en una ceremonia especial, el papa Pablo III ofició una misa mayor para celebrar la terminación del *Juicio Final*.

El día de Navidad de 1541, la capilla fue abierta al público. Toda Roma desfiló por la Sixtina, aterrada, asombrada. El estudio de Macello dei Corvi se llenó de florentinos, cardenales, cortesanos, artistas y aprendices.

Cuando se hubo retirado el último de los invitados, Miguel Ángel se dio cuenta de que habían estado representados allí dos grupos: Antonio da Sangallo y los pintores y arquitectos que giraban en torno de él como satélites, restos de la facción Bramante-Rafael, por un lado, y el cardenal Caraffa y sus partidarios, por el otro.

No tardó en declararse la guerra. Un monje expulsado de su orden censuró al papa Pablo III y exclamó:

—¿Cómo puede Su Santidad permitir que una pintura tan obscena como la que acaba de pintar Miguel Ángel adorne la pared de un templo en el que se oficia la santa misa?

Pero cuando Miguel Ángel volvió a la Capilla Sixtina al día siguiente, encontró a media docena de artistas sentados en banquetas bajas. Todos ellos copiaban de su *Juicio Final*.

El Papa acudió en su ayuda pidiéndole que pintase al fresco dos paredes de seis metros cuadrados de la capilla que había recibido su nombre: la Paulina, diseñada y completada poco tiempo antes por Antonio da Sangallo. Estaba entre la Capilla Sixtina y San Pedro. Era un templo pesado, cuyas dos únicas ventanas, colocadas a gran altura, no daban suficiente luz. Sin embargo, las paredes aparecían artísticamente adornadas con rojizas columnas corintias. El Papa deseaba una Conversión de Pablo para una de las paredes y una Crucifixión de Pedro en la opuesta.

Mientras meditaba en todo cuanto había visto sobre la Conversión, Miguel Ángel pasó sus días con el martillo y el cincel. Esculpió una cabeza de Bruto, que le había pedido la colonia florentina. Terminó los gruesos rizos de la cabeza del *Moisés*, llevando hacia la frente los dos cuernos, o rayos de luz, que el Antiguo Testamento atribuye a Moisés.

Con el calor de mediados del verano, trasladó los dos mármoles a la terraza del jardín, que tenía el suelo de ladrillo, así como los dos bloques de los cuales habrían de surgir Raquel y Lea, la Vida Contemplativa y la Activa, para los dos nichos a los costados de Moisés, nichos que, al diseñar de nuevo la tumba de Julio II con su única tumba en la pared, se habían tornado demasiado chicos para contener al *Cautivo heroico* y al *Cautivo agonizante*. Terminó los bosquejos de la Virgen, el Profeta y la Sibila, que completarían su monumento, y luego mandó llamar a Raffaello da Montelupo, que había esculpido el San Damián para la Capilla Medici, para que esculpiese aquellas figuras.

Con los dos *Cautivos* fuera del diseño y todavía en Florencia los cuatro *Gigantes* y la *Victoria*, sin terminar, Ercole Gonzaga fue realmente el profeta. El *Moisés*, por sí solo, daría majestad a la tumba de Julio II y representaría su mejor escultura. ¿Era, como había dicho el cardenal de Mantua, "suficiente monumento para cualquier hombre"?

Miguel Ángel se preguntó qué habría dicho Jacopo Galli sobre la terminación de la tumba con una sola obra de importancia, de las cuarenta proyectadas y contratadas originalmente.

Echaba mucho de menos a Vittoria Colonna. En las altas horas de la noche le escribía largas cartas, en las cuales incluía a menudo un soneto o un dibujo. Al principio, Vittoria respondía prontamente, pero conforme las cartas de él se tornaron más fervientes, ella comenzó a espaciar sus respuestas. A su angustioso lamento de "¿Por qué?", expresado en unos versos, Vittoria respondió:

> Magnifico messer *Miguel Ángel*:
> *No he respondido antes a su carta porque la misma era, por así decirlo, una respuesta a la última mía, y porque pensé que si ambos fuéramos a continuar escribiendo sin pausa, de acuerdo con mi obligación y su cortesía, tendría que descuidar la capilla de Santa Catalina y estar ausente a las horas fijadas para hacer compañía a la hermandad, mientras usted tendría que dejar la Capilla de San Pablo y estar ausente desde la mañana a la noche... De esa manera, ambos hubiéramos dejado de cumplir nuestro deber.*

Se sentía aplastado, decepcionado, como un pequeño niño a quien hubiesen reprendido. Continuó escribiéndole apasionados poemas... que no envió, contentándose con los fragmentos de noticias que le traían algunos viajeros de Viterbo. Cuando se enteró que Vittoria estaba enferma y que rara vez salía de su celda, su mortificación se convirtió en ansiedad. ¿Tendría buena atención médica? ¿Se estaría cuidando debidamente?

Estaba agotado, vacío, sin saber qué hacer. Sin embargo, era imprescindible reaccionar... Colocó una nueva capa de *intonaco* en la Capilla Paulina; depositó mil cuatrocientos ducados en el Banco de Montauto, para que les fuesen entregados a Raffaello da Montelupo y a Urbino, a quien había independizado ya, conforme fueran avanzando en la construcción de la tumba de Julio II.

Dibujó un modesto boceto de la Conversión de Pablo, en el que aparecían unas cincuenta figuras y un número adicional de rostros que rodeaban a Pablo tendido en tierra, después de haber sido alcanzado por un rayo de luz dorada que descendía del cielo: el primer milagro del Nuevo Testamento que había pintado él.

Esculpió las estatuas de Raquel y Lea, dos mujeres tiernas y encantadoras, pesadamente cubiertas de ropas, figuras simbólicas. Y por primera vez desde que esculpiera las estatuas para Piccolomini, trabajaba mármoles en los cuales no tenía un verdadero interés. Le parecían despojados de intensidad emocional, sin aquella latente esencia de energía para dominar el espacio que los rodeaba.

Su taller y jardín habían sido convertidos en un activo centro de producción, en el que media docena de muchachos jóvenes ayudaban a Raffaello da Montelupo y a Urbino a terminar la tumba.

El presente y el futuro tenían forma para él únicamente en términos de trabajo a realizar. ¿Cuántas obras de arte más podría terminar antes de morir? La Conversión de San Pablo le llevaría tantos años, la Crucifixión de Pedro tantos otros... Sería mejor contar los proyectos futuros que los días, porque así no iría tachando los años uno a uno, como si fueran monedas que fuera pagando a las manos de algún comerciante. Mucho más simple pensar en el tiempo como creación: los dos frescos paulinos, luego un Descenso de la Cruz, que deseaba esculpir para su propia satisfacción con el último de sus magníficos bloques de mármol de Carrara... Dios seguramente no querría interrumpir a un artista en plena creación de una gran obra de arte.

Se había establecido una Comisión de Inquisición en Roma.

El cardenal Caraffa, que había vivido una recta vida moral como sacerdote en la corrupta corte del papa Borgia, Alejandro VI, había conseguido poder contra los deseos de aquellos que lo servían. Aunque se jactaba de que jamás se hacía agradable a nadie, de que rechazaba bruscamente a todos los que acudían a él en demanda de favores; aunque tenía un temperamento colérico y era demasiado delgado de cuerpo y rostro, su ardiente celo por el dogma de la Iglesia lo estaba convirtiendo en el líder más influyente del Colegio de Cardenales, una figura respetada, temida y obedecida. Su Comisión de Inquisición había establecido ya un índice en el que se detallaban los libros que podían ser impresos y leídos.

Vittoria Colonna regresó a Roma e ingresó en el convento de San Silvestro, situado cerca del Panteón. Miguel Ángel opinaba que no debía haber abandonado el seguro refugio de Viterbo. Insistió en verla. Vittoria se negó. La acusó de crueldad y ella respondió que era bondad. Finalmente, a fuerza de persistencia, obtuvo su consentimiento… para descubrir que la fuerza y la belleza de aquella admirable mujer habían quedado asoladas. Su enfermedad y la presión de las acusaciones que pesaban sobre ella le habían agregado veinte años. Ahora, la mujer encantadora, robusta, vibrante, de poco tiempo antes, se había convertido en otra cuyo rostro aparecía cubierto de arrugas, cuyos labios se habían secado y palidecido, cuyos ojos estaban ahora hundidos y tristes, sin luz, y cuyos cabellos ya no tenían el brillo ni el hermoso castaño color. Se hallaba sentada, sola, en el jardín del convento, con las manos cruzadas sobre su regazo y el rostro cubierto por un velo.

Miguel Ángel se sintió abrumado al verla.

—Traté desesperadamente de salvarlo de esto —dijo Vittoria, en un triste murmullo.

—¿Considera mi amor tan superficial?

—Hasta en su bondad hay una cruel revelación.

—La vida es cruel, el amor nunca.

—No. El amor es lo más cruel que existe. Yo lo sé…

—Sólo sabe un fragmento —la interrumpió él—. ¿Por qué se empeñó en que nos mantuviéramos separados? ¿Y por qué ha vuelto ahora a esta atmósfera peligrosa?

—Tengo que hacer las paces con la Iglesia, encontrar el perdón de mis pecados contra ella.

—¿Pecados?

—Sí. Desobedecí, abrigué mis propias opiniones vanas contra la divina doctrina… Protegí a quienes practicaban la disidencia…

Miguel Ángel sintió un angustioso nudo en la garganta. Otro eco del pasado. Recordó la angustia con que había oído al agonizante Lorenzo de Medici implorar la absolución a Savonarola, el hombre que había destruido su Academia Platón. Volvió a escuchar a su hermano Leonardo, cuando criticaba la desobediencia de Savonarola al papa Borgia. ¿No existía unidad alguna entre el vivir y el morir?

—Mi último deseo —agregó Vittoria— es morir en gracia de Dios. Tengo que regresar al seno de la Iglesia, como una criatura al seno de la madre. Solamente allí podré encontrar la redención.

—¡Su enfermedad le ha hecho eso! —exclamó él—. ¡La Inquisición la ha torturado!

—Me he torturado a mí misma, en lo más profundo de mi mente. Miguel Ángel, lo adoro como un elegido de Dios entre los hombres. Pero también usted, antes de morir, tendrá que buscar la salvación.

—Mis sentimientos hacia usted, que jamás me permitió expresar, no han cambiado —dijo él apasionadamente—. ¿Pensó que yo era un muchacho que se había enamorado de una linda *contadina*? ¿Es que no sabe el exaltado lugar que ocupa en mi mente?...

Los ojos de Vittoria se llenaron de lágrimas y comenzó a respirar agitadamente.

—¡Gracias, *caro*! —susurró—. ¡Ha restañado usted heridas que se remontan a muchos años!

Y se fue por una puerta lateral del convento, dejándolo en aquel banco de piedra que repentinamente pareció enfriarse debajo de él, en un jardín también frío, que lo envolvía como un bloque de hielo.

II

Cuando Antonio da Sangallo comenzó a colocar las bases para el anillo de altares en el lado sur de San Pedro, se avivó notablemente el largo conflicto que existía entre ellos. Según las medidas de Miguel Ángel, la correspondiente ala del norte, hacia el palacio papal, reemplazaría necesariamente a la Capilla Paulina y a una parte de la Sixtina.

—¡No puedo creer lo que ven mis ojos! —exclamó el papa Pablo III cuando Miguel Ángel le dibujó un plano de lo que se estaba haciendo—. ¿Por qué habrá querido Sangallo derribar una capilla que él mismo diseñó y construyó?

—Porque sus planes para San Pedro no dejan de ampliarse un solo día —respondió Miguel Ángel.

—¿Cuánto de la Capilla Sixtina desaparecería?

—Aproximadamente el área cubierta por *El Diluvio*, *La ebriedad de Noé*, la *Sibila délfica* y *Zacarías*. Dios sobreviviría.

—¿Qué suerte para Él? —murmuró Pablo.

El Papa suspendió las obras de San Pedro, alegando que no había suficiente dinero para continuarlas. Pero Sangallo sabía que la causa de aquella decisión era Miguel Ángel. No lo atacó directamente. Confió dicha misión a su ayudante, Nanni di Baccio Bigio, que tenía una larga tradición de hostilidad hacia Miguel Ángel, heredada de su padre, que había sido excluido del trabajo arquitectónico en la abortada fachada de San Lorenzo, y de su otrora amigo florentino Baccio Bandinelli, el más encarnizado de los opositores que tenía Miguel Ángel en Toscana.

Baccio Bigio, que aspiraba a suceder a Sangallo como arquitecto de San Pedro, poseía una inextinguible serie de cuerdas vocales que ahora empleó para un ataque de represalia contra el *Juicio Final*. Dijo que aquel fresco agradaba a los enemigos de la Iglesia y producía numerosas conversiones a la religión luterana. Sangallo y

Bigio consiguieron una declaración del cardenal Caraffa en el sentido de que todas las obras de arte y todos los libros deberían ser aprobados previamente por su comisión.

No obstante, los viajeros que llegaban a la Capilla Sixtina caían de rodillas ante el maravilloso fresco, como lo había hecho el papa Pablo III, y se arrepentían de sus pecados. Hasta un poeta tan disoluto como Molza de Módena se convirtió ante el *Juicio Final*.

Un día, Miguel Ángel se lamentó ante Tommaso:

—Cuando se trata de mí, no hay términos medios. O soy el maravilloso maestro del mundo o el mayor monstruo del planeta. El grupo de Sangallo ha formado una imagen mía con el material del cual están hechos sus propios corazones.

—¡Bah! —respondió Tommaso—. ¡Son simples ratones que intentan minar la Gran Muralla de la China!

—Más se parecen a mosquitos, que pican lo suficiente como para extraer sangre —dijo Miguel Ángel.

Bindo Altoviti, que había sido miembro del último Consejo Florentino y era uno de los líderes de los desterrados en Roma, eligió aquel monumento para declarar en la corte que los muros defensivos de Miguel Ángel en San Miniato habían sido "una obra de arte". El Papa mandó llamar a Miguel Ángel para que interviniese en una conferencia sobre las defensas del Vaticano, juntamente con la comisión ya designada. Su hijo Pier Luigi era el presidente; Antonio da Sangallo, el arquitecto. Y en ella figuraban también Alessandro Vitelli, oficial experimentado en cuestiones de guerra, y Montemellino, oficial de artillería e ingeniero.

Sangallo miró airado a Miguel Ángel. Éste besó el anillo del Papa y luego fue presentado a los demás. El Papa señaló el modelo realizado por Sangallo y dijo:

—Miguel Ángel, deseamos que nos dé su opinión. Tenemos aquí algunos problemas graves, puesto que nuestras defensas no son adecuadas para resistir a un ejército como el de Carlos V.

Una semana después, tras haber estudiado el terreno, Miguel Ángel volvió al estudio del Papa, donde ya se encontraba reunida la comisión para escuchar su veredicto.

—Santidad —dijo Miguel Ángel—. He pasado tres días analizando cuidadosamente los accesos al Vaticano. Mi opinión sincera es que las murallas proyectadas por Sangallo no podrán ser defendidas.

Sangallo se puso en pie de un salto.

—¿Y por qué no pueden ser defendidas? —gritó furioso.

—Porque han sido diseñadas para proteger un área excesivamente grande. Algunas de sus posiciones en las colinas detrás de nosotros y los muros que llegan hasta el Trastevere a lo largo del Tíber podrían recuperarse fácilmente.

—¿Me permite que le recuerde que la gente lo califica como pintor y escultor? —replicó Sangallo, fríamente sarcástico.

—Sí, pero mis bastiones de Florencia jamás fueron quebrados.

—Porque no fueron atacados.

—En efecto, los ejércitos del Emperador los respetaron tanto que no se animaron a atacarlos.

—¿Y sobre la base de un insignificante muro en San Miniato pretende erigirse en un experto que reemplazará mis fortificaciones por otras? —gritó Sangallo.

—¡Basta! —exclamó el Papa severamente—. ¡Se suspende la sesión!

Miguel Ángel dejó tras de sí su critica al plan de Sangallo, juntamente con detallados dibujos en los cuales se indicaban las modificaciones que debían introducirse para dar una protección adecuada al área del Vaticano. Pier Luigi Farnese y Montemellino estuvieron de acuerdo con aquel análisis. El Papa permitió que se complementasen algunos de los muros de Sangallo en la parte del río, así como su encantador portón dórico. El resto de los trabajos se suspendió. Miguel Ángel fue designado arquitecto asesor de la Comisión de Defensa, no para reemplazar a Sangallo sino para trabajar con él.

La siguiente escaramuza se produjo cuando Sangallo sometió su diseño para las ventanas del tercer piso y la cornisa del palacio Farnese, que había estado construyendo por partes, durante largos años, para el cardenal Farnese, antes que éste fuera ungido Papa. Miguel Ángel había visto frecuentemente el palacio en construcción, pues éste daba a la plaza que estaba a una cuadra de distancia de la residencia de Leo Baglioni. Le había parecido que el diseño era pesado, más propio de los bastiones de una fortaleza de otra época, con una exagerada solidez en su masa de piedra, pero sin la elevada belleza que semejante masa debía dar a sus alas. Ahora el Papa pidió a Miguel Ángel que le escribiera una sincera crítica de la construcción. Miguel Ángel marcó un capítulo del libro de Vitrivius sobre arquitectura, lo envió al Vaticano por medio de Urbino y luego escribió algunas enérgicas páginas para demostrar que el palacio Farnese no tenía "orden de ninguna clase, pues el orden es una delicada adaptabilidad a los elementos del trabajo, separada y universalmente colocados, y coherentemente dispuestos". Además, también carecía de disposición, elegancia, estilo, conveniencia, armonía, propiedad o "una confortable disposición de los lugares".

Terminó diciendo que, si eran diseñadas brillantemente, las ventanas superiores y la cornisa podrían resultar el elemento salvador.

Como corolario de aquella carta, el Papa declaró abierto a concurso el diseño del piso superior y la cornisa decorativa. Numerosos artistas, entre ellos Giorgio Vasari, Pierino del Vaga, Sebastiano del Piombo y Jacopo Meleghino, anunciaron que se ponían a trabajar inmediatamente en el diseño. Y lo mismo hizo Miguel Ángel Buonarroti.

—Es indigno de usted competir en ese concurso, contra artistas vulgares, de esos que se encuentran a montones por todas partes —protestó Tommaso, al enterarse—. ¿Y si pierde? Resultaría humillante, un rudo golpe para su prestigio.

—No perderé, Tommaso.

Su cornisa era escultura, tallada y brillantemente decorada. Los arcos y las esbeltas columnas de las ventanas daban al palacio la elegancia que necesitaba para soportar airosamente aquella pesada masa de piedra.

El Papa estudió atentamente los diseños que habían sido extendidos sobre una larga mesa. Se hallaban presentes Sangallo, Vasari, Sebastiano y Dal Vaga. De pronto, el Pontífice alzó la cabeza y anunció:

—Deseo elogiar todos estos diseños por ingeniosos y muy hermosos. Pero estoy seguro de que todos estarán de acuerdo conmigo en que eso que acabo de decir es especialmente cierto en lo que se refiere al diseño del divino Miguel Ángel...

Miguel Ángel había salvado al palacio Farnese de la mediocridad, pero los chismes decían que lo había hecho únicamente para reemplazar a Sangallo como arquitecto de San Pedro y que ahora lo único que tenía que hacer para conseguirlo era entrar en el salón del trono y anunciar al Papa que deseaba hacerse cargo de dicha construcción.

—No haré semejante cosa —dijo Miguel Ángel al cardenal Niccolo, en el palacio Medici.

La Comisión de Inquisición del cardenal Caraffa comenzó a corregir las obras literarias clásicas y a impedir que se imprimiesen nuevos libros. Miguel Ángel se asombró al enterarse de que sus poesías eran consideradas como literatura seria y que sus sonetos sobre Dante, la Belleza, el Amor, la Escultura, la Pintura y el Artista eran copiados y distribuidos de mano en mano. Algunos de sus madrigales fueron convertidos en canciones con música especial para ellos. Le llegaron noticias de que se estaban dando conferencias sobre su poesía en la Academia Platón de Florencia y sus autores eran profesores de las universidades de Bolonia, Pisa y Padua.

Urbino instaló la tumba del papa Julio II en San Pietro de Vincoli. Miguel Ángel consideró que el monumento era un fracaso, pero el *Moisés*, sentado en el centro de la pared de mármol, dominaba la iglesia con un poder solamente igualado por el de Dios en el *Génesis* y Cristo en el *Juicio Final*.

Estableció un despacho de arquitectura en una de las habitaciones de la casa y puso a Tommaso de Cavalieri a cargo de los diseños para la obra del palacio Farnese.

Completó la *Conversión de San Pablo*, en la cual Cristo aparecía inclinado hacia abajo en el cielo, con una multitud de ángeles sin alas a ambos lados. Pablo, caído de su caballo, estaba aturdido y aterrado ante la revelación. Algunos de sus soldados trataban de levantarlo, mientras otros huían poseídos de pánico. La fuerte figura del caballo dividía a los dos grupos de viajeros y soldados en tierra y Cristo dividía a los ángeles en las alturas.

Hizo que Urbino cubriese de *intonaco* la parte destinada a la Crucifixión de Pedro. Mientras la pared se estaba secando, cerró las puertas con llave, para preparar el bloque del Descenso de la Cruz: un Cristo a quien sostenía por un lado la Virgen y por el otro María Magdalena. Detrás se veía a Nicodemo, que no era más que un autorretrato suyo.

Las reputaciones en Roma se forjaban y se deshacían en el tiempo que tardaría un hombre en partir una nuez. Cuando Miguel Ángel se negó a sacar provecho de su victoria para obligar a Sangallo a retirarse de San Pedro, la ciudad le perdonó su crítica a los planes originales del palacio Farnese.

Le llegó una carta de Aretino, escrita en Venecia. Aunque jamás había visto al hombre, Miguel Ángel había recibido docenas de cartas de él en los últimos años. En ellas, Aretino había alternado las más obsequiosas loas con amenazas de destrucción contra Miguel Ángel, si éste continuaba negándole el obsequio de algunos dibujos suyos. Estaba a punto de arrojar aquella nueva epístola al fuego, sin abrirla, cuando algo de la forma en que Aretino había escrito su nombre a través del sellado pliego le llamó la atención.

Rompió el sello mientras sentía una vaga inquietud.

La carta comenzaba con un ataque al *Juicio Final* y se lamentaba que Miguel Ángel no hubiera seguido los consejos que él, Aretino, le había dado en sus numerosas cartas, en el sentido de representar el mundo, el paraíso y el infierno con la gloria, honor y terror debidos.

Luego pasaba a insultar a Miguel Ángel calificándolo de "avaricioso" por haber accedido a construir una tumba para un Papa indigno y de "falso y ladrón" por haber aceptado "los montones de oro que el papa Julio II le dio sin dar a los Rovere nada a cambio de ese dinero".

Asqueado, pero fascinado por el violento tono de acusación, alternado con el ruego de la larga carta, Miguel Ángel continuó leyendo:

> *…Ciertamente habría sido bueno que hubiera cumplido su promesa con la debida atención, aunque no fuera más que para silenciar a las lenguas malignas que lo acusan de que sólo un Gherardo o un Tommaso saben cómo obtener sus favores por medio de la seducción.*

Un terrible escalofrío recorrió el cuerpo de Miguel Ángel. ¿A qué lenguas malignas se refería Aretino? ¿A qué favores? Sus dibujos eran suyos y podía hacer con ellos lo que se le antojase. Nadie había necesitado "seducirlo" para obtenerlos.

Dejó caer las hojas del infame papel y empezó a sentirse mal. Durante los setenta años de su vida lo habían acusado de numerosas cosas: de ser arrogante, insociable, altanero, poco amigo de asociarse con nadie que no tuviera gran talento, elevadísima posición… Pero jamás se había formulado una insinuación como la que acababa de leer. Gherardo era un ex aprendiz suyo y amigo, de Florencia, a quien había regalado algunos dibujos hacía más de veinte años. Tomma-

549

so de Cavalieri era el alma más noble, el hombre más inteligente y bien nacido de toda Italia. ¡Era increíble! Por espacio de cincuenta años, desde que Argiento había llegado ante él, había tomado aprendices, ayudantes y criados en su casa. Al menos unos treinta jóvenes habían vivido y trabajado con él, crecido con él o a su lado, en aquella tradicional relación entre maestro y discípulo. Jamás, en su asociación con los jóvenes aprendices, desde la *bottega* de Ghirlandaio, se había murmurado una sola palabra contra su intachable conducta. ¡Qué blanco ideal para el chantaje hubiera sido, de haberse puesto una sola vez a merced de alguien!

La acusación de blasfemo por su concepción del *Juicio Final* y la referente a que había defraudado a la familia Rovere podían ser defendidas y destruidas sin mucho esfuerzo. Pero verse ante esa falsa imputación a la altura de la vida en que se hallaba, una acusación no muy distinta a la que se había lanzado públicamente contra Leonardo da Vinci en Florencia, hacía tanto tiempo, le parecía un golpe tan devastador como jamás lo había sido ningún otro de los muchos recibidos en su vida.

No necesitó mucho tiempo el veneno de Aretino para filtrarse hasta Roma. Unos días después, Tommaso llegó al taller pálido, apretados los labios de ira. Cuando Miguel Ángel insistió en conocer la causa de aquella actitud, Tommaso respondió:

—Anoche me enteré por un obispo, en la corte, de la carta que le ha escrito Aretino.

Miguel Ángel se dejó caer, abatido, sobre una silla.

—¿Cómo debe proceder uno ante semejante alimaña? —preguntó con voz ronca.

—De un modo sencillo. Acceder a sus peticiones. Así es como ha prosperado hasta ahora.

—¡Siento mucho esto, Tommaso! —dijo Miguel Ángel, entristecido—. ¡Hubiera dado mi vida para ahorrarle esta situación embarazosa!

—Es por usted por quien estoy preocupado, Miguel Ángel, no por mí. Mi familia y mis amigos me conocen perfectamente. Se reirán de esa infame mentira y no le harán caso… Pero usted, mi querido amigo, es reverenciado en toda Europa. Es a usted a quien Aretino quiere herir, a usted y a su posición, a su trabajo… ¡Yo no le causaría el menor daño por nada del mundo!

—Jamás podría usted causarme daño, Tommaso. Su amor y admiración hacia mí han constituido mi alimento espiritual. Enferma la marquesa Vittoria, el suyo es el único amor con el que puedo contar para sostenerme. Yo haré como usted respecto a ese infame calumniador. Lo despreciaré como se desprecia a los viles chantajistas. Continuemos con nuestras vidas y nuestro trabajo. Ésa es la respuesta más apropiada para Aretino y quienes crean sus palabras.

III

En sus dibujos para la Crucifixión de Pedro, se empeñó audazmente en hallar una nueva expresión para la pintura. En el centro del diseño dibujó un agujero que se estaba abriendo para contener la cruz. Pedro aparecía clavado en ella, cabeza abajo, mientras la cruz estaba apoyada diagonalmente sobre una gran roca. Poco herido todavía por aquellos clavos, Pedro miraba al mundo con expresión indignada: su rostro maduro era fieramente elocuente en su condena, no sólo de los soldados que lo rodeaban y dirigían la crucifixión o de los obreros que estaban ayudando a levantar la cruz, sino de todo el mundo: una acusación de tiranía y crueldad tan potente como la del *Juicio Final.*

Cuando estaba completando el boceto de los dos centuriones romanos y lamentaba no poder dibujar sus caballos con el genio con que Leonardo da Vinci había pintado siempre esos animales, las campanas de las iglesias comenzaron a tañer tristemente sobre la ciudad. Su criada irrumpió corriendo en el taller y exclamó:

—*Messere!...* ¡Sangallo ha muerto!

—¿...muerto? Pero si estaba construyendo en Terni...

Enfermó repentinamente y acaban de traer su cadáver a Roma.

El papa Pablo III despidió a Antonio da Sangallo con unas exequias espectaculares. Su féretro fue llevado por las calles con gran pompa y seguido por los artistas y artesanos que habían trabajado con él a través de los años. En la iglesia, Miguel Ángel, acompañado por Tommaso y Urbino, escuchó las loas tributadas al extinto, que fue calificado como "uno de los más grandes arquitectos desde que los antiguos construyeron Roma". Cuando regresaban, Miguel Ángel comentó:

—Ese panegírico es el mismo, palabra por palabra, que escuchó cuando murió Bramante, a pesar de lo cual, el papa León X suspendió todos los trabajos que realizaba Bramante para el Vaticano, de la misma manera que Pablo III suspendió la construcción del palacio Farnese por Antonio da Sangallo, los muros defensivos del Vaticano y San Pedro...

Tommaso se detuvo bruscamente, se volvió y miró a Miguel Ángel.

—¿Cree...? —inquirió.

—¡Oh, no, Tommaso!

El superintendente de la construcción sugirió que Giulio Romano, escultor y arquitecto, discípulo de Rafael, fuese llamado de Mantua, donde se hallaba, y designado arquitecto de San Pedro.

El papa Pablo III exclamó enérgico:

—¡De ninguna manera!... ¡Será Miguel Ángel Buonarroti y nadie más!

Miguel Ángel fue llamado por un paje y se dirigió al Vaticano en su hermoso caballo blanco.

El Papa estaba rodeado por un contingente de cardenales y cortesanos. Al verlo, exclamó:

—Hijo mío... ¡Lo designo arquitecto oficial de San Pedro!

—Santo Padre... ¡no puedo aceptar ese cargo!

Hubo un fugaz brillo en los ojos fatigados pero todavía astutos del Pontífice.

—¿Va a decirme acaso que la arquitectura no es su profesión?

Miguel Ángel enrojeció. Se había olvidado que el papa Pablo III, entonces cardenal Farnese, se hallaba en aquel mismo salón del trono cuando Julio II lo contrató para decorar la Capilla Sixtina y él respondió angustiado: "No es mi profesión, Santidad".

—Santo Padre —dijo—, podría verme obligado a derribar todo cuanto ha construido Antonio da Sangallo, despedir a los contratistas empleados por él... Toda Roma estaría contra mí como una sola persona. Tengo que completar la Crucifixión de Pedro. En la actualidad tengo algo más de setenta años. ¿Dónde podría hallar la fuerza vital necesaria para construir, desde los cimientos, la iglesia más imponente de toda la cristiandad? No soy Abraham, Santo Padre, que vivió ciento setenta y cinco años...

El Papa se mostró singularmente despreocupado por toda aquella lista de dolores y lamentos. Sus ojos brillaron.

—Hijo mío, todavía es joven. Cuando llegue a mi augusta edad de setenta y ocho años, le permitiré que hable de vejez. ¡Antes, de ninguna manera! Y para entonces, ya habrá terminado de construir San Pedro... o la obra estará muy adelantada.

Miguel Ángel sonrió, aunque con evidente melancolía.

Salió de los terrenos del Vaticano por la Puerta Belvedere y emprendió la larga subida hasta la cima del Monte Mario. Después de descansar y observar la puesta del sol, descendió por el lado opuesto a San Pedro. Todos los trabajadores se habían retirado ya. Recorrió los cimientos construidos por Sangallo, las paredes bajas para la serie de altares, que se extendían por el lado sur. Los numerosos y pesados pilares, sobre los cuales Sangallo había tenido la intención de construir una nave, y dos pasillos tendrían que ser destruidos. Las grandes bases de cemento para las dos torres o campanarios tendrían que desaparecer, igual que los soportes que se estaban construyendo para la pesada cúpula.

Su recorrido de inspección terminó al anochecer. Al encontrarse frente a la Capilla de María de la Fiebre, entró y se detuvo en la oscuridad ante su *Piedad*. Lo desgarraba un conflicto interior. Todo movimiento que había hecho desde el día en que denunció por primera vez la mezcla de cemento que Bramante empleaba, lo había ido empujando hacia un hecho insoslayable: hacerse cargo de aquella magna obra. Deseaba sinceramente salvar la iglesia, convertirla en un glorioso monumento al cristianismo. Siempre había tenido la sensación de que aquella era su iglesia, que, de no ser por él, posiblemente jamás habría sido concebida. Entonces, ¿no era él responsable de la suerte definitiva del templo?

Sabía también la enorme dimensión de la tarea, la encarnizada oposición que encontraría, los largos años de durísimo trabajo. El final de su vida sería de un esfuerzo mucho más agotador que cualquier otro período anterior de la misma.

Pero de pronto, se serenó. ¡Claro que tenía que construir San Pedro! ¿Acaso la vida no era para ser trabajada y sufrida hasta el fin?

Se negó a recibir paga alguna por sus servicios como arquitecto ni siquiera cuando el Papa le hizo llegar una bolsa que contenía cien ducados. Pintaba desde la primera luz del día hasta la hora del almuerzo en la Capilla Paulina y luego caminaba los pocos pasos que lo separaban de San Pedro para inspeccionar las obras de derribe. Los obreros se mostraban hoscos y mal dispuestos hacia él... pero obedecían las órdenes que él les daba. Descubrió, con el consiguiente desaliento, que los cuatro pilares principales de Bramante, que habían sido preparados en distintas ocasiones por Rafael, Peruzzi y Sangallo, seguían defectuosos y no sostendrían la tribuna y la cúpula hasta que no se vertieran en ellos más toneladas de cemento. La revelación de aquella debilidad todavía evidente enfureció aún más al superintendente de la construcción y a los contratistas que habían trabajado a las órdenes de Sangallo; opusieron tantos obstáculos que el Papa tuvo que emitir un decreto declarando a Miguel Ángel superintendente, además de arquitecto, y ordenando a todos cuantos estaban empleados en la construcción de San Pedro que debían obedecer ciegamente sus órdenes. Miguel Ángel eliminó poco después a los contratistas y artesanos que a pesar de la orden se empeñaron en seguir siendo hostiles.

Desde aquel momento, la construcción comenzó a crecer con un impulso que asombró e incluso asustó a Roma.

Una Comisión de Conservadores Romanos, impresionada ante aquellos progresos, se presentó a preguntar a Miguel Ángel si se haría cargo de salvar la colina Capitolino y la ladera denominada Campidoglio, que habían sido sede de religión y gobierno del Imperio Romano, con sus templos a Júpiter y Juno Moneta. Aquel glorioso lugar estaba ahora en ruinas. Los antiguos templos eran montones de piedras; el edificio del Senado era una arcaica fortaleza en cuyo terreno pastaban animales y la extensión plana se hallaba convertida en un mar de barro en invierno y de tierra en verano. ¿Aceptaría Miguel Ángel la tarea de restaurar el Campidoglio a su grandeza de antaño?

—¿Que si acepto? —dijo Miguel Ángel a Tommaso cuando los conservadores se habían retirado ya, dejándole que estudiase su ofrecimiento—. ¡Si pudiese estar presente ahora Giuliano da Sangallo! ¡Ése era su sueño! ¡Me ayudará, Tommaso! Podemos hacer que se materialice la esperanza suya de reconstruir Roma...

Los ojos de Tommaso bailaban como estrellas en una noche de viento.

—Gracias a sus enseñanzas, creo que puedo realizar esa obra. Verá cómo llego a convertirme en un buen arquitecto.

—Proyectaremos algo muy grande, Tommaso, cuyos trabajos necesiten los próximos cincuenta años. Cuando yo haya desaparecido, usted completará la obra de acuerdo con nuestros planos.

Ahora que trabajaba como arquitecto con tiítulo reconocido, designó a Tommaso su ayudante, asignando un espacio adicional en la casa para la arquitectura. Tommaso, que era un dibujante meticuloso, se estaba convirtiendo rápidamente en uno de los arquitectos jóvenes más capaces de la ciudad.

Ascanio Colonna, hermano de Vittoria, se había visto envuelto en una disputa con el Papa relativa al impuesto sobre la sal y su ejército particular fue atacado por las fuerzas papales. Ascanio fue expulsado de Roma y se confiscaron todas las propiedades de la familia. El antagonismo del cardenal Caraffa hacia Vittoria se intensificó entonces. Varios de sus amigos de antes huyeron a Alemania y se plegaron a los luteranos, lo cual contribuyó aún más a condenar a Vittoria ante la Comisión de Inquisición. Entonces se refugió en el convento de Santa Ana de Finari, sepultado entre los jardines y columnas del antiguo Teatro de Pompeyo.

Cuando Miguel Ángel iba a visitarla los domingos a la tarde, algunas veces no conseguía arrancarle una sola palabra. Llevaba dibujos para tratar de interesarla en las obras que estaba realizando, pero ella sólo demostró interés cuando le anunció que había conseguido un permiso especial para visitar la Capilla Sixtina a fin de contemplar el *Juicio Final* o cuando él le habló de la cúpula de San Pedro, que todavía era un proyecto vago en su mente. Ella sabía que Miguel Ángel admiraba el Panteón y el Duomo de Florencia.

—Porque son escultura pura —dijo ella.

—¡Vittoria! ¡Cuánto bien me hace verla sonreír!

—¡No tiene que creer que soy desgraciada, Miguel Ángel! ¡Espero con tembloroso júbilo mi reunión con Dios!

—*Cara!*... ¡Debería enojarme con usted! ¿Por qué tiene tanta ansia por morir cuando hay alguno de nosotros que la amamos tan tiernamente? ¿No es un egoísmo de su parte?

Ella tomó una de las manos de Miguel Ángel entre las suyas. En los primeros días de su amor, aquello habría sido para él un momento de inmensa importancia: ahora sólo podía sentir cuán duros eran los huesos de aquellas manos que aprisionaban la suya. Los ojos de Vittoria quemaban cuando susurró:

—¡Perdóneme que lo haya decepcionado! Yo puedo perdonarme eso sólo porque sé que no me necesita realmente. Un nuevo Descenso de la Cruz, en mármol, una escalinata real para el Campidoglio, una cúpula para San Pedro, esos son sus verdaderos amores. Ha creado majestuosamente antes de conocerme y creará majestuosamente cuando yo me haya ido ya.

Antes de que tuviera tiempo para visitarla otro domingo, fue llamado al palacio Cesarini, residencia de un primo Colonna que se había casado con una Cesarini. En la portada fue recibido por un servidor, que lo llevó a un jardín.

—¿La marquesa? —preguntó ansioso al médico, que salió de la residencia a saludarlo.

—No verá la salida del sol —respondió el facultativo con tristeza.

Miguel Ángel recorrió el jardín mientras los cielos avanzaban en su ciclo. Por fin, a las cinco de la tarde, fue admitido en el palacio. Vittoria yacía con la cabeza apoyada en una gran almohada, sus cabellos, de apagado cobre, envueltos en una capucha de seda. Parecía tan joven y hermosa como la primera vez que él la había visto. Su expresión era sublime, como si ya hubiera superado todas las dificultades y dolores terrenales.

Donna Filippa, la abadesa de Santa Ana de Finari, ordenó en voz baja, acongojada, que fuese llevado el féretro a la habitación. Estaba cubierto de alquitrán.

—¿Qué significa ese alquitrán? ¡La marquesa no ha muerto de enfermedad infecciosa! —exclamó Miguel Ángel.

—Tememos represalias, *signore* —murmuró la abadesa—. Tenemos que llevar a la marquesa al convento y sepultarla, antes de que sus enemigos puedan reclamar el cadáver.

Miguel Ángel ansiaba inclinarse y depositar un beso en la frente de su querida muerta. Lo contuvo el hecho de que, en vida, ella jamás le había ofrecido otra cosa que su mano.

Regresó a su casa, con el cuerpo y el alma doloridos. Se sentó ante su mesa de trabajo, tomó papel y pluma y escribió:

> *Si estando cerca del fuego ardí con él,*
> *ahora que su apagada llama no se ve,*
> *no es extraño que me consuma lentamente*
> *hasta ser sólo ceniza, como el fuego.*

En su testamento, Vittoria había pedido a la abadesa que eligiera el lugar de su tumba. El cardenal Caraffa prohibió el sepelio. Por espacio de casi tres semanas, el féretro fue dejado en un rincón de la capilla del convento, sin que nadie se acercase a él. Por fin, Miguel Ángel fue informado que había sido sepultada en el muro de la capilla, pero cuando llegó a la iglesia no le fue posible hallar la menor señal de aquel emparentamiento. La abadesa miró a su alrededor cautelosamente y luego respondió a su pregunta:

—La marquesa ha sido llevada a Nápoles. Descansará al lado de su esposo en San Domenico Maggiore.

Miguel Ángel retornó a su casa extenuado, masticando aquella amarga hierba de la ironía: el marqués, que había huido de su esposa durante su vida matrimonial, la tendría ahora a su lado para siempre. Él, Miguel Ángel, que había hallado en Vittoria el supremo amor de su vida, jamás había podido estar junto a ella.

IV

A los ojos del mundo era, realmente, "El Maestro". El papa Pablo III le asignó una tarea más: el diseño y construcción de las obras de defensa que darían mayor seguridad al Vaticano y la dirección de la obra de erección del Obelisco de Calígula en la Piazza San Pietro. El duque Cosimo le rogó que regresase a Florencia, a fin de crear esculturas para la ciudad. El rey de Francia depositó una suma de dinero en un Banco de Roma a nombre de Miguel Ángel, para el día en que el gran artista pudiera esculpir o pintar algo para él. El sultán de Turquía ofreció enviarle una escolta para que fuese a trabajar para él a Constantinopla. En todas partes había un encargo artístico que otorgar: en Portugal, una Madonna della Misericordia para el Rey; en Milán, una tumba para uno de los distantes Medici; en Florencia, un palacio ducal… Miguel Ángel era consultado respecto al tema, diseño y artista a quien consideraba que debía darse el encargo.

No permitía que nadie entrase en la Capilla Paulina mientras él pintaba, pero su taller estaba siempre lleno de artistas procedentes de toda Europa, a quienes empleaba, alentaba, enseñaba o buscaba encargos.

Y de pronto, después de semanas y meses de energía generosamente vertida en su trabajo, cayó enfermo sin saber de qué: una fuerte tensión en los músculos de los muslos, un taladrante dolor en las ingles, una debilidad en el pecho que le impedía respirar, agudos dolores en los riñones… Entonces, sentía como si su cerebro se encogiese y se tornaba malhumorado, fastidioso hasta con sus más íntimos amigos y parientes. Pero reaccionaba, volvía a la normalidad y entonces su cerebro se ensanchaba de nuevo y decía a Tommaso, arrepentido:

—¿Por qué me porto como un viejo cascarrabias? ¿Será porque los años se me van ahora con tanta rapidez?

—Granacci me dijo un día que a los doce años de edad ya era usted un cascarrabias.

—Y tenía mucha razón. Dios bendiga su memoria.

Granacci, su más viejo amigo, había muerto, lo mismo que Balducci, Leo Baglioni y Sebastiano del Piombo. Cada mes que pasaba, él parecía hallarse más cerca del vértice del ciclo vida-muerte. Una carta de Leonardo le llevó la noticia de que su hermano Giovansimone había fallecido y yacía en Santa Croce. Reprochó a su sobrino por no haberle enviado los detalles de la enfermedad de su hermano. Además, se refirió a la cuestión del casamiento de Leonardo, que ya se estaba acercando a los treinta años, por lo cual Miguel Ángel consideraba que era hora de que buscase esposa y tuviese hijos para perpetuar el apellido Buonarroti.

Tommaso de Cavalieri se había casado. Esperó a tener treinta y ocho años y luego se comprometió con una joven perteneciente a una noble familia romana. La boda fue suntuosa. Asistió a ella el Papa con su corte y toda la nobleza romana, la colonia florentina y los artistas de la ciudad. Al cabo de un año, la esposa del gran amigo obsequió a su marido con su primer hijo.

Pero aquel nacimiento fue seguido por una rápida muerte: la del papa Pablo III, que enfermó de dolor ante la incorregible mala conducta de su nieto Ottavio y el asesinato de su hijo Pier Luigi, a quien había impuesto ilegalmente en el ducado de Parma y Piacenza. En contraste con el sepelio del papa Clemente, el de Pablo fue profundamente sentido por el pueblo, que exteriorizó elocuentemente su dolor.

Cuando el Colegio de Cardenales se reunió para elegir nuevo Papa, la colonia florentina abrigaba gozosas esperanzas, pues creía que le había llegado el turno al cardenal Niccolo Ridolfi, el hijo de Contessina. No tenía enemigos en Italia, a excepción del pequeño grupo que compartía el poder con el duque Cosimo de Florencia. No obstante, Niccolo tenía un poderoso enemigo fuera de Italia: Carlos V, el Emperador del Sacro Imperio Romano. Durante el cónclave que se realizó en la Capilla Sixtina y con la elección ya casi resuelta en favor de Niccolo, éste enfermó tan repentina como gravemente. A la mañana siguiente había fallecido. El doctor Rinaldo Colombo realizó la autopsia y una vez terminada fue al taller de Miguel Ángel en Macello dei Corvi. Miguel Ángel lo miró con ojos entristecidos:

—¿Asesinato?

—Sin la menor duda.

—¿Ha encontrado pruebas?

—Si yo mismo hubiese administrado el veneno no podría estar más seguro de que la causa de la muerte del cardenal Niccolo ha sido un veneno. Lottini, el agente del duque Cosimo, puede haber tenido ocasión…

Miguel Ángel bajó la cabeza, atribulado.

—Una vez más se desvanecen nuestras esperanzas para Florencia.

Como siempre que los acontecimientos del mundo exterior lo golpeaban y dejaban desolado, se volvió a sus mármoles. Ahora, en el Descenso de la Cruz, que estaba esculpiendo con la esperanza de que sus amigos lo colocaran en su propia tumba una vez muerto, tropezó con un extraño problema: la pierna izquierda de Cristo obstaculizaba el diseño. Después de considerar muy cuidadosamente el problema, cortó dicha pierna por completo. La mano del Cristo, extendida hacia abajo y estrechando la de la Virgen, ocultaba hábilmente el hecho de que sólo quedaba allí una pierna.

El Colegio de Cardenales eligió Papa a Giovan Maria de Ciocchi del Monte, de sesenta y dos años, que adoptó el nombre de Julio III. Miguel Ángel lo conocía desde hacía mucho tiempo por haberlo visto en la corte. El nuevo Pontífice había ayudado a redactar varias veces el mismo contrato para la tumba de Julio II. Tres veces, durante el asedio de 1527, el cardenal Ciocchi del Monte había sido apresado por las fuerzas del Emperador y llevado a la horca frente a la casa de Leo Baglioni, en el Campo dei Fiori, para ser perdonado las tres veces en el último instante. Su principal interés en la vida era el placer.

—Debería haber adoptado el nombre de León XI —confió Miguel Ángel a Tommaso—. Probablemente parafraseará la declaración de León X, diciendo: "Puesto que Dios me ha salvado tres veces de la horca, para ungirme Papa, estoy decidido a gozar este Papado".

—Será un buen Papa para los artistas —respondió Tommaso—. Su compañía es la que más le agrada. Tiene el proyecto de ensanchar su villa de las cercanías de la Porta del Popolo hasta convertirla en suntuoso palacio.

Miguel Ángel fue llamado rápidamente a la villa del papa Julio III, que ya se estaba llenando de antiguas estatuas, columnas, pinturas y artistas de todas clases. La mayor parte de ellos había recibido ya encargos. Hasta entonces, el nuevo Pontífice no había hablado sobre la continuación de las obras de San Pedro y Miguel Ángel esperaba su palabra al respecto con gran ansiedad.

Julio III tenía una prominente nariz que descendía sobre su labio superior. Era aquél el único rasgo fisonómico que emergía de su espesa barba gris. Comía prodigiosamente. Su barba parecía ocultar una trampa en la cual caían enormes cantidades de alimentos.

De pronto, Julio III pidió silencio y los comensales callaron inmediatamente:

—Miguel Ángel —exclamó el Pontífice, con su voz brusca y poderosa—. No le he pedido que trabaje para mí, porque respeto su edad…

—No hay entre la suya y la mía, Santidad, más que una diferencia de doce pequeños años —respondió Miguel Ángel, con fingida humildad—. Y puesto que todos sabemos cuán intensamente habrá de luchar para que su pontificado sea verdaderamente notable, no puedo osar reclamar para mí que se me exima por esa causa.

A Julio III le agradó aquel sarcasmo.

—Es tan valioso para nosotros, querido maestro, que daría con gusto años de mi vida si ellos sirviesen para aumentar la suya.

Miguel Ángel vio al Papa que despachaba una enorme ración de ganso y pensó: "Nosotros, los toscanos, somos frugales y por eso vivimos tanto".

En voz alta dijo:

—Aprecio debidamente su ofrecimiento, Santo Padre, pero velando por los intereses del mundo cristiano no puedo permitirle que realice tamaño sacrificio.

—Entonces, hijo mío —replicó Julio III—, si lo sobrevivo, como es probable según el curso natural de la vida, haré que sea embalsamado su cuerpo y lo mantendré cerca de mí, para que sea tan imperecedero como su obra.

El apetito de Miguel Ángel se esfumó por completo. Se preguntó si habría alguna manera de excusarse. Pero Julio III no había terminado con él.

—Hay algunas cosas que me agradaría muchísimo que diseñara para mí —dijo—: una nueva escalinata y fuente para el Belvedere, una fachada para un palacio en San Rocco, monumentos para mi tío y abuelo…

¡Pero ni una sola palabra sobre San Pedro!

El Papa reunió a sus invitados en la viña para oír música y ver algunas obras teatrales. Miguel Ángel se retiró disimuladamente. Lo único que deseaba de Julio III era que lo confirmase en su cargo de arquitecto de San Pedro.

El Papa difería la cuestión. Miguel Ángel mantuvo sus diseños y planes en absoluto secreto. Proporcionaba a los contratistas únicamente las especificaciones para el trabajo de uno o dos días. Siempre había sentido aquella necesidad de secreto respecto a las obras que ejecutaba. Y ahora tenía un motivo perfectamente justificado para trabajar secretamente. Pero eso le creó dificultades.

Un grupo de los contratistas expulsados, encabezado por el persuasivo Bigio, inició el ataque al decir:

—Buonarroti ha derribado una iglesia mucho más hermosa que la que será capaz de construir.

—Procedamos a estudiar su crítica de la presente estructura —dijo el Papa, sonriente.

Un funcionario se puso de pie y exclamó:

—Santo Padre, se están invirtiendo inmensas sumas sin que sepamos en qué. Tampoco se nos ha comunicado nada sobre la forma en que deberá ser llevada adelante la obra.

—Ésa es responsabilidad exclusiva del arquitecto —interpuso Miguel Ángel.

—Santidad, Buonarroti nos trata como si esta cuestión no fuera de nuestra incumbencia. ¡Así somos completamente inútiles!

El Papa reprimió una pulla que jugueteaba en sus labios. El cardenal Cervini levantó los brazos como para indicar los arcos que se estaban construyendo:

—¡Santidad! —dijo—. Como ve, Buonarroti está construyendo tres capillas en cada extremo de estas arcadas transversales. Es nuestra opinión que tal disposición, particularmente en el ábside sur, permitirá solamente una luz muy escasa en el interior…

Los ojos del Papa estudiaban al cardenal por sobre el enmarañado borde de la barba.

—Miguel Ángel —dijo—, me siento inclinado a considerar justificada esa crítica.

Miguel Ángel se volvió hacia el cardenal Cervini y respondió:

—Monseñor, sobre esas ventanas del abovedado, irán otras tres ventanas.

—En ningún momento ha insinuado tal cosa —exclamó el cardenal.

—Ni estaba obligado a hacerlo —replicó Miguel Ángel.

—Tenemos derecho a saber lo que hace —clamó Cervini ya furioso—. ¡No es infalible!

—¡Jamás me obligarán a dar a Su Eminencia o ninguna otra persona información sobre mis intenciones! ¡Su misión es proporcionarme el dinero para la obra y cuidar de que el mismo no sea malgastado. Los planos del edificio me conciernen a mí y solamente a mí!

A través de la vasta construcción se extendió un tenso silencio. Miguel Ángel se volvió hacia el Papa.

—Santo Padre, le es posible ver con una sola mirada la excelente construcción que estoy realizando por el dinero que se me entrega. Si todo este trabajo no tiende a la salvación de mi alma, puesto que me he negado a aceptar pago alguno, habré invertido mucho tiempo, trabajo y disgustos en vano.

El Papa le puso un brazo sobre los hombros.

—Ni su bienestar eterno ni su bienestar temporal sufrirán en absoluto —dijo—. ¡Es el supremo arquitecto de San Pedro! —Y volviendo al grupo de acusadores, agregó con acento severo: —¡Y así será, mientras yo sea el Papa!

Aquella era una victoria para Miguel Ángel, pero acababa de hacerse un nuevo enemigo: el cardenal Marcello Cervini.

V

Para aplacar a Baccio Bigio, el papa Pablo III había quitado a Miguel Ángel el trabajo de reconstrucción que había comenzado en el Ponte Santa Maria. Bigio, a quien se confió la obra, retiró los soportes de piedra del puente para aligerarlo y lo terminó con cemento. Miguel Ángel, que atravesaba un día el puente a caballo, acompañado por Vasari, dijo:

—Giorgio, este puente se está moviendo bajo los cascos de nuestros caballos. Apurémonos, pues puede derrumbarse antes de que lleguemos a su extremo.

Vasari propaló aquella broma por toda Roma. Bigio, al oírla, se puso pálido de rabia.

—¿Qué sabe Buonarroti de puentes? —barbotó, furioso.

A comienzos de 1551, Julio III emitió finalmente su edicto designando a Miguel Ángel arquitecto oficial de San Pedro; pero unos meses después tuvo que suspender todos los trabajos de construcción. Julio estaba gastando una fortuna tan enorme en la Villa del Papa Giulio, a la vez que en diversiones organizadas en colosal escala, que agotó los fondos destinados a la construcción de la gran iglesia.

Le tocó el turno a Miguel Ángel de palidecer de indignación. Y preguntó a Tommaso, mientras ambos se hallaban inclinados sobre sus tableros de dibujo:

—¿Cómo puedo dirigirme al Papa y decirle: "Santidad, su insaciable apetito de placeres nos lleva a la bancarrota. Restrinja su desenfreno, para que podamos terminar la obra de San Pedro"?

—¡Lo haría arrojar a un calabozo de Sant'Angelo! —respondió Tommaso, riendo.

—Entonces, y por doloroso que me resulte, callaré.

Se hallaba todavía agitado cuando se puso a esculpir el Descenso de la Cruz unas horas después. En el antebrazo de Cristo aplicó esmeril, pero tan fuertemente que el brazo se quebró y cayó al suelo. Miguel Ángel dejó el martillo y el cincel y salió de casa.

Pasó frente a los puestos del mercado de Trajano, que parecían negros agujeros abiertos en un acantilado, en la pendiente que subía hasta el Templo de Marte. Triste por el accidente del brazo de Cristo, decidió empezar de nuevo la escultura.

Entró en un patio de la marmolería situado más allá del foro de César y encontró un viejo bloque que había formado parte de una cornisa: una piedra caliza coloreada como mármol, procedente de la zona de Palestina.

A pesar de que la piedra mostraba profundos agujeros, hizo que le fuese enviada al taller y empezó a buscar un nuevo concepto en su mente. En su nueva versión no aparecería Nicodemo: Cristo sería una gigantesca cabeza, brazos y torso, cuyas piernas, escorzadas, se esfumarían, aplastadas bajo su carga. Solamente se verían la cabeza y las manos de María, que intentaba desesperadamente sostener el peso de su hijo muerto.

Regresó a Macello dei Corvi. Urbino lo esperaba con una expresión preocupada.

—*Messere* —dijo—, me desagrada traerle nuevos problemas, pero... ¡tengo que dejarlo!

Miguel Ángel se asombró a tal punto que no pudo contestar. Por fin, al cabo de un momento, preguntó:

—¿Dejarme! ¿Por qué?

—¿Recuerda a la muchacha que elegí en Urbino, hace diez años?

Miguel Ángel movió la cabeza incrédulo. ¿Habían pasado ya diez años?

—Hoy cumple dieciocho años —añadió Urbino—. Ya es hora de que nos casemos.

—Pero, ¿por qué irse? Traiga a su esposa aquí, Urbino, dispondremos un lugar para ustedes y compraremos los muebles. Su esposa podrá tener su propia criada...

Los ojos de Urbino lo miraban desorbitados de sorpresa.

—¿Está seguro, *messere*? —preguntó—. Porque ya tengo cuarenta años y si quiero tener hijos debo darme prisa...

—Éste es su hogar y yo soy su familia. Sus hijos serán mis nietos.

Entregó a Urbino dos mil ducados para que pudiera ser independiente y luego agregó otra suma para que procediese a instalar una habitación para su esposa. Unos días después, Urbino regresó con su flamante mujer, Cornelia Colonelli, una muchacha simpática que se hizo cargo inmediatamente de la dirección de la casa y cumplió su cometido a satisfacción. La joven dio a Miguel Ángel el afecto que habría otorgado al padre de su marido. Y nueve meses después, los esposos bautizaron a su primogénito con el nombre de Miguel Ángel.

Aconsejó a su sobrino de Florencia que adquiriese "una hermosa casa en la ciudad, cuyo costo fuera de mil quinientos a dos mil ducados, pero en nuestro barrio, y en cuanto la hayas encontrado, te enviaré el dinero. Una vez que Leonardo se hubiese instalado en la nueva casa, debía buscar esposa y dedicarse a la muy seria cuestión de engendrar hijos.

Leonardo eligió a Cassandra Ridolfi, parienta lejana de los Ridolfi, con uno de los cuales se había casado Contessina. Miguel Ángel se mostró tan encantado que envió a Cassandra dos anillos, uno con un brillante y otro con un rubí. Cassandra le mandó ocho hermosas camisas. El nuevo matrimonio bautizó a su primer hijo con el nombre de Buonarroto, recordando al padre de Leonardo. El hijo siguiente se llamó Miguel Ángel, pero murió muy pronto, y ello produjo un nuevo dolor al artista.

Para reconstruir el Campidoglio eligió el antiguo edificio del impuesto sobre la sal en Roma, que unos cientos de años antes había sido convertido en un sólido edificio senatorial, y lo transformó en un soberbio palacio, con líricas escalinatas que se alzaban en cada extremo y convergían en una entrada central.

Luego proyectó dos palacios, de diseño idéntico, para cada costado de la plaza que durante siglos había sido un mercado. Empedró el piso de la misma con piedras talladas y buscó en su mente una obra de arte impecable para colocarla en el centro de la plaza. Pensó en el *Laoconte*, el torso de Belvedere, la gigantesca cabeza de piedra de Augusto, pero ninguna de aquellas esculturas le pareció bien. Entonces recordó la estatua ecuestre de bronce del emperador Marco Aurelio, que había permanecido frente a San Juan de Letrán durante tantos siglos, porque los cristianos creían que era la de Constantino, el primer Emperador cristiano. La colocó en una plataforma tan baja que la gloriosa estatua daba la impresión de hallarse a la altura de la gente que salía y entraba en los palacios vecinos. Marco Aurelio parecía como si hubiese acabado de bajar por la senatorial escalinata, montado a caballo, y se dispusiese a cruzar Roma.

En marzo de 1555, Tommaso, Vasari, Raffaello da Montelupo, Ammanati y Daniele da Volterra le ofrecieron una fiesta con motivo de su octogésimo cumpleaños. Las paredes del taller fueron cubiertas de dibujos y proyectos para otros ochenta años futuros...

Dos semanas después, falleció el papa Julio III y, con gran consternación para Miguel Ángel, fue elegido Papa el cardenal Marcello Cervini, que adoptó el nombre de Marcelo II.

Miguel Ángel razonó con absoluta calma que aquello era el fin para él. Un día había dicho al cardenal Cervini que los planes para la construcción de San Pedro no eran cosa de su incumbencia. Pero ahora, como Papa, lo serían, y mucho.

No perdió el tiempo en lamentar su mala suerte. Por el contrario, comenzó de inmediato el arreglo de todos sus asuntos en Roma. Dispuso la transferencia de su cuenta bancaria y sus mármoles a Florencia. Dejaría a Urbino en la casa, pues su esposa Cornelia estaba encinta nuevamente. Quemó sus primeros dibujos de San Pedro y la cúpula y estaba ya a punto de preparar sus alforjas de viaje cuando, después de un reinado de tres semanas, el papa Marcello II dejó de existir.

Fue a la iglesia y ofreció gracias a Dios por haberle dado la fuerza suficiente para no alegrarse de la muerte del Pontífice. Al cabo de otras tres semanas decidió que hubiera sido lo mismo haber partido para Florencia, pues el cardenal Giovanni Pietro Caraffa fue ungido Papa y tomó el nombre de Pablo IV.

Nadie sabía con exactitud cómo había sido elegido. Era un hombre enteramente desagradable, de carácter violento, intolerante con todos y todo lo que lo rodeaba. Sabedor de cuán profundamente era odiado, dijo un día:

—No sé por qué me han elegido Papa, por lo cual tengo que llegar a la conclusión de que no son los cardenales, sino Dios, quien elige a los papas.

—El nuevo Pontífice no perdió un instante en anunciar que su ambición era eliminar la herejía en toda Italia y para ello desató sobre el pueblo romano todos los horrores de la Inquisición española. En un edificio-fortaleza próximo al Vaticano, su Comisión de Inquisición torturaba y condenaba a personas inocentes a quienes se había acusado de delitos no cometidos. Los arrestados no eran sometidos a proceso legal, sino encerrados en calabozos situados en los oscuros sótanos; otros eran quemados vivos en piras instaladas en el Campo dei Fiori... Al mismo tiempo, Pablo IV ungía cardenal a un corrupto sobrino y establecía ducados para otros parientes. Miguel Ángel calculaba que él habría de ser apropiado combustible para las hogueras que ardían perennemente delante de la casa de Leo Baglioni, pero no hizo el menor esfuerzo para huir. El Papa no lo mostró... hasta el día de arreglar cuentas.

Lo recibió en una pequeña y monástica habitación de encaladas paredes y un mínimo de cómodos muebles. La expresión del Pontífice era tan severa como sus ropajes.

—Buonarroti —le dijo—, respeto su trabajo. Pero es implícita voluntad del Concilio de Trento que sean destruidos todos los frescos herejes como el de la pared del altar de la Capilla Sixtina.

—¿El *Juicio Final*? —inquirió Miguel Ángel, aterrado.

Experimentó la sensación de ser un cadáver en la morgue de Santo Spirito y que un disector acababa de serruchar la tapa de su cráneo, extraía el cerebro y lo dejaba caer al suelo. Se había deslizado hasta un extremo del banco que ocupaba y se quedó inmóvil, fijos los ojos en la blanca mancha de la pared que tenía ante sí.

—Sí —respondió el Papa—. Muchos altos dignatarios de la Iglesia consideran que, al pintar esa pared, ha blasfemado, y les confirma esa opinión un artículo escrito en Venecia por Aretino...

—¡Ah, sí, el chantajista!...

—…un amigo de Tiziano, de Carlos V, Benvenuto Cellini, el extinto Francisco I de Francia y Jacopo Sansovino. Estoy convencido de que el Concilio de Trento ha leído y comentado también ese artículo. La gente decente queda aterrada al ver la desnudez de los santos y de los mártires, de centenares de hombres y mujeres que exhiben plenamente todas las partes de sus cuerpos…

Miguel Ángel levantó la cabeza bruscamente:

—Toda esa gente tiene un cerebro mezquino, Santo Padre, e ignora el verdadero carácter del arte.

—¿Califica a su Santo Padre de cerebralmente mezquino, Miguel Ángel? ¿Y de ignorante?… Porque yo soy una de esas personas.

—Mi fresco no es impúdico. ¡Jamás se ha pintado una pared que esté más empapada del amor a Dios!

—Perfectamente, no condenaré a esa pared a ser derribada. Nos limitaremos a cubrir ese fresco con unas capas de cal. Entonces, podrá pintar otro fresco sobre esas capas, un tema que haga felices a todos. Algo sencillo, lleno de devoción, que pueda realizar en poco tiempo.

Estaba demasiado aplastado para luchar. Pero Roma no lo estaba. Sus amigos, admiradores y antiguos conocidos de la corte, incluso un número de cardenales entre los cuales fuguraba Ercole Gonzaga, comenzaron una campaña cuyo propósito era salvar el admirable fresco. Tommaso le llevaba diariamente noticias sobre el progreso de la campaña y de los nuevos paladines ganados: un embajador de Francia, un obispo de Venecia, la noble familia romana…

Y un día se presentó un intermediario anónimo con lo que Roma consideró una brillante solución. Daniele da Volterra, adiestrado en la pintura bajo la dirección de Sodoma y en la arquitectura con Peruzzi, y actualmente uno de los más decididos partidarios de Miguel Ángel, llegó al taller de éste y exclamó, enrojecidas las mejillas:

—¡Maestro! ¡El *Juicio Final* está salvado!

—¡No puedo creerlo! —exclamó Miguel Ángel—. ¿Es que el Papa ha accedido a que quede intacta la pared?

—No será destruida ni cubierta de cal.

Miguel Ángel cayó sobre su silla, respirando fatigosamente.

—¡Tengo que salir inmediatamente a dar las gracias a cuantos ha intercedido para salvar mi fresco! —dijo.

—Maestro —lo interrumpió Daniele, desviando la mirada—. Hemos tenido que pagar un precio…

—¿Qué precio? —inquirió Miguel Ángel, extrañado.

—Para apaciguar al Papa… accedimos a su exigencia de que todas las desnudeces que aparecen en su fresco sean cubiertas.

—¿Quiere decir que las cubra con… *cakoni?*

—Esos los hombres y con túnicas las mujeres. Tenemos que cubrir todas las partes genitales. Sólo algunas mujeres podrán permanecer desnudas de la cintura para arriba. Todas deben estar cubiertas desde las rodillas hasta las caderas, en especial aquellas cuyas nalgas están de frente a la capilla. Los santos también deben estar vestidos y la túnica de la Virgen debe ser menos transparente, más gruesa...

—Si en los años de mi infancia hubiera aprendido el oficio de zapatero, ahora sufriría muchísimo menos —se lamentó Miguel Ángel, profundamente amargado.

Daniele tembló, como si alguien le hubiera asestado un duro golpe.

—Maestro, trataremos de abordar este problema con sensatez. El Papa estaba completamente decidido a llamar a un pintor de la corte, pero yo lo persuadí que me dejase ese trabajo a mí. Causaré el menor daño posible a su fresco. Si permitimos que lo haga un extraño...

—Adán y Eva cosieron hojas de higuera para confeccionarse faldas...

—¡No se irrite conmigo! ¡Yo no estoy en el Concilio de Trento!

—Tiene razón, Daniele. Tenemos que ofrecer esas partes genitales como tributo a la Inquisición. He pasado toda una vida pintando la belleza del hombre. Ahora, el hombre se ha convertido nuevamente en objeto de vergüenza y debe ser quemado en una nueva pira de vanidades como las de Savonarola. ¿Sabe lo que eso significa, Daniele? Pues sencillamente que estamos retrocediendo a los siglos más tenebrosos e ignorantes del pasado.

—Miguel Ángel —replicó Daniele, tratando de aplacarlo—, emplearé pinturas tan tenues que el próximo Papa pueda hacer que sean sacados todos esos ropajes sin dañar lo que hay debajo de ellos...

Miguel Ángel hizo un gesto negativo.

—Vaya, entonces, y envuélvalos en esos púdicos trapos.

—Confíe en mí, maestro. Engañaré al Papa astutamente. Esta tarea es tan delicada que insumirá meses o tal vez años... Quizá para entonces Caraffa esté muerto ya y desaparecida la Inquisición...

El medio más eficaz para alejarse de todo terror era tomar el martillo y el cincel y comenzar a esculpir. Recientemente había comprado un bloque de mármol de forma irregular, que sobresalía en las partes superior e inferior. En lugar de uniformarlo, decidió utilizar aquella forma rara para lograr un perfil en forma de medialuna.

Comenzó a trabajar por el centro del bloque, preguntándose si éste le revelaría lo que él deseaba crear. El mármol permaneció hosco, silente. Era demasiado pedir a una materia prima, aunque ésta fuese una brillante piedra, que crease una obra de arte por sí sola; pero el desafío que entrañaba aquel bloque irregular provocó nuevas energías en él.

Le era tan necesario sobrevivir a los ochenta años como a los treinta y cinco... pero era un poco más difícil.

VI

Sigismondo murió en Settignano. Era el último de sus hermanos. Había sobrevivido a toda su generación. Igualmente dolorosa fue para él la enfermedad de Urbino, que había estado veintisiete años con él. La nobleza del espíritu de aquel compañero brilló intensamente cuando murmuró a Miguel Ángel:

—Aún más que morir, me apena dejarlo solo en este mundo traidor.

La esposa de Urbino, Cornelia, dio a luz su segundo hijo en momentos en que era sepultado su marido. Miguel Ángel retuvo consigo a la madre y los dos hijos hasta que quedó resuelto el testamento de él. En él designaba tutor de sus hijos a Miguel Ángel. Y cuando la madre se fue con ellos a su casa familiar de Urbino, la casa se le antojó un desierto.

Se entregó al trabajo de la tribuna de San Pedro y esculpió su nueva *Piedad*; compró otra granja para su sobrino Leonardo, envió a Cornelia Urbino dos piezas de una tela negra que le había pedido; empezó a buscar pobres merecedores de ser ayudados, para ganar así él la salvación de su alma. Y entonces tuvo que permitir que se detuviese todo el trabajo en San Pedro nuevamente, debido a la amenaza de invasión por el ejército español.

La década de los ochenta a los noventa años no era, decidió, la más agradable de la vida del hombre. Cuando salió de Florencia, a los sesenta, había temido que su vida tocaría a su fin, pero el amor lo había tornado joven otra vez y aquella década pasó rápidamente. Durante el período de los setenta a los ochenta, había estado tan profundamente ocupado con los frescos de la Capilla Paulina, la talla del *Descenso de la Cruz*, su nueva carrera de arquitectura y los trabajos en San Pedro, que ninguno de aquellos días había sido suficientemente largo para realizar sus tareas.

Pero ahora, al cumplir los ochenta y uno y entrar en los ochenta y dos, las horas eran como avispas, pues todas pasaban dejando su aguijonazo. Ya no tenía la vista de antes; su paso no era tan firme; aquella resistencia que le había permitido tantos excesos en el trabajo estaba dando paso a una serie de molestias menores y minaba sus fuerzas, obstaculizando seriamente el impulso que ponía en juego para terminar San Pedro y crear en aquel templo una maravillosa cúpula.

Un día cayó en cama con un serio ataque de cálculos a los riñones. El doctor Colombo, con la ayuda del incansable y leal Tommaso, consiguió arrebatárselo a la muerte, pero quedó confinado en su lecho varios meses y se vio obligado a confiar los diseños para uno de los altares a un nuevo superintendente. Cuando curó y subió trabajosamente el andamio, encontró que el nuevo superintendente había interpretado mal sus planos y cometido graves errores en la construcción. Se sintió abrumado por la vergüenza y el remordimiento, aquél era su primer fracaso en los diez años que llevaba de construcción. Y, por fin, había entregado a

Baccio Bigio un arma eficaz para un nuevo ataque contra él, ya que se trataba de un error de grandes proporciones, que no le sería posible excusar ni explicar.

Fue a ver al Papa inmediatamente, pero antes que él llego Bigio.

—¿Es cierto? —preguntó el Pontífice.

—Sí, Santo Padre —respondió él, honradamente.

—¿Será necesario derribar la capilla?

—La mayor parte, Santidad.

—Lo siento muchísimo. ¿Cómo pudo ocurrir una cosa así?

—He estado enfermo, Santidad.

—Comprendo. Bigio sostiene que está demasiado viejo para soportar una responsabilidad tan grande. Cree que, velando por usted mismo, debería ser relevado de tan pesada carga.

—Tanta solicitud por parte de Bigio me emociona. Él y sus asociados han estado tratando de conseguir esa "pesada carga" para sí desde hace muchos años. Pero, ¿acaso el Ponte Santa Maria no se derrumbó durante la inundación? ¿Podrá creer que Poggio, en sus mejores días, es mejor arquitecto que yo en mis peores?

—Nadie pone en duda su capacidad, Miguel Ángel.

Miguel Ángel calló un momento. Pensaba intensamente en el pasado.

—Santo Padre —dijo por fin—, durante treinta años he estado observando a arquitectos colocar cimientos en este gran edificio. Ninguno de ellos consiguió, por mucho que lo intentaron, levantar San Pedro un metro del suelo. En los diez años que llevo como arquitecto del templo, éste se ha levantado como un águila. Si me releva ahora, ello significará la ruina definitiva de esa gran obra.

Los labios del Pontífice temblaron ligeramente de emoción.

—Miguel Ángel —respondió—, mientras le queden fuerzas para luchar seguirá siendo el arquitecto de San Pedro.

Aquella noche hubo una reunión en la casa de Macello dei Corvi. Porque Miguel Ángel había estado a punto de morir, Tommaso, un grupo de sus más antiguos amigos y el cardenal de Carpi, que se había convertido en protector suyo en la corte, insistieron que hiciera construir un modelo completo de la cúpula. Hasta entonces, solamente había hecho bocetos fragmentarios.

—Si lo hubiésemos perdido la semana pasada —dijo Tommaso tristemente—, ¿cómo podría saber ninguno de nosotros qué clase de cúpula tenía proyectada?

—Le he oído decir —interpuso el cardenal— que deseaba avanzar la construcción hasta tal punto que después de su muerte nadie pudiera modificar su diseño.

—Ésa es mi esperanza —dijo Miguel Ángel.

—¡Entonces, dénos los planos de su cúpula! —exclamó Lottino, un artista discípulo suyo—. No hay otra manera…

—Tiene razón —dijo Miguel Ángel con un hondo suspiro—. Pero todavía no he concebido la cúpula definitiva. Tendré que encontrarla primero. Cuando la haya encontrado, construiremos el modelo de madera.

Se fueron todos menos Tommaso. Miguel Ángel se dirigió a su mesa de dibujo y acercó a ella una silla de madera. Empezó a musitar palabras y más palabras, mientras su pluma dibujaba trazos en una hoja de papel. El Panteón y el Duomo de Florencia tenían dos cúpulas, una dentro de la otra, entrelazadas estructuralmente para mutuo sostén. El interior de su cúpula sería escultura y el exterior arquitectura.

Una cúpula no era un mero techo, cualquier techo podía cumplir ese utilitario propósito. Una cúpula era una importante obra de arte, la perfecta fusión de la arquitectura y la escultura en el desplazamiento del espacio y en agregar algo al firmamento. Era una cúpula del hombre creada a imagen y semejanza de la cúpula del cielo. La cúpula perfecta iba de horizonte a horizonte en la mente del hombre, cubriéndola de gracia. Era la más natural de todas las formas arquitectónicas y la más celestial, pues aspiraba a crear de nuevo la sublime forma bajo la cual la humanidad pasa sus días y sus años.

La cúpula de una iglesia no era competidora de la cúpula del cielo, sino la misma forma en miniatura, como un hijo comparado con su padre. Algunas personas decían que la tierra era redonda; para un hombre como él, cuyos viajes se habían limitado entre Venecia y Roma, eso era difícil de probar. En la escuela de gramática de Urbino se le había enseñado que la Tierra era plana y terminaba allí donde la bóveda del cielo bajaba hasta sus límites circulares. Sin embargo, él había observado siempre una faceta peculiar de aquel horizonte supuestamente anclado: conforme avanzaba hacia él, en lugar de acercarse, el horizonte se alejaba en la misma proporción.

Lo mismo ocurría con su cúpula. No podía ser finita, limitada. Ningún hombre de pie bajo ella tenía que sentir jamás que podía alcanzar sus límites. El cielo era una creación perfecta; todo ser de la Tierra, estuviese donde estuviese, se hallaría en el mismo centro de su corazón, con la bóveda del cielo extendida equidistantemente a su alrededor. Lorenzo Il Magnifico, los cuatro platonistas y los humanistas le habían enseñado que el hombre era el centro del universo; y eso no era nunca más demostrable que cuando él miraba hacia arriba y se veía, individuo solitario, actuando a modo de poste central que sostuviese la carpa del sol, las nubes, la luna y las estrellas, sabiendo que, por mucho que se sintiese solitario, abandonado, sin su apoyo los cielos se derrumbarían. Si desaparece la cúpula como forma, como idea, el simétrico techo que alberga al hombre, ¿qué quedaría del mundo? Únicamente un plato liso, de aquellos en que su madrastra, *Il migliore*, ponía las rebanadas de pan caliente, recién salido del horno.

¡No era extraño que el hombre hubiese puesto el cielo en la bóveda del espacio! No era porque hubiera visto jamás que un alma subía hacia allí ni que hubiera visto, siquiera fugazmente, las maravillas del paraíso celeste, sino porque el cielo tenía que estar alojado en la forma más divina conocida por la mente o los sentidos del hombre. Él quería que su cúpula fuese también mística, no una protección contra el calor o la lluvia, el trueno o los relámpagos, sino una cosa de tan asombrosa belleza que asegurase al hombre la presencia de Dios... una forma consciente que el hombre pudiera no solamente ver y sentir sino penetrar. Bajo su cúpula, el alma de un hombre tendría que elevarse hacia Dios, como lo haría en el momento de su separación última del cuerpo material.

La salvación de su propia alma se convirtió en parte de la creación de la cúpula de San Pedro. Para su gran obra postrera se había asignado la tarea más difícil de los últimos sesenta y ocho años, desde que Granacci lo llevó aquel día por las calles de Florencia al taller de pintura de la Via dei Tavolini para decir: "*Signor* Ghirlandaio, éste es Miguel Ángel, de quien le he hablado".

Su mente y dedos se movían con fuerza y claridad. Y después de dibujar durante horas enteras, pasaba, para refrescar su mente, a su bloque en forma de medialuna. Modificó su concepto original de un Cristo con la cabeza y las rodillas vueltas en direcciones opuestas, en favor de otra versión en la cual cabeza y rodillas coincidían, pero estaban contrapuestas a la cabeza de la Virgen, sobre el hombro de Cristo, lo cual brindaba un contraste más dramático.

VII

Perseguía un equilibrio absoluto, una perfección de líneas, curvas, volúmenes, masas, densidad, elegancia y la profundidad del espacio infinito. Aspiraba a crear una obra de arte que trascendiera la época en la cual él había vivido.

Dejó a un lado sus lápices y plumas y comenzó a modelar. Pensaba que la ductilidad de la arcilla húmeda podría brindarle mayor libertad que la rigidez de la línea dibujada. A lo largo de días, semanas y meses hizo una docena de modelos, para destruirlos y empezar otros nuevos. Sentía que se iba acercando a la revelación, pues en primer lugar logró monumentalidad, luego dimensión, después majestad y luego simplificación. No obstante, los resultados eran producto todavía de su capacidad artísticas más que de su espiritualidad.

Por fin, después de once meses de pensar, dibujar, orar, esperar y desesperar, llegó: un fruto de su imaginación, compuesto de todas sus artes, asombroso de tamaño pero, sin embargo, tan frágil como un huevo de pájaro en un nido: alzándose hacia el cielo, construido de gasa, que elevaba sin esfuerzo y musicalmente su estatura de cien metros en forma de pera, igual que el pecho de la Madonna Medici... ¡Era una cúpula como no existía otra igual!

—¡Ha llegado! —murmuró Tommaso extáticamente, cuando vio los dibujos terminados—. ¿De dónde ha surgido?

—¿De dónde salen las ideas, Tommaso? Sebastiano formuló la misma pregunta cuando era joven. Sólo puedo darle la misma respuesta que le di a él, pues a los ochenta y dos años mi sabiduría no es mayor que cuando tenía treinta y nueve: las ideas son una función natural de la mente, como respirar lo es de los pulmones. Tal vez emanan de Dios.

Contrató un carpintero, Giovanni Francesco, para que le construyese el modelo. Se hizo de madera de tilo y en escala de uno a quince mil. La gigantesca cúpula descansaría sobre pilares y arcos en una amplia base circular de cemento. Las costillas externas de la cúpula serían de travertino de Tívoli, mientras que las columnas serían del mismo material. Los soportes que afirmarían la cúpula a la base serían de hierro forjado. Ocho rampas permitirían subir los materiales a lomo de burro hasta las paredes de la cúpula. Los planos de ingeniería llevaron meses, pero Miguel Ángel poseía la capacidad y habilidad, y, además, Tommaso era ya un experto arquitecto.

Todo el trabajo fue realizado en Macello dei Corvi, en el más absoluto secreto. La cúpula interior fue modelada personalmente por Miguel Ángel. La exterior, permitió que Francesco la indicase en pintura. Los tallados, festoneados y decoraciones fueron modelados en arcilla mezclada con aserrín y goma. Hizo ir a su taller a un capacitado ebanista de Carrara, llamado Battista, para que tallase las estatuillas, capiteles y los barbados rostros de los apóstoles.

El papa Pablo IV falleció repentinamente. Roma estalló en la más violenta insurrección que Miguel Ángel había visto, no bien llegó la noticia del fallecimiento. La multitud derribó una estatua que acababa de inaugurarse del ex cardenal Caraffa y arrastró la cabeza por las calles durante varias horas, mientras los ciudadanos la cubrían de insultos. La cabeza fue arrojada finalmente al Tíber, antes de asaltar la sede de la Comisión de Inquisición para poner en libertad a todas las personas en ella encerradas y destruir la enorme masa de papeles y documentos allí reunidos para procesar y condenar a los herejes.

Cansado de tanta lucha y derramamiento de sangre, el Colegio de Cardenales eligió Papa a Giovanni Angelo Medici, de sesenta años, procedente de una oscura rama lombarda de la familia Medici. Pío IV, tal fue el nombre adoptado por el nuevo Pontífice, había recibido el título de abogado y era un hombre de temperamento sumamente sensato. Como abogado profesional había dado muestras de ser un brillante negociador y muy pronto Europa entera confió en él y lo respetó como hombre íntegro. La Inquisición, extraña al carácter italiano, terminó para siempre. Por medio de una serie de conferencias y contratos legales, el Papa concertó la paz para Italia y las naciones circundantes, así como para los luteranos. Guiada por la diplomacia, la Iglesia alcanzó también la paz para sí y, al mismo tiempo, reunió a todo el catolicismo de Europa.

El papa Pío IV confirmó a Miguel Ángel en su cargo de arquitecto de San Pedro, le facilitó fondos para proseguir la obra y llegar al tambor de la cúpula. Además, le encargó el diseño de una portada en los muros de la ciudad que se llamaría Porta Pía.

Era evidentemente una carrera contra el tiempo. Miguel Ángel se acercaba ya a los ochenta y cinco años. Con un máximo de dinero y hombres, quizá podría llegar hasta la cúpula en dos o tres años. No le era posible calcular cuánto tiempo necesitaría para construir la cúpula, con sus ventanas, columnas y friso decorativo, pero creía que le sería posible hacerlo en unos diez a doce años. Eso significaría que su edad sería poco más o menos cien años. Nadie vivía tanto, pero a pesar de sus enfermedades: cálculos a los riñones, jaquecas, cólicos, ocasionales dolores en la espalda y las ingles, y debilidad general, en realidad no se sentía disminuido en cuanto a su poder creador. Y todavía salía de cuando en cuando a dar sus paseos de siempre por la campiña.

Construiría aquella cúpula. ¿No había llegado su padre a los noventa años? ¿No era él un hombre más fuerte que Ludovico?

Pero le quedaba todavía por pasar una nueva prueba de fuego. Baccio Bigio, que se había encumbrado hasta una elevada posición administrativa en la superintendencia, tenía una serie de cifras documentadas para demostrar cuántos ducados le había costado la enfermedad de Miguel Ángel a la construcción de San Pedro, como consecuencia del error cometido en una de las capillas. Utilizó su información sacándole el mayor provecho posible y hasta llegó a convencer al cardenal de Carpi, amigo de Miguel Ángel, de que la construcción del gran templo no iba nada bien. Bigio se estaba colocando en posición de ser designado para aquel trabajo, cuando Miguel Ángel enfermase o falleciese.

Cuando Miguel Ángel ya no tuvo fuerzas para subir al andamio diariamente, uno de sus capaces ayudantes, Pier Luigi Gaeta, fue designado ayudante del director de obras. Gaeta llevaba todas las noches a su maestro informes detallados y cuando el director de obras fue asesinado, Miguel Ángel propuso a Gaeta para reemplazarlo. Pero quien conquistó la designación fue Baccio Bigio. Gaeta fue despedido y Bigio comenzó a desarmar parte del andamio y retirar vigas de la estructura, preparándose para un nuevo diseño de la construcción.

Miguel Ángel, arrastrándose penosamente por el andamio del tiempo, cumplidos ya los ochenta y siete años y rumbo a los ochenta y ocho, recibió un golpe tan rudo al conocer la noticia que no pudo levantarse de su lecho, el cual había trasladado al taller.

—¡Tiene que levantarse! —exclamó Tommaso, tratando de despertarlo de aquel letargo—. De lo contrario, Bigio deshará todo cuanto ha hecho.

—Quien lucha contra los inútiles no podrá jamás alcanzar una gran victoria —respondió Miguel Ángel melancólicamente.

—Perdóneme, pero éste no es el momento para refranes toscanos. Por el contrario, es el momento de obrar. Si no puede ir hoy a San Pedro, tiene que enviar un representante.

—¿Iría usted, Tommaso?

—La gente sabe que soy como un hijo suyo.

—Entonces, mandaré a Daniele da Volterra.

Pero Daniele da Volterra fue rechazado y se dieron plenos poderes de construcción a Bigio. Cuando Miguel Ángel tropezó con el Papa que cruzaba el Campidoglio a la cabeza de su séquito, gritó broncamente:

—¡Santidad, insisto en que introduzca un cambio! ¡Si no lo hace, regresaré a Florencia! ¡Está permitiendo que se destruya a San Pedro!

El papa Pio IV respondió:

—¡*Piano, piano*, Miguel Ángel! Entremos al palacio senatorial, donde podremos hablar.

Una vez en el interior del palacio, el Papa escuchó atentamente.

—Convocaré a los miembros de la construcción que se han estado oponiendo a usted. Luego pediré a mi pariente, Gabrio Serbelloni, que vaya a San Pedro e investigue las acusaciones que han formulado contra usted. Venga al Vaticano mañana.

Llegó demasiado temprano para ser recibido por el Papa y entró en la Stanza della Segnatura, que había pintado Rafael durante los años en que él había estado en la Capilla Sixtina, pintando la bóveda. Contempló los cuatro frescos, primero la *Escuela de Atenas*, después *El Parnaso*, luego *La Disputa* y por fin *La Justicia*. Jamás se había detenido antes a mirar las obras de Rafael sin prejuicios. Se dio cuenta de que nunca habría podido concebir o pintar aquellas naturalezas muertas idealizadas. Sin embargo al ver cuán exquisitamente estaban realizadas, con qué integridad de artesanía, comprendió que, en cuanto a lirismo y encanto Rafael había sido el maestro de todos.

Cuando fue introducido en el pequeño salón del trono, encontró al Papa rodeado de la Comisión de Construcción, que había despedido a Gaeta y rechazado a Daniele da Volterra. Unos minutos después, entró Gabriel Serbelloni.

—Santidad —dijo éste solemnemente—he comprobado que este informe escrito por Baccio Bigio no contiene ni una sola palabra de verdad. Se trata de una criticable invención… pero contrariamente a la gran construcción de Buonarroti, ha sido construida con maldad, sin otro propósito visible que el del propio interés.

Y con la voz de un juez que pronunciase una sentencia definitiva, el Papa decretó:

—Baccio Bigio es exonerado desde este instante del cargo de director de obras. En lo futuro, los planos de Miguel Ángel para la construcción de San Pedro no deberán ser modificados ni en el más mínimo detalle.

VIII

Mientras la estructura de la catedral iba alzándose, imponente, sobre sus columnas, arcos y fachadas, Miguel Ángel pasaba los días en el taller completando los diseños para la Porta Pía, a petición del Papa, y convertía parte de las ruinas de los estupendos baños de Diocleciano en la encantadora iglesia de Santa Maria degli Angeli.

Habían pasado varios años desde que trabajara la última vez en aquel bloque de mármol en forma de medialuna. Una tarde en que descansaba acostado en su lecho, concibió la idea de que lo que necesitaba para "madurar" aquel bloque no era una mera forma nueva para las figuras, sino una nueva forma para la escultura propiamente dicha.

Se levantó, tomó su martillo más pesado y un cincel, y eliminó la cabeza de Cristo; en su lugar esculpió un nuevo rostro y cabeza con lo que antes había sido el hombro de la Virgen. Luego estilizó el brazo derecho de Cristo, separándolo del cuerpo por arriba del codo, aunque dicho brazo y su mano quedaron como parte del mármol que sostenía la figura y que bajaba hasta la base. Lo que antes había sido el hombro izquierdo y parte del pecho de Cristo, se convirtió en la mano y brazo izquierdos de la Virgen. Las magníficas piernas largas del Cristo eran ahora desproporcionadas, pues constituían tres quintas partes de todo el cuerpo. La nueva atenuación creaba un efecto emocional de avidez, juventud y gracia. Y Miguel Ángel comenzó a sentirse satisfecho. Mediante la distorsión de la alargada figura estaba convencido de haber logrado una verdad sobre el hombre: que el corazón puede cansarse, pero la humanidad, llevada sobre sus piernas eternamente jóvenes, continuaría moviéndose por sobre la faz de la tierra.

—¡Ah, si yo tuviera otros diez años de vida o siquiera cinco! —exclamó dirigiéndose a las estatuas que lo rodeaban—. ¡Podría crear una escultura completamente nueva!

De repente, lo envolvió una profunda oscuridad. Después de algún tiempo volvió en sí, pero se sintió confundido. Tomó el cincel y miró al límpido Cristo. Toda continuidad de pensamiento había desaparecido. No le era posible recordar lo que había estado haciendo con el mármol. Sabía que algo acababa de ocurrir, pero no podía ordenar sus pensamientos. ¿Se había quedado dormido? ¿Estaba realmente despierto? Entonces, ¿por qué sentía que el brazo y la pierna izquierdos estaban como dormidos, despojados de toda fuerza? ¿Por qué los músculos de un costado de su cara parecían endurecidos?

Llamó a su criada y cuando le ordenó que fuese a buscar a Tommaso se dio cuenta de que hablaba con dificultad. La buena mujer lo miró, con los ojos desorbitados de miedo.

—*Messere*, ¿se siente bien? —preguntó.

Lo ayudó a acostarse y luego salió a toda prisa, a cumplir la orden que acababa de recibir. Tommaso pudo advertir por las expresiones de los dos hombres que algo grave había ocurrido, aunque ambos decían que se trataba de un exceso de cansancio. El doctor Donati le dio una bebida caliente mezclada con una medicina de gusto sumamente amargo.

—El descanso lo cura todo —dijo el médico.

—Sí, menos la ancianidad —respondió Miguel Ángel, que todavía hablaba dificultosamente.

—He estado oyéndolo hablar de su vejez demasiado tiempo para que pueda tomarla en serio —respondió Tommaso, mientras le colocaba otra almohada bajo la cabeza—. Me quedaré con usted hasta que se duerma.

Despertó y vio que era de noche. Se enderezó enérgicamente en la cama. El dolor de cabeza había desaparecido y le fue posible ver con entera claridad el trabajo que tenía que realizar aún en el bloque de la Piedad. Se levantó y volvió a esculpir. La confusión había terminado y sentía una gran claridad mental. ¡Era agradable sentir el mármol bajo sus dedos! Entornó los ojos para que no penetrase en ellos alguna esquirla del mármol y empezó a golpear rítmicamente sobre la figura de la Virgen.

Al amanecer, Tommaso abrió la puerta con gran cautela y, de pronto, estalló en una carcajada.

—¡Ah, farsante! ¡Mentiroso! ¡Lo dejé a medianoche dormido como para no despertar en una semana, vuelvo ahora, sólo unas horas después, y encuentro esta nevada de mármol en el suelo!

—¡Qué delicioso aroma!, ¿verdad, Tommaso? Cuando ese polvillo blanco se solidifica en las aletas de mi nariz es cuando respiro mejor.

—El doctor Donati me ha dicho que necesita mucho descanso.

—En el otro mundo, *caro*. El Paraíso está repleto ya de escultores y por eso no tendré trabajo allí.

Trabajó todo el día, cenó con Tommaso y luego se tiró en la cama para unas pocas horas de sueño. Cuando se levantó de nuevo, empezó a pulir hasta que las largas piernas del Cristo tenían un brillo como de raso.

Se olvidó por completo del ataque que acababa de sufrir.

Dos días después, mientras se hallaba ante su bloque de mármol y decidía que ya podía cortar sin peligro el brazo y mano superfluos, para liberar aún más en el espacio a la longísima figura, el ataque se repitió. Dejó caer el martillo y el cincel y se dirigió tambaleante hacia el lecho, cayó de rodillas y quedó con el rostro apoyado de costado sobre la manta.

Cuando recobró el sentido, la habitación estaba llena de gente: Tommaso, el doctor Donati y el doctor Fidelissimi. Gaeta, Daniele da Volterra y un número de amigos florentinos lo rodeaban. Frente a él estaba el brazo desprendido de la estatua, que parecía latir con vida propia. No le había sido posible destruirlo, como tampoco los siglos habían podido destruir el *Laoconte* sepultado. Y al mirar su propio brazo, que descansaba sobre el embozo de la sábana, vio cuán delgado y consumido estaba.

—El hombre pasa. Sólo las obras de arte son inmortales —dijo débilmente.

Insistió en sentarse en una silla, frente a la encendida chimenea. En cierto momento, al quedar solo, deslizó una manta sobre sus hombros y salió. Comenzó a caminar en dirección a San Pedro. Uno de sus aprendices más nuevos, Calcagni, lo encontró en la calle y preguntó ansioso:

—Maestro, ¿cree que le conviene andar por las calles con este tiempo?

Permitió que Calcagni lo llevase a casa, pero a las cuatro de la tarde siguiente se vistió e intentó montar en su caballo para ir a dar un paseo, pero sus piernas estaban demasiado débiles.

Roma vino a despedirse de él. Los que no pudieron entrar dejaron flores y obsequios en el umbral de la puerta. El doctor Donati intentó retenerlo en su lecho.

—No me apuren —le dijo al médico—. Mi padre vivió hasta el día de su nonagésimo cumpleaños, así que todavía tengo dos semanas para gozar esta vida tan saludable.

—Puesto que se siente tan intrépido —comentó Tommaso—, ¿que le parece si mañana por la mañana damos un paseo en coche? El último trabajo en el tambor de la cúpula está terminado. Para celebrar su nonagésimo cumpleaños, van a comenzar el primer anillo de la cúpula.

—*Grazie a Dio!* Ahora ya nadie podrá modificar mi obra. Sin embargo, es triste morir. Me agradaría volver a empezar, crear formas y figuras que jamás he soñado. ¡Lo que más me gusta es trabajar en el mármol blanco!

—¡Ya ha tenido su *divertimento*!

Aquella noche mientras yacía insomne en su lecho, pensó: "La vida ha sido buena. Dios no me ha creado para abandonarme. He amado al mármol, sí, y también la pintura. He amado la poesía y la arquitectura. He amado a mi familia y a mis amigos. He amado a Dios, las formas de la tierra y de los cielos y también a la gente. He amado plenamente la vida y ahora amo la muerte como su lógico desenlace. Il Magnifico se sentiría feliz: para mí, las fuerzas destructoras jamás dominarán mi creatividad".

Una maciza ola de oscuridad lo envolvió. Antes de perder el conocimiento, se dijo: "Tengo que ver a Tommaso. Hay cosas que debemos hacer todavía".

Cuando volvió a abrir los ojos, Tommaso estaba sentado en el borde del lecho. Pasó un brazo por la espalda del enfermo y lo enderezó suavemente.

—¡Tommaso! —susurró Miguel Ángel.

—Aquí estoy, *caro*.

—Deseo ser sepultado en Santa Croce, con mi familia.

—El Papa quiere que lo sepulten en su propia iglesia, San Pedro.

—No... no es mi hogar... ¡Prométame que llevará mis restos a Florencia!

—El Papa lo prohibirá, pero los comerciantes florentinos pueden sacarlo por la Porta del Popolo, secretamente, en alguna de sus caravanas de mercancías…

—Mi testamento, Tommaso… Encomiendo mi alma a las manos de Dios… mi cuerpo a la tierra… y mis bienes a la familia… los Buonarroti…

—Así se hará. Terminaré el Campidoglio, exactamente igual a como lo ha proyectado. Con San Pedro en un extremo y el Capitolio en el otro. Roma será para siempre tanto de Miguel Ángel como de César o Constantino.

—Gracias, Tommaso… Estoy muy cansado…

Tommaso lo besó en la frente y se retiró, llorando.

Caía la tarde. Solo en la habitación, Miguel Ángel comenzó a pasar revista a las imágenes de todas las hermosas obras que había creado. Las vio, una por una, tan claramente como el día en que las había esculpido, pintado o construido… La *Madonna en las Escaleras* y la *Batalla de los Centauros* que había esculpido para Bertoldo y Lorenzo Il Magnífico, mientras el grupo de los platonistas se reía porque los había hecho "puramente griegos". *San Próculo* y *San Petronio*, esculpidos para Aldrovandi en Bolonia. El crucifijo de madera, para el prior Bichiellini. El *Cupido Durmiente*, con el cual había tratado de engañar al comerciante de antigüedades de Roma. El *Baco*, para el jardín de Jacopo Galli. La *Piedad*, que el cardenal Groslaye di Dionigi le había encargado para San Pedro. El gigante *David*, para el *gonfaloniere* Soderini y Florencia. La *Sagrada Familia*, para Agnolo Doni. El dibujo coloreado para la Batalla de Cascina, llamado *Los bañistas*, para competir con el fresco de Leonardo da Vinci. La *Madonna y Niño*, para los comerciantes de Brujas, esculpida en su primer taller propio. La infortunada estatua de bronce del Papa Julio II. El *Génesis*, pintado para Julio II en el techo de la Capilla Sixtina. El *Juicio Final*, por encargo del papa Pablo III, para completar la misma capilla. El *Moisés,* para la tumba de Julio II. Sus cuatro *Gigantes*, inconclusos en Florencia. *El Amanecer* y *El Anochecer*, *La Noche* y *El Día*, para la Capilla Médici. La *Conversión de Pablo* y la *Crucifixión de Pedro*, para la Capilla Paulina. La reforma del Campidoglio, la Porta Pía, las tres *Piedad* esculpidas para su propio placer… Y al final de aquella lista de sus principales trabajos… ¡San Pedro!

San Pedro… Penetró en la iglesia por su puerta principal, avanzó bajo el fuerte sol romano por la amplia nave y se detuvo bajo el centro de la cúpula, justo sobre la tumba de San Pedro. Sintió que el alma abandonaba el cuerpo, se elevaba a la cúpula y se convertía en parte de ella, parte del espacio, del tiempo, del cielo y de Dios.

Índice